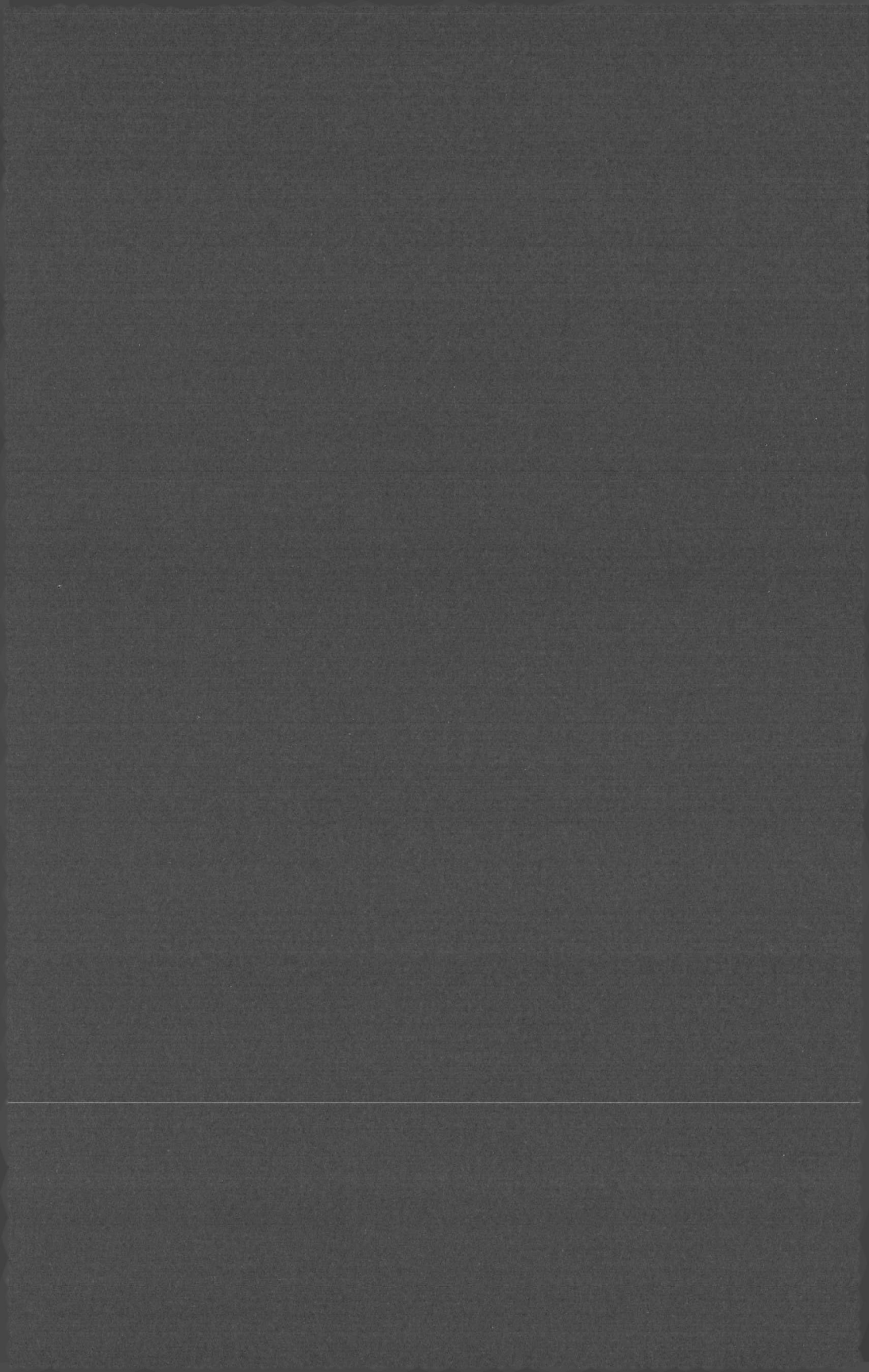

THE HISTORY
OF THE DECLINE AND FALL
OF THE ROMAN EMPIRE

로마제국
쇠·망·사

3

EDWARD GIBBON

The History
of The Decline And Fall
of The Roman Empire

로마제국 쇠·망·사

3

에드워드 기번

송은주 | 윤수인 옮김

민음사

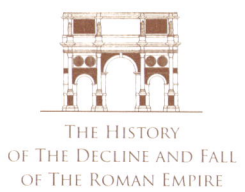

THE HISTORY
OF THE DECLINE AND FALL
OF THE ROMAN EMPIRE

차 례

일러두기 · viii

27 그라티아누스의 죽음 · 아리우스파의 몰락 · 성 암브로시우스 · 막시무스와의 1차 내전 · 테오도시우스의 인품, 통치, 참회 · 발렌티니아누스 2세의 죽음 · 에우게니우스와의 2차 내전 · 테오도시우스의 죽음 · 시대의 타락 · 해이해진 보병 부대 ·· 1

28 이교의 최종적인 몰락 · 그리스도교도들 사이에 도입된 성자와 성(聖)유품 숭배 ·· 61

29 테오도시우스의 아들들 간에 이루어진 로마 제국의 최종 분할 · 아르카디우스와 호노리우스의 치세 · 루피누스와 스틸리코의 통치 · 아프리카에서의 길도의 반란과 패배 · 원로원에 의한 단죄 ·················· 89

30 고트족의 반란 · 고트족의 그리스 약탈 · 두 차례에 걸친 알라리크와 라다가이수스의 이탈리아 침공 · 스틸리코, 그들을 격퇴하다 · 게르만족의 갈리아 침략 · 콘스탄티누스의 서로마 제위 찬탈 · 스틸리코의 치욕과 죽음 · 손상된 그의 명성 · 클라우디아누스 ·············· 115

31 알라리크의 이탈리아 침략 · 로마 원로원과 시민들의 태도 · 로마가 세 차례 포위된 끝에 고트족에게 약탈당하다 · 알라리크의 죽음 · 고트족의 이탈리아 철수 · 콘스탄티누스의 몰락 · 야만족의 갈리아와 에스파냐 점령 · 브리타니아의 자유 ·············· 163

32 동로마 황제 아르카디우스 · 에우트로피우스의 통치와 치욕 · 가이나스의 반란 · 성 요하네스 크리소스토무스에 대한 박해 · 동로마 황제 테오도시우스 2세 · 그의 누이 풀케리아 · 그의 아내 에우도키아 · 페르시아 전쟁과 아르메니아 분할 · 쇠퇴기의 광휘 ·············· 235

33 호노리우스의 죽음 · 서로마 황제 발렌티니아누스 3세 · 그의 모후 플라키디아의 통치 · 아이티우스와 보니파키우스 · 반달족의 아프리카 정복 ·············· 275

34 훈족의 왕 아틸라의 성격, 정복, 그의 궁정 · 테오도시우스 2세의 죽음 · 풀케리아가 마르키아누스를 동로마 제국의 제위에 앉히다 ·············· 299

35 아틸라의 갈리아 침공 · 아이티우스와 서고트족에 의해 격퇴되다 · 아틸라의 이탈리아 침략과 철수 · 아틸라, 아이티우스, 발렌티니아

누스 3세의 죽음 · 로마의 몰락의 징후들 ········· 333

36 반달족 왕 가이세리크의 로마 약탈 · 그의 해상 약탈 · 서로마 제국 최후의 황제들, 막시무스, 아비투스, 마요리아누스, 세베루스, 안테미우스, 올리브리우스, 글리케리우스, 네포스, 아우구스툴루스 · 서로마 제국의 멸망 · 이탈리아 최초의 야만족 왕 오도아케르의 치세와 인품 ······ 371

37 수도원 생활의 기원, 그 발전과 영향 · 야만족들의 그리스도교와 아리우스파로의 개종 · 아프리카에서의 반달족의 박해 · 야만족들 사이에서의 아리우스파의 몰락 · 에스파냐의 유대인들 ········· 435

38 클로비스의 통치와 개종 · 알레만니족, 부르군트족, 서고트족에 대한 그의 승리 · 갈리아에서의 프랑크 왕국 건설 · 야만족들의 법률 · 로마인들의 상황 · 에스파냐의 서고트족 · 색슨족의 브리타니아 정복 · 아서 왕의 명성 ········· 479

일러두기

1. 이 책은 에드워드 기번의 『로마 제국 쇠망사(*The History of the Decline and Fall of the Roman Empire*)』(전6권, 1776~1788, 런던)를 번역한 것이다. 번역 대본으로 쓴 것은 버리(J. B. Bury)가 편집한 *The Decline and Fall of the Roman Empire*(New York : Random House, Inc., 1995)이다.

2. 로마 시대의 인명, 지명 등은 영어식 음이 아닌 라틴어 음으로 표기하였다. 예: 트라얀(Trajan)→트라야누스, 브리튼(Britain)→브리타니아. 나머지 외국어는 외래어 표기법에 따라 표기하였다.

3. 로마 시대의 민간, 군사 관련 각종 관직명의 번역은 대체로 현재 통용되고 있는 번역어를 사용하였으며, 마땅한 번역어가 없는 것은 라틴어 음을 그대로 달아 놓았다. 예: proconsul→총독, auxiliaries→보조군, spectabiles→스펙타빌레스, dux→두크스

4. 전체 분량의 4분의 1을 차지하는 수많은 각주의 완전 번역에는 많은 무리가 따랐는데, 이른바 '기번의 잡담'이라고도 불리는 4700여 개의 각주 중 기번의 개인적인 감회가 너무 진하게 담긴 것, 각주에서 언급된 본문 부분을 이해하는 데 큰 필요가 없는 것 등 350여 개는 번역을 생략하였음을 밝힌다.

※ 표지를 펼치면 뒷면에 지도가 수록되어 있습니다.

The History
of The Decline and Fall
of The Roman Empire

27

THE DECLINE AND FALL
OF THE ROMAN EMPIRE

그라티아누스의 죽음 · 아리우스파의 몰락 · 성 암브로시우스 · 막시무스와의 1차 내전 · 테오도시우스의 인품, 통치, 참회 · 발렌티니아누스 2세의 죽음 · 에우게니우스와의 2차 내전 · 테오도시우스의 죽음 · 시대의 타락 · 해이해진 보병 부대

그라티아누스 황제의 명성은 채 스무 살이 되기도 전에 가장 이름 높은 군주들과 어깨를 겨루었다. 그의 부드럽고 붙임성 있는 성품은 친구들의 사랑을 받았고, 우아하고 상냥한 행동거지는 국민들의 마음을 사로잡았다. 그에게서 후한 대접을 받은 학자들은 군주의 심미안과 유창한 화술을 높이 평가했고, 용맹과 무기를 다루는 뛰어난 솜씨는 그에 못지않게 병사들의 찬사를 받았다. 뿐만 아니라 성직자들은 그라티아누스의 경건한 신앙심을 그의 으뜸가는 미덕으로 높이 칭송했다. 콜마르 전투에서 거둔 승리는 서로마를 무시무시한 침략자로부터 구해 냈다. 동로마 속주들은 감사해 마지않으면서, 테오도시우스의 업적마저도 국가의 안전을 회복시킨 그라티아누스의 공으로 돌렸다. 그라티아누스는 이렇게 역사에 남을 업적들을 이룬 후 고작 4, 5년을 더 살았으나, 이미 그의 평판은 빛이 바랜 뒤였다. 그가 반역 음모로 쓰러졌을 때는 로마 제국의 존경과 신

> 그라티아누스 황제의
> 성격과 품행

망을 거의 잃은 뒤였다.

그의 결함

그의 성격이나 행동에 일어난 놀랄 만한 변화가 발렌티니아누스의 아들(그라티아누스)을 유년 시절부터 둘러쌌던 온갖 아첨꾼들 때문이라거나, 이 온화한 젊은이가 끝내 벗어나지 못한 아집 탓이라고만 보기는 어렵다. 국민들의 기대를 좌절시킨 진짜 원인을 찾아내려면 그라티아누스의 일생을 좀 더 자세히 살펴볼 필요가 있다. 겉으로 보이는 그의 미덕이란 사실 경험과 역경의 산물이 아니라 황실 교육이 빚어낸 설익고 인공적인 결실에 불과했다. 아버지는 근심 섞인 애정으로 자기가 갖추지 못했기에 더욱 숭앙하는 미덕들을 그에게 심어 주려고 애썼다. 모든 학문과 기예의 최고 대가들이 젊은 군주의 정신과 신체를 다듬는 데 있는 힘을 다했다.[1] 그들이 힘들여 전수한 지식은 과시용으로 발휘되어 아낌없는 칭찬을 받았다. 그는 유순하고 다루기 쉬운 성품이었으므로 스승들의 현명한 가르침에 충실히 따랐다. 그의 열정이 결여된 성격은 이성의 힘이 강한 탓으로 쉽게 오인되었다. 그의 스승들은 점차 국가의 대신들과 맞먹는 지위 및 영향력을 갖게 되었다.[2] 그들은 자신들의 비밀스러운 권위를 현명하게 감추었으므로, 겉으로 보기에는 그라티아누스가 자신의 삶과 통치에 있어서 중대한 국면을 맞을 때마다 스스로 굳은 의지와 판단력으로 적절하게 대처한 듯이 보인다. 그러나 이러한 교육의 효과도 그의 내면까지 뚫고 들어가지는 못했다. 이 노련한 스승들은 제자의 앞길을 한 치의 어긋남도 없이 이끌었지만 그의 나약하고 무기력한 성격에 영웅으로서의 삶에 반드시 요구되는 영광을 추구하기 위한 굳세고 독립적인 행동 원칙을 불어넣어 주지는 못했다. 세월이 흐르면서 이 충실한 조언자들이 하나씩 왕좌 주변에서 사라져 가자, 서

---

[1] 발렌티니아누스는 이교도임을 공언한 아우소니우스에게 그라티아누스의 교육을 위임해 둔 터라 아들의 종교에 대해서는 관심을 덜 쏟았다. 아우소니우스가 그렇게 명성을 얻은 것을 보면 그 시대의 취향은 문제가 있다.

[2] 아우소니우스는 승진을 거듭하여 이탈리아(서기 377년)와 갈리아(378년)의 민정 총독을 거쳐 마침내 집정관의 직위까지 올랐다.(379년) 그는 비굴하고 밋밋한 아첨의 말로 감사를 표했다.

로마 황제는 서서히 본래 타고난 수준으로 돌아가 권력을 노리는 야심가들의 손에 국정 지배권을 넘겨주고 경박한 쾌락에 탐닉했다. 속주와 궁정에서 쓸모없는 인간들이 그의 권력을 위임받아 매관매직과 부정을 널리 자행했으나, 그들의 죄를 문제 삼았다가는 불경죄로 몰릴 판이었다. 성자들과 주교들[3]은 어리석은 군주의 양심을 좌지우지하여, 교회법의 위반이나 경시는 말할 것도 없고 교회법을 잘 몰라서 본의 아니게 저지른 죄에 대해서까지 사형으로 벌하라는 훈령을 얻어 냈다. 그라티아누스는 어린 시절부터 단련해 온 여러 기예들 중에서 말을 다루고, 활을 쏘고, 창을 던지는 데 뛰어난 재능을 보였다. 이 자질들을 군인으로서 발휘했더라면 도움이 되었겠지만 고작 사냥하는 데에나 썼다. 황제가 즐기도록 큰 장원에 담이 둘러쳐지고 모든 종류의 야생 동물들이 가득 채워졌다. 그라티아누스는 사냥감을 쫓는 데 재능과 용기를 과시하면서 허송세월하느라고 지위에 따르는 의무는 고사하고 위엄까지도 내팽개쳤다. 그의 노예들 중 가장 비천한 자라도 마음만 먹으면 능가할 수 있는 기술에 뛰어나다는 자부심에 차서 이를 연마하는 데만 열을 올리는 로마 황제를 보면서 많은 이들이 네로와 콤모두스를 떠올리지 않을 수 없었다. 그러나 순결하고 온건한 그라티아누스는 그들의 끔찍한 악덕과는 거리가 멀었으며, 짐승들의 피로만 손을 더럽혔다.[4]

그라티아누스의 행동이 세상 사람들의 눈에 그의 인격을 실추시키기는 했지만, 군대가 유독 피해를 입고 분노하지 않았

서기 383년, 로마군의 불만

더라면 그의 치세가 어지러워지지는 않았을 것이다. 이 젊은 황제는 스승들의 가르침을 받던 시절에는 병사들의 벗이자 생도로 자처했다. 그는 많은 시간을 막사에서 병사들과 가까이

[3] 암브로시우스는 그를 가르치고자 삼위일체 신앙에 대한 신학서를 집필했다. 티유몽(Tillemont)은 그라티아누스의 편협한 법률들이 이 주교 탓이라고 본다.

[4] 암미아누스와 소(小)빅토르는 그라티아누스의 덕성들을 인정했으나, 한편으로 그의 타락한 취향을 비난하거나 개탄했다. 그래도 '피는 흘리지 않았다.'는 점 때문에 콤모두스의 가증스러운 악행에 비교하지는 않았다. 필로스토르기우스도 아마 비슷한 이유에서 네로와 비교하는 일은 삼갔을 것이다.

⁵ 조시무스와 소(小)빅토르는 반란의 원인을 알라니족의 총애에 대한 로마 군대의 불만으로 보고 있다.

보내면서 충성스러운 군대의 건강, 보수, 명예에 각별한 관심을 보였다. 그러나 사냥에 탐닉하게 된 후부터는 자연히 자기가 가장 좋아하는 오락에 재능이 있는 신하들을 곁에 두었다. 궁정 수비대와 호위대에 들어온 알라니족은 갈리아의 장원을 무대로 스키타이의 광활한 평원에서 익혀 온 경탄할 만한 기술들을 발휘했다. 그라티아누스는 이 총애하는 수비대의 재주에 감탄한 나머지 그들에게만 호위를 맡겼다. 그는 여론을 무시하고 종종 스키타이 전사의 긴 활, 화살통, 털옷으로 차려입고 병사들과 국민들 앞에 나타나곤 했다. 로마의 황제답지 않게 조국의 의복과 관습을 버린 모습에 군단병들은 비탄과 분노를 느꼈다.⁵ 황제의 군대에서 강하고 무시무시한 존재인 게르만족조차 지난 몇 년간 볼가 강변에서 센 강변까지 떠돌아다니던 북방 야만족들의 괴상하고 흉칙한 차림새를 멸시했다. 서로마의 막사와 주둔지마다 거침없는 불평이 새 나왔다. 무기력하고 나태한 그라티아누스는 불만의 첫 번째 징후를 흘려 넘겼다. 그는 애정과 존경을 잃었고 위엄으로 억누르지도 못했다. 그러나 기반이 확고한 정권을 전복시키는 데에는 현실적으로 많은 어려움이 따르는 법이다. 또한 그라티아누스의 제위는 콘스탄티누스의 정책으로 확립된 관습, 법, 종교, 그리고 민정과 군사권력 간의 미묘한 균형에 의해 유지되고 있었다. 브리타니아

브리타니아에서 막시무스의 반란

의 반란이 비롯된 원인을 찾아내는 일은 그다지 중요하지 않다. 우발적인 사건이 큰 소란으로 번지는 일은 얼마든지 있다. 이 경우에도 항상 폭군과 찬탈자들로부터 더 많은 결실을 거두어 온 반란의 씨앗이 우연히 땅에 떨어졌던 셈이다. 그 외딴 섬의 군단들은 예로부터 방자하고 오만하기로 악명 높았는데, 속주민들과 병사들이 한목소리로 막시무스의 이름을 열렬히

외쳐 황제로 추대했다. 아직 그를 황제라 칭해야 할지 반역자라 해야 할지 확실하지 않은 상황이었다. 막시무스는 테오도시우스 황제와 같은 에스파냐 출신이며 군대 동료이자 경쟁자였다. 그는 테오도시우스의 출세를 지켜보면서 질시와 분노를 느끼지 않을 수 없었다. 막시무스는 오랜 세월 브리타니아에 정주하면서 케어나본의 부유한 지주의 딸과 결혼했다고 하는데, 이에 대한 증거도 찾을 수 있다.[6] 그러나 이 속주에서는 아무리 높은 지위에 있는 자라 해도 사실 추방자나 은둔자 신세에 불과했다. 또한 막시무스가 민정이나 군정 관리의 직책에 있다 하더라도 총독이나 장군직 정도는 아니었다.[7] 당대의 편파적인 사가들도 그가 재능 있을 뿐 아니라 고결한 인물이었음을 인정한다. 그가 테오도시우스 황제의 적이 되어 패배한 뒤에조차 이렇게 호의적인 평가가 나온 사실로 보아 정말로 비범한 인물이었음은 틀림없다. 막시무스는 불만에 차서 황제의 행동을 비판하게 되었고, 야심 때문은 아니었겠지만 군대의 불만을 부추기는 쪽으로 마음이 기울었을 것이다. 그러나 소란이 벌어진 와중에도 그는 교활함에서인지 신중함에서인지 모르지만 제위에 오르기를 거부했다. 강요에 의해 어쩔 수 없이 황제의 자의에 따르는 위험을 받아들인다는 선언을 하였다는 것이 어느 정도는 진실이었던 듯하다.[8]

그러나 제위를 거절하는 데에도 마찬가지로 위험이 따랐다. 그가 좁은 브리타니아 경계 너머로 야심을 펼치지 않는다 하더라도, 적법한 군주에 대한 충성 서약을 위반한 그 순간부터 통치는커녕 살아남기를 바랄 수도 없는 처지였다. 그는 대담하고 현명하게도 선수를 쳐서 그라티아누스의 계획을 막기로 결심했다. 그는 섬의 젊은이들을 휘하에 모아 함대와 군대

그라티아누스의 도망과 죽음

[6] 에웃다의 딸인 헬레나이다. 그녀의 교회가 카이르세곤트, 지금의 캐어나본에 아직도 남아 있다. 현명한 독자라면 이러한 웨일스의 흔적에 만족하지는 않을 것이다.

[7] 캠든(Cambden)은 그를 브리타니아의 총독이라 했다. 파카투스와 조시무스는 이런 오류와 허구를 막으려고 애썼다. 나는 그들의 결정적인 증언 덕분에 이를 피할 수 있었다.

[8] 술피키우스 세베루스와 오로시우스 둘 다 그의 결백과 공적을 인정했다. 그의 라이벌의 적대자인 조시무스가 막시무스를 그다지 호의적으로 다루지 않은 점은 놀랄 만하다.

를 이끌고 갈리아를 침공했다. 이는 이후 오랫동안 브리튼족의 대이주로 기억되었다.9 그라티아누스 황제는 파리에서 유유자적하던 중 적들이 접근해 오자 혼비백산했다. 그가 사자며 곰 따위에 헛되이 낭비한 화살을 제대로 쓸 때가 온 것이다. 그러나 그는 위기에 제대로 대응하지 못하고 타락한 정신과 자포자기한 모습만을 보여 주었다. 그 결과 아직 국민들과 동맹국들의 지원을 구할 수 있었음에도 불구하고 남은 기반마저 잃고 말았다. 갈리아 군대는 막시무스의 행군을 막기는커녕 기뻐하면서 충성을 다짐하는 환호로 그를 맞이했다. 이제 국민들이 아니라 군주가 버림받았다는 수치감을 느껴야 했다. 궁정의 경비를 맡은 군대까지도 파리 인근에 적군이 나타나자마자 그라티아누스의 깃발을 버렸다. 서로마 황제는 겨우 300명의 기마병을 이끌고 리옹으로 도망쳤다. 그는 피난길에 만난 도시에서 의탁할 곳이나 하다 못해 통행 허가만이라도 얻고자 했지만, 모든 도시가 이 불행한 황제 앞에서 성문을 닫아 버렸다. 그렇다 해도 리요네수스 속주의 총독에게 속아 넘어가는 치명적인 실수만 저지르지 않았어도, 동생(발렌티니아누스 2세)의 영토에 안전하게 도착하여 이탈리아와 동로마의 병력을 이끌고 귀환할 수 있었을 것이다. 그라티아누스는 거짓된 충성 서약과 지원 약속에 한껏 고무되었으나, 막시무스의 기병대장 안드라가티우스가 뒤쫓아와 그의 불안한 기다림에 종지부를 찍어 주었다. 안드라가티우스는 일말의 가책도 없이 막시무스가 직접 명령하지는 않았지만 마음속에 품은 생각을 실행에 옮겼다. 그라티아누스는 저녁 식탁에서 일어나다가 암살자의 손에 쓰러졌다. 안드라가티우스는 발렌티니아누스의 애원에도 불구하고 시체조차 넘겨주지 않았다.10 황제 다음으로 프랑크족의

서기 383년 8월

9 어서 대주교는 섬과 대륙의 전설들을 부지런히 수집했다. 3만 명의 병사들, 10만 명의 평민들로 구성된 이주민 집단은 브레타뉴에 정착했다. 그들의 신부로 예정되었던 성 우르술라와 1만 1000명의 귀족들, 6만 명의 평민 처녀들은 길을 잘못 들어 콜로뉴에 상륙했다가 대부분 훈족의 손에 잔인하게 학살당했다. 그러나 평민 처녀들은 똑같은 영예를 누리지 못했다. 트리테미우스(John Trithemius)는 이 영국 처녀들의 아이들에 대해서 언급하고 있다.

10 조시무스는 갈리아의 루그두눔에서 모에시아의 싱기두눔까지 그라티아누스의 죽음을 전했다. 연대기를 보면 몇 가지 추이가 가능한데, 소조메노스와 소크라테스의 기록에서는 거짓으로 쓴 부분이 발견된다. 암브로시우스의 증언이 가장 믿을 만하다.

왕이며 그의 장군인 멜로바우데스가 살해되었다. 그는 최후의 순간까지 속을 알 수 없는 음흉한 정책을 편 데 대한 응분의 대가를 치렀다는 것이 세간의 평이었다.[11] 이 처형은 국가의 안위를 위해 필요했을지도 모른다. 그러나 막시무스는 서로마의 모든 속주로부터 권력을 인정받는 성공을 거둔 찬탈자로서, 전쟁 중 운이 나빠 죽은 자들을 제외하고는 로마인의 피로 그의 승리를 더럽히지 않았다고 자랑할 만했다.

[11] 파카투스는 그의 충성심을 찬양했으나 프로스페루스의 연대기에는 그의 반역 행위가 그라티아누스의 몰락을 가져왔다고 기록되어 있다. 암브로시우스는 그라티아누스의 충직한 종복이었던 발리오의 죽음에 대해 비난하고 있을 뿐이다.

이 혁명은 눈 깜짝할 사이에 이루어졌기 때문에, 테오도시우스는 자신의 은인(그라티아누스)을 구하러 행군에 나서기도 전에 그가 사망했다는 소식을 전해 들었다. 진심에서 우러난 것이었는지 남에게 보이기 위한 애도였는지 모르지만 슬픔에 잠겨 있던 동로마 황제는 막시무스의 시종장의 방문을 받았다. 일반적으로 환관들이 맡는 직책을 덕망 있는 노인이 수행하는 것을 보고 콘스탄티노플 궁정은 찬탈자의 인품과 신중함을 실감했다. 이 사신은 그라티아누스의 살해는 흥분한 병사들이 막시무스에게 알리지도 않고 저지른 일이었다고 그럴듯하게 주장하면서 막시무스에 대한 변명을 늘어놓았다. 그러나 곧 이어 그는 단호하고 침착한 어조로 테오도시우스에게 전쟁과 평화의 갈림길에서 양자택일하라고 요구했다. 그는 막시무스가 로마인으로서, 국민들의 아버지로서 공화국 전체의 방위를 위해서만 무력을 쓰기를 바라고 있지만, 친선 제의가 거부당한다면 무장하고 전장에 나서서 제국을 놓고 겨룰 태세가 되어 있노라는 의기충천한 선언으로 말을 마쳤다. 이에 대해 즉답을 요구했으나, 테오도시우스로서는 이러한 중대한 경우에 개인적인 감정과 국민들의 기대 중 어느 쪽을 따라야 할지 결정하기 어려웠다. 명예를 지키고 은혜를 갚아야 한다는 목소리는

서기 383~387년, 막시무스와 테오도시우스 사이의 평화 협정

복수를 부르짖었다. 그는 그라티아누스의 관대함 덕에 황제의 관을 받았다. 그가 복수하지 않고 참는다면 근래에 입은 은혜보다는 과거의 피해를 더 마음속 깊이 품고 있다는 불쾌한 의심을 부추기게 될 것이며, 친선 제의를 수락한다면 암살자의 공모자가 된다. 막시무스를 단죄하지 않는다면 정의의 원칙과 사회의 이해관계마저 심각한 타격을 입게 될 것이며, 성공한 찬탈자의 전례를 남김으로써 정교하게 짜인 통치 조직의 와해를 가져오고 제국을 다시 한 번 이전 시대의 재난에 빠뜨리게 될지도 모르는 일이었다. 개인의 행동에서는 감사의 정과 명예심이 항상 중요한 행동 규범이 되어야 하겠지만, 황제의 마음속에서는 더 고차원적인 책임 의식이 이를 압도했다. 그가 내린 처벌에 무고한 자들까지 말려들어 해를 입게 된다면, 정의와 자비의 원칙에 비추어 흉악범이라도 형을 면제해 주어야 마땅하다. 그라티아누스를 암살한 자는 찬탈자임에 분명하지만, 이제는 제국에서도 가장 호전적인 속주들을 실질적으로 소유한 자였다. 동로마 제국은 연이은 재난에다가 승리하기는 했어도 고트족과의 전쟁에 힘을 다 써 버린 상태였다. 따라서 성패가 의심스러운 파괴적인 싸움에 국가의 힘을 소진하는 날에는 북방의 야만족들 앞에 손쉬운 먹잇감이 될 수도 있다는 우려가 앞섰다. 이런 사정을 심각하게 고려한 끝에, 테오도시우스는 분노를 감추고 찬탈자의 동맹 제의를 받아들이기로 했다. 그러나 막시무스가 알프스 너머 지역의 소유권을 차지하는 데 만족해야 한다는 조건을 달았다. 그라티아누스의 동생(발렌티니아누스 2세)은 이탈리아, 아프리카, 일리리쿰 서부의 통치권을 확보했으며, 죽은 황제의 유훈과 그가 만든 법들을 보존하도록 몇 가지 명예로운 조항들이 조약에 추가되었다. 당시의 관습에 따라 국민들이 경배를 올리도록 세 공동 통치 황제의 초상이 걸렸다. 그러므로 엄숙한 강화 조약이 체결되는 순간 테오도시우스가 남몰래 배신과 복수를 다짐했으리라는 추측은 그다지 신빙성이 없다.[12]

그라티아누스는 로마 병사들을 멸시했다가 그들의 분노를 사 치명적인 결과를 맞았다. 그러나 그는 그리스도교 성직자들에게는 깊은 존경을 바쳤으므로, 어느 시대에나 천상과 지상 양쪽의 명예를 내려 주는 특권을 지녀 온 이 강력한 집단으로부터는 찬사와 감사로 보답받았다.[13] 정통파 주교들은 그의 죽음이 가져온 돌이킬 수 없는 손실에 애통해 했다. 그러나 그들은 곧 그라티아누스의 왕홀이 깊은 믿음과 뜨거운 신앙열은 물론이고 우월한 재능과 활력까지 갖춘 군주의 손에 넘어갔다는 사실을 알고 안심했다. 교회의 후원자들 중에서 테오도시우스의 영광은 콘스탄티누스의 명성에 필적했다. 콘스탄티누스가 십자가의 기를 세우는 위업을 이루었다면, 그의 후계자는 아리우스파 이단을 굴복시키고 로마 제국에서 우상 숭배를 폐지하는 공을 세웠다. 테오도시우스는 참된 삼위일체 신앙에 따라 세례를 받은 최초의 황제였다. 그는 그리스도교 가문에서 태어났지만 당시의 관습에 따라 세례식은 뒤로 미루었다. 그러나 치세 첫 해가 끝나갈 무렵 생명이 위험할 정도의 중병을 앓고 난 뒤, 더 이상 미루면 위험하겠다는 생각이 들었다. 그래서 고트족을 상대하러 다시 전장에 나가기 전 테살로니카의 정통파 주교인 아콜리우스로부터 세례를 받았다.[14] 그리하여 황제는 갱생했다는 희열에 싸여 세례반(洗禮盤)에서 몸을 일으키면서, 자신의 신앙을 널리 알리고 국민들의 종교를 규제하는 엄숙한 칙령을 포고했다.

서기 380년 2월, 테오도시우스의 세례와 정통파 신앙에 관한 칙령

[12] 조시무스의 불쾌한 억측은 근거가 없지만, 테오도시우스의 벗들이 완전히 잊었거나 가볍게 언급하고 넘어간 평화 조약은 부정할 수 없다.

[13] 밀라노의 대주교는 그의 제자 그라티아누스에게 천상에서 높은 자리를 내려 주었다.

[14] 아콜리우스(또는 아스콜리우스)는 암브로시우스와 친교가 있었으며 그의 찬사를 받았다.

짐은 관용과 중용의 원칙으로 다스려지는 이 나라가 일찍이 성 베드로가 로마인들에게 가르쳤던 종교를 꾸준히 고수해 나가기를 원하노라. 이 가르침은 참된 전통으로 지켜져 왔으니, 교황 다마수스와 성스러운 사도인 알렉산드리아의 주교 베드로에 의해 지금껏 공인되었도다. 사도들의 가르침과 복음서의 말씀에 따라 성부와 성자와 성신이 동등한 주권과 신성한 삼위일체 아래에서 단일한 신격을 이룸을 믿어야 할 것이다. 이 교리를 따르는 자들만이 그리스도교인의 자격을 얻을 수 있다. 그밖에 다른 자들은 모두 터무니없는 광신도에 불과하다. 따라서 그들에게 이교도라는 수치스러운 낙인을 찍고, 그들의 비밀 집회가 더 이상 교회의 신성한 이름을 취할 수 없음을 선언하는 바이다. 신의 정의에 따른 심판 말고도, 그들은 천상의 지혜로 인도되는 짐의 권위에 의하여 마땅한 엄벌을 받게 될 것이다.

군인의 신앙은 보통 스스로 연구한 결과보다는 교육받은 결과인 경우가 많다. 그러나 황제는 세심한 주의를 다하여 구성한 정통 그리스도교의 가르침을 항상 지표로 삼아 왔기 때문에, 아리우스파의 그럴듯한 글이나 교묘한 주장, 모호한 교리 따위에 마음이 흔들리는 일은 절대 없었다. 언젠가 한번은 콘스탄티노플에서 얼마 떨어지지 않은 곳에 은거하여 지내는 학식 높은 달변가 에우노미우스와 대화를 나눠 보고 싶다는 의향을 슬쩍 밝힌 적이 있었다. 그러나 남편의 구원 문제에 대해 몹시 근심한 황후 플락킬라의 애원으로 이 위험한 접견은 무산되었다. 그리고 아무리 미련한 자에게라도 통할 만한 한 신학자의 주장이 테오도시우스의 마음을 더욱 굳혀 주었다. 그 일이 있기 바로 전에 그는 큰아들 아르카디우스에게 아우구스투스의 칭호와 영예를 내려 주었다. 두 황제는 높은 옥좌에 앉아 신하들의 예를 받았다. 이때 이코니움의 주교 암필로키우스가 옥좌로 다가가 군주에게 예를 올린 다음, 왕이 된 젊은이에게 다가가 평민의 자식에게나 쓸 법한 투로 예의 없이 말을 걸었다. 황제는 그의 무례한 행동에 화가 나서 이 시골뜨기 사제를 당장 내쫓아 버리라고 명령했다. 그러나 호위병들이 그를 문으로 끌고 갈 동안의 시간을 이용하여 이 영리한 논객은 다음과 같이 큰소리로 외침으로써 자신이 뜻한 바를 실행에 옮길 수 있었다.

> 오 황제시여, 아버지는 숭배하는 척하면서도 아들의 권위는 인정하지 않는 불경스러운 자들을 위해 천상의 왕께서 준비해두신 대접이 바로 이런 것이옵니다!

테오도시우스는 곧 이코니움의 주교를 포옹했고, 이 극적인 우화에서 얻은 소중한 교훈을 절대 잊지 않았다.[15]

콘스탄티노플은 아리우스파의 본거지이자 요새였다. 40여 년의 긴 세월 동안[16] 동로마 제국의 수도를 통치한 군주

서기 340~380년, 콘스탄티노플의 아리우스주의

들과 성직자들의 신앙은 로마와 알렉산드리아의 더 순수한 교파들로부터 배척당했다. 수많은 그리스도교인들의 피로 더럽혀져 온 마케도니우스의 대주교직은 에우독수스와 다모필루스가 차지했다. 그들의 교구에서는 제국의 온 속주로부터 흘러들어 온 악덕과 과오가 판을 쳤다. 유유자적하며 참견하기를 즐기는 대도시 사람들에게 종교 논쟁은 새로운 소일거리가 되었다. 한 지적인 관찰자가 그들의 수다스러운 종교열이 가져온 결과를 다음과 같이 농담처럼 묘사한 것도 일리가 있다.

---

[15] 티유몽은 '시골뜨기 사제', '이름 없는 도시'와 같은 표현에 불쾌감을 나타냈다. 그러나 나는 암필로키우스와 이코니움이 로마 제국에서 그다지 중요하지 않은 존재들이었다고 생각한다.

[16] 현명하게도 니코메디아의 주교직을 콘스탄티노플의 자리와 맞바꾼 에우세비우스가 선출된 해부터 세어야 40년이란 계산이 나온다.

이 도시는 너나 할 것 없이 심오한 신학자를 자처하며, 가게 며 길거리에서 설교를 하는 수리공들과 노예들로 넘쳐 나고 있다. 만일 당신이 누군가에게 은전 한 닢을 거슬러 달라고 하면 그는 당신에게 성자가 어떤 점에서 성부와 다른지 알려 줄 것이고, 빵 한 덩어리 값을 물어보면 성자가 성부 아래에 있다는 답이 돌아올 것이다. 목욕물이 준비되었느냐고 물어보면 성자는 무에서 창조되었다고 대답한다.[17]

콘스탄티노플에서는 수많은 이단들이 아리우스파의 비호 아래에서 평화롭게 지냈다. 그들은 니케아 신조의 신봉자들을 제압했던 승리를 무자비하게 마구잡이로 휘두르면서도 이 교파의 호의를 잃지 않으려고 애썼다. 콘스탄티우스와 발렌스의 불공정한 치세가 계속되는 동안, 얼마 남지 않은 호모오우시온파는 공개적으로나 개인적으로나 예배를 드릴 권리를 빼앗겼다. 이렇게 되니 양치기 없이 뿔뿔이 흩어진 양 떼는 산 속을 방황하다가 탐욕스러운 늑대들의 밥이 되는 수밖에 없었다.[18] 그러나 그들의 신앙열은 사그라지기는커녕 탄압에서 힘을 얻었으므로, 불완전하나마 발렌스의 죽음으로 얻게 된 자유를 발판 삼아 성직자가 이끄는 정규 신도단을 결성했다. 카파도키아 출신인 바실리우스와 나지안주스의 그레고리우스는 드물게 세속적인 능변과 정통 신앙을 모두 갖춘 자들로, 동시대인들[19] 중에서도 이채를 발했다. 스스로 혹은 대중들에 의해 고대 그리스의 가장 뛰어난 위인들과 비교되기도 했던 이 두 웅변가는 절친한 친구 사이였다. 그들은 아테네 학파에서 동문수학했으며, 서로 뒤지지 않는 신앙심으로 폰투스 사막에서 함께 은거 생활을 했다. 그레고리우스와 바실리우스의 솔직 담백하고 신

나지안주스의 그레고리우스

---

[17] 나지안주스의 그레고리우스가 한 서른세 번째 설교문도 훨씬 더 조롱의 의미가 강하지만 비슷한 이야기를 전하고 있다. 그러나 아직 정확하고 편견 없는 학자의 신뢰를 얻을 만한 기록은 찾아내지 못했다.

[18] 나지안주스의 그레고리우스의 서른두 번째 설교문에는 자신의 일생에 대해 지은 1800행의 단장격 시가 있다. 하지만 의사들은 누구나 자신이 치료한 병이 고치기 힘든 고질병이었다고 과장하는 법이다.

[19] 나지안주스의 그레고리우스가 자기 나이를 착각하지 않았다면 그의 친구 바실리우스와 그는 서기 329년경에 태어났다. 수이다스는 주교가 된 후 아이를 낳은 그레고리우스의 아버지의 추문을 삭제했기 때문에 앞뒤가 맞지 않음에도 불구하고 받아들여 왔다.

성한 마음속에서 경쟁심이나 질투심 따위는 손톱만큼도 발붙일 틈이 없어 보였다. 그러나 바실리우스가 일개 사인의 위치에서 카이사레아의 대주교직에 오르게 되자, 아마 자신도 미처 몰랐을 오만함이 만천하에 드러났다. 그는 친구에게 호의를 베푸는 척했지만 심한 모욕을 줄 의도를 감추고 있었다. 이 오만한 성직자는 그레고리우스를 높은 자리에 등용하여 뛰어난 재능을 발휘할 기회를 마련해 주는 대신, 그를 위해 사시마[20]라는 곳을 골랐다. 그곳은 바실리우스가 맡은 드넓은 속주의 쉰 개 교구 중에서도 가장 형편없는 지역으로 물도, 수목도, 주민도 없고 세 개의 대로가 만나는 지점에 위치하여 거칠고 소란스러운 마부들만 오가는 곳이었다. 그레고리우스는 내키지 않았지만 추방이나 다름없는 이 굴욕적인 임명을 수락하여 사시마의 주교가 되었다. 그러나 이 혐오스러운 신부와의 영적인 결혼을 결코 완전히 받아들이지 않았다고 엄숙하게 주장했다. 그 후 그레고리우스는 아버지가 45년간 주교로 재직했던 고향 나지안주스[21]의 지배권을 맡는 데 동의했다. 그러나 여전히 마음속에 다른 청중과 무대를 그리고 있었으므로, 콘스탄티노플의 정통파 교회가 영광스럽게도 그를 초대하자 사심 없이 응했다. 수도에 도착한 그레고리우스는 경건하고 자비로운 친척의 집에서 환대를 받았다. 친척은 가장 넓은 방을 예배 올릴 장소로 봉헌하고 니케아 신조의 부활을 선언하는 뜻에서 아나스타시아(Anastasia)라는 이름을 붙였다. 이 비밀스러운 집회소가 나중에 엄청난 규모의 교회로 바뀌었다. 다음 세기의 경박한 후손들은 이 집회소에 성모가 나타났다느니, 그것까지는 아니라도 적어도 보호해 주었다느니 하는 기적담을 열렬히 믿었다. 아나스타시아의 설교단은 그레고리우스가 온갖 노고를 쏟고

서기 378년 11월, 콘스탄티노플의 초대에 응하는 그레고리우스

[20] 이러한 사시마에 대한 호감이 안 가는 묘사는 나지안주스의 그레고리우스가 기록한 대로이다. 이곳의 정확한 위치는 안토니누스의 여행기를 보면 아르켈라이스에서 49마일, 티아나에서 32마일 떨어진 곳으로 나와 있다.

[21] 나지안주스는 그레고리우스로 하여 불후의 명성을 얻었다. 그러나 그의 고향 마을은 디오카이사레아라는 그리스식인지 로마식인지 모를 이름으로 플리니우스, 프톨레마이오스, 히에로클레스가 언급하였다. 이곳은 이사우리아 변두리에 위치해 있었던 것 같다.

승리를 거둔 무대였다. 그는 2년에 걸쳐 갖은 영적 모험을 겪으며 선교사로서의 영광과 좌절을 두루 맛보았다. 그의 대담한 기도에 자극받은 아리우스파는 그가 세 개의 신격이 각기 다르면서 동등한 것처럼 설교했다고 주장했다. 신앙심 깊은 대중은 흥분하여 아타나시우스파 이단들의 불법 집회를 폭력과 난동으로 막으려 나섰다. 성 소피아 성당에서 '동정할 가치도 없는 걸인들, 염소나 사티로스 같은 꼬락서니의 수도승들, 이사벨보다도 더 끔찍한 몰골의 여자들'이 마구 뒤섞인 무리가 쏟아져 나왔다. 아나스타시아의 문이 부서져 나가고, 악의에 찬 군중들이 나뭇가지, 돌멩이, 불붙은 삭정이 따위를 던져 넣었다. 소란 속에서 한 남자가 목숨을 잃게 되자 그레고리우스는 다음 날 아침 행정관 앞에 호출당했으나, 자신의 신앙을 공개적으로 발언할 수 있게 되어 만족스러웠다. 그는 외부의 적들로부터의 공포와 위험으로부터는 벗어났다. 그러나 발아 단계에 불과했던 그의 교회는 내부 분열로 인해 명예를 더럽히고 혼란에 빠졌다. 막시무스[22]라는 이름의 한 이방인이 견유학파 철학자처럼 차리고 나타나 교묘하게 그레고리우스의 신임을 얻어서 그의 호의를 기만하고 남용했다. 그는 몇몇 이집트 주교들과 몰래 결탁하여 비밀리에 서품을 받아 자신의 후원자 그레고리우스의 콘스탄티노플 주교직을 빼앗으려고 시도했던 것이다. 이런 수모까지 당하게 되자 이 카파도키아의 선교사도 차라리 세상을 벗어난 은거 생활이 그립기까지 했을 것이다. 그러나 그의 명성은 나날이 높아지고 신도들도 불어났으므로 노고에 대한 보답이 되었다. 수많은 청중들이 그의 설교를 듣고 설교자[23]의 열변에 대한 만족감이나 자신들의 신앙과 실천이 여러 면에서 모자라다는 반성을 안고 물러가는 모습을 보는 것이야말로 그에게는 더할 나위 없는 기쁨이었다.

[22] 그레고리우스는 막시무스를 칭찬하는 내용의 연설을 한 적도 있었으나, 그들의 싸움이 있은 후 막시무스의 이름은 헤론(Heron)으로 바뀌었다. 이 내용도 확실하지 않고 사적인 다툼에 대해서는 가볍게 언급하고 넘어가는 정도로 그치겠다.

[23] 그레고리우스는 꿈이라는 겸손한 표현으로 얼마간 인간적인 만족감을 내비치며 자신의 성공을 묘사했다. 그러나 성 히에로니무스와 허물없이 나눈 대화를 보면, 이 설교자는 대중이 보내는 갈채의 참된 가치를 알고 있었던 것으로 보인다.

콘스탄티노플의 가톨릭교도들은 테오도시우스가 세례를 받고 칙령을 공포하자, 자신감을 얻어 활기를 띠고서 그가 한 은혜로운 약속들이 어떤 결과로 나타날지 초조하게 기다렸다. 과연 머지않아 그들의 희망은 성취되었다. 황제는 전투를 끝내자마자 승리한 군대를 이끌고 수도에 개선했다. 그는 도착한 다음 날 다모필루스를 불러다 놓고 아리우스파 성직자들에게 니케아 신조에 따르든지, 그렇게 못하겠으면 대주교 관저와 성 소피아 대성당을 비롯한 콘스탄티노플의 모든 교회의 소유권과 사용권을 정통파 신도들에게 즉각 넘기라는 어려운 선택안을 내놓았다. 가톨릭 성인이라도 박수를 보내지 않을 수 없을 만큼 뜨거운 신앙심을 지닌 다모필루스는 한 치의 망설임도 없이 가난과 유랑[24]을 택했다. 그가 물러나자 곧바로 황제의 도시를 정화하는 작업이 뒤따랐다. 아리우스파들은 세력이 미미한 교파가 감당하지 못할 백여 개나 되는 교회를 찬탈하고 훨씬 더 큰 교파를 가혹하게 쫓아냈다고 나름대로 정당성이 있는 불평을 토로했으나, 테오도시우스는 여전히 굽히지 않았다. 가톨릭의 대의를 수호하는 천사들은 믿는 자의 눈에만 보이는 법이므로, 그는 더 효과적인 지상의 무기들을 동원해서라도 이 천상의 군단을 지원하고자 황제의 수비대를 보내 소피아 성당을 점거했다. 그레고리우스가 자만심에 약한 자였다면, 황제가 의기양양하게 그를 안내하여 거리들을 지나 몸소 콘스탄티노플 대주교직에 정중히 앉혔을 때 더할 나위 없이 생생한 만족감을 느꼈을 것이다. 그러나 이 성자는(아직 인간적인 불완전함을 극복하지 못했으므로) 양 떼의 우리로 들어선 자신이 양치기가 아니라 늑대로 생각되고 있으며, 안전을 위해 무력으로 호위받아야 하는 괴로운 상황에 있는 데 깊은 충격을 받았다. 그

서기 380년 11월,
콘스탄티노플에서
아리우스파의 몰락

[24] 소크라테스와 소조메노스는 다모필루스의 말과 행동에 대해 찬동하는 말은 한 마디도 없이 전했다. 소크라테스는 그가 권력을 쥔 자에게 맞서기 어렵다고 생각했다고 말한다. 그러나 굴복하는 것은 쉬울 뿐 아니라 이득을 볼 수 있을 것이다.

27장 15

25 콘스탄티노플 주교는 후세를 위해 엄청난 기적을 기록했다. 11월의 흐린 아침이었으나 행렬이 교회로 들어가자 해가 비쳤다.

26 세 사람의 교회 사가 중에서 테오도레투스만이 사포르의 중요한 임무에 대해 언급했으며, 티유몽은 현명하게도 그라티아누스 시대에서 테오도시우스 시대까지 이를 빼 버렸다.

27 필로스토르기우스가 다모필루스의 추방에 대해 언급하기는 했지만, 여기에서 그의 기록은 고려에 넣지 않겠다. 에우노미우스파 사가들은 이 정통파의 입 가벼운 인물을 주도면밀하게 이용했다.

는 인간으로서, 시민으로서 나무랄 데 없는 수많은 사람들에게 저주의 대상이었다. 그는 남녀노소 가릴 것 없이 무수히 많은 군중이 거리와 창문, 건물 지붕을 가득 메우고 분노, 비탄, 경악, 절망에 차서 절규하는 모습을 보았다. 그레고리우스는 그가 주교직에 오르던 역사적인 날, 동로마의 수도는 야만족 정복자의 손에 넘어간 도시와 같은 꼴이었다고 솔직하게 고백했다.25 6주쯤 지났을 무렵, 테오도시우스는 니케아 공의회의 교리를 신봉하지 않거나 인정하기를 완강하게 거부하는 성직자들과 주교들을 그의 영토 내 모든 교회에서 추방하겠다는 결정을 공표했다. 그의 신하 사포르가 전면적인 법률 집행권과 특별 권한을 위임받고 막강한 군사력까지 갖추고 나섰다.26 이 교회 개혁은 대단히 신중하면서도 강력하게 진행되었으므로, 황제의 종교는 동로마의 전 속주에서 쑥덕이나 유혈 사태 없이 확립되었다. 아리우스파의 문헌들이 아직까지 남아 있다면27 아마도 불경스러운 테오도시우스 치하에서 교회가 겪은 박해에 관한 슬픈 이야기들을 전했을 것이다. 독자들은 제삼자로서 아리우스파의 신성한 증거자들이 겪은 고통을 동정했을지도 모를 일이다. 그러나 저항하는 자가 없었던 탓에 신앙열과 복수심에서 나온 폭력이 그리 심하지는 않았다. 아리우스파는 역경에 처하자 정통파가 콘스탄티우스와 발렌스 치하에서 버텼던 것보다 훨씬 약한 모습을 보였다. 반목하는 양 교파는 다같이 인간 본성과 종교의 공통 원칙을 도덕성과 행동의 근거로 삼았으나, 다만 믿음의 정도에서만 중요한 차이가 있었던 것 같다. 양 교파는 예배당에서뿐 아니라 학교에서도 그리스도의 신적인 권위를 인정하고 숭배했다. 사람들은 항상 신성(神性)에 자신들의 감정과 열정 모두를 바치려는 경향이 있기 때문

서기 381년, 동방에서 아리우스파의 몰락

에, 신의 아들의 놀라운 완전성에 제한을 두기보다는 과장하는 편이 더 현명하고 경건한 자세라고 생각했다. 아타나시우스의 사도(그레고리우스)는 이제 이만하면 신의 은총을 바라도 좋다며 자랑스러움과 자신감에 차서 크게 기뻐한 반면, 아리우스의 추종자들은 세계의 심판자이신 그리스도께 찬양과 영광을 너무 적게 돌리는 씻지 못할 불경죄를 범하지 않았는가 하는 근심에 남몰래 괴로워했을지도 모른다. 아리우스파의 견해는 냉정하고 사색적인 정신의 소유자를 만족시킬 수 있겠지만, 믿음의 시대에 인기를 얻고 성공을 거두기에는 신앙과 헌신의 공을 강력히 내세우는 니케아 신조의 교리가 훨씬 더 적합했다.

테오도시우스 황제는 정통파 성직자들을 모아 집회를 열어 진리와 지혜를 구하겠다는 희망을 품고 콘스탄티노플에 150명의 주교들을 불러 종교 회의를 열었다. 그들은 일찍이 니케아 공의회에서 확립된 신학 체계를 되도록 빨리 완성하는 일에 착수했다. 4세기경 주로 성자(聖子)의 본질을 놓고 격렬한 토론이 벌어졌는데, 삼위일체 중 제2 신격에 관한 다양한 견해들이 자연에서 얻은 유비(類比)에 의해 제3 신격까지 연장 적용되었다.[28] 그러나 아리우스파에 대해 승리를 거둔 정통파로서도 존경받는 학자들의 애매모호한 표현에 해설을 달 필요성을 느꼈다. 이는 가톨릭교도들의 신앙심을 재무장하고, 성자와 성부의 동질성을 거리낌 없이 인정하면서도 세 신의 존재를 인정하는 것처럼 비쳐질까 두려워하는 일관성 없는 마케도니우스파를 단죄하기 위해서였다. 그리하여 성령의 동등한 신격을 인정하는 최종 판결이 만장일치로 내려졌다. 그리스도교 세계의 모든 민족과 교회들은 이 신비스러운 교리를 받아들이고, 테오도시우스의 주교들에게 감사와 경의를 표하기 위해 공의

서기 381년 5월, 콘스탄티노플 공의회

[28] 르 클라크(Le Clerc)는 나지안주스의 그레고리우스가 아리우스파, 에우노미우스파, 마케도니아파에 대항하여 콘스탄티노플에서 행한 신학 설교문의 요약본을 전했다. 그는 성령 없이 성부와 성자를 신성시하는 마케도니아파에게 삼위이체론자(Tritheist)들을 선악이신론자(Ditheist)로 부르는 편이 낫겠다고 말했다. 그레고리우스 자신은 삼위이체론자에 가까웠으며 그가 생각하는 천상의 왕국은 탄탄한 귀족 사회와 비슷했다.

29) 콘스탄티노플에서 처음으로 개최되었던 공의회가 이제는 바티칸에서 승리를 거두었다. 그러나 교황들은 오랫동안 주저했으며, 이 때문에 티유몽은 혼란을 느끼다 못해 심하게 동요하기까지 했다.

30) 멜레티우스가 죽기 전, 그의 사제들 중에서도 플라비아누스를 비롯하여 가장 명망 높은 자들 여섯 내지 여덟 명이 평화를 위해 안티오크의 주교직을 버렸다. 티유몽은 이 이야기를 믿지 말아야 한다고 생각했으나, 플라비아누스의 삶을 살펴보면 크리소스토무스의 찬사와 불일치하는 많은 정황 증거들이 있다고 실토했다.

회에서 두 번째 서열을 주었다.29 종교적 진리에 대한 그들의 지식은 전통에 의해 보존되어 온 것일 수도 있고 영감을 통해 얻은 것일 수도 있지만, 실제 역사적 증거에 비추어 보면 콘스탄티노플 교부들의 개인적 권능을 그다지 높이 평가하기는 어렵다. 성직이 초기 사도들의 순수성으로부터 수치스러울 만큼 타락해 버린 시대에, 가장 무능력하고 부패한 자들이 종교 회의마다 가장 열성적으로 끼어들어 분위기를 어지럽히곤 했다. 상충하는 수많은 이해관계와 기질들이 갈등을 빚으며 부글부글 끓어오르면서 주교들의 열정에도 불을 지펴, 황금에 대한 탐욕과 논쟁욕이 그들을 지배했다. 지금은 테오도시우스의 정통파에 갈채를 보내는 고위 성직자들 중 상당수가 잽싸게 자신의 신조와 견해를 번갈아 바꿔 온 자들이었다. 교권과 정권이 바뀔 때마다 그들은 군주의 종교에 따라 자신의 믿음을 바꾸었다. 황제의 영향력이 일시 중지될 때면, 종교 회의는 자만심, 증오, 분노 등 부조리하고 이기적인 동기들에 의해 맹목적으로 이끌려 갔다. 이때 콘스탄티노플에서 갑작스럽게 멜레티우스가 사망함으로써 그의 연로한 경쟁자인 파울리누스도 성직에서 조용히 물러나게 되었다. 안티오크의 분열에 종지부를 찍을 절호의 기회였다. 파울리누스의 신앙과 덕성은 한 점 얼룩도 없이 깨끗했으나, 서방 교회만이 그의 대의를 지지하고 있었다. 또한 종교 회의의 주교들은 성자의 탄생과 죽음을 둘러싼 주장에서 볼 수 있듯이, 허구에 불과하더라도 동방 교회의 권위를 포기하느니 차라리 위증죄를 범한 후보30를 서둘러 임명함으로써 분열 상태를 유지하고자 했다. 이렇게 부당한 방향으로 혼란스럽게 사태가 진행되자, 회의에서 가장 근엄한 자들조차도 이의를 제기하며 탈퇴했다. 전투의 주도자로 남은 소란스러운 다수파의 꼬락서니는 말벌이나 까치, 까마귀 떼, 거위 떼와 같았다.

일부 집요한 이단이나 악의를 품은 이교도들의 편파적인 붓으로 종교 회의가 이처럼 볼썽사납게 묘사되었다는 의심을 품을지도 모른다. 그러나 이 교훈적인 사건을 후세에 전하는 진지한 역사가의 이름은 미신과 편견이라는 무력한 불평을 쏙 들어가게 만들 것이다. 그는 당대의 가장 독실하고 웅변에 뛰어난 주교들 가운데 하나로, 교회의 성인이자 학자이며, 아리우스파에게는 무서운 적이면서 정통파 신앙의 지주이고, 콘스탄티노플 공의회에서도 가장 걸출한 인물로 멜레티우스의 사망 이후 회의를 주재하게 된 인물, 바로 나지안주스의 그레고리우스였다. 그가 겪은 가혹하고 비열한 처사31는 증언의 신뢰성을 떨어뜨리지 않으면서 종교 회의를 이끈 분위기를 보여 주는 추가적인 증거가 된다. 그들은 만장일치로 찬성표를 던져 대중의 선택과 황제의 승인을 얻은 콘스탄티노플 주교의 주장을 재확인해 주었다. 그러나 그레고리우스는 곧 악의와 질투의 희생자가 되었다. 그의 열성적인 지지자였던 동로마 주교들은 그가 안티오크의 교회 문제에 미적지근한 태도를 보이는 데 분개하여, 일체의 지원을 중지하고 그를 적대파인 이집트인들의 공격에 내맡겼다. 이집트인들은 그가 의장으로 선출된 것이 유효한지 시비를 걸었다. 그들은 주교가 함부로 전임하지 못하도록 금지한 낡아 빠진 교회 법규까지 들고 나와 격렬하게 공격했다. 그레고리우스는 자만심에서였는지 굴욕감에서였는지 모르지만 야심과 탐욕에서 나온 것으로 비칠 수도 있는 논쟁을 거부했다. 그는 전혀 분개하지 않은 것은 아니었지만, 자신의 노고를 통해 복구한 정도가 아니라 거의 창조했다고 해도 좋을 교회의 지배권을 포기하겠다고 공개적으로 선언했다. 종교 회

서기 381년, 나지안주스의 그레고리우스의 은퇴

31 열네 번째, 스물일곱 번째, 서른두 번째 연설문은 이 와중에 발표된 것이다. 이 중 마지막 연설문의 결론은 인간과 천사들, 도시와 황제에게 엄숙하게 작별을 고하는 것으로, 자못 연민의 정을 자아낼 뿐 아니라 장엄하기까지 하다.

32 종교열로 굳어지거나 달아오르지 않았다면 이런 것이 그의 타고난 심성이었다는 뜻으로 한 말이다. 그는 은거지에서 넥타리우스에게 콘스탄티노플의 이교도들을 처형하라고 권고했다.

의와 황제는 그의 예상보다 더 기꺼이 사임을 수락했다. 그는 비로소 승리의 결실을 즐기려던 순간에 원로원 의원 넥타리우스에게 주교직을 넘겨주어야 했다. 태평스러운 성격과 존경심을 자아내는 외모 덕에 운 좋게 자리를 얻게 된 새로운 대주교는 세례식을 급히 해치울 때까지 주교 서품식을 연기해야만 했다. 그레고리우스는 군주와 성직자들의 배은망덕을 뼈저리게 겪고 나서 카파도키아의 으슥한 은거지로 다시 들어가 약 8년간의 남은 여생을 시작(詩作)과 기도로 보냈다. 그의 이름에는 성인의 호칭이 내려졌지만, 나지안주스의 그레고리우스의 기억을 더욱 찬란히 빛나게 한 것은 그의 부드러운 심성32과 우아한 천재성이었다.

서기 380~394년, 이단자들에 반대하는 데오도시우스의 칙령들

테오도시우스가 아리우스파의 오만방자한 위세를 꺾고 가톨릭교도들이 콘스탄티우스와 발렌스의 광신으로 입은 피해에 대해 실컷 복수해 주었다고 해도 아직 충분치 않았다. 정통파 황제는, 모든 이단자는 천상과 지상의 지고한 권력에 거역하는 역적이므로, 천상과 지상의 권력은 각기 죄인의 정신과 육체에 고유의 재판권을 행사할 수 있다고 생각했다. 콘스탄티노플 회의는 포고령을 내려 진정한 신앙 규범을 확정했다. 테오도시우스의 양심을 지배한 성직자들은 가장 효과적인 박해 방법을 제안했다. 15년 동안 그는 이단, 그중에서도 특히 삼위일체의 교리를 거부하는 자들을 더 가혹하게 다루는 칙령을 적어도 열다섯 가지는 포고했다. 이것도 모자라 그들에게서 희망을 완전히 빼앗아 버리고자, 그는 판관들에게 이단에게 유리한 것이라면 어떤 법률이나 포고령도 사기나 위조로 이루어진 불법적인 것으로 간주해야 한다고 엄격하게 명령했다. 이단의 성직자들, 집회, 신도들을 겨냥한 형법이 제정되었다. 열변과 저

주의 말에서 입법자의 열정이 고스란히 드러났다. 1) 정통파 성직자에게는 특권과 보수를 후하게 베풀어 주었지만, 주교나 장로 등 신성한 호칭을 참칭하는 이단의 교사들로부터는 이를 박탈했다. 그뿐 아니라 이단의 교리를 설교하거나 의식을 행하는 자는 추방과 몰수의 중형으로 다스렸다. 이단의 성직 서품을 감히 내리거나, 받거나, 추진한 자들은 누구든지 벌금으로 금 10파운드(영국 돈으로 400파운드 이상)를 내야 했다. 사제들의 씨를 말린다면 무력한 양 떼들은 무지와 굶주림에 몰려서라도 당연히 가톨릭 교회의 울타리 안으로 돌아오지 않을 수 없으리라고 예상되었다. 2) 비밀 집회에 대한 엄격한 금지령이 이단자들이 양심의 명령에 따라 신과 그리스도에게 예배를 드릴 목적으로 모일 법한 모든 상황으로 확대 적용되었다. 그들의 종교적 모임은 공적인 것이든 사적인 것이든, 밤이든 낮이든, 도시에서건 시골에서건 모조리 테오도시우스의 칙령으로 금지되었으며, 불법적인 용도로 사용된 건물이나 토지는 몰수되어 황제의 소유가 되었다. 3) 이단들의 과오는 그들의 고집스러운 기질에서 나온 것이므로 비난과 처벌을 가해야 한다고 생각되었다. 그리하여 그들에게 특별히 동료 시민들과 구별되는 치욕의 낙인을 찍어 시민 사회에서도 파문함으로써 교회의 파문을 더욱 강화했다. 최고 권력자의 이러한 선언은 광신적인 대중이 이들에게 가한 모욕을 정당화해 주거나 적어도 비난받지 않을 구실을 마련해 주었다. 이단파 신도들은 점차 명예나 이익이 따르는 직업에서 밀려났다. 테오도시우스는 에우노미우스파가 성부와 성자의 성격을 다르게 보았다는 이유로 유언장을 만들거나 유언에 따른 기부로 이득을 취하지 못하도록 하는 포고령을 내려 놓고 자신의 정의로운 조치에 만족스러워했다. 마니교 이단자들의 죄는 너무나 크다고 여겨졌으므로, 죄인들은 오로지 죽음으로써만 속죄할 수 있었다. '14일교도'[33]라고 불리는 아우디우스파에게도 다른 날에 부활절 축제를 여는 악독한 죄를 범했다는 이유로 똑같은 극형이 내려졌다. 모든 로마인들이 공소권을 행사할 수 있었으나, 종교 재판관(이단 심문관)이라는 혐오스럽기 짝이 없는 이름의 관직이 처음 설치된 것도 테오도시우스 치세하에서였다. 그러나 그의 포고령이 거의 집행되지는 않았다. 신앙심 깊은 황제는 처벌하기보다는 다루기 힘든 국민들을 개심시키거나 겁줄 의도였던 것이 확실하다.

서기 385년,
프리스킬리아누스파에
대한 처형

테오도시우스는 박해의 원칙을 확립하여 성인들로부터 정의롭고 독실하다는 찬사를 받았다. 그러나 이를 실제로 완벽하게 실행에 옮긴 사람은 그의 라이벌이자 공동 황제인 막시무스로, 그는 종교적 견해 때문에 그리스도교도인 국민들의 피를 흘린 최초의 그리스도교 군주가 되었다. 근래에 일어난 이단으로 에스파냐 속주들을 혼란에 빠뜨렸던 프리스킬리아누스파에 대한 재판[34]은 보르도 종교 회의에서 트레브 교회 법원으로 넘겨졌다. 민정 총독의 판결에 따라 일곱 사람이 고문당한 끝에 유죄 선고를 받고 처형되었다. 이들 중 우두머리는 에스파냐 아빌라의 주교인 프리스킬리아누스였다.[35] 그는 고귀한 출생 신분과 재산뿐만 아니라 뛰어난 웅변의 재능과 학식까지 한 몸에 갖추고 있었다. 두 명의 장로와 두 명의 부제가 사랑하는 스승의 저승길을 함께하여 순교자의 영예를 누렸다. 그 밖의 희생자들은 고대 시인들의 명성에 버금가는 시인인 라트로니아누스와 웅변가 델피디우스의 미망인인 보르도의 귀부인 에우크로키아였다. 프리스킬리아누스의 견해를 받아들였던 주교 두 사람은 멀고 황량한 지역으로 유배되었다. 이들보다 죄가

[33] 그들은 항상 춘분 후 첫 번째 달이 뜨고 14일째 되는 날은 유대교의 유월절처럼 자신들만의 부활절로 지냈기 때문에, 부활절을 일요일로 박아 놓은 로마 교회와 니케아 공의회에 악착같이 반대했다.

[34] 라드너(Lardner)는 순수한 학식, 훌륭한 양식과 중용의 태도로 이 사건을 자세히 논했다. 티유몽은 교부들의 온갖 비열한 행위들을 샅샅이 캐냈다. 정말 유용한 청소부들이라 아니 할 수 없겠다.

[35] 이 관구는 지금은 연 2만 두카트 정도의 수입을 올리고 있기 때문에 새로운 이단 교파를 만들어 낼 것 같지는 않다.

가벼운 죄인들에게는 일찍 회개한 점을 참작하여 얼마간 관용이 베풀어졌다. 협박이나 고문으로 얻어 낸 자백과 모호한 소문에 따르자면, 프리스킬리아누스파는 마법, 신성 모독 행위, 외설적인 행동 등 온갖 추행을 저질렀다.36 프리스킬리아누스는 그의 여성 신도들을 벗 삼아 세상을 떠돌면서 집회 중에 전라로 기도를 드렸다는 비난을 받았다. 게다가 에우크로키아의 딸과 관계를 맺고 이를 훨씬 더 혐오스럽고 악질적인 수단으로 은폐했다는 주장이 제기되었다. 그러나 정확하게, 아니 공정하게 조사해 보면 프리스킬리아누스파가 자연의 법을 어겼다면 음란한 행동이 아니라 오히려 엄격한 금욕 생활 때문이었음을 알 수 있다. 그들은 부부 관계까지 비난했으므로, 무분별한 별거로 인해 가정의 평화가 깨지는 일도 많았다. 그들은 짐승의 고기는 어떤 것이라도 입에 대지 말도록 권고했으며, 끊임없는 기도, 단식, 철야로 엄격하고 완전한 헌신을 할 것을 거듭 가르쳤다. 그리스도의 위격과 인간 영혼의 본질에 관한 이 교파의 사변적인 교의는 그노시스파와 마니교파의 체계에 뿌리를 두었다. 이 공허한 철학이 이집트에서 에스파냐로 전해지면서 더 조잡한 서방의 정신에 잘못 수용되었던 것이다. 프리스킬리아누스의 사도들은 박해를 받으면서 점점 사라져 갔다. 그의 교의는 성직자와 대중으로부터 거부당했으나, 그의 죽음은 길고 격렬한 논쟁의 주제가 되었다. 그의 판결에 대해 어떤 자들은 비난을 퍼붓고 어떤 자들은 갈채를 보냈다. 이름 높은 성자이자 주교이면서 이 사건에 대해 관용을 주장했던 밀라노의 암브로시우스와 투르의 마르티누스37의 인간적인 모순을 살펴보는 것도 흥미를 자아낸다. 그들은 트레브에서 처형된 불행한 자들을 동정하면서, 살인죄를 저지른 주교들과 대화조차 거부했다. 나중에 마르티누스는 이 관대한 결의에서 한발 물러나기

36 아우구스티누스, 교황 레오 등의 인물들이 받은 수치스러운 비방을 티유몽은 어린아이가 하듯 가렸고 라드너는 어른이 하듯 반박했지만, 이는 그노시스파들이 제기한 것과 같은 의혹이 있음을 암시한다.

37 술피키우스 세베루스는 『신성한 역사』와 『성 마르티누스의 전기』에서는 다소 조심스러운 모습이지만, 『대화록』에서는 좀 더 자유롭게 마르티누스가 그의 양심과 천사로부터 비난을 받았으며, 그 이후로는 그렇게 쉽게 기적을 행할 수 없게 되었다고 주장한다.

는 했지만, 그의 동기는 칭찬할 만하며 회개도 모범이 되었다. 투르와 밀라노의 주교들은 망설임 없이 이단들에게 영원한 저주를 선고했었다. 그러나 그들의 끔찍한 죽음에는 경악과 충격을 금치 못했다. 자연스럽게 우러나오는 솔직한 감정은 신학이 빚은 부자연스러운 편견에 저항했다. 프리스킬리아누스와 그 추종자들에게 내려진 부당한 재판은 암브로시우스와 마르티누스의 인간애를 한층 더 확고하게 만들었다. 시민 사회와 교계의 지도자들은 자기 영역의 경계선을 넘었다. 세속의 판관이 신앙과 교회 관할에 속한 문제의 항소를 받아들여 최종 판결을 선고하고, 주교들은 범죄에 가까운 박해에서 고소인의 역할을 함으로써 성직자로서의 명예를 더럽혔다. 고문 광경을 보고 이단자들에게 죽음을 내릴 것을 청원한 이타키우스[38]의 잔인성은 사람들의 공분을 샀다. 이 행실 나쁜 주교의 악덕으로 보아 그의 신앙열도 사리사욕을 채우려는 비열한 동기에서 비롯되었으리라고 생각되었다. 프리스킬리아누스의 죽음 이후로 야만적인 박해 행위는 성스러운 직무로 정비되고 체계화되어, 교회와 세속의 권력이 각각 역할을 명확히 분담하게 된다. 헌신적인 희생자는 보통 신부의 손에서 관리에게로, 관리의 손에서 처형자에게 넘겨지며, 교회는 부드러운 동정과 기도의 말로 그가 저지른 영혼의 죄에 냉혹한 판결을 선고했다.

[38] 가톨릭 장로와 이교의 웅변가가 한목소리로 이타키우스의 인물됨과 행동을 꾸짖었다.

[39] 성 마르티누스의 일생과 그의 기적에 관한 『대화록』은 가장 조잡한 야만성에 어울릴 만한 사실들을 아우구스투스 시대의 무가치하다고는 할 수 없는 스타일로 담고 있다. 훌륭한 취향과 양식의 결합은 너무나 자연스러워서 이러한 대조에 항상 놀라움을 느낄 뿐이다.

[40] 그의 부제였던 파울리누스가 쓴 성 암브로니우스의 짧고 피상적인 전기는 최초의 증언으로서의 가치가 있다. 티유몽과 베네딕트파 편집자들은 늘 보여 왔던 근면함으로 상세한 설명을 달았다.

서기 374~397년, 밀라노의 대주교 암브로시우스

테오도시우스 치하에서 이름을 떨친 성직자들 중, 나지안주스의 그레고리우스는 열정적인 설교자로 명성을 떨쳤으며, 투르의 마르티누스는 수도자로서의 덕성에 기적을 행하는 힘을 갖추었다는 평판으로 권위와 위엄을 얻었다.[39] 그러나 정열과 능력으로 거둔 승리의 영예는 마땅히 용감무쌍한 암브로시우스에게 돌아가야 한다.[40] 그는 로마의 귀족 가문 출신으로, 아버지는 갈리아의 민정 총독을 지냈다. 아들인 그는 교양 교육을 거친 후 출세의 단계를 순탄하게 밟아 올라가 밀라노 황궁이 있는 속주인 리구리아의 집정관직까지 올랐다. 암브로시우스는 34세에 세례를 받기도 전에 갑작스럽게 관리에서 대주교로 변신했는데, 이는 세상 사람들뿐 아니라 그 자신에게도 놀라운 일이었다. 이 과정에서 술책이나 음모 따위는 조금도 없었다. 모든 사람들이 한목소리로 그를 성직자로 맞이했다. 그들의 일치된 환호는 불가사의한 충동에서 나온 듯이 보였다. 이 관리는 그 전까지의 습관이나 경력과는 무관한 영적인 직분을 받아들이기가 내키지 않았지만 어쩔 수 없이 수락했다. 그러나 그는 곧 넘치는 활동력으로 신중하면서도 열정적으로 성직의 권한에 따르는 의무를 수행했다. 그는 화려하지만 헛된 세속적인 명성의 덫은 미련 없이 거부한 반면, 교회의 이익을 위해서라면 황제의 양심을 인도하고 제국의 통치에 영향력을 행사하는 데 힘을 아끼지 않았다. 그라티아누스는 그를 아버지처럼 사랑하고 존경했다. 암브로시우스는 이 젊은 군주에게 가르침을 주기 위해 삼위일체 신앙에 관한 책을 공들여 저술하기도 했다. 그라티아누스가 비극적인 죽음을 맞은 후, 자신과 아들 발렌티니아누스의 안전을 염려한 황후 유스티나는 암브로시우스에게 두 가지의 다른 임무를 주어 트레브의 궁정에 급파했다. 그는 한결같이 굳은 결의로 능수능란하게 영적 권력과 정치적 권력을 행사했다. 아마도 막시무스의 야심을 억누르고 이탈리아의 평화를 지키는 데 그의 권위와 웅변이 크게 기여했을 것이다.[41] 암브로시우스는 한평생 전력을 다해 교회에 헌신했다. 부는 그에게 경멸의 대상일 뿐이었으므로 개인 재산을 버린 것은 물론이고, 포로들을 구하기 위해 봉헌된 식기들을 서슴없이 팔아 치운 일도 있었다. 밀라노의 성직자들과 대중은

41 암브로시우스는 황제에게 자신의 임무에 대해 매우 용기 있는 설명을 전했다.

42 자신의 원칙과 행동에 대한 그의 진술은 교회 유물의 불후의 저작들 중 하나이다. 여기에는 발렌티니아누스의 청원서와 함께 그의 누이 마르켈리나에게 보내는 편지 두 통과 설교가 포함되어 있다.

이러한 대주교를 사랑하지 않을 수 없었다. 그는 나약한 군주의 호의를 구걸하거나 심기를 거스를까 염려하지 않고 존경을 받을 만했다.

서기 385년 4월,
모후 유스티나에게
성공적으로 대항한
암브로시우스

이탈리아 통치는 자연스럽게 어린 황제의 손에서 미모와 용기를 겸비한 그의 어머니 유스티나에게로 넘어갔다. 그러나 불행히도 그녀는 정통파 신도들 속에서 아리우스파의 이단설을 신봉하고 있음을 천명하고, 이를 아들의 마음속에까지 주입시키려고 애썼다. 유스티나는 로마 황제가 자기 영토 안에서 자신의 종교 의식을 행할 권리가 있다고 믿었다. 그녀는 밀라노 시든 교외든 교회 한 곳만 넘겨주면 만족하겠다는, 나름대로 온건하고 합리적인 양보안을 대주교에게 제시했다. 그러나 암브로시우스의 원칙은 전혀 달랐다.42 지상의 궁전은 황제의 것일지 모르지만 교회는 하느님의 집이다. 그는 자신의 교구 내에서 사도들의 적법한 계승자로서 유일한 신의 대리인이다. 그리스도교의 특권은 영적 세계에서나 현세에서나 진실로 믿는 자들의 것이다. 암브로시우스는 자신의 신학적 견해가 진리와 정통성의 기준이라는 자신감을 가지고 있었다. 이 대주교는 사탄의 앞잡이들과는 어떤 협상이나 타협도 있을 수 없다면서, 불경스러운 신성 모독에 굴하느니 순교자로서 죽겠다는 결의를 단호하게 밝혔다. 이 거절을 오만한 반역 행위로 여긴 유스티나는 분노하여 아들의 황제로서의 특권을 서둘러 행사하기로 결심했다. 그녀는 다가오는 부활절 축제일에 예배를 올리고 싶었기 때문에, 회의를 열어 암브로시우스에게 출석하라는 명령을 내렸다. 그는 충성스러운 국민으로서 정중하게 호출 명령에 응했으나, 수많은 사람들이 그의 허락도 없이 뒤를 따랐다. 그들이 질풍노도 같은 기세로 황궁의 문을 밀고 들어오려 하자, 겁에 질린 발렌티니아누스의 대신들은 밀라노 대주교에게 유형 판결을 내리기는커녕 그가 중재에 나서서 황제를 보호하고 수도의 평온을 회복시켜 달라고 비굴하게 간청했다. 그러나 암브로시우스가 약속을 받아들이자 신의 없는 궁정은 이를 곧 어겼다. 그리하여 경건한 그리스도교인들이 종교 행사를 위해 정해 놓은 가장 엄숙한 날들 중 엿새 동안 도시는 소요와 광신으로 온통 들썩거렸다. 황실 관리들은 황제와 모후를 즉각 맞이할 수 있도록 처음에는 포르키아 성당, 다음으로는 새 성당에 준비를 갖추라는 지시를 받았다. 관례에 따라 화려한 덮개 천과 옥좌의 벽걸이가 배치되었으나, 이를 대중의 모욕으로부터 방어하려면 강력한 호위대를 동원해야 할 판이었다. 겁도 없이 거리에 모습을 드러낸 아리우스파 성직자들은 생명의 위협을 느꼈다. 암브로시우스는 자신의 적들을 격분한 군중들의 손에서 구출해 줌으로써 대중의 찬사를 받았다.

그러나 그는 민중의 신앙열을 만류하는 한편으로 감정을 자극하는 내용의 설교로 끊임없이 다혈질인 밀라노 시민들을 부채질했다. 그는 모후에게 이브, 이사벨, 헤로디아라며 악녀들의 이름을 마구 끌어다 붙이면서, 아리우스파를 위해 교회를 얻고자 하는 그녀의 소망을 그리스도교가 이교 지배하에서 견뎌 냈던 박해 중에서도 가장 잔인한 박해에 견주었다. 궁정이 취한 조치는 그녀의 사악함을 드러내 줄 뿐이었다. 상인들과 직공 조합에 금 200파운드의 벌금이 부과되었고, 황제의 이름으로 모든 관리들에게 소요가 계속될 동안은 절대 집 밖으로 나오지 말라는 명령이 내려졌다. 발렌티니아누스의 대신들은 밀라노 시민들 중 유력 인사들이 대주교의 주장을 지지하고 있다고 인정했다. 대주교는 황제의 뜻을 받들어 다시 한 번 나라의 평화를 회복시켜 달라는 간청을 받았다. 암브로시우스는 더할 나위 없이 겸손하고 정중한 표현으로 답변을 전했으나, 사실 그것은 내전의 선언으로 해석될 소지마저 있었다.

저의 생명과 운은 황제의 손안에 있으나, 절대 그리스도의 교회를 배반하거나 성직자로서의 위엄을 더럽히는 일은 없을 것입니다. 그러므로 악마가 가하는 어떤 고통이라도 달게 받을 준비가 되어 있으며, 충실한 신도들과 함께 제단 밑에서 죽기를 바랄 뿐입니다. 저는 결단코 대중의 분노를 자극한 적이 없습니다. 그것을 달랠 수 있는 것은 오로지 신의 힘뿐입니다. 저는 분노가 초래할 유혈 사태와 혼란에 반대합니다. 이 번성한 도시가 멸망하고 전 이탈리아가 폐허가 되는 꼴을 보기 전에 차라리 죽음을 맞기를 기도할 뿐입니다.

교회와 밀라노 시민들을 상대로 벌어진 이 싸움에서 유스티나가 궁정군으로부터 적극적인 복종을 얻을 수 있었더라면, 그녀의 완고한 신앙이 아들의 제국을 위험에 빠뜨렸을지도 모른다. 고트족 대군이 논쟁의 표적이 된 문제의 성당을 점령하고자 진군해 왔다. 아리우스파의 행동 원칙으로 보나 이민족 용병들의 야만적인 태도로 보나, 아무리 피비린내 나는 잔인한 명령이라도 양심의 가책 없이 행동에 옮길 것이 불을 보듯 뻔한 일이었다. 그들은 성당 문 앞에서 대주교와 마주쳤다. 대주교는 그들에게 천둥같은 고함소리로 파문을 선고하면서 한편으로 아버지 같은 자애로운 목소리로 그들이 일찍이 공화국의 따스한 보호를 탄원했던 것이 신의 집을 침략하기 위해서였느냐고 물었다. 그의 말에 야만족들은 공격을 일시 중지하였으므로, 효과적인 협상을 위한 몇 시간의 여유를 벌 수 있었다. 모후의 현명한 고문들은 일단 밀라노의 교회들을 그대로 가톨릭교도들의 소유로 놓아두고, 사정이 유리해질 때까지는 복수할 의도를 숨기는 편이 좋겠다고 그녀를 설득했다. 발렌티니아누스의 어머니는 암브로시우스의 승리를 결코 용서할 수 없었다. 흥분한 젊은 황제는 자기 신하들이 오만방자한 성직자의 손에 자신을 넘기려 한다고 고함쳤다.

제국의 법은 발렌티니아누스의 이름으로 제정된 것까지 포함하여 여전히 아리우스파를 이단으로 단죄하고 가톨릭교도 *서기 386년* 들이 저항할 구실을 주는 듯 보였다. 그러나 유스티나의 입김으로 밀라노 궁정이 지배하는 모든 속주에 종교적 관용의 칙령이 내려졌으며, 리미니 신경을 신봉하는 자들에게도 그들의 종교를 마음껏 누릴 자유가 주어졌다. 또한 황제는 이 신성하고 유익한 법을 어기는 자는 누구라도 공공의 평화를 어지럽힌 적으로 간주되어 극형으로 처벌받을 것이라고 선언했다. 암브로시우스의 성품이나 언사로 미루어 보아 머지않아 아리우스파 대신들은 그가 기묘하게도 피와 학정의 법이라고 말한 이 칙령에 불복종했다는 혐의를 잡아 그를 공격할 적절한 명분, 적어도 그럴듯한 구실쯤은 얻을 수 있을 듯했다. 결국 암브로시우스에게 지체 없이 밀라노를 떠날 것을 명하면서 추방 장소와 동행인의 수를 선택할 수 있게 허락해 준다는 관대하고 명예로운 추방령이 내려졌다. 그러나 교회가 처한 극도의 위험 상황을 생각하면 암브로시우스에게는 수동적인 충성의 원칙을 설교하고 실천해 온 성자들의 권위 따위는 중요하지 않았다. 그는 대담하게도 명령에 따르기를 거부했다. 그를 따르는 충성스러운 대중들이 일치단결하여 이를 지지했다. 그들은 순번을 정해 번갈아 대주교를 호위하면서 대성당과 주교 관저의 문을 굳

[43] 이탈리아와 갈리아 등지의 많은 교회들이 이미 지의 순교자들에게 봉헌되었는데, 성 게르바시우스는 그의 동료보다 운이 좋았던 것 같다.

[44] 이 맹인의 이름은 세베루스이다. 그는 신성한 의복을 만지고 시력이 회복되었으며 남은 생을 (적어도 25년간) 교회에 봉사하는 데 바쳤다. 이 기적이 니케아 신조뿐 아니라 유물 숭배를 입증하지 못했다면 우리 성직자들에게 추천하겠다.

게 지켰다. 봉쇄망을 치고 있던 황제의 군대도 위험을 무릅쓰면서 철벽 같은 수비를 뚫고 공격할 마음이 들지 않았다. 암브로시우스에게 구제받은 적이 있는 빈민들은 이를 자기들의 신앙심과 감사의 마음을 알릴 좋은 기회로 여기고 적극적으로 나섰다. 하지만 밤새 불침번을 서다 보면 사람들의 인내심도 지칠지 모른다고 생각되었으므로, 규칙적으로 큰 소리로 찬송가를 부르는 제도를 밀라노 성당에 도입하는 신중한 조치를 취했다. 그는 이 힘겨운 싸움을 해 나가던 중, 꿈에서 두 명의 순교자 게르바시우스와 프로타시우스[43]의 유해가 300년 이상 묻혀 있던 장소를 알려 주는 계시를 받았다. 곧 교회 포석 아래에서 머리가 몸통에서 분리된 채 엄청난 피가 흘러내린 흔적이 있는 뼈들이 온전한 상태로 발견되었다. 이 신성한 유물들은 사람들이 숭배를 바치도록 엄숙하게 치장되어 전시되었다. 이 상서로운 발견을 둘러싼 모든 정황들이 암브로시우스의 계획에 유리하게 이용되었다. 순교자들의 뼈와 피, 의복은 치유력을 가졌으며, 그 초자연적인 힘은 아무리 멀리 떨어진 대상에라도 본래의 힘을 전혀 잃지 않고 전달된다고 생각되었다. 한 맹인[44]이 기적적으로 치유된 일과 몇몇 귀신 들린 자들의 고백은 암브로시우스의 신앙과 권위를 입증해 주었다. 암브로시우스 본인과 그의 비서 파울리누스, 그를 따르는 성직자들, 당시 밀라노에서 수사학을 가르치고 있던 이름 높은 아우구스티누스 등이 이 기적들의 진실성을 주장했다. 우리 시대의 이성적 태도로 생각하면, 이를 믿지 않은 유스티나와 아리우스파 궁정인들의 편에 서야 할 것 같다. 그들은 이를 대주교가 계획을 짜고 비용을 대어 연출한 연극으로 경멸했다. 그러나 이는 대중의 마음에 빠른 속도로 퍼져 나가 저항할 수 없을 정도로 막강한 영향력을 끼쳤다. 이탈리아의 나약한 군주는 천국의 총아와 싸울 힘이 없다는 사실을 깨닫게 되었다. 암브로시우스를 지키기 위해 지상의 힘까지 개입했다. 테오도시우스가 신앙심과 우정에서 진지한 충고를 전했으며, 막시무스는 종교열의 가면 아래 적의와 야심에 찬 계획을 감추고 있었다.[45]

막시무스가 지금은 유럽에서도 가장 번영한 세 왕국을 이루는 광대한 세 지역을 소유한 데 만족했더라면, 평화와 번영 속에서 그의 치세를 마무리할 수 있었을지도 모른다. 그러나 이 찬탈자는 더러운 야심에 가득 차서 영광과 무용을 추구하는 고상한 정신은 몰랐으므로, 자신의 실제 힘만이 미래의 위대한 성공을 가져다줄 도구라고 생각했다. 그리하여 그가 거둔 성공이 곧 파멸을 부르는 직접적인 원인이 되고 말았다. 그는 갈리아, 에스파냐, 브리타니아 속주에서 착취한 부를 동원하여 게르마니아에서도 가장 흉포한 민족들로 강력한 야만족 군대를 만들어 유지했다. 그의 유일한 목표는 이탈리아 정복이었으므로, 가톨릭계 국민들로부터 혐오와 경멸의 대상이 된 어린 황제를 파멸시킬 계획을 비밀리에 꾸몄다. 그러나 막시무스는 저항 없이 알프스의 통로들을 점령하고 싶었으므로, 음흉한 미소를 띠고 발렌티니아누스의 사절로 온 시리아의 돔니누스를 맞아 판노니아 전쟁을 위해 대규모의 군대를 원조해 주겠다고 제안했다. 암브로시우스의 혜안은 우호 관계를 공언하면서 그 밑에 감추어 둔 적의 덫을 발견했으나, 시리아의 돔니누스는 트레브 궁정의 후한 접대에 매수당했거나 아니면 기만당했던 것 같다. 게다가 밀라노 궁정의 고문관 회의조차도 용감해서가 아니라 두려움에서 나온 맹목적인 자신감으로 위험이 있을지 모른다는 의혹을 완강하게 부인했다. 이리하여 지원군은 사절의 안내에 따라 행군에 나서, 아무런 의심도 받지 않고 알프스의

서기 387년 8월, 이탈리아에 침입한 막시무스

[45] 티유몽은 테오도시우스의 명상록을 인정하면서 막시무스의 것은 프로스페루스, 소조메노스, 테오도레투스가 인정하고 있는데도 거부하는 변덕을 부렸다.

요새로 들어갔다. 그러나 간교한 찬주가 소리 없이 발걸음을 재촉하여 그들의 뒤를 따랐다. 그는 자신의 움직임을 알리는 첩보가 새어 나가지 못하도록 주의를 기울였으므로, 밀라노에서는 기병대의 번쩍이는 갑옷과 먼지구름을 보고서야 적의 군대가 밀라노 성문까지 진격했음을 알았다. 이러한 난국에 처하자 유스티나와 그녀의 아들은 자신들의 경솔함을 자책하며 막시무스의 기만적인 술책을 비난했다. 그러나 전장에서든 민심이 떠난 도시의 성내에서든 갈리아인과 게르마니아인들에 맞서기에는 시간도, 힘도, 결의도 모자랐다. 그들은 유일한 피난처인 아퀼레이아로 도망칠 수밖에 없었다. 막시무스는 의기양양하게 밀라노에 입성했다. 이때 현명한 대주교는 찬탈자와의 위험하고 범죄적인 협력 관계는 거부했지만, 설교단에서 저항의 의무보다는 인종의 의무를 설파함으로써 간접적으로 그를 원조했다. 불운한 유스티나는 무사히 아퀼레이아에 도착했다. 그러나 성채가 견고한지 믿을 수 없었으므로 포위 공격에 어떻게 버틸지 두려울 따름이었다. 그리하여 서로마의 전 지역에서 힘과 덕성을 칭송받는 위대한 테오도시우스에게 보호를 요청하기로 결심했다. 황제의 가족들을 실어 나를 배 한 척이 비밀리에 제공되었다. 그들은 베네치아, 혹은 이스트리아의 한 으슥한 항구에서 화급히 배에 올랐다. 그들을 태운 배는 아드리아 해와 이오니아 해를 횡단하여 펠로폰네수스의 최남단 곶에서 우회한 후, 긴 항해를 성공적으로 마치고 테살로니카 항에 안착했다. 발렌티니아누스의 모든 신하들은 황제의 퇴위로 말미암아 충성을 바칠 의무가 사라졌으므로 그를 버렸다. 막시무스가 이탈리아 변경의 소도시 아이모나에서 불명예스러운 승리의 행진을 저지당하지 않았더라면, 파죽지세로 서로마 제

발렌티니아누스의 도망

국의 지배권을 전부 손에 넣었을 것이다.

테오도시우스는 발렌티니아누스 황제 일행을 콘스탄티노플 궁정으로 초대하는 대신, 이유는 알 수 없으나 그대로 테살로니카에 머물게 했다. 하지만 그가 궁정과 원로원 의원 대다수를 이끌고 신속히 그 도시를 방문한 것으로 보아 멸시나 무관심에서 그런 것 같지는 않다. 신앙심 깊은 동로마 황제는 우선 우정과 동정의 뜻을 따스하게 전했다. 그러나 이단의 죄는 내세에서뿐 아니라 현세에서도 벌을 받을 수 있다며 부드럽게 유스티나를 책망하는 한편, 아들을 복위시키려면 니케아 신조의 신봉을 공언함으로써 천상과 지상을 동시에 만족시키는 것이 가장 효과적인 조치라고 충고했다. 테오도시우스는 그의 신하들에게 평화냐 전쟁이냐의 중대한 문제를 협의하도록 했다. 그라티아누스의 사망 이후 명예와 정의를 주장하는 여론이 상당한 무게를 얻고 있었다. 황제가 보기에도 은인인 황족들의 고난은 최근의 것을 포함하여 거듭된 재난으로 점점 더 악화되고 있었다. 어떠한 서약이나 조약으로도 끝을 모르는 막시무스의 야심을 막을 수는 없었다. 이러한 상황에서 결정적이고 강력한 조치를 취하기를 주저한다면, 평화를 연장하기는커녕 동로마 제국까지 적대적인 침략의 위험 앞에 노출시키는 결과가 될 것이 자명했다. 도나우 강을 건너온 야만족들은 로마의 군인이자 신민으로서의 자격을 얻었지만 타고난 흉포성은 여전히 순화되지 않은 채였다. 따라서 전쟁은 야만족들이 용맹을 발휘할 무대를 마련해 주는 동시에 그들의 숫자를 감소시켜 그들에게 시달리는 속주들의 숨통을 터 줄 수 있으리라고 생각되었다. 신하들 대다수가 어느 모로 보나 합당한 이런 이유에 찬동했음에도 불구하고, 테오도시우스는 칼을

서기 387년, 발렌티니아누스를 위해 무기를 든 테오도시우스

뽑아야 할지 망설이고 있었다. 어린 아들들의 안전이나 피폐한 국민들의 복지를 생각해 망설였다고 해서 그의 고결한 성품을 폄하할 수는 없다. 로마 제국의 운명이 단 한 사람의 결단에 달린 이 위중한 순간에, 발렌티니아누스의 명분을 가장 강력하게 호소한 것은 다름 아닌 그의 누이 갈라 공주의 매력이었다. 이 미인의 눈물은 테오도시우스의 마음을 녹였고, 젊음과 순수함에서 나온 매력은 서서히 그의 마음을 사로잡았다. 유스티나가 술수를 부려 이러한 감정을 조종하고 충동질하기도 했다. 그러나 이 두 황족 간의 결혼은 내전의 신호가 되었다. 애정에 흔들리는 모습은 뭐라고 해도 위대한 정통파 황제에게 씻을 수 없는 오점이 될 뿐이라고 생각하는 냉정한 평자들은 역사가 조시무스가 제시하는 의심스러운 증거를 반박하려 할 것이다. 나의 견해로는 세계의 대변혁에서 가정생활의 부드럽고 따스한 감정의 흔적들을 찾을 수 있다고 본다. 솔직히 고백하면 오히려 그런 예들을 조사하고 싶을 지경이다. 용맹스럽고 야심 많은 정복자들 중에서도 연인의 손에서 갑옷을 받았을 듯한 다정다감한 마음씨를 지닌 영웅을 얼마든지 찾아낼 수 있다. 페르시아 왕으로부터는 조약상의 의무로 동맹 관계를 확보한 상태였고, 호전적인 야만족들은 적극적이고 관대한 군주의 기를 따르든지 그렇지 않으면 국경선을 존중하라는 설득을 받아들였다. 테오도시우스의 영토는 유프라테스 강에서 아드리아 해에 이르기까지 육지와 바다를 가릴 것 없이 온통 전쟁 준비로 소란스러워졌다. 테오도시우스는 동로마 군대를 교묘하게 배치함으로써 그들의 수를 실제 이상으로 부풀리고 막시무스의 주의를 분산시켰다. 용감무쌍한 아르보가스테스의 지휘 아래 도나우 강변을 따라 진군하여, 대담하게도 라에티아 속주들을 통해 갈리아 중심부로 치고 들어온 정예군은 막시무스에게도 두려운 존재였다. 해군이 승리하여 길을 뚫는 데 성공하면 곧바로 발렌티니아누스와 그의 어머니를 이탈리아에 상륙시킨 다음 지체 없이 로마로 진군하여 종교와 제국의 권좌를 되찾아 줄 계획이었다. 이 계획에 따라 강력한 함대가 그리스와 에피루스의 항구들마다 집결했다. 이렇게 일이 진행될 동안 테오도시우스 자신은 용감하고 잘 훈련된 군대의 선두에 서서 비열한 적을 상대하러 나섰다. 한편 막시무스는 아이모나를 포위 공격한 후 사베 강의 넓고 빠른 흐름이 튼튼한 요새 역할을 하는 판노니아의 도시 시스키아 부근에 진을 쳤다.

고참병들은 참제 마그넨티우스가 오랜 기간 저항하면서 잇달아 계책을 내놓던 일을 아직도 기억하고 있었으므로 피비린

서기 388년 6~8월,
막시무스의 패배와 죽음

내 나는 전투를 예상했다. 그러나 마그넨티우스처럼 서로마의 제위를 찬탈했던 그의 후계자와의 싸움은 시간상으로는 두 달, 공간상으로는 200마일 이내에서 싱겁게 결판이 나 버렸다. 동로마 황제는 우월한 재능으로 허약한 막시무스를 압도했다. 막시무스는 중대한 위기 국면에 처하여 군사적 기술도 개인적 용맹도 보여 주지 못한 반면, 테오도시우스는 자신의 재능 위에 다수의 민활한 기병대까지 거느리고 있었다. 궁수 부대로 편성된 훈족과 알라니족, 고트족은 말을 타고 싸우면서 타타르식의 빠른 움직임으로 용맹스럽지만 속도는 느린 갈리아인들과 게르만족을 제압했다. 한여름의 폭염 속에서 오랫동안 행군하여 피로에 지친 후에도, 그들은 거품을 문 말에 박차를 가해 사베 강물로 뛰어든 후 적들의 면전에서 강을 건너 곧바로 반대편의 고지를 지키고 있는 적들에게 돌격했다. 참제의 동생인 마르켈리누스는 전군의 희망이자 중심인 정예 보병대를 이끌고 그들을 지원하러 나섰다. 밤이 되어 중단되었던 군사 작전은 아침

이 밝자 재개되었다. 격전이 끝난 후 막시무스의 최정예군 중 살아남은 자들은 정복자의 발밑에 몸을 던졌다. 테오도시우스는 아이모나 시민들의 충성스러운 환호에도 행군을 늦추지 않고, 공포에 질려 도망간 적을 죽이든지 사로잡아 전쟁을 마무리 지을 생각으로 진군을 재촉했다. 그는 율리아알프스의 정상에서 믿기 어려울 만큼 빠른 속도로 이탈리아의 평원을 향해 내려와서 첫날 저녁 아퀼레이아에 도착할 수 있었다. 사면초가에 빠진 막시무스는 간신히 성문을 닫아걸었다. 그러나 성문은 기세충천한 적의 맹공격을 오래 버텨 낼 수 없었다. 병사들과 시민들의 절망, 민심의 이반, 무관심이 비참한 지경에 빠진 막시무스의 몰락을 재촉했다. 그는 자의, 왕관, 자주색 신발 등 황제의 의관을 거칠게 빼앗기고 왕좌에서 끌어내려져 아퀼레이아에서 3마일 정도 떨어진 곳에 있던 테오도시우스 앞에 죄인처럼 끌려 나왔다. 황제는 그에게 모욕을 줄 생각은 없었다. 그는 개인적으로도 자신의 적은 아니었을 뿐더러 이제는 경멸의 대상에 불과한 서로마의 참제를 동정했고, 용서할 의향마저 있었다. 인간의 동정심은 보통 자기가 겪은 불행을 떠올릴 때 가장 강력하게 일어나는 법이다. 한때는 오만했으나 이제는 자신의 발밑에 엎드린 적의 모습을 보니 승리한 황제의 마음속에도 만감이 교차했다. 그러나 국가의 정의와 그라티아누스의 일을 생각하면 부지불식간에 솟아오르는 동정심 따위의 나약한 감정은 억눌러야 했다. 그가 희생자를 흥분한 병사들의 손에 넘기자, 병사들은 그를 황제의 앞에서 끌어내어 순식간에 목을 베어 버렸다. 그가 패배하고 죽음을 맞았다는 소식에 어떤 자들은 진심으로 기뻐하고, 또 어떤 자들은 기뻐하는 척했다. 일찍이 막시무스가 아우구스투스의 칭호를 내려 주었던 아들 빅토르는 아르보가스테스의 명령으로, 어쩌면 그의 손으로 죽임을 당했다. 테오도시우스의 모든 군사적 계획은 성공리에 수행되었다. 그는 당초 예상보다 적은 피해로 손쉽게 내전을 끝낸 다음, 고통받는 속주들을 복구하고자 밀라노에 겨울 동안 머물기로 했다. 그는 콘스탄티누스와 콘스탄티우스의 본보기를 따라 봄이 오자 바로 로마 제국의 옛 수도에 개선했다.

테오도시우스의 인물됨에 대해서는 입을 다물고 있음으로써 위험을 자초할 염려가 없는 그런 웅변가조차 기꺼이 진심에서 우러난 찬사를 보냈다.[46] 후세인들도 그의 인품이 진실된 찬양문의 주제가 될 만하다고 인정할 것이다. 테오도시우스의 통치는 지혜로운 법과 군사적 성공으로 국민들과 적들 모두로부터 존경을 받았다. 그는 가정생활의 미덕을 소중히 여기고 실천했는데, 이는 제왕들의 궁전에서는 거의 보기 힘든 것이었다. 테오도시우스는 순결과 절제를 지키면서도 적절히 세속적인 쾌락과 사교를 즐겼으며, 애정 생활의 즐거움도 누렸지만 일탈하는 일은 결코 없었다. 위대한 황제라는 자랑스러운 칭호에는 충실한 남편, 관대한 아버지라는 애정 어린 이름들이 따라다녔다. 테오도시우스의 숙부는 그의 애정 어린 배려로 부모 다음가는 대우를 받았다. 또한 형제자매의 아이들을 자기 아이들처럼 대했을 뿐 아니라, 먼 친족들에게도 관심을 쏟았다. 그는 사적인 생활에서 동등하게 친교를 나누면서 그의 눈앞에서 가면을 쓰지 않는 사람들 중에서 현명하게 벗을 골랐다. 그는 자신의 개인적인 재능을 잘 알고 있었으므로, 황제의 옷이 만들어 내는 비본질적인 차이를 경멸할 수 있었다. 또한 그가 로마 제국의 제위에 오르기 전에 받은 호의와 은혜는 더없이 감사한 마음으로 기억하고 있지만, 피해에 대해서는 일체 잊어버렸음을 행동으로 보여 주었다. 그는 대화할 때에도 상대하는

테오도시우스의 미덕

[46] 갈리아 주민인 라티무스 파카투스 드레파니우스는 로마에서 이러한 연설문을 발표했다.(서기 388년) 그는 이후에 아프리카의 총독이 되었으며, 그의 벗 아우소니우스는 그를 베르길리우스 다음 갈 시인으로 칭찬했다.

신하들의 나이, 지위, 성격에 맞추어 분위기를 바꾸었다. 그의 사근사근한 태도는 그의 성격을 잘 보여 주었다. 테오도시우스는 선량하고 덕 있는 자들의 소박함을 존경했으며, 기술과 재능에 대해서는 유익한 것은 물론이고 별 쓸모가 없는 경우에도 관대하게 보상을 내렸다. 그가 무자비한 증오로 박해를 가한 이교도들을 제외하고는, 모든 사람들에게 차별 없이 아낌없는 호의를 베풀었다. 강대한 제국을 통치하려면 한 인간의 시간과 재능을 온통 쏟아부어야 했다. 그러나 이 근면한 황제는 학식이 깊다는 평판까지는 바라지 않아도 항상 얼마간이라도 여가 시간을 아껴 교훈적인 책을 읽는 것을 낙으로 삼았다. 역사는 경험을 확장해 준다는 점에서 그가 가장 좋아한 분야였다. 1100년의 장기간에 걸친 로마 연대기는 그의 앞에 인간의 삶이 지닌 다양하고 훌륭한 모습들을 펼쳐 놓았다. 특히 그가 킨나, 마리우스, 술라의 잔학 행위들을 읽을 때마다 인간성과 자유의 적들에 대한 증오를 격렬하게 나타냈다는 점은 주목할 만하다. 그는 과거의 사건들에 대한 공정한 견해를 자신의 행동 원칙에 유용하게 활용했다. 테오도시우스는 승승장구할수록 수양에 더욱 힘썼다는 점에서 특히 높은 평가를 받을 만하다. 그는 성공을 거둘 때일수록 중용의 자세를 취했다. 위험이 지나가고 내전에서 승리했을 때 그의 관용이 가장 돋보였다. 막시무스의 무어인 호위대는 승리를 거둔 초기의 열기 속에서 학살당했으며, 극악한 죄인들은 법의 심판을 받았다. 그러나 황제는 죄인들을 벌하기보다는 무고한 자들을 구하는 데 훨씬 더 많은 관심을 보였다. 압제에 시달리던 서로마 국민들은 원래 소유했던 토지만 되찾아도 기뻐했을 텐데, 자신들이 입은 피해에 대한 보상금까지 받게 되자 벌린 입을 다물지 못했다. 그뿐 아니라 승리한 황제는 너그럽게도 막시무스의 연로한 어머니를 부양하고 고아가 된 딸들을 교육시켰다. 이렇게 훌륭한 인품을 갖추었으니 만일 엄격한 공화주의자 브루투스가 지상에 돌아온다 해도 테오도시우스의 발밑에 왕들에 대한 증오를 버리고, 이러한 군주는 로마 국민들의 행복과 존엄을 지켜 주는 가장 충실한 수호자라고 솔직하게 인정하지 않을 수 없으리라는 파카투스의 과장된 억측조차 너그럽게 봐줄 수 있다.

그러나 공화국의 창립자의 날카로운 눈이라면 두 가지 결정적인 결함을 식별해 낼 수 있었을 것이다. 이러한 결함들은 전제 정치에 대한 그의 애착을 약화시켰을지도 모른다. 테오도시우스는 고결한 정신의 소유자였지만 나태에 빠져 해이해지는 일이 자주 있었고,[47] 때로는 격정에 흔들리기도 했다. 그는 중요한 목표를 추구할 때는 활력과 용기를 가지고 누구보다도 정력적으로 일에 매달렸다. 그러나 일단 목적을 성취하거나 위기를 넘기고 나면 곧바로 영웅답지 않은 태만에 빠져서, 군주의 시간은 모름지기 국민들의 자산임을 잊고 해롭지는 않으나 하찮기 짝이 없는 호사스러운 궁정의 쾌락에 탐닉하곤 했다. 테오도시우스는 성질이 급하고 화를 잘 냈다. 자신에게 맞설 수 있는 자가 아무도 없고 자신의 진노가 가져올 치명적인 결과를 말릴 수 있는 자도 거의 없는 지위에 있으면서, 이 인간적인 군주는 자신의 결점과 권력을 의식할 때마다 소스라치게 놀라곤 했다. 그는 분노를 억누르고 다스리고자 일평생 끊임없이 노력했으며, 이러한 노력의 성과로 온후한 성품을 가질 수 있었다. 그러나 승리의 업적을 자랑하는 덕성도 패배의 위험에 처하는 일이 종종 있었다. 따라서 현명하고 자비로운 군주의 치세도 네로나 도미티아누스의 연대기를 더럽혔던 것과 같은 잔학 행위로 얼룩졌다. 테오도시우스를 다루는 역사가는

테오도시우스의 결함

[47] 조시무스의 증언은 편파적인 듯 보이지만 솔직함과 진실의 분위기가 느껴진다. 그는 테오도시우스의 성격에서 이처럼 게으름과 활동성이 반복되는 모습을 악덕이라기보다는 개성으로 보았다.

불과 3년의 기간 동안 일어난 안티오크 시민들에 대한 관대한 사면과 테살로니카 사람들에 대한 잔인한 학살에 대해 설명하면서 일관성을 유지하기 어렵다.

서기 387년,
안티오크 폭동

활기차고 인내심이 부족한 안티오크 시민들은 자신들의 상황이나 역대 황제들의 성격 또는 언행에 만족한 적이 없었다. 테오도시우스의 국민들 중 아리우스파는 교회를 잃었다고 슬퍼했다. 세 명의 주교가 안티오크의 대주교 자리를 놓고 겨루던 중, 그들의 주장에 대해 판결이 내려지자 패배한 다른 두 명이 이끄는 신도들의 불만이 커졌다. 게다가 황제는 눈앞에 닥친 고트족과의 전쟁과 평화를 얻기 위한 불가피한 비용 문제 때문에 국민들의 세금 부담을 더 늘려야만 했다. 아시아 속주들은 곤궁을 겪어 본 적이 한 번도 없었기 때문에 유럽을 구하기 위해 부담을 지는 일이 내키지 않았다. 이때 마침 그의 치세 10주기가 되는 경사스러운 해가 다가오고 있었다. 병사들이야 후한 하사금을 받게 되니 10주년 기념 축제가 더없이 기뻤겠지만, 국민들로서는 본래 자발적인 헌금이었던 것이 오래전부터 강압적인 세금이 되었으므로 그다지 반가울 리 없었다. 과세령은 안티오크의 평온과 쾌락에 방해가 되었으므로, 법정은 탄원하는 군중들로 둘러싸였다. 그들은 처음에는 애처로우면서도 정중한 투로 불만 사항을 시정해 달라고 청원했으나, 자신들의 불만을 범죄적인 저항으로 취급하는 오만한 관리들의 태도에 점점 분노하기 시작했다. 그들의 풍자적인 기지는 날카롭고 분노에 찬 독설로 변했으며, 관리들에 대한 비난은 서서히 신성한 황제 개인에 대한 공격으로 바뀌었다. 가벼운 탄압이 오히려 그들의 분노에 불을 붙였다. 도시에서도 가장 눈에 잘 띄는 곳에 경배를 바치도록 세워 놓은 황제 가족들의 동상이 분노의 표적이 되었다. 시민들은 테오도시우스와 그의 아버지, 처 플락킬라, 두 아들 아르카디우스와 호노리우스의 동상을 무례하게도 받침대에서 쓰러뜨려 산산조각 낸 다음, 모욕을 퍼부으며 온 거리로 끌고 다녔다. 황제의 가족들에게 가해진 모욕은 대중의 불경스럽고 반역적인 분위기를 잘 보여주었다. 폭동은 궁수 부대가 도착하자 곧 진압되었다. 안티오크 시민들은 비로소 자신들이 저지른 범죄 행위의 성격과 결과에 대해 돌이켜 생각해 보게 되었다.[48] 속주 관리는 맡은 바 임무에 따라 사건의 전모에 대한 상세한 보고서를 발송했다. 공포에 질린 시민들은 그들의 주교인 플라비아누스의 열정과 리바니우스의 벗이자 제자로 이런 절망적인 경우에 항상 재능을 발휘했던 원로원 의원 힐라리우스의 웅변을 통해 자신들의 죄상을 고백하고 참회의 뜻을 전하기로 했다.[49] 그러나 안티오크와 콘스탄티노플은 무려 800마일이나 떨어져 있었다. 제국의 역마들이 최선을 다해 노력했음에도 불구하고, 죄지은 도시는 오랫동안 황제의 결정에 대해 불안에 떨며 끔찍한 시간을 보내야 했다. 안티오크 시민들이 떠도는 소문에 일희일비하며 지내던 중, 그들의 군주가 자신의 조상에 가해진 모욕뿐 아니라 특히 사랑하는 아내의 동상에 가해진 모욕에 격분하여 도시를 초토화하고 남녀노소 구분 없이 무차별 학살을 하기로 결정했다는 소문이 퍼졌다.[50] 시민들 중 다수가 이 소문을 듣고 근심에 싸여 실제로 시리아의 산속이나 인근 사막으로 피난처를 찾아 떠나기도 했다. 폭동이 있은 지 24일이 지나서야 비로소 장군인 헬레비쿠스와 총무장관 카이사리우스가 황제의 뜻과 안티오크에 대한 판결을 발표했다. 오만한 수도는 일개 시의 지위로

2월

3월

[48] 그리스도교도들과 이교도들은 안티오크의 폭동을 악마가 선동했다는 데 동의했다. 몸집이 큰 여인이 손에 채찍을 들고 거리를 행진했으며, 한 노인이 자신을 젊은이로 바꾸었다가 다시 소년으로 바꾸었다는 따위의 이야기가 흘러 다녔다.

[49] 조시무스는 그의 짧고 불성실한 설명에서 리바니우스 자신이 콘스탄티노플에 갔다고 잘못 말했다. 그는 안티오크에 그대로 머물렀다.

[50] 리바니우스는 이런 통치 아래에서, 특히 황제가 자리를 비우고 없음을 상기해 볼 때 대학살에 대한 공포는 근거 없고 불합리하다고 말한다. 왜냐하면 황제가 있다면 가장 끔찍한 유혈 행위에 재가를 내려 주었을지도 모르기 때문이다.

51 라오디케아는 안티오크에서 65마일 정도 떨어진 해변가에 위치해 있었다. 안티오크 시민들은 셀레우키아에 속한 이 도시가 그들을 위해 감히 중재에 나서자 심기가 상했다.

52 소요가 일어난 날짜는 해마다 바뀌는 축제일인 부활절 기간으로 미루어 계산할 수 있기 때문에, 티유몽과 몽포콩(Montfaucon)은 면밀한 검토 끝에 서기 387년 쪽이 타당성이 있다고 보았다.

격하되어 동로마 중심지로서의 토지, 특권, 세입을 모두 박탈당하고 라오디케아의 관할권에 속하는 한 촌락이라는 굴욕적인 명칭을 받게 되었다.51 목욕탕과 원형경기장, 극장들은 폐쇄되었다. 이와 동시에 풍요와 쾌락을 누리지 못하도록 황제의 엄명으로 곡물 배급을 폐지하는 조치가 취해졌다. 다음으로 감독관들이 신성한 조각상의 파괴를 자행했거나 방조한 자들의 죄를 심문하는 절차를 진행했다. 헬레비쿠스와 카이사리우스의 재판정이 무장한 병사들에 둘러싸여 광장 한가운데에 설치되었다. 안티오크에서도 가장 고귀하고 부유한 시민들이 사슬에 묶여 재판관들 앞에 끌려 나왔다. 심문은 고문과 함께 이루어졌으며, 이 특별 관료들의 판단에 따라 판결이 선고되거나 유예되었다. 죄인들의 집은 경매에 붙여지고 처자식들은 부와 사치를 누리던 생활에서 하루아침에 극빈자의 처지로 떨어졌다. 안티오크 시민들은 이로써 끝나지 않고 안티오크의 설교자 크리소스토무스가 최후 심판일의 생생한 이미지를 빌려 묘사한 바와 같이 피비린내 나는 처형으로 공포스러운 날52을 마리 짓게 되리라고 예상했다. 그러나 테오도시우스의 신하들은 자신들에게 맡겨진 잔인한 임무를 내키지 않는 심정으로 수행했다. 그들은 시민들의 재난에 동정의 눈물을 보였고, 무리 지어 산에서 내려온 수도사들과 은자들의 애끓는 탄원에 진지하게 귀를 기울였다. 결국 헬레비쿠스와 카이사리우스는 선고의 집행을 잠시라도 중단해 달라는 탄원을 받아들였다. 그리하여 헬레비쿠스는 안티오크에 남고 카이사리우스는 되도록 빨리 콘스탄티노플로 귀환하여 황제의 의향을 한 번 더 살피기로 했다. 테오도시우스의 분노는 이미 상당히 누그러진 상태였다. 그는 시민들의 대표로 온 주교와 웅변가(플라비아누스와 힐

테오도시우스의 자비

라리우스)에게도 호의를 갖고 그들의 말을 경청했다. 황제의 책망은 자만심과 권력으로 가혹하게 위협하는 것이라기보다는 안티오크에 대해 갖고 있던 우의가 상처 입은 데 대한 불평에 가까웠다. 그리하여 너그럽고 관대한 사면이 안티오크 시(市)와 시민들에게 내려졌다. 감옥 문이 활짝 열렸고, 살아날 희망이 없다고 믿었던 원로원 의원들도 집과 토지의 소유권을 되찾았다. 동방의 수도는 다시 옛날의 위엄과 번영을 향유하게 되었다. 테오도시우스는 곤궁에 처한 동포들을 위해 관대하게도 중재에 나섰던 콘스탄티노플 원로원에 찬사를 보냈다. 힐라리우스의 웅변에는 팔레스타인의 통치권을 내려 줌으로써 보답해 주었고, 안티오크의 주교에게는 더할 나위 없이 따뜻하게 존경과 감사의 마음을 전했다. 안티오크 시민들은 테오도시우스의 자비로운 처사에 감읍하여 1000개의 새로운 동상을 세웠다. 황제는 국민들의 찬사를 흐뭇하게 받아들이면서, 정의를 행하는 일이 군주의 가장 중요한 의무라면 자비를 베푸는 일이야말로 최상의 기쁨이라고 고백했다.

4월

테살로니카의 폭동은 더 수치스러운 이유 때문이었던 만큼, 그 결과도 훨씬 더 끔찍했다. 일리리쿰 속주의 중심 도시

서기 390년,
테살로니카 폭동과 대학살

인 이 대도시는 막강한 요새들과 수많은 수비군 덕에 고트족과의 전쟁에서도 무사했다. 수비군 장군인 보테리크는 이름에서 알 수 있듯이 야만족 출신이었는데, 그가 소유한 노예들 중 미소년 하나가 대경기장에서 전차를 모는 전사들 중 한 사람의 불순한 욕망을 자극했다. 이 무례하고 짐승 같은 자는 보테리크의 명에 따라 투옥되었다. 그는 전차 모는 전사의 기술을 덕성보다 더 중하게 여기는 대중에게 가장 사랑받는 인물이었다.

그가 경기에 출전하지 못하게 된 데 아쉬워하며 항의하는 소리가 드높았으나, 보테리크는 단호히 물리쳤다. 그 전에도 몇 차례 마찰이 있었던 터라 대중의 분노는 순식간에 극단으로 치달았다. 당시에는 이탈리아 전쟁에 복무하기 위해 수비군 병력이 상당 부분 빠져나간 뒤였고 탈영병들로 인해 수가 더욱 줄어 있었다. 남아 있던 얼마 안 되는 병력으로는 대중의 거친 분노로부터 불운한 장군을 구할 수가 없었다. 그리하여 보테리크와 그의 몇몇 부관들은 잔인하게 살해당했고, 그들의 토막 난 시체는 온 거리로 끌려 다녔다. 그 당시 밀라노에 머물던 테오도시우스 황제는 테살로니카 시민들의 대담하고 방자한 잔인성을 전해 듣고 경악했다. 냉정한 판관으로서도 범죄의 주모자에게 가혹한 판결을 내려야 할 판에, 보테리크의 공적은 군주의 슬픔과 분노를 배가시켰다. 테오도시우스의 불 같은 기질은 많은 시간이 소요되는 법적인 심문 절차를 참을 수 없었다. 그는 죄인들의 피로 죽은 부하의 피를 갚겠다는 성급한 결심을 했다. 그러나 그의 마음은 여전히 복수와 관용 사이에서 흔들렸다. 사제들은 열성을 다하여 그다지 내켜 하지 않는 황제로부터 대사면의 약속을 받아 냈다. 그러나 신하 루피누스의 아첨 섞인 제안이 그의 격정에 다시 불을 붙였다. 테오도시우스는 죽음의 사절들을 급파했다가 마음을 돌려 처형 명령을 거두려 했으나, 이미 때가 늦었다. 로마에서 황제가 내린 벌의 집행은 무자비한 야만족들의 칼에 맡겨졌고, 어두운 음모의 계략을 빌려 준비가 진행되었다. 테살로니카 시민들은 군주의 이름으로 대경기장에서 열리는 경기에 초대받았다. 오락을 좇는 그들의 욕망은 만족을 모를 만큼 강했으므로, 이 무수히 많은 구경꾼들은 전혀 공포나 의심을 품지 않았던 것이다. 사람들이 다 모이자마자, 비밀리에 대경기장 주변에 포진해 있던 병사들에게 대학살의 시작을 알리는 신호가 떨어졌다. 이방인과 원주민, 남녀노소, 죄가 있고 없음을 가리지 않고 세 시간 동안이나 무차별 살육이 이어졌다. 희생자의 수는 적게 잡아도 7000명에 달했다고 하며, 어떤 역사가들은 1만 5000명 이상의 희생자가 보테리크의 영혼을 달래기 위해 바쳐졌다고 주장한다. 보테리크의 죽음과는 무관한 외국 상인 한 사람이 그의 두 아들 중 하나의 목숨을 구하기 위해 자신의 생명과 모든 재산까지 내걸었다. 그러나 그가 똑같이 사랑하는 두 아들 중 누구를 구해야 할지 망설이는 사이, 병사들은 동시에 무력한 아들들의 가슴을 단검으로 찌름으로써 그의 망설임을 끝내 주었다. 미리 정해진 머릿수를 채우기 위해 어쩔 수 없었다는 것이 병사들의 변명이었지만, 이는 오히려 테오도시우스의 계획과 명령으로 실행된 대학살을 더욱 공포스럽게 만들 뿐이다. 황제가 테살로니카에서 오랜 기간에 걸쳐 자주 머물렀다는 점을 생각하면 그의 죄는 더욱 씻기 어렵다. 도탄에 빠진 이 도시의 상황, 거리와 건물의 면면들, 주민들의 차림새와 얼굴들, 이 모든 것들이 황제의 머릿속에 눈앞에 잡힐 듯 생생하게 떠올랐을 것이며, 그가 파멸시킨 사람들의 모습이 선명하게 뇌리에 남았을 것이다.

정통파 성직자들에 대해 존경과 애정을 품어 왔던 테오도시우스는 암브로시우스야말로 성직자가 갖춰야 할 모든 덕을

서기 388년, 암브로시우스의 영향력과 품행

완벽하게 구비한 인물이라 생각했으므로, 그의 인품을 사모하며 탄복해 마지않았다. 테오도시우스의 벗들과 신하들까지도 황제의 예를 따랐으므로, 테오도시우스가 은밀히 논한 국사마저도 즉각 대주교의 귀로 흘러 들어간다는 사실을 알았을 때도 불쾌했다기보다는 놀랐을 따름이었다. 암브로시우스는 국정 전반에 걸친 모든 시책이 신의 영광과 참된 종교의 이익에 연

결되어야 한다는 신념에 따라 행동했다. 페르시아에 인접한 변경 지대의 이름 없는 벽촌인 칼리니쿰에서 수도사들과 주민들이 광신적인 종교열에 들떠 발렌티니아누스파의 비밀 예배소와 유대인들의 교회당을 불태운 일이 있었다. 선동을 일으킨 성직자는 교회당을 새로 지어 주든지 피해액을 보상해 주라는 속주 관리의 판결을 받았다. 황제도 이 온건한 판결을 승인했다. 그러나 밀라노 대주교는 이를 받아들이지 않았다. 그는 황제가 받은 세례는 취소하고 할례를 받는 편이 어울리겠다는 내용의 비난을 담은 서신을 썼다. 암브로시우스는 유대인에 대한 관용을 그리스도교인에 대한 박해로 받아들였던 것이다. 그는 자신과 모든 참된 신자들은 칼리니쿰 주교 편에 서서 그의 공적과 순교의 영광을 위해 끝까지 싸워 나가겠다고 대담하게 선언했다. 또한 이러한 판결을 실행에 옮긴다면 테오도시우스의 명성과 영혼의 구원이 위태로워질 것이라고 슬픈 어조로 탄식했다. 이러한 훈계를 사적으로 전한다면 당장 효과를 보기는 어려울 것이므로, 대주교는 설교단에서[53] 공개적으로 황제에게 이를 전했다. 그는 테오도시우스로부터 칼리니쿰의 주교와 수도사들을 구해 낼 때까지 성체 봉헌을 드리지 않겠다고 했다. 테오도시우스는 진심으로 자신의 판결을 철회했다.[54] 그뿐 아니라 밀라노 체재 기간 동안 암브로시우스와 가진 경건하고 친밀한 대화로 인해 그에 대한 애정은 더욱 깊어져 갔다.

[53] 그의 설교는 예레미야의 지팡이, 아몬드 나무, 그리스도의 발을 씻고 기름 부은 여인에 대한 기이한 우화였다. 그러나 결론은 직접적으로 황제를 겨냥하고 있었다.

[54] 그러나 5년 후 테오도시우스는 그의 영적 안내자를 잃자, 유대인들에게 관용을 베풀고 그들의 예배당이 파괴된 데 대해 처벌을 내렸다.

서기 390년, 테오도시우스의 참회

암브로시우스의 마음은 테살로니카의 대학살 소식을 접하고 공포와 고뇌로 가득 찼다. 그는 한적한 벽지에 몸을 숨기고 슬픔에 잠겨 테오도시우스를 피했다. 그러나 소극적으로 침묵을 지키고만 있다면 그의 죄에 공모하는 결과가 될 것이라고 생각했다. 그리하여 황제에게 개인적으로 서신을 내어, 그가 극악무도한 죄를 저질렀음을 일깨우고 이를 지울 수 있는 것은 회개의 눈물뿐이라고 타일렀다. 암브로시우스는 성직자로서의 열정을 신중하게 억제하고 은근히 파문을 내릴 수 있음을 비추면서, 테오도시우스의 이름으로, 또는 그가 임석한 자리에서 성체 배령을 행하지 말라는 신의 경고를 받았다고 주장했다. 그는 황제에게 감히 그리스도의 제단 근처에 오거나 무고한 국민들의 피로 더럽혀진 손으로 성스러운 성체를 받을 생각은 말고 기도나 하고 있으라고 충고했다. 그는 이렇게 황제에게 간접적인 파문 선고를 내리는 것으로 만족하기로 했다.[55] 황제는 스스로도 자책하고 있던 차에, 영적인 아버지로부터 책망을 듣고 더욱 깊은 슬픔을 느꼈다. 그는 자신의 경솔한 분노가 가져온 돌이킬 수 없는 끔찍한 결과에 대해 깊이 슬퍼하면서, 늘 하던 대로 밀라노 대성당에 예배를 드리러 갔다. 그러나 문 앞에서 대주교가 그를 가로막았다. 대주교는 천상의 사절과 같은 엄숙한 어조로 개인적인 회개로는 공적인 죄과를 속죄할 수도, 상처 입은 신의 정의를 달랠 수도 없다고 선언하였다. 테오도시우스는 겸손한 태도를 잃지 않았으나 자신이 동족을 살해한 죄를 지었다면 다윗 왕은 살인죄 위에 간통죄까지 지었다고 항의했다.

> 폐하께서 다윗 왕과 같은 죄를 지었다면, 회개도 그가 한 것처럼 해야 할 것입니다.

이것이 담대하기 짝이 없는 암브로시우스의 대답이었다. 이리하여 황제는 화해와 사면에 따르는 엄격한 조건들을 받아들였다. 테오도시우스 황제의 공개적인 참회는 교회사에서 가장 영예로운 사건들 중 하나로 기록되었다. 4세기경 제정된 교회법

[55] 암브로시우스의 서신은 자기 밑에 있다고 해도 신분상으로는 더 높은 자에게 보내는 일종의 가련한 랩소디라 할 만하다. 암브로시우스는 편지를 쓰기보다 행동에 나서는 편이 더 나았을 것이다. 그의 글은 멋도 없고 재능도 보이지 않으니, 테르툴리아누스와 같은 활기, 라에탄티우스와 같은 우아함, 히에로니무스와 같은 생생한 기지, 아우구스티누스와 같은 장중한 힘 어느 것도 갖지 못했다.

에서 가장 관대한 조항에 따르더라도, 동족을 살해한 죄를 용서받으려면 20년을 참회해야 했다.[56] 인간의 수명으로는 도저히 테살로니카 대학살로 누적된 죄를 다 씻을 수 없었으므로, 살인자는 죽을 때까지 성찬식에 참여하지 못할 것이었다. 하지만 대주교는 종교 정책의 원칙을 고려하여, 황제로서의 자부심을 버리고 겸손하게 회개한 점을 참작해 주었다. 그의 속죄가 대중에게 가질 감화력이 엄청나다는 점도 처벌 기간을 감해 주는 데 상당한 이유가 되었을 것이다. 로마 황제가 황제의 의장을 모두 벗고 슬픔에 잠겨 애원하는 태도를 취하면서 눈물과 탄식으로 겸허하게 사면을 구한 것으로 충분했다. 암브로시우스는 이처럼 영적인 구제를 행하는 과정에서 강경책과 온건책을 다양하게 섞어 구사했다. 8개월을 끈 후에야 테오도시우스는 충실한 신도로 다시 교회에 받아들여졌다. 또한 사형 선고가 내려진 후 집행되기까지 30일간의 유예기간을 두는 칙령도 그의 회개에서 나온 귀중한 결실이었다. 후세 사람들은 대주교의 굳은 의지에 찬사를 보냈다. 테오도시우스의 선례는 인간의 법이 닿지 않는 곳에 있는 군주라도 보이지 않는 심판관의 법을 존중해야 한다는 원칙의 힘을 입증한 셈이 되었다. 몽테스키외는 다음과 같이 말했다.

> 종교가 주는 희망과 공포에 따라 움직이는 군주는 사육자의 목소리에만 양순해지고 그의 손에만 순종하는 사자에 비유할 수 있다.

즉 백수의 왕인 사자라 해도 그에 대한 권위를 손에 넣은 자의 의도와 이해에 따라 움직인다. 이와 마찬가지로 자기 손에 군주의 양심을 쥐고 있는 성직자는 그의 잔인성을 부추길 수도

[56] 성 바실리우스의 법에 따르면 자발적으로 동족을 살해한 자는 4년 동안 애도하고, 5년간은 남의 말을 듣기만 하고, 7년간은 엎드린 자세로, 4년은 서 있는 자세로 보내야 한다. 나는 성 바실리우스의 교회법에 관한 서신의 원본과 번역본을 가지고 있다.

있고 잠재울 수도 있다. 암브로시우스는 자비를 베푸는 데에나 박해를 가하는 데에나 똑같이 힘을 기울여 양쪽에서 모두 성공을 거두었다.

갈리아의 참제인 막시무스가 죽은 후, 로마 제국 전체가 테오도시우스의 수중에 들어갔다. 그는 그라티아누스에게 선택되어 동로마의 전 속주에 대한 영예로운 권한을 손에 넣은 데 더해, 이제 정복자로서 서로마까지 아우르게 되었다. 그는 3년간 이탈리아에 머물면서 법의 권위를 회복시키고, 막시무스의 찬탈 기간과 발렌티니아누스의 유년기 동안 만연한 권력 남용을 바로잡는 데 힘썼다. 발렌티니아누스의 이름은 공공 법령마다 삽입되었으나, 그는 나이도 어리고 신앙도 아직 확고하지 않았으므로 정통파 후견인의 신중한 보호가 필요하리라고 생각되었다. 테오도시우스가 겉모습만 그럴듯한 야심가였다면 싸움은커녕 불평 한 마디 듣지 않고 이 불운한 소년으로부터 제국의 통치권, 아니 아예 상속권 자체를 박탈해 버릴 수도 있었다. 테오도시우스가 이해관계와 정책상의 엄격한 원칙에 따랐더라도 벗들은 그의 행동을 정당화했을 것이다. 그러나 이 엄청난 기회를 맞아 그가 취한 관대한 행동은 아무리 그에게 깊은 원한을 지닌 숙적이라도 찬사를 보낼 만했다. 그는 발렌티니아누스를 밀라노의 옥좌에 앉히고, 현재나 장래의 이득에 대한 조건을 전혀 걸지 않고 막시무스에게 빼앗겼던 모든 속주의 절대적인 지배권을 되돌려 주었다. 테오도시우스는 이 광대한 세습 영토를 되돌려 주는 데 그치지 않고, 그의 용맹으로 그라티아누스의 암살자 막시무스로부터 되찾았던 알프스 너머의 지역까지 아무 대가 없이 넘겨주었다. 황제는 은인의 죽음에 복수하고 서로마를 참제의 멍에로부터 구해 냈다는 영광으로

서기 388~391년,
테오도시우스의 관대함

57 어린 황제는 연회를 베풀 때에도 자신은 단식을 했으며, 아름다운 여배우를 보는 것도 거부했다. 그는 자신의 맹수들도 죽이도록 명령했는데, 오락을 사랑한 필로스토르기우스가 그를 비난한 일은 옹졸한 처사이다.

만족하고 밀라노에서 콘스탄티노플로 귀환했다. 동로마의 통치도 안정을 찾자, 사치와 나태에 탐닉하는 그의 예전 버릇이 서서히 되살아났다. 테오도시우스는 발렌티니아누스의 형에 대한 책임을 완수한 다음 발렌티니아누스의 누이와 부부로서의 애정을 나누며 행복한 삶을 누렸다. 후세 사람들은 그가 신분 상승 과정에서 보여 준 순수하고 유례없는 영광을 찬탄하는 데 그칠 것이 아니라, 승리의 결실을 놓고서도 비할 데 없이 관대하게 행동한 점을 마땅히 칭찬해야 한다.

서기 391년, 발렌티니아누스의 성격

모후 유스티나는 이탈리아로 돌아온 지 얼마 되지 않아 숨을 거두었다. 그녀는 테오도시우스의 승리를 볼 수 있었지만 아들의 통치에 영향력을 행사하는 것까지는 허락받지 못했다. 발렌티니아누스는 아리우스파를 편애하는 모후 아래에서 교육받으면서 영향을 받았지만, 이는 정통파의 교육을 받으면서 곧 사라졌다. 니케아 신조에 대한 그의 신앙심은 나날이 깊어 갔고, 암브로시우스의 인격과 권위에 대해 아버지에게 하듯이 존경을 바쳤다. 가톨릭교도들은 서로마의 어린 황제의 덕성에 대해 매우 호의적인 견해를 갖게 되었다.[57] 그들은 그의 순결과 절제, 쾌락을 멀리하고 일에만 몰두하는 모습, 두 누이에 대한 따스한 애정 등을 칭찬했다. 그러나 가톨릭교도들조차 어느 쪽으로도 치우치는 법이 없는 공정한 황제를 유혹하여 국민들 중 가장 비열한 자에게라도 부당한 판결을 내리게 만들지는 못했다. 그러나 이 온화한 젊은이는 스무 살이 채 되기도 전에 국내에서 일어난 반역의 고통을 겪게 되었고, 제국은 다시 내전의 공포에 휘말렸다. 프랑크족의 용감한 전사인 아르보가스테스는 그라티아누스 휘하에서 2인자의 자리에 있었다. 주군이 죽은 후 그는 테오도시우스 휘하로 들어가서 참제를 처단하는 데 용맹과 무력을 보탠 공로로 갈리아 군대 대장에 임명되었다. 그는 공적과 충성심으로 군주와 백성들로부터 두루 신망을 얻었으나, 지나친 관대함으로 군대의 충성심을 타락시키고 있었다. 그는 국가의 기둥으로 널리 존경받았지만, 이 대담하고 간교한 야만족은 서로마 제국을 자기 손에 넣든지 그렇지 못하면 파괴하고 말겠다는 결심을 은밀히 숨기고 있었다. 그리하여 그는 군대의 요직을 프랑크족들에게 분배해 주고 자기 부하들을 민정의 온갖 명예직과 고위 관직에 승진시켰다. 그들의 음모로 인해 발렌티니아누스 주변의 충신들은 하나씩 제거되어 나갔고, 황제는 서서히 실권도 정보도 없는 허수아비 신세로 전락했다. 발렌티니아누스가 느낀 분노는 젊은이의 성급하고 경솔한 기질에서 나온 것으로 보였을지도 모른다. 그러나 사실 그의 분노는 지배할 능력이 부족하지 않다고 생각하는 군주로서의 고귀한 기상의 발로였다. 그는 자신의 진실성을 보증하고 안전을 지켜 줄 사람으로 밀라노 대주교를 은밀히 불러들여 중재역을 맡겼다. 한편으로 동로마 황제에게 자신의 무력한 상황을 알리고, 군대를 이끌고 급히 도우러 와 주지 않는다면 적들에게 둘러싸여 이제는 궁정이라기보다는 감옥이 된 갈리아의 비엔나에서 탈출하겠다고 전했다. 그러나 구원의 희망은 너무나 멀고도 불확실했다. 날이 갈수록 분노가 깊어지자, 황제는 힘도 조언자도 없으면서 성급하게 막강한 장군과 맞붙어 보겠다는 위험한 결심을 했다. 황제는 아르보가스테스를 불러들여 그를 모든 직책에서 해임한다는 친서를 전했다. 그러나 아르보가스테스는 냉정을 잃지 않고 황제를 모욕하는 태도로 답했다.

저의 권력은 일개 군주의 미소나 눈짓 하나에 달려 있지 않

⁵⁸ 고드프루아(Godefroy)는 발렌티니아누스 2세의 죽음을 둘러싼 모든 정황 증거들을 부지런히 수집했다. 동시대 사가들의 말이 다 틀리고 실제 정황에 무지한 것으로 보아 이 사건이 비밀에 부쳐졌음을 알 수 있다.

⁵⁹ 그는 조심스럽고 모호한 표현을 쓰지 않을 수 없었다. 그러나 평신도들이나 다른 성직자들보다는 훨씬 더 대담했다.

⁶⁰ 성 암브로시우스가 가장 열렬하게 세례의 절대적인 필요성을 주장했다고 한 샤르동(Dom. Chardon)은 이 모순을 해결하기 위해 많은 노력을 했다.

습니다.

그리고는 경멸하는 태도로 친서를 바닥에 던져 버렸다. 분개한 황제는 호위병들 중 하나의 칼을 잡아채어 칼집에서 뽑으려 했다. 그의 적에 대해서건, 그 자신에 대해서건 치명적인 무기를 사용하지 못하도록 막는 과정에서 어느 정도 폭력이 없었다고는 할 수 없다. 이렇게 자신의 분노와 나약한 처지를 모조리 드러낸 꼴이 된 기이한 다툼이 있은 지 며칠 후, 불운한 발렌티니아누스는 자기 방에서 목졸려 죽은 채 발견되었다. 아르보가스테스의 죄상이 너무나 명백했으므로 젊은 황제가 절망에 빠져 스스로 목숨을 끊었다고 세상을 납득시키는 데 상당한 수고가 필요했다.⁵⁸ 그의 유해는 밀라노의 묘소에 정중히 안장되었다. 대주교가 그의 덕성과 불행을 추모하는 조사를 낭독했다.⁵⁹ 이때만큼은 암브로시우스도 예외적으로 자신의 신학 이론을 깨뜨리고, 흐느껴 우는 발렌티니아누스의 누이들에게 그들의 경건한 오빠는 비록 세례는 받지 못했을지언정 어려움 없이 영원한 축복의 궁전으로 들어갔으리라고 위로해 주었다.⁶⁰

서기 392년 5월, 발렌티니아누스의 죽음

서기 392~394년, 에우게니우스의 제위 찬탈

신중한 성격의 아르보가스테스는 야심적인 계획을 성공시키기 위해 준비를 다져 왔다. 이제 애국심이나 충성심 따위의 감정은 다 잊은 속주민들은 체념에 길든 채 이 프랑크인의 선택에 따라 제위에 오를 이름 모를 군주를 기다렸다. 그러나 오만과 편견의 잔재가 여전히 남아 있어 아르보가스테스 자신이 등극하는 것만은 반대했으므로, 이 현명한 야만인은 로마인을 허수아비로 내세워 통치하는 편이 더 유리하다고 생각했다. 그는 자신의 개인 비서에서 이미 총무 장관의 자리로 올려 준 수

사학자 에우게니우스를 새 황제로 선택했다. 아르보가스테스는 에우게니우스가 공적·사적으로 자신에게 바친 봉사에서 늘 그의 능력과 충성심을 인정해 왔다. 에우게니우스는 학식과 달변에다 진지하고 엄숙한 태도까지 갖추어 사람들로부터 존경을 받았다. 게다가 사람들은 제위에 오르기를 내켜 하지 않는 모습을 보고 그의 덕성과 중용에 대해 더욱 호감을 가졌다. 새로운 황제의 사절단이 즉각 테오도시우스의 궁정으로 급파되어 슬픔을 가장하고 발렌티니아누스의 불행한 죽음을 전했다. 그들은 아르보가스테스의 이름은 한 마디도 언급하지 않고서 서로마 군대와 속주로부터 만장일치로 동의를 얻은 훌륭한 시민을 동로마 군주의 합법적인 공동 통치 황제로 맞아 주기를 청했다.[61] 테오도시우스가 자신이 쌓아 온 노고와 승리의 결실이 한 야만인의 배신 행위로 일순간에 무너진 데 분노한 것은 당연한 일이었다. 그뿐 아니라 불행한 형제의 운명에 복수하고 무너진 제위의 위엄을 다시 한 번 세워 달라는 사랑하는 아내[62]의 눈물 어린 호소에 마음이 움직였다. 그러나 서로마를 다시 정복하는 일은 어렵고 위험했으므로, 일단 에우게니우스의 사절단에게 호사스러운 예물과 애매모호한 답변을 주어 보냈다. 그 후로 내전 준비에 거의 2년의 세월이 소요되었다. 이 신앙심 깊은 황제는 최종 결단을 내리기 전에 하늘의 뜻을 알고 싶었다. 그리스도교가 대세를 잡으면서 델포이와 도도나의 신탁은 힘을 잃었기 때문에, 그는 당시 기적을 일으키는 재능과 미래를 읽는 능력을 가졌다는 한 이집트 수도승으로부터 의견을 구했다. 콘스탄티노플 궁정에서 가장 총애받는 환관들 중 하나였던 에우트로피우스가 알렉산드리아행 배에 올라 테베 변경의 리코폴리스까지 나일 강을 따라 올라갔다. 그 도시 부

전쟁을 준비하는 테오도시우스

[61] 조시무스가 이 사절에 대해 언급했으나 이 사건을 설명하다가 다른 이야기로 흘러갔다.

[62] 조시무스는 갈라가 산고를 겪다 죽었다고 하면서 남편의 슬픔은 격렬했지만 오래가지는 않았다고 암시한다.

63 클라우디아누스가 이 환관의 여행에 대해 전했다. 그러나 이집트인의 꿈과 나일 강의 예언에 대해서는 매우 경멸하는 태도를 보였다.

근의 높은 산 정상에 직접 지은 초라한 암자에서 성 요하네스가 문 한 번 열지 않고, 여자의 얼굴을 보지도 않고, 불이나 사람의 솜씨로 조리한 음식은 아무것도 입에 대지 않고 50년 이상을 살고 있었다. 그는 일주일 중 닷새는 기도와 명상으로 보냈으나, 토요일과 일요일만은 작은 창을 열고 그리스도교 세계 곳곳에서 연이어 몰려오는 탄원자들을 맞았다. 테오도시우스의 환관은 정중한 발걸음으로 창에 다가가 내전에 관한 질문을 건넸다. 희생은 따르겠지만 확실히 승리한다고 장담함으로써 황제의 용기를 북돋워 줄 호의적인 예언이 답으로 돌아왔다.63 이 예언을 현실로 만들기 위해 인간이 할 수 있는 모든 신중한 수단이 동원되었다. 두 명의 대장 스틸리코와 티마시우스는 부지런히 로마 군단을 확충하고 기강을 되살리라는 명령을 받았다. 막강한 야만족 군대가 각기 족장의 깃발 아래에서 진군했다. 이베리아인, 아랍족, 고트족이 서로 상대방의 모습을 놀란 눈으로 쳐다보면서 같은 군주에게 복무하기 위해 입대했다. 유명한 알라리크도 테오도시우스의 훈련장에서 나중에 로마 제국의 붕괴 과정에 치명타를 가하게 될 전쟁 기술을 익혔다.

서기 394년 9월,
에우게니우스에게 승리한
테오도시우스

서로마 장군이라고는 해도 사실상 황제나 다름없던 아르보가스테스는 압박과 저지, 전력의 축소나 증강 등 다양한 전법을 자유자재로 구사하는 유능한 적에 맞서 방어선을 확장하는 일이 얼마나 위험한가를 막시무스의 실책과 불운으로부터 배웠다. 아르보가스테스는 이탈리아 국경 지대에 주둔지를 세우고, 테오도시우스의 군대가 율리아알프스 기슭까지 판노니아 속주들을 손쉽게 점령하도록 내버려 두었다. 그는 무관심한 척 교묘하게 산의 통로들을 대담한 정복자에게 내주었다. 언덕을 내려온 황제는 아퀼레이아의 성벽과 프리기두스 강변,[64] 다른 이름으로 차가운 강(Cold River)[65]까지의 광활한 지역을 갈리아와 게르만족의 진영이 온통 뒤덮은 모습을 보고 경악했다. 알프스와 아드리아 해로 사방이 둘러싸인 이처럼 협소한 전장에서는 군사 작전의 기술을 발휘할 여지가 없었다. 아르보가스테스는 사면 따위는 경멸했을 뿐 아니라, 자신의 죄상으로 보아 협상의 희망도 애초부터 버린 상태였다. 반면 테오도시우스는 발렌티니아누스의 암살자를 응징하여 영광과 복수를 성취할 욕심에 너무 서둘렀다. 동로마 황제는 자신의 분투를 가로막는 자연과 인간의 장애물에도 아랑곳하지 않고 적들의 요새를 즉각 공격했다. 가장 영예롭고 위험한 임무는 고트족에게 맡겨졌다. 이는 피비린내 나는 전투가 그들의 기를 꺾고 숫자를 줄일 지 모른다는 은밀한 기대에서 나온 조치였다. 이 보조군들 가운데 1만여 명과 이베리아인 장군 바쿠리우스가 전장에서 용감하게 생명을 바쳤다. 그러나 그들의 피로도 승리를 얻지는 못했다. 적은 여전히 우위를 점한 상태였다. 밤이 다가오자 야음을 틈타 테오도시우스의 군대는 무질서하게 도주하거나 후퇴했다. 황제는 인근의 구릉 지대로 퇴각하여 잠도 자지 못하고 식량도 희망도 떨어진 상태에서 암울한 심정으로 밤을 지샜다. 남은 것이라고는 아무리 절망적인 상황에 처해 있더라도 운명과 목숨을 가벼이 여기는 자세에서 독립적인 정신을 끌어낼 수 있다는 강한 확신뿐이었다. 에우게니우스 진영은 오만방자하게 기뻐 날뛰며 승리를 자축했다. 그러나 적극적이고 주도면밀한 아르보가스테스는 산악 지대의 통로들을 점령하여 동로마 군대의 후방을 포위하고자 비밀리에 상당한 규모의 군대를 파견했다. 날이 밝자 테오도시우스는 비로소 자신이 얼마나 위험한 상황에 처했는지 알게 되었다. 그러나 적군의

[64] 지금은 비파오로 불리며, 고래츠 지역의 작지만 기억할 만한 강인 프리기두스 강은 아퀼레이아 위쪽, 하드리아노폴리스에서 몇 마일 떨어진 곳의 손티우스(다른 이름으로는 리손조)로 흘러 들어간다.

[65] 클라우디아누스의 기지는 참을 수 없을 정도이다. 눈은 붉게 물들고 차가운 강에서는 연기가 피어올랐다. 강이 피로 넘친 것이 아니라면 수로가 시체로 막혔던 것이 틀림없다.

지휘관들로부터 찬주의 기를 버리겠다는 우호적인 메시지를 전달받고 그의 염려도 곧 가셨다. 테오도시우스는 그들이 배신의 대가로 요구한 명예롭고 후한 보상을 주저 없이 승인했다. 잉크와 종이를 구하기가 어려웠으므로, 황제는 자기 간책(簡冊)에 조약을 비준하는 서명을 했다. 이 시의 적절한 증원책 덕분에 그의 병사들의 사기가 되살아났다. 그들은 다시 자신감을 얻어 주요 지휘관들조차 성공하리라고 믿고 있지 않던 찬주의 진영을 기습하러 나섰다. 전투가 열기를 더해 가던 중, 알프스 산간 지대에서 종종 일어나는 격렬한 돌풍이 갑자기 동쪽에서 시작되었다. 테오도시우스의 군대는 위치상 거센 바람을 피할 수 있었다. 그러나 적군은 모래바람에 정면으로 강타당해 전열이 흐트러지고 무기가 날아갔으며, 그들이 던진 창도 방향을 잃고 빗나가거나 오히려 자신들 쪽으로 날아갔다. 이 우연한 사건은 교묘하게 이용되었다. 갈리아군은 미신적인 공포심에 사로잡혀 거센 폭풍을 과장했다. 그들은 하늘의 뜻이 신앙심 깊은 황제의 편에 있다고 생각하고 자진하여 항복했다. 테오도시우스는 결정적인 승리를 거두었으며, 두 적 에우게니우스와 아르보가스테스는 각자의 성격에 따라 다른 최후를 맞았다. 세계의 지배권을 거의 손에 넣었던 수사학자 에우게니우스는 정복자의 자비를 탄원하는 처지로 전락했으나, 무자비한 병사들은 그가 테오도시우스의 발치에 엎드리자 머리를 베어 버렸다. 아르보가스테스는 군인으로서, 장군으로서 최선을 다했으나 전투에 패배한 이후 여러 날 동안 산속을 방황했다. 그러나 자신이 탈출도 불가능할 만큼 절망적인 처지에 빠졌다는 확신이 들자, 이 두려움을 모르는 야만인은 고대 로마인들의 선례를 따라 스스로 가슴에 칼을 꽂았다. 이리하여 이탈리아의 좁은 구석에서 제국의 운명이 결판났다. 발렌티니아누스 가의 적법한 계승자인 테오도시우스 황제는 밀라노 대주교를 포옹하고 정중한 태도로 서로마 속주들의 복종을 받아들였다. 그 속주들이 반란에 공조할 동안에도 불굴의 용기를 가진 암브로시우스는 찬탈자의 요구에 저항해 왔다. 다른 국민이라면 치명적이었겠지만, 이 대주교는 군건한 의지로 에우게니우스의 하사품을 거부하고 그의 서신도 받지 않았다. 그는 참제의 가증스러운 꼴을 보기 싫어서 밀라노에서 물러나 신중하고 모호한 말로 그의 몰락을 예언했다. 암브로시우스의 행적은 교회와의 두터운 유대 관계로 평판이 높은 정복자로부터 찬사를 받았다. 테오도시우스는 밀라노 대주교의 인간적인 중재를 받아들여 관용을 베풀었다.

에우게니우스의 패배 이후 로마 세계의 모든 국민들이 테오도시우스의 권위뿐 아니라 업적까지 기꺼이 인정하게 되었다. 국민들은 그의 과거 행적에 비추어 미래의 통치에 대해서 더욱 밝은 기대를 가졌다. 황제의 나이가 아직 채 오십도 넘지 않았으니, 국민들이 행복한 삶을 누리도록 아직도 일할 날이 많이 남았다고 생각되었다. 그러던 중 승리한 후 겨우 넉 달 만에 그가 숨을 거두자 이는 다음 세대의 희망을 일순간에 파괴해 버린 예상 밖의 치명적인 사건으로 받아들여졌다. 그러나 안락과 사치에 대한 탐닉이 서서히 그의 병을 키워 왔던 것이다.66 테오도시우스의 기력은 궁정에서 전쟁 진영으로의 갑작스럽고 급격한 변화를 이겨 내지 못했다. 점점 심해져 가는 부종 증세는 황제의 몸이 급속도로 쇠하고 있다는 증거였다. 공공의 여론뿐 아니라 이해관계로도 동로마와 서로마 제국의 분할은 확고한 것이었다. 아버지의 따뜻한 배려 덕에 이미 아우구스투스의 칭호를 얻은 두 명의 황족 출신 젊은이, 아르카디

서기 395년 1월, 테오도시우스의 죽음

66 소크라테스는 이 병의 원인을 전쟁에서 과로한 탓으로 돌렸으나, 필로스토르기우스는 나태와 무절제의 결과로 보았다. 포티우스는 그를 뻔뻔한 거짓말쟁이라고 불렀다.

우스와 호노리우스가 각기 콘스탄티노플과 로마의 제위에 앉도록 예정되어 있었다. 테오도시우스는 그들에게 내전의 위험과 영광을 함께 나누도록 허락하지 않았다. 그러나 테오도시우스는 말할 가치도 없는 적들에게 승리를 거두자마자, 차남 호노리우스를 불러 승리의 결실을 함께 나누고 죽어 가는 부왕의 손에서 서로마의 왕홀을 넘겨받도록 했다. 그는 호노리우스가 밀라노에 도착하자 대경기장에서 화려한 경기를 열어 환영했다. 테오도시우스는 병마로 고통받는 와중에도 모습을 드러내어 국민들을 기쁘게 해 주었다. 그러나 오전 행사를 함께 하려고 힘들게 애쓴 탓에 마지막 기력을 다 소진해 버렸다. 호노리우스가 그날의 남은 행사에서 부왕을 대신했다. 위대한 테오도시우스는 다음 날 밤 숨을 거두었다. 내전으로 인한 반목이 가시지 않은 상태였음에도 불구하고, 모두가 다 함께 그의 죽음을 슬퍼했다. 그가 굴복시킨 야만족들과 그가 복종했던 성직자들까지도 더없이 고귀한 존재로 여겼던 죽은 황제에게 진심에서 우러난 뜨거운 갈채를 보냈다. 로마인들은 허약하고 분할된 통치가 가져올 위험이 임박한 데 대해 두려움을 느꼈다. 아르카디우스와 호노리우스의 불운한 통치를 겪으면서 그들은 회복할 수 없는 손실에 대한 기억을 한순간도 지울 수 없었다.

테오도시우스 시대의 타락

테오도시우스의 미덕을 충실히 묘사한다 해도 그의 결점들, 즉 가장 위대한 로마 황제들 중 하나인 그의 영광에 오점을 남긴 잔학 행위나 나태함까지 다 덮을 수는 없다. 테오도시우스의 명성을 줄곧 부인해 온 한 역사가는 그의 악덕과 그로 인한 해로운 결과들을 과장했다. 그는 대담하게도 모든 계층의 국민들이 군주의 나태한 태도를 모방했으며, 온갖 종류의 부패가 공적 생활과 사생활을 오염시켰다고 주장했다. 그 결과 질서와 예의범절의 미약한 억제력으로는 태만과 탐욕을 위해 부끄러움도 없이 의무와 이해관계를 희생시키는 타락한 정신의 만연을 막을 수가 없었다는 것이다. 동시대 사가들은 각자의 기질과 입장에 따라서만 차이를 보일 뿐, 사치의 만연과 예의범절의 타락에 대해서는 공통적으로 언급한다. 그러나 사회의 급격한 변화를 명료하고 폭넓은 시각으로 조명하여, 다수 개인들의 맹목적이고 변덕스러운 열정을 한 방향으로 이끈 움직임의 미묘하고 비밀스러운 근원을 발견한 관찰자는 거의 없다. 테오도시우스 치하에서 로마인들이 콘스탄티누스나 아우구스투스 시대보다 더 뻔뻔스럽게 사치와 타락에 빠졌다는 것이 어느 정도 진실이라 해도, 그러한 변화가 유익한 개선 덕분에 국가가 더욱 부유해진 결과라고 하기는 어렵다. 장기간에 걸친 재난과 쇠퇴로 산업 발달에 지장이 생기고 국민들의 부가 분명히 감소했을 것이다. 따라서 그들의 방만한 사치는 틀림없이 미래를 잊고 현재를 즐기자는 무기력한 절망의 소산이었을 것이다. 테오도시우스의 국민들은 재산을 언제 잃을지 모르는 불안한 상황에 있었으므로, 대가는 당장 지불해야 하지만 이익을 얻으려면 오래 기다려야 하는 이로우나 고된 일을 할 마음이 나지 않았다. 파괴와 황폐화를 자주 겪다 보니, 언제 탐욕스러운 고트족의 먹이가 될지 모를 재산을 상속해 주려고 아낀다는 것이 부질없게 느껴졌다. 난파선이나 포위된 성 안의 혼란 상태에서 광기 어린 낭비 행태가 만연한다는 점을 통해, 쇠망해 가는 국가의 불행과 공포 속에서 사치가 퍼져 나가는 현상을 설명할 수 있을 것이다.

궁정과 도시의 관습을 오염시킨 사치 풍조는 군단의 진영에도 비밀스럽게 치명적인 독소를 불어넣었다. 고대부터 내려

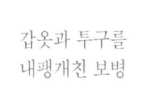
갑옷과 투구를
내팽개친 보병

67 베게티우스가 주목한 연이은 재난들을 보면 그가 책을 헌정한 영웅은 발렌티니아누스 가의 가장 불명예스러운 황제이자 마지막 황제였다고 믿을 수밖에 없다.

오면서 로마군의 군율을 유지해 온 원칙들을 세밀하게 연구한 한 군사 연구가는 그들의 타락상에 주목했다. 베게티우스는 로마가 세워졌을 때부터 그라티아누스 황제 치세까지 보병대는 항상 방어용 갑옷을 입고 있었다는 중요한 사실을 지적했다. 군율이 느슨해지고 훈련을 하지 않게 되면서 병사들은 군무의 피로를 버텨 낼 힘도 의지도 약해졌다. 그들은 무거운 갑옷을 불평하면서 잘 입지도 않게 되었고, 흉갑과 투구를 폐지하는 허가를 얻어 냈다. 세계를 제압했던 고대 선조들의 중량감 있는 무기, 단검, 강력한 투창은 그들의 나약한 손에서 서서히 버려졌다. 내키지 않는 걸음으로 전장에 나가서 부상의 고통이나 패주의 불명예 중 하나를 선택해야 할 상황이 오면 항상 더 수치스러운 선택 쪽으로 기울었다. 고트족과 훈족, 알라니족의 기병대는 방어용 갑옷의 이점을 절감하고 이를 적극 이용했다. 그들은 로마 병사들보다 투척용 무기를 다루는 솜씨가 더 뛰어났기 때문에, 머리와 가슴을 아무런 방어도 없이 야만족들의 화살 앞에 내놓은 채 떨고 있는 군단병들을 손쉽게 제압했다. 군대가 손실을 입고, 도시들이 파괴되고, 로마의 이름이 더럽혀지자 그라티아누스의 후계자들에게 보병대로 하여금 투구와 흉갑을 다시 쓰게 하라고 청원한 자들도 있었으나 별 효과를 거두지 못했다. 무기력해진 병사들은 그들 자신과 국가의 방어를 포기했다. 그들의 나약함과 태만은 제국의 몰락을 가져온 직접적인 원인으로 간주될 수 있을 것이다.67

28

THE DECLINE AND FALL
OF THE ROMAN EMPIRE

이교의 최종적인 몰락 · 그리스도교도들 사이에 도입된
성자와 성(聖)유품 숭배

　　테오도시우스 시대의 이교 파괴는 고
대 이후 널리 퍼져 있던 미신을 완전히
절멸시킨 유일한 사례일 것이다. 따라서
그것은 인류의 정신사에서 특기할 사건으로 주목할 만한 가치
가 있다. 그리스도교도들, 특히 성직자들은 이교에 대한 콘스
탄티누스의 신중한 유예와 발렌티니아누스 1세의 관용을 초조
하게 지켜보았다. 그들은 적들의 존재를 용인하는 한 자신들의
승리가 완전하거나 안전한 것이라고 생각하지 않았다. 암브로
시우스와 그의 그리스도교 형제들은 나이 어린 그라티아누스
와 신앙심 깊은 테오도시우스에게 영향력을 행사하여 이 황족
개종자들의 마음속에 박해의 원칙을 심어 놓았다. 그리하여 그
럴듯한 종교법 두 개를 제정함으로써 조상 대대로 내려온 예식
을 고수하고 있던 국민들을 직접 겨냥한 엄격한 원칙을 이끌어
냈다. 그 내용은 이교에 대한 처벌이나 단속을 게을리 한 관리
도 이교도와 같은 죄를 지은 것이며, 가짜 신과 진짜 악마들에

서기 378~395년,
이교의 몰락

¹ 성 암브로시우스는 우상 숭배를 파괴한 요시야의 열정을 특히 칭찬하면서 권고했다. 같은 주제에 대한 마테르누스의 언사는 경건한 척하지만 비인간적이다.

² 베일(Bayle)은 이러한 편협한 법을 유대인들에 대한 야훼의 일시적인 지배를 들어 정당화했다. 그의 시도는 칭찬해 줄 만하다.

³ 이 신비스러운 가공의 상징들은 다양한 신화와 추측들을 낳았다. 아마도 팔라디움은 창과 실패를 든 미네르바의 작은 조각상(높이 3.5큐빗)이었던 것 같다. 이것은 보통 통 속에 넣어 두었는데, 호기심이나 신성 모독적 동기에서 이를 만져 보려는 자를 혼동시키기 위해 비슷한 통을 옆에 놓아두었을 것이다.

대한 우상 숭배는 조물주의 지고한 존엄에 대한 가장 혐오스러운 범죄라는 것이다. 성직자들은 모세의 율법과 유대 역사의 실례를 잘못된 방식으로 성급하게 그리스도교의 온화하고 보편적인 지배에 적용했다.² 자신과 신의 명예를 지켜야 한다며 황제들의 열정을 부추긴 결과, 콘스탄티누스가 개종한 지 60여 년 만에 로마 제국의 신전들은 거의 다 파괴되었다.

로마의 이교

누마 시대부터 그라티아누스 치하에 이르기까지 로마인들은 여러 계급으로 이루어진 신관단을 유지해 왔다. 열다섯 명의 대신관들은 신에게 봉헌된 모든 사물과 사람들에 대해 최고 권한을 행사했으므로, 느슨한 전통적 체계에서 일어나는 다양한 문제들이 그들의 신성한 재판정에 회부되었다. 열다섯 명의 근엄하고 박식한 조복관(鳥卜官)들은 날아가는 새 떼를 보고 하늘의 뜻을 살펴 영웅들의 나아갈 길을 알려 주었다. 시빌 신탁서를 지키는 열다섯 명의 수호자들은 미래의 일과 우연한 사건들에 대해 조언해 주곤 했다. 베스타 신전을 지키는 여섯 명의 성처녀들은 이를 목격한 어떤 인간도 무사하지 못했다는 신성한 불과 로마의 존속을 위한 서약을 지키는 데 순결을 바쳤다.³ 일곱 명의 신찬사(神饌司)들이 신들을 위해 상을 차리고, 엄숙한 행렬을 이끌고, 연례 축제 의식을 주관했다. 로마와 우주의 운명을 굽어살피는 가장 힘 있는 세 신인 유피테르, 마르스, 퀴리누스를 섬기는 세 명의 제사(祭司)들은 특별한 신관으로 대접받았다. 왕만이 직접 행할 수 있는 종교 의식에서 제물의 왕은 누마와 그의 계승자들의 모습으로 분장하고 나타나 신분이 높은 자들에게만 허락된 종교 의식을 수행했다. 이성적인 사람이라면 누구라도 경멸의 미소를 짓겠지만, 군신(軍神) 마르스의 신관들과 목신(牧神) 루페르쿠스의 신관 등의 신관단은 불멸의 신들이 베푸는 호의를 한 몸에 받고 있다는 자신감에 차서 의식을 거행했다. 로마의 신관들은 과거에는 공화국에 조언을 제공하면서 권위를 얻었으나, 이러한 권위는 왕조가 확립되고 수도가 이전되면서 점차 사라졌다. 그렇지만 그들의 성스러운 직분에서 나온 위엄은 여전히 나라의 법과 관습으로 보호를 받았다. 그들은 수도에서, 때로는 속주에서 성직과 민정에 관한 재판권을 계속 행사했다. 그들의 자주색 의복, 나라에서 하사한 마차, 호사스러운 연회는 대중의 경탄을 자아냈다. 그들은 봉헌된 토지와 국고에서 받은 수입, 막대한 보수로 성직자로서의 품위를 유지하고 국가의 종교 의식을 치르는 데 드는 비용을 충당했다. 제단에 대한 봉사와 군대의 지휘를 겸할 수도 있었으므로, 로마인들은 집정관직을 역임하고 군대에서 공을 세운 다음 대신관이나 조복관이 되기를 원했다. 키케로⁴와 폼페이우스가 역임했던 자리를 4세기경에는 저명한 원로원 의원들이 차지했다. 그들의 고귀한 출생 신분은 성직의 영광스러운 성격으로 인해 더 빛을 발했다. 열다섯 명의 고위 신관들은 군주의 벗으로서 더 특별한 지위를 누렸다. 그리스도교도 황제들도 대신관의 의복과 여러 가지 표장들을 거리낌 없이 받아들였다. 그러나 그라티아누스는 제위에 오르자 양심 때문이었는지 혹은 보다 개명한 탓이었는지 모르지만 이러한 신성 모독적인 상징들을 거부했다.⁵ 그는 신관들과 신녀들에게 주던 국고 세입을 국가나 교회의 용도로 돌렸으며, 그들에게 부여했던 영예와 면책특권을 폐지하고 1100년간 관습으로 지속되어 온 로마의 낡은 미신 체계를 타파했다. 그러나 이교는 여전히 원로원의 공식 종교였다. 그들이 모임을 갖는 회당은 신전이라 해도 좋을 정도였다. 회당에는 구(球) 위에 올라 옷자락을 늘어뜨리고 날개를 펼친 채 쭉 뻗은 손에 월계관을 든

⁴ 키케로는 자신이 추구한 최고의 목표는 복점관(卜占官)이 되는 것이었다고 솔직하게 고백했다. 플리니우스는 키케로의 족적을 따랐다고 자랑스러워했다. 전통은 역사를 통해 계속 이어지는 것 같다.

⁵ 대신관과 막시무스에 대한 시시한 말장난은 그만두기로 하겠다.

6 이 조각상은 타렌툼에서 로마까지 옮겨졌다. 카이사르가 이를 원로원 의사당에 놓았고, 아우구스투스가 이집트에서 가져온 전리품으로 치장했다.

7 콘스탄티누스 대제 이후에 나온 콘스탄티노플 시구역 현황표에는 도시의 건물 가운데 거명할 가치가 있는 그리스도교 교회는 하나도 나와 있지 않다. 암브로시우스는 끊임없이 신도들의 눈과 귀, 후각을 불쾌하게 하는 로마의 치욕을 개탄했다.

8 암브로시우스는 그리스도교인들이 원로원에서 다수를 차지하고 있다는 상식에 배치되는 주장을 되풀이해 내세웠다.

9 첫 번째(서기 382년)는 그라티아누스에게 전달했으나 거절당했고, 두 번째 (384년)는 심마쿠스와 암브로시우스가 싸우던 때에 발렌티니아누스에게 전달되었다. 세 번째(388년)는 테오도시우스에게, 네 번째(392년)는 발렌티니아누스에게 전달되었다.

10 민정과 성직의 모든 명예를 두루 누리던 심마쿠스는 최고 신관과 원로원의 일인자의 두 가지 자격으로 황제에게 말했다. 그의 저작 앞머리의 자랑스러운 제명을 보라.

위엄 있는 여성의 모습을 한 승리의 여신상과 제단이 장식되어 있었다.6 원로원 의원들은 이 제단에서 황제와 제국의 법을 지킬 것을 맹세했으며, 그 앞에서 엄숙히 술을 올리고 향을 피우는 것으로 회의를 시작했다. 이 고대의 기념물을 치운 것이 콘스탄티누스가 로마인들의 미신에 가한 유일한 박해였다. 그 뒤 율리아누스가 승리의 여신의 제단을 복구했고 발렌티니아누스도 이를 묵인했으나, 그라티아누스는 제단을 다시 한 번 원로원에서 치워 버렸다. 그러나 그라티아누스도 대중이 숭배하는 신들의 동상은 용인해 주어서, 제국 내에는 여전히 424개의 신전이나 예배당이 남아 있었다. 따라서 예민한 그리스도교도들은 로마 제국 곳곳에서 피어오르는 우상 숭배 의식의 연기에 마음이 편치 않았다.7

서기 384년, 승리의 여신 제단 복구를 청원하는 원로원

그러나 원로원 의원들 중에서 그리스도교도는 소수에 불과했다.8 따라서 그들이 이교 다수파의 신성 모독적이지만 합법적인 행동에 대해 이의를 표시할 방법은 원로원에 출석하지 않는 것뿐이었다. 원로원 회의에서 꺼져 가던 이교 신앙의 불씨는 광신의 입김에 힘입어 한순간 되살아나 타올랐다. 원로원에서 존경받는 네 명의 대표단이 여러 차례 황제의 궁정에 신관단과 원로원의 불만을 전하고9 승리의 여신의 제단을 복구해 달라고 청원했다. 이 중대한 임무를 수행하는 일은 말솜씨 좋기로 유명한 심마쿠스10에게 맡겨졌다. 그는 부유하고 고귀한 신분의 원로원 의원으로, 신관과 조복관으로서의 신성한 직분과 함께 아프리카 총독과 로마 시의 총독이라는 민정 관료의 역할도 겸임하고 있었다. 심마쿠스의 가슴은 무너져 가는 이교에 대한 뜨거운 열정으로 북받쳐 올랐으나, 종교적으로 그와 대립하고 있던 사람들은 그가 재능과 미덕을 쓸모없는 일에 허비하고 있다며 안타까워했다.[11] 그가 발렌티니아누스 황제에게 전한 청원서는 지금도 남아 있다. 그는 자신이 맡은 일에 따르는 어려움과 위험을 잘 알고 있었다. 따라서 황제의 종교를 비난하는 것으로 비칠 만한 부분은 조심스럽게 피해 가면서, 겸손한 태도로 기도와 탄원만이 자신의 유일한 무기라고 주장했다. 그러면서 철학보다는 수사학에서 배운 바를 이용해 교묘하게 자신의 주장을 전개했다. 심마쿠스는 승리의 여신들이 가진 여러 특징을 펼쳐 보이면서 젊은 왕의 상상력에 호소해 보려고 애썼다. 그는 신들을 섬기는 데 봉헌된 국고 세입을 몰수한 것은 황제의 너그럽고 공정한 성품에 어울리지 않는 조치라고 넌지시 암시하면서, 만일 로마의 희생 제의가 더 이상 공화국의 이름과 비용으로 치러지지 않는다면 신들의 힘과 영향력을 잃게 될 것이라고 주장했다. 또한 그는 미신을 옹호하기 위해 회의론까지 끌어다가 이용했다. 우주의 거대하고 이해할 수 없는 비밀이 인간의 탐구 범위를 벗어난다는 점을 생각하면, 이성의 힘이 닿지 않는 곳에서는 관습에 따른다 해도 허물이 되지 않을 것이다. 어느 나라나 오랜 세월을 거치면서 정착된 관습과 의례들에 대해서는 강한 애착을 가지고 신중하게 다루는 법이다. 만일 그 세월 동안 영광과 번영을 누렸다면, 그리고 신앙심 깊은 국민들이 신들의 제단에서 기원했던 축복을 누리는 일이 드물지 않았다면, 섣부른 개혁에 따를 위험을 감수하기보다는 관습을 유지하는 편이 더욱 바람직할 것이다. 오랜 세월을 거치며 거둔 이러한 성과들이 누마의 종교가 가진 강점으로 내세워졌다. 심마쿠스는 '로마'를 의인화하여 황제들의 재판정 앞에 내세워서 도시의 운명을 지배하는 거룩한 능력으로 자신의 주장을 변호하도록 했다. 이 존귀한 귀부인(로마)은 다음과 같이 말했다.

[11] 프루덴티우스의 표현을 빌리자면 금은으로 만든 도구로 진흙을 파는 것이나 마찬가지이다. 논쟁을 일삼던 성자들조차도 심마쿠스에 대해서만은 존경심을 갖고 공손한 태도로 대했다.

12 심마쿠스의 저작 중 제10권의 쉰네 번째 서신을 보라. 그는 서신집 열 권의 형식과 성격 면에서 소(小)플리니우스를 모방했다. 그의 벗들은 심마쿠스의 화려한 미사여구가 플리니우스에 버금가거나 더 낫다고 생각했다. 그러나 심마쿠스의 화려한 문체는 열매는커녕 꽃조차 피우지 못한 불모의 앞새들이나 매한가지였다. 그의 장황한 서신에서는 사실이나 견해를 거의 찾아낼 수가 없다.

최고의 군주들이여, 나라의 아버지들이여, 지금까지 방해받지 않고 신들에게 숭배를 바쳐 온 나의 시대를 동정하고 존중해 주길 바라오. 나는 이를 후회하지 않으니, 고대 의식의 집전을 계속하도록 허용해 주시오. 나는 자유롭게 태어났으니 익숙한 제도를 따르도록 해 주시오. 이 종교가 있었기에 전 세계를 나의 법 밑으로 들어오게 만들 수 있었소. 이 의식들이 한니발을 격퇴했고 갈리아인들을 유피테르의 신전에서 몰아냈소. 나의 흰머리가 이런 참기 힘든 오욕을 감당할 수 있을 것 같소? 나는 그대들이 받아들이기를 요구하는 새로운 제도를 모르오. 그러나 노인을 바로잡으려는 짓은 배은망덕하며 치욕스러운 일이라는 것만은 믿어 의심치 않소.12

이 웅변가는 사려 깊게 언급을 삼갔으나, 이교도들은 이구동성으로 제국의 쇠망을 초래하는 재난들을 콘스탄티누스와 그리스도의 새 종교 탓으로 돌렸다.

서기 388년 등, 로마의 개종

그러나 심마쿠스의 희망은 밀라노 대주교의 단호하고 빈틈없는 반대에 부딪혀 거듭 좌절되었다. 그는 로마를 변호하러 나선 심마쿠스의 허황된 웅변에 맞서 황제를 옹호했다. 이 논쟁에서 암브로시우스는 철학자의 어조를 빌려 경멸하는 태도로 질문을 던졌다. 지금껏 로마가 거둔 승리의 원인은 군단의 용맹과 군율로 충분히 설명할 수 있는데, 왜 굳이 보이지도 않는 가공의 힘을 끌어들여야 하는가? 예술의 진보를 가로막고 인류를 본래의 미개 상태로 되돌릴 뿐인 낡은 제도에 불합리한 존경을 바치는 것이 그의 눈에는 경멸스러울 따름이었다. 그는 점점 더 고상하고 신학적인 어조로 그리스도교만이 진리와 구원을 가져다 주는 종교이며, 다신교는 어떤 형태의 것이든지 미혹된 신도들을 오류투성이의 길로 이끌어 결국은 영원한 지옥의 심연에 빠뜨릴 뿐이라고 주장했다.[13] 인기 있는 주교였던 암브로시우스의 이러한 주장만으로도 승리의 여신의 제단이 복구되는 것을 막기에 충분했을텐데, 정복자인 황제의 입에서 동일한 주장이 나오자 그의 주장은 더 큰 힘을 발휘했다. 그리하여 고대부터 숭배받던 이교 신들의 조각상은 테오도시우스의 개선 행렬에서 전차 바퀴에 매달려 끌려 다니는 신세가 되었다. 원로원 의원들이 모두 참석한 회의에서 황제는 유피테르 숭배와 그리스도 숭배 중 어느 쪽을 로마인들의 종교로 할 것인가라는 중대한 문제를 제기했다. 황제는 짐짓 자유로운 투표를 허용하는 척했지만, 황제가 자리를 함께하고 있다는 데서 비롯된 희망과 공포는 이러한 자유를 사실상 무의미하게 만들었다. 게다가 근래에 심마쿠스에게 내려진 추방령은 황제의 뜻을 거스르면 위험할 수도 있다는 무언의 경고를 뜻하는 것이었다. 결국 원로원의 투표 결과 압도적인 다수가 유피테르를 탄핵하고 모욕했다. 연설이나 투표로 밀려난 신에 대한 변함없는 지지 의사를 선언할 만큼 대담한 자가 있다면 오히려 놀랄 일이었다. 이와 같은 원로원의 갑작스러운 개종은 말할 것도 없이 미신적인 동기나 이해관계 중 어느 한 쪽 탓이었다. 이렇게 마지못해 개종한 이들은 기회만 되면 진저리 나는 위선의 가면을 벗어던지고 싶은 비밀스러운 속내를 내비치곤 했다. 그러나 고대 종교가 점점 절망적인 상태가 되면서 이들도 점차 새로운 종교를 받아들였다. 황제의 권위, 시대의 대세, 로마 성직자들과 동방 수도사들의 부추김을 받은 아내와 자식들의 간청에 굴복하고 만 것이다. 아니키우스 가가 보여 준 교훈적인 모범을 따라 밧시, 파울리누스, 그라쿠스 등 나머지 귀족 가문들도 그리스도교를 받아들였다.

[13] 이 서신들 중 앞의 것들은 짤막한 경고이며, 후반부는 심마쿠스의 청원 또는 비방문에 대한 공식적인 답변이다. 이와 똑같은 생각들이 프루덴티우스가 심마쿠스의 생전에 쓴 두 권의 책에 나오는 시에 더 풍부하게 표현되어 있다. 몽테스키외가 심마쿠스의 적임을 공언한 이 두 사람은 무시하고 오로시우스, 성 아우구스티누스, 살비아누스의 간접적인 논박들에 대해서만 자세히 설명한 것은 변덕스러운 행동이다.

14 히에로니무스는 로마의 신전들이 황폐화된 데 대해 더없이 기뻐했다.

15 리바니우스는 발렌티니아누스와 발렌스가 희생제의를 금지한 데 대해 비난을 퍼부었다. 동로마 황제가 일부 편파적인 명령을 포고했을 수도 있다. 그러나 법전의 침묵과 교회사의 증거가 관대한 법의 개념을 부인하고 있다.

세계의 영도자이신 존귀하신 카토 가(프루덴티우스의 과장된 표현을 빌린다면)도 늙은 뱀이 허물을 벗듯 대신관의 의복을 서둘러 벗어던지고 눈처럼 깨끗한 세례복으로 갈아입었고, 순교자들의 무덤 앞에서 집정관으로서의 자부심도 버렸다.

시민들도 마찬가지였다. 자신들의 노동으로 먹고사는 자나 국가의 지원으로 살아가는 자를 가릴 것 없이 그리스도교로 개종하면서 라테란과 바티칸의 교회들은 신심 깊은 개종자들로 넘쳐났다. 우상 숭배를 금하는 원로원의 법령은 로마인들 전체의 동의로 승인되었고, 유피테르 신전의 영광은 빛을 잃고 다른 신전들도 버려져 폐허가 되었다.14 이처럼 로마는 그리스도교가 전하는 복음의 멍에를 받아들였으나, 로마에 굴복한 속주들은 여전히 로마의 이름과 권위에 대한 존경심을 잃지 않았다.

서기 381년 등, 속주 신전들의 파괴

황제들은 선동에 대한 배려에서 신중하고 부드럽게 로마 시 개혁을 추진했다. 이들 절대 군주들은 속주민들의 편견은 그다지 배려하지 않았다. 테오도시우스는 콘스탄티누스 사후15 거의 20년 가까이 중단되었던 신성한 노역을 정력적으로 재개하여 결국 완성했다. 이 호전적인 군주는 공화국의 영광이 아니라 안전을 위해서 고트족과의 싸움을 계속하면서, 아마도 하늘의 가호를 구할 뜻에서였겠지만 신중하게 생각한다면 경솔하고 부적절한 행동을 취해 많은 국민들의 반감을 샀다. 신앙심 깊은 황제는 이교에 대한 최초의 실험이 성공한 데 고무되어 금지령을 거듭 선포함으로써 이교도에 대한 탄압을 강화해 나갔다. 처음에는 동로마의 속주를 대상으로 공포되었던 법률이 막시무스가 패배한 이후 서로마 제국 전체에까지 적용되었다. 테오도시우스가 거둔 승리 하나하나가 그리스도교도와 가톨릭 신앙의 승리에 기여했다. 그는 희생 제의를 수치스러울 뿐 아니라 범죄 행위라고 선언하여 금지함으로써 이교 신앙의 급소를 공격했으며, 희생 제물의 창자를 살펴보는 일은 더욱 엄격하게 비난했다. 이후 부속 칙령들은 이교 신앙의 핵심인 제물을 바치는 행위 전체를 동일한 범죄 행위로 규정하였다. 신전들은 희생 제의를 바칠 목적으로 세워졌기 때문에, 국민들이 위험한 유혹에 넘어가 황제가 입안한 법을 어기지 않도록 해 주는 것이 자비로운 군주의 의무였다. 이 특별 임무가 처음에는 동로마 민정 총독인 키네기우스에게, 나중에는 서로마의 코메스인 요비우스와 가우덴티우스에게 주어졌다. 그들은 신전을 폐쇄하고, 우상 숭배에 쓰이는 도구들을 압수하거나 파괴하고, 신관들의 특권을 폐지하고, 신전에 헌납된 재산을 황제나 교회, 군대가 쓰도록 몰수하라는 명령을 받았다. 이쯤에서 신전의 파괴를 중지했다면 더 이상 우상을 섬기는 데 쓰이지 않고 버려진 신전 건물들을 광신이 몰고온 파괴적인 분노로부터 보호할 수도 있었을 것이다. 이 신전들은 그리스 건축 양식으로 지어진 가장 화려하고 아름다운 기념물이었고, 황제도 자기 도시의 아름다움을 손상시키거나 그 가치를 떨어뜨릴 생각은 없었다. 그 장려한 건축물들은 그리스도의 승리를 기념하는 영구불멸의 전리품으로 남겨 두어도 좋았을 것이다. 예술이 쇠퇴한 시대에 이 건물들은 창고, 공장, 공공 집회 장소 등으로 전용되어 유용하게 쓰이거나 신전 벽을 성스러운 의식으로 충분히 정화한 뒤 참된 신을 섬기는 장소로 바꾸어 우상을 숭배한 과거를 속죄하게 할 수도 있었다. 그러나 신전들이 존재하는 한 이교도들은 제2의 율리아누스가 나타나 신들의 제단을 다시 일으켜 세우리라는 어리석고 비밀스러운 소망을 버리지 않았을지도 모른다. 그들이 효과도 없는 탄원을 황제에게[16] 진

16 테오도시우스는 에데사 신전을 시민들이 사용하도록 유지하고 싶어했으나, 얼마 지나지 않아 이 신전이 곧 폐허로 변하고 말았다는 증거가 있다.

17 이 성인은 장례식을 우상 숭배 행렬로 착각하고 (돈키호테가 할 법한 짓이다.) 경솔하게 신벌(神罰)을 내린 적도 있다.

지하게 바치는 모습은 가차 없이 미신을 뿌리째 뽑아 없애고 말겠다는 그리스도교도 개혁자들의 열정을 더욱 북돋웠다. 황제가 내놓은 법은 좀 더 온건한 편이었으나, 법 집행 과정에서 보여 준 냉담하고 무성의한 태도는 교회의 영적 지도자들이 앞장서거나 뒤에서 부추긴 광신과 약탈 행위를 막기에 역부족이었다. 갈리아에서 투르의 주교17였던 성 마르티누스는 충성스러운 수도사 무리를 이끌고 그의 광대한 교구에 있는 우상들과 신전들, 봉헌수(奉獻樹)들을 모조리 파괴했다. 마르티누스가 이 고된 작업에 기적의 힘을 빌렸는지 인간의 무기를 썼는지는 독자의 신중한 판단에 맡긴다. 시리아에서는 테오도레투스에 의해 '거룩하고 훌륭한 마르켈루스'라고 불렸던 주교 마르켈루스가 사도로서의 열정에 넘쳐 아파메아 교구에 있는 장려한 신전들을 초토화하기로 결심했다. 그러나 유피테르 신전은 워낙 뛰어난 기술로 단단하게 건축되어 있어서 그의 공격에 꿈떡도 하지 않았다. 건물은 높은 언덕 위에 세워져 있었다. 사면에 걸쳐 둘레 16피트에 달하는 열다섯 개의 큰 기둥이 높이 솟은 지붕을 떠받치고, 이 기둥을 이루는 큰 돌들은 납과 쇠로 단단히 고정되어 있었다. 온갖 강하고 날카로운 도구도 여기에는 소용이 없었다. 결국 기둥의 토대를 부수기로 하고 나무로 된 지주를 불태우자, 기둥은 이내 무너져 내렸다. 이 일의 어려움은 그리스도교도 기술자들의 작업을 지연시켰으나 중단시키지는 못한 검은 악마의 우화를 빌려 묘사되었다. 승리감에 도취한 마르켈루스는 어둠의 세력을 물리치고자 자신이 직접 나섰다. 교회의 깃발 아래 수많은 병사들과 검투사들이 진군하여 아파메아 교구의 마을과 지방 신전들을 잇달아 공격했다. 한쪽 다리가 불편한 마르켈루스는 이교도의 저항에 직면하거나 위험한 상황에 처하게 될 경우에 싸우거나 도망칠 수가 없었기 때문에 화살이 닿지 않을 곳까지 멀리 피해 있곤 했다. 그러나 이러한 신중함이 오히려 그의 죽음을 초래했다. 갑자기 격분한 한 떼의 농부들이 그를 덮쳐 살해한 것이다. 속주의 종교 회의는 지체 없이 마르켈루스가 신의 대의를 위해 목숨을 바쳤다고 선언했다. 분노한 수도사들이 이 대의를 지지하기 위해 사막에서 노도처럼 몰려와 자신들의 신앙심과 열성을 과시했다. 이교도들이 그들에게 원한을 품은 것도 당연한 일이었다. 그들 중 상당수는 탐욕스럽고 무절제하다는 비난을 받아 마땅한 자들이었다. 그들은 약탈로 탐욕을 채우고 자기들의 너덜거리는 의복, 고래고래 부르는 찬송가 소리, 창백하게 꾸민 얼굴 따위를 찬미하는 어리석은 자들의 주머니에서 우려낸 돈으로 실컷 먹고 마셔댔다.[18] 몇몇 신전들만이 민정 관리나 성직자들의 공포심 덕에, 혹은 그들이 매수된 탓에, 아니면 그들의 취향이나 신중함 덕에 보호되었다. 카르타고에서 반경 2마일에 걸쳐 성역을 형성하고 있던 거룩한 베누스 신전은 현명하게도 그리스도교 교회로 바뀌었다.[19] 장엄한 로마의 판테온도 비슷한 조치로 위기를 모면할 수 있었다.[20] 그러나 로마 제국 내의 대부분 지역에서 광신도 무리들은 권한도 규율도 없이 평화로운 주민들을 침략했다. 이때 파괴된 건축물들의 폐허는 아직까지도 남아 야만인들이 열성적으로 자행한 파괴 행위를 보여 주고 있다.

이 광범위하고 다양한 유린 행위 중에서도 알렉산드리아에 있던 세라피스 신전의 파괴는 특히 눈길을 끈다.[21] 세라피스는 미신이 번창했던 이집트의 토착신이나 괴물들 중 하나는 아니었던 것 같다.[22] 프톨레마이오스 가의 첫 번째 왕은 어느 날 꿈속에서 폰투스 해안에서 오랫동안 시노페 주민들의 숭배를

알렉산드리아의 세라피스 신전

[18] 리바니우스는 이 검은 옷을 입은 그리스도 수도사들이 코끼리보다도 많이 먹는다고 비난했다. 불쌍한 코끼리들! 그들은 적어도 절제할 줄 아는 동물이다.

[19] 그 신전은 한동안 폐쇄되어 마구 자란 가시나무로 입구가 뒤덮이기도 했다.

[20] 이러한 봉헌 행위를 한 사람은 교황 보니파키우스 4세이다. 테오도시우스 치세 이후로 200년 이상 판테온이 유지될 수 있었던 상황에 대해서는 잘 알 수 없다.

[21] 소프로니우스는 그때 있었던 단편적인 사건들을 재구성해 소크라테스, 테오도레투스, 루피누스에게 자료를 제공했다. 그는 당시 알렉산드리아에 최후까지 남아 있었으므로 그의 목격담은 신뢰할 만하다.

[22] 보시우스는 족장 요셉이 이집트에서 황소 신 아피스와 세라피스 신으로 추앙받았다는 교부들의 이상한 견해를 입증하려고 애썼다.

받아 온 신비스러운 이방의 신을 맞으라는 명령을 받았다. 그러나 그 신의 성격과 권세는 애매했으므로, 그가 태양을 상징하는가 아니면 어두운 지하 세계를 다스리는 군주인가의 여부를 놓고 논쟁이 벌어졌다.[23] 조상들의 종교를 고수해 온 이집트인들은 이 이방의 신을 자기들 도시의 성벽 안에 받아들이기를 거부했다.[24] 그러나 아첨꾼인 신관들은 프톨레마이오스 가의 왕들이 준 뇌물에 넘어가 폰투스에서 온 신을 순순히 받아들이고 토착신으로서의 영예로운 계보를 꾸며 주었다. 그리하여 이 찬탈자는 운 좋게 이시스의 남편으로서 이집트의 거룩한 군주인 오시리스[25]의 왕좌와 침대를 차지했다. 알렉산드리아는 특별히 그의 보호를 청하여 세라피스의 도시라는 이름으로 영광을 누렸다. 이 신의 신전은 위풍당당한 유피테르 신전과 겨루기 위해 도시의 다른 부분보다 백 단 정도 높게 인공으로 쌓아 올린 산의 널따란 정상에 세워졌다. 내부의 벽이 없는 부분은 아치로 단단히 지탱했고 지하에는 납골당과 다른 지하 공간으로 분리해 놓았다. 사각형의 주랑이 신전 건물을 둘러쌌으며, 웅장하고 화려한 홀과 정교한 동상들이 예술의 극치를 과시했다. 잿더미에서 새롭게 재건된 유명한 알렉산드리아 도서관에는 고대 학문의 보배들이 보관되었다.[26] 테오도시우스의 칙령으로 엄격히 금지된 이교의 희생 제의가 세라피스의 도시와 신전에서만은 여전히 용인되었다. 이렇게 유일한 예외가 인정될 수 있었던 것은 그리스도교인들이 미신적인 공포를 가지고 있었기 때문이다. 그들은 두려움 때문에 나일 강의 범람과 이집트의 풍작, 그로 인한 콘스탄티노플의 생존을 보장해 준다는 고대 의식을 감히 폐지하지 못했던 것이다.[27]

당시[28] 알렉산드리아의 대주교는 테오필루스[29]였다. 그는 평화와 미덕과는 거리가 먼 인물로, 피와 금으로 번갈아 가며

[23] 이집트를 여행했던 그리스인들도 이 새로운 신에 대해서는 마찬가지로 무지했다.

[24] 이러한 생생한 사실은 이 신이 다른 지역에서 유래했다는 결정적인 증거이다.

[25] 로마에서는 이시스와 세라피스를 같은 신전에 모셨다. 여왕이 상석을 차지했다는 사실에 비추어 보아 폰투스에서 온 신과 대등한 관계로 결합하지는 않았음을 엿볼 수 있다. 그러나 이집트에서는 민정과 종교 제도에서 여성 상위가 확립되어 있었다. 플루타르코스가 쓴 이시스와 오시리스에 관한 글에서도 이를 확인할 수 있는데, 그는 오시리스를 세라피스와 동일시했다.

[26] 프톨레마이오스의 옛 도서관은 알렉산드리아 전쟁 당시 전소되었다. 안토니우스는 알렉산드리아의 새 도서관 건립을 위해 페르가무스의 장서(약 20만 권)를 전부 클레오파트라에게 주었다.

[27] 리바니우스는 이러한 모욕적인 발언으로 경솔하게도 그리스도교인 군주들의 성미를 긁었다.

[28] 마르켈리누스의 연대(서기 389년)나 프로스페루스의 연대(391년) 중에서 선택할 수 있다. 티유몽(Tillemont)은 전자를, 파기(Pagi)는 후자를 택했다.

손을 더럽힌 대담하고 부패한 악한이었다. 그는 세라피스가 누리는 영예에 분개했다. 테오필루스가 바쿠스의 신전에 가
서기 389년,
세라피스 신전의
최종적인 파괴

한 모욕을 기억하는 이교도들은 그가 훨씬 더 중대하고 위험한 일을 꾸미는 것이 틀림없다고 믿었다. 소란스러운 이집트 수도에서는 극히 사소한 도발조차도 내전의 도화선이 되기에 충분했다. 세라피스의 신도들은 힘으로 보나 수로 보나 그리스도교인들의 적수가 못 되었지만, 신들의 제단을 지키기 위해 목숨을 바쳐야 한다는 철학자 올림피우스[30]의 선동에 무기를 들고 일어섰다. 광신적인 이교도들은 세라피스 신전을 요새화하고 대담한 반격과 단호한 방어로 포위군을 격퇴했으며, 그리스도교인 포로들에게 비인간적인 가혹 행위를 가하면서 절망감을 달랬다. 신중한 속주 총독의 노력 덕에 테오도시우스의 답변으로 세라피스의 운명이 결정 날 때까지 두 세력이 휴전하자는 타협이 이루어졌다. 양측이 비무장 상태로 대광장에 모인 자리에서 황제의 칙서가 공개 낭독되었다. 알렉산드리아의 우상들에 대한 파괴 명령이 선포되자, 그리스도교인들은 기쁨의 환호를 올렸다. 반면 불운한 이교도들은 분노가 경악으로 바뀌면서 적들의 분노를 피해 황급히 자리를 물러나 도망치거나 은둔했다. 이제 세라피스 신전을 파괴하러 나선 테오필루스를 막는 것은 신전 자재의 무게와 견고함 외에는 아무것도 없었다. 그러나 이 장애를 도저히 극복할 수 없었으므로, 그는 토대는 그대로 남겨 두고 건물을 무너뜨리는 것으로 만족할 수밖에 없었다. 잔해를 치운 자리에는 그리스도교 순교자들을 기리는 교회가 세워졌다. 알렉산드리아의 귀중한 도서관도 약탈당하거나 파괴되었다. 그로부터 20여 년이 흐른 뒤 텅 빈 서가의 모습은 종교적 편견에 완전히 물들지 않은 구경꾼들로부터 비탄과 분

[29] 테오필루스가 처한 모호한 상황(히에로니무스의 벗이며 성자, 또는 크리소스토무스의 적이며 악마) 탓에 그에 대한 평가가 어느 한쪽으로 기울지 않는 듯하지만, 전체적으로 보아 후자 쪽이 맞는 듯하다.

[30] 라드너(Lardner)는 『수이다스』에서, 아니면 다마스쿠스에서 오는 아름다운 길에 독실하고 덕망 높은 올림피우스가 전사가 아닌 예언자로서 나타났다고 주장했다.

노를 자아냈다. 영영 회복할 수 없이 소멸되어 버린 고대 천재들의 저작은 후세의 즐거움과 교육을 위해서라도 우상 숭배의 파괴 대상에서 제외시켰어야 했다. 값진 전리품들만으로도 대주교의 신앙열과 탐욕을[31] 충분히 채울 수 있었을 것이다. 테오필루스는 금은으로 만든 동상과 항아리들은 세심하게 녹이고, 값이 덜 나가는 금속 제품들은 망가뜨려 거리에 내동댕이쳤다. 그는 우상을 모시는 신관들의 기만과 악덕, 즉 자석을 이용한 교묘한 속임수, 속이 빈 조각상 속에 사람을 넣는 비밀스러운 수법들, 신앙심 깊은 남편들과 의심할 줄 모르는 여자들의 신뢰를 악용해서 저지른 비행 등을 폭로하는 데 온 힘을 기울였다. 이와 같은 비난들은 교활하고 불순한 이교의 정신과 어긋나지 않는다는 점에서 전혀 터무니없지는 않을 것이다. 그러나 이미 쓰러진 적을 모욕하고 비방하는 비열한 소행도 그보다 낫다고는 할 수 없다. 또한 실제로 기만 행위를 입증하는 것보다는 가공의 이야기를 꾸며 내는 편이 훨씬 쉽다는 점을 생각하면 그러한 비난들을 선뜻 믿기도 어렵다. 세라피스의 거대한 조각상은 자기의 신전과 종교와 함께 폐허 속에 묻혔다. 이것은 여러 가지 금속으로 된 수많은 판금을 교묘한 솜씨로 이어 붙여 만들었는데 성소의 사면 벽에 닿을 정도로 거대하고 장엄한 신상이었다. 세라피스의 얼굴, 앉은 자세, 왼손에 든 홀은 유피테르의 모습과 거의 흡사했다. 다른 점이 있다면 세라피스는 머리에 광주리를 이고, 오른손에 머리와 몸통은 뱀 모양에 꼬리 끝이 세 갈래로 갈라져서 각각 개, 사자, 늑대의 머리 모양을 한 괴물을 쥐고 있다는 점 정도였다. 사람들은 만약 불경한 자가 감히 이 신의 위엄에 손상을 입히려 한다면, 천국과 지상이 당장 태초의 혼돈 상태로 되돌아갈 것이라고 믿고 있었다. 따라서 신앙열에 불타는 한 겁 없는 병사가 무거운

[31] 에우나피우스는 안토니우스와 아이데시우스의 전기에서 테오필루스의 신성 모독적인 약탈 행위를 맹렬히 비난했다. 티유몽은 펠루시움의 이시도르가 대주교는 금을 우상 숭배한다고 비난한 서신을 인용했다.

전투용 도끼로 무장하고 사다리를 오르자, 그리스도교인들조차도 조금은 불안한 마음으로 이를 지켜보았다. 그가 온 힘을 실어 세라피스 신상의 뺨을 가격하자 뺨이 떨어져 나와 땅 위에 굴렀다. 그러나 천둥은 치지 않았고 하늘과 땅도 평소와 전혀 다름이 없었다. 승리감에 취한 이 병사는 신상을 계속 쳐서 거대한 우상을 쓰러뜨려 산산조각 냈다. 세라피스 신상의 사지는 치욕스럽게도 알렉산드리아의 온 거리를 끌려 다녔으며, 토막난 잔해는 대중의 환호 속에 원형경기장에서 불태워졌다. 자기들의 수호신이 아무 힘도 쓰지 못하는 것을 보고 많은 사람들이 개종을 선택했다. 눈으로 볼 수 있는 구체적인 숭배 대상을 제시하는 종교는 사람들의 감각에 호소해 쉽게 친숙해진다는 이점이 있지만, 여러 가지 불가피한 사고가 우상 숭배자의 믿음을 흔들 수 있다는 단점은 이러한 이점을 상쇄한다. 우상이나 유물을 평범하기 그지없는 물건과 구별하지 못하거나 이를 모독하는 사람들이 존재하는 한, 맹목적으로 경배하기란 거의 불가능한 일이다. 이러한 신들이 위험에 처할 때 신비스러운 기적을 발휘하여 스스로를 지키지 못한다면, 신도들은 신관들의 헛된 변명에 코웃음 치고 미신적인 숭배를 바쳐 온 대상과 자신의 어리석음을 경멸하게 될 것이다.[32] 세라피스의 몰락 이후에도 이교도들은 나일 강이 이집트를 차지한 불경스러운 자들에게 해마다 주던 소출을 거부할지 모른다는 희망을 여전히 품고 있었다. 마침 강의 범람이 유난히 늦어지자 이를 강의 신이 분노한 증거로 해석하였다. 그러나 곧 이제까지의 지연을 보상할 만큼 빠른 속도로 물이 불어 오르기 시작했다. 강물이 갑작스레 엄청난 높이로 불어 오르자 이교 탄압에 불만이 많았던 사람들은 대홍수에 대한 즐거운 기대로 부풀었다. 그러나 결국 강은 평온을 회복하여 땅을 비옥하게 하는 높이로 유명한

[32] 종교 개혁의 역사를 보면 이처럼 미신에서 경멸로 급격히 변화한 예를 많이 찾을 수 있다.

33 측정 단위를 보충했다. 강의 범람을 측정하는 척도는 헤로도투스 시대 이래로 똑같이 유지되어 왔다. 이집트의 큐빗은 영국의 척도로 하면 22인치에 해당한다.

34 리바니우스는 부드럽고 은근한 수사법으로 그들의 명분을 변론했다. 예부터 이러한 축제들은 농촌에 활기를 불어넣어 주었다. 아테네의 극장도 바쿠스의 제의에서 생겨났다.

35 호노리우스는 이러한 농촌의 축제를 관대하게 용인해 주었다.(서기 399년) 그러나 9년 후에는 같은 법조항을 다시 선포하고 강화할 필요를 느꼈다.

16큐빗, 영국 단위로 약 30피트까지 가라앉았다.33

서기 390년, 이교가 금지됨

로마 제국의 신전들은 버려지거나 파괴되었으나, 이교도들은 여전히 모든 희생 제의를 엄격히 금지한 테오도시우스의 법령을 피해 우상 숭배 의식을 행하였다. 감시의 눈이 비교적 적은 시골에서는 주민들이 연회를 가장하여 종교 집회를 가졌다. 그들은 엄숙한 축일이 오면 신성한 나무들 아래 넓게 펼쳐진 그늘에 모여 양과 황소를 잡아 구웠다. 이러한 농촌의 주연상에 향을 피우고 신들을 기리는 찬가를 불렀다. 그러나 잡은 짐승의 고기를 바치지도 않았고, 피를 받을 제단도 마련하지 않았으며, 이교도의 의식에서 처음에 행하는 소금 빵 봉헌이나 의식을 끝내면서 제주(祭酒)를 바치는 일 등을 모두 생략했다. 따라서 이러한 축제 집회에 모인 사람들은 불법적인 희생 제의를 올린 적이 없다고 주장할 수 있었다.34 무엇이 진실이고 이러한 구별로 무엇을 얻었든 간에,35 테오도시우스의 마지막 칙령은 이러한 헛된 위장술을 일소하여 이교도들의 우상 숭배 의식에 치명타를 가했다. 이 금지령은 더할 나위 없이 확고하고 포괄적이었다.

짐은 국민들 중 관료든 일반 시민이든 지위와 신분의 고하를 막론하고 어느 누구도, 어느 도시나 지방에서고, 무고한 희생물을 바치는 행위로 생명 없는 우상을 섬기는 일이 없기를 바라노라.

산 제물을 바치거나 희생물의 창자로 점을 치는 행위는(점을 치는 목적이 무엇이든 간에) 국가에 대한 대역 무도한 반역죄로 선포되어 죄인의 죽음으로써만 죄를 갚을 수 있었다. 그다지 잔인하지 않고 가벼운 이교 의식도 진리와 종교의 명예에 극히 해로운 것으로 간주되어 폐지되었다. 금지령은 등불, 화관, 유향, 제주 등의 항목을 하나하나 열거하여 유죄로 선언했으며, 여기에는 집안의 수호신이나 가신(家神)과 같은 해롭지 않은 신을 섬기는 것까지 포함되었다. 만약 그것이 신성 모독적이고 불법적인 의식을 올리는 데 사용된 것이라면 죄인의 집이든 토지든 몰수하도록 했다. 교활하게도 다른 사람의 토지나 집에서 이러한 불경스러운 행위를 했을 경우에는 지체 없이 금 25파운드의 벌금을 물렸다. 또한 그리스도교에 위배되는 이러한 것들을 보고 묵인한 자에게도 우상 숭배 죄를 폭로하거나 처벌할 의무를 다하지 않았다는 죄목으로 적지 않은 벌금이 부과되었다. 대략 이러한 것이 테오도시우스가 제정한 법의 박해 정신이었다. 이는 그의 자손 대대로 그리스도교 세계의 열렬한 지지 속에서 거듭 강화되었다.

데키우스와 디오클레티아누스의 잔인한 통치 기간 동안, 그리스도교는 고대로부터 내려온 제국의 종교에 반기를 드는 것으로 간주되어 금지당했다. 그러나 위험스럽고 정체가 불분명한 교파라는 부당한 의심은 가톨릭 교회의 굳은 통합과 빠른 교세 확장에 힘입어 어느 정도 극복되었다. 그러나 인간애와 복음의 가르침을 어긴 그리스도교 황제들도 똑같이 공포와 무지라는 변명을 취할 수는 없다. 누대에 걸친 경험으로 이교의 어리석음뿐 아니라 약점까지도 드러났으며, 이성과 신앙의 빛은 이미 만천하에 우상들의 공허함을 노출시켰다. 따라서 자신들의 숭배 의식을 고수하면서 몰락해 가는 일파가 평화롭게 눈에 띄지 않는 곳에서 조상들의 종교 관습을 행하도록 허락해 주어도 좋았을 것이다. 이교도들이 초기 신자들의 마음을 사로

이교가 억압됨

36 아우구스티누스는 그들을 비겁하다고 모욕했다.

37 리바니우스는 이 위선자들의 순응적인 태도를 비판을 삼가면서 언급했다.

잡았던 두려움 없는 신앙열을 여전히 간직하고 있었다면, 교회의 승리는 피로 얼룩지고 유피테르와 아폴론의 숭배자들은 자신들의 생명을 제단 발치에 바쳐 영광스러운 순교자가 될 기회를 얻을 수 있었을 것이다. 그러나 이처럼 완강한 열정은 다신교의 느슨하고 불완전한 성격에는 어울리지 않았다. 정통파 군주들이 무자비하게 거듭 타격을 가해도 그 파괴력은 오히려 이교도의 부드럽고 유연한 성질 때문에 분산되어 버렸다. 이교도들은 기꺼이 복종함으로써 테오도시우스 법전이 가하는 고통과 처벌을 피해 나갔다.[36] 그들은 신들의 힘이 황제보다 강하다고 주장하는 대신, 애처롭게 입속으로만 불평을 웅얼거리면서 황제가 금지한 의식들을 단념했다. 만일 그들이 격렬한 신앙열을 참지 못해서, 혹은 들키지 않을 수 있다는 유혹에 넘어가 그렇게도 하고 싶던 미신 행위를 했다 해도, 비굴할 정도로 회개함으로써 그리스도교도 관리의 엄격함마저 누그러뜨렸다. 그들은 진실로 내키지는 않았을지라도 복음의 멍에를 받아들임으로써 자신들의 경솔한 행동을 속죄했다. 교회마다 세속적인 동기에서 지배 종교로 귀의한 한 푼의 값어치도 없는 개종자들로 넘쳐 났다. 그들은 겉으로는 신도들의 자세를 열성적으로 흉내 내고 기도를 따라 하면서도, 고대의 신들에게 침묵으로 진심 어린 기도를 드림으로써 양심의 가책을 달랬다.[37] 이교도들은 고통을 견딜 인내뿐 아니라 저항할 기백마저도 부족했다. 무수히 많은 이교도들이 폐허가 된 신전의 광경에 탄식하면서 뿔뿔이 흩어져 한번 싸워 보지도 않고 적들에게 굴복했다. 시리아의 농부들이나 알렉산드리아 대중의 산발적인 저항도 황제의 이름과 권위 앞에 진정되었다. 서로마의 이교도들은 에우게니우스의 추대에 힘을 보태지도 않고 미적지근한 지지를 보냄으로써 이 찬탈자의 대의와 인품에 모욕을 주었다. 성직자들은 그가 반역죄뿐 아니라 승리의 여신의 제단을 복구하고 전장에서 십자가의 기에 맞서 유피테르와 헤라클레스의 우상을 세우는 배교 죄까지 저질렀다고 격렬하게 비난했다. 그러나 에우게니우스의 패배로 이교도들의 헛된 희망도 물거품이 되어 버리고, 우상 숭배를 근절하여 천국의 총애를 얻고자 하는 정복자의 분노 앞에 고스란히 자신을 내맡길 수밖에 없었다.

노예와 같은 국민은 절대 권력을 휘두르는 군주가 불의와 억압의 극단으로 치닫지 않는 한 항상 그의 관용 조치에 갈채를 보낼 준비가 되어 있다. 테오도시우스는 이교도 국민들에게 세례를 받든지 죽든지 하나를 선택하도록 강요할 수도 있었을 것이나 그렇게 하지 않았다. 리바니우스는 모든 국민들이 즉각 군주의 종교를 받아들여야 한다는 법령을 끝내 입안하지 않은 군주의 온건함을 칭찬했다.[38] 그리스도교 신앙 고백이 시민으로서의 권리를 향유하는 데 필수 사항은 아니었고, 어리석게 오비디우스의 우화를 믿으면서 복음서의 기적을 완고하게 거부한다 해서 특별히 고난을 준 것도 아니었다. 궁정, 학원, 군대, 원로원에는 공공연히 신앙을 표명하는 독실한 이교 신자들로 넘쳐 났으나, 그들은 아무런 차별 없이 제국의 민정과 군정에서 영예를 얻을 수 있었다. 테오도시우스는 심마쿠스에게 집정관직을 내리고, 리바니우스에게는 개인적인 우정을 표시함으로써 미덕과 재능에 대한 너그러운 배려를 과시했다.[39] 이 두 사람은 이교를 열렬히 옹호했으나, 자신들의 종교적 견해를 바꾸거나 숨기라는 요구를 받은 적이 전혀 없었다. 이교도들은 발언과 집필의 자유를 마음껏 누렸다. 에우나피우스와 조시무스[40]를 비롯하여 플라톤 학파의 광신적 학자들의 역사 및 철학

서기 390~420년 등, 이교가 마침내 근절됨

[38] 리바니우스는 테오도시우스가 입안을 고려해 볼 만한 박해 칙령의 형식을 제시했는데, 이는 경박한 농담이며 위험한 실험이었다. 어떤 황제들은 그의 충고를 받아들일 수도 있었다.

[39] 리바니우스는 테오도시우스가 자기 면전에서조차 유피테르에 대고 맹세한 자를 높이 평가해 준 데 대해 자랑스러워했다. 그러나 테오도시우스가 함께 있었다는 말은 수사적인 비유 이상은 아닌 듯하다.

[40] 과거의 보고를 옹호하는 자를 자칭한 조시무스는 그리스도교 황제들, 심지어 황제의 아버지까지 편파적이고 무례한 태도로 매도했다. 그의 작품이 6세기 말까지 살았던 에바그리우스 이전 교회 사가들의 비난을 피한 것으로 보아 은밀하게 돌려 읽혀졌던 것이 틀림없다.

41 그러나 아프리카의 이 교도들은 시대를 잘못 만나 『신의 도시』에 맞서 자유롭게 반론을 펼칠 수가 없다고 불평했다.

42 에스파냐의 무어인들은 종교 재판의 횡포 속에서도 1세기 이상 마호메트교를 비밀스럽게 유지하면서 아랍어를 특이하게 이용하여 코란을 지켰다. 게데스에서의 추방에 대한 기이한 이야기를 보라.

저작들은 승리를 거둔 적들의 견해와 행동에 대해 격렬한 적의와 함께 날카로운 저주를 담고 있다. 이러한 대담한 모욕이 널리 알려진 것이라면, 절망에서 나온 마지막 분투를 경멸의 미소를 머금고 바라본 그리스도교 군주들의 양식에 찬사를 보내야 할 것이다.⁴¹ 그러나 이교의 희생 제의와 예식을 금지한 황제의 법은 엄격히 실행에 옮겨져서, 논리적인 주장보다는 관습에 의지한 이 종교의 영향력을 파괴하는 데 끊임없는 노력을 기울였다. 시인이나 철학자의 신앙심이라면 기도, 명상, 연구를 통해 내밀하게 자라날 수도 있겠지만, 모방과 습관에 의지하는 일반 민중들의 종교적 감정을 지탱할 수 있는 것은 공식적인 숭배 의식의 실행뿐이다. 이러한 공식적인 의식을 중단시킨다면 불과 몇 년 안에 국가적 변혁이라는 중대한 과제를 완성할 수 있다. 신관, 신전, 서적 등의 인위적인 도움 없이는 신학적 견해가 그리 오래 유지될 수 없는 법이다.⁴² 여전히 맹목적인 희망과 미신의 공포를 버리지 못한 무지하고 비천한 자라도 곧 더 우월한 자들의 설득에 넘어가 당대의 지배 종교에 귀의하게 될 것이며, 처음에는 영적 허기 때문에 어쩔 수 없이 받아들였던 새로운 교리에 대해 부지불식간에 뜨거운 열정을 갖게 될 것이다. 그리하여 황제의 법령이 발표된 이후의 세대는 가톨릭 교회의 울타리 안으로 끌려 들어왔다. 이교의 몰락은 너무나 빠르고 순조롭게 진행되어, 테오도시우스 황제가 죽은 지 겨우 28년이 지나서는 입법자의 눈에 더 이상 희미한 자취조차도 띄지 않게 되었다.

그리스도교 순교자들에 대한 숭배

소피스트들은 이교 신앙의 멸망을, 지상을 암흑으로 뒤덮고 태고를 지배한 혼돈과 어둠을 다시 불러온 무시무시하고 경악스러운 불가사의로 묘사했다. 그들은 장중하고 감상적인 어조로 신전들은 무덤으로 바뀌고, 신들의 조상을 모셨던 성소(聖所)들은 그리스도교 순교자들의 유골로 철저히 더럽혀졌다고 탄식했다.

    수도사들은(에우나피우스로서는 이름조차 입에 올리고 싶지 않을 만큼 더러운 짐승들) 새로운 숭배를 만들어 낸 자들로, 이성으로 빚어진 신들의 자리에 가장 비천하고 멸시당해야 할 노예들을 대신 데려다 놓았다. 자기가 지은 죄에 대한 정당한 대가로 치욕스러운 죽음을 맞은 비열한 악한들의 소금에 절인 머리, 행정관의 판결에 따른 채찍 자국이며 고문의 흉터가 아직도 선명한 몸뚱이 따위가 우리 시대에 이 세상이 낳은 신들이다. 이런 것들이 이른바 순교자라 하여 우리의 기도와 청원을 신에게 전해 주는 최고의 중재자가 되었고, 그들의 무덤은 이제 숭배의 대상으로 신성화되었다.

이러한 악의에 찬 발언에는 동의할 수 없지만, 로마의 법에 희생되었던 이름 없는 자들이 로마 제국의 거룩한 영적 보호자의 위치로 격상되는 것을 목격한 소피스트들의 놀라움은 이해할 만도 하다. 신앙을 위해 순교한 자들에 대한 그리스도교인들의 감사에 넘친 존경심은 시대의 분위기와 그리스도교인들의 승리로 인해 종교적 숭배의 수준까지 올라갔다. 성자와 예언자들 중 유명한 사람들도 당연히 순교자의 명예를 함께 누렸다. 성 베드로와 성 바울의 영광스러운 죽음이 있은 지 150년 후, 바티칸과 오스티아로 가는 길목은 종교 영웅들의 승리를 기념하는 무덤으로 뒤덮였다.[43] 콘스탄티누스가 개종한 뒤로는 황제, 집정관, 장군들도 열성적으로 천막 만드는 사람(바울)이나 어부(베드로)의 묘를 참배했다.[44] 수도의 주교들은 그리스도의

[43] 제피리누스(서기 202~219년) 시대에 살았던 로마의 사제 카이우스는 이러한 미신 행위의 초기 목격자였다.

[44] 이 부분은 1750년 대사년에 베네딕트 14세가 쓴 목회 서한에서 인용했다.

제단 아래 안장된 그들의 유골에 쉴 새 없이 제물을 올렸다. 동방 세계의 새로운 수도에는 고대로부터 내려온 지역 고유의 기념물은 없었으나, 산하의 속주들로부터 가져온 전리품들이 넘쳐 났다. 성 안드레아, 성 루가, 성 디모테오의 유해는 300년 가까이 눈에 띄지 않는 곳에 조용히 안장되어 있다가, 콘스탄티누스가 트라키아의 보스포루스 언덕에 화려하게 건축한 성 사도 교회로 엄숙한 행렬과 함께 옮겨졌다.⁴⁵ 약 50년이 흐른 뒤에는 이스라엘 민족의 지배자이자 예언자였던 사무엘까지 안치되어 이 언덕의 명예가 더욱 높아졌다. 금 항아리에 넣어 비단으로 싼 그의 유골은 주교들의 손으로 옮겨졌다. 사람들은 살아 있는 예언자를 대하듯 환희와 존경심에 차서 사무엘의 유골을 맞이했다. 팔레스타인에서 콘스탄티노플 성문까지의 큰 길들은 사람들의 행렬로 가득 찼다. 아르카디우스 황제가 몸소 성직자들과 원로원 의원들을 이끌고 황제의 경의를 받아 마땅한 이 특별한 손님을 맞으러 나갔다.⁴⁶ 로마와 콘스탄티노플의 선례는 가톨릭 세계의 신앙과 계율을 확립시켰다. 불경한 이유에서 비롯된 미약한 불만의 목소리도 있었지만,⁴⁷ 성자들과 순교자들의 영예는 널리 확고하게 다져졌다. 암브로시우스와 히에로니무스의 시대에는 그리스도교 교회에 신성함이 부족하다고 생각되었으나, 이러한 성 유품이 신도들의 신앙심을 확고히 다지고 고취시켜 성스러운 분위기를 조성했다.

⁴⁵ 교회 사가들은 이 유해 이전을 무시했으나 히에로니무스가 증언했다. 성 안드레아가 파트라이에서 겪은 수난은 아카이아의 성직자가 쓴 서신에 묘사되어 있는데, 바로니우스는 이를 믿고 싶어한 반면 티유몽은 부인했다. 성 안드레아는 콘스탄티노플의 영적 창설자로 선택되었다.

⁴⁶ 히에로니무스는 당시의 연대기들에 기록된 사뮤엘의 유해 이전을 오만한 태도로 설명했다.

⁴⁷ 자기 시대의 신교도라 할 사제 비길란티우스는 효과는 없었지만 단호한 태도로 수도사들, 유품, 성자, 단식에 대한 미신 행위들을 철폐했다. 히에로니무스는 이 때문에 그를 히드라, 케르베루스, 켄타우루스 등에 비유하면서 악마의 도구로 여겼다. 성 히에로니무스와 비길란티우스의 논쟁과 성 스테판의 기적에 대한 성 아우구스티누스의 설명을 잘 읽어 보면 교부들의 생각을 쉽게 알 수 있을 것이다.

전반적인 고찰　　콘스탄티누스 치세에서 루터의 종교개혁에 이르기까지 1200년간의 긴 세월 동안 성자와 성 유품에 대한 숭배는 그리스도교의 순수하고 완전한 단순성을 타락시켰다. 이를 채택하고 발전시킨 첫 세대에서조차 이미 타락의 징후가 감지된다.

1. 성자들의 유품이 금이나 보석보다도 더 가치 있다는 사

실을 경험으로 알게 된 성직자들은[48] 교회의 보물을 마구 늘리기에 급급했다. 그들은 진품인지 따져 보지도 않고 유골마다 이름을 지어 붙이고 그 이름에 걸맞은 조치를 취했다. 사도와 성자들의 명성은 종교적 허구로 더럽혀졌다. 성직자들은 예전의 참된 순교자들에게 교묘하고 어리석은 전설집의 허구 속에만 존재하는 가짜 영웅들의 이야기를 마구 덧씌웠다. 성자의 뼈 대신 악한의 뼈를 숭배했다는 의심을 산 교구가 투르만은 아니었다.[49] 이러한 미신적 행위는 사기와 기만책의 유혹을 불러일으켜 부지불식간에 그리스도교 세계의 역사와 이성의 빛을 어둡게 했다.

2. 그러나 때맞춰 지극히 의심스러운 유품들의 신뢰성을 주장하는 기적과 환상이 대중의 믿음을 북돋는 데 한몫 거들지 않았더라면, 미신이 이처럼 빠른 속도로 거침없이 퍼져 나가지는 못했을 것이다. 테오도시우스 2세 시대, 예루살렘의 사제이자 도시에서 약 20마일 떨어진 카파르가말라의 성직자였던 루키아누스[50]는 3주 연속 토요일 밤마다 매우 기이한 꿈을 꾸고 의심을 거두게 되었다고 한다. 꿈속에서 조용한 밤중에 긴 턱수염을 기르고 흰 옷을 입고 황금 지팡이를 든 존귀한 인물이 그의 앞에 나타났다는 것이다. 그는 자신의 이름을 가말리엘이라 하고, 놀란 사제에게 자신의 유해가 아들 아비바스, 친구 니코데무스, 그리스도교 신앙의 최초의 순교자로 유명한 스테판과 함께 아무도 모르게 인근 들판에 매장되어 있다고 알려 주었다. 그는 다소 조급하게 이제 자신과 벗들을 어두운 감옥에서 풀어 줄 때가 되었으며, 자신들의 출현은 도탄에 빠진 세상을 돕게 될 것이라고 덧붙였다. 그리하여 예루살렘의 주교에

> 전설적인 순교자들과 성물(聖物)

> 기적

[48] 보소브르(M. de Beausobre)는 순교자 성 폴리카르푸스의 유품을 정성껏 보관해 온 스미르나 성직자들의 경건한 태도에 세속적인 잣대를 들이댄다.

[49] 투르의 마르티누스는 죽은 자의 입에서 이러한 고백을 끌어냈다. 실수는 있을 수 있는 일이라며 용서되었고, 발견은 기적으로 생각되었다. 둘 중 어느 쪽이 더 자주 일어났을까?

[50] 루키아누스가 그리스어로 쓴 원문은 아비투스가 번역하여 바로니우스가 출간했다. 성 아우구스티누스의 베네딕트파 편집자들은 다른 많은 이본들과 함께 두 권의 사본을 주었다. 본디 거짓된 이야기는 허술하고 일관성이 없는 법이다. 전설 중에서도 가장 믿기 어려운 부분은 티유몽이 매끄럽게 손보았다.

51 성 스테판의 피를 담은 병은 해마다 나폴리에서 액화하다가, 결국 성 야누아리우스에게 밀려났다.

52 프레쿨푸스는 갈리아의 속담 하나를 기억하고 있었다. "성 스테판의 기적담을 전부 읽은 척하는 자가 있다면, 그는 거짓말을 하고 있는 것이다."

게 자신들의 상황과 소망을 알려 줄 자로 루키아누스를 선택했다는 것이었다. 의심스럽기도 하고 쉽지 않은 일이어서 선뜻 이 중대한 발굴 작업에 나서지 못하였으나, 새로운 환상을 잇달아 보게 되자 이러한 의심과 어려움도 사라졌다. 결국 주교의 입회하에 수많은 군중이 보는 앞에서 땅을 파헤치자, 가말리엘과 아들, 친구의 관이 차례로 발견되었다. 네 번째로 스테판의 유해를 담은 관이 햇빛 속에 모습을 드러내자, 땅이 흔들리면서 마치 천국의 것과 같은 향내가 퍼져 나와 일을 돕던 인부들 일흔세 명이 앓고 있던 온갖 질병을 단숨에 치유해 주었다. 스테판의 벗들은 카파르가말라의 평화로운 처소에 남겨졌으나, 최초의 순교자의 유품은 엄숙한 행렬과 함께 시온 산에 건립된 교회로 옮겨졌다. 피 한 방울51이나 뼛조각 같은 사소한 유품도 로마 세계의 거의 전 속주에서 신성하고 기적적인 힘을 인정받았다. 함부로 터무니없는 허구를 믿지 않는 근엄하고 학식 높은 아우구스티누스도 성 스테판의 유품이 아프리카에서 수많은 불가사의를 행했다고 주장했다. 이 경이로운 기적담은 히포의 주교(아우구스티누스)가 그리스도교의 진리에 대한 확고하고도 영원한 증거로 기획한 정교한 저작인 『신의 도시』 속에 삽입되어 있다. 아우구스티누스는 순교자의 초능력을 직접 겪었거나 목격한 사람들에 의해 공개적으로 증명된 기적들만 엄선했다고 엄숙히 선언했다. 생략되거나 잊혀진 불가사의도 많았으므로, 히포는 속주의 다른 도시들보다 더 엄격한 기준에 따라 기적담을 추려 낸 편에 속했다. 주교는 70여 가지의 기적을 추려 냈는데, 그 가운데에는 자기 교구 안에서 2년 동안에 죽은 자가 부활한 사례가 세 건이나 포함되어 있었다.52 그리스도교 세계의 다른 모든 교구와 성자들에게까지 눈을 돌린다면, 이 무진장한 원천에서 쏟아져 나온 허구와 오류들을 일일이 다 세기도 어려울 것이다. 그러나 이처럼 미신과 어리석음이 판치는 시대에는 기적이 정상적이고 확고한 자연 법칙으로부터의 일탈로 간주되지 않기 때문에, 그 명성과 가치를 인정받지 못했다.

3. 경건한 신자들은 순교자들의 무덤을 소란스러운 극장 무대로 바꿔 놓은 무수히 많은 기적들을 통해 비가시적 세계의 실제 모습과 구조를 엿볼 수 있었으며, 사실과 경험의 확고한 토대 위에서 종교적 사색을 전개할 수 있었다. 육체가 분해되었다가 부활하기까지의 긴 세월 동안 속인들의 영혼은 어찌되든지, 우월한 정신을 지닌 성자와 순교자들의 경우에는 이름 없는 잠 속에서 그들의 존재가 전혀 소멸되지 않는다는 사실이 명백해졌다.[53] (그들이 거할 장소와 누리는 지복의 성격을 감히 결정하지 않는다 해도) 그들이 자신들의 행복, 미덕, 힘을 생생하게 의식하고 있으며, 이미 영원한 보상을 받았다는 사실도 명백했다. 성자들이 아무리 멀리 떨어진 곳에서라도 동시에 스테판이나 마르티누스의 이름을 부르며 도움을 구하는 수많은 신자들의 다양한 탄원을 듣고 이해할 수 있다는 사실이 경험으로 입증되면서, 그들의 지적 능력의 범위는 보통 인간이 상상할 수 있는 정도를 뛰어넘는 것으로 생각되었다. 탄원자들은 그리스도와 함께 다스리는 성자들이 지상에 동정의 눈길을 던지고 있으며, 가톨릭 교회의 번영에 따뜻한 관심을 가지고 있고, 그들이 보여 준 믿음과 신앙의 모범을 따르는 자들에게는 특별히 애정 어린 가호를 내린다는 믿음을 가졌다. 때로는 성자들의 호의가 그다지 고귀하지 못한 동기에 따라 좌우되기도 했다. 그들은 자신들이 태어나고 거주했거나 죽었거나 매장되었다거나 자신들의 유품이 소장되어 있다는 이유로 신성화된

다신교의 부활

[53] 버닛(Mr. Burnet)은 최후의 심판일까지 인간 영혼의 잠이나 영면 상태를 주장한 교부들의 견해를 수집했다. 그는 나중에 만일 그들이 더 활동적이고 감각이 있는 존재를 가지고 있다면 틀림없이 발생하게 될 난점들을 폭로했다.

장소를 편애하기도 했다. 거룩한 성인들의 가슴속에는 자만심이나 탐욕, 복수심 같은 저급한 감정이 깃들 자리가 없다고 생각할지도 모르겠지만, 성자들 자신이 지지자들의 기증물에 감사의 뜻을 공공연히 표하곤 했다. 또한 자신들의 성소를 더럽히거나 초자연적인 능력을 믿지 않는 불경한 자들에게는 무시무시한 징벌을 내렸다. 자연을 구성하는 요소들과 모든 동물들, 심지어 미묘하고 비가시적인 인간 정신의 움직임까지도 지배하는 신성한 대리자의 증거를 끝까지 거부하는 자가 있다면, 그런 자들의 회의주의는 정말로 극악한 죄일 뿐 아니라 이해할 수도 없었을 것이다.[54] 그리스도교인들은 기도나 죄에 따르는 즉각적이고 직접적인 효과를 보고, 최고신의 존재 덕에 성자들이 누리는 엄청난 은총과 권세를 확신하게 되었다. 그들이 하느님의 자리 앞에서 계속해서 중재역을 맡아야 하는가, 자비심과 정의의 명령에 따라 위임받은 권세를 행사해도 좋은가라는 질문은 부질없어 보였다. 처음에는 조물주를 뇌리에 떠올리고 숭배하기 위해 상상력을 북돋우려는 고통스러우리만치 진지한 노력의 발로였으나, 이제는 도를 넘어 조잡한 관념과 불완전한 능력에 더 적합한 열등한 숭배 대상까지도 마구잡이로 받아들였다. 초기 그리스도교인들의 숭고하고 단순한 신학은 점차 타락해 갔다. 형이상학적인 세목들로 이미 더럽혀진 천상의 왕국은 이제 다신교의 지배를 부활시킨 듯한 통속적인 신화까지 도입됨으로써 더욱 격이 떨어졌다.[55]

이교 의식의 도입

4. 종교의 대상들이 점차 허구의 수준으로 떨어지면서, 속인들의 감각에 가장 강력하게 작용할 수 있는 의례와 예식이 도입되었다. 5세기 초에[56] 테르툴리아누스나 락탄티우스가[57] 죽은 자들 사이에서 일어나 인기 있는 성자나 순교자의 축제를

[54] 미노르카에서 성 스테판의 유품이 유대 교회를 불태우고 완고한 불신자들을 바위산 속에서 굶어 죽게 만드는 등 정말로 가혹한 짓을 함으로써 540명의 유대인들을 8일 만에 개종시킨 일이 있었다.

[55] 흄(Mr. Hume)은 철학자처럼 다신교와 일신교의 자연스러운 유입과 퇴조를 관찰했다.

[56] 도비녜(D'Aubigné)는 위그노 성직자들의 동의를 얻어 최초의 400년을 신앙의 기준으로 인정하자는 솔직한 제안을 내놓았다. 페롱(Cardinal du Perron)은 이를 40년에 걸쳐 논박했다. 그러나 어느 쪽도 이 어리석은 거래에서 자파의 이익을 얻지는 못했을 것이다.

[57] 테르툴리아누스, 락탄티우스, 아르노비우스 등이 수행하고 가르친 예배 방식은 극도로 순수하고 영적이어서, 이교에 반대하는 그들의 연설은 때로는 유대교의 의식까지도 겨냥했다.

도우러 왔다면,[58] 그리스도교 집회의 순수하고 영적인 숭배 의식을 대체한 불경스러운 광경에 경악과 분노를 금치 못했을 것이다. 교회 문을 활짝 열자마자 향의 연기, 꽃향기, 그들이 보기에 대낮에는 불필요한 치장일 뿐 아니라 신성 모독이기까지 한 램프와 초의 불빛에 틀림없이 심기가 불편해졌을 것이다. 그들이 제단 난간 쪽으로 가려면, 대부분 타지인들과 순례자들로 이루어진 군중 속을 뚫고 지나가야 한다. 그들은 보통 축일 전야마다 도시에 오는 자들로, 이미 광신적인 도취의 분위기와 술에 취해 제정신을 잃은 상태이다. 그들은 성소의 벽과 바닥에 열정적으로 입맞추면서, 속인들이 볼 수 없도록 아마포나 비단 베일로 가려 놓은 성자들의 뼈, 피, 유골 등을 향해 자기 교회에서 쓰는 언어로 기도를 올린다. 그리스도교인들은 순교자들의 강력한 중재로 영적인 축복, 사실 그보다는 세속적인 복을 구하기 위해 그들의 무덤을 자주 찾곤 했다. 그들은 건강을 유지하게 해 달라든지 병을 고쳐 달라고 빌었으며, 아내가 아이를 갖지 못하는 경우는 다산을, 자식이 있는 사람들은 자식들의 안전과 행복을 빌었다. 멀고 위험한 여행을 떠나야 할 때는 성스러운 순교자들이 길 위의 안내자가 되고 보호자가 되어 주기를 빌었고, 무사히 돌아오면 다시 순교자들의 묘로 서둘러 가서 천상의 수호 성인들의 유물에 감사 기도를 바쳤다. 벽에는 그들이 입은 은혜의 표시로 금과 은으로 만들어진 눈, 손, 발 등이 걸렸을 뿐만 아니라, 수호 성인의 모습과 특징, 기적 들을 보여 주는 교훈적인 그림들도 걸려 분별없는 우상 숭배의 대상이 되었다. 아무리 멀리 떨어진 시대와 공간에서라도 똑같은 미신이 똑같은 방법으로 어리석은 자들을 기만하고 인간의 감각을 현혹할 수 있다.[59] 그러나 가톨릭 교회의 성직자들이 파괴했던 불경스러운 이교의 방식을 모방했다고 솔직하

[58] 마니교도인 파우스투스는 가톨릭의 우상 숭배를 비난했다. 신교도지만 철학자였던 보소브르는 솔직함과 풍부한 학식으로 4세기와 5세기에 그리스도교의 우상 숭배가 도입되었다고 말했다.

[59] 일본에서 멕시코까지도 유사한 미신의 자취를 발견할 수 있을 것이다. 위버턴(Warburton)은 이를 포착했지만 지나치게 일반화하고 절대화하는 오류를 범했다.

게 고백하지 않을 수 없다. 가장 존경받는 주교들조차도 무식한 촌뜨기들이 그리스도교 안에서 이교의 미신과 어느 정도 유사한 점이나 보상을 찾는다면 더 즐거운 마음으로 이교의 미신을 버릴 수 있으리라고 믿었던 것이다. 콘스탄티누스의 종교는 한 세기도 안 걸려서 로마 제국을 완전히 정복했으나, 승리자들은 어느새 자신들이 쓰러뜨린 적의 술수에 도리어 넘어간 꼴이 되었다.[60]

[60] 이교의 모방은 미들턴(Dr. Middleton)이 로마에서 보낸 유쾌한 편지의 주제이다. 워버턴의 비난을 듣고 그는 두 종교의 역사를 연결지어 그리스도교의 모방이 오래되었음을 입증해야만 했다.

29

테오도시우스의 아들들 간에 이루어진 로마 제국의 최종 분할 · 아르카디우스와 호노리우스의 치세 · 루피누스와 스틸리코의 통치 · 아프리카에서의 길도의 반란과 패배 · 원로원에 의한 단죄

군대의 선두에 서서 전장에 모습을 나타냈고 전 제국에 걸쳐 널리 권위를 인정받았던 아우구스투스와 콘스탄티누스의

서기 395년 1월, 아르카디우스와 호노리우스 사이의 제국 분할

마지막 후계자인 테오도시우스의 죽음과 함께, 진정한 의미의 로마의 진수는 막을 내렸다. 그러나 그의 미덕에 대한 기억들이 여전히 사람들의 뇌리에 남아, 나약하고 미숙한 젊은이에 불과한 그의 두 아들을 지탱해 주었다. 부왕이 세상을 떠난 후 아르카디우스와 호노리우스는 전 국민의 동의하에 각각 동로마와 서로마의 제위에 올랐다. 원로원 의원, 성직자, 관료, 군인, 일반 대중 등 모든 계층의 국민들이 앞다투어 충성을 맹세했다. 당시 열여덟 살이었던 아르카디우스는 에스파냐의 초라한 집에서 태어났으나, 콘스탄티노플의 궁정에서 교육받았다. 그는 평화롭고 호화로운 궁정에서 눈에 띄지 않게 조용히 지내다가 트라키아, 소아시아, 시리아, 이집트, 도나우 강 하류에서 페르시아와 에티오피아 접경 지대에 이르는 속주들을 통치

하게 되었다. 그의 동생인 호노리우스도 열한 살의 나이에 명목상이기는 했지만 이탈리아, 아프리카, 갈리아, 에스파냐, 브리타니아의 통치자가 되었다. 그의 제국 국경을 지키는 군대는 한쪽에서는 칼레도니아인을, 다른 쪽에서는 무어인을 막고 있었다. 광대하고 군사상 중요한 일리리쿰 지역은 두 황제에게 분할되었다. 노리쿰, 판노니아, 달마티아 속주는 여전히 서로마 제국의 관할권에 속했으나, 그라티아누스가 테오도시우스의 용맹에 맡겼던 광활한 다키아와 마케도니아 지역은 동로마 제국에 합병되었다. 당시 유럽의 경계선은 현재 게르만족과 투르크족을 분리하고 있는 선과 별 차이가 없었다. 이와 같이 최종적이고 영구적으로 로마 제국을 분할하면서 분할된 영토 각각의 이점, 부, 인구, 군사력을 고려하여 대략 균형을 맞추었다. 테오도시우스의 아들들이 물려받은 왕홀은 부왕의 정당한 상속으로 인정되었다. 장군들과 대신들은 이미 오래전부터 어린 황족들을 받드는 데 익숙해져 있었고, 군대와 국민들은 근자에 있었던 위험한 전례를 보고 자신들의 권리와 힘을 주장할 생각을 버렸다. 아르카디우스와 호노리우스의 약점들이 점차 드러나고 그들의 통치가 거듭하여 재난을 초래했지만, 그것이 군대와 국민들의 뇌리에 오래전부터 깊이 박혀 있던 충성심을 없애지는 못했다. 황제들, 아니 그들의 이름을 여전히 떠받드는 로마 국민들은 제위의 권위에 반기를 든 반역자들과 옥좌의 권위를 남용하는 대신들을 똑같이 혐오했다.

서기 386~395년,
루피누스의 성격과 통치

테오도시우스가 루피누스를 등용한 일은 그의 영광스러운 치세에 오점을 남겼다. 이 가증스러운 총신은 민정과 종교계가 갈가리 분열된 시대였음에도 불구하고 모든 당파로부터 만장일치로 국가 전체에 죄악을 낳은 책임자로 지목될 정도였다.

루피누스는 탐욕과 야심 때문에[1] 갈리아의 이름 없는 촌구석[2]이었던 고향을 버리고 동로마의 수도로 올라왔다. 그는 대담하고 교묘한 웅변술로 법률 분야에서 성공을 거두었으며, 이윽고 그러한 성공을 바탕으로 국가의 영예로운 요직으로 가는 정통 코스를 밟을 수 있었다. 그는 착착 단계를 밟아 총무 장관의 자리까지 올랐고, 민정 전반의 체계와 긴밀히 연결되는 여러 직분을 수행하면서 황제의 신임을 얻었다. 황제는 그의 근면 성실함과 능력을 금방 알아보았으나, 교만함과 악의, 탐욕은 오랫동안 눈치채지 못했다. 그는 이러한 악덕을 공손함으로 위장한 가면 아래 숨기고 철저히 황제의 감정에 따라 움직였다. 그러나 잔인한 성격의 루피누스는 테살로니카의 끔찍한 대학살에서 테오도시우스의 분노를 부채질했으나, 그의 참회는 본받지 않았다. 이 대신은 다른 모든 사람들을 발밑으로 냉정하게 내려다보면서, 혹시라도 자신의 감정을 거스르는 자가 있으면 절대 용서하지 않았다. 자신에게 적이 되는 자라면 국가를 위해 봉사한 업적마저 모두 박탈했다. 보병대 총사령관 프로모투스는 동고트족의 침략으로부터 제국을 구한 인물로, 경쟁자(루피누스)의 인격과 언행에 경멸감을 품은 채 마지못해 그의 지위를 인정하고 있었다. 그러던 차에 이 성미 급한 군인 프로모투스는 공식 회의 석상에서 화를 참지 못하고 주먹을 날려 루피누스의 꼴사나운 자만심에 상처를 입혔다. 이 폭력 행위는 황제에게 그의 존엄에 비추어 마땅히 분노해야 할 모욕으로 보고되었다. 프로모투스에게 즉각 도나우 강 유역의 군사 기지로 가라는 불명예스러운 추방령이 떨어졌다. 그의 죽음도(비록 야만족과의 사소한 접전에서 살해되었다지만) 루피누스의 술책 탓이라는 소문이 퍼졌다. 영웅의 죽음으로 복수심을 만족시킨데다가 집정관의 영예까지 얻자, 그의 허영심은 하늘 높은 줄 모

[1] 공공의 행복을 질시한 알렉토는 극악무도한 종교 회의를 소집했다. 메가이라는 제자인 루피누스에게 악행을 저지르도록 부추겼다. 그러나 클라우디아누스의 분노와 베르길리우스의 분노 사이에는 투르누스와 루피누스의 인격 정도만큼의 차이가 있다.

[2] 마르카(de Marca)는 루피누스와 같은 지역 출신임을 수치스러워했지만, 루피누스가 지금은 가스코뉴의 한 작은 마을이 된 노벰포풀라니아의 주도인 엘루사 출생임이 밝혀졌다.

르고 치솟았다. 그러나 동로마 제국과 콘스탄티노플의 장관직에 타티아누스[3]와 그의 아들 프로쿨루스가 앉아 있는 한, 그의 힘은 아직 불완전하고 불확실했다. 그들 두 사람은 힘을 합쳐 한동안 총무 루피누스의 야심에 맞서 황제의 총애를 놓고 다투었던 것이다. 그러나 두 장관은 법률 행정과 재정 면에서의 약탈과 부패 행위라는 죄목으로 고발당했다. 황제는 이 고위 범법자들을 재판하기 위해 특별 위원회를 구성했다. 여러 재판관들이 부정에 연루되었다고 지목당했으나 선고를 내릴 권리는 재판장에게만 있었다. 그 재판장은 바로 다름 아닌 루피누스였다. 아버지는 동로마 장관직을 박탈당하고 지하 감옥에 갇혔다. 그러나 아들은 루피누스가 재판장인 상황에서 무죄 판결을 받을 리가 없다는 사실을 잘 알고 있었으므로 몰래 도주하여 몸을 숨겼다. 루피누스는 비난을 가장 덜 받을 희생자로 만족할 수도 있었겠지만, 지배욕을 누르지 못하고 가장 비열하고 무자비한 간계를 이용했다. 공정성과 중용의 탈을 입혀 기소를 진행함으로써 타티아누스에게 일이 잘 풀릴 수도 있다는 희망을 심어 준 것이다. 이러한 믿음은 재판장이 감히 테오도시우스의 신성한 이름을 걸고 엄숙한 확언과 간교한 맹세를 내세우자 더욱 굳어졌다. 결국 설득에 넘어간 이 불행한 아버지는 도주한 프로쿨루스에게 비밀리에 편지를 보내 아들을 불러들이고 말았다. 프로쿨루스는 곧 붙잡혀서 심문을 받고 유죄 판결을 받은 다음 콘스탄티노플 외곽에서 황제가 사면을 내릴 틈도 없이 참수되었다. 집정관 겸 원로원 의원인 타티아누스의 불운 따위는 안중에도 없이, 재판관들은 잔인하게도 그에게 아들의 처형을 목격하도록 강요했다. 자신의 목에도 밧줄이 묶여 아마도 하루빨리 죽음으로써 안식을 얻길 바랐을 바로 그 순간, 갑자기 사면되어 가난과 유형 속에 불행한 여생을 보냈다. 두 장

[3] 조시무스는 타티아누스와 그 아들의 몰락을 설명하면서 그들의 결백을 주장했다. 그러나 그의 증언조차도 그들이 쿠리아를 억압했다는 적들의 비난을 뒷받침하는 면이 있다. 타티아누스가 이집트 장관으로 있을 동안 아리우스파와 관계를 가졌다는 사실 때문에 티유몽(Tillemont)은 그가 모든 죄목에 대해 유죄였다고 믿고 싶어한다.

관의 행동 중에는 상규에 어긋난 부분도 있었으므로, 그들에게 내려진 처벌은 아마도 별 문제를 일으키지 않았을 것이다. 경계심과 배타성이 야심의 속성인 점을 생각하면, 그들 부자에 대한 루피누스의 적의도 변명의 여지가 있을지 모른다. 그러나 그는 그 정도에 그치지 않고 타티아누스의 고향인 리키아를 로마 속주의 지위에서 강등시켜 죄 없는 사람들에게까지 불명예의 명에를 씌웠다. 그뿐 아니라 타티아누스와 같은 지역 사람들은 황제의 정부 아래에서 명예나 이익을 얻을 수 없다고 선언함으로써 신중함이나 정의는 일체 무시하고 복수심을 마음껏 충족시켰다. 그러나 동로마의 새로운 장관(루피누스는 즉각 공석이 된 적의 직위를 이어받았다.)은 이러한 범죄를 저지르는 와중에도 당시 구원에 필수 조건으로 여겨진 종교적 의무를 수행하는 데에는 소홀하지 않았다. 그는 '떡갈나무 골'이라는 별명을 가진 칼케돈 교외 지역에 휘황찬란한 별장과 장려한 교회를 지어 성 베드로와 성 바울에게 바친 다음, 수도사들에게 끊임없는 기도와 고행으로 축성하도록 했다. 동방 제국의 수많은 주교들을 불러들여 종교 회의를 개최하고 이 교회의 헌납과 설립자의 세례를 축하했다. 이 두 의식은 전례 없이 호화롭게 치러졌다. 루피누스가 성수반의 물로 여태까지 자신이 저지른 모든 죄를 씻을 때, 이집트의 한 존경받는 은자가 성급하게 이 오만하고 야심적인 정치인의 대부가 되겠다고 나섰다.

테오도시우스의 성품을 알기 때문에 이 신하는 위선의 가면을 쓰고 권력 남용을 감추는 한편 때로는 자제하기도 했다. 루피누스는 그의 군주가 게으른 잠에 빠져 있기는 하나 아직도 그를 제위까지 밀어올린 능력과 덕성을 발휘할 힘을 가진 만큼, 그를 두려워했다. 그러나 황제가 이탈리아 원정을 위해

4 몽테스키외는 루피누스가 반역적이거나 신성 모독적인 말을 고발하지 못하도록 명한 테오도시우스의 법령을 칭찬했다. 포학한 법령은 항상 학정이 행해졌다는 것을 입증한다. 그러나 훌륭한 법령도 때로는 군주나 신하들의 그럴듯한 공언이나 실효성 없는 소망만을 담은 것에 불과할 수도 있다. 유감스럽지만 비판의 기준을 낮춘다 해도 이는 맞는 말이다.

서기 395년,
동로마를 억압한 루피누스

수도를 비우고 그 뒤 얼마 안 가 사망하자, 이 오만한 장관은 자신의 군주라기보다는 제자로 취급한, 나약한 젊은이에 불과한 아르카디우스와 제권에 대한 자신의 권력을 확고히 할 수 있게 되었다. 그는 이제 세간의 여론 따위는 신경 쓰지 않고 일말의 후회나 어떤 저항도 없이 마음 내키는 대로 행동했다. 악의와 탐욕에 넘친 그는 자신의 명예나 국민들의 행복 따위에는 손톱만큼도 관심이 없었다. 그의 타락한 정신에서 탐욕은 다른 모든 감정을 압도했던 듯하다. 그는 가혹한 세금, 수치스러운 뇌물 수수, 엄청난 벌금, 부당한 몰수, 모르는 사람이든 적이든 그들의 자녀들로부터 적법한 상속을 빼앗고자 강요나 조작으로 날조한 유증을 비롯해 온갖 부당하고 광범위한 강탈 조치로 동로마의 부를 끌어모았다. 황제의 총애나 정의를 공개적으로 팔아먹는 수법도 그가 콘스탄티노플의 궁정에 만들어 놓은 것이었다. 공직을 얻고자 하는 야심을 가진 사는 자기 재산 중 상당 부분을 내놓고서라도 속주 정부의 명예와 보수를 얻고자 했으므로, 불행한 국민들의 생명과 재산이 그런 인간들의 손아귀에 들어가게 되었다. 간혹 이런 자들을 처벌하기도 했으나, 이는 인기 없는 죄인을 희생시켜 동로마 장관과 그의 공모자들 및 재판관들의 이익을 도모하고 공공의 불만을 달래주려는 것에 불과하였다. 탐욕이 인간의 열정 가운데서 가장 맹목적인 것이라고 인정하지 않는다면, 루피누스의 동기가 무엇이었는지 호기심을 갖지 않을 수 없다. 또한 도대체 무엇 때문에 인간성과 정의의 모든 원칙을 위반하면서까지 어리석은 짓을 하거나 위험을 무릅쓰지 않고는 다 쓰지도 못할 만큼 막대한 재산을 축적하기 위해 안간힘을 썼는지 의문을 품지 않을 수 없다. 어쩌면 그는 외동딸을 황제와 맺어 주어 동로마 황후라는 존귀한 지위에 올려놓고자 그런 짓을 했을지도 모른다.

아니면 탐욕이 자신의 야심을 뒷받침하는 도구라는 생각으로 스스로를 기만했는지도 모른다. 그는 젊은 황제의 변덕에 더 이상 의지하지 않아도 될 만큼 자신의 재산을 안전하고 독립적인 기반 위에 올려놓기를 간절히 원했다. 그러나 그렇게 많은 죄를 저질러 가며 애써 손에 넣은 부를 후하게 풀어 병사들과 대중의 환심을 사는 일은 간과했다. 루피누스의 지나치게 많은 재산은 그릇된 방법으로 모은 부라는 점에서 비난과 질시의 대상이 되었다. 그에게 봉사하는 종복들조차도 그에 대한 애정이 전혀 없었다. 모든 이들이 비굴한 공포의 힘 때문에 증오를 억누르고 있을 뿐이었다. 루키아누스가 겪은 운명은 장관이 일상적인 직무 처리를 소홀히 할 때는 복수욕을 채우느라 바쁜 때뿐임을 동로마 전체에 보여 주었다. 갈리아의 압제자이자 율리아누스의 적이었던 플로렌티우스의 아들 루키아누스는 약탈과 부패로 모은 유산의 상당 부분으로 루피누스의 환심을 얻어 동로마의 코메스 자리를 샀다. 그러나 이 새로운 행정관은 무모하게도 궁정과 시대가 요구하는 처세훈을 버리고 루피누스와 대조되는 올바르고 온건한 행정을 펼쳐 은인인 루피누스에게 불명예를 안겼을 뿐 아니라, 황제의 숙부의 이익과 관련된 부정 행위도 거부했다. 아르카디우스는 자신에 대한 모욕이라는 루피누스의 꼬임에 쉽사리 넘어가 분개했다. 루피누스는 자신의 권력을 위임받았으면서도 은혜를 잊은 루키아누스에게 잔인한 복수를 몸소 실행하기로 결심했다. 그는 콘스탄티노플에서 안티오크까지 700 내지 800마일의 거리를 쉬지 않고 달려 한밤중에 시리아의 수도에 도착함으로써, 그의 의도가 무엇인지는 몰라도 인품은 익히 알고 있는 사람들을 놀라게 만들었다. 동로마의 열다섯 개 속주를 다스리는 코메스(루키아누스)는 천하의 악한처럼 루피누스가 제멋대로 설치한 법정으로 끌

5 조시무스는 프랑크족인 바우토의 용맹과 신중함, 청렴결백을 칭찬했다.

6 아르세니우스는 콘스탄티노플의 궁정을 탈출해 이집트의 수도원에서 엄격한 고행으로 15년을 보냈다.

려왔다. 루키아누스는 고발자조차 탄핵하지 않았을 만큼 결백의 증거가 확실한데도 불구하고, 재판 한 번 제대로 받아 보지 못하고 잔인하고 치욕스러운 처벌을 받았다. 폭군의 신하들은 그의 앞에서 명령에 따라 끝에 납을 매단 가죽 채찍으로 루키아누스의 목을 쳤다. 그가 고통을 못 이겨 기절하자, 분노한 시민들이 고통스럽게 죽어 가는 그의 모습을 보지 못하도록 밀폐된 가마에 실어 옮겼다. 루피누스는 여행의 유일한 목적이었던 이 잔혹 행위를 끝내자마자 공포에 질린 사람들이 퍼붓는 무언의 저주를 헤치고 안티오크를 떠나 콘스탄티노플로 되돌아갔다. 그는 딸과 동로마 황제의 결혼식을 올려 줄 희망에 부풀어 더욱 부지런히 발걸음을 재촉했다.

서기 395년 4월, 아르카디우스의 결혼에 실망한 루피누스

그러나 루피누스는 곧 신중한 신하라면 자기 손아귀에 든 군주라도 보이지는 않지만 강한 습관의 사슬로 세속해서 안전하게 묶어 두어야 하며, 오래 자리를 비우면 나약하고 변덕스러운 군주는 신하의 업적과 총애를 금세 잊는다는 사실을 절감하게 되었다. 그가 안티오크에서 복수욕을 채우고 있는 동안, 콘스탄티노플의 궁정에서는 황제의 총애를 등에 업은 환관들이 대시종장인 에우트로피우스의 주도하에 그의 권력을 약화시키려는 비밀스러운 음모를 꾸미고 있었다. 그들은 아르카디우스가 자신의 동의 없이 신부로 선택된 루피누스의 딸에게 그다지 애정이 없음을 알고, 프랑크족 장군으로서 로마의 황제를 섬겼던 바우토5의 아름다운 딸 에우독시아를 황제의 배우자로 대신 내세우기로 했다. 그녀는 아버지가 죽은 후 프로모투스의 아들 집안에서 교육을 받았다. 개인 교사인 아르세니우스6의 경건한 보호 아래 엄격하게 순결을 지켜 오던 젊은 황제는 에우독시아의 매력에 대한 교묘하고 아첨 섞인 설명에 열심히 귀를 기울였다. 그리고 그녀의 초상화를 애타는 마음으로 들여다보았다. 루피누스가 이를 알면 자신의 행복을 성취하는 데 반대하고 나설 것이 분명하므로 황제는 자신의 사랑을 숨겨야겠다고 생각했다. 루피누스는 궁정에 돌아오자마자 황제의 결혼식이 임박했음을 콘스탄티노플 시민들에게 선포했다. 시민들은 그의 딸이 거머쥔 행운을 공허한 거짓 환호로 축하할 마음의 준비를 했다. 화려하게 치장한 환관들과 관리들의 혼례 행렬이 장래의 황후를 위한 왕관, 의복, 값진 장신구들을 높이 받든 채 궁정의 성문을 출발했다. 엄숙한 행렬은 화환으로 꾸며지고 구경꾼들로 가득 찬 시가지를 통과했다. 그러나 행렬이 프로모투스의 아들의 집에 이르렀을 때, 가장 높은 환관이 정중하게 집안으로 들어가 아름다운 에우독시아에게 황후의 의복을 입히고, 의기양양하게 그녀를 궁정으로 데려가 아르카디우스의 침실로 안내했다. 이처럼 루피누스에 맞선 음모가 비밀리에 성공적으로 수행되었다는 사실은 기만과 위장의 술책에서는 누구보다도 뛰어났던 대신 자신이 속아 넘어갔다는 점에서 그에게 지워지지 않을 치욕이었다. 그는 분노와 공포에 휩싸여 그가 모르는 사이에 황제의 마음을 사로잡은 야심적인 환관의 승리에 대해 곰곰이 생각했다. 자신의 이익과 떼려야 뗄 수 없는 관계에 있는 딸의 치욕에 루피누스의 부정(父情)은 어떨지 몰라도 적어도 자만심은 깊은 상처를 입었다. 황제의 장인이 된다는 자랑스러움에 들떠 있던 바로 그 순간에 철천의 원수의 집에서 교육받은 이방인 처녀가 황제의 침실로 들어간 것이다. 에우독시아는 곧 뛰어난 감각과 활기로 이미 그녀의 미모에 마음을 빼앗긴 젊은 남편에 대한 영향력을 키워 갔다. 그리고 황제는 곧 자신이 상처를 입힌 막강한 신하에 대한 증오와 공포에 사로잡혔다. 루피누스 또한 자신이 관직을 버리고

7 이 이야기는 고대 혼례식이 동로마의 그리스도교도들에 의해 우상 숭배적인 절차 없이 실행되었으며, 신부는 강제로 부모의 집에서 끌려 나와 남편의 집으로 안내되었음을 입증한다. 우리의 결혼 형식은 섬세하지는 않아도 처녀의 공개적이고 명백한 동의를 필요로 한다.

정권에서 물러난다 해도 안전하고 평안한 여생을 누릴 희망이 전혀 없음을 잘 알고 있었다. 그러나 그는 아직도 자신의 존엄을 지키고 적들을 제압할 가장 효과적인 수단을 지니고 있었다. 그가 여전히 장관으로서 동로마의 민정과 군정에 무소불위의 권력을 행사하고 있다는 점과 그가 소유한 엄청난 부가 그것이었다. 그의 재물을 동원하면 마음먹기에 따라서 막다른 골목에 몰린 정치인이 오만, 야심, 복수욕에서 꾸밀 수 있는 어떤 끔찍한 계획을 실행할 수 있는 적절한 수단을 구할 수 있었다. 루피누스의 사람됨으로 보아 그가 황제를 밀어내고 제위를 차지하려는 음모를 꾸몄으며, 훈족과 고트족을 비밀리에 끌어들여 제국의 속주들을 침략해 국가의 혼란을 부추기도록 했다는 비난도 일리가 있다. 음모가 난무하는 궁정에서 한평생을 보낸 이 교활한 장관은 환관 에우트로피우스의 교묘한 술책에 지지 않고 맞섰다. 그러나 그 역시도 더 강력한 적, 서로마 제국의 일개 장군이라기보다는 차라리 주인이라 해야 할 대(大) 스틸리코가 들이닥치자 얼굴색이 파랗게 질렸다.

서로마 제국의 대신이자 장군인 스틸리코의 성격

스틸리코는 일찍이 아킬레스가 얻었고 알렉산드로스가 질투했다는 천상의 선물, 즉 영웅의 행동을 찬미할 시인을 거느리는 축복을 천재와 예술이 쇠락해 가던 시대에는 어울리지 않을 정도로 한껏 누린 인물이었다. 이 시인은 클라우디아누스[8]로 스틸리코의 적인 루피누스나 에우트로피우스에게는 영원한 오명의 낙인을 찍고 막강한 은인의 승리와 미덕은 가장 화려한 색채로 그릴 태세를 갖추고 있었다. 신뢰할 만한 자료들이 무진장하게 공급된 시기를 훑어보면 동시대 작가의 저주문이나 찬양문에서 호노리우스의 연대기에 대한 예증을 얻을 수 있다. 그러나 클라우디아누스는 시인이자 궁정인으로서의

---

8 스틸리코는 직접적으로든 간접적으로든 클라우디아누스의 영원한 주제였다. 이 영웅의 젊음과 사생활은 처음으로 집정관의 자리에 올랐을 때의 시에 모호하게 표현되어 있다.

특권을 지나치게 남용한 듯하다. 따라서 허구적이거나 과장된 표현을 진실하고 단순한 역사서의 서술체로 옮기려면 어느 정도 비판적 자세가 요구된다. 그가 그의 후견인인 스틸리코의 가족에 대해서 침묵을 지켰다는 사실은 스틸리코가 화려한 가계를 길게 자랑할 처지도 아니었고 그럴 마음도 없었음을 입증한다. 발렌스 휘하의 야만족 기병대에서 장교로 복무한 스틸리코의 아버지에 대해서는 가볍게 언급하는 정도로 그치고 있어, 그렇게 오랫동안 로마 군대를 지휘한 장군이 야만스럽고 믿을 수 없는 종족인 반달족 출신이라는 주장을 묵인하는 듯하다. 스틸리코가 힘과 신장 등 겉으로 보기에도 특출해 보이지 않았다면 아무리 아첨에 능한 음유시인일지라도 그렇게 많은 구경꾼들 앞에서 그가 고대의 반인반신 이상의 존재이며, 당당한 걸음걸이로 수도의 거리를 활보할 때면 놀란 군중들이 몸을 비켜 영웅의 위엄을 지닌 이 이방인에게 길을 내준다고 치켜세우기에는 무리가 있었을 것이다. 그는 청년 시절에 군대에 들어가 곧 전장에서 신중함과 용맹으로 명성을 떨쳤다. 동로마의 기병대와 궁수들은 그의 뛰어난 재주에 감탄했으며, 그가 승진할 때마다 대중 역시 군주의 선택에 만족을 보였다. 그는 페르시아 왕과의 조약을 교섭하라는 테오도시우스의 명령을 받고 이 중대한 임무를 수행하는 과정에서 로마의 권위를 지켰다. 그리고 콘스탄티노플로 귀환한 후 황제의 가문과 밀접하고 영예로운 혼인 관계를 맺음으로써 업적을 보상받았다. 테오도시우스는 형제애에서 호노리우스의 딸인 세레나(Serena)를 자기 딸로 입양했는데, 그녀의 미모와 교양[9]은 궁정의 아첨꾼들로부터 널리 찬탄의 대상이 되었다. 스틸리코는 공주의 애정과 그녀의 양아버지 테오도시우스의 총애를 얻기 위해 다투는 한때의 야심 찬 경쟁자들을 물리치고 세레나의 남편감으로 선택

[9] 클라우디아누스는 한 미완성의 시편에서 아마도 아첨이겠지만 세레나의 아름다운 모습을 묘사했다. 테오도시우스가 가장 사랑한 질녀였던 그녀는 자매인 테르만티아와 함께 에스파냐에서 태어났다. 어린 시절 그들은 그곳에서 영예롭게 콘스탄티노플의 궁정으로 옮겨졌다.

10 이 입양이 법적으로 이루어졌는가 아니면 단지 비유적인 의미에서였는가는 의심의 여지가 있다.

11 클라우디아누스의 아름다운 시구는 그의 천재적인 재능을 보여 준다. 그러나 스틸리코의 청렴성(군사 행정에서)은 조시무스의 내키지 않는 증언이 훨씬 더 확고하게 뒷받침한다.

되었다.[10] 테오도시우스는 영리하고 용감무쌍한 스틸리코를 세레나의 남편으로 삼아 가까이에 두면 그가 더욱 충성을 다하리라는 확신에서 높은 직책을 내려 중용했다. 그는 마방(馬房) 감독관과 근위대 코메스의 직위를 차례로 밟아 올라가 로마 전체까지는 아니라도 적어도 서로마 제국의 기병대와 보병대 전부를 통솔하는 총사령관이라는 최고 지위까지 올랐다. 그의 적들조차도 그가 항상 업적의 보상을 금과 교환하거나 국가에서 받아야 할 보수와 상금을 병사들로부터 가로채는 짓을 경멸했다는 사실은 인정했다.[11] 그가 뒷날 알라리크와 라다가이수스에 맞서 이탈리아를 방어하면서 보여 준 용맹과 지휘력은 젊은 날 그가 성취한 업적의 명성을 뒷받침해 준다. 명예와 자존심에 덜 구애받던 시대였으므로 로마 장군들은 스틸리코의 우월한 재능에 굴복했다. 그는 경쟁자이자 벗이었던 프로모투스의 죽음을 슬퍼하며 복수를 다짐했다. 그가 패주하는 수천 명의 바스타르나이족을 학살한 일은 시인에 의해 로마의 아킬레스가 제2의 파트로클루스 영전에 바친 피의 희생으로 묘사되었다. 이러한 스틸리코의 미덕과 승리는 루피누스의 미움을 샀다. 다정하고 세심한 세레나가 남편이 전장에서 제국의 적들을 격퇴하고 있을 동안 국내의 적으로부터 그를 보호하지 않았다면 루피누스의 비방은 성공을 거두었을지도 모른다. 테오도시우스는 동로마의 궁정 업무를 위임해 둔 이 쓰레기 같은 대신을 여전히 신임하기는 했다. 그러나 참제 에우게니우스를 치러 행군에 나설 때는 그의 충성스러운 장군에게 내전의 노고와 영광을 넘겨주었을 뿐 아니라, 임종을 앞둔 마지막 순간에 스틸리코에게 아들들과 공화국을 돌보아 줄 것을 부탁했다. 스틸리코의 야심과 능력은 그러한 중대 임무를 맡기에 부족함이 없

스틸리코의 군대 지휘권

었다. 그는 아르카디우스와 호노리우스가 성년이 될 때까지 두 제국의 후견인 역할을 맡게 되었다.[12] 그가 실질적인 통치자로서 취한 첫 번째 조치는 온 국민에게 명령할 자격을 갖춘 자만이 지닌 활력과 원기를 보여 준 것이었다. 그는 엄동설한에 알프스 산맥을 넘어 바젤의 요새에서 바타비아의 늪 지대까지 라인 강을 따라 내려와 수비대의 상황을 점검하고 게르만족의 움직임을 진압했다. 그리하여 강변 지대에 확고하고 영예로운 평화를 다져 놓은 다음, 믿을 수 없을 만큼 빠른 속도로 밀라노 궁정으로 귀환했다.[13] 호노리우스의 일신과 궁정의 운명은 서로마 총사령관의 손에 들어갔으며, 유럽의 군대와 속주들은 주저 없이 그가 어린 황제의 이름으로 행사하는 정당한 권위에 복종하였다. 이제 그에게 맞서 복수욕을 자극하는 적은 단 둘만 남은 상태였다. 아프리카 내에서 오만하고도 위험한 독립 상태를 유지하고 있는 무어인 길도와, 동로마의 황제와 제국에 대해 동등한 권위를 주장하는 콘스탄티노플의 대신 루피누스가 그들이었다.

스틸리코는 공동 후견인으로서 공정한 자세로 서거한 황제의 무기들, 보석류, 휘황찬란한 의상, 가구 등을 황제의 두 아들에게 똑같이 분배했다.[14] 그러나 유산 중 가장 중요한 부분은 내전 당시 테오도시우스 휘하에 연합했던 로마인과 야만족들로 이루어진 수많은 군단들, 보병대, 기병대였다. 최근의 싸움으로 원한을 품고 다툼을 벌이던 유럽과 아시아의 수많은 집단들은 이 단 한 사람의 권위에 위압당했다. 스틸리코는 엄격하게 군기를 잡아 시민들을 방탕한 병사들의 약탈 행위로부터 보호했다. 그러나 제국의 국경선에서밖에는 쓸모가 없는 이 막강한 군대를 유지하는 부담으로부터 이탈리아를 벗어나게

서기 395년 11월, 루피누스의 몰락과 죽음

[12] 로마법은 미성년 기간을 14세까지와 25세까지, 두 종류로 구분했다. 전자는 당사자의 교사나 후견인에게 적용되며 후자는 재산 관리인이나 수탁자에게 적용된다.

[13] 클라우디아누스의 글을 볼 것. 그러나 밀라노와 라이덴 사이의 여정은 15일 이상 걸렸을 것이 분명하다.

[14] 서거한 황제의 의복과 왕관뿐 아니라 투구, 칼자루, 벨트, 흉갑 등에도 진주, 에메랄드, 다이아몬드가 휘황찬란하게 장식되어 있었다.

하려는 마음이 간절하던 차에, 마침 아르카디우스의 대신 루피누스가 동로마 군대를 돌려 달라는 정당한 요청을 하자, 이에 귀가 솔깃해졌다. 그는 몸소 동로마 군대를 지휘하겠다는 의사를 밝히고, 고트족의 폭동에 대한 소문을 교묘하게 이용하여 자신의 야심과 복수를 달성할 은밀한 계획을 세웠다. 죄의식에 시달리던 루피누스는 전사이자 경쟁자인 스틸리코가 접근해 오자 당황하여 자신의 생명과 위세가 얼마 남지 않았다는 공포에 점점 더 짓눌렸다. 그는 목숨을 부지할 최후의 희망으로 아르카디우스 황제의 권위를 빌리기로 했다. 아드리아 해변을 따라 진군해 온 스틸리코는 테살로니카에서 얼마 떨어지지 않은 곳에 이르렀을 때, 동로마 군대를 되돌리지 않으면 이를 비잔티움 궁정에 대한 적대 행위로 간주하겠다는 단호한 전갈을 받았다. 서로마 장군은 예상과 달리 즉각 순순히 복종함으로써 자신의 충성심과 온건함을 믿게 만들었다. 그는 이미 동로마 군대의 마음을 사로잡아 자신이 없어도 계획을 실행하도록 부추겨 놓은 뒤였으므로, 자신에게 쏟아질 위험과 비난을 교묘하게 피할 수 있었다. 스틸리코는 동로마 군대의 지휘를 고트인인 가이나스에게 맡기고 충성을 굳게 다짐받아 놓았다. 그는 이 강건한 야만족이 적어도 공포나 후회 때문에 목적을 달성하지 못하고 물러서는 일은 없을 것으로 확신했다. 병사들은 스틸리코와 로마의 적(루피누스)을 응징하자는 설득을 쉽사리 받아들였다. 루피누스에 대한 그들의 증오심이 얼마나 강했던지, 이 중대한 비밀이 수천 명에게 전해지고도 테살로니카에서 콘스탄티노플 성문까지의 기나긴 행군 중 털끝만큼도 새어 나가지 않았을 정도였다. 그들은 루피누스를 살해할 결심을 하자, 곧 그의 자만심을 부추겼다. 야심에 찬 이 장관은 이 막강한 군대가 유혹에 넘어가 자기 머리에 왕관을 씌워 줄지도 모른다는 생각에 마지못해 내키지 않는 손으로 재물을 나누어 주기까지 했으나, 분개한 병사들은 이를 선물이라기보다는 모욕으로 받아들였다. 군대는 수도에서 1마일 정도 떨어진 마르스의 들판에 있는 헤브도몬 궁정 앞에서 멈췄다. 대신과 황제는 고대의 관습에 따라 제위를 지탱해 주는 군대의 힘에 예를 바치고자 앞으로 나갔다. 루피누스가 타고난 오만함을 부자연스러운 예의로 가리고 대열 사이를 지나가자, 양측의 대열이 서서히 좌우로부터 다가와 자기 생각에 골똘히 빠져 있던 희생자를 에워쌌다. 그가 신변에 닥친 위험을 미처 알아차리기도 전에 가이나스가 신호를 보내자, 한 대담한 병사가 루피누스의 가슴에 칼을 꽂았다. 루피누스는 신음하면서 겁에 질린 황제의 발밑에서 숨을 거두었다. 한순간의 고통으로 평생에 걸친 범죄 행각을 속죄할 수 있다면, 싸늘해진 시체에 퍼부어진 분노가 동정의 대상이 될 수 있다면, 아마도 루피누스의 살해를 둘러싼 끔찍한 광경에 자비심이 생길지도 모른다. 그의 토막난 시체는 남녀를 막론하고 대중의 야수적인 분노에 맡겨졌다. 사람들은 바로 얼마 전까지만 해도 눈짓 한 번만으로도 모든 사람을 떨게 만들었던 오만한 대신의 시체를 온 시내를 끌고 다니며 짓밟았다. 그의 오른손은 잘려져 콘스탄티노플의 거리 구석구석까지 돌려지면서 조롱거리가 되었는데, 이는 그 탐욕스러운 폭군을 위해 얼마라도 기부하라고 간청하는 일종의 잔인한 놀이였다. 또한 그의 머리는 긴 창끝에 꽂혀 전시되었다.15 그리스 공화국의 야만적인 원칙에 따라 그의 무고한 가족은 그가 지은 죄를 함께 짊어져야 했으나, 루피누스의 아내와 딸은 교회의 힘 덕에 무사할 수 있었다. 교회의 성소는 이들을 분노한 대중의 광기로부터 지켜 줌으로써, 이들이 남은 여생을 예루살렘의 조용한 은거지에서 그리스도를 섬기며 보내도록 해 주었다.16

15 조시무스와 히에로니무스는 클라우디아누스가 해부학자와도 같은 야만적인 냉정함을 가지고 묘사했던 루피누스의 신체 절단에 대해 상세히 서술했다.

16 이교도인 조시무스는 그들의 성소와 순례에 대해 언급했다. 예루살렘에서 일생을 보낸 루피누스의 누이 실바니아는 수도원의 역사에서 유명한 인물이다. 1) 이 학구적인 처녀는 오리게네스, 그레고리우스, 바실리우스 등이 쓴 500만 행에 달하는 성경 주해서를 열심히, 거듭해서 숙독했다. 2) 60세가 되기까지 성체를 받는 손가락 끝을 제외하고 손, 얼굴을 비롯하여 신체의 어느 부분도 닦은 적이 없다고 자랑했다.

17 새로운 대신들은 탐욕스럽게 전임자의 재산을 가로채고 자신들의 장래의 안전을 도모하려 했다.

서기 396년 등,
서로마 제국과
동로마 제국의 불화

이 끔찍한 행위는 정의를 실현하는 과정에서 자연과 사회의 모든 법칙을 위반했을 뿐 아니라 군주의 존엄성을 모독하였고 방종한 군대가 저지를지도 모를 위험한 본보기가 되었음에도 불구하고, 스틸리코의 충실한 시인은 환희에 차서 이를 찬양하는 데에만 열을 올렸다. 클라우디아누스는 우주의 질서와 조화에 대한 명상을 통해 신의 존재에 대한 확신을 얻었지만, 악덕이 벌을 받지 않고 번성하는 모습은 그의 도덕적 관념에 위배되었다. 그러나 루피누스의 운명은 시인의 종교적 의구심을 풀어 주었다. 이 사건이 영광스러운 신의 섭리를 옹호한다고 할 수 있을지는 모르겠으나, 국민들의 행복에는 그다지 도움이 되지 못했다. 3개월도 안 되어 루피누스가 강탈해서 모은 재산에 대한 국고의 배타적인 권리를 주장하는 칙령이 발표되어, 국민들로 하여금 새로운 통치 원칙이 어떤 것인지 알게 해 주었다. 루피누스의 탐욕스러운 학정에 신음했던 동로마 제국 국민들의 요구는 엄벌로 다스려졌다.17 스틸리코조차도 본인이 제안했던 적의 죽음에서 아무런 이득도 얻지 못했다. 그의 복수심은 채워졌을지 몰라도 야심은 좌절되었다. 나약한 아르카디우스에게는 총신을 가장한 사부가 필요했다. 그는 신임해 온 환관 에우트로피우스의 아첨은 선호한 반면, 이민족 전사의 엄격한 재능에는 공포와 혐오를 품었다. 황제와 에우트로피우스가 권력욕으로 인해 분열하게 될 때까지 가이나스의 검과 에우독시아의 매력은 궁정 대시종장의 총애를 받쳐 주었다. 신의 없는 이 고트인(가이나스)은 동로마 사령관에 임명되었으나, 양심의 가책도 없이 은인의 이해관계를 저버렸다. 그리하여 바로 얼마 전에 스틸리코의 적을 살해한 그 군대가 이제는 그에게 맞서 콘스탄티노플의 제위를 지켰다. 아르카디우스의 총신들은 로마의 두 제국을 통치하고 테오도시우스 대제의 두 아들들을 보위하려는 열망에 불타는 이 막강한 영웅에 맞서 비밀스럽게 돌이킬 수 없는 전쟁을 선동했다. 그들은 음험한 음모로 그에게서 군주의 경의, 국민들의 존경, 야만족들의 애정을 빼앗고자 획책했다. 고용된 자객들이 단검으로 스틸리코의 생명을 빼앗으려는 시도를 되풀이했다. 콘스탄티노플 원로원은 그를 공화국의 적으로 선포하고 동로마 속주에 있는 그의 막대한 재산을 몰수한다는 훈령을 공포했다. 서서히 진행되어 온 모든 민족들의 굳은 통합과 상호 협조만이 로마의 멸망을 지연시킬 수 있는 유일한 희망이었던 그때, 아르카디우스와 호노리우스의 국민들은 자신들의 군주의 계략에 빠져 서로를 외국인, 심지어는 적으로 보고, 상대편의 재앙을 기뻐하며, 야만족들이 동포의 영토를 침략하도록 부추겨 놓고는 믿음직한 동맹으로 받아들이는 지경이 되었다. 이탈리아 주민들은 로마 원로원 의원들의 의복을 모방하고 권위를 빼앗은 비잔티움의 그리스인들을 굴종적이고 유약하다고 경멸했다. 반면 비잔티움의 그리스인들은 세련된 선조들이 서로마의 무례한 주민들에게 오랜 세월 품어 왔던 증오와 경멸을 아직도 간직하고 있었다. 두 개의 정부가 서로 달라지면서 머지않아 두 개의 나라로 분리된다는 점에서, 비잔티움의 역사를 잠시 중지하고 호노리우스의 치욕스러우나 기억해야 할 치세를 계속 서술해 나가도 좋을 것이다.

   신중한 스틸리코는 자신의 통치를 거부한 황제와 국민들의 뜻을 강제로 꺾는 대신, 현명하게도 아르카디우스를 무능한 총신들의 손에 내맡겨 두었다. 그가 그렇게 여러 차례 군사적 기개와 능력을 과시했으면서도 두 제국이 내전에 말려드는 것

서기 386~398년, 아프리카에서 길도의 반란

을 원치 않았다는 점에서 그의 온건함을 잘 알 수 있다. 그러나 그가 물러선 데에는 또 다른 이유가 있었다. 당시 아프리카에서 일어난 반란에 빨리 대처하지 않는다면 무어인 반역자의 변덕에 수도의 안전과 서로마 황제의 존엄을 넘겨주어야 할 상황이었다. 참제 피르무스의 형제인 길도[18]는 충성을 공언한 대가로, 반역 행위로 몰수당했던 피르무스의 막대한 재산을 받았다. 그뿐 아니라 로마 군대에서 오랫동안 상당한 공헌을 한 덕에 코메스의 지위까지 올랐다. 테오도시우스의 궁정은 근시안적인 정책을 취했는데, 권세 있는 한 가문에 이익을 주어 합법적인 정부를 유지하게 한다는 그릇된 수단을 채택한 것이다. 그리하여 길도가 아프리카의 지배권을 부여받을 수 있었다. 야심이 많았던 그는 곧 누구의 제지도 받지 않고 재판권과 재정권까지 손에 넣었다. 그리고 12년간의 통치 기간을 거치면서 내전의 위험을 무릅쓰지 않고서는 그를 제거할 수 없을 만큼 확고한 세력을 굳혔다. 그 12년 동안 아프리카의 속주는 이방인의 무자비한 기질과 국내 파벌의 편파적인 적개심을 한몸에 갖춘 폭군의 지배 아래 신음해야 했다. 독약이 법적 절차를 대신하는 일도 빈번했다. 길도의 식탁에 초대받은 손님들이 공포에 떨다가 행여 자신의 두려움을 겉으로 드러내기라도 하는 날에는, 이 무례한 의심이 그의 분노를 사서 큰소리로 사형 선고가 내려졌다. 길도는 탐욕과 정욕에 번갈아 가며 탐닉했다. 낮에는 부자들이 공포에 떨었다면 밤에는 남편과 부모들이 두려움에 떨었다. 그들의 딸과 아내들 중 미인들은 폭군에게 강제로 끌려갔다가, 나중에는 길도가 자신에 대한 유일한 지지자로 생각하는 흉포한 야만족 군대와 거무스름한 피부를 지닌 사막 출신의 자객들에게 넘겨졌다. 테오도시우스와 에우게니우스의 내전 중, 아프리카의 코메스라기보다는 차라리 군주에 가까웠

[18] 클라우디아누스는 길도의 악덕을 과장했을 수도 있다. 그러나 그의 무어인 혈통, 악명 높은 행동들, 성 아우구스티누스의 불평은 이 시인의 저주를 정당화해 준다. 바로니우스는 학식과 기술을 가지고 이 아프리카의 반역자를 다루었다.

던 그는 오만한 자세로 진의가 의심스러운 중립적 자세를 취하고 어느 쪽에도 군대나 선박의 지원을 거부했다. 그는 승부가 판가름 나기를 기다렸다가 그때 가서 승리한 쪽과 동맹을 맺을 생각이었다. 로마의 황제는 그의 공언에 만족할 수 없었다. 그러나 테오도시우스 대제가 사망한 후 나약한 아들들이 불화를 빚으면서, 이 무어인은 온건한 척하느라 왕관을 쓰지 않고 로마에 관례적인 공물을 보냈을 뿐 권세는 더욱 확고해졌다. 제국을 동서로 분할할 때마다 아프리카의 다섯 속주는 항상 서로마에 할당되었고, 길도는 호노리우스의 이름으로 광대한 지역을 통치하는 데 동의했다. 그러나 스틸리코의 인품과 의도를 알게 되자 곧 더 먼 곳에 있는 나약한 군주에게 신하의 예를 바치기로 했다. 아르카디우스의 대신들은 이 신의 없는 반역자의 주장을 수락했다. 그들은 아프리카의 수많은 속주를 제국에 추가할 헛된 꿈에 부풀어 이성으로나 무력으로나 관철할 수 없는 주장을 내세웠다.

스틸리코는 비잔티움 궁정의 변명에 단호하고 결정적인 답변을 보내고, 일찍이 지상의 왕들과 민족들을 심판했던 원로원 법정 앞에서 아프리카의 폭군을 엄숙히 비난했다. 오랜 세월이 흐른 지금 호노리우스의 치세 아래에서 그와 같은 공화국의 잔영이 되살아난 것이다. 황제는 로마 원로원에 속주민들의 불만과 길도의 죄상을 상세히 적은 긴 글을 보내, 이 덕망 높은 원로원의 구성원들에게 반역자를 단죄해 달라고 요청했다. 원로원은 만장일치로 그를 공화국의 적으로 선언했다. 원로원의 훈령은 로마 군대에게 신성하고 합법적인 인가를 내려준 셈이었다. 자신들의 선조가 세계의 주인이었음을 아직 잊지 않고 있는 국민들이었지만, 너무나 오랜 세월 동안 허울뿐인

서기 397년, 길도를 비난하는 로마 원로원

19 그가 피르무스에 맞섰던 것이 서기 373년이므로 그때는 성년이었다. 클라우디아누스는 밀라노 궁정을 잘 알고 있었으므로, 마스케젤의 장점보다는 단점을 상세히 설명했다. 무어인들 사이에 벌어진 전쟁은 호노리우스나 스틸리코에게는 일고의 가치도 없는 것이었다.

자유와 위대함의 환상보다는 확실한 빵의 약속에 길들여진 터라 고대의 자유가 재현되었다 해서 자부심을 가지고 환영하지는 않았다. 로마의 생존은 주로 아프리카의 곡물 수확에 의존하고 있었으므로 전쟁 선포는 명백한 기근의 신호탄이었다. 원로원의 토론을 주재한 집정관 심마쿠스는 복수심에 찬 무어인이 곡물 수출을 금지한다면, 당장 굶주린 폭도들의 분노가 수도의 평안과 안전을 위협하리라는 합당한 우려를 대신들에게 전했다. 신중한 스틸리코는 로마 국민들을 안심시킬 가장 효과적인 수단을 지체 없이 실행에 옮겼다. 그는 갈리아 내륙 속주에서 거두어들인 대량의 곡물을 론 강의 빠른 물살에 실어 테베레 강까지 수송해 와서 아프리카 전쟁 기간 내내 로마의 곡물 창고에 가득 채워 두었다. 그 덕에 로마는 굴욕적인 의존 상태에서 벗어나 그 위엄을 지킬 수 있었다. 시민들의 마음도 평화와 풍요에 대한 확신으로 침착하게 가라앉았다.

서기 398년, 아프리카 전쟁

스틸리코는 폭군에게 입은 개인적인 피해에 대한 복수심에 불타는 한 장군에게 로마의 명분과 아프리카 전쟁의 수행을 맡겼다. 나발 가(家)에 퍼진 불화의 기운은 그의 두 아들 길도와 마스케젤의 격렬한 싸움에 불을 붙였다.19 길도는 동생의 능력과 용기를 두려워했기 때문에 무자비한 분노로 동생의 생명을 빼앗으려 했다. 마스케젤은 형의 힘에 밀려 밀라노 궁정으로 몸을 피했으나, 자신의 죄 없는 두 자녀가 피도 눈물도 없는 숙부의 손에 살해되었다는 끔찍한 보고를 받았다. 아버지의 애끓는 심정을 달랠 수 있는 것은 복수뿐이었다. 용의주도한 스틸리코는 이미 서로마 제국의 해군과 육군 병력을 집합시킬 준비를 끝내 놓았다. 폭군이 그와 맞먹는 힘으로 전쟁을 걸어 온다면 그를 치러 몸소 진군할 결심을 한 상태였다. 그러나 이탈리아는 그의 존재를 필요로 했고, 국경 지대의 방어를 약화시켰다가는 로마 제국 전체가 위험해질 수도 있었다. 따라서 마스케젤이 최근까지 에우게니우스의 휘하에서 복무했던 갈리아 고참병들로 이루어진 군대를 이끌고 이 고된 모험에 나서는 편이 더 낫겠다고 판단했다. 이제 찬탈자의 지위를 지켜 줄 수도 있지만 뒤집을 수도 있음을 온 세상에 보여 주어야 할 군대는 요비아누스, 헤르쿨리아누스, 아우구스투스 군단과 네르바 보조군, 사자 상징의 깃발 아래 모인 병사들, '행운'이나 '무적' 등 상서로운 이름을 가진 부대들로 이루어졌다. 그러나 그들의 규모가 너무 작은데다 신병 충원에도 어려움이 따랐으므로, 로마의 방위에서 위엄과 명성을 떨쳐 온 이 일곱 개 부대[20]의 병력은 고작해야 5000명가량에 불과했다.[21] 갤리선과 군용 수송선으로 이루어진 함대는 폭풍우 속에서 투스카니의 피사 항을 출발하여 카프라리아라는 작은 섬으로 항로를 잡았다. 그 섬의 이름은 원래부터 그곳에 살고 있던 야생 염소에서 유래했다. 그 당시에는 이상야릇하고 야만스러운 사람들이 모여 새로운 식민지를 이루고 있었다.

빛을 피해 도망쳐 온 인간들이 그 섬을 가득 채웠다기보다 더럽히고 있다.(당시의 한 재치 있는 여행자의 말이다.) 그들은 누구의 눈에도 띄지 않는 곳에서 혼자 살기를 택했다고 하여 스스로를 수도승이나 은자라고 부른다. 그들은 잃을까 두려워서 행운의 선물을 받지 않으려 하며, 비참해질까 두려워서 자발적으로 불행한 삶을 택했다. 그들의 선택이란 얼마나 불합리한가! 또 그들의 사고는 얼마나 뒤틀려 있는가! 축복을 견딜 능력도 없는 주제에 불운을 두려워하다니. 이런 우울한 광기는 질병의 결과든지, 아니면 죄의식이 이 불행한 인간들을 몰아가

[20] 군율이 바뀐 탓에 레기오, 코호르스, 마니풀루스 등의 이름을 구분 없이 쓸 수 있었다.

[21] 오로시우스는 이 설명을 의심스럽게 보았다. 그러나 클라우디아누스는 카드무스의 병사들에 대한 장광설을 늘어놓은 다음, 반역자가 도주하지 않도록 스틸리코가 소규모의 군대를 보냈음을 솔직하게 인정했다.

22 길도와의 전쟁을 서술한 첫째 권은 여기에서 끝난다. 클라우디아누스의 시 나머지 부분은 유실되었다. 따라서 군대가 아프리카에서 어떻게 또는 어디에 무사히 상륙했는지는 알 길이 없다.

23 오로시우스가 이 설명에 책임이 있다. 클라우디아누스는 길도의 오만함과 그의 다양한 야만족 부대를 찬양했다.

정의의 손이 도망 노예들에게 내리는 고통을 스스로에게 내리게 만든 결과일 것이다.

한 속세의 행정관도 이 같은 경멸을 던졌으나, 신앙심 깊은 마스케젤은 카프라리아의 수도승들을 선택받은 신의 종복으로 존경했다. 그들 중 일부는 그의 애원에 설득되어 함선에 오르기도 했다. 이 로마의 장군이 밤낮 없이 기도, 단식, 찬송으로 시간을 보냈다는 점은 칭찬할 만하다. 이 섬에서 원군을 얻자 승리의 확신에 넘친 독실한 이 사령관은 코르시카의 암초를 피해 사르디니아 동쪽 해안을 따라 이동하여, 거센 남풍을 피해 아프리카의 해안에서 140마일 떨어진 칼리아리의 안전하고 넓은 항구에 배들을 안착시켰다.22

서기 398년, 길도의 패배와 죽음

길도는 아프리카의 전 병력을 동원하여 침략에 저항할 준비를 했다. 그는 후한 선물과 달콤한 약속으로 로마 병사들과의 불안한 동맹 관계를 확고히 다지는 데 힘쓰는 한편, 멀리 가이툴리아와 에티오피아의 부족들을 그의 휘하로 끌어들였다. 그는 다가올 치욕의 전조라고 할 수 있는 경솔한 자만에 차서 7만 명에 이르는 군대를 자랑스럽게 시찰했다. 그는 자신의 수많은 기병대가 마스케젤의 군대를 말발굽으로 짓밟아 버릴 것이며, 타오를 듯한 뜨거운 먼지구름으로 갈리아와 게르마니아의 추운 지역에서 온 자들을 감싸 버릴 것이라고 호언장담했다.23 그러나 호노리우스의 군단을 지휘하는 무어인(마스케젤)은 동족들의 성향을 너무나 속속들이 잘 알고 있었기 때문에, 벌거벗은 야만인들로 이루어진 무질서한 무리에 대해서는 조금도 걱정하지 않았다. 그들은 방패도 없이 겨우 망토 하나만으로 왼팔을 보호했고, 오른손으로 투창을 던지고 나면 더 이상은 쓸 무기가 아무것도 없는 무방비 상태였다. 또한 그들의 말은 기수의 통제를 따르거나 고삐로 통제되도록 훈련받은 적이 전혀 없었다. 그는 적과 정면 대치하여 5000명의 고참병들로 진을 친 지 사흘 만에 총공격 명령을 내렸다.24 마스케젤은 평화와 사면 제안을 들고 맨 앞으로 나가다가 적군의 최전방에 있는 아프리카인 기수들 중 한 명과 마주쳤다. 그가 항복 제안을 거부하자 마스케젤은 칼로 그의 팔을 내리쳤다. 기수의 팔이 타격을 이기지 못하고 들고 있던 기를 떨어뜨리자, 이 행위를 항복 표시로 해석한 다른 모든 대열의 기수들도 급히 그 뒤를 따라 기를 내렸다. 평소 불만에 차 있던 군대는 이 신호를 보고 본래 군주의 이름을 연호했다. 로마 동맹군의 변절에 놀란 야만족들은 그들의 원래 모습대로 일대 소란을 일으키며 흩어져 버렸다. 그리하여 마스케젤은 거의 피 한 방울 흘리지 않고 손쉽게 승리의 영예를 손에 넣었다.25 전장을 빠져나온 폭군은 해안가로 도망쳐 동로마 제국 어디든 우호적인 항구에 안전하게 도착할 희망을 품고 작은 배에 몸을 실었다. 그러나 바람이 너무 강해 타브라카26 항구에 닻을 내려야만 했다. 그곳 주민들은 호노리우스의 주권과 그 부관들의 권위에 이미 굴복한 상태였으므로, 참회와 충성의 증거로 길도를 사로잡아 지하 감옥에 가두었다. 결국 그는 절망에 빠져 자결함으로써 동생의 승리를 참아 내야 하는 견디기 힘든 고통으로부터 스스로를 구했다.27 아프리카의 포로들과 전리품들이 황제의 발밑에 쌓였다. 그러나 스틸리코는 승승장구할 때일수록 더욱 절제할 줄 아는 인물이었다. 그는 공화국의 법률을 존중하는 태도를 취하여, 거물급 죄인들의 판결을 로마 원로원과 시민들에게 맡겼다. 재판은 공개적으로 엄숙하게 진행되었다. 그러나 재판관들은 오랜 세월 동안 잊혀졌던 모호한 사법권을 행사하

24 이 전투가 있기 1년 전쯤 사망한 성 암브로시우스는 환상으로 승리할 때와 장소를 계시받았다. 마스케젤은 나중에 이 성자의 전기를 쓴 저자인 파울리누스에게 그의 꿈을 이야기해 주었으며, 그를 통해 오로시우스에게까지 흘러 들어갔던 것 같다.

25 조시무스는 힘겨운 전투였을 것이라고 추측했으나, 오로시우스의 이야기는 기적을 가장하여 진짜 사실을 감추고 있는 것 같다.

26 타브라카는 두 개의 히포 항 사이에 있다. 오로시우스는 이곳이 전투지였다고 분명히 밝히고 있으나, 우리의 지식으로는 정확한 위치를 알 수가 없다.

27 길도의 죽음은 클라우디아누스와 그의 가장 훌륭한 해석자라고 할 조시무스와 오로시우스가 전한다.

29장 111

28 테오도시우스와 그 아들의 승리에 있어서 똑같은 몫을 했음을 주장했던 스틸리코는 특히 아프리카는 자신의 지혜로운 충고 덕분에 수복되었다고 주장했다. (바로니우스가 지은 비문을 볼 것.)

29 표현이 너무 거칠고 단순해서 신뢰성이 떨어지는 조시무스의 글을 부드럽게 다듬은 것이다. 오로시우스는 승리를 거둔 장군이 성역의 권리를 저버렸다고 비난했다.

는 데 있어서, 로마 시민들의 생존을 위협한 아프리카 행정관들을 성급하게 마구잡이로 처벌했다. 이 부유한 속주는 길도의 공모자 수를 늘리고자 혈안이 된 황제의 대신들의 억압 아래 신음했다. 호노리우스의 칙령은 밀고자들의 간악한 활동을 막기 위한 것처럼 보이지만, 10년 후 발표된 후속 칙령에서도 반역 사건 당시 저질러졌던 범죄들에 대한 처벌이 포함되었다. 초기에 병사들과 재판관들의 분노를 피해 탈출한 폭군의 지지자들은 눈부신 전과를 올리고도 용서를 받지 못한 동생 마스케젤의 비극적 운명에서 다소나마 위안을 얻었을 것이다. 마스케젤은 겨울 한철 동안 중대한 전쟁을 끝내고 환호와 가식적인 감사, 은밀한 질시 속에 밀라노 궁정으로 귀환했다.[28] 그러나 얼마 지나지 않아 죽었는데, 그의 죽음은 우발적인 사고로 처리되었지만 스틸리코의 소행으로 짐작되었다. 이 무어인 왕자는 서로마 사령관(스틸리코)과 함께 다리를 건너던 중 갑자기 말 등에서 떨어져 강에 빠졌다. 수행원들은 멋모르고 서둘러 그를 구하려 했으나 스틸리코의 얼굴에 의미심장하게 떠오른 잔인한 미소를 보고 멈칫했다. 결국 그들이 머뭇거리는 동안 불행한 마스케젤은 익사하고 말았다.[29]

서기 398년, 호노리우스의 결혼, 성격

아프리카에서 승리를 거둔 기쁨은 황제 호노리우스와 그의 사촌인 스틸리코의 딸 마리아와의 결혼이라는 경사로 이어졌다. 이 대등하고 명예로운 결합으로 이미 막강한 권세를 가진 이 대신은 황제의 스승이라는 지위 위에 부모로서의 권위까지 더하게 되었다. 클라우디아누스의 뮤즈가 이렇게 경사스러운 날 가만히 있을 리가 없었다. 그는 다채롭고 생생한 시구로 황제 부부의 행복과 그들의 결합을 확고히 해 주고 옥좌를 떠받쳐 줄 영웅의 영광을 노래했다. 종교적 숭배의 대상에서 밀려난 지 오래인 그리스의 고대 신화는 이 시인의 재능에 힘입어 망각 속에서 되살아났다. 화합과 사랑의 근원으로 그려진 키프로스 관목 숲의 모습, 자신이 태어난 바다 위를 의기양양하게 행진하는 베누스의 모습, 밀라노 궁정에 이 여신의 존재가 뿌리는 부드러운 감화력 등이 모든 이들의 가슴속에 은유적인 허구의 언어가 빚어내는 자연스러운 감흥을 자아낸다. 그러나 클라우디아누스가 묘사한 젊은 황제의 애정에 찬 조바심은 틀림없이 궁정의 조소를 자아냈을 것이다. 사실 그의 아름다운 배우자(그녀가 아름답다는 칭찬을 받을 가치가 있다면)는 연인의 정열을 두려워할 필요도, 기대할 필요도 없었던 것이다. 호노리우스는 겨우 열네 살에 불과했고, 신부의 어머니인 세레나는 술책이었는지 누군가의 설득 탓이었는지 모르지만 황제와의 혼례를 완성하기를 미루었다. 그 바람에 마리아는 10년 후 죽을 때까지도 처녀였다. 황제의 동정은 그의 쇠약한 건강 상태로 보아 확신해도 좋다. 그의 성격을 주의 깊게 관찰한 사람이라면 누구라도 그가 열정도 재능도 없는 인물임을 알 수 있었다. 그의 나약하고 무기력한 성품은 지위에 따르는 의무를 짊어지기는 고사하고, 자기 나이에 걸맞은 쾌락을 즐기지도 못했다. 젊은 시절 그는 말타기와 활쏘기에 어느 정도 발전을 보였으나, 곧 이렇게 피곤한 일은 포기해 버리고 후견인 스틸리코의 듬직하고 유능한 손에 제국의 지배권을 넘겼다. 그 후부터 가금류를 키우는 일이 서로마 황제의 중요한 일과가 되었다.[30] 역사적 실례에 비추어 보면 이 군주가 비록 고귀한 황족의 신분으로 태어났지만 자기가 지배하는 국민들 중 가장 비천한 농군보다도 못한 교육을 받았으며, 성년이 될 때까지 야심 많은 신하는 그의 용기를 북돋아 주거나 지성을 깨우치려는 시도를 전혀 하지 않았다는 의심이 든다.[31] 호노리우스의 전임자

[30] 호노리우스의 일과에 대해 프로코피우스가 설명한 기묘하고도 믿을 수 없는 이야기는 채택하지 않았다.

[31] 테오도시우스나 클라우디아누스가 교육을 맡았다면 위대하고 자유로운 나라의 장래 군주에게 어울리는 훌륭한 교육을 했을 것이다. 이것은 호노리우스나 그의 타락한 국민들에게는 역부족이었다.

들은 직접 모범을 보이거나 하다 못해 자신의 모습을 드러내어 군단의 용맹을 고무하곤 했다. 그들이 법령을 공포한 일자를 보면 로마 제국의 지배하에 있는 속주들을 끊임없이 두루 순방했음을 확인할 수 있다. 그러나 테오도시우스의 아들은 잠 속에서 평생을 보내면서 자신의 궁정에서는 포로 신세였고, 자신의 나라에서는 이방인이나 마찬가지였다. 그는 서로마 제국이 야만족의 무력에 계속하여 공격당하다가 끝내는 멸망하는 과정을 참을성 있게, 그리고 거의 무관심한 태도로 수수방관했다. 28년간의 다사다난한 치세 기간 중 호노리우스 황제의 이름은 거의 거론할 일이 없다.

30

고트족의 반란 · 고트족의 그리스 약탈 · 두 차례에 걸친 알라리크와 라다가이수스의 이탈리아 침공 · 스틸리코, 그들을 격퇴하다 · 게르만족의 갈리아 침략 · 콘스탄티누스의 서로마 제위 찬탈 · 스틸리코의 치욕과 죽음 · 손상된 그의 명성 · 클라우디아누스

로마 제국의 국민들이 위대한 테오도시우스의 은혜를 잘 몰랐다 해도, 황제가 사망하자 그가 자신의 기백과 능력으로

서기 395년, 고트족의 반란

허약해진 공화국의 토대를 힘들게 지탱하고 있었다는 것을 깨닫지 않을 수 없었다. 그가 1월에 사망한 후, 그해 겨울이 채 다 가기도 전에 고트족이 반란을 일으켰다. 로마군의 보조군이었던 이 야만족은 독립된 깃발을 들고 일어나 대담하게도 오랫동안 품어 온 적의를 공공연히 드러냈다. 최근에 맺은 조약 때문에 어쩔 수 없이 조용히 일어나 하면서 지내야 했던 그들의 동포들은 전투 나팔 소리가 울리자마자 농장을 버리고 마지못해 내려놓았던 무기를 다시 들었다. 도나우 강의 방벽이 파괴되고 야만스러운 스키타이 전사들이 숲에서 뛰쳐나왔다. 시인 클라우디아누스는 전례 없이 혹독했던 그해 겨울 추위를 다음과 같이 전했다.

¹ 히에로니무스는 자신의 벗이자 알티눔의 주교인 헬리오도루스의 조카 네포티아누스의 죽음을 위로하려고 당시의 모든 공적, 사적 불행들을 상세히 되풀이해 이야기한다.

² 발타(Baltha) 또는 볼드(bold). 이 유명한 부족은 프랑스의 셉티마니아, 다른 이름으로 랑그도크의 고트족 속주에서 오랫동안 번영을 누려 오면서 바우크스라는 이름으로 부족 명칭이 와전되었으며, 나중에 이 부족의 일파는 나폴리 왕국에 정착했다. 아를 부근의 바우크스와 그 밑에 딸린 일흔아홉 개 지역의 영주들은 프로방스의 코메스로부터 독립 상태를 유지했다.

그들이 얼어붙은 드넓은 강 위를 무거운 마차를 끌고 달렸다.

도나우 강 남쪽의 불행한 속주민들이 참화를 입었으며, 이것은 이후 20년 동안 그들에게 거의 일상적인 일이 되어 버렸다. 고트족의 이름을 자랑스럽게 여기는 야만족 군대들은 숲이 우거진 달마티아의 해안에서 콘스탄티노플 성벽까지 불규칙하게 퍼져 나갔다. 신중한 테오도시우스가 고트족에게 후하게 내려 주었던 보조금이 중단 또는 삭감된 것이 표면상으로 그들이 내세운 반란의 이유였다. 그들은 전쟁을 좋아하지 않는 테오도시우스의 아들들을 경멸했으므로 이러한 조치를 더욱 모욕으로 받아들였다. 또한 아르카디우스의 나약한 대신 루피누스의 배신 행위는 그들의 분노를 부채질했다. 루피누스는 야만족들과 비슷한 군장과 의복을 차려입고 그들의 막사를 자주 방문했는데, 이는 루피누스가 그들과 은밀히 내통했다는 확실한 증거로 간주되었다. 그도 그럴 것이 고트족은 온 지역을 휩쓸고 다니면서도 그에 대한 감사의 뜻에서였는지 아니면 정책적 고려에서였는지 모르지만 이 인기 없는 장관의 사유지는 침범하지 않았던 것이다. 당시 고트족은 맹목적이고 무모한 수령들의 열정이 아니라 대담하고 교묘한 재능의 소유자인 알라리크의 지휘하에 있었다. 이 고명한 지도자는 아말리의 왕족만을 섬기는 발티 가의 후예였다. 그는 로마 군대의 지휘를 맡게 해 달라고 청했으나, 황실은 어리석게도 이를 거절하는 중대한 실책을 저질렀다. 콘스탄티노플 정복에 대해 어떤 희망을 마음에 품고 있었건, 이 현명한 장군은 곧 실행 불가능한 것으로 보이는 이 계획을 포기했다. 궁정이 분열되고 국민들의 불만이 고조되어 있는 와중에 고트족 군대가 쳐들어오자 아르카디우스 황제는 공포에 질렸다. 그러나 성벽의 견고함이 지혜와 용기의 부족을 보완하였다. 그리하여 바다와 육지 양쪽의 요새들은 무차별로 쏘아대는 야만족의 화살 공격을 막아 낼 수 있었다. 황폐해진 트라키아와 다키아 지역을 더 이상 짓밟을 가치도 없다고 생각한 알라리크는 지금까지 전쟁의 피해를 입지 않은 속주의 부와 명예를 노리기로 했다.3

    루피누스가 그리스의 통치를 위임한 민정, 군정 관료들의 됨됨이를 살펴보면, 그가 이 자유와 학문의 고대 발상지를 고트족 침략자에게 팔아넘겼다는 세간의 의심이 사실인 듯하다. 이곳의 총독 안티오쿠스는 존경받는 아버지에 어울리지 않는 망나니 같은 아들이었다. 그리고 이 지역의 군대를 지휘하는 게론티우스는 천혜의 조건을 갖춘 요새 지역을 용기와 재능으로 방어하는 일보다는 폭군의 압제적인 명령을 집행하는 데 훨씬 더 적격인 인물이었다. 알라리크는 마케도니아와 테살리아의 평원을 거침없이 가로질러 오이타 산기슭까지 다다랐다. 오이타 산은 그의 기병대가 거의 통과할 수 없을 만큼 가파르고 수풀이 울창한 지역으로, 동에서 서로 해안 지대까지 뻗어 있었다. 절벽과 말리아코스 만 사이의 간격은 불과 300피트 정도로, 어떤 곳들은 마차 한 대가 간신히 지날 정도로 좁았다. 유능한 장군이 이곳을 지켰다면 레오니다스와 300명의 스파르타인들이 장렬히 전사했던 이 테르모필라이의 좁은 통로에서 고트족을 막거나 궤멸시킬 수도 있었을 것이다. 또 이 신성한 장소가 타락한 그리스인들의 가슴에 전의를 되살렸을지도 모른다. 그러나 테르모필라이의 길목에 배치되어 있던 군대는 알라리크를 막을 시도조차 하지 않고 명령받은 대로 물러남으로써 알라리크는 안전하고 신속하게 이 지역을 통과할 수 있었다.

3 조시무스는 그리스 정복에 대해서는 최고의 안내자이지만, 클라우디아누스의 암시에서도 많은 것을 얻을 수 있다.

서기 396년, 그리스로 진군하는 알라리크

포키스와 보이오티아의 비옥한 들판은 순식간에 야만족들로 뒤덮였다. 그들은 마을을 불태우고, 무기를 들 연령에 도달한 남자들을 학살하고, 전리품 및 소 떼와 함께 아름다운 여자들을 끌고 갔다. 몇 년이 흐른 뒤까지도 그리스를 방문한 여행자들은 고트족이 진군한 흔적을 쉽게 찾을 수 있을 정도였다. 테베는 이 참화로부터 무사할 수 있었는데, 이는 알라리크가 테베의 일곱 성문보다는 아테네 시와 중요한 항구인 페이라이오스를 점령하려고 서둘러 진군한 덕이 더 컸다. 알라리크는 시간이 급한 만큼 포위 공격에 따르는 시간 낭비와 위험을 피하고자 조건부 항복을 제안했다. 아테네 시민들은 고트족 전령의 목소리를 듣자마자 미네르바의 도시와 시민들의 몸값으로 재산의 대부분을 기꺼이 내놓기로 했다. 그들은 엄숙한 맹세로 조약을 체결하고 서로 충실히 엄수하기로 약속했다. 고트족의 군주는 소수의 정예군을 이끌고 성벽 안으로 들어가서 목욕으로 피로를 풀고 행정관들이 마련한 성대한 주연상을 받으면서 문명국의 예절에 무지하지 않다는 것을 보여 주었다.4 그러나 수니움 곶에서 메가라까지 아티카의 전 지역이 그의 발밑에 초토화되었다. 동시대 철학자의 비유를 빌린다면, 아테네는 속이 텅 비어 피투성이 껍데기만 남은 도살된 희생 제물과 같은 꼴이 되었다. 메가라와 코린토스 사이의 거리는 30마일을 넘지 않았으나, 아직도 그리스인들 사이에서 험로라 불리는 그 이름 그대로 적의 진군을 쉽게 막을 수 있는 곳이었다. 이 지역은 키타이론 산의 빽빽하고 음침한 숲이 내륙 지역을 뒤덮었고, 바다 끝까지 거의 근접한 스키로니아의 암벽 위로 해안가를 따라 6마일 이상 좁고 구불구불한 길이 나 있었다. 시대를 막론하고 악명이 높았던 그 길은 코린토스의 지협에서 끝났는데, 강인하고 용맹한 병사들이라면 소규모도 이오니아 해에서

4 조시무스는 아테네의 재난을 완화하고 싶은 마음에서 부드럽게 묘사했으나, 여기에는 히에로니무스와 클라우디아누스의 보다 암울한 분위기를 섞어 기술했다.

에게 해까지 5, 6마일에 걸쳐 임시 참호를 파서 얼마든지 방어할 수 있었을 것이다. 그러나 펠로폰네수스의 도시들은 이 천혜의 요새를 믿은 나머지 성벽을 돌보지 않았으며, 탐욕스러운 로마 총독들은 불행한 속주에서 단물을 남김없이 빨아먹었다. 그 결과 코린토스, 아르고스, 스파르타는 저항 한번 제대로 못해 보고 고트족의 무력에 굴복했다. 가족이 노예가 되고 도시가 화염에 휩싸이는 모습을 보기 전에 죽은 사람들은 차라리 운이 좋은 편에 속했다.5 야만족들은 우아한 모양새보다는 재료의 값어치만 따져 화병과 조각상들을 나눠 가졌다. 포로가 된 여자들은 미인을 소유하는 것은 용맹에 대한 보상이라는 전쟁의 법칙을 감수해야 했다. 영웅들의 시대에도 이에 대한 본보기가 있었던 만큼 그리스인들로서는 불만을 드러낼 수도 없었을 것이다.6 용맹과 군율이 곧 스파르타를 지키는 성벽이라 여겼던 비범한 영웅들의 후손은 선조들이 알라리크보다도 더 무서운 침략자에게 했던 너그러운 대답을 더 이상 기억하고 있지 못했다.

　　만일 그대가 신이라면, 그대에게 아무런 해도 입힌 적이 없는 자들을 해치지는 않을 것이다. 만일 그대가 인간이라면, 앞으로 나오라. 그대 못지않은 자들을 만나게 될 것이다.7

테르모필라이에서 스파르타까지 진군하면서 고트족은 적다운 적은 하나도 맞닥뜨리지 않았다. 그러나 소멸한 이교 신앙의 신봉자들 중 한 사람(조시무스)은 무적의 방패인 아이기스를 든 미네르바 여신과 성난 아킬레스의 유령이 아테네의 성벽을 지켰으며,8 적들은 그리스를 지키는 신들의 존재에 혼비백산했다고 주장했다. 기적을 믿던 시대이니만큼 공공의 이익을 위

5 뭄미우스의 눈물은 이 미개한 정복자가 비록 본래 그림의 가치는 몰랐어도 훌륭한 취향의 가장 순수한 근원이라 할 자비로운 마음을 지니고 있었음을 입증한다.

6 호메로스는 자신들의 아버지와 형제들을 죽인 자들의 구애를 받아들이고 심지어는 마음까지 주었던 여자 포로들의 모범적인 인내심을 끊임없이 묘사한다. 이런 열정(아킬레스에 대한 에리필레의 감정)을 라신(Racine)은 경탄할 만한 섬세함으로 다루었다.

7 플루타르코스는 이 대답을 라코니아 방언으로 전한다. 피루스는 2만 5000명의 보병, 2000명의 기병, 24마리의 코끼리를 이끌고 스파르타를 공격했다. 이 도시가 지켜진 사실은 쇠망의 마지막 단계에서조차도 리쿠르고스의 법이 제 역할을 했음을 보여 준다.

8 아마도 호메로스 같은 인물이 그를 그렇게 고귀한 모습으로 그려 냈을 것이다.

⁹ 에우나피우스는 수도승들이 그리스를 배반하고 고트족 진영으로 넘어갔다고 넌지시 암시했다.

¹⁰ 엘리스를 통과해 진군한 군대는 자기들의 무기를 넘겨주었다. 그 덕분에 전원 생활을 사랑하는 엘리스인들은 부를 이룰 수 있었다. 부를 얻고 자만에 빠진 그들은 자기들의 특권을 경멸하게 되었고, 그 결과 고통을 겪었다. 폴리비우스는 그들에게 한번 더 그들의 마법의 원 속으로 돌아가라고 충고했다.

해 역사가 조시무스의 주장을 논박한다면 불공평한 일인지도 모른다. 그러나 알라리크가 깨어 있을 때는 물론이고 잠잘 때조차도 환영을 보고 그리스의 미신에 휘둘릴 인물이 아니라는 점만은 확실하다. 아마도 이 일자무식의 야만인은 호메로스의 노래와 아킬레스의 명성을 들어 본 적조차 없었을 것이다. 또한 그가 열렬히 받아들인 그리스도교 신앙은 로마와 아테네의 허구적인 신들을 경멸하도록 가르쳤을 것이다. 고트족의 침략은 우연이기는 했지만 이교 신앙의 최후의 유산까지 근절시키는 데 기여했다. 1800년 동안 지속되어 왔던 케레스의 신비 의식이 엘레우시스의 파괴와 그리스의 참화를 이겨 내지 못하고 사라진 것이다.⁹

서기 397년,
알라리크를 공격하는
스틸리코

이제 자신들의 무력과 신, 그리고 군주에게도 더 이상 기댈 수 없게 된 사람들은 서로마 장군의 강력한 원조에 마지막 희망을 걸었다. 그리스의 침략자들을 사전에 격퇴하라는 허락을 얻지 못했던 스틸리코는 그제서야 적들을 응징하러 나섰다. 이탈리아의 항구에서 대규모 함대가 출항 준비를 갖추었다. 함대는 이오니아 해를 짧은 시간에 순조롭게 항해하여 폐허가 된 코린토스 인근의 지협에 안전하게 정박했다. 호적수인 두 장군이 싸움을 벌인 곳은 신화 속에서 판(Pan)과 드리아드(Dryad)가 살았다는 아르카디아 지방으로, 이 지역은 숲이 울창하고 험준한 지형을 가지고 있었다. 승패가 불확실한 상태에서 전쟁은 장기전으로 돌입했으나 결국 로마 쪽의 기술과 인내가 적을 압도했다. 고트족은 질병과 탈주병으로 상당한 손실을 입고 페네우스 강의 수원지와 이전에 성지라는 이유로 전쟁의 참화를 피했던 엘리스 변경 지대 근처인 폴로에 산으로 천천히 퇴각했다.¹⁰ 스틸리코는 야만족들의 진영을 즉시 포위하고 강줄기의 흐름을[11] 다른 쪽으로 바꾸어 놓았다. 또한 갈증과 허기를 견디다 못한 야만족들이 탈출하지 못하도록 견고한 참호를 주위에 파 놓았다. 이러한 사전 대책을 마련해 놓고 승리를 과신한 스틸리코는 후방으로 물러가서 극장에서 벌어지는 경기와 그리스인들의 난잡한 춤을 구경하면서 승리를 만끽했다. 그의 병사들도 깃발을 내던지고 동맹국의 땅에 흩어져서 미처 적의 탐욕스러운 손아귀에 넘어가지 않고 남아 있던 것들을 전부 다 약탈했다. 이것이 알라리크에게는 어려운 모험을 실행에 옮길 절호의 기회가 되었다. 장군의 능력은 어지러운 전투 속에서보다는 이런 곤경에서 더욱 진정한 가치를 발휘하였다. 그가 펠로폰네수스의 사지(死地)에서 탈출하려면 그의 진영을 포위한 참호들을 뚫고 나가서 코린토스 만까지 30여 마일에 달하는 위험하고 어려운 행군을 하여 군대와 포로, 전리품을 리움에서 반대편 해안의 폭이 반 마일 정도 되는 만으로 수송해야 했다. 알라리크의 작전은 은밀하고 신중할 뿐 아니라 신속하게 이루어졌다. 로마의 장군은 고트족이 그의 포위망을 빠져나가 에피루스 속주를 완전히 장악했다는 첩보를 받고 크게 당황했다. 이로 인해 알라리크는 비밀리에 콘스탄티노플의 대신들과 진행해 오던 조약을 마무리 지을 충분한 시간을 벌 수 있었다. 결국 스틸리코는 내전에 대한 우려 때문에 경쟁자들의 오만불손한 명령에 따라 아르카디우스의 영토에서 물러날 수밖에 없었다. 그리고 그는 로마의 적인 알라리크를 동로마 황제의 동맹이자 신하로서 인정해야만 했다.

테오도시우스가 죽고 얼마 안 있어 콘스탄티노플을 방문했던 한 그리스 철학자[12]는 군주의 의무와 로마 공화국의 정

에피루스로 도주하는 알라리크

서기 398년, 동부 일리리쿰의 사령관으로 임명된 알라리크

[11] 클라우디아누스는 강의 이름은 말하지 않고 이 사실을 암시적으로 전했는데, 아마도 강의 이름은 알페우스였을 것이다. 그러나 내가 생각하기에는 강바닥이 넓고 깊으면서 수심은 얕은 페네우스 강이었을 것 같다. 이 강은 엘리스를 통과해 킬레네 아래쪽의 바다로 흘러든다.

[12] 시네시우스는 키레네에서 아르카디우스 황제에게 파견된 대표로 콘스탄티노플에서 3년 (서기 397~400년)을 보냈다. 그는 황제에게 황금 왕관을 선물로 바치고 교훈적인 연설을 했다. 이 철학자는 410년 프톨레마이오스의 주교가 되었고 430년경 사망했다.

세에 관해 기탄없는 견해를 발표했다. 시네시우스는 작고한 황제의 관대한 태도로 인해 병역(兵役)에 얼마나 치명적인 악습이 만연하게 되었는가를 관찰하고 개탄을 금치 못했다. 시민들과 국민들은 돈을 주고 자신의 나라를 지킬 중대한 의무를 면제받았다. 그리하여 이 의무는 야만족 용병들에게 넘어갔다. 스키타이에서 도망쳐 온 이 용병들은 제국의 고관들까지도 모욕했다. 법률의 구속을 경멸하는 이 거친 젊은이들에게 로마 국민들은 경멸과 증오의 대상에 불과했으므로, 그들의 예술적 취향을 모방하기보다는 부를 빼앗는 데에만 관심을 쏟았다. 고트족의 힘은 그들이 헌신을 맹세한 나라의 평화와 안전 위에 매달린 탄탈로스의 돌과 같았다. 시네시우스는 대담하고 너그러운 애국자가 명령권을 쥐어야 한다고 주장했다. 그는 황제에게 사내다운 미덕의 모범을 보임으로써 국민들의 용기를 되살리고, 궁정과 병영에서 사치를 일소해야 하며, 야만족 용병 대신 자신들의 법과 재산을 지키려는 국민들로 군대를 구성해야 한다고 말했다. 국가적 위기를 맞아 직공들은 가게를, 학자들은 학원을 버리고 나오게 해야 하며, 나태에 빠진 시민들을 쾌락의 꿈에서 깨워 일으키고 농토를 지키기 위해 근면한 농군의 손에 무기를 들려 주어야 한다고 간곡히 권유했다. 그는 로마의 이름에 어울리는 기백을 보여 줄 수 있는 군대를 이끌고, 진정한 용기라고는 없는 야만족들에게 맞서 그들을 스키타이의 황야로 멀리 몰아내든지, 예전에 스파르타인이 헬로트인 포로들에게 했듯 치욕스러운 노예 상태로 만들 때까지 결코 무기를 내려놓지 말라고 테오도시우스의 아들을 격려했다. 아르카디우스의 궁정은 시네시우스의 열정과 웅변에 갈채를 보냈으나 정작 그의 충고는 흘려버렸다. 스파르타의 왕에게라면 통했을지도 모를 이성과 미덕의 언어로 동로마 황제에게 진언한 이 철학자조차도 타락한 시대의 기질과 환경에 맞는 현실적인 계획을 구상하지는 못했을 것이다. 대신들은 진지하게 반성하기 위해 하던 일을 중단해 본 적이 거의 없는 자들이었다. 그러니 자신들의 능력을 벗어나거나 공무상의 제도와 선례에서 일탈한 제안이라면 자존심 때문에라도 어떤 것이든 무모하고 실현 불가능하다고 거부했을지도 모른다. 시네시우스의 웅변과 야만족들을 물리치는 문제가 화제가 되고 있을 동안, 콘스탄티노플에서 알라리크를 동부 일리리쿰의 총사령관으로 임명한다는 칙령이 발표되었다. 로마의 속주민들과 조약의 신의를 지켜 온 동맹들은 당연히 그리스와 에피루스를 폐허로 만든 자에게 그렇게 관대한 보상이 내려졌다는 소식에 분개했다. 이 고트족 정복자는 자신이 바로 최근까지 포위하고 있던 도시들의 합법적인 관리자가 되었다. 그의 손에 아들을 잃은 아버지들과 아내를 빼앗긴 남편들이 그의 권위에 복종해야 하는 상황이 된 것이다. 더군다나 그의 반란이 거둔 성공은 이민족 용병 지도자들의 야심을 자극했다. 알라리크가 새로 얻은 권한을 이용하여 내린 명령은 그의 정책의 단호하고 현명한 성격을 잘 보여 준다. 그는 마르구스, 라티아리아, 나이수스, 테살로니카 네 곳의 병기고와 방어용, 공격용 무기 제조창에 영을 내려 자신의 군대에 엄청난 양의 방패와 투구, 검, 창을 공급하게 했다. 불운한 속주민들은 자신들을 파멸시킬 도구를 만들어 내야만 했다. 야만족들은 이로써 용기와 노력에도 불구하고 메울 수 없었던 유일한 약점조차 제거할 수 있었다. 알라리크의 출생 신분, 영광스러운 과거의 행적, 미래의 계획에 대한 확신은 서서히 그의 깃발 아래 전 민족을 단결시켰다. 이 일리리쿰 총사령관은 만장일치로 서고트족의 왕으로 엄숙하게 추대되어 야

서고트족의 왕으로 추대된 알라리크

만족 족장들에 의해 고대 관습에 따라 방패 위에 떠받들렸다. 두 제국의 경계선상에서 양쪽의 권력을 다 손에 쥐게 된 알라리크는 아르카디우스와 호노리우스의 궁정에 번갈아 기만적인 약속들을 남발했다. 그러다 마침내 서로마 영토를 침략할 결심을 선포하고 이를 실행에 옮겼다. 동로마 황제 밑에 속한 유럽 속주들은 이미 피폐해진 상태였고, 아시아 속주들은 멀리 떨어져 있었으며, 콘스탄티노플은 그의 공격을 버텨 냈었다. 그러나 그는 두 차례 방문한 적이 있는 이탈리아의 명성과 아름다움, 풍요에 눈독을 들였다. 그는 로마의 성벽 위에 고트족의 깃발을 꽂고 로마가 300여 회에 걸친 승리에서 획득한 전리품을 빼앗아 자기 군대의 배를 불려 주고 싶은 열망에 사로잡혔다.

> 서기 400~403년, 이탈리아를 침공한 알라리크

알라리크가 최초로 이탈리아를 침공했을 당시의 정황은 사료가 부족하고[13] 연대가 불확실한[14] 탓에 설명하기가 어렵다. 그가 테살로니카에서 호전적이고 적대적인 판노니아 지역을 지나 율리아알프스 기슭까지 군대와 참호가 강력히 지키고 있는 산악 지대를 통과하여 아퀼레이아를 포위하고 이스트리아 반도와 베네치아 지방을 점령하기까지는 상당한 시간이 소요되었을 것이다. 그의 작전은 극도의 신중함으로 천천히 진행되지 않았다면 그 사이의 공백 기간으로 보아 이탈리아 심장부를 공략하기 전에 도나우 강 쪽으로 퇴각하여 야만족 부대를 받아들여 병력을 증강했을 것이라는 추측이 가능하다. 역사가가 아무리 부지런히 노력해도 중요한 사건들을 놓칠 수밖에 없다면, 잠시 알라리크의 무력이 두 사람, 아퀼레이아의 사제와 베로나의 무명인 한 농부의 삶을 어떻게 바꾸어 놓았는지 살펴보는 여유를 가져도 좋을 것이다. 아퀼레이아의 학식 높은 사

[13] 그나마 가장 나은 자료는 게타 전쟁에 대해 클라우디아누스가 쓴 970행의 시인데, 이 시의 앞부분에서 호노리우스의 여섯 번째 집정관 취임을 경축하고 있다. 조시무스는 완전히 침묵을 지켰다. 따라서 오로시우스의 저서와 연대기에서 모을 수 있는 이런 단편적 사실들을 참조하는 수밖에 없다.

[14] 요르난데스가 알라리크의 이탈리아 전쟁들을 혼동하는 엄청난 실수를 저질렀음에도 불구하고, 스틸리코와 아우렐리아누스(서기 400년)가 집정관직을 맡은 날짜는 확실하다. 클라우디아누스는 폴렌티아 전투가 서기 403년에 일어났다고 분명히 밝히고 있지만, 그 간격을 메우기가 쉽지 않다.

제였던 루피누스는 그의 적들에 의해 로마의 종교 회의에 호출되자, 현명하게도 차라리 포위된 도시에 남는 쪽을 택했다. 아퀼레이아 성벽을 거세게 공략했던 야만인들은 주교들이 다른 이단자에게 내린 것과 같은 혹독한 매질과 외딴 섬으로의 영구 추방이라는 잔인한 판결로부터 그를 구해 준 셈이었다.[15] 그러나 베로나 인근에서 정직하고 검소하게 살아가던 한 노인[16]의 운명은 루피누스와는 달랐다. 그의 삶은 왕과 주교들의 싸움 따위와는 거리가 멀었고 즐거움, 욕망, 지식 그 모든 것이 자신이 아버지처럼 보살피는 농장의 작은 테두리 안에 있었다. 그는 자신이 유년 시절에 뛰어놀던 바로 그 땅 위로 이제는 늙은 발걸음을 옮겼다. 그러나 이런 소박하고 꾸밈없는 행복조차 무차별적인 전쟁의 참화를 피해 갈 수는 없었다. 그의 나무들 중 그의 나이와 맞먹을 만큼 오래된 나무들은 전 지역을 휩쓴 대화재에 불타 버렸고, 고트족 기병대가 그의 오두막과 가족들을 쓸어 가 버렸다. 알라리크의 힘은 자신이 누릴 수도, 내려줄 수도 없는 이런 행복까지도 파괴했다. 시인은 다음과 같이 말했다.

[15] 단식과 금욕에 반대한 요비니아누스는 성난 히에로니무스로부터 박해와 모욕을 받았다.

[16] 이 풍자시는 클라우디아누스의 초기작 중에서도 가장 유쾌한 것이다. 카울리(Cowley)가 모방한 작품은 자연스럽고 다소 유쾌한 필치를 띠고 있으며, 생활 자체에서 뽑아낸 원본의 묘사에는 훨씬 못 미친다.

풍문은 음산한 날개를 공포로 휘감고 야만족 군대의 진군을 알려 이탈리아를 경악 속에 몰아넣었다.

재산을 많이 가진 자일수록 근심도 깊어졌다. 겁 많은 자들은 벌써 귀중품들을 배에 실어 놓고 시칠리아로 도망갈지 아프리카 해안으로 도망갈지를 저울질했다. 미신의 공포가 국가의 재난을 더욱 악화시켰다. 시간이 갈수록 기이하고 불길한 사건들에 대한 끔찍한 이야기들이 퍼져 나갔고, 이교도들은 예언을 무시하고 희생 제물을 올리지 않은 결과라고 한탄했으나, 그리

17 바로니우스가 전한 파울리누스의 글 중 한 구절을 보면, 이 유명한 개종자가 거처를 정했던 캄파니아의 놀라까지 이탈리아 전 지역이 공포에 떨었음이 명백해진다.

스도교인들은 아직도 성자들과 순교자들의 강력한 보호를 기대하면서 위안을 구했다.17

서기 403년, 밀라노에서 도주하는 호노리우스

호노리우스 황제는 높은 지위에 있는 만큼 공포도 더 크게 느꼈다. 자만심과 사치에 푹 젖어 지내 온 그는 아우구스투스의 후계자의 단잠을 방해할 만큼 건방진 자가 지상에 존재하리라고는 꿈에도 생각해 본 적이 없었다. 대신들은 교묘한 아첨으로 알라리크가 밀라노 궁정에 접근할 때까지 임박한 위험을 숨겼다. 그러나 전쟁의 소음으로 잠이 깬 이 젊은 황제는 의기충천하여, 아니면 하다 못해 젊은이다운 경박함으로라도 달려나가 싸우기는커녕 그의 옥체와 충성스러운 수행원들을 갈리아 속주 어딘가 멀리 안전한 곳으로 옮겨야 한다는 겁쟁이 대신들의 간언에 귀를 기울였다. 로마와 이탈리아를 야만족들에게 넘겨주는 것이나 마찬가지인 이러한 치욕스러운 대책에 반기를 들 용기와 권위를 가진 자는 스틸리코 한 사람뿐이었다. 그러나 궁정의 군대는 얼마 전에 라에티아 국경 지대에 파견된 상태였고, 새로운 군대를 소집하려면 많은 시간이 걸리는 데다 제대로 소집될지 조차 불확실했다. 스틸리코는 밀라노 궁정이 그가 자리를 비울 동안만 버텨 준다면 고트족 왕과 맞설 수 있는 군대를 이끌고 곧 돌아오겠다는 약속을 할 수밖에 없었다. 스틸리코는 한시도 지체하지 않고(국가의 안보를 위해서는 일각이 급했기 때문에) 라리오 호를 건너 혹독한 겨울 추위에 눈과 얼음으로 덮인 산악 지대를 올라 평화롭던 라에티아를 어지럽혀 온 적들을 급습했다. 이 야만족들은 아마도 알레마니족으로 생각되는데, 단호한 자세로 명령하는 이 장군에게 굴복했다. 그는 용감한 젊은이들을 가려 뽑아 정예 부대를 편성했는데, 그들은 이를 경의와 호의로 받아들였다. 인근의 적으로부터 구출된 보병대가 황제의 깃발 아래로 속속 모여들었다. 스틸리코는 서로마의 가장 벽지에 있는 군대에도 신속히 행군하여 호노리우스와 이탈리아의 방어에 나서라는 명령을 내렸다. 그리하여 라인 강의 요새들은 일시 방치되면서 게르만족의 신의와 로마라는 이름에 대한 오랜 공포감에 갈리아의 안위를 맡길 수밖에 없게 되었다. 북방의 칼레도니아인들에 맞서 브리타니아의 방벽을 지키는 주둔군까지도 화급히 소환되었다. 알라니족의 대규모 기병대도 장군의 귀환만을 목이 빠지게 기다리고 있는 황제의 휘하에 들어오라는 설득을 받아들였다. 이런 위기는 스틸리코의 신중함과 활력이 특히 빛을 발하는 기회가 되었지만, 동시에 쇠망해 가는 제국의 허약한 모습을 드러냈다. 군율과 용기를 차츰 잃어 버리고 오래전부터 쇠약해져 왔던 로마 군단들은 고트족의 습격과 내전으로 궤멸 상태에 빠졌으므로, 속주들의 방어력을 다 끌어모아 외부의 위험에 노출시키지 않고서는 이탈리아를 방어할 군대를 모으기가 불가능하다는 사실이 드러났다.

스틸리코는 황제를 무방비 상태의 밀라노 궁정에 방치해 둔 것 같았지만, 아마도 자신의 부재 기간, 적과의 거리, 적의 진군을 지연시킬 장애물 등을 면밀히 계산하고 있었을 것이다. 그는 아디게 강, 민키우스 강, 오글리오 강, 아두아 강 등 이탈리아의 강에 큰 기대를 걸었다. 이 강들은 겨울이나 봄이 오면 비나 녹아내린 눈 때문에 넓고 맹렬한 급류로 바뀌었다.[18] 그러나 그해에는 눈에 띌 만큼 물이 말라서 중심부에만 얕은 물길이 흘렀으므로, 고트족은 넓은 돌투성이의 강바닥을 쉽게 건널 수 있었다. 아두아 강의 다리와 통로도 고트족이 파견한 막강한 군대의 손에 들어갔다. 로마 성벽까지 접근한 알

고트족의 추격을 받고 포위된 호노리우스

[18] 여행자들이라면 갑자기 물이 불어 종종 곤란을 겪는 롬바르디아의 지형을 떠올려 보면 될 것이다. 제노아 앞쪽의 오스트리아인들은 폴케베라의 마른 강바닥에서 야영을 했다.

[19] 클라우디아누스는 '호노리우스는 어디에 있었는가?' 라는 우리의 질문에 분명한 답을 주지 않았다. 그러나 도주하던 그는 추격대에게 따라잡혔다. 고트족과의 전쟁에 대한 나의 견해는 이탈리아의 사가인 시고니우스와 무라토리의 기록으로 입증된다.

[20] 여행기에 그 길들 중 하나가 표시되어 있을지도 모른다. 아스타는 오른편으로 몇 마일 떨어져 있다.

[21] 로마의 식민지인 아스타(다른 이름으로는 아스티)는 지금은 16세기에 사보이 공작에게 귀속된 쾌적한 나라의 수도이다.

라리크는 자신 앞에서 도망가는 로마 황제를 보면서 자랑스러운 만족감을 느꼈다. 호노리우스는 약해 빠진 정치가와 환관 무리를 대동한 채 역대 황제들의 주거지로 종종 쓰였던 아를로 피신하고자 알프스를 향해 황급히 도망쳤다. 그러나 호노리우스는[19] 포 강을 미처 다 건너기도 전에 고트족 기병대에 따라잡혔다.[20] 급박한 위험에 처하게 된 황제는 타나루스 강변에 위치한 리구리아의 한 마을인 아스타의 요새 안에 일단 몸을 피했다.[21] 고트족 왕은 가치 있는 전리품을 숨겼으나 오래 버틸 능력이 없는 이 이름 없는 도시를 즉각 포위하고 맹렬히 압박을 가했다. 황제는 나중에 공포심이 자신의 가슴속에 파고들 여지가 없었다는 대담한 선언을 했으나, 궁정에서조차도 이를 믿은 자는 없었다. 야만족들로부터 치욕적인 조건부 항복을 제안받고 거의 희망이 없는 최후의 궁지까지 몰려 포로 신세에 있던 황제는 그토록 오랫동안 고대했던 영웅이 돌아옴으로써 구조되었다. 스틸리코는 선발된 용감무쌍한 선봉 부대를 이끌고 다리를 공격하는 데 소모될 시간을 벌기 위해 아두아 강을 헤엄쳐 건너왔다. 포 강을 건너는 일은 다리를 공격하는 일에 비한다면 훨씬 덜 위험하고 쉬운 것이었다. 그는 아스타 성벽 아래에서 고트족 진영을 돌파하는 작전을 성공적으로 수행하여 로마의 희망을 되살리고 명예를 회복시켰다. 야만족은 승리의 결실을 손에 넣기는커녕 알프스의 모든 통로에서 물밀듯이 쏟아져 나오는 서로마 군대에 둘러싸여 사면초가의 상태에 빠졌다. 알라리크의 진영은 축소되었고 호송대는 차단되었다. 용의주도한 로마인들은 요새를 쌓아 포위군의 대열을 역포위할 준비를 갖추었다. 모피로 몸을 감싸고 강인한 얼굴에는 영광의 상처 자국이 남아 있는 연로한 전사들인 장발의 고트족 족장들이 한데 모여 군사 회의를 가졌다. 약탈품을 안전하게 확보함으로써 얻을 수 있는 실리와 진격을 계속함으로써 얻을 수 있는 영광을 비교 검토한 결과, 그들은 적절한 때를 보아 퇴각하자는 의견을 내놓았다. 이러한 중대한 토론 석상에서 알라리크는 로마의 정복자다운 기개를 과시했다. 그는 동포들에게 그들의 업적과 계획을 상기시킨 다음, 자신은 이탈리아에서 왕국을 세우거나 아니면 그곳을 무덤으로 삼거나 둘 중 하나를 하기로 결심했다는 엄숙하고 확고한 선언으로 힘찬 연설을 끝맺었다.

야만족들은 느슨한 군율 때문에 항상 기습 공격의 위험에 노출되어 있었다. 그러나 스틸리코는 그리스도교도인 고트족들이 방탕한 폭음을 즐기는 시간 대신, 부활절 축제 의식을 경건하게 거행할 동안 공격을 감행하기로 결심했다.[22] 성직자들이라면 신성 모독이라 여길 이 작전의 실행은 야만족이며 이교도이지만 테오도시우스의 고참 장군들 중에서도 훌륭한 평판을 받고 있던 사울에게 맡겨졌다. 알라리크가 폴렌티아[23]에 세웠던 고트족 진영은 황제군 기병대의 갑작스럽고 맹렬한 기습에 일대 혼란에 빠졌다. 그러나 두려움을 모르는 천재적인 지도자는 곧 전투 명령을 내렸고, 고트족은 곧 정신을 수습하고 그리스도교의 신이 자신들의 대의에 힘을 실어 주리라는 경건한 믿음으로 타고난 용맹심을 더욱 불태웠다. 어느 한쪽도 밀리지 않는 막상막하의 교전 속에서 왜소하고 야만스러운 용모를 지녔지만 고결한 정신을 품은 알라니족의 족장 사울이 공화국을 위해 있는 힘을 다해 싸우다 쓰러짐으로써 의심받아 왔던 자신의 충성을 입증했다. 시인 클라우디아누스가 그의 미덕을 찬양하는 시에서 이름을 언급하지 않았기 때문에, 이 용감한 야만인의 명성은 그의 시 속에 불완전하게 전해지고 있다. 그가 지휘하던 기병대는 대장의 죽음에 당황하여 도주했다. 스틸

서기 403년 3월, 폴렌티아 전투

22 오로시우스는 부활절 일요일에 이렇게 독실한 그리스도교인들을 공격한 로마인들의 불경에 충격을 받았다. 그러나 그와 동시에 아리우스파의 도적들이 파멸을 맞게 해 달라고 에데사의 싱 토마스 사원에 기도를 올렸다. 티유몽(Tillemont)이 인용한 성 크리소스토무스의 것으로 잘못 알려져 온 설교문을 참조할 것.

23 폴렌티아의 흔적은 토리노에서 남동쪽으로 25마일 정도 떨어진 곳에 남아 있다. 같은 지역에 있는 촌락은 롬바르디아 왕들의 왕실 사냥터였다.

24 클라우디아누스와 프루덴티우스는 폴렌티아에서 로마군이 거둔 승리를 경축했다. 그들은 정치적 파벌에 속한 작가였으나, 아무리 의심스러운 증인이라도 신뢰할 점이 전혀 없는 것은 아니다.

25 클라우디아누스의 결론은 강렬하고 우아하다. 그러나 킴브리 전쟁과 고트 전쟁이 치러진 전장을 같은 곳으로 본 것은 시인의 부정확한 지리적 개념에 따른 것으로 보아야 한다. 베르켈라이와 폴렌티아는 서로 60마일 떨어져 있다. 만일 킴브리족이 넓고 황량한 베로나의 평원 지대에서 패배한 것이라면 그 차이는 훨씬 더 커진다.

26 클라우디아누스와 프루덴티우스의 시는 엄밀히 조사하여 수사적 비유를 가려내고 역사적 의미를 뽑아내야 한다.

리코가 로마인과 야만족으로 이루어진 보병대를 이끌고 즉시 공격에 나서지 않았다면, 기병대의 한쪽이 무너지면서 알라리크가 승기를 잡았을 것이다. 이 유능한 장군과 용감한 병사들은 모든 장애물을 뛰어넘었다. 그 치열한 전투가 있었던 날 저녁 고트족은 전장에서 퇴각했고 자기 진영의 참호에서 밀려났다. 그 현장에서 벌어진 약탈은 그들이 제국의 국민들에게 입힌 재난을 다소나마 보상해 주는 것이었다. 코린토스와 아르고스의 어마어마한 전리품들은 서로마의 고참병들을 부자로 만들어 주었다. 알라리크의 처는 남편에게 약속대로 로마의 보석과 귀부인을 시녀로 달라고 요구했었으나, 이제는 도리어 자신이 포로가 되어 무례한 적의 자비를 구하는 신세로 전락했다. 고트족에게서 해방된 수만 명의 포로들이 이탈리아 전역에 자신들을 구해 준 이 영웅적인 인물에 대한 찬사를 퍼뜨렸다. 시인뿐 아니라 대중들도 스틸리코의 승리를24 같은 장소에서 북방 야만족의 군대를 물리쳤던 마리우스의 승리에 견주었다. 후세 사람들은 킴브리족과 고트족의 무수한 해골과 텅 빈 투구를 구별하기 어려웠을 것이다. 따라서 똑같은 장소에서 로마 역사상 가장 무시무시한 두 적을 패배시킨 두 걸출한 장군의 공을 기리는 전승 기념비를 세워도 좋았을 것이다.25

알라리크의 대담함과 후퇴

클라우디아누스는 아낌없는 갈채를 보내어 폴렌티아의 승리를 찬양하면서 그 날이 스틸리코의 생애 중 가장 영광스러운 시기였다고 칭송했다.26 그는 고트족 왕의 인물됨에도 너그러운 찬사를 보냈어야 마땅했겠지만, 부당하게도 그의 이름에 어느 시대의 정복자들에게나 해당될 약탈자이자 도적이라는 수치스러운 오명을 씌웠다. 그러나 스틸리코의 시인도 알라리크가 어떤 불행도 딛고 일어나 역경에서 새로운 힘을 끌어내는

130

불굴의 정신의 소유자라는 점만은 인정하지 않을 수 없었다. 보병대가 전멸한 후에도 그는 전혀 타격을 입지 않은 기병대의 대부분을 이끌고 전장에서 탈출했다기보다는 철수했다. 그는 수많은 용감한 전우들을 잃는 회복할 수 없는 손실을 입었으나 이를 슬퍼하느라 시간을 허비하지 않았다. 그는 승리한 적이 고트족 왕의 조각상을 만들어 사슬에 묶어 끌고 다니든지 말든지 내버려 두었다. 그는 과감하게 무방비 상태인 아펜니노 산맥을 돌파하여 풍요로운 투스카니 지역을 황폐화하고 로마를 정복하든지 아니면 그 앞에서 죽겠다는 결심을 했다. 적극적이고 지칠 줄 모르는 노력으로 수도를 구한 스틸리코조차도 절망적인 상황에서 사투를 벌이는 적에게 경의를 품지 않을 수 없었다. 그리하여 그는 공화국의 운명을 어찌 될지 모르는 다음 전투의 성패에 맡기는 대신, 돈을 받고 물러날 것을 제안했다. 불굴의 기백을 지닌 알라리크로서는 돈을 받는 대가로 후퇴하라는 이러한 조건을 경멸과 분노로 거부하고 싶었을 것이다. 그러나 그는 독립적인 족장들에 대해 제한적이고 불확실한 권위를 행사하고 있을 뿐이었다. 족장들이 그를 자신들보다 높은 지위에 올려놓은 것은 어디까지나 자신들에게 봉사하라는 뜻에서였다. 더욱이 그들은 성공하지도 못한 장군을 따를 의향이 별로 없었다. 그들 중 상당수는 벌써 자신들의 이해관계를 놓고 호노리우스의 신하와 은밀히 협상을 진행 중이었다. 왕은 결국 신민들의 목소리에 굴복하여 서로마 황제와 조약을 맺고, 이탈리아에 이끌고 들어갔던 대군의 생존자들과 함께 포 강을 다시 건너야 했다. 로마군은 아직도 그의 움직임에 대해 감시의 눈길을 늦추지 않고 있었다. 스틸리코도 일부 야만족 족장들과 비밀스럽게 연락을 유지하고 있었으므로, 알라리크의 진영과 군사 회의에서 나온 계획을 그때그때 즉시 통보받았다.

고트족 왕은 자신의 퇴각을 장식할 뭔가 눈부신 전과를 올리고 싶은 마음에 라에티아알프스의 주요 통행로를 내려다보고 있는 중요한 도시 베로나를 점령하기로 결심했다. 그는 방심하고 있는 갈리아의 부유한 속주들을 침략하기 위해 게르만족과 동맹을 맺어 소진된 전력을 보충할 생각으로 게르만족 영토로 진군했다. 그러나 그의 대담한 계획은 이미 배신자들에 의해 새어 나가 황제의 군대가 산의 통로를 장악하고 있었다. 그 사실을 모르고 진군에 나선 알라리크의 군대는 전면, 측면, 후면에서 동시에 총공격을 받게 되었다. 베로나 성벽에서 얼마 떨어지지 않은 곳에서 벌어진 혈투에서 고트족이 입은 손실은 폴렌티아의 패배에서 겪은 것 못지않았다. 고트족의 용맹스러운 왕 알라리크는 날랜 말을 타고 간신히 도망칠 수 있었는데, 알라니 족의 성급하고 경솔한 행동으로 로마 장군의 계책이 수포로 돌아가지 않았다면 살해되든지 사로잡혔을 것이 틀림없다. 인근 바위산으로 피신한 알라리크는 남은 병력을 수습한 후 사면에서 그를 둘러싼 훨씬 많은 수의 적에 맞설 태세를 갖추었다. 그러나 그로서도 굶주림과 질병에는 당할 도리가 없었고, 인내심이 다한 변덕스러운 야만족들의 계속되는 탈주를 막을 수도 없었다. 이러한 난국에 처해서도 그는 자신의 용기와 적의 온건한 태도에 힘입어 빠져나갈 구멍을 찾아냈다. 고트족 왕의 퇴각은 이탈리아의 해방으로 여겨졌다.[27] 그러나 평화와 전쟁의 문제를 이성적으로 판단할 능력을 상실한 국민들은 물론이고 성직자들조차 그렇게도 여러 차례 공화국의 무자비한 적을 패배시키고 포위하고도 결국 도망치게 내버려 두었다고 스틸리코를 비난했다. 국가에 안전이 찾아오자 처음에는 기쁨과 감사가 넘쳤으나 곧 질시와 비방이 그 자리를 대신했다.

로마 시민들은 알라리크의 침입에 경악했는데, 그들이 수도

[27] 게타 전쟁과 호노리우스의 여섯 번째 집정관 역임은 알라리크가 패배하고 후퇴한 일과 희미하게나마 연관이 있다.

의 성벽을 복구하는 데 들인 열성은 그들의 공포심과 공화국의 몰락상을 보여 주는 것이었다. 야만족들이 퇴각한 후 호노리우스는 원로원의 정중한 초대를 받아들여 고트족에게 거둔 승리와 그의 여섯 번째 집정관 취임이라는 경사를 축하하기로 했다.[28] 교외 지역과 밀비아누스 다리에서 팔라티누스 언덕까지의 거리마다 지난 백 년 동안 황제를 영접하는 영광을 단 세 번밖에 누리지 못한 로마 시민들로 가득 찼다. 그들은 자신의 제자인 황제 옆에 스틸리코가 자리 잡은 마차에 시선을 고정시킨 채, 콘스탄티누스나 테오도시우스의 경우와는 달리, 시민들의 피로 더럽혀지지 않은 승리의 개선 행렬에 박수갈채를 보냈다. 행렬은 이 날을 위해 세워진 높은 아치 밑을 통과했다. 그러나 불과 7년 후 고트족은, 그들이 글을 읽을 수 있다면 말이지만, 로마를 정복하여 자기 민족의 완전한 패배와 파멸을 선언한 기념비의 화려한 비문을 읽게 된다. 황제는 수도에서 여러 달을 머물면서 성직자들과 원로원, 로마 시민들의 마음을 사로잡기 위해 하나부터 열까지 세심하게 신경 써서 행동했다. 성직자들은 그가 사도들의 성당을 자주 방문하고 후한 기부금을 내는 데 감명을 받았다. 원로원은 개선 행렬에서 황제의 마차 앞을 맨발로 걷는 굴욕스러운 의식을 면제받은데다가 스틸리코로부터 정중한 대접을 받았다. 시민들은 또한 그들을 위해 열린 경기에서 호노리우스가 보여 준 배려와 특별 대우에 만족했다. 전차 경주가 끝나자마자 대경기장의 장식이 갑자기 바뀌면서 맹수 사냥이 다채롭고 화려한 볼거리를 제공했으며, 클라우디아누스의 생생한 묘사를 빌리자면 근대의 마상 시합과 비슷한 병사들의 춤이 그 뒤를 이었다.

호노리우스가 개최한 검투사들[29] 간의 잔인한 싸움은 로마

서기 404년, 호노리우스의 로마 개선식

[28] 클라우디아누스의 시 중 호노리우스의 여섯 번째 집정관 취임에 대한 나머지 부분은 여행과 승리, 경기들을 묘사하고 있다.

[29] 검투사들에 관한 끔찍하지만 상세한 설명을 보려면 립시우스의 『사투르날리아 축제』 두 권을 참조할 것. 그는 고문서 연구가로서 고대의 관습을 변명하려 했다.

30 고드프루아(Godefroy)의 주석서는 검투사들의 역사에 대해 방대한 자료를 제공한다.

31 프루덴티우스의 연설문을 볼 것. 그는 틀림없이 그 전에 락탄티우스의 격렬한 비난문을 읽었을 것이다. 그리스도교 호교론자들은 이교의 종교 축제에서 기원한 이러한 피비린내 나는 경기를 용납하지 않았다.

32 성 텔레마쿠스의 이야기를 믿고 싶지만 인간애를 위해 순교한 유일한 수도승에게 어떤 교회도 봉헌을 올리거나 제단을 세운 적이 없다.

검투사 경기가 폐지됨

의 원형경기장을 피로 더럽힌 마지막 경기가 되었다. 최초의 그리스도교인 황제는 인간의 피를 흘리는 오락을 단죄하는 칙령을 처음으로 발포했다는 영예를 주장할 수 있을지 모른다.[30] 그러나 이 자비로운 법은 군주의 희망을 피력하는 정도에 그쳤을 뿐, 문명국을 야만적인 식인종 이하의 상태로 타락시킨 뿌리 깊은 악습을 개혁하는 데에는 실패했다. 수백, 아니 어쩌면 수천 명의 사람들이 해마다 제국의 대도시에서 희생되었다. 특히 검투사들의 싸움이 많이 벌어지는 12월이면 로마 시민들은 피투성이의 잔인한 구경거리를 실컷 즐겼다. 모두가 폴렌티아의 승리를 기뻐하고 있을 때, 한 그리스도교인 시인(프루덴티우스)이 오랜 세월 인간성과 종교의 목소리에 반해 온 이 끔찍한 관습을 근절시켜 달라고 황제에게 청했다.[31] 그러나 프루덴티우스의 감상적인 진정서는 자신의 죽음으로 인류를 이롭게 한 아시아의 수도승 텔레마쿠스의 대담한 자기 희생보다 효과가 적었다.[32] 이 수도승이 검투사들을 떼어 놓기 위해 무모하게도 원형 무대로 내려오자, 자신들의 즐거움을 방해받은 데 분개한 로마인들은 그에게 비오듯 돌 세례를 퍼부었다. 그러나 사람들의 광기는 곧 가라앉았고 순교의 영예를 누려 마땅한 텔레마쿠스의 기억을 기리기로 했다. 그들은 불평 한 마디 없이 원형경기장에서 인간의 희생을 금하는 호노리우스의 법에 복종했다. 선조들의 관습을 고수해 온 시민들은 원형경기장이 로마인들을 피비린내 나는 광경에 익숙하게 만들어 죽음을 가벼이 여기는 불굴의 정신을 길러 줌으로써 상무정신의 마지막 유산을 보존한다고 생각했을지 모르나, 고대 그리스와 근대 유럽의 용맹은 이러한 공허하고 잔인한 편견을 반박할 충분한 근거가 된다.

스틸리코는 무방비 상태의 밀라노 궁정에서 황제의 안전이 위기에 처했던 근래의 경험을 교훈 삼아, 온 나라가 야만족들로 뒤덮이더라도 안전할 수 있는 접근 불가능한 요새로 된 피난처를 이탈리아 내에 마련하고자 했다. 포 강의 일곱 하구 중 최남단에서 10 내지 12마일 정도 떨어진 아드리아 해 연안에 테살리아인들이 라벤나의 고대 식민지를 세웠는데, 이곳은 나중에 움브리아 원주민들에게 넘겨졌다. 이 장소를 활용할 기회를 연구한 아우구스투스는 옛 도시에서 3마일 떨어진 곳에 250척의 군함을 수용할 수 있는 넓은 항구를 건설했다. 병기고와 창고, 병영과 기술병들의 집까지 포함한 이 해군 시설의 기원과 이름은 로마 함대의 영구 기지에서 유래했다. 신구 두 도시의 중간 지대에는 곧 건물들과 주민들이 가득 들어차서, 라벤나의 넓고 인구가 많은 세 지역은 이탈리아의 가장 중요한 도시들 중 하나로 점차 발전해 나갔다. 아우구스투스는 포 강물의 풍부한 물줄기를 끌어들여 도시 중심부를 통과해 항구 입구로 흘러 나가게 간선 운하를 만들었다. 이 물줄기는 성벽을 둘러싸는 깊은 해자까지 흘러 들어가서 무수한 하부 운하를 따라 구석구석까지 퍼져 나가 도시 내에 수많은 섬을 만들었다. 따라서 통행을 하려면 배와 다리를 이용해야 했고, 라벤나의 집들은 베니스처럼 나무 말뚝 위에 기초를 세우고 지어졌다. 인근 지역은 통행이 불가능할 만큼 깊은 늪 지대였으므로, 야만족들이 접근해 올 경우 라벤나와 내륙을 연결하는 인공 도로를 방어하거나 파괴하기가 쉬웠다. 늪 지대 사이사이에는 포도원이 퍼져 있었으므로, 비록 네댓 차례 수확을 거두고 나면 지력이 쇠하기는 했지만 도시민들은 포도주를 신선한 물보다도 더 풍부하게 즐길 수 있었다.33 그 지역의 공기는 낮고 축축한

서기 404년, 라벤나를 수도로 정한 호노리우스

33 마르티알리스는 자기에게 물 대신 포도주를 판 악함에 대해 농담을 했지만, 라벤나에서는 저수지가 포도밭보다 더 값어치가 나간다고 진지하게 주장했다. 시도니우스는 라벤나에는 분수와 수로가 없다고 불평하면서, 시끄러운 개구리 울음소리, 성가신 각다귀들과 함께 신선한 물이 부족하다는 것을 이 지역의 단점 중 하나로 꼽았다.

34 드라이든(Dryden)이 보카치오(Boccaccio)에게서 훌륭하게 옮겨 온 테오도레와 호노리아의 우화는 해군 기지였던 클라시스(Classis)에서 와전된 명칭인 키아시(Chiassi)의 숲을 무대로 하고 있는데, 이곳은 중간의 도로나 교외 지역과 더불어 라벤나의 세 배가 되는 도시를 이루었다.

35 서기 404년부터『테오도시우스 법전』의 연대는 콘스탄티노플과 라벤나에 정착되었다.

땅에서 발산되는 건강에 해롭다 못해 치명적인 공기가 아니라, 알렉산드리아 인근 지역의 공기와 같이 보기 드물게 깨끗하고 건강에 좋은 공기로 유명했다. 이 특이한 장점은 운하를 씻어 내 주고 물의 해로운 오염 물질들을 차단해 주면서 매일 인근 지역의 배들을 라벤나 중심부로 실어 나르는 아드리아 해의 규칙적인 조류 덕분이었다. 바닷물이 점차 빠지면서 지금은 도시가 아드리아 해에서 4마일 떨어진 거리에 있다. 아우구스투스가 건설했던 항구는 서기 5, 6세기경 이미 쾌적한 과수원 지대로 바뀌었으며, 한때 로마 함대가 닻을 내렸던 곳은 소나무 숲으로 덮였다.34 이런 변화조차도 이곳이 가진 천연의 장점을 더욱 살리는 데 기여했다. 얕은 수심이 적의 대형 함선이 접근하는 것을 막는 훌륭한 방벽이 되었던 것이다. 이처럼 유리한 입지 조건은 기술과 노동으로 더욱 강화되었다. 서로마 황제는 스무 살 되던 해에 오로지 자신의 안전을 위해 라벤나의 성벽과 늪 지대 안에 영원히 스스로를 유폐시켰다. 나약한 후계자들과 고트족의 왕들, 더 훗날에는 황제의 옥좌와 궁정을 차지한 총독들까지 호노리우스의 예를 따랐으므로, 8세기 중반까지 라벤나는 정권의 근거지이자 이탈리아의 수도 역할을 했다.35

서기 400년,
스키타이의 혁명

호노리우스의 두려움은 나름대로 이유 있는 것이었으며, 예방책도 효과가 없지는 않았다. 이탈리아가 고트족으로부터 해방된 기쁨을 만끽할 동안, 아시아 대륙의 동쪽 끝에서부터 서서히 퍼져 온 저항할 수 없을 정도의 거센 충격에 휘말린 게르마니아 종족들 사이에서 또 한차례 질풍노도가 불어닥치려 했다. 최근의 지난한 노력에 힘입어 해석된 중국의 사료들은 로마 제국 패망의 숨겨진 원인을 밝히는 데 큰 도움이 될 것이다. 훈족이 패주한 이후 만리장성 북쪽의 광대한 지역은 승리한 선비족의 차지가 되었다. 그들은 독립된 부족으로 분열되었다가 뛰어난 족장 밑에 다시 뭉치기를 몇 차례 반복하다가, 지상의 주인을 뜻하는 '토파(Topa)'라는 이름 아래 단단하게 결속되고 더 막강해졌다. 토파족은 우월한 무력으로 동쪽 사막의 유목 부족들을 굴복시키고 내분으로 쇠약해진 중국을 침략했다. 이 운 좋은 타타르인들은 피정복자들의 법과 관습을 채택하여 중국의 북쪽 지방을 160년 가까이 다스렸다. 그들이 중국을 차지하기 몇 세대 전, 토파의 한 왕이 무용으로 이름을 떨친 모코라는 노예를 기병대에 입대시켰다. 그러나 그는 죄를 짓고 처벌을 피하기 위해 깃발을 버리고 백 명의 추종자들과 함께 사막으로 도망쳤다. 하나의 집단에서 시작된 이 도적과 무법자들의 무리는 점점 불어나 급기야는 유연(柔然)이라는 이름으로 하나의 부족을 이루었고, 노예 모코의 후손인 세습 족장들은 스키타이 군주들 간에 당당히 한 자리를 차지하게 되었다. 그의 후예들 중에서도 가장 출중한 자인 토울룬은 젊은 시절부터 역경은 영웅들의 학교라는 말처럼 여러 불행을 겪으며 단련되었다. 그는 역경에 맞서 용감하게 싸움으로써 토파족의 압제적인 멍에를 깨고 자기 민족의 입법자이자 타타르족의 정복자가 되었다. 그의 군대는 백 명과 천 명 단위의 정규 군대로 나누어졌다. 비겁한 자에게는 돌로 쳐 죽이는 형벌이 내려졌으며, 용맹스러운 자에게는 최고의 영예가 보상으로 내려졌다. 토울룬은 중국의 학문을 깔볼 수 있을 정도의 학식을 갖추고 있었으므로, 자기 민족의 호전성에 어울릴 만한 기술과 제도만을 취사선택했다. 그는 겨울에는 더 남쪽으로 진영을 옮기고 여름에는 풍요한 셀렁가 강변에 진영을 세웠다. 그가 정복한 지역은 코레아에서 이르티시 강 너머 멀리까지 뻗쳤다.

| 36 프로코피우스는 마이오티스 호에서 게르마니아 북쪽까지의 이주 과정을 관찰하고 이를 기근 탓으로 돌렸다. 그러나 고대사를 보는 그의 견해는 무지와 오류로 더럽혀져 있다.

37 조시무스는 도나우 강과 라인 강 너머의 부족들에 대한 개괄적인 설명을 활용했다. 그들이 처했던 상황과 이름은 각각의 고대 사가들이 무심코 덧붙였을지도 모를 여러 비문에서 분명히 찾아볼 수 있다.

38 라다가스트라는 이름은 오보트리테스의 지방 신의 이름이다. 영웅은 자연스럽게 수호신의 이름을 자기 것으로 취했을 수도 있다. 그러나 야만족들이 성공하지 못한 영웅을 숭배했을 리는 없을 것이다.

그는 카스피 해 북쪽 지역에서 훈족의 나라를 무너뜨리고, 이 기념비적인 승리로부터 얻은 힘과 명성으로 '칸(Khan)' 또는 '카한(Cagan)'이라는 새로운 칭호를 얻었다.

〜〜〜〜〜
서기 405년,
북게르만족의 이주
〜〜〜〜〜

볼가 강에서 비스툴라 강까지, 중국인들과 로마인들의 지리적 세계의 최극단 사이에 있는 미지의 지역을 통과해 오다 보면 잇달아 벌어진 사건들은 잘 전해지지 않거나 숨겨지게 된다. 그러나 야만족들의 기질과 잦은 이주 경험으로 미루어 볼 때, 훈족이 유연족의 무력에 밀려 곧 무례한 승리자를 피해 물러났으리라는 사실은 충분히 짐작할 수 있다. 흑해 쪽의 나라들은 이미 그들과 친족 관계에 있는 부족들에게 점령당했다. 그들이 매우 급하게 패주하다가 곧 대담한 공격으로 전환하여 비스툴라 강이 발트 해로 흘러 들어가는 비옥하고 평탄한 평원으로 향했으리라고 추측하는 편이 더 자연스럽다. 북쪽 지역은 훈족의 침략으로 또다시 경악과 동요에 빠졌을 것이다. 그들에게 밀려 퇴각한 종족들은 틀림없이 게르마니아 변경 지대를 압박하게 되었을 것이다.36 고대인들이 수에비족, 반달족, 부르군트족의 소유로 인정했던 지역의 주민들은 사르마티아의 도망자들에게 자신들의 숲과 소택지를 넘겨주든가, 아니면 적어도 수용 능력을 초과하는 인원은 로마 제국의 속주들로 방출하자는 결심을 했을지도 모른다.37 승리한 토울룬이 유연족 칸의 칭호를 얻은 지 4년 후 또 다른 야만인, 오만한 로도가스트, 다른 이름으로는 라다가이수스38가 게르마니아의 북쪽 끝에서 로마의 성문 가까이까지 진군해 와서, 서로마를 멸망시키기 위해 군대를 진주시켰다. 수에비족, 반달족, 부르군트족이 이 막강한 대군의 전력을 구성했다. 그러나 새로운 근거지에서 융숭한 대접을 받았던 알라니족은 자신들의 민첩한 기병대를 게르만족의 중보병대에 편입시켰다. 라다가이수스 휘하에는 모험을 쫓는 고트족들이 열광적으로 몰려들었으므로, 어떤 역사가들은 그를 고트족의 왕으로 불렀다. 고귀한 태생이나 뛰어난 무용을 뽐내는 1만 2000명의 전사들이 군대의 선봉에 서서 그 위용을 뽐냈다.[39] 전체 무리는 전투력이 있는 남자들 20만 명에 여자들과 아이들, 노예들까지 합하여 40만 명에 달했다. 엄청난 규모의 이 이주민들은 공화국의 전성기에 로마와 이탈리아를 공격하기 위해 무수히 많은 킴브리족과 튜턴족이 쏟아져 나왔던 발트 해안으로부터 왔다. 야만족들이 떠난 후 그들의 고향 마을에는 위대했던 자취를 보여 주는 긴 방벽과 거대한 방파제 등이 남아 있었으나, 계속된 출산으로 다시 새로운 세대가 텅 빈 지역을 채울 때까지 여러 세기가 지나도록 광막하고 음울한 정적 속에 방치되었다.

그 시대에는 국가들 간의 교류가 매우 불완전하고 불확실했으므로, 라벤나 궁정은 발트 해 연안에 몰려든 검은 구름이 상(上)도나우 강변에서 천둥으로 바뀔 때까지 북방에서 일어나는 일대 변화를 파악하지 못했다. 서로마 황제는 신하들이 다가오는 위험을 알려 오락에 빠져 있던 그를 방해한다 해도 전쟁의 원인 제공자이자 방관자로 남는 데 만족했을 것이다. 로마의 안전은 스틸리코의 말과 의지에 달려 있었다. 그러나 제국은 이미 너무나 쇠약해져 도나우 강의 요새를 복구하거나 적극적인 대처로 게르만족의 침략을 막아 내기는 불가능한 상태였다.[40] 이 주도면밀한 호노리우스의 신하는 오로지 이탈리아 방어만을 목표로 삼았다. 그는 다시 한 번 다른 속주들을 포기하기로 하고 군대 소집과 신병 모집에 착수했으나, 아무리 엄하게 끌어가려 해도 다들 겁에 질려 이리저리 빠져나갔다.

서기 406년, 이탈리아를 침공하는 라다가이수스

[39] 올림피오도루스는 옵티마토이(Ὀπτιμάτοι)라는 그리스어를 썼다. 이 말은 어떤 정확한 의미도 전달하지 않는다. 나는 그들이 충성스러운 동료들을 거느린 왕과 귀족들이 아니었을까 생각한다. 몇 세기 후라면 자기 종자들을 거느린 귀족들이라고 불렸을 것이다.

[40] 조시무스는 도나우 강 너머에서 스틸리코가 치른 전쟁과 승리에 대해 전했다. 조시무스를 중요하게 취급하거나 신뢰하지는 말고 적당히 이용해야 한다.

41 『테오도시우스 법전』이 공포된 일자(서기 406년 5월 18일)를 보면 고드프루아가 그랬듯이 라다가이수스가 침략한 해를 확인할 수 있다. 티유몽, 파기, 무라토리는 그 전 해였을 것으로 보지만, 그들은 놀라의 성 파울리누스의 증언을 존중해야 한다는 의무감에 사로잡혀 있다.

42 로마가 갈리아인들을 받아들인 직후, 원로원은 갑작스러운 비상 사태가 생기면 10개 군단, 3000명의 기병과 4만 2000명의 보병을 무장시켰다. 로마 시가 아우구스투스 휘하에 모을 수 있는 병력이 이 정도였다. 고고학자는 이러한 주장에 당황할지 모르지만 몬테스키외가 분명히 밝히고 있다.

그리하여 탈영병들을 체포하거나 회유하는 데 온갖 효과적인 수단들을 동원하는 한편, 병적에 이름을 올린 노예들은 금화 두 닢을 주고 자유민으로 만들어 주었다.⁴¹ 이렇게 갖은 애를 쓴 끝에 이 대제국의 국민들 가운데서 간신히 3~4만 명의 병력을 모을 수 있었다. 스키피오나 카밀루스의 시대였다면 로마 내의 자유민들만으로도 단숨에 이 정도 규모를 채울 수 있었을 것이다.⁴² 스틸리코는 대규모의 야만족 보조군들로 서른 개 군단을 보강했다. 충성스러운 알라니족은 개인적으로 그를 위해 복무에 나섰으며, 훈족과 고트족은 자신들의 군주인 훌딘과 사루스의 깃발 아래 라다가이수스의 야망을 저지하기 위한 행군에 기꺼이 나섰다. 게르만족 동맹군은 아무런 저항도 받지 않은 채 한쪽으로는 라벤나의 늪 지대 속에 안전하게 자리 잡고 있어 접근할 수 없는 호노리우스의 궁정을, 다른 한쪽으로는 스틸리코의 진영을 지나쳐 알프스, 포 강, 아펜니노 산맥을 통과했다. 스틸리코는 티키눔 혹은 파비아에 본부를 설치했으나, 멀리 떨어진 곳에 있는 병력을 모두 집결시킬 때까지는 결정적인 전투를 피했던 것 같다. 이탈리아의 많은 도시들이 약탈당하거나 파괴되었다. 라다가이수스의 피

피렌체 포위 공격

렌체 포위 공격은 이 이름 높은 공화국 역사의 초기에 일어났던 사건들 중 하나로, 피렌체는 야만족들의 분노를 굳세게 막아 내면서 공격을 지연시켰다. 원로원과 시민들은 로마에서 180마일 떨어진 곳까지 야만족들이 접근해 오자, 공포에 떨면서 그들이 모면했던 위험과 지금 새로이 맞게 된 위험을 근심에 차서 견주어 보았다. 알라리크는 그리스도교인이자 군인이었고 조직화된 군대의 지휘관이었다. 그는 전쟁의 법에 대해 알고 있었고, 조약의 신성한 의무를 존중했을 뿐 아니라 제국의 국민들과 같은 막

사, 같은 교회 안에서 친근하게 대화를 나누기도 했었다. 반면 야만적인 라다가이수스는 남쪽 문명국들의 예절이나 종교는 고사하고 언어조차도 전혀 몰랐다. 그의 사나운 기질은 잔인한 미신의 영향으로 더 거칠어졌다. 그가 도시를 돌무더기와 잿더미로 만들고, 인간의 피만을 요구하는 자기 신들의 제단에 로마 원로원 의원들 중에서도 가장 명망 높은 인물들을 제물로 바치겠다고 엄숙히 맹세했다는 소문이 널리 퍼졌다. 공화국에 닥친 위기 앞에서 모든 내부의 적들이 화해해야 마땅하겠지만, 오히려 종교 당파들의 치유할 수 없는 광기를 드러내는 계기가 되었다. 억압받아 온 유피테르와 메르쿠리우스의 숭배자들은 로마의 불구대천의 적을 독실한 이교도로 존경했다. 그들은 라다가이수스의 무력보다는 희생 제의를 더 우려한다고 소리 높여 말하면서도, 속으로는 그들의 적인 그리스도교도들의 신앙에 대한 공격이라는 점에서 자기들 나라에 일어난 재앙을 기뻐했다.[43]

> 로마를 위협하는 라다가이수스

피렌체는 절체절명의 위기에 처하여 성 암브로시우스의 힘만이 꺼져 가는 시민들의 용기를 떠받치고 있는 형국이었다. 그는 꿈속에서 곧 구원의 손길이 올 것이라는 약속을 전해 받았다고 말했다.[44] 갑자기 그들은 성벽에서 스틸리코의 깃발이 나타난 것을 보았다. 겨우 끌어모은 병력을 이끌고 이 충성스러운 도시를 구하러 진군해 온 그는 순식간에 그곳을 야만족 군대의 무덤으로 바꾸어 놓았다. 라다가이수스의 패배를 전하는 사가들의 각양각색의 설명 사이에는 명백하게 모순되는 부분이 있지만, 각각의 증언을 그다지 조정하지 않고서도 일치시킬 수 있을 것 같다. 우정과 종교 면

> 서기 406년, 스틸리코에 의한 라다가이수스 군대의 패배와 파멸

[43] 그러나 토르와 오딘을 숭배하는 라다가이수스의 유피테르는 올림푸스나 카피톨리누스의 유피테르와는 크게 달랐다. 융통성 있는 다신교는 멀리 떨어진 지역의 다양한 신들까지도 결합할 수 있었지만, 참된 로마인이라면 갈리아와 게르마니아에서 치르는 인신 공희에는 혐오를 느꼈다.

[44] 파울리누스는 이 이야기를 전하면서 피렌체의 종교적 대모인 판소피아로부터 들었다고 한다. 그러나 대주교는 곧 속세의 일에서 적극적인 역할을 맡기를 그만두고 대중에 널리 알려진 성자가 되지 않기로 했다.

30장 141

[45] 두 친구는 이 승리가 있은 지 10년 내지 12년이 지난 후 아프리카에서 집필했는데, 세빌리아의 이시도르는 그들의 권위를 따랐다. 오로시우스는 경건한 헛소리 가운데 얼마나 많은 흥미로운 사실들을 삽입해 넣었는지!

에서 밀접한 관계를 맺고 있었던 오로시우스와 아우구스티누스는 이 기적 같은 승리를 인간의 무용보다는 신의 섭리에 따른 것으로 본다.[45] 그들은 우연이나 유혈은 철저히 배제했다. 사실 로마인들은 막사에서 흥청망청하며 게으름을 피우고 있었지만, 그들이 피렌체 위로 솟은 파이술라이 언덕의 가파르고 황량한 산마루에서 천천히 죽어 가는 야만족들의 고통을 보며 즐겼다고 주장했다. 그리스도교 군대의 병사들은 단 한 명도 죽거나 부상당한 자가 없었다는 그들의 터무니없는 주장은 조용히 경멸하며 흘려 넘겨도 좋겠지만, 아우구스티누스와 오로시우스의 서술 중 전쟁의 상황과 스틸리코의 성격에 대한 부분은 일관성이 있다. 스틸리코는 자신이 이끄는 군대가 공화국의 마지막 군대라는 사실을 잘 알고 있었으므로, 전장에서 사납고 난폭한 게르만족과 정면으로 마주치는 일이 없도록 신중하게 행동했다. 그는 강고한 포위선으로 적을 둘러싸는 방법을 고트족의 왕에게 두 번 써먹었는데, 이번에도 같은 방법을 더욱 큰 규모로 써서 더 좋은 결과를 거두었다. 로마의 전사들이라면 아무리 일자무식이라도 카이사르가 폈던 작전을 잘 알고 있었다. 스물네 개의 성을 15마일 길이의 해자와 성벽으로 연결한 디라키움의 요새들은 엄청난 수의 야만족 대군을 가두어 굶주리게 만드는 참호 구축 작전의 본보기가 되었다. 로마 군대는 선조들보다 용맹스러움에 있어서는 떨어지나 노동은 더 잘했다. 또 굴욕적이고 힘겨운 노동이 병사들의 자존심을 건드린다면, 자신들의 고향 땅을 위해 싸우지는 못해도 노동은 할 수 있는 농부들을 투스카니에서 얼마든지 공급받을 수 있었다. 수많은 야만족 말과 사람들은 포위된 채 칼보다는 굶주림으로 점점 죽어 갔지만, 로마군도 이렇게 넓은 범위에 걸쳐 작전을 진행하면서 조급해진 적으로부터 자주 공격을 받았다. 굶주린 야만족들은 자포자기하여 스틸리코의 요새를 향해 돌격하곤 했으나, 그의 용감한 보조군들은 게르만족의 진영을 공격하고 싶어 몸이 근질거렸으므로 명령에 따라 용맹을 발휘했다. 이러한 충돌에서 빚어진 격렬하고 피 튀기는 싸움이 조시무스의 저서와 프로스페루스와 마르켈리누스의 연대기를 장식했다. 때맞춰 군사와 군량이 피렌체의 성 안에 공급되자, 굶주리고 있던 라다가이수스의 대군은 역으로 포위당하는 처지가 되었다. 가장 용감한 전사들을 잃고 나자 호전적인 여러 부족을 거느린 이 오만한 군주도 조건부 항복을 하든지 스틸리코의 자비를 구하지 않을 수 없게 되었다.[46] 그러나 사로잡은 왕을 불명예스럽게 참수한 일은 로마와 그리스도교의 승리에 찬물을 끼얹었다. 게다가 그의 처형이 잠시 연기되었다가 이루어졌다는 사실은 정복자를 냉혹한 잔인성의 소유자로 낙인찍기에 충분했다.[47] 보조군들의 분노를 간신히 면한 게르만인들은 금화 몇 닢이라는 헐값에 노예로 팔렸다. 그러나 음식과 기후의 차이 때문에 이 불운한 이방인들 중 다수가 살아남지 못했으므로, 그들을 샀던 이들은 그들의 노동에서 이득을 얻기는커녕 매장 비용까지 지출해야 했다. 스틸리코는 황제와 원로원에 그의 성공을 보고 다시 한 번 이탈리아의 구원자라는 영광스러운 칭호를 받았다.[48]

승리에 관한 풍문, 아니 그보다도 기적에 대한 소문은 발트 해 연안에서 이동해 온 게르만 군대 전체, 아니 전 민족이 피렌체 성벽 아래에서 비참하게 전멸했다는 헛소문으로 부풀려졌다. 라다가이수스 자신과 그의 용감하고 충성스러운 동료들, 그리고 자기들의 장군 휘하에 모인 수에비족과 반달족, 알라니족과 부르군트족의 대군 중 3분의 1 이상이 이러한 운명을 맞

서기 406년 12월, 그 밖의 게르만족의 갈리아 침공

[46] 올림피오도루스가 사용한 표현은 완벽하고 친근한 동맹 관계를 나타내는 것으로 스틸리코를 범죄자로 만든다.

[47] 신앙심은 깊지만 무자비한 오로시우스는 동정하는 기색이 전혀 없이 아크 왕과 아말렉족을 희생시킨다. 이런 피비린내 나는 행동을 실행한 사람이 냉철하고 잔혹한 역사가보다는 덜 혐오스럽다.

[48] 그러면 클라우디아누스의 뮤즈는 잠자고 있었는가? 대접을 제대로 못 받았는가? 내 생각으로는 호노리우스의 일곱 번째 집정관직 취임(서기 407년)이 고귀한 시의 주제가 되었을 것 같다. 더 이상 국가를 구할 수 없는 상태라는 사실이 파악되기 전이었다면 스틸리코는 (로물루스, 카밀루스, 마리우스에 이어) 로마의 네 번째 창건자로 불렸을 것이다.

49 오로시우스와 히에로니무스는 그가 침략을 선동했다고 격렬하게 비난했다.

50 뷔아(Buat)는 갈리아를 침략한 게르만족이 라다가이수스의 군대 중 남은 3분의 2 정도였다고 확신한다. 『유럽 민족의 고대사』를 참조할 것.

았다. 이렇게 여러 민족이 하나의 군대로 연합했다는 것 자체가 놀라운 일이기는 하지만, 그들이 분열될 수밖에 없는 불가피한 원인이 있었다. 복종하거나 굴복하는 데 익숙지 않은 수많은 왕과 전사들 사이에서 출생 신분에 따른 자만심, 무례하게 용맹을 과시하는 오만함, 명령권자에 대한 질시, 복종을 참지 못하는 성격, 의견과 이해관계, 감정의 날카로운 충돌 등 온갖 문제가 빚어졌던 것이다. 라다가이수스가 패배한 후에도 분명히 10만 명을 넘었을 게르만 군대의 두 세력은 여전히 아펜니노 산맥과 알프스 산맥 사이, 아니면 알프스 산맥과 도나우 강 사이에서 무장하고 있었다. 그들이 장군의 죽음에 대해 복수하려고 시도했는지는 불확실하다. 그러나 스틸리코는 신중하고 결단력 있는 태도로 그들의 걷잡을 수 없는 분노를 딴 데로 돌렸다. 그는 그들의 진군을 막고 퇴각을 유도했다. 로마와 이탈리아의 안전만이 그의 최대 목표였으므로, 멀리 떨어진 다른 속주들의 부와 평화는 지나치리만큼 무관심하게 희생시켰다.49 야만족들은 판노니아의 탈영병들을 받아들여 그 지역과 도로에 대한 정보를 얻었다. 그리하여 라다가이수스의 대군 중 잔존 부대가 알라리크가 처음 꾀했던 갈리아 침공을 실행에 옮겼다.50

그러나 그들이 라인 강변에 거주하는 게르마니아의 부족들로부터 어떤 원조를 기대했다 해도 아무 소용이 없었다. 알레만니족은 중립을 지켰으며 프랑크족은 제국을 지키는 데 열정과 용기를 바쳤다. 스틸리코가 라인 강을 향해 빠른 속도로 진군하면서 무엇보다도 신경 써서 취한 첫 번째 조치는 호전적인 프랑크족과의 동맹 관계를 다지는 한편 공화국의 평화를 어지럽힌 적을 제거하는 일이었다. 그들의 왕 중 하나인 마르코미르는 조약의 신의를 어겼다는 이유로 로마 관리들의 법정에서 유죄 판결을 받고 투스카니 속주로의 가벼운 추방령을 선고받았다. 이렇게 왕의 위신이 땅에 떨어졌어도 그의 신민들은 이에 분개하기는커녕, 오히려 형제를 위해 복수하려 한 순노를 죽음으로 벌하고 스틸리코가 선택한 왕들에게 충성을 바쳤다. 갈리아와 게르마니아 변경 지대가 북방 민족의 이동으로 인해 혼란에 빠졌을 때, 프랑크족은 과거의 곤경에서 얻은 교훈 따위는 모두 잊고 다시 한 번 야만족 동맹군들의 깃발에서 이탈한 반달족 군대와 용감하게 맞섰다. 반달족은 자신들의 경솔함에 대한 대가를 치러야 했고, 2만 명의 반달족이 그들의 왕 고디기스클루스와 함께 전장에서 목숨을 잃었다. 알라니족 기병대가 그들을 구하러 와서 프랑크족 보병대를 짓밟아 버리지 않았다면 전 민족이 몰살당했을 것이다. 프랑크족은 훌륭하게 저항했지만 상대가 되지 않을 만큼 강한 적에게 패할 수밖에 없었다. 승리한 연합군은 진군을 계속하여 그해의 마지막 날 라인 강변이 완전히 얼었을 무렵, 아무런 제지도 받지 않고 무방비 상태의 갈리아 속주에 입성했다. 수에비족, 반달족, 알라니족, 부르군트족은 일단 들어온 이후로는 물러가지 않았으므로, 알프스 너머 지역에서는 로마 제국이 멸망했다고 보아도 좋을 것이다. 그 운명적인 순간에 지상의 야만족과 문명국을 그토록 오랜 세월 동안 갈라놓았던 장벽은 무너져 내리고 말았다.

프랑크족의 힘과 알레만니족의 중립 유지로 게르마니아의 평화가 확보되었다. 로마 국민들은 다가오는 재앙에 대해서는 알지도 못한 채, 갈리아 지방에서는 좀처럼 찾아볼 수 없었던 평온과 번영을 누렸다. 그들의 가축 떼는 야만족들의 들판에서 풀을 뜯었고, 사냥꾼들은 두려움이나 위협을 느끼지 않고 헤르시니아 삼림 지대 깊숙한 곳까지 들어갔다.[51] 라인 강변에는

서기 407년 등, 갈리아의 파괴

---

[51] 클라우디아누스는 갈리아 변경 지대의 평화와 번영을 묘사했다. 뒤보(Abbé Dubos)는 알비스(Albis)라 읽지 않고 알바(Alba)(아르덴의 이름 없는 실개천)라고 읽었는데, 엘베 강 너머에서 풀을 뜯고 있는 갈리아의 소 떼가 검은 위험에 대해 상세히 설명했다. 이 얼마나 어리석은가! 시 속에서 엘베 강과 헤르시니아 숲은 게르마니아에 있는 아무 강이나 숲이든 뜻하는 것이 된다. 클라우디아누스는 고대의 유산에 대해 엄격하게 조사할 자세가 안 되어 있었다.

테베레 강변처럼 아름다운 건물과 잘 가꾸어진 농장이 늘어서 있어서, 한 시인의 말에 따르면 강가를 따라 내려가다 보면 강의 어느 쪽이 로마인들의 영역인지 분간할 수 없을 정도였다. 이렇게 평화와 풍요가 넘치던 광경이 하루아침에 황무지로 바뀌어, 연기가 피어오르는 폐허의 광경만이 그곳이 본래부터 고적했던 곳이 아니라 인간의 손으로 황폐화된 것임을 알려 주었다. 번영을 누리던 멘츠는 기습을 받아 파괴되었고 수많은 그리스도교인들이 교회에서 무자비하게 학살당했다. 보름스도 포위 공격에 맞서 오랫동안 완강히 버틴 끝에 멸망했다. 스트라스부르크, 스파이어, 랭스, 투르네, 아라스, 아미앵은 게르만족 밑에서 잔혹한 압제를 겪었다. 가차 없이 타오르는 전쟁의 불길은 라인 강변에서부터 갈리아의 열일곱 개 속주 대부분으로 퍼져 나갔다. 바다까지 뻗은 알프스 산맥과 피레네 산맥의 부유하고 광대한 지역은 야만족들의 손에 넘어갔다. 주교와 원로원 의원, 처녀들이 그들의 집과 제단에서 약탈당한 전리품들과 함께 끌려갔다. 성직자들은 이 국가적 재앙에 대해 모호한 설명을 내놓으면서, 이를 그리스도교인들이 신의 정의를 거스른 죄를 회개하고 비참하고 허망한 세속의 부를 버리도록 계도할 기회로 삼았다. 그러나 은총과 운명 예정설의 심연을 탐구하고자 한 펠라기우스주의 논쟁[52]이 라틴 성직자들의 주요 관심사가 되면서, 이렇게 연이어 일어나는 도덕적·자연적 악을 명하거나, 예견하거나, 허용한 신의 섭리를 불완전하고 불합리한 이성의 잣대로 경솔하게 재려 했다. 그들은 고통받는 사람들의 죄와 불행을 몰염치하게도 선조들의 그것과 비교했으며, 신의 정의가 무차별적인 파괴로부터 힘 없는 자들과 죄 없는 자들, 어린아이들을 제외시켜 주지 않는다고 비난했다. 이 한심한 논객들은 무죄와 평화, 근면과 풍요, 용맹과 안전을

[52] 서기 405년 처음 논의의 대상이 되었던 펠라기우스주의는 10년간 로마와 카르타고에서 비난을 받았다. 성 아우구스티누스는 이것과 싸워 이겼지만 그리스의 교회들은 호감을 가졌다. 일반 민중들은 그들이 이해할 수 없는 논쟁에는 전혀 끼어들지 않았다.

연관 짓는 변치 않는 자연의 법칙을 간과했다. 비겁하고 이기적인 라벤나 궁정은 이탈리아의 방어를 위해 궁정 군단을 다시 불러들였다. 남은 주둔군으로는 고된 책무를 감당할 수 없었을 것이고, 야만족 보조군들은 얼마 안 되는 정기적인 연금보다는 마음껏 노략질하는 쪽에 더 마음이 끌렸을 것이다. 그러나 갈리아 속주에는 자기들의 집과 가족, 제단을 지키기 위해 기꺼이 목숨을 내걸 수 있는 강인한 젊은이들이 얼마든지 있었다. 그들은 고향 땅을 속속들이 알고 있었으므로, 계속해서 넘기 어려운 장애물을 만들어 냄으로써 침략군의 진군을 막을 수도 있었다. 샤를 5세가 프랑스를 침략했을 때, 그는 한 죄수에게 변경 지대에서 파리까지 걸어서 며칠이나 걸리는지 물었다.

아마 12일쯤 걸리겠지요. 하지만 12일 내내 전투의 연속일 것입니다.

이렇게 용감한 대답에 야심만만한 군주도 오만한 태도를 버리지 않을 수 없었다. 호노리우스의 국민들과 프랑수아 1세의 국민들의 정신 자세는 판이하게 달랐으므로, 보잘것없는 세력에 불과했던 발트 해 야만족들의 군대는 채 2년도 걸리지 않아 전투 한 번 치르지 않고 피레네 산기슭까지 진군했다.

호노리우스의 치세 초기, 용의주도한 스틸리코는 멀리 떨어져 있는 브리타니아를 바다와 산, 아일랜드 해안에서 끊임없이 몰려드는 적들로부터 성공적으로 지켜 냈다.[53] 그러나 고트족 전쟁 때문에 로마 군대가 속주의 성벽과 주둔지를 떠나자, 정착하기 싫어하는 야만족들이 이 절호의 기회를 놓칠 리가 없었다. 만약 군단병들 중 누구 하나라도 이탈리아 원정에서 돌

서기 407년,
브리타니아 군대의 반란

[53] 아일랜드의 스코트족은 바다를 통해 브리타니아의 서쪽 해안을 침략했던 것으로 생각된다. 넨니우스와 아일랜드 전승(傳承)을 어느 정도 믿어도 좋을 것이다. 9세기까지 존재했던 성 파트릭의 예순여섯 권의 전기는 수천 가지의 거짓을 담고 있었겠지만, 이들 아일랜드 침략자들 중 하나는 미래의 사도가 포로로 끌려왔던 것이라고 믿어도 좋을 것이다.

54 조시무스, 오로시우스, 올림피오도루스, 교회 사가들. 연대기들은 브리타니아의 찬탈자들에 대해 언급하고 있다. 라틴 민족들은 마르쿠스에 대해서는 전혀 몰랐다.

아와 호노리우스의 궁정 상황과 인물됨을 상세히 알려 주었다면, 그들은 곧 브리타니아 군대의 동맹으로서의 유대 관계를 해체하고 폭동을 일으켰을 것이다. 일찍이 갈리에누스의 시대를 어지럽혔던 반란의 기운이 변덕스럽고 난폭한 병사들 사이에서 되살아났다. 병사들의 손에 선택되어 야심을 품고 제위를 노린 불운한 자들은 그들의 열정의 도구가 되었다가 결국은 희생물이 되었다.54 병사들이 브리타니아와 서로마의 적법한 황제로 맨 처음 제위에 올려놓은 사람은 마르쿠스였다. 그들은 마르쿠스를 성급하게 살해함으로써 스스로 다짐했던 충성의 맹세를 저버렸다. 그의 묘소 비문에는 그의 행동거지에 대한 병사들의 불만이 적혀 있다. 다음으로 병사들이 왕관과 자의를 입혀 준 사람은 그라티아누스였으나, 넉 달 후 그라티아누스도 같은 전철을 밟았다. 그들이 세 번째 인물을 선택한 것은 오로

서기 407년, 브리타니아와 갈리아에서 황제로 인정된 콘스탄티누스

지 콘스탄티누스 대제에 대한 기억 때문이었다. 그들은 콘스탄티누스라는 이름의 일개 미천한 병사를 제위에 올려놓았으나, 충동적으로 경솔하게 그를 제위에 올리고 난 뒤에야 그가 영광스러운 이름의 무게를 감당할 그릇이 아님을 깨달았다. 그러나 콘스탄티누스의 통치는 마르쿠스와 그라티아누스의 일시적인 통치보다는 안정된 기반 위에서 성공적으로 진행되었다. 그는 지금은 잠잠하다 해도 두 번이나 피와 폭동으로 막사를 더럽힌 군대를 방치해 두었다가는 어떤 위험이 닥칠지 알고 있었으므로, 서로마의 속주들을 함락시키기 위해 나서지 않을 수 없었다. 그는 불로뉴에 상당한 규모의 군대를 이끌고 상륙하여 며칠간 휴식을 취한 뒤, 야만족들의 압제에서 이제 막 벗어난 갈리아의 도시들에 자신을 적법한 군주로 인정하라는 명령을 보냈다. 그들은 이에 망설이지 않고

따랐다. 라벤나 궁정은 그들을 잊다시피 했으므로 버림받은 국민들은 이미 충성의 의무에서 벗어난 지 오래였다. 곤궁에 처한 현재의 상황 때문에 그들은 두려움 없이, 아니 어느 정도는 희망까지 품고서 어떤 변화든지 기꺼이 받아들이려 했다. 그들은 로마 황제가 갈리아에 머물고 있었다면 그의 군대와 권력, 아니 이름만으로도 야만족들의 분노로부터 불행한 나라를 구할 수 있었으리라고 자위했다. 아첨꾼들은 콘스탄티누스가 게르만족 파견 부대를 상대로 올린 최초의 전과를 빛나는 결정적 승리로 부풀렸으나, 재집결한 적의 오만한 태도는 이것이 공허한 과장에 불과했음을 보여 주었다. 콘스탄티누스는 협상을 벌여 짧고 불확실한 휴전 조약을 맺었다. 일부 야만족들이 그가 제시한 후한 하사금과 약속에 이끌려 라인 강의 방위를 맡기로 했다. 그러나 사실 비용만 많이 들 뿐인 이 불확실한 조약은 갈리아 변경 지대에 본래의 활력을 되살리기보다는 군주의 위엄을 더럽히고 그나마 남은 공화국의 재화를 바닥내는 것이 고작이었다. 그러나 갈리아의 구원자(콘스탄티누스)는 이 실속 없는 승리에 기세충천하여 남쪽의 속주까지 진군했다가 더 큰 위험에 빠졌다. 고트족인 사루스는 호노리우스 황제의 발밑에 반역자의 머리를 바치라는 명령을 받았다. 그리하여 브라타니아와 이탈리아의 병력이 이 내전에 힘을 허비하게 되었다. 콘스탄티누스는 가장 용감한 두 사람의 장군 중 유스티니아누스는 전장에서, 네비가스테스는 회담장에서의 배신행위로 잃게 되자 비엔나의 성벽 안에 단단히 틀어박혔다. 황제군은 7일간 그곳을 공격했으나 아무런 성과도 거두지 못하고 서둘러 퇴각하면서 알프스 산간 지대의 산적들과 무법자들[55]에게 돈을 주고 안전한 통로를 구하는 치욕을 겪어야 했다. 이제 알프스 산간 지대가 대립하는 두 군주의 영역을 나누고 있는 형국이 되

55 조시무스는 그들에게 바가우다이(Bagaudæ)라는 이름을 붙였지만, 그들은 그렇게까지 중오할 만한 무리는 아니었을 것이다. 그들에게 다시 주의를 기울여야 할 것이다.

56 베리니아누스, 디디무스, 테오도시우스, 라고디우스는 근세의 궁정에서라면 군주의 핏줄로 대접받았겠지만 다른 국민들과 비교하여 지위 면에서나 특권에서나 아무런 우위도 누리지 못했다.

었다. 제국의 군대가 그 경계선의 요새들을 지켰는데, 그들의 무력을 게르마니아와 스키타이의 야만족들에 맞서 로마의 국경을 지키는 데 돌리는 편이 훨씬 나았을 것이다.

서기 408년,
에스파냐를 항복시킨
콘스탄티누스

피레네 산맥 한쪽에 닥친 위험은 콘스탄티누스의 야심을 정당화하는 근거가 되었으나, 그의 제위를 확고히 해 준 것은 에스파냐의 정복이라기보다는 항복이었다. 에스파냐는 늘 해 왔던 대로 굴종하는 쪽을 택하여 갈리아의 법과 총독을 받아들였다. 콘스탄티누스의 권력에 대한 유일한 저항은 에스파냐 정부의 힘이나 국민들의 기개에서가 아니라 테오도시우스 가문의 개인적인 감정과 이해관계에서 나왔다. 테오도시우스 가의 네 형제는56 같은 일족인 작고한 황제의 배려로 영예로운 지위와 막대한 재산을 얻었다. 그의 은혜를 기억하는 이 네 명의 젊은이들은 그의 아들(호노리우스)을 위해 위험을 무릅쓰기로 결심했던 것이다. 그들은 루시타니아의 주둔군을 이끌고 자신들의 근거지를 지키려는 헛된 시도 끝에 영지로 후퇴했다. 그들은 거기에서 자비로 상당한 수의 노예들과 하인들을 끌어 모아 무장시킨 후 대담하게도 산맥의 요충지를 점령하러 나섰다. 이 국내의 반란은 브리타니아와 갈리아의 군주(콘스탄티누스)를 경악과 당황에 빠뜨렸다. 그는 에스파냐 전쟁을 위해 야만족 보조군들과 협상하지 않을 수 없었다. 그들은 스스로를 '호노리우스파'라고 칭했는데, 이 이름이 그들에게 적법한 군주에 대한 충성의 의무를 상기시킬 만도 했지만 실제로는 그렇지 못했다. 스코트족은 브리타니아 군주에 대한 애정에 마음이 움직였다고 할 수 있을지 몰라도, 무어족이나 마르코만니족은 에스파냐의 군인으로서뿐 아니라 시민으로서의 명예까지 나눠 주겠다는 찬탈자의 관대한 약속에 끌렸을 뿐이다. 호노리우스파 중 아홉 개의 부대는 서로마가 확립되는 과정에서 쉽게 그 발자취를 찾을 수 있는데, 그 병력은 5000명을 넘지 못했다. 그러나 콘스탄티누스의 안전과 권력을 위협해 온 전쟁을 종결짓기에는 이 미미한 병력만으로도 충분했다. 테오도시우스 가문의 시골뜨기들로 구성된 군대는 피레네 산맥에서 포위되어 전멸했다. 네 형제들 중 두 사람은 운 좋게 해로를 통해 이탈리아로 탈출했으나, 나머지 둘은 얼마 후 아를에서 처형되었다. 호노리우스가 아무리 국가의 불명예에 대해 무감각해졌다 해도, 자기 일족의 신상에 닥친 불행에는 충격을 받았을 것이다. '안토니누스의 방벽'에서 '헤라클레스의 기둥' 까지 유럽의 서쪽 속주들의 지배권을 확보했던 군사력이 이렇게까지 약해진 것이다. 가장 중요한 변혁의 원인과 결과 모두에 무지했던 당대 역사가들은 편협하고 불완전한 시각으로 전쟁과 평화에 얽힌 사건들을 축소시켜 왔다. 그러나 국력이 완전히 쇠하면서 전제 정부의 마지막 자원까지도 바닥을 드러냈다. 피폐해진 속주들의 세입으로는 더 이상 불만에 찬 나약한 국민들에게 대가를 제공하여 병역에 복무하도록 할 수 없었다.

시인(클라우디아누스)은 온갖 아첨을 다해 폴렌티아와 베로나의 승리를 로마 제국의 독수리 군기의 공으로 돌리면서,

> 서기 404~408년, 알라리크와 스틸리코의 협상

알라리크가 전쟁과 기근, 질병으로 거의 전멸하다시피 한 야만족의 군대 위를 떠도는 끔찍한 망령들과 함께 이탈리아 국경지대로부터 황황히 후퇴하는 모습을 묘사했다. 고트족 왕은 이 불행한 원정에서 엄청난 손실을 입었던 것이 틀림없다. 시달릴 대로 시달린 그의 병사들은 잠시 쉬면서 병력을 보충하고 사기를 회복할 필요가 있었다. 알라리크는 역경을 통해 자신의 천재성을 시험하고 발휘하는 자였으므로, 야만족 전사들 중에서

도 가장 용감한 무리들이 그의 무용에 대한 소문을 듣고 약탈욕과 정복욕에 이끌려 흑해로부터 그의 휘하로 몰려들었다. 알라리크는 스틸리코로부터도 존경을 받을 만한 인물이었으므로, 곧 그의 우정을 받아들였다. 알라리크는 동로마 황제에 대한 봉사를 거두고 라벤나 궁정과 강화 및 동맹 조약을 맺은 뒤, 일리리쿰 전역에 걸쳐 로마 군대를 지휘하는 총사령관으로 임명되었다. 조약의 조문에 암시된 야심적인 계획의 실행은 라다가이수스가 침입하는 바람에 일시 중단되었던 듯하다. 이때 고트족 왕이 중립적 태도를 취한 일은 카틸리나가 음모를 꾸몄을 때 카이사르가 공화국의 적을 돕는 일도, 막는 일도 거부하고 무관심한 태도를 취했던 것과 비교할 만하다. 반달족을 물리친 후 스틸리코는 동로마 속주에 대한 자신의 권리를 재차 주장했다. 그는 법률과 재정을 담당할 민정 관료들을 임명하고, 로마와 고트족 연합군을 이끌고 당장 콘스탄티노플 성문까지 쳐들어가겠다고 선언했다. 그러나 신중한 성격의 스틸리코는 내전을 피하고 싶어했으며 제국의 취약한 상태를 잘 알고 있었다. 따라서 그의 정책의 주요 목표는 다른 나라의 정복보다는 제국 내의 평화였으며, 주된 관심사는 알라리크의 병력을 이탈리아에서 멀리 떨어뜨려 놓는 것이었던 듯하다. 고트족 왕도 오래 지나지 않아 그의 의중을 간파했다. 알라리크는 경쟁 관계에 있는 궁정(동로마)과 의심스러운 내통을 계속하면서 테살리아와 에피루스에서 불만에 찬 용병처럼 무성의한 태도로 작전 수행을 지연시키다가, 성의 없는 봉사에 비해 막대한 보수를 요구하며 곧 철수해 버렸다. 그는 이탈리아 국경 지대 아이모나 인근의 자기 진영에서 서로마 황제 앞으로 비용과 약속, 요구 사항을 담은 장문의 편지를 띄우고 즉각 이를 들어줄 것을 요청하면서, 거절할 경우 따르게 될 결과에 대해서까지도 분명하게 암시했다. 그러나 그의 행동은 적의를 품고 있어도 말하는 태도는 어디까지나 예의 바르고 공손했다. 그는 겸손한 태도로 자신은 스틸리코의 벗이자 호노리우스의 병사라고 공언했다. 그는 자기 군대와 함께 지체 없이 갈리아의 찬탈자에 맞서 진군하도록 명령을 내려 달라고 했다. 또한 서로마 제국의 속주들 중 사람이 살지 않는 곳을 고트족의 영구 정착지로 지정해 달라고 청했다.

어느 민회의 토론 과정에서 알라리크와 스틸리코의 내통이 어느 정도 밝혀지지 않았다면, 서로와 세상을 속이려 애쓴

> 서기 408년, 로마 원로원의 논쟁

두 정치가의 비밀 거래는 영원히 칠흑같이 어두운 상자 속에 묻혔을 것이다. 정부는 중용의 원칙을 지키기 위해서가 아니라 약체화된 탓에 국민들의 의견을 물어 억지로라도 원조를 얻어내야 할 처지에 놓였다. 그리하여 로마 원로원의 권위가 되살아나고, 호노리우스의 신하(스틸리코)는 이 공화국의 입법 기관에 자문했다. 스틸리코는 황제의 궁정에 원로원 의원들을 모아 놓고 현재 제국의 정세를 설명했다. 그런 다음 고트족 왕의 요구 사항을 전하고 전쟁이냐 평화냐의 선택을 그들의 판단에 맡겼다. 원로원 의원들은 이러한 중대한 국면에 처하자 갑작스레 400년간의 잠에서 깨어나 전임자들의 지혜보다는 용기에 고무된 듯 보였다. 그들은 로마의 위엄에 비추어 볼 때 한낱 야만족 왕에게 돈을 주고 불확실하고 굴욕적인 휴전 조약을 맺을 수는 없으며, 고결한 국민들은 언제라도 피할 수 없는 불명예보다는 멸망할 위험 쪽을 택할 것이라고 목청 높여 열변을 토했다. 스틸리코는 몇몇 돈에 매수된 비굴한 추종자들만이 그의 화평 제안을 지지하는 상황이 되자, 자기 자신의 행동뿐 아니라 심지어 고트족 왕의 요구에 대해서까지 대신 사과하면서

일대 소란을 진정시키려고 애썼다.

보조금 지급 문제가 로마 시민들의 분노를 자극하고 있으나, 이를 반드시 야만족 적들의 위협 앞에 어쩔 수 없이 내주는 공물이나 몸값 따위의 혐오스러운 것으로 생각할 필요는 없습니다. 알라리크는 그리스인들에게 빼앗긴 콘스탄티노플의 속주들에 대한 공화국의 정당한 권리를 옹호해 왔으며, 약속된 대로 그의 봉사에 대한 공정한 보상을 정중하게 요구했을 뿐입니다. 또한 그가 계획의 실행을 중단했다고는 해도, 그의 퇴각은 황제의 단호한 친서에 복종한 결과였습니다. 이 상반된 명령은 세레나의 중재로 이루어진 것입니다. 부드러운 신앙심의 소유자인 그녀는 양부(테오도시우스)의 아들인 황족 형제들(아르카디우스와 호노리우스)의 불화에 깊이 상심한 나머지, 국익이라는 엄격한 명령보다는 자연스러운 감정을 따랐던 것입니다.

스틸리코는 격론 끝에 자신의 권위를 등에 업고 라벤나 궁정의 어두운 음모를 간신히 가린 이 허울 좋은 구실들을 내세워 마땅찮아 하는 원로원의 승인을 얻어 냈다. 미덕과 자유를 주장하는 목소리들은 가라앉았다. 보조금이라는 명목하에 이탈리아의 평화를 확보하고 고트족 왕의 호의를 얻는 데 총액 4000파운드에 달하는 금이 지급되었다. 원로원에서 가장 명망 있는 자들 중 한 사람인 람파디우스만이 끝까지 반대 의사를 굽히지 않고 큰소리로 외쳤다.

이것은 평화 조약이 아니라 노예 조약이다.

그러고는 이러한 대담한 반대에 따를 위험을 피해 즉시 교회의 성소로 몸을 숨겼다.

그러나 스틸리코의 지배도 끝이 보이고 있었다. 이 오만한 대신도 다가오는 치욕의 징후를 감지할 수 있었을 것이다. 람파디우스의 대담성에 찬사가 쏟아졌으며, 오랜 굴종을 끈기 있게 참아 온 원로원은 불쾌감만 자아낼 뿐 허구에 불과한 자유의 제안을 경멸로 거부했다. 로마 군단으로서의 명성과 특권을 여전히 향유하고 있던 군대는 스틸리코가 야만족들 편을 드는 것에 분개했다. 국민들은 자신들의 타락이 가져온 당연한 결과인 국가적 재난을 그의 잘못된 정책 탓으로 돌렸다. 그러나 스틸리코가 유약한 그의 제자(호노리우스)의 정신을 계속 지배할 수만 있었어도 국민들의 불만뿐 아니라 병사들의 불만에도 꿋꿋이 버틸 수 있었을 것이다. 그러나 그에 대한 호노리우스의 존경 어린 애정은 공포에서 의심으로, 의심에서 증오로 바뀌어 갔다. 교활한 올림피우스[57]는 신앙심의 가면 아래 자신의 악덕을 감추고, 자신을 궁정의 영예로운 직책까지 올려 준 은인을 음해했다. 올림피우스는 이제 스물다섯 살이 된 순진한 황제에게 그가 궁정에서 중요하지도 않고 힘도 없는 인물임을 알려 주었다. 또한 스틸리코가 자기 아들 에우케리우스의 머리에 왕관을 씌워 줄 야심에서 시해 음모를 꾸미고 있다는 그럴듯한 이야기로 겁 많고 나태한 황제를 경악시켰다. 새로운 총신의 부추김을 받은 황제는 짐짓 독립적인 권위를 가지고 자기 목소리를 내려는 태도를 취했다. 스틸리코는 궁정에서 자신의 이해와 의도에 반하는 비밀 결의가 이루어지고 있음을 알고 크게 놀랐다. 호노리우스는 로마의 궁정에 머물지 않고 라벤나의 안전한 요새로 돌아가겠노라고 선언했다. 그는 형인 아르카디

서기 408년 5월, 궁정의 음모들

[57] 그는 흑해 해안 출신이었다. 그의 행동을 보면 성품을 익히 알 수 있는바, 조시무스는 크게 만족하면서 이를 폭로했다. 아우구스티누스는 그의 신앙심에 경의를 표하면서 그를 일컬어 참된 교회의 아들이라고 했다. 그러나 아프리카의 성자가 전한 이러한 찬사는 아첨뿐 아니라 무지에서 나온 것에 불과하다.

58 스틸리코는 호노리우스의 마음을 돌릴 심산으로 콘스탄티노플로의 여행을 제안했다. 동로마 제국은 복종하지도 않을 것이며 정복될 수도 없을 것이었다.

우스의 죽음을 처음 보고받은 후, 콘스탄티노플을 방문하여 후견인으로서 어린아이에 불과한 테오도시우스 2세의 속주들을 통치할 채비를 했다.58 스틸리코는 이렇게 멀리까지 여행하는 데 따르는 어려움과 비용 문제를 들어 갑작스러운 적극성과 열의를 철회시키는 데는 성공했다. 그러나 스틸리코에게 적대적인 로마 군대와 야만족 보조군들로 구성된 파비아의 진영을 황제가 시찰한다는 위험한 계획은 그대로 진행되었다. 스틸리코는 그의 막역한 벗이며 통찰력 있는 법률가인 유스티니아누스의 충고에 따라 그의 평판과 안전에 불리하게 작용할 이 여행을 반대했다. 그러나 그의 끈질긴 노력도 무위로 돌아가고 올림피우스의 승리가 굳어지자, 신중한 법률가는 후원자의 파멸이 임박했음을 알고 몸을 사렸다.

서기 408년 8월,
스틸리코의 죽음

황제가 볼로냐를 지나가는 길목에서, 스틸리코의 비밀 공작으로 호위대의 폭동이 일어났다가 진정되었다. 그는 벌로 죄인들 열 명에 한 명씩만 제비를 뽑아 죽이도록 지시를 내렸다가 사면해 준 다음, 이를 자신의 중재 덕으로 돌렸다. 이런 소동이 있은 후 호노리우스는 이제는 폭군으로밖에는 여기지 않게 된 신하를 마지막으로 포옹하고 파비아의 진영으로 향했다. 그는 그곳에서 갈리아 전쟁에 참전하기 위해 모인 군대의 충성스러운 환영을 받았다. 넷째 날 아침, 그는 가르침을 받은 대로 병사들 앞에서 연설을 했다. 그들은 올림피우스가 수차례 방문하여 돈을 나눠 주면서 교묘한 언변으로 설득한 결과, 무시무시한 음모를 실행할 준비를 마친 상태였다. 첫 번째 신호가 떨어지자 그들은 갈리아와 이탈리아의 두 민정 총독, 두 명의 기병대와 보병대 총사령관, 총무 장관, 재무관, 회계관, 근위대 코메스 등 제국의 최고 관리들인 스틸리코의 벗들을 살해했다. 많은 사람들이 죽고 가옥들이 약탈당했다. 격렬한 소란은 해 질 녘까지 계속되었다. 의복도 제대로 걸치지 못하고 왕관도 벗겨진 채 파비아의 거리에서 떨고 있던 황제는 올림피우스의 설득을 받아들여, 살해당한 자들을 비난하고 살인자들의 무죄와 충성을 엄숙히 인정해 주었다. 파비아에서 벌어진 학살 소식에 스틸리코의 마음은 근심으로 가득 찼다. 그는 즉각 볼로냐의 막사에서 그를 섬기며 운명을 함께할 자파 지휘관들을 소집했다. 회의에서는 당장 무기를 들고 일어나 그들에게 여러 차례 승리를 안겨다 준 영웅의 깃발 아래 진군에 나서 복수하자는 거친 고함 소리가 터져 나왔다. 그들은 올림피우스와 타락한 로마인들을 기습하여 전멸시키고, 어쩌면 그들의 장군의 머리에 왕관을 씌워 줄 수도 있을 것이라고 생각했다. 이 결의는 성공할 수도 있었다. 그러나 스틸리코는 이 결의를 실행에 옮기지 못하고 망설이다가 끝내 회복할 수 없는 지경에 이르렀다. 그는 황제의 운명이 어떻게 되었는지 아직 모르는 상태였으며, 자기편의 충성심도 의심스러웠다. 게다가 방자한 야만족들의 무리가 이탈리아의 병사들과 국민들에 대해 무기를 들 경우 발생할지도 모를 치명적인 결과도 두려웠다. 연합군은 그가 결과에 대한 불안으로 소심하게 망설이자 두려움과 분노에 차서 서둘러 철수했다. 야만족들 중에서도 힘과 무용으로 이름 높은 고트족 전사인 사루스는 깊은 밤에 은인의 진영을 급습하여 여러 가지 물품을 약탈하고 스틸리코의 신변을 호위하던 충성스러운 훈족들을 베어 죽인 다음, 그의 천막으로 향했다. 자신의 처지를 곰곰이 생각하느라 시름에 잠겨 잠 못 이루고 있던 스틸리코는 간신히 이 고트족의 칼을 피했다. 스틸리코는 이탈리아의 각 도시에 야만족들에 맞서 성문을 폐쇄하라는 경고를 마지막으로 보낸 후, 자신감에서였는지 절망감에서였는지 모르지만 이미 그의 적들이 완전히 장악한 라벤나로 뛰어들었다. 호노리우스를 손에 넣은 올림피우스는 적이 교회 제단에서 탄원을 드리고 있다는 정보를 재빨리 입수했다. 이 비열하고 잔인한 위선자에게 동정이나 후회 따위의 감정은 없었으나, 성소의 특권을 짓밟기보다는 피해 가기로 했다. 코메스인 헤라클리아누스가 새벽녘에 한 무리의 병사들을 이끌고 라벤나의 교회 문 앞에 당도했다. 주교는 황제의 훈령으로 스틸리코의 신병을 확보하러 왔을 뿐이라는 엄숙한 맹세를 받아들였다. 그러나 불운한 대신이 성소의 문지방을 넘는 순간 곧바로 처형 명령이 떨어졌다. 스틸리코는 담담하게 반역자이자 부친 살해자라는 죄명을 받아들였고, 실패할 것이 뻔한 구출 작전에 나서려는 추종자들의 흥분을 가라앉혔다. 그러고는 최후의 로마 장군으로서 부끄럽지 않은 의연한 태도로 헤라클리아누스의 칼 밑에 목을 드리웠다.

박해받는 스틸리코의 유덕(遺德)

비굴한 궁정의 무리들은 그렇게 오랫동안 스틸리코의 행운을 찬양해 왔으면서도 그가 몰락하자 태도를 바꾸어 모욕을 가했다. 뿐만 아니라 최근까지도 부와 명예를 보장해 주었던 서로마 총사령관과의 관계를 사소한 것까지도 앞다투어 부인하고 엄중하게 비판했다. 스틸리코의 가족은 테오도시우스 가문과 삼중으로 유대 관계를 맺어 왔지만, 이제는 가장 비천한 농부의 신세를 부러워해야 할 처지가 되었다. 그의 아들 에우케리우스는 도망쳤으나 붙잡혔다. 이 죄 없는 젊은이의 처형이 있기 전, 언니 마리아의 황후 자리에 대신 들어갔으나 마리아처럼 황제의 침상에서 처녀로 남아 있었던 누이 테르만티아가 이혼당했다. 파비아의 학살에서 살아남은 스틸리코의 친구들은 복수심에 불타는 무자비한 올림피우스로부터 박해를 받았다. 그들은 반역적이고 신성 모독적인 음모를 자백하도록 온갖 잔혹한 고문을 받았지만 죽어 가면서도 끝까지 침묵을 지켰다. 그들의 의연한 태도는 스틸리코의 선택이[59] 옳았음과 함께 그의 무죄까지도 입증해 주었다. 전제 권력이 재판 한 번 거치지 않고 그의 생명을 빼앗고, 증언 한 마디 없이 그에게 오명을 씌웠다 하더라도, 후세 사람들의 공정한 평가까지 좌우지할 수는 없었다.[60] 스틸리코의 공적은 의심할 여지없이 위대한 것이었다. 아첨과 증오의 말로 모호하게 진술된 그의 범죄 행위들은 분명치 않거나 개연성이 없다. 그가 죽은 지 4개월 후 호노리우스의 이름으로 국가의 적인 스틸리코가 오랫동안 막아 왔던 동서 두 제국 간의 자유로운 왕래를 재개한다는 칙령이 발포되었다. 국가의 번영에 자신의 명성과 운을 걸었던 그 대신은 그가 폴렌티아에서, 베로나에서, 피렌체의 성벽 앞에서 수없이 물리쳤던 야만족들에게 이탈리아를 팔아넘겼다는 비난을 받았다. 그가 아들 에우케리우스의 머리에 제관을 씌워 주려 했다지만, 그랬다면 준비 작업을 진행했든가 공모자들을 끌어들였을 것이다. 또한 그런 야심을 지닌 아버지가 미래의 황제를 스무 살이 되도록 서기관이라는 말직에 놔두었을 리가 없다. 스틸리코의 종교조차도 악의에 찬 적들에게 비난의 대상이 되었다. 성직자들은 에우케리우스가 권력을 잡았다면 첫 번째 정책으로 우상을 부활시키고 교회를 박해했을 것이라고 주장하면서, 때맞춰 기적 같이 구원이 이루어졌다고 열렬히 찬양했다. 그러나 스틸리코의 아들은 아버지가 한결같이 공언하고 열정적으로 지지해 온 그리스도교의 품 안에서 교육받았다.[61] 세레나(스틸리코의 아내)가 베스타 신상(神像)에서 화려한 목걸이를 가져온 적이 있었는데,[62] 이교도들은 스틸리코가 이 목걸이와 로마의 신탁집인 시빌 신탁서를 불 속에 던지도록 명령하는 신

[59] 그의 친구들 중 서기관 학교 교장이었던 페트루스와 대시종장이었던 데우테리우스 두 사람을 언급하고 넘어가야겠다. 스틸리코는 침실을 손에 넣고 있었으나, 나약한 군주 밑에서 침실이 그의 안전을 보장해 줄 수 없었다는 것은 놀라운 일이다.

[60] 오로시우스는 새로운 정부가 속주 전체에 퍼뜨린 거짓 내용의 격렬한 선언문들을 베껴 놓았던 것 같다.

[61] 아우구스티누스 본인이 스틸리코가 입안한 이교도들과 우상 숭배자들을 단죄하는 효과적인 법령에 만족스러워했는데, 이 법령은 아직도 법전에 남아 있다. 그는 이 법령들의 승인을 위해 올림피우스의 도움을 청했을 뿐이었다.

[62] 이러한 어울리지 않는 장식품을 조각상에 걸치곤 했던 당시의 악취미를 엿볼 수 있다.

63 종교적 열정으로 우아하고 힘 있는 시구를 읊은 루틸리우스 누마티아누스를 볼 것. 스틸리코는 카피톨리누스 신전의 문짝에서 금으로 만든 판을 뜯어내고 그 밑에 새겨 놓은 예언을 읽었다. 예언은 허무맹랑한 이야기였으나, 불경스러운 짓을 저질렀다는 비난은 조시무스가 마지 못해 칭찬한 그의 미덕에 신뢰와 무게를 더해 준다.

64 오르페우스의 결혼식에서(적당한 비유!) 의인화된 모든 자연물들이 다양한 자연의 산물을 바치고 신들도 몸소 자신들이 총애하는 자에게 복을 내려주었다. 클라우디아누스는 양 떼나 소 떼, 포도나무나 올리브도 가져오지 않았다. 그의 부유한 신부가 그 모든 것들을 상속받았다. 그러나 그는 세레나로부터 받은 추천 편지를 아프리카에 가져갔다.

65 클라우디아누스는 자신이 그러한 명예를 받을 가치가 있는 사람이라고 생각했다. 대리석에 새겨진 원래의 비문은 15세기에 로마의 라에투스의 집에서 발견되었다. 문인들, 동료 시민들, 동시대인들은 그의 생전에 그보다 훨씬 더 훌륭한 시인의 동상을 세웠어야 마땅했다. 그것이야말로 고귀한 일이었다.

성 모독을 저질렀다고 맹렬히 비난했다.63 스틸리코의 진짜 죄목은 자부심과 권력이었다. 그가 동포 시민들의 피를 흘리기를 꺼렸기 때문에 하잘것없는 적이 성공을 거둘 수 있었다. 어린 시절의 후견인이자 제국을 지탱한 지주였던 스틸리코에 대한 호노리우스의 비열한 배은망덕을 후세 사람들이 비난조차 하지 않았다는 사실은 호노리우스의 인품에 대한 마지막 모욕이다.

시인 클라우디아누스

부와 권위로 당대의 주목을 끌었던 스틸리코의 아랫사람들 중에서도, 그의 호의를 누렸으나 후원자의 파멸과 함께 몰락한 시인 클라우디아누스의 이름은 우리의 호기심을 자아낸다. 그는 황제의 궁정에서 명목뿐이라고는 하지만 호민관 겸 서기관이라는 관직을 얻었다. 또한 세레나가 힘써 준 덕분에 아프리카 속주의 부유한 상속녀와 결혼했다.64 트라야누스 광장에 세워진 클라우디아누스의 동상은 로마 원로원의 취향과 관대함을 보여 주는 기념비가 되었다.65 스틸리코에게 찬사를 바치는 일이 오욕과 범죄가 되는 세상이 오자, 클라우디아누스는 예전에 오만방자하게 기지를 발휘하여 한 권세 있는 궁정 대신의 화를 돋우었던 보복을 당하게 되었다. 그는 생생한 풍자시에서 이탈리아의 두 민정 총독의 상반되는 인품을 비교한 적이 있었다. 그는 일해야 할 시간을 잠이나 학문에 할애하곤 했던 철학자의 무해한 휴식과, 부당하고 신성 모독적인 이득을 좇는 데 쉬지 않고 몰두했던 탐욕스러운 대신의 이기적인 근면성을 대조했다. 클라우디아누스는 다음과 같이 썼다.

말리우스가 계속 깨어 있고, 하드리아누스는 계속 잠들어 있다면 이탈리아 사람들이 얼마나 행복해지겠는가!

이처럼 다정하고 부드러운 훈계가 말리우스의 휴식을 방해하지는 않았지만, 깨어 있던 잔인한 하드리아누스는 복수할 기회만을 호시탐탐 노렸다. 이제 이 가증스러운 시인 하나쯤은 스틸리코의 적들로부터 손쉽게 넘겨받을 수 있는 세상이 왔다. 그러나 시인은 일대 분란이 일어날 동안 몸을 숨기고, 명예보다는 신중함을 좇아 성난 총독에게 겸손한 애원조로 자신의 발언을 철회하는 내용의 시를 서신 형식으로 보냈다. 그는 어리석게도 열정에 눈이 멀어 저지른 치명적인 실수를 구슬프게 탄식하면서, 신들과 영웅들, 사자(獅子)들이 보여 주는 관용의 모범을 따라 달라고 간청했다. 그리고 넓은 아량을 베풀어 이미 오욕과 가난에 짓눌리고 가장 사랑하는 친구들의 죽음과 추방, 고문으로 깊이 상처받은 힘없고 보잘것없는 적을 짓밟지 말아 달라는 간절한 소망을 전했다. 그의 기도가 과연 효과를 보았는지, 그 후 무슨 일이 벌어졌는지는 알 수 없으나, 몇 년 후 대신과 시인은 무덤에 잠들었다. 그러나 하드리아누스의 이름은 거의 잊혀졌어도 클라우디아누스의 작품은 라틴어가 알려진 곳이면 어디에서든지 즐겨 읽히고 있다. 클라우디아누스의 공과를 냉정하게 따져 본다면 그가 우리의 이성을 만족시키지도, 침묵시키지도 못한다는 사실은 인정해야 한다. 장엄미가 넘치거나 심금을 울릴 만한 구절, 마음을 녹이고 상상력을 자극하는 시를 골라내기도 쉽지 않다. 클라우디아누스의 시에서 잘 꾸며 낸 재미있는 우화나 실생활 속의 인물 또는 상황에 대한 자연스럽고 생생한 묘사 따위를 찾아보았자 헛일이다. 그는 후원자에게 봉사하기 위해 필요에 따라 헌사나 비난의 글을 발표했다. 이러한 비굴한 의도로 인해 그의 글은 진실과 본질에서 더욱 멀리 이탈했다. 그러나 클라우디아누스의 시적 재능은 이러한 결함을 어느 정도 메워 준다. 그는 아무리 비천한 것이라도 고양시키고, 아무리 빈약한 것이라도 아름답게 꾸미고, 아무리 비슷한 주제라도 다양하게 다룰 수 있는 드물고 귀한 능력을 가지고 있었다. 특히 시 중에서도 기술적(記述的)인 시를 표현하는 솜씨는 유연하면서도 더할 나위 없이 훌륭했으므로, 세련된 지성, 풍부한 공상, 쉽고 힘 있는 표현, 조화로운 시구를 막힘없이 풀어내는 능력 등을 남용에 가까울 만큼 십분 과시했다. 시공을 초월하는 이러한 찬사 외에도, 클라우디아누스가 자신의 불리한 출생 배경에서 끌어낸 특이한 장점도 짚고 넘어가야겠다. 제국과 예술이 쇠락해 가던 시대에 그리스어로 교육을 받고 성년이 되어서야 라틴어를 완전히 습득한 이 이집트 출신 시인은[66] 동시대인들의 머리 위로 높이 비상하여 300년을 사이에 두고 고대 로마 시인들과 같은 반열에 올랐던 것이다.[67]

[66] 국적에 대한 허영심에서 그는 자신을 피렌체인 또는 에스파냐인이라고 했다. 그러나 클라우디아누스의 첫 번째 서신은 그가 알렉산드리아 출신이라는 증거를 제공한다.

[67] 스트라다는 그를 다섯 명의 훌륭한 시인들, 루크레티우스, 베르길리우스, 오비디우스, 루카누스, 스타티우스와 겨룰 만하다고 했다. 그의 후원자는 교양 있는 궁정인인 발타자 카스틸리오네였다. 수많은 사람들이 열정적으로 그를 찬미했다. 그러나 이 엄격한 비평가는 라틴 문학의 토양에서 지나치게 무성하게 자란 이국적인 잡초들을 비난했다.

31

THE DECLINE AND FALL
OF THE ROMAN EMPIRE

알라리크의 이탈리아 침략 · 로마 원로원과 시민들의 태도 · 로마가 세 차례 포위된 끝에 고트족에게 약탈당하다 · 알라리크의 죽음 · 고트족의 이탈리아 철수 · 콘스탄티누스의 몰락 · 야만족의 갈리아와 에스파냐 점령 · 브리타니아의 자유

나약하고 분열된 정부의 무능한 행태를 보면 종종 국가의 적과 반역 의도를 품고 내통한 것이 아닌가 하는 의혹을 품지 않을 수 없다. 때때로 실제로는 그렇지 않다 해도 마치 내통한 것과 같은 결과를 초래하기도 한다. 알라리크 자신이 라벤나의 국무 회의에 참석할 수 있었다면 호노리우스 황제의 대신들이 실제로 취한 것과 똑같은 조치를 추천했을 것이다.[1] 즉 고트족 왕으로서도 그리스뿐 아니라 이탈리아에서 두 번이나 자신을 제압한 무시무시한 적을 무너뜨리기 위해 음모를 꾸몄을 것이다. 그들은 이해타산에서 비롯된 증오심으로 온 힘을 다해 위대한 스틸리코의 치욕스러운 파멸을 획책했다. 사루스는 용맹스러운 무용으로 얻은 명성과 개인적 능력뿐 아니라 출생 신분상의 야만족 연합군에 대한 영향력 등 어느 모로 보나 야만족 우군들의 우두머리로 유일하게 천거될 만한 인물이었다. 투르필리오, 바라네스, 비길란티우스와 같은 하잘것없는

서기 408년 9월, 라벤나 궁정의 허약함

[1] 스틸리코가 죽은 후 알라리크가 로마 성문 앞에 도착할 때까지 일어난 일련의 사건들은 조시무스의 책에만 기록되어 있다.

장군들은 야만족들에게 경멸과 혐오의 대상일 뿐이었다. 이들은 누가 보아도 군인이라 불릴 자격조차 없는데도 불구하고, 새로운 총신들의 간청에 따라 각각 기병대장, 보병대장, 근위대장으로 임명되었다. 고트족 왕이라도 광신주의에 물든 올림피우스가 단순하고 신앙심 깊은 황제를 움직여 공포한 칙령에 기꺼이 동의했을 것이다. 호노리우스 황제는 가톨릭 교회에 반대하는 사람들은 국가의 공직을 맡지 못하게 했으며, 황제의 종교에 동의하지 않는 자들로부터는 국가에 봉사할 기회를 완전히 빼앗았다. 그리하여 용감하고 유능한 장군들 중 상당수가 이교 숭배를 고수하거나 아리우스주의의 견해를 수용했다는 이유로 경솔하게 해임되었다. 이러한 조치는 적에게 대단히 이로운 것인 만큼 알라리크도 쌍수를 들고 환영했을 것이며, 기회만 주어졌다면 먼저 나서서 제안했을지도 모른다. 그러나 황제의 대신이 지시한 것은 아니지만 적어도 묵인 아래 계속된 비인간적이고 부조리한 잔혹 행위로 인해 알라리크가 과연 득을 보았을지는 의심스럽다. 스틸리코 휘하의 외국 보조군들은 그의 죽음을 슬퍼했으나, 처자식의 안전을 염려하여 복수심을 억눌러야 했다. 그들의 가족은 이탈리아의 여러 도시에 인질로 억류되어 있었으며, 재산도 그곳에 함께 유치되어 있었다. 같은 시각에 똑같은 신호라도 받은 듯이 이탈리아의 여러 도시에서 일제히 무차별적인 학살과 약탈이 벌어져 야만족들의 가족과 재산에 큰 피해를 입혔다. 그들은 아무리 유순하고 비겁한 자라도 참을 수 없을 이러한 피해에 격분하여 알라리크의 진영으로 분노와 희망에 찬 눈길을 돌렸다. 환대의 법칙을 비열하게 짓밟고 배신한 나라를 정당한 전쟁으로 응징하겠다는 맹세가 한 목소리로 울려 퍼졌다. 호노리우스 황제의 대신들이 저지른 무분별한 행동으로 말미암아 공화국은 3만 명에 달하는

최정예군의 원조를 잃는 것과 동시에 그만큼의 적을 만든 셈이
되었다. 전세를 결정지을 수도 있는 막강한 군대의 무게가 로
마인들 편에서 고트족 쪽으로 옮겨진 것이다.

 알라리크는 전쟁술뿐 아니라 협상 기
술에 있어서도 논의나 계획이라고는 전혀
없이 우왕좌왕하는 적들보다 한 수 위였

서기 408년 10월 등,
로마로 진군하는 알라리크

다. 알라리크는 이탈리아 국경 지대 진영에서 궁정의 움직임과
내분 및 불만이 퍼져 나가는 모습을 주시하면서, 야만족 침략
자로서의 본색을 감추고 위대한 스틸리코의 벗이자 동맹이라
는 더 친숙한 가면을 썼다. 그는 더 이상 두려워할 필요가 없
게 된 스틸리코의 덕성에 대해 진심에서 우러나온 찬사와 유감
의 뜻을 보였다. 이탈리아를 침략하라고 부추기는 불평 분자들
의 간청에 알라리크 자신의 피해 의식도 더욱 커졌다. 알라리
크는 로마 원로원이 그의 봉사에 대한 보상 명목으로 또는 그
의 분노를 달래기 위해 지불하기로 승인한 금 4000파운드의 지
급을 황제의 대신들이 아직도 이런저런 구실로 미루고 있다고
불평했다. 그는 교묘한 계산에 기초하여 온건하지만 단호한 태
도를 고수함으로써 계획을 성공시켰다. 그는 정당하고 합리적
인 해결을 요구하면서, 그것이 실현되기만 한다면 즉각 물러가
겠다고 강력하게 공언했다. 그는 두 고관의 아들인 아이티우스
와 이아손을 그의 진영에 인질로 보내야만 로마인들의 약속을
신뢰하겠다고 말했다. 그 대신 고트족의 귀족 청년들 몇 명을
인도하겠다고 제안했다. 라벤나의 대신들은 알라리크의 온건
한 태도를 그의 약점과 공포심을 보여 주는 확실한 증거로 해
석했다. 그들은 조약을 협상하거나 군대를 모을 필요도 없다고
코웃음쳤다. 그들은 자신들이 처한 위험을 인식하지 못한 채
경솔한 자신감에 차서 평화와 전쟁을 판가름할 결정적인 시기

² 애디슨(Addison)은 아펜니노 산맥을 통과하는 길에 대해 매우 생생하게 묘사했다. 고트족은 아름다운 전망을 감상할 여유가 없었지만, 베스파시아누스가 바위를 뚫고 냈으나 그 후로는 완전히 잊혀졌던 삭사 인테르키사를 발견하고 기뻐했다.

를 돌이킬 수 없이 허비해 버렸다. 그들이 침묵 속에서 야만족들이 이탈리아 국경 지대로부터 철수하기를 기다리고 있을 동안, 알라리크는 대담하고 빠른 진군으로 알프스와 포 강을 지나 순식간에 아퀼레이아, 알티눔, 콩코르디아, 크레모나 등의 도시들을 무력으로 굴복시키고 약탈을 자행했다. 그의 병력은 3만 명의 보조군들이 가세함으로써 더욱 불어났다. 그는 한 명의 적도 마주치지 않고 난공불락인 서로마 황제의 거처를 둘러싸고 있는 늪 지대의 가장자리까지 전진했다. 이 신중한 고트족 지도자는 성공할 가능성이 없는 라벤나에 대한 포위 공격은 포기하고, 리미니로 진군하여 아드리아 해안 지대로 약탈 범위를 넓히고 '세계의 여왕'(로마 제국)을 정복할 생각을 품었다. 신앙심과 고결함으로 야만족들의 존경을 받고 있던 한 이탈리아의 은자는 기세등등한 알라리크를 만난 자리에서 대담하게도 지상의 압제자에게 하늘의 분노가 내릴 것이라고 비난했다. 그러나 알라리크의 엄숙한 선언에 이 성자 자신이 마음이 흔들린 나머지, 로마 성문으로 그의 진군을 안내하는 정도가 아니라 강요하고 싶은 불가사의한 충동에 사로잡혔다. 알라리크는 자신의 재능과 운으로 이 대사업을 완수할 수 있다고 믿었다. 그의 열정은 고트족에게도 무의식중에 전달되어, 야만족들이 로마의 존엄한 이름에 대해 품어 온 거의 미신에 가까울 정도의 경외감을 눌렀다. 그의 군대는 전리품을 얻을 기대에 부풀어 플라미니아 가도를 따라 무방비 상태인 아펜니노 산맥²의 통로를 점령하고 풍요한 움브리아 평원으로 내려갔다. 그들은 클리툼누스 강변에 진을 치고 로마에 대한 승전 축하용으로 오랫동안 비축해 두었던 우윳빛 소를 마구 도살해 먹어치웠다. 나르니 시는 고지대에 위치한데다 때맞춰 천둥 번개를 동반한 폭풍우가 몰아쳐 위기를 모면했다. 그러나 알라리크는 이러한 보잘것없는 먹잇감 따위는 무시해 버리고 여전히 활력에 넘쳐 진군하여, 야만족들에게서 얻은 전리품으로 꾸며진 여러 개의 화려한 아치를 지나 로마의 성벽 아래에 진을 쳤다.³

619년의 세월 동안, 로마 제국의 본거지가 외적에게 유린당한 적은 한 번도 없었다. 실패로 끝난 한니발의 원정은 오히려 원로원과 시민들의 참모습을 과시하는 기회가 되었다. 원로원은 왕들의 모임과 비교되어 격이 올라가기보다는 오히려 떨어졌지만, 시민들의 힘은 피루스의 사절이 말한 것처럼 히드라의 머리와 같이 아무리 잘라도 끝이 없다고 했을 정도였다.⁴ 당시의 원로원 의원들은 빠짐없이 미관 말직에서든 고위직에서든 군복무 임기를 다했다. 또한 집정관이나 감찰관, 독재관을 역임한 모든 사람들에게 일시적으로 명령권을 부여하는 칙령이 공포되어 용감하고 경험 많은 장군들의 도움을 얻을 수 있었다. 전쟁 초기에 로마 시민들 중 무기를 들 수 있는 사람은 25만 명이었다.⁵ 5만 명이 이미 조국 방어에 목숨을 바쳤으며, 이탈리아, 그리스, 사르디니아, 시칠리아, 에스파냐의 여러 막사에 배치된 스물세 개 군단에는 약 10만 명이 필요했다. 그러나 로마와 인근 지역에는 아직도 그만한 숫자의 용기 백배한 국민들이 있었으며, 그들은 젊은 시절부터 병사로서 훈련을 받아 온 자들이었다. 한니발은 카푸아에 대한 포위 공격을 풀거나 분산된 병력을 다시 불러 모으지도 않은 채 그가 접근하기를 기다리는 원로원의 강인함에 놀랐다. 그는 로마에서 3마일 떨어진 아니오 강변에 진을 쳤다. 그러나 곧 그가 막사를 친 땅이 공개 경매에서 제값을 받고 팔렸으며, 한 무리의 군대가 에스파냐 군단을 보강하기 위해 반대 편 길로 오고 있다는 보고를 받았다.⁶ 그는 로마 성문까지 아프리카인들을 끌고 갔

로마 성문에서의 한니발

3 알라리크의 진군에 대한 추측 몇 가지는 똑같은 지역을 통과한 호노리우스의 여정에서 빌려 왔다. 라벤나와 로마 사이의 거리는 254로마마일이다.

4 이러한 비유는 피루스의 자문관인 키네아스가 사절로 가서 로마의 규율과 관습을 면밀히 연구한 뒤 돌아와서 한 말이다.

5 로마 주민들에 대해 이루어진 세 차례의 인구 조사에서, 2차 포에니 전쟁 즈음의 인구 수는 27만 213명, 13만 7108명, 21만 4000명이었다. 2차분에서의 감소와 3차분에서의 증가가 너무 엄청나서, 여러 비평가들은 사본에 만장일치로 동의함에도 불구하고 리비우스의 텍스트에 오류가 있을 가능성을 제기해 왔다. 그들은 두 번째 인구 조사가 로마에서만 시행되었고, 인구수가 감소한 원인이 많은 병사들이 죽었을 뿐 아니라 도시를 비웠기 때문이라고는 생각하지 않는다. 리비우스는 세 번째 인구 조사에서 군단들이 소집되었다고 분명히 밝히고 있다. 그 숫자에서 60세 이상의 인구와 무기를 잡을 수 없는 자들의 수를 감안하여 12분의 1을 빼야 한다.

6 리비우스는 이 두 사건을 단지 우연과 용기의 결과로만 보고 있다. 나는 이 사건들이 원로원의 감탄할 만한 정책으로 이루어진 것이 아닌가 생각한다.

으나, 그곳에서 전투 대형을 취하고 있는 세 개의 부대와 마주쳤다. 그러나 한니발은 최후의 한 명까지 모든 적을 쓰러뜨리지 않고서는 끝나지 않을 전투를 시작하기가 두려웠다. 그는 서둘러 퇴각함으로써 로마인들의 불굴의 용기를 인정했다.

7 히에로니무스는 파울라에게 화려한 칭호들을 부여했다. 이는 톡소티우스가 서로마 제국의 많은 가문들과 공유했던 율리우스라는 성보다 더 확실한 지위를 암시한다.

원로원 의원들의 혈통

포에니 전쟁 시대 이래로 원로원 의원들은 대를 이어 공화국의 이름과 형태를 유지해 왔으며, 호노리우스의 타락한 국민들도 한니발의 무력을 격퇴하고 지상의 민족들을 복속시킨 영웅들의 후손임을 자랑스럽게 내세웠다. 파울라[7]의 양심의 안내자였던 히에로니무스는 그녀의 삶을 기록하면서, 그녀가 물려받았으나 멸시했던 세속적인 명예들을 꼼꼼히 나열했다. 아가멤논으로부터 내려오는 그녀의 아버지 로가투스의 가계는 그리스 혈통에서 온 것으로 보이지만, 그녀의 어머니인 블레실라의 조상들 중에는 스키피오, 아이밀리우스 파울루스, 그락쿠스가 포함되어 있다. 파울라의 남편인 톡소티우스는 율리우스 가계의 시조인 아이네아스의 황족 혈통을 이어받았다. 고귀해지고 싶은 부자들은 이러한 고상한 권위로 허영심을 채웠다. 그들은 자기 식객들의 박수갈채에 우쭐해져서 어리석은 속인들을 쉽게 기만했다. 명망 있는 가문의 자유민이나 예속 평민들이 그들을 후원하는 귀족의 이름을 취하는 것이 보편적인 관습이었으므로 이러한 차용도 어느 정도 묵인되었다. 그러나 그런 가문들은 거의 대부분 외부의 폭력이나 내부의 부패 등 여러 가지 원인들로 인해 점차 몰락했다. 20여 대 정도 내려온 혈통의 자손을 찾으려면 온갖 행운과 위험이 들끓는 변화무쌍한 로마의 무대보다는 차라리 알프스 산속이나 풀리아 같은 외진 곳에서 찾는 편이 나을 것이다. 매 시대마다 제국의 모든 속주에서 강인한 모험가들이 자신의 재능 혹은 악덕으로 높은 자리까지 올라 로마의 부와 명예를 손에 넣고, 조상들의 영광에 대해서는 알지도 못하는 가난한 집정관 가문의 유족들을 억누르거나 보호했다.[8]

히에로니무스와 클라우디아누스 시대에, 원로원 의원들은 만장일치로 아니키우스 가를 최고의 가문으로 인정했다. 아니키우스 가의 역사를 잠깐 훑어보는 것만으로도 황제 다음가는 자리를 차지했던 고귀한 가문의 지위와 역사를 이해하는 데 도움이 될 것이다. 로마의 처음 5대까지 아니키우스 가의 이름은 알려져 있지 않았다. 그들은 프라이네스테 출신이었던 것으로 보인다. 이 새로운 가문은 오랜 세월 동안 호민관이라는 명예로 만족하고 지냈다. 기원전 160년, 이 가문은 아니키우스가 일리리쿰을 정복하고 왕을 사로잡아 전쟁을 훌륭하게 종결지은 공으로 법무관직을 하사받으면서 귀족의 지위에 올랐다.[9] 이 승전이 있은 후 오랜 기간에 걸쳐 세 명의 집정관이 나와 가문의 명예를 이어 나갔다.[10] 디오클레티아누스 황제 시대로부터 서로마 제국의 최후에 이르기까지 이 가문의 이름은 대중의 눈에 황제의 자의가 지닌 위엄 못지않은 빛을 발했다.[11] 그 이름을 이어받은 몇몇 분가는 결혼이나 상속을 통해 안니우스 가, 페트로니우스 가, 올리브리아누스 가의 부와 권리를 통합했으며, 세대가 거듭되면서 세습권에 의해 집정관의 수가 늘어났다. 아니키우스 가는 신앙 면에서나 부로 보나 최고의 영광을 누렸다. 그들은 그리스도교를 받아들인 최초의 로마 원로원 의원들이었다. 콘스탄티누스 대제의 종교를 기꺼이 받아들임으로써 막센티우스파를 지지한 죄를 씻고 나중에 집정관과 로마의 총독을 역임한 인물이 바로 아니키우스 율리아누스였다.[12] 아니키우스 가의 막대한 세습 재산은 그 가문의 수장인

아니키우스 가(家)

[8] 타키투스는 악티움 해전 후 베스파시아누스 시대까지의 기간 중 원로원이 지방 자치 단체와 이탈리아 식민지 출신의 새로운 가문들로 점차 채워졌다고 주장했다.

[9] 리비우스는 아니키우스의 공적을 공정하게 평가하면서, 일리리쿰에서 승리를 거두기 전에 마케도니아인이 발한 눈부신 광채 때문에 그의 명성이 가려졌다고 본다.

[10] 세 집정관의 연대는 로마력 593, 818, 967년으로, 마지막 두 명은 네로와 카라칼라 밑에서 집정관을 지냈다. 이들 중 두 번째 인물은 수치스러운 아부 행위로 악명이 높지만, 가문의 위풍과 전통을 유지할 수만 있다면 어떤 범죄 행위라도 주저 없이 받아들여졌다.

[11] 6세기에 이탈리아의 한 고트족 왕의 신하가 아니키우스 가의 고귀함에 대해 특별한 경의를 갖고 언급했다.

[12] 최초의 그리스도교인 원로원 의원의 칭호는 프루덴티우스의 권위와 아니키우스 가에 대한 이교도들의 반감이 정당화해 준다.

13 두 명의 페르시아 지방 총독들이 성 암브로시우스의 이야기를 듣고 프로부스를 만나기 위해 밀라노와 로마를 여행한 적이 있었다. 클라우디아누스는 프로부스가 누리는 영예를 어떻게 설명해야 할지 당혹감을 느꼈던 것 같다.

프로부스의 근면에 힘입어 더욱 늘어났다. 그는 그라티아누스와 공동으로 집정관의 명예를 누렸고, 민정 총독을 네 차례나 역임했다. 그의 광대한 영지는 로마 제국 전체에 흩어져 있었다. 시민들은 이를 손에 넣은 과정에 의혹을 품거나 반감을 가졌을지도 모른다. 그러나 이 운 좋은 정치가는 관대하고 배포가 있어서 예속 평민들로부터는 감사를, 타향 사람들에게는 경탄을 받았다.13 이처럼 사람들이 그에게 품은 존경심 덕에 프로부스의 두 아들은 젊은 시절부터 원로원의 요청에 따라 집정관의 영예를 누렸다. 이는 로마의 역사에서 유례없는 주목할 만한 특별 대우였다.

로마 귀족들의 부

'아니키우스 가 저택의 대리석'이라는 말이 부와 화려함을 뜻하는 속담으로 통할 정도였으니, 로마의 귀족들과 원로원 의원들이 이 명문가를 모방하려고 기를 쓴 것도 무리가 아니었다. 테오도시우스 황제 시대에 쓰여진 로마에 대한 정확한 묘사에서는 부유하고 명예로운 시민들의 저택을 1780채로 헤아리고 있다. 어느 시인(클라우디아누스)은 로마에 궁궐 같은 대저택이 수없이 많이 있으며, 그 안에는 시장, 극장, 사원, 분수, 욕탕, 주랑, 그늘진 관목 숲, 잘 꾸며진 새집 등 필요나 사치를 위한 모든 것이 있어 도시 하나의 규모와 맞먹는다고 묘사했다. 이 저택들 상당수가 그의 말이 과장이 아니었음을 보여 준다. 역사가인 올림피오도루스는 로마가 고트족에게 포위되었을 당시의 상황을 설명하면서, 가장 부유한 축에 드는 원로원 의원들이 영지에서 해마다 금 4000파운드, 영국 화폐로 따지면 16만 파운드 이상의 수입을 올렸다고 기록했다. 그리고 일정량의 곡물과 포도주도 받았는데, 이를 판다면 금으로 얻은 수입의 3분의 1에 맞먹는 액수였을 것으로 보았다. 이런 엄청난 부와 비교하면 보통 원로원 의원들이 받는 금 1000파운드 내지는 1500파운드 정도의 수입은 대중 앞에서 품위를 유지하는 데 많은 비용이 요구되는 원로원 의원직의 체통을 간신히 지킬 정도의 수준에 불과했을 것이다. 호노리우스 황제 시대에 기록된 몇몇 사례들을 보면, 허영심 많고 인기 있는 귀족들은 자신이 법무관에 취임한 해를 기념하기 위해 7일간이나 축제를 열어 10만 파운드 이상의 비용을 쓰기도 했다.[14] 현대의 부자들을 훨씬 능가하는 로마 원로원 의원들의 영지는 이탈리아 안에만 국한되어 있었던 것이 아니라 이오니아 해와 에게 해 너머 속주들에까지 뻗어 있었다. 아우구스투스가 악티움 해전 승전 기념으로 세웠던 니코폴리아도 파울라의 소유였다. 세네카는 두 적국의 경계를 이루었던 강이 이제는 시민들의 사유지를 지나 흐르고 있다고 말했다. 로마인들은 각자의 성향과 상황에 따라 자기 영지를 노예들을 부려 경작하거나 아니면 근면한 농부에게 약정된 세를 받고 빌려 주었다. 경제에 밝은 학자들은 실행 가능하기만 하다면 전자의 방법을 추천했다. 그러나 멀리 있거나 규모가 너무 커서 주인의 눈이 구석구석 미치기 어려운 땅이라면, 게으르고 불성실하며 돈만 밝히는 집사의 경영에 맡기기보다는 오랫동안 대를 이어 땅을 경작해 옴으로써 땅에 애착을 갖고 소출에도 관심을 기울이는 소작인의 부지런한 손길에 맡기는 편이 낫다고 충고했다.[15]

막대한 재산을 소유한 귀족들은 군인으로서의 영광에는 전혀 매력을 느끼지 못했고 민정 관료직도 잘 맡지 않으려 했기 때문에, 자연히 은거하여 개인적인 업무와 오락에만 몰두하게 되었다. 로마인들은 항상 상업을 천시해 왔지만, 공화국 초기부터 원로원 의원들은 고리 대금업으로 세습 재산을 불리고

로마 귀족들의 풍습

[14] 알리피우스, 심마쿠스, 막시무스의 아들들은 법무관직을 맡은 해에 각각 12, 20, 40센테나리(금으로 환산하면 100파운드)를 썼다. 이러한 계산에는 어느 정도 오차가 있겠지만, 『테오도시우스 법전』에 법무관 첫 해에는 2만 5000폴리스, 두 번째 해에는 2만 폴리스, 세 번째 해에는 1만 5000폴리스로 비용을 정해 놓은 것은 설명하기가 어렵다. 폴리스(follis)라는 이름은 은전 125닢을 담은 돈주머니 한 개나 그 주머니의 2625분의 1의 가치를 가진 작은 구리 동전에 똑같이 적용된다. 전자의 의미라면 2만 5000폴리스는 15만 파운드와 맞먹으며, 후자의 의미일 경우에는 5~6파운드가 된다. 전자는 터무니없이 많은 액수이고 후자는 우스울 정도로 적다. 납득이 갈 만한 중간 정도의 가치가 있는 것이 틀림없다. 그러나 법전의 용어에서 모호성은 용서할 수 없는 오류이다.

[15] 부유한 원로원 의원인 볼루시우스는 영지에서 태어난 소작인들을 선호했다. 그에게서 이 원칙을 받아들인 콜루멜라는 이 주제에 대해 매우 신중하게 논했다.

예속 평민들을 늘렸다. 돈을 빌려 주는 사람과 빌리는 사람 간에 기호와 이해가 서로 맞아떨어져 법률은 유명무실해졌다.16 로마에는 제국의 통화 형태로든 금과 은의 형태로든 상당한 양의 재화가 있었음이 틀림없다. 플리니우스가 활동한 시대에는 스키피오가 카르타고를 정복하고 가져온 것보다 더 많은 양의 순은을 저장한 궤가 저택마다 잔뜩 있었다.17 많은 귀족들이 방탕한 사치로 재산을 탕진하고, 끊임없는 낭비에만 힘을 쏟으며 빈둥거리며 지냈다. 무수히 많은 사람들, 즉 처벌에 대한 공포로 부지런히 일하는 수많은 노예들, 돈벌이할 욕심에 더욱 재게 손을 놀리는 기술자들과 상인들이 그들의 욕구를 계속해서 채워 주었다. 고대인들은 산업의 진보로 발명되거나 개선되어 온 많은 생활상의 편의를 누리지 못했다. 근대의 유럽 국가들은 풍부한 양의 유리와 아마포 덕분에 로마 원로원 의원들이 호화롭고 관능적인 최고의 사치에서 얻을 수 있었던 것 이상으로 안락한 생활을 누리고 있다.18 그들의 사치와 생활 풍습은 세부적인 부분까지 면밀히 연구되어 왔다. 그러나 이러한 조사를 계속한다면 이 책의 의도에서 너무 많이 벗어나게 될테니, 고트족 침략 당시의 로마와 그 주민들의 생활상을 살펴보도록 하겠다. 당대를 기록하는 역사가의 가장 적절한 거처로 현명하게도 제국의 수도를 택했던 암미아누스 마르켈리누스는 국가적 중대사를 서술하면서 중간 중간 그가 익숙하게 보아 온 장면들을 생생하게 묘사했다. 영리한 독자라면 그의 날카로운 비판, 상황의 선택, 표현의 문체에 항상 동의하지는 않을 것이다. 독자들은 그의 마음속에 숨겨진 편견과 자기 비위에 맞지 않는 대상에 대한 개인적인 분노를 감지할 수 있겠지만, 그러면서도 그의 철학적 호기심과 로마의 풍습에 대한 흥미롭고 독창적인 설명을 접할 수 있을 것이다.19

16 발레시우스는 크리소스토무스와 아우구스티누스의 기록을 토대로 원로원 의원들의 고리 대금업이 금지되어 있었음을 입증했다. 그러나 『테오도시우스 법전』에는 6퍼센트의 이자나 법적인 이자의 절반을 받을 수 있도록 허용하고 있다. 더욱 특이한 점은 이러한 허가가 젊은 원로원 의원들에게만 내려졌다는 점이다.

17 플리니우스가 소유한 은은 4380파운드에 불과했으나, 리비우스는 이를 10만 23파운드로 늘렸다. 전자는 부유한 도시에는 너무 적은 것 같고, 후자는 개인이 보유하기에 너무 많은 양이다.

18 아버스닛(Arbuthnot)은 우스갯소리로 한 말이지만 나는 진짜라고 믿는데, 아우구스투스는 유리창에 유리도 못 끼우고 등에 셔츠도 못 걸치고 살았다. 제국 후기로 가면서 아마포와 유리의 사용은 좀 더 널리 확산되었다.

19 암미아누스의 글을 마음대로 바꾼 데 대해 해명이 필요할 것이다. 1) 제14권의 여섯 번째 장과 제28권의 열네 번째 장을 한 쪽으로 줄였다. 2) 마구잡이로 섞여 있는 자료들을 정리하고 연결했다. 3) 일부 지나치게 과장된 표현을 부드럽게 하고 원본의 군더더기를 줄였다. 4) 분명히 밝히지 않고 슬쩍 암시하는 데 그친 기록들을 자세히 설명했다. 이런 수정을 거친 나의 번역판이

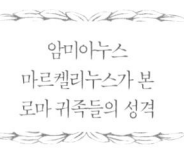
암미아누스 마르켈리누스가 본 로마 귀족들의 성격

로마의 위대함은(이 역사가는 이런 투로 말한다.) 미덕과 행운의 믿기 어려울 만큼 보기 드문 결합을 토대로 이루어졌다. 로마 제국 초기에는 신흥 도시 인근의 이탈리아 부족들과 고된 싸움을 하느라 많은 시간을 보내야 했다. 힘과 열정을 갖춘 청년기에 들어서자, 로마는 전란 속에서 무기를 들고 바다와 산맥을 넘어 나아가 지구상의 모든 지역으로부터 승리의 월계관을 가지고 돌아왔다. 드디어 노년기에 접어들자 로마는 그 이름이 주는 공포만으로도 적을 제압할 정도가 되어 평온과 고요를 얻고자 했다. 아무리 사나운 민족이라도 짓밟아 버리고 법의 체계를 세운 존엄한 도시, 정의와 자유의 영원한 수호자이던 로마는 현명하고 부유한 어버이처럼 사랑하는 아들인 카이사르들에게 막대한 세습 재산의 관리를 맡기는 것으로 만족했다. 누마 시대에 누렸던 것과 같은 안전하고 완벽한 평화 시대가 있은 후 공화국에 소란이 일기도 했으나, 로마는 계속해서 지상의 여왕으로 군림했고 예속된 민족들은 시민들의 명성과 원로원의 위엄에 존경을 바쳤다. 그러나 이러한 영광은 몇몇 귀족들의 행동으로 빛이 바래고 더럽혀졌다. 그들은 자기 자신과 국가의 존엄 따위는 염두에도 두지 않고 악덕과 어리석은 행동을 거침없이 자행하고 있다. 그들은 헛된 허영심에 차서 칭호와 성(姓)을 놓고 서로 다투며, 속인들의 귀에 경외감을 불러일으키기 위해 레부르루스, 파부니우스, 파고니우스, 타르라시우스[20] 따위의 고상한 이름을 골라내거나 생각해 냈다. 자신의 이름을 영원히 남기려는 헛된 야심에서, 이들은 청동과 대리석으로 자기 모습을 닮은 조각상을 무수히 만들었다. 그들은 동상에 금을 씌워 놓고서야 만족했는데, 이는 안티오코스 왕을 무력과 권고로 굴복시킨 초대 집정관 아킬리우스

문자 그대로 옮긴 것은 아니라도 믿을 만하고 정확할 것이다.

[20] 고학자들이 온갖 노력을 기울였음에도 이 별스러운 이름들을 입증해 내지는 못했다. 내 생각으로는 역사가 자신이 어떤 개인을 겨냥한 풍자가 될 것을 두려워하여 지어낸 이름인 것 같다. 그러나 처음에는 단순했던 로마인들의 이름이 점차 넷, 다섯, 심지어 일곱 개까지 성이 붙어 길어진 것만은 확실하다. 예를 들면 마르쿠스 마이키우스 메미우스 푸리우스 발부리우스 카이킬리아누스 플라키두스 같은 이름도 있다.

에게나 주어졌던 영예였다. 가장 미천한 병사와 같은 음식을 먹고 같은 의복을 입었던 가난하고 용감무쌍한 조상들의 기억을 간직하고 있는 자라면, 이 귀족들이 해 뜨는 곳에서 해 지는 곳까지 온 속주에 소유하고 있는 영지들의 임차료 장부를 과시하면서 허세 부리는 모습에 마땅히 분노를 느낄 것이다. 요즘의 귀족들은 마차의 높이나[21] 의복의 화려함을 지위와 인격의 척도로 삼는다. 그들은 긴 자주색 비단옷을 바람에 휘날리면서 일부러, 혹은 우연히 밑에 받쳐 입은 여러 동물의 모습을 수놓은 값진 내의나 겉옷을 드러내곤 한다.[22] 쉰 명이나 되는 하인들을 이끌고 도로를 질주할 때면 마치 파발마라도 타고 달리는 듯 맹렬한 속도로 거리를 휩쓴다. 귀부인과 숙녀들마저도 원로원 의원들을 모방하고 나서서, 덮개를 덮은 마차를 타고 도시와 교외를 쉬지 않고 달린다. 이렇게 지체 높은 분들이 대중 욕탕에라도 한번 방문할라치면, 입구에서부터 오만방자한 태도로 쩌렁쩌렁 울리도록 명령을 내리며, 로마 시민들의 편의를 위해 만들어진 시설들을 자기들 마음대로 사용한다. 이렇게 온갖 사람들이 모여드는 장소에서 함께 쾌락을 나누는 악명 높은 대신들을 만나면 따스한 포옹으로 애정을 표현하면서, 동료 시민들의 인사는 거만하게 물리치고 자기들의 손이나 발에 입맞추는 것 이상은 허용하지 않는다. 그들은 욕탕에서 몸을 풀고 나면 곧바로 다시 반지를 끼고 자신들의 권위를 나타내는 장식들을 걸치고 열 명분도 지을 만한 최상급 아마포가 가득 찬 개인 옷장에서 가장 마음에 드는 옷을 골라 입고는 그곳을 뜰 때까지 내내 거만한 태도를 취한다. 시라쿠사를 정복한 위대한 마르켈루스 정도라면 이런 태도를 취해도 괜찮을지 모른다. 이들 영웅들은 더 힘겨운 위업에 나서기도 하는데, 이탈리아에 있는 자신의 영지를 방문하여 노예들을 부려 사냥을 즐기는 것

[21] 로마인들의 마차는 정교하게 조각된 순은으로 만들어지고, 노새나 말의 마구는 금으로 돋을새김해서 장식되었다. 이러한 화려한 장식은 네로 시대부터 호노리우스 시대까지 계속되었다. 고트족의 포위 공격이 있기 6년 전, 성 멜라니아가 로마에 돌아왔을 때 그녀를 만나려고 쏟아져 나온 귀족들의 화려한 마차 행렬이 아피아 가도를 뒤덮었다. 그러나 이러한 허식은 편의를 고려하는 쪽으로 바뀌었다. 단순한 형태를 가진 요즘 마차가 금이나 은으로 만들어졌지만 굴대 위에서 굴러가며 악천후에 고스란히 노출되는 고대의 마차보다 훨씬 낫다.

[22] 아마시아의 주교인 아스테리우스의 설교집에서 발루아(M. de Valois)는 곰, 늑대, 사자, 호랑이, 숲, 사냥꾼 등을 수놓는 것이 새로운 유행이 되었다는 사실을 발견했다. 신앙심이 깊은 멋쟁이들은 선호하는 성인의 인물상이나 전설을 수놓기도 했다.

이다.[23] 또한 아무 때라도 좋지만 특히 더운 날씨에는 색을 입힌 갤리선을 타고 루크리누스 호[24]에서 푸테올리나 카이에타 해변에 있는 멋진 별장까지 항해에 나서서 자신들의 원정을 카이사르나 알렉산드로스의 진군과 견주어 본다. 그러나 그들의 금박 입힌 양산의 비단 주름 위에 파리 한 마리라도 앉거나, 미처 막지 못한 미세한 틈 사이로 햇빛이 들기라도 하면, 참기 어려운 고생에 탄식을 토하면서 가식적인 말투로 영원한 어둠만이 있다는 킴메르족[25]의 땅에 태어나지 못한 것을 한탄한다. 이런 여행을 할 때는[26] 온 식솔이 주인을 따라 나선다. 무장한 보병대와 기병대, 중무장 부대와 경무장 부대, 전위 부대와 후방 부대를 군 지휘관이 정비하는 식으로, 권위를 나타내는 지팡이를 든 집사들이 노예들과 하인들의 대열을 배치하고 정비한다. 짐과 옷가지는 맨 앞에서 가고, 부엌일과 식사 시중을 맡은 한 무리의 요리사들과 하인들이 그 뒤를 따른다. 본대를 이루는 것은 노예들인데, 하릴없이 따라다니며 얻어먹는 평민들이 가세하여 그 수는 더욱 늘어났다. 대열 끝에는 가장 총애받는 무리인 환관들이 따르는데, 나이 어린 자부터 연장자 순으로 배치되었다. 그들의 수와 추악한 몰골은 분개한 구경꾼들의 공포심을 자극하여, 자연의 의도에 반하는 잔혹한 기술을 고안하여 다음 세대를 낳을 희망의 싹을 말린 세미라미스를 저주하지 않을 수 없게 만들었다. 로마 귀족들은 집안에서 지배권을 행사하면서 자신에 대한 피해라면 아무리 사소한 것일지라도 대단히 예민하게 반응하지만, 다른 사람의 피해에 대해서는 경멸스러운 무관심으로 대응한다. 더운물을 가져오라는 명령에 노예가 꾸물거리기라도 하면 즉각 300대의 채찍질로 벌한다. 그러나 바로 그 노예가 계획적으로 살인을 저지른다면, 어차피 처벌할 가치도 없는 녀석이니 또 그런 짓을 한다면 그때 가서

[23] 세 마리의 야생 수퇘지가 사냥꾼들의 노력을 방해하는 일 없이 유인되어 잡혔다.

[24] 본문에 나온 아베르누스라는 불길한 말로부터의 변화는 중요하지 않다. 아베르누스 호와 루크리누스 호는 서로 통하는데, 아그리파의 거대한 방파제로 율리아누스 항 쪽으로 물이 흐르게 되어 있다. 율리아누스 항은 좁은 입구를 통해 푸테올리 만으로 통한다. 이곳에 살았던 베르길리우스는 이 작업이 실행에 옮겨진 순간을 묘사했다. 그의 주석자들, 특히 카트로우는 스트라보, 수에토니우스, 디온의 글을 많이 참조했다. 지진과 화산이 그 지역의 모습을 바꿔 놓았으며, 루크리누스 호는 1538년 이후로는 누오보 산으로 바뀌었다.

[25] '킴메리아족의 어둠'이라는 관용 어구는 본래 호메로스의 묘사에서 나온 것인데(『오디세이』 제11권). 그는 해안가에 있는 멀리 떨어진 한 가공의 나라에 이 이름을 붙였다.

[26] 세네카로부터 로마인들의 여행에 관한 세 가지의 기이한 정황 설명을 얻을 수 있다. 1) 그들은 누미디아의 날랜 말 떼를 앞세웠는데, 이 말들은 높은 사람이 접근하면 먼지구름을 일으켜 알렸다. 2) 짐 나르는 말은 값진 항아리뿐 아니라 크리스탈로 만들어진 깨지기 쉬운 그릇과 무라(murra)까지도

날랐다. 무라는 세네카를 프랑스어로 옮긴 박식한 번역가가 중국과 일본의 도자기를 의미하는 것임을 밝혀냈다. 3) 아름다운 젊은 노예들은 태양과 서리에서 얼굴을 보호하기 위해 약포나 연고를 발랐다.

27 스포르툴라이는 100과 드란테스의 뜨거운 양식을 담을 수 있는 작은 바구니로, 문간에서 기다리고 있는 굶주린 자들에게 나누어 줄 식량을 담아 복도에 죽 늘어놓았다. 이처럼 섬세하지 못한 관습은 마르티알리스의 경구나 에우베날리스의 풍자시에서 자주 언급되었다. 이 양식 바구니는 나중에 금과 은을 담은 것으로 바뀌어 집정관 취임이나 결혼식 등 중요한 일이 있을 때 귀족들끼리 서로 주고받게 되었다.

28 라틴어의 'glis'. 프랑스어의 'loir'에 해당하는 영어 이름이 없어서 다람쥐라고 할 수밖에 없다. 이 작은 동물은 숲에서 살면서 날이 추워지면 동면을 한다. 로마에서는 시골 살림에 보탬을 주기 위해 수많은 글리스를 길러 살찌웠다. 어리석게도 감찰관이 금지 명령을 내리는 바람에 사치스러운 식탁에 대한 과도한 요구는 더욱 거세어졌다. 이 동물은 지금도 로마에서는 높이 쳐주며, 콜른나 가에서 선물로 보내지기도 한다.

나 벌을 주겠다고 하는 것이 고작이다. 예전에는 손님을 환대하는 것이 로마인들의 미덕이어서, 공을 세웠거나 불운을 만난 이방인은 누구라도 관대하게 보상을 받거나 도움을 얻었다. 요즘은 제법 높은 지위의 외국인이 거만하고 부유한 원로원 의원에게 소개되면, 처음에는 따뜻한 말과 친절한 질문으로 환영을 받고 이 유명 인사들의 상냥함에 매혹된 나머지, 제국의 본거지일 뿐 아니라 예의범절의 본산이라 할 로마에 왜 이제야 왔던가 후회할 지경이 된다. 그러나 이런 호의적인 대접을 기대하고 다음 날 다시 한 번 방문해 보면 자신의 얼굴이나 이름, 국적 따위는 이미 다 잊혀진 뒤임을 알고 마음에 상처를 받는다. 그래도 참고 버텨 볼 생각으로 수많은 식객들 중에 끼어 우정이나 감사 따위는 전혀 기대할 수 없는 오만한 주인에게 그다지 실익도 없는 아첨을 부지런히 바쳐 보아도, 감히 자신의 존재를 알릴 수도 없고, 떠나겠다거나 돌아오겠다는 말을 건넬 수도 없다. 부자들은 여흥을 준비하거나27 온갖 사치를 다해 연회를 열 때면 손님을 고르는 일에 가장 많은 신경을 쓴다. 점잖고, 진지하고, 학식 있는 자들은 잘 부르지 않는다. 손님 명단을 작성하는 하인들은 이기적인 동기에 좌우되어 초대장 목록에 인간들 중에서도 가장 한심한 부류의 이름을 끼워 넣곤 한다. 그러나 귀족들 집에 자주 드나들며 가깝게 지내는 식객들 중에는 모든 기술 중에서도 가장 유용한 기술인 아첨에 뛰어난 자들이 있다. 그들은 신과 같은 후원자의 말 한 마디 행동 하나하나마다 열렬한 갈채를 보내고, 화려하게 칠한 바닥과 대리석 기둥을 황홀하게 바라보면서 그 장엄함과 우아함이 주인의 개인적 장점의 일부인 양 열광적으로 칭찬한다. 로마인들의 식탁에는 엄청난 크기의 새 고기와 다람쥐 고기,28 생선 등이 차려져 호기심 어린 눈길을 끄는데, 진짜 무게를 확인할 수 있도록 한 쌍의 저울까지 놓여 있다. 좀 더 이성적인 손님들은 이러한 허황된 짓거리가 지루하게 반복되는 데 염증을 느끼지만, 주인들은 이러한 경탄할 만한 연회가 사실이었음을 입증하도록 서기관들까지 불러다가 기록하게 한다. 귀족들의 집이나 모임에 초대받는 또 다른 방법은 도박을 하는 것이다. 도박을 함께 하는 패거리들은 절대적이고 확고한 우호 관계, 아니 그보다는 공모 관계로 결속되어 있으므로, 테세라리아(주사위 놀이로 해석될 수도 있다.29))에 뛰어난 기술이 있다면 부와 명성으로 가는 지름길로 접어든 것이나 마찬가지이다. 이런 굉장한 학문에 통달한 사람은 식사할 때나 모임에서나 주인 바로 아래 자리에 앉아서, 카토가 변덕스러운 시민들의 투표로 법무관직을 거부당했을 때 지었을 법한 표정으로 분노나 놀라움을 드러내곤 한다. 학문 연마 따위는 연구에 따르는 피로를 싫어하고 학문의 이점을 우습게 아는 귀족들에게는 관심 밖이다. 그들이 읽는 책이라고는 에우베날리스의 풍자시와 마리우스 막시무스가 쓴 장황하고 허황된 역사서뿐이다. 그들이 선조로부터 물려받은 서재는 고적한 묘소처럼 방치되어 햇빛을 보지 못하고 있다.30) 그 대신 피리, 리라, 수압식 오르간 등 값비싼 무대용 악기들이 제작되고, 목소리와 악기 소리가 어우러져 궁전과 같은 저택에서 끊임없이 울려 퍼진다. 호화 저택에서는 음악의 내용보다는 소리를 더 선호하며, 정신을 돌보기보다는 육체를 돌보는 편을 더 좋아한다. 아주 사소한 전염병의 징후라도 친한 벗을 방문하기로 한 약속을 취소할 충분한 이유가 된다는 것이 건전한 원칙으로 통한다. 심지어 안부를 물으러 보낸 하인조차도 병균을 깨끗이 씻어 내는 의식을 끝내기 전에는 들어오지 못하게 한다. 그러나 이 같은 이기적이고 비겁한 조심성도 탐욕 앞에서는 종종 맥을 못춘다. 이익을 얻을 가망이 보이면 통

29) 이 게임은 우리 귀에 더 익숙한 서양 주사위 놀이 (trictrac, backgammon)로 번역될 수 있다. 이것은 근엄한 로마인들에게도 인기 있는 오락거리여서, 법률가인 무키우스 스카이볼라도 매우 뛰어난 선수로 이름을 떨쳤을 정도였다.

30) 이 풍자는 좀 과장된 면이 있다. 마크로비우스의 「사투르날리아 축제」와 히에로니무스의 서신집은 높은 신분의 로마인들이 근면하게 그리스도교 신학과 고전 문학을 연구했음을 보여 주는 훌륭한 증거가 된다.

31 이 로마 귀족의 친구였던 마크로비우스는 별 미래에 일어날 일들의 원인이나 적어도 징조로 생각했다.

풍에 걸린 부유한 원로원 의원도 스폴레토까지라도 달려간다. 유산이나 유품 하나라도 건질 희망이 보이면 오만함이나 품위도 다 내던진다. 그러다 보니 로마에서 가장 힘 있는 사람은 부유하지만 자식이 없는 시민이다. 귀족들은 유리한 유언을 얻어 내거나, 때로는 유언의 실행을 앞당기는 술책에 통달해 있다. 한 지붕 아래 딴 방에서 아내와 남편이 서로를 앞지를 멋진 계획을 품고 각자 자기 변호사를 불러 둘 다 공통적으로 가지고 있지만 상반되는 의도를 밝히는 경우도 있다. 무절제한 사치 풍조를 좇다 보니 곤경에 빠져 수치스럽기 짝이 없는 수단에 기대는 일도 드물지 않다. 그들은 돈을 빌리고자 할 때는 희극에서 나오는 노예들이나 쓸 법한 비루한 탄원조를 취한다. 그러나 막상 돈을 갚으라는 요청을 받으면 헤라클레스의 자손이나 된 듯 당당하고 비극적인 영탄조를 취한다. 독촉이 거듭되면 믿을 만한 아첨꾼을 불러다가 오만방자한 빚쟁이에게 독약이나 마법을 썼다는 죄목을 뒤집어씌워, 모든 빚을 탕감해 준다는 증서에 서명할 때까지 감옥에서 풀려 나오지 못하게 만든다. 로마인들의 도덕성을 타락시킨 이러한 악덕들은 그들의 이성을 더럽히는 유치한 미신과 뒤섞여 있다. 그들은 희생 제물의 창자를 보고 미래의 성공이나 번영의 징조를 읽어 낸다는 창자 점쟁이들의 예언에 귀를 기울인다. 그러다 보니 점성술의 법칙에 따라 수성의 위치나 달의 위상에서 조언을 얻을 때까지는 목욕도, 식사도 하지 않고, 대중 앞에 모습조차 드러내지 않는 자들도 많은 실정이다.[31] 불경스럽게도 천상의 힘의 존재를 의심하거나 부인하는 불신자들 가운데에서도 이렇게 어리석은 짓을 하는 자들이 적지 않다는 사실은 참으로 놀랍다.

상업과 제조업의 본거지인 대도시에서 손재주와 노동으로

벌어먹고 사는 중간 계급 주민들은 보통 생산의 대부분을 담당하는 가장 쓸모 있는 자들이며, 그런 의미에서 공동체에서 가장 존경받아야 할 사람들이다. 그러나 노동을 천시하는 로마의 평민들은 초창기부터 빚과 고리대금에 짓눌려 신음해 왔다. 또한 농부는 군 복무 기간 동안은 자기 농장의 경작에서 손을 놓아야만 했다.[32] 원래 이탈리아의 토지는 가난한 자유민들에게 분배되어 있었지만, 어느새 서서히 탐욕스러운 귀족들이 사들이거나 빼앗아 갔으므로, 공화정의 쇠망기 이전에 독립 자산을 소유한 시민들은 겨우 2000명밖에는 남지 않게 되었다. 그러나 시민들이 자신들의 투표로 국가의 명예로운 직위와 군단 지휘권, 부유한 속주의 경영권을 결정할 동안에는 자부심을 가지고 어느 정도 가난의 고통을 견딜 수 있었다. 또한 로마의 서른다섯 개 부족이나 193개의 백인대를 매수하여 과반수를 확보하려는 야심 많은 후보자들이 때때로 그들의 빈궁함을 해소해 주기도 했다. 그러나 방탕한 평민들은 권력을 행사할 권리뿐 아니라 계승권조차도 포기해 버렸다. 그리하여 그들은 역대 황제들의 통치하에서는 천하고 비참한 대중으로 전락하고 말았는데, 노예들을 해방시키고 이방인들을 받아들여 끊임없이 보충하지 않았다면 몇 세대만에 완전히 사라지고 말았을 것이다. 하드리아누스 시대에 수도가 전 세계의 악덕과 여러 민족들의 생소한 생활 방식까지 마구잡이로 끌어들인다고 토박이들이 불평한 것도 무리가 아니다. 갈리아인들의 방종함, 그리스인들의 교활함과 경박함, 이집트인들과 유대인들의 야만스러운 완고함, 아시아인들의 굴종적인 기질, 시리아인들의 방탕하고 유약한 기질, 이 모든 것들이 뒤섞인 다양한 무리들이 로마인이라는 허울 좋은 이름 아래 영원한 도시(로마)의 경계 밖에 거주하는 다

로마 대중들의 신분과 성격

32 리비우스의 역사서는 부자들의 강제적인 청구와 가난한 채무자들이 겪은 고통을 가득 담고 있다. 한 용감한 노병의 슬픈 이야기는 당시에 널리 퍼져 나가 지나치게 칭송되었던 것이 분명하다.

33 세네카는 인류의 대다수가 유형 상태에 있음을 상기시킴으로써 어머니를 위로하려 했으나, 그녀에게 로마 시민들 중에서 그 도시 출생인 자들이 얼마나 소수인가를 떠올리게 만들었을 뿐이었다.

34 빵, 돼지고기, 기름, 포도주 등에 대한 언급은 『테오도시우스 법전』 제14권에서 거의 다 찾을 수 있는데, 여기에서는 대도시들의 경관(警官)을 특별히 다루었다. 고드프루아(Godefroy)의 주석집에서 부수적인 증거들을 얻을 수 있는데, 그것들을 옮길 필요까지는 없을 것이다. 군대 수당을 돈으로 따진 테오도시우스의 법률에 따르면, 금 1조각(11실링)은 돼지고기 80파운드나 기름 80파운드, 소금 12모디우스와 맞먹는다. 항아리 1개가 돼지고기 70파운드라는 등식에 따르면, 포도주 가격은 갤런당 약 16펜스가 된다.

른 시민들뿐 아니라 자기들의 왕까지도 멸시했다.33

빵, 돼지고기, 기름, 포도주 등의 공적 배급

그러나 로마의 이름은 입에 올려질 때마다 여전히 경의를 불러일으켰다. 시민들은 자주 변덕스러운 소동을 일으켜도 벌을 받지 않았다. 콘스탄티누스의 후계자들은 강력한 군사력을 휘둘러 민주주의의 마지막 유물을 무너뜨리는 대신, 아우구스투스의 온건책을 따라 수많은 시민들의 빈궁을 구제해 주고 무료함을 달래 주는 데 온 힘을 쏟았다.34 1) 게으른 평민들의 편의를 위하여 매달 이루어지던 곡물 배급이 매일 빵을 나누어 주는 것으로 바뀌었다. 국가의 비용으로 많은 오븐이 만들어지고 유지되었다. 정해진 시간이 되면 배급표를 받은 시민들이 자기 구역에 할당된 층계를 올라가서 가족들이 먹을 3파운드 무게의 빵 덩어리를 무상으로 또는 아주 싼 가격으로 받았다. 2) 루카니아의 숲 속에서 숲의 도토리를 먹고 사는 야생 돼지들이 값싸고 맛 좋은 고기의 풍부한 공급원이 되었다. 1년 중 다섯 달 동안은 극빈층에게 정기적인 돼지고기 배급이 이루어졌다. 과거의 영광이 많이 쇠퇴한 발렌티니아누스 3세 때에도 칙령을 보면, 수도의 연간 소비량이 362만 8000파운드에 달했음을 확인할 수 있다. 3) 고대의 생활 방식에서 기름은 목욕뿐 아니라 등불을 켜기 위해서도 반드시 필요했다. 로마가 쓰기 위해 아프리카에 세금으로 바치도록 부과한 기름의 양은 연간 300만 파운드, 영국식으로 따지면 30만 갤런에 달했다. 4) 아우구스투스는 수도에 충분한 곡물을 공급하는 문제에는 항상 신경을 썼으나, 생존에 필수적인 품목들 이상까지는 신경 쓰지 않았다. 그리하여 포도주가 너무 비싸고 귀하다는 시민들의 불평에, 이 엄숙한 개혁가는 아그리파의 수로가 도시에 깨끗하고 건강에 좋은 물을 풍부하게 공급해 주는 마당에 갈증을 불평해서는 안 된다고 국민들을 훈계하는 포고문을 발표했다. 그러나 이 엄격하고 합리적인 정책은 점점 느슨해져 갔다. 아우렐리아누스[35]의 관대한 계획이 완전히 실행되지는 않았던 것 같지만, 시민들은 아주 간단하고 관대한 조건으로 포도주를 마음껏 얻을 수 있게 되었다. 고위직 행정관이 공공 저장고의 관리를 맡아 운 좋은 로마 시민들을 위해 상당한 양의 캄파니아산 포도주를 보관했다.

아우구스투스 자신도 칭찬을 아끼지 않았던 경탄할 만한 수로들은 황제가 관대하게 로마 시 곳곳에 건설한 공중 목욕탕에 물을 공급해 주었다. 원로원 의원들과 시민들이 차별 없이 사용하도록 정해진 시간에 문을 여는 안토니누스 카라칼라 욕장은 대리석으로 만든 1600개의 좌석을 갖추었으며, 디오클레티아누스 욕장은 3000명 이상을 수용할 수 있었다. 높은 욕실 벽은 화필로 그린 듯 우아한 디자인과 다양한 색채의 정교한 모자이크로 덮였다. 이집트산 화강암이 누미디아의 귀한 초록색 대리석을 보기 좋게 장식했다. 뜨거운 물줄기가 빛나는 은으로 만든 수많은 수도꼭지를 통해 넓은 웅덩이로 계속해서 쏟아졌다. 로마 시민 중 가장 비천한 자라도 동전 몇 닢만 있으면 아시아의 왕들도 질투할 호사를 온종일 누릴 수 있었다.[36] 이렇게 화려한 건물들로부터 신발도 못 신고 망토 하나 못 걸친 지저분한 누더기 투성이의 평민들이 쏟아져 나와 온종일 광장이나 거리를 배회하며 주위들은 소식으로 논쟁을 벌이고, 처자식들의 비참할 만큼의 적은 생활비를 허황된 도박에 탕진해 버렸다. 그러고는 음침한 여관이나 매음굴에서 상스럽고 천박한 육욕에 탐닉하면서 밤을 지샜다.[37]

그러나 이 나태한 대중의 오락 중에서도 가장 활기차고 화

공중 목욕탕의 사용

35 그의 계획은 에트루스키 해안가를 따라 지금의 투스카니에 있는 황량한 미개간지인 마렘메에 포도밭을 만드는 것이었다.

36 세네카는 안토니누스 욕장과 디오클레티아누스 욕장이 세워지기 오래 전 리테르눔에 있었던 스키피오 아프리카누스의 욕장을 로마의 공중 목욕탕의 화려함과 비교했다. 입장료는 4분의 1아스, 영국 돈으로 8분의 1페니 정도였다.

37 암미아누스는 로마 귀족들의 사치와 오만함을 묘사한 다음, 똑같이 분개하면서 평민들의 악행과 어리석음을 폭로한다.

38 역사가인 암미아누스의 표현은 풍자 작가들의 것만큼이나 강렬하고 생동감이 있다. 전자와 후자 둘 다 삶에서 생생한 표현을 얻는다. 대경기장이 수용할 수 있는 관객들의 숫자는 로마 시의 『노티티아(Notitia)』에서 가져온 것이다. 그들 사이에 차이가 있는 것으로 보아 그들이 서로 베끼지 않았음은 확실하다. 그러나 이런 행사 때마다 온 나라 사람이 다 로마에 모였다 해도 믿기 어려운 숫자이다.

39 퀸틸리아누스와 플리니우스 시대에, 한 비극 시인은 큰 방을 임대하여 연극을 보러 오라고 부른 사람들에게 그의 희곡을 읽어 주는 불완전한 편법을 써야만 했다.

40 무언극은 케이로소포이(χειρόσοφοι)라는 명예로운 이름을 얻었는데, 배우들은 거의 모든 종류의 기예와 학문에 능통해야 했다. 뷰레트(Burette)는 무언극의 역사를 간략하게 정리했다.

경기와 구경거리

려한 것은 자주 열리는 공공 경기들과 구경거리였다. 신앙심 깊은 그리스도교 군주들은 비인간적인 검투사들의 싸움을 폐지했지만, 원형경기장은 여전히 로마 시민들의 집이며 신전이고 공화국의 본거지였다. 성급한 군중들은 동이 트자마자 자리를 잡으려고 달려갔다. 근처의 주랑 현관에서 잠도 못 자고 마음 졸이며 밤을 보내는 자들도 많았다. 구경꾼들의 숫자는 때로는 40만 명에 이르기도 했다. 그들은 아침부터 밤까지 눈이 오나 비가 오나 초조하게 자리를 지키면서 말과 기수들로부터 눈을 떼지 못한 채, 자기가 선택한 깃발의 승패에 따라 희망과 두려움 사이를 오고 갔다. 이쯤 되니 로마의 행복이 한낱 경기 결과에 달려 있는 듯 보일 지경이었다.38 그들은 경기에 고함을 지르고 갈채를 보낼 때 못지않은 열정으로 야수 사냥과 다양한 형식의 무대 공연을 즐겼다. 여기에 비하면 오늘날 대도시에서 벌어지는 공연들은 순수하고 우아한 취향과 미덕의 교육장이라 해도 좋을 정도이다. 그러나 로마인들의 비극과 희극을 관장하는 뮤즈는 아테네의 천재를 모방하는 이상은 원치 않았으므로 공화정이 몰락한 이래 완전히 침묵에 빠졌으며,39 음탕한 소극(笑劇), 간드러지는 음악, 화려한 야외극 따위가 그 자리를 채웠다. 아우구스투스 시대부터 6세기까지 명성을 날렸던 무언극40은 고대의 신들과 영웅들에 관한 여러 가지 우화를 말을 사용하지 않고 보여 주었다. 무언극 배우들의 기술은 엄숙한 철학자의 마음도 움직일 만큼 훌륭해서, 항상 사람들의 갈채와 경탄을 불러일으켰다. 로마의 넓고 웅장한 극장들은 3000명의 여성 무희들과 3000명의 가수들, 합창단의 지휘자들로 채워졌다. 이처럼 대중이 즐기는 오락은 인기가 높았기 때문에, 이방인들이 모두 도시에서 쫓겨나는 궁핍한 시대에도

공공 오락에 종사하는 자들은 교양 학문의 학자들에게도 엄격했던 법률 적용을 면제받았다.[41]

엘라가발루스는 어리석은 호기심에서 거미줄의 수로 로마 주민들의 숫자를 파악하려 시도했다고 전해진다. 현명한 군주라면 더 합리적인 조사 방법에 관심을 가짐으로써 로마 정부에게 대단히 중요할 뿐 아니라 후대에도 큰 관심사가 된 인구 문제에 쉽게 해답을 제공할 수도 있었을 것이다. 시민들의 출생과 죽음은 정식으로 기록되었으므로, 고대 역사가 중 한 사람이라도 연간 출생자와 사망자 수, 또는 평균치를 언급했다면 바로 비평가들의 터무니없는 주장을 뒤집고 철학자들의 온건하고 타당한 추측을 뒷받침할 만족스러운 계산 결과를 얻어 낼 수 있었을 것이다.[42] 그러나 부지런한 연구자들도 다음의 정황밖에는 수집하지 못했는데, 이것들은 불완전하고 사소하지만 고대 로마의 인구 문제를 밝히는 데 어느 정도 도움을 준다. 1) 제국의 수도가 고트족에게 포위되었을 때, 수학자인 암모니우스는 성벽의 둘레를 정확히 측정하여 21마일에 이른다는 사실을 발견했다. 잊지 말아야 할 것은 도시의 형태가 가장 넓은 공간을 포함하는 기하학적 도형인 원에 가까웠다는 사실이다. 2) 아우구스투스 시대에 이름을 떨쳤던 건축가인 비트루비우스의 증언은 이런 경우에 특별히 권위를 인정받을 수 있을 것이다. 그는 로마 시민들의 수많은 주거지가 도시의 좁은 경계 밖으로까지 멀리 퍼져 나갔지만, 사면이 정원과 별장으로 둘러싸여 땅이 부족한 탓에 불편을 무릅쓰면서까지 집들을 상당한 높이로 올리는 일이 보편화되었다고 말했다. 그러나 이 고층 건물들은 자재도 제대로 쓰지 않고 날림으로 대충 지은 경우가 많아, 대형 사고가 자주 일어났다. 그리하여 네로뿐만

로마의 인구수

[41] 암미아누스는 아이들은 나라에 내주어도 좋고, 관심사라고는 오로지 머리를 말고 손질하는 일뿐인 여자들이 로마의 거리에 넘치고 있다고 분노하며 비난했다.

[42] 립시우스와 보시우스는 로마에 400만, 800만, 1400만 명의 인구가 있었다는 별난 공상에 빠졌다. 흄(Hume)은 경탄할 만한 양식과 회의주의로 고대의 많은 인구수에 대한 주장을 완화시킨다.

43 페트로니우스의 글에 나오는, 사람이 우글거리는 셋집의 묘사는 에우베날리스의 불평과 완전히 일치한다. 법률적 근거를 바탕으로 아우구스투스 시대의 몇몇 공동 주택의 통상적인 집세가 연간 4만 세스테르티우스, 영국 화폐로 300~400파운드였음을 알 수 있는데, 이 액수로 보아 이들 공동 주거 건물의 가치가 높았음이 입증된다.

44 이 총수는 1780채의 저택, 4만 6602채의 공동 주택 또는 평민들의 주택으로 이루어졌으며, 이 숫자는 다른 『노티티아』에서도 일치하고 있다.

45 메상스(M. de Messance)는 그럴듯한, 또는 확실한 근거에서 파리에 2만 3565호의 집과 7만 1114가구, 57만 6630명의 주민들이 있다고 한다.

46 타키투스를 마지막으로 편집한 브로티에(M. Brotier)는 이를 계산하면서 달성하는 것이 가능하지도 않고 중요하지도 않은 정확성을 추구한 듯하지만, 비슷한 원칙에서 취한 것과 그다지 차이가 없다.

아니라 아우구스투스도 로마 성내에서 개인 건축물의 높이를 땅에서 70피트 이상 올리지 못하도록 하는 법을 입안했다. 3) 에우베날리스⁴³는 자신의 체험에서 나온 듯 극빈층의 고통에 대해 한탄했다. 그는 빈민들이 해마다 어둡고 비참한 셋집에 내는 집세 정도면 이탈리아 소읍에서 쾌적하고 적당한 크기의 거처를 구할 수 있을테니, 하루빨리 그들을 로마에서 이주시켜야 한다는 온당한 충고를 내놓았다. 집세는 지나치게 비쌌고, 부자들은 엄청난 돈을 주고 땅을 사들여 대저택과 정원들을 조성했다. 그러나 대부분의 로마 시민들은 좁은 공간에 오글오글 몰려 살았으며, 지금도 파리와 다른 도시들에서 하는 대로 같은 건물의 방과 층을 나누어 평민들 몇 가족이 거주했다. 4) 테오도시우스 시대의 로마 지리서에서는 도시의 열네 구역에 있는 집들의 총수가 4만 8382채에 달했다고 정확히 밝히고 있다.⁴⁴ 수도의 모든 집들은 등급과 조건에 관계 없이, 엄청나게 많은 노예들의 방이 있는 아니키우스 가의 대리석 저택에서 시인 코드루스와 그의 처가 기와 지붕에 바로 면한 형편없는 다락방을 간신히 세냈던 높고 좁은 셋집까지 전부 저택이나 공동 주택 두 종류로 나뉘었다. 비슷한 조건하에서 파리에 적용할 수 있는 평균치를 택하여⁴⁵ 집 한 채당 스물다섯 명이 산다고 가정한다면, 로마 인구 수를 120만 명으로 추산할 수 있다. 이 수는 현대 유럽의 가장 큰 도시들의 인구 수보다도 많은 것이지만, 강대한 제국의 수도로서 그다지 과한 숫자라고는 할 수 없다.⁴⁶

서기 408년, 고트족의 첫 번째 로마 포위

호노리우스 시대, 고트족 군대가 도시를 포위했다기보다는 차라리 봉쇄하고 있던 당시 로마의 상태는 대략 이와 같았다. 알라리크는 공격 개시만을 호시탐탐 노리는 엄청난 병력을 정교하게 배치하여 성벽을 둘러싸고, 열두 개의 성문을 장악하여 인근 지역과의 모든 통행을 차단했다. 그런 다음 로마인들이 많은 식량 공급을 얻는 가장 확실한 통로인 테베레 강의 통행을 빈틈없이 감시했다. 귀족들과 시민들이 최초로 느낀 감정은 간악한 야만족이 감히 세계의 수도를 모욕하려 한다는 놀라움과 분노였다. 그러나 닥쳐온 재난에 그들의 오만함은 곧 수그러들었다. 비굴한 자들의 분노는 무장한 적 대신 비열하게도 무방비 상태의 죄 없는 희생자에게 향했다. 세레나는 테오도시우스의 조카딸이며 황제의 수양딸로서 마땅히 로마인들의 존경을 받아야 할 인물이었다. 그러나 시민들은 그녀가 스틸리코의 미망인이라는 점 때문에 증오했으므로, 고트족 침략자와 비밀리에 연락을 취하고 있다는 중상모략에 넘어갔다. 원로원 의원들마저도 시민들 사이에 널리 퍼진 광기에 휩쓸려, 그녀의 죄에 대한 증거를 요구하지도 않고 사형을 선고했다. 세레나는 치욕스럽게도 교수형에 처해졌다. 이러한 정의롭지 못한 잔학 행위로 야만족들을 물러가게 하거나 도시를 구할 수 없다는 사실을 깨닫자 이성을 잃고 날뛰던 군중은 경악했다. 불운에 처한 도시는 점점 가중되는 물자난에 시달리던 끝에 마침내 끔찍한 기근에 직면했다. 매일 배급되던 3파운드의 빵은 반 파운드에서 3분의 1파운드로 점점 줄어들더니 결국 아무것도 나오지 않게 되었다. 곡물 가격은 여전히 하늘 높은 줄 모르고 무섭게 치솟기만 했다. 생필품을 살 능력이 없는 가난한 시민들은 부자들의 변덕스러운 자선에 매달렸다. 한동안은 그라티아누스 황제의 미망인인 라에타가 자비를 베풀어 시민들의 곤궁을 덜어 주었다. 그녀는 로마에 내내 거주하면서 남편의 후계자들이 보은의 뜻에서 해마다 바치는 엄청난 수입을 빈민들

기근

47 라에타의 어머니 이름은 피수메나였다. 그녀의 아버지, 가족, 국적은 알려져 있지 않다.

48 조시무스는 이 의식들에 대해 마치 로마와 투스카니의 토착 미신에 대해 잘 모르는 그리스인처럼 말했다. 내가 생각하기로는 공개 의식과 비밀 의식 두 부분으로 이루어져 있었을 것 같다.

을 위해 썼다.⁴⁷ 그러나 이러한 한 개인의 일시적인 기부로는 수많은 시민들의 굶주림을 달랠 수 없었다. 기근은 마침내 원로원 의원들의 대리석 저택에까지 영향을 미치게 되었다. 안락과 사치를 즐기는 데만 익숙했던 남녀들은 자연의 요구를 충족시키는 데 필요한 것이 실상 얼마나 미미한가를 깨닫고, 예전 같았으면 쳐다보지도 않고 물리쳤을 조악한 약간의 식량을 얻기 위해 금은보화를 아낌없이 내놓았다. 사람들은 생각하기도 싫을 만큼 역겨운 맛의 음식, 심지어 건강에 좋지 않을 뿐 아니라 해롭기까지 한 양식도 걸신들린 듯 먹어 치웠다. 굶주린 자들은 눈이 벌개져서 다투었다. 막다른 골목에 처한 일부 빈민들은 동료를 몰래 살해하여 먹는다는 소문이 나돌았다. 심지어는 어머니들까지도 자기 아이를 잡아먹는다는 소문이 있을 정도였다.(이런 경우에는 인간의 마음속에 자연이 심어 준 두 가지의 강력한 본능이 처절한 투쟁을 벌였을 것이나.) 셀 수도 없이 많은 로마 시민들이 굶주림 끝에 자기 집이나 거리에서 숨을 거두었다. 성벽 밖의 공동 묘지는 적의 손아귀에 있었기 때문에, 매장하지 못한 시체들의 악취가 공기를 오염시켰다. 이로 인해 역병이 돌면서 기근의 참상은 더욱 악화되었다. 라벤나 궁정에서 거듭하여 곧 구하러 오겠다는 소식이 전해져 와 한동안은 미약하나마 로마인들의 결의를 지탱해 주었지만, 결국은 인간의 구원을 기대하기 어렵다는 절망감에서 초자연적인 힘에 기대려는 유혹에 빠졌다. 수도 장관 폼페이아누스는 주문과 희생 제의의 신비스러운 힘으로 구름에서 번개를 끌어내 야만족 진영에 천상의 불을 내릴 수 있다는 창자 점쟁이들의 간계에 넘어갔다.⁴⁸ 이 중대한 비밀은 로마 주교인 인노

역병

미신

켄티우스에게도 전해졌다. 그리하여 성 베드로의 후계자는 엄격하게 그리스도를 받드는 일보다 공화국의 안위를 앞세웠다는 비난을 받았다. 그러나 이 문제가 원로원에서 토의 대상에 올랐을 때, 반드시 행정관들이 임석한 가운데 그들의 권위로 카피톨리누스 신전에서 희생 제의를 치러야 한다는 조건이 붙자, 이 명망 높은 의결 기관의 구성원 대다수는 신의 뜻이나 황제의 뜻을 거스를까 우려하여 이교의 공식적인 부활로 받아들여질지도 모를 행동에 참여하기를 거부했다.[49]

49 소조메노스는 성공을 거두지는 못했지만 이런 시도가 실제로 이루어졌다고 암시했다. 그는 인노켄티우스의 이름을 언급하지는 않았다. 티유몽(Tillemont)은 교황이 이런 불경을 저질렀다는 것을 믿을 수 없다고 했다.

이제 로마인들은 마지막으로 고트족 왕의 자비나 적어도 중용에 기대는 수밖에 없었다. 이러한 난국에 처하여 국정의 최고 권력을 쥐고 있는 원로원은 두 명의 사절을 적과 협상하도록 임명했다. 에스파냐 출신 원로원 의원으로, 이미 속주들을 다스리면서 두각을 나타낸 바 있는 바실리우스와, 고트족 왕과 친밀한 관계일 뿐 아니라 업무 처리에서 능력을 인정받은 수석 서기관 요하네스에게 중책이 맡겨졌다. 고트족 왕 앞에 선 그들은 곤궁한 처지에 빠진 사람들답지 않게 위엄을 부리면서 로마인들은 화평을 맺든 전쟁을 하든 자신들의 존엄을 지키기로 결심했으며, 알라리크가 공정하고 명예로운 항복을 거부하겠다면 나팔을 울려 무장을 갖추고 절망에서 나온 용기로 불타는 대군에 맞서 일전을 준비해야 할 것이라고 선언했다.

서기 409년, 배상금을 받아들이고 포위를 푼 알라리크

목초는 무성할수록 베기 좋은 법이다.

이것이 야만족 왕의 입에서 나온 짤막한 답변이었다. 그는 이 투박한 비유와 함께 우렁차고 모욕적인 웃음으로, 기근으로 쇠약해지기 전부터 이미 사치로 무력해진 나약한 국민의 위협에

대한 경멸을 한껏 드러냈다. 그런 다음 로마 성벽에서 물러나는 대가로 배상금의 액수를 명시했다. 그가 요구한 배상금은 국가의 소유든 개인 소유든 가리지 않고 도시 안에 있는 금과 은 전부, 값나가고 귀중한 동산 전부, 그리고 야만족 출신임을 입증할 수 있는 노예들 전부였다. 원로원의 신하들은 조심스럽게 간청하는 투로 물었다.

오, 왕이시여! 당신의 요구가 그렇다면 우리에게 무엇을 남겨 두시렵니까?

그대들의 생명.

이것이 오만한 정복자의 대답이었다. 그들은 떨면서 물러갔다. 그러나 그들이 물러가기 전, 더 온건한 협상을 할 시간을 갖도록 짧은 휴전이 이루어졌다. 알라리크도 매서운 성격을 어느 정도 누그러뜨리고 가혹한 요구 조건을 많이 완화해 주었다. 그리하여 마침내 금 5000파운드, 은 3만 파운드, 비단옷 4000벌, 주홍색 옷감 3000필, 후추 3000파운드를 받고 포위망을 푸는 데 동의했다.[50] 그러나 국고는 바닥이 났고 이탈리아의 큰 영지들과 속주들로부터 해마다 들어오는 소작료도 전쟁으로 끊어진 상태였다. 금과 보석은 포위 기간 중 식량과 모두 맞바꾸었다. 탐욕스러운 자들은 몰래 숨겨 둔 재산을 악착같이 지켰으므로, 곧 닥쳐올 도시의 재난을 막을 유일한 자산이라고는 교회에 헌납된 전리품뿐이었다. 로마인들은 알라리크의 탐욕스러운 요구를 들어주고 나서, 곧바로 평화와 풍요를 즐기는 예전 생활로 되돌아갔다. 몇 개의 성문이 조심스럽게 개방되었다. 강과 인근 지역에서의 물자 수입도 더 이상 고트족에 의해 방해받지

[50] 후추는 가장 비싼 로마 요리에 들어가는 성분으로. 특상품은 보통 파운드당 15데나리우스, 영국 돈으로 10실링에 팔렸다. 후추는 인도에서 가져오는데, 인도의 말라바르 해안은 아직도 최대량을 공급하고 있다. 그러나 무역과 항해술의 발전으로 공급량은 늘어나고 가격은 떨어졌다.

않았다. 시민들은 교외에서 3일간 열리는 자유 시장에 몰려들었다. 상인들의 주머니는 두둑해졌다. 도시가 앞으로 버틸 수 있도록 공공 창고와 개인 창고에 엄청난 양의 물자가 저장되었다. 알라리크의 진영에서는 예상했던 것보다 더 엄정하게 군율이 유지되었다. 이 영리한 야만족 왕은 오스티아로 가는 길목에서 몇몇 로마 시민들을 모욕한 방자한 고트족 무리들을 엄벌에 처하여 조약을 충실히 준수하고 있다는 사실을 과시했다. 로마에서 얻은 배상금으로 부자가 된 그의 군대는 투스카니의 아름답고 풍요로운 속주로 천천히 진군하여, 그곳에 겨울 막사를 세우겠다고 선언했다. 고트족의 깃발을 피난처로 삼아 4만여 명의 야만족 노예들이 모여들어, 위대한 구원자 휘하에서 잔인한 노예 생활로부터 받은 피해와 굴욕을 갚겠다는 복수욕을 불태웠다. 이와 함께 그는 고트족과 훈족으로부터도 더 훌륭한 증원군을 받아들였다. 처남인 아돌푸스[51]가 그의 간청에 따라 이 군대를 이끌고 도나우 강변에서 테베레 강변까지 수적으로 훨씬 많은 황제군을 뚫고 왔다. 야만족다운 대담한 정신에 로마 장군으로서의 전술과 군율까지 갖춘 이 승승장구하는 지도자가 10만 명의 군대를 이끌고 나타나자, 이탈리아는 알라리크의 가공할 이름을 입에 올릴 때마다 공포와 경의를 느꼈다.

1400년이란 세월이 흐른 지금 로마를 정복한 자들의 정치적 행동의 동기까지 밝히기는 힘들고, 그들의 군사 원정을 설명하는 정도로 만족할 수밖에 없다. 그 당시 알라리크는 누가 보아도 번영의 절정기에 있었지만, 아마도 어떤 감추어진 약점이나 내부의 결함을 의식하고 있었던 것 같다. 그렇지 않다면 그가 보여 준 온건함은 단지 어리석은 호노리우스의 신하들을

서기 409년,
성과 없이 끝난 평화 협상

51 요르난데스와 이시도르는 이 고트족 족장을 아타울푸스(Athaulphus)라고 불렀으며, 조시무스와 오로시우스는 아타울푸스(Ataulphus), 올림피오도루스는 아다울푸스(Adaulphus)로 불렀다. 나는 아돌푸스(Adolphus)라는 유명한 이름을 사용했는데, 고대 고트족의 자손들이거나 형제였던 스웨덴 인들이 이렇게 부른다는 점에서 권위를 인정할 수 있을 듯하다.

기만하여 무장 해제시키려는 의도였을지도 모른다. 고트족 왕은 평화와 로마를 사랑하는 자로 인정받고 싶다는 소망을 거듭 밝혔다. 그의 진지한 요청에 따라 세 명의 원로원 의원들이 사절로 라벤나 궁정에 파견되어 인질을 교환하고 조약을 맺자고 건의했다. 그가 협상 과정 중에 좀 더 분명히 밝힌 제안들은 그의 유리한 상황에 걸맞지 않아 보였으므로, 과연 진심인지 의구심을 불러일으켰다. 야만족 왕은 여전히 서로마 군대의 총사령관 직위를 유지하기를 원했으며, 해마다 곡물과 현금을 보조금으로 지급해 줄 것을 조건으로 내걸었다. 또한 그의 새로운 왕국을 세울 근거지로 이탈리아와 도나우 강 사이의 중요한 통로를 장악할 수 있는 달마티아, 노리쿰, 베네치아 속주를 택했다. 그는 로마 측이 이 온건한 조건을 거부한다면 금전적인 요구는 철회하고 노리쿰을 얻는 것만으로 만족하겠다는 의향까지 비추었다. 노리쿰은 황폐하고 헐벗은 지역인데다가 항상 게르마니아 야만족들의 침략에 노출되어 있었다. 그러나 올림피우스는 완고함과 사리사욕 때문에 평화의 희망을 좌절시켰다. 그는 원로원의 현명한 충고를 무시하고 품위 유지를 위한 수행원이라기에는 수가 너무 많고 방어군이라기에는 너무 약한 호위대를 사절들에게 딸려 보냈다. 그는 황제의 군단의 꽃이라 할 수 있는 6000명의 달마티아인들에게 막강한 야만족 대군이 점령하고 있는 지역을 지나 라벤나에서 로마까지 행군하라는 명령을 내렸던 것이다. 이 용감한 군단병들은 적에게 포위되어 대신의 어리석음이 빚은 희생물이 되었다. 장군인 발렌스만 300명의 병사와 함께 간신히 전장에서 탈출했다. 사절들 중 한 사람은 더 이상 만민법(국제법)의 보호를 요청할 수도 없는 처지가 되자, 금화 3만 닢을 몸값으로 내고 자유를 사야 했다. 그러나 알라리크는 이 무력한 적대 행위에 분개하지도 않고 즉각 화평 제안을 다시 내놓았다. 로마 원로원의 두 번째 사절단에는 로마 시의 주교인 인노켄티우스가 참여하여 무게와 권위를 더했으며, 고트족 파견대가 여행 중의 위험으로부터 이들을 보호해 주었다.

올림피우스는 국가의 재난을 초래한 장본인이라는 시민들의 정당한 비난을 계속 무시해 버릴 수 있었지만, 궁정 내의 비밀스러운 암투가 그의 권력을 서서히 좀먹어 갔다. 총애받는 환관들은 호노리우스의 통치권을 민정 총독인 요비우스에게 이관시켰다. 그러나 이 무능력한 하인의 국정 운영에서 비롯된 실책과 불행은 좋은 인간성 따위의 장점으로 속죄될 문제가 아니었다. 올림피우스는 추방당했는지 탈출했는지 모르지만 궁정을 떠난 후로 많은 운명의 부침을 겪어야 했다. 그는 몸을 숨기고 유랑 생활을 하다가 다시 권력을 잡았으나, 두 번째로 몰락하여 귀를 잘리고 채찍질을 당하다가 절명했다. 그의 치욕적인 죽음은 스틸리코의 벗들에게는 기쁜 구경거리가 되었다. 종교적 광신에 깊이 물들어 있던 올림피우스가 제거된 후, 이교도들과 이단 종파들은 그들을 제국의 고위직에서 쫓아냈던 금지령에서 풀려났다. 야만족 출신 군인인 용감한 겐네리드[52]는 조상에 대한 숭배를 고수한 탓에 군복을 벗어야만 했다. 황제는 그와 같은 지위에서 그만한 공적을 세운 자는 법 적용에서 제외된다고 여러 번 말했지만, 그는 불공평한 특별 면제를 거부하고 영광스러운 굴욕을 견딘 끝에 곤란에 처한 로마 정부로부터 대사면령을 받아 냈다. 겐네리드는 달마티아, 판노니아, 노리쿰, 라에티아의 사령관이라는 중책을 맡아 공화국의 군율과 정기를 되살렸다. 나태와 궁핍에 빠져 있던 군대는 혹독한 훈련과 풍부한 물자 보급에 곧 익숙해졌다. 관대한

대신들의 교체와 승계

[52] 조시무스는 눈에 띄게 정중한 태도로 그와 얽힌 정황을 설명하면서 겐네리드를 꺼져 가던 이교의 마지막 영광으로 찬양했다. 카르타고 공의회의 견해는 전혀 달랐는데, 그들은 내명의 주교를 라벤나의 궁정에 보내어 그리스도교로의 개종은 자유롭고 자발적이어야 한다는 새로운 법령이 입안된 데 대하여 불만을 토로했다.

성품의 그는 탐욕스럽고 궁핍한 라벤나 궁정이 주지 않았던 보상을 개인적으로 지급해 주기도 했다. 인근의 야만족들에게 공포의 대상이었던 겐네리드의 무용은 일리리쿰 국경을 지키는 가장 든든한 방벽이었다. 그는 경계를 늦추지 않으면서 1만 명의 훈족 증원군으로 제국을 강화했다. 그들은 군대의 행군뿐 아니라 식민지를 일구는 데에도 충분할 정도로 많은 수의 양과 소 떼, 식량을 가지고 이탈리아 국경 지대에 도착했다. 그러나 호노리우스의 궁정은 여전히 무기력과 분열 속에서 부패와 혼란을 벗어나지 못했다. 요비우스의 사주를 받은 호위대가 폭동을 일으키고 장군 두 명과 환관 두 명의 목을 요구했다. 장군들은 안전을 보장해 준다는 기만적인 약속을 믿고 배에 올랐다가 은밀히 처형된 반면, 총애받던 환관들은 밀라노와 콘스탄티노플로 각각 추방되어 목숨을 건졌다. 환관인 에우세비우스와 야만족 알로비크가 침실을 관리하는 권한과 호위대의 지휘권을 이어받았으나, 그들 간의 질투는 서로를 파멸로 몰아넣었다. 대시종장은 알로비크의 오만방자한 명령에 따라, 놀란 황제의 눈앞에서 몽둥이로 맞아 죽었다. 그 일이 있은 후 호노리우스는 공개 행진 중 알로비크를 암살하게 함으로써 그의 평생 유일하게 희미하나마 용기와 분노를 보여 주었다. 그러나 에우세비우스와 알로비크는 요비우스가 이기적이고 악랄한 동기를 가지고 리미니 성벽 아래에서 알라리크와 개인적으로 만나 협상해 온 조약 체결을 반대함으로써 제국의 멸망에 한몫을 했다. 요비우스가 자리를 비우고 없는 동안, 황제는 사실 그의 상황이나 성격으로는 감당하기 힘든 불굴의 권위를 주장해야 한다는 설득에 넘어갔다. 그리하여 호노리우스의 서명이 든 편지 한 통이 곧 요비우스에게 전달되었다. 호노리우스는 편지에서 그에게 국고의 돈은 마음대로 사용하도록 허락했으나, 야만족의 오만한 요구에 로마의 군사적 명예를 팔아넘기는 짓만은 하지 못하도록 했다. 이 편지는 경솔하게도 알라리크 본인에게 전달되었다. 그는 온건하고 공손한 태도로 협상에 임해 왔으나, 자기 개인과 민족에 가해진 모욕에 대해서는 격분했다. 리미니에서의 회담은 곧 엉망이 되었고, 요비우스는 라벤나로 돌아와 궁정의 의견을 받아들이고 격려까지 하지 않을 수 없었다. 그의 권고와 모범을 따라 국가와 군대의 주요 관리들은 어떤 상황에서든, 어떤 조건으로든 화평에 귀기울이지 않고 굽힘 없는 자세로 공화국의 적과 계속 투쟁하겠다고 맹세해야 했다. 이 성급한 약속은 앞으로의 모든 협상에 치명적인 장애가 되었다. 호노리우스의 신하들은 신의 이름에 걸고 맹세했을 뿐이라면 국가의 안위를 위하여 자신들의 영혼을 하늘의 자비에 맡겨도 좋지만, 엄숙한 의식에서 거룩한 왕좌에 손을 얹고 황제의 신성한 머리에 걸고 맹세한 만큼, 이를 어긴다면 신성 모독과 반역으로 지상에서 처벌받게 된다고 말했다.[53]

황제와 그의 궁정이 습지와 요새들로 둘러싸인 라벤나에 안전하게 틀어박혀 있는 동안, 로마는 알라리크의 분노 앞에

서기 409년, 고트족의 두 번째 로마 포위

무방비 상태로 방치되었다. 그러나 알라리크는 겉모습뿐일지는 모르지만 어쨌든 온건함을 잃지 않고 플라미니아 대로를 따라 군대를 이끌고 이동하면서, 이탈리아 도시의 주교들을 잇따라 파견하여 황제에게 그의 화평 제안을 계속 전하고 전쟁의 참화와 야만족들의 칼에서 도시와 주민들을 구해 달라는 청을 올리게 했다.[54] 그러나 이 임박한 위험에서 벗어날 수 있었던 것은 호노리우스의 지혜가 아니라 고트족 왕의 신중함과 자비심 덕분이었다. 그는 효과는 마찬가지이면서 더 온건한 방법으로 정복 사업을 추진했다. 그는 수도를 공격하는 대신 로마의

[53] 군주의 머리나 생명, 안전 또는 수호신에 걸고 맹세하는 이러한 관습은 이집트와 스키타이로부터 내려오는 매우 오래된 것이다. 이것은 카이사르에게 아침하기 위해 도입되었는데, 테르툴리아누스는 이렇게 맹세하지 않으면 로마인들이 경외심을 보이지 않는다고 불평했다.

[54] 알라리크의 표현을 좀 부드럽게 다듬었다. 그는 로마의 역사에 대해 지나치게 화려하게 설명했다.

55 이 항구의 흔적이 아직 남아 있던 16세기에, 한 골동품 수집가는 유럽의 왕들이 다 나서도 이렇게 훌륭한 계획을 실행에 옮길 수는 없을 것이라고 주장했다.

56 테베레 강의 두 어귀를 복수로 쓰면 오스티아 티베리나(Ostia Tiberina)이다. 양변이 각 2마일 정도 되는 이등변 삼각형 형태로 홀리 섬을 기점으로 나뉘었다. 오스티아 식민지는 강의 왼쪽 지류, 즉 서쪽 너머에 건설되었으며, 항구는 오른쪽, 즉 북쪽 너머에 건설되었다. 스트라보의 시대에는 테베레 강의 모래와 진흙이 오스티아 항을 막아 버렸다. 모래와 진흙이 점점 더 많이 쌓여 홀리 섬의 크기는 더 커지고 오스티아 항구는 해변에서 꽤 멀어지게 되었다. 물이 마른 수로와 너른 강어귀는 강의 변화와 바다의 작용을 보여 준다.

57 3세기, 적어도 4세기경에 로마의 항구는 주교를 가진 도시였으나, 9세기에 아랍인들이 침입했을 당시 교황 그레고리우스 4세에 의해 멸망했다. 지금은 여관 하나, 교회 하나, 로마 교회의 여섯 추기경들 중 하나의 지위에 있는 주교의 거처밖에 없다.

장려한 건축물들 중에서도 가장 눈에 띄고 방대한 업적들 중 하나인 오스티아 항으로 공격 방향을 돌렸다.55 도시의 식량 공급이 한겨울의 뱃길과 무방비 상태의 도로를 통해 이루어지는 한 계속 불안정할 수밖에 없었으므로, 이를 보완할 효과적인 계획이 초대 카이사르에 의해 구상된 이래 클라우디우스 시대에 현실화되었다. 항구의 좁은 입구를 형성하는 인공 방파제가 바다 쪽으로 불쑥 튀어나와, 고대 오스티아 식민지에서 2마일 정도 떨어진 테베레 강의 북쪽 지류를 끌어들여 만든 세 개의 깊고 큰 만 안에 대형 선박들이 안전하게 닻을 내릴 수 있도록 거센 파도를 굳건히 막아 주었다.56 이 항구는 서서히 주교까지 가진 도시57로 팽창했으며, 수도에서 쓸 아프리카산 곡물이 커다란 곡물 창고에 쌓였다. 알라리크는 이 요충지를 손에 넣자마자 도시에 무조건 항복을 명했다. 그는 거부는 고사하고 꾸물거리기라도 했다가는 로마 시민들의 생명줄인 곡물 창고를 즉각 파괴해 버리겠다고 단호히 선언했다. 시민들의 소란과 기근의 공포 앞에서는 원로원의 자존심도 힘을 쓰지 못했다. 그들은 주저하지 않고 무능력한 호노리우스 대신 새로운 황제를 추대하라는 제안을 수용했다. 그리하여 고트족 정복자의 동의를 얻어 수도 장관 아탈루스에게 자의를 입혀 주었다. 군주는 보은의 뜻에서 즉각 자신의 후원자를 서로마 군대의 총사령관으로 인정했다. 근위대의 코메스인 아돌푸스가 아탈루스의 신변 보호를 맡았다. 그리하여 적대적인 두 민족은 우정과 동맹 관계로 긴밀히 연결된 듯 보였다.

고트족과 로마인들에 의해 황제로 만들어진 아탈루스

로마의 성문이 활짝 열리고, 로마의 새로운 황제는 고트족 군대에 둘러싸여 아우구스투스와 트라야누스의 궁정까지 시끌벅적하게 행진했다. 아탈루스는 민정과 군정의 고위직을 총신들과 추종자들에게 분배해 준 다음, 원로원 회의를 소집했다. 그는 그들 앞에서 번지르르한 연설로 공화국의 위엄을 회복시키고 한때 로마의 주권을 인정했던 이집트와 동로마의 속주들을 제국에 다시 통합시키겠다는 결의를 밝혔다. 이성이 있는 시민이라면 무력한 찬탈자의 호언장담에 경멸감만 커졌을 것이다. 그의 등극은 공화국이 일찍이 오만한 야만족들로부터 받은 적이 없는 깊고 치욕스러운 상처였다. 그러나 민중은 늘 그래 왔던 대로 변덕스럽게 새로운 군주에게 갈채를 보냈다. 국민들의 불만은 호노리우스의 경쟁자에게 유리하게 작용했다. 호노리우스의 박해령으로 탄압받던 종교 파벌들은 고향 이오니아의 이교 미신 속에서 교육받았고 아리우스파 주교의 손에서 영세를 받은 군주로부터 어느 정도의 묵인, 더 나아가 관용을 기대했다.[58] 아탈루스의 통치 초기는 깨끗하고 순탄했다. 밀사 한 명이 소수의 군대와 함께 파견되어 아프리카의 복종을 확보했다. 이탈리아 대부분의 지역은 고트족의 무력에 굴복한 상태였다. 볼로냐는 격렬하게 저항하며 버텼지만, 호노리우스의 부재에 불만을 품고 있던 밀라노 시민들은 로마 원로원의 선택을 환호로 받아들였다. 알라리크는 막강한 군대를 이끌고 자기의 포로나 다름없는 황제를 라벤나 성문까지 안내했다. 민정 총독 요비우스, 기병대와 보병대 대장 발렌스, 재무관 포타미우스, 수석 서기관 율리아누스 등 주요 대신들로 구성된 대표단이 고트족 진영을 방문했다. 그들은 자기들의 군주의 이름으로 경쟁자가 합법적인 절차로 선출되었음을 인정하고, 두 황제가 이탈리아와 서로마의 속주들을 분할하자는 제안을 내놓았다. 그러나 그들의 제안은 경멸스럽게 거부당했다. 더구나 아탈루스는 호노리우스가 즉각 퇴위한다면 어딘가 먼 섬에서 평화로운 유형 생활로 여생을 보내도록 허락해 주겠다며 관용

[58] 아탈루스가 아리우스파의 세례를 받았다는 소조메노스의 증거나 이교 교육을 받았다는 필로스토르기우스의 증거를 받아들여도 좋을 것이다. 조시무스가 눈에 띄게 기뻐하면서 아니키우스 가에 불만을 표한 점은 새 황제의 그리스도교 신앙에 의구심을 품게 만든다.

을 베푸는 척 모욕하기까지 했다. 테오도시우스의 아들인 호노리우스의 힘과 능력을 누구보다도 잘 알고 있는 그들의 눈에 호노리우스의 상황은 너무나 절망적으로 보였다. 따라서 그의 대신 요비우스와 장군인 발렌스는 신의 없게도 무너져 가는 은인의 대의명분을 버리고 더 운 좋은 경쟁자에게 충성을 바치기로 했다. 호노리우스는 측근들의 배신에 놀란 나머지, 하인이 접근하거나 사자가 도착하기만 해도 벌벌 떨었다. 그는 언제 자신의 수도나 궁정, 침실에 적이 숨어들지 두려웠으므로, 어린 조카인 동로마 황제의 영토로 피신할 수 있도록 라벤나 항에 몇 척의 배를 준비시켰다.

서기 410년, 알라리크에 의해 쫓겨난 아탈루스

그러나 세상에는 신의 섭리가 있어 죄 없는 자들과 어리석은 자들을 항상 지켜 보고 있다.(적어도 역사가 프로코피우스의 의견으로는 그렇다.) 신이 자신을 특별히 돌보아 준다는 호노리우스의 믿음을 인정해야 할지도 모르겠다. 호노리우스가 절망에 빠져 현명하거나 남자다운 결단은커녕 수치스러운 도주만을 계획하고 있던 중, 기대하지도 않았던 4000명의 정예부대로 이루어진 증원군이 라벤나 항에 상륙했던 것이다. 그는 아직 궁정의 파벌 싸움에 물들지 않은 충성스럽고 용맹한 이방인들에게 도시의 성벽과 성문을 맡기고 더 이상 내부의 위험에 대한 근심 없이 단잠을 이룰 수 있었다. 곧이어 아프리카에서 들어온 희소식은 여론과 정세를 일변시켰다. 아탈루스가 아프리카에 보냈던 군대와 장교들은 패배하여 살해되었고, 헤라클리아누스가 적극적인 열성으로 자기 자신과 시민들의 충성을 유지하고 있다는 것이었다. 충성스러운 아프리카의 코메스는 황제 수비군의 마음을 붙잡을 수 있도록 많은 돈을 보냈으며, 용의주도하게도 곡물과 기름의 수출을 막아 로마 성벽 안에 기근과 소요, 불만을 유발했다. 아프리카 원정이 실패함으로써 아탈루스 편에서는 불만과 상호 비방이 일어났다. 알라리크조차 명령할 기백도 없는 주제에 고분고분하게 순종하지도 않는 군주의 이익에는 서서히 관심을 잃게 되었다. 아탈루스는 알라리크 모르게, 아니면 그의 충고를 무시하고 경솔하기 짝이 없는 조치를 취했는데, 원로원이 아프리카 원정군을 출항시키면서 500명의 고트족을 함께 태우기를 완강히 거부했던 것이다. 이 행동은 그들의 의심 많은 기질을 드러냈을 뿐 아니라, 그들이 처한 상황으로 보아 관대하거나 신중한 행동이라고도 할 수 없었다. 요비우스의 사악한 간계는 고트족 왕의 분노를 더욱 부채질했다. 그는 명예고관의 지위까지 올랐으나, 나중에 자신이 저지른 이중의 배신행위에 대해 얼굴 하나 붉히지 않고 찬탈자를 더 효과적으로 파멸시키기 위해 호노리우스를 저버린 척했을 뿐이라고 변명했다. 리미니 근처의 넓은 평원에서 수많은 로마인과 야만족들이 보는 가운데 아탈루스는 공개적으로 왕관과 자의를 박탈당했다. 알라리크는 그 황제의 표지들을 평화와 우정의 증표로 테오도시우스 대제의 아들에게 보냈다. 본분을 되찾은 관리들은 자기 자리로 복귀했고, 마지못해 참회한 자들조차 관대하게 받아들여졌다. 그러나 왕위를 빼앗긴 로마 황제는 목숨이 아까운 나머지 부끄러운 줄도 모르고 오만하고 변덕스러운 야만족 왕에게 고트족 진영을 따라가게 허락해 달라고 애원했다.

아탈루스의 축출로 이제 화평 조약의 유일한 장애물이 사라진 셈이었다. 알라리크는 라벤나에서 3마일 이내 거리까지

서기 410년 8월, 고트족의 세 번째 로마 포위와 약탈

진군하여 우유부단한 황제의 대신들을 압박했다. 그러나 그들은 오만하게도 행운이 돌아오자 이전의 상태로 되돌아갔다. 알

59 그는 이 대사건을 단 일곱 마디로 전했으나, 고트족의 신앙심을 찬양하는 데 여러 면을 할애했다. 나는 프로코피우스의 그다지 믿음이 가지 않는 이야기에서 타당성 있는 부분만 추려 냈다. 그는 원로원 의원들이 오후에 잠을 자고 있는 동안 도시가 기습당했다고 했다. 그러나 더 권위 있고 합리적인 히에로니무스는 밤중에 일어난 일이었다고 주장한다.

라리크는 경쟁 부족의 족장이며 아돌푸스의 개인적인 적이자 발티 가의 숙적인 사루스를 궁정에서 받아들였다는 소식에 격노했다. 이 두려움을 모르는 야만족은 300명의 추종자들을 이끌고 즉각 라벤나 성문을 차고 나와 상당수의 고트족을 무차별 살육하고 의기양양하게 되돌아갔다. 그런 다음 사자를 보내 알라리크는 영원히 황제의 우정과 동맹 관계를 얻지 못할 것이라고 공개적으로 선언함으로써 자신의 적에게 모욕을 가했다. 라벤나의 어리석은 행동으로 인해 로마는 세 번째로 참화를 겪었다. 더 이상 약탈과 복수의 욕망을 누를 수 없게 된 고트족 왕은 무장하고 수도의 성벽 아래 모습을 드러냈다. 원로원은 구원의 희망이 전혀 없는 상황에서 벌벌 떨면서 조국의 파멸을 조금이라도 늦추고자 결사 항전할 태세를 취했다. 그러나 그들은 출생으로 보나 이해관계로 보나 적의 대의를 좇는 노예들과 종복들의 비밀스러운 음모에 맞서 도시를 지킬 수 없었다. 깊은 밤중에 살라리아 가도로 통하는 성문이 조용히 열렸고, 주민들은 고트족의 우렁찬 나팔 소리에 잠을 깼다. 로마가 건립된 지 1163년만에 인류 대부분을 정복하고 문명화했던 황제의 도시는 게르마니아와 스키타이의 부족들의 거친 분노에 넘어가고 말았다.[59]

그리스도교에 경의를 표한 고트족

그러나 알라리크가 패배한 도시에 입성한 뒤 선포한 포고령은 어느 정도 자비와 종교법을 고려한 것이었다. 그는 군대에게 용감함에 대한 보상으로 부유하지만 유약한 자들로부터 원하는 대로 전리품을 빼앗으라고 부추겼다. 그러나 저항하지 않는 시민들의 생명은 빼앗지 말고, 성 베드로와 성 바울 교회는 신성 불가침의 성소로 존중하라고 권고했다. 한밤중의 소란이 가져온 공포의 와중에서도 그리스도교도인 일부 고트족들은 최근 개종한 사람들다운 신앙심을 과시했으므로, 열성적인 교회 사가들은 그들이 보여 준 비상한 신앙심과 절제를 칭송했다.60 야만족들이 먹잇감을 찾아 도시를 배회하던 중, 한 명이 제단을 섬기는 데 평생을 바쳐 온 한 노처녀의 초라한 거처에 침입했다. 그는 말투는 공손했지만 당장 가진 금과 은을 다 내놓으라고 요구했다. 그는 그녀가 가장 귀한 재료들로 더할 나위 없이 정교하게 만든 수많은 접시들이 쌓여 있는 방으로 안내하자 놀랐다. 이 귀중한 전리품들을 경탄과 기쁨에 넘쳐 바라보던 야만족은 그녀가 다음과 같은 말로 엄숙하게 타이르자 멈칫했다.

60 오로시우스는 그리스도교인 고트족들의 신앙심을 칭찬하면서 그들 중 대다수가 아리우스파 이단이라는 사실을 잊은 것 같다. 고트족의 주장을 지지한 요르난데스와 이시도르는 이 교훈적인 이야기들을 반복하고 윤색했다. 이시도르의 말에 따르면, 알라리크가 자신은 로마인들과 싸우는 것이지 사도들과 싸우는 것은 아니라고 말했다고 한다. 이런 것이 7세기의 스타일이었다. 200년 전에는 명성과 업적은 사도들이 아니라 그리스도에게로 돌려졌다.

이것들은 성 베드로께 헌납된 식기들입니다. 만일 당신이 감히 손을 댄다면, 신성 모독적인 행위가 당신의 양심에 남게 될 것입니다. 나로 말한다면, 지킬 능력도 없는 것을 감히 지니고 있지는 않겠습니다.

경외감에 충격을 받은 고트족 대장이 왕에게 사자를 보내 자신이 발견한 보물들에 대해 알렸다. 곧 모든 신성한 접시와 장식물을 고스란히 사도의 교회로 옮겨 놓으라는 엄한 명령이 떨어졌다. 퀴리날리스 언덕 끝에서 바티칸의 먼 지역까지 수많은 고트족 군대가 큰길을 따라 전투 대형으로 진군하면서, 금은으로 만든 신성한 그릇들을 머리 위로 높이 쳐들고 나르는 신앙심 깊은 그리스도교 형제들의 긴 대열을 번쩍이는 무기를 들고 보호했다. 야만족들의 호전적인 함성이 거룩한 찬송가 합창과 뒤섞였다. 근처의 모든 집에서 그리스도교도들이 서둘러 뛰쳐나와 이 거룩한 행렬에 합세했고, 나이나 지위, 종파조차 가리지 않고 안전한 바티칸의 성소로 탈출했다. 성 아우구스티누스는 로마의 위대성을 파괴하는 데 작용한 신의 섭리를 정당화하기 위해『신의 도시』를 집필했다. 그는 그리스도교의 이 기념비적인 승리를 특히 만족스럽게 찬양하면서, 허구에 불과한 고대의 신들이 전란에 휘말렸을 때 그들 자신은 고사하고 그들에게 현혹된 신자들을 지켜 준 비슷한 예가 있으면 대 보라는 말로 적들을 조롱했다.

로마에 대한 약탈과 방화

로마의 약탈에서 야만족들의 덕성을 보여 준 몇몇 보기 드문 사례들은 찬사를 받을 만하다. 그러나 신성한 바티칸 지역과 사도의 교회들이 수용할 수 있는 로마 시민들의 수는 극히 적었다. 또한 알라리크 휘하의 수많은 전사들, 특히 훈족은 그리스도교의 이름이나 신앙에 대해서는 전혀 무지했다. 게다가 감정이 극단으로 치달으면서 일체의 구속이 사라지고 야만적인 방종이 판치는 전시에 복음서의 가르침이 고트족 그리스도교인들의 행동에 영향을 미쳤으리라고 생각하기는 어렵다. 그들의 자비로움을 과장하기 좋아하는 역사가들조차도 로마 시민들에 대한 대학살로 도시의 거리마다 매장조차 하지 못한 시체가 넘쳤다고 전한다. 시민들의 절망은 때로는 분노로 변하기도 했다. 그러나 야만족들은 저항에 부딪히기라도 하면 언제라도 무력한 자들까지 무차별하게 학살했다. 4만 명에 달하는 노예들은 동정심이나 가책 없이 개인적인 복수를 자행함으로써, 과거에 채찍질당했던 굴욕을 주인 가족들의 피로 씻어 냈다. 로마의 유부녀들과 처녀들은 죽음보다도 순결을 걱정해야 할 끔찍한 상황에 놓였다. 교회 사가들의 기록 중 후세 사람들이 탄복할 만한 부덕(婦德)의 한 예가 있다. 소조메노스의 기록에 따르면, 뛰어난 미모에 정통파 신앙을 갖춘 로마의 어느 귀부인이 아리우스파 이단인 한 젊은 고트족의 욕망의 표적이 되었다. 그녀가 완강하게 저항하자 성이 난 그는 칼을 뽑아 그녀의 목에 가벼운 상처를 냈다. 그러나 그녀는 피를 흘리면서도 여전히 꺾이지 않고 그를 물리쳤다. 결국 그는 헛된 시도를 단념하고 그녀를 정중히 바티칸 성지까지 안내한 뒤, 교회의 수비대에게 금화 여섯 닢을 주면서 그녀를 남편의 팔에 안전하게 돌려보내 달라고 했다. 이러한 용기와 관대함을 보여 준 사례가 흔하지는 않았다. 야수 같은 병사들은 여자 포로들의 의향 따위는 묻지도 않고 육욕을 채웠다. 그리하여 끝까지 완강하게 능욕에 저항한 희생자들이 처녀성이라는 영광스러운 관을 잃었다고 보아야 하는가라는 결의론(決疑論)에 관한 미묘한 문제가 진지한 논의 대상이 되었다. 한편으로는 더 구체적이고 일반적인 피해들도 있었다. 모든 야만족들이 욕정을 채우는 데에만 집착했던 것은 아니며, 로마 여성들의 상당수는 젊음이나 미모 또는 순결을 갖지 않은 덕에 겁탈의 위험을 피할 수 있었다. 그러나 재물이 있으면 취향과 기질이 저마다 다른 사람들을 만족시킬 수 있는 거의 모든 대상을 손에 넣을 수 있다는 점에서, 탐욕이야말로 만족을 모르는 보편적인 욕망이다. 로마를 약탈하면서 고트족들이 부피와 무게는 가장 적으면서 큰 가치를 지니는 금은보석을 선호한 것은 당연한 일이다. 그러나 더 부지런한 도둑들이 이 운반하기 쉬운 부를 쓸어 간 뒤에는 로마 저택들의 화려하고 값나가는 가구들이 약탈 대상이 되었다. 육중한 판으로 만들어진 찬장, 각양각색의 비단과 자줏빛 천들이 꽉 찬 옷장이 고트족 군대를 뒤따르는 마차에 마구잡이로 실렸다. 정교함의 극치를 다한 예술품들도 거칠게 다루어지거나 함부로 파괴되었다. 고트족들은 귀중한 재료를 얻기 위해 동상들을 녹였고, 약탈품을 분배하는 과정에서 항아리들을 전투용 도끼로 산산이 부수었다. 손에 넣은 보물은 만족할 줄 모르는 야만족들의 탐욕을 더욱 자극했으므로, 그들은 죄수들에게 협박과 매질, 고문을 가함으로써 숨겨 놓은 재물을 자백받으려 했다. 그들은 화려한 차림새는 엄청난 재산이 있다는 증거로 간주했고, 초라한 차림새는 구두쇠 근성 탓으로 돌렸다. 잔혹한 고문 끝에 애지중지하며 숨겨 두었던 재물을 불어 버린 일부 지독한 구두쇠들 때문에 수많은 불행한 사람들이 치명적인 피해를 입었다. 그들은 실제로 가지고 있지도 않은 재물의 행방을 말하지 않는다는 이유로 채찍질을 당하다가 숨을 거두었다. 피해가 과장된 면이 많다고는 해도, 로마의 건물들은 고트족의 폭력으로 상당한 피해를 입었다. 고트족은 살라리아 성문을 통해 입성하면서 부근의 건물에 불을 질러 행군 대열의 안내 표지로 삼는 한편 시민들의 주의를 분산시켰다. 야밤의 혼란 속에서 불을 끄는 사람이 아무도 없었으므로 여러 채의 개인 집과 공공 건물이 전소되었다. 살루스티우스[61]의 저택의 폐허는 유스티니아누스 시대까지 고트족의 방화를 보여 주는 역사적인 기념물로 남았다.[62] 그러나 동시대의 한 역사가는 불길이 단단한 청동 들보를 태워 버리지는 못했으며, 인간의 힘으로 고대부터 내려온 건축물의 기초를 뒤엎을 수 없었다고 말했다. 적들의 분노 위에 천상의 분노까지 더해져 수많은 신과 영웅들의 동상으로 꾸며진 위풍당당한 로마의 포룸이 번개를 맞아 잿더미가 되었다는 그의 주장에도 얼마간 진실이 숨어 있을지도 모른다.[63]

포로와 도망자

로마의 대학살에서 목숨을 잃은 기병이나 평민의 수가 얼마였는지는 몰라도, 확실한 것은 적의 칼에 죽은 원로원 의원은 단 한 명뿐이었다는 주장도 있다.[64] 그러나 부귀영화를 누리다가 하루아침에 포로나 추방자의 비참한 신세로 떨어진 자

[61] 역사가인 살루스티우스는 자신이 맹렬히 비난했던 악행을 통해 이득을 얻은 인물로, 퀴리날리스 언덕에 있는 저택과 정원을 꾸미기 위해 누미디아를 약탈했다. 집이 서 있던 장소에 지금은 살라리아 성문에서 멀지 않은 거리에 디오클레티아누스 욕장과 거리 하나를 사이에 두고 성 수산나 교회가 서 있다.

[62] 프로코피우스의 표현은 분명하면서 온건하다. 마르켈리누스의 연대기는 표현이 너무 강하다. 필로스토르기우스의 표현에는 틀렸거나 과장된 것들이 많다. 바르가이우스는 로마의 건축물들이 고트족과 반달족의 손에 붕괴되지 않았음을 입증하기 위해 특별 논문을 집필했다.

[63] 오로시우스는 모든 조각상을 인정하지 않는 듯이 말한다. 그 조각상들은 알바와 아이네아스에서 온 로마의 왕들, 무술이나 예술에서 이름을 떨쳤던 로마인들, 신으로 모셔진 카이사르 등이다. 그가 포룸에 대해 사용한 표현은 다섯 개의 주요 포룸이 있었다는 점에서 다소 모호하다. 그러나 그 포룸들은 모두 카피톨리누스, 퀴리날리스, 에스퀼리누스, 팔라티누스 언덕으로 둘러싸인 평원에 몰려 있어서 하나로 간주될 수도 있다.

[64] 오로시우스는 갈리아인들의 잔인성과 고트족의 관대함을 비교했다. 그러나 이런 대조에는 단순한 수사 내지는 허구의 느낌

들의 수는 이루 다 헤아릴 수도 없다. 야만족들은 노예보다는 돈을 더 원했기 때문에 가난한 죄수에게도 몸값을 요구했다. 그래서 친구들이 호의를 보이거나 제삼자가 자비를 베풀어 몸값을 치러 주기도 했다. 포로들은 공개 시장이나 개인 간의 계약을 통해 정기적으로 매매되었다. 법적으로는 시민이라면 상실하거나 양도할 수 없는 타고난 권리인 자유를 다시 얻을 수 있었다. 그러나 자유를 주장했다가는 목숨을 잃을 수도 있으며, 고트족들은 쓸모없는 죄수들을 팔아넘길 생각이 없으면 죽이기도 한다는 사실이 곧 알려졌으므로, 시민 법전은 노예들이 5년이라는 적정 기간 동안의 봉사로 몸값을 대신할 수 있다는 현명한 규정을 마련해 놓았다. 로마 제국을 침략한 민족들은 노역보다도 기근을 더 두려워할 정도로 기아의 공포에 질린 수많은 속주민들의 무리를 이탈리아로 끌고 왔었다. 이제 로마와 이탈리아에 재난이 닥치자 주민들은 가장 멀고 외딴 곳까지 안전한 피난처를 찾아 흩어졌다. 고트족 기병대의 이동을 따라 캄파니아와 투스카니 해변으로 공포와 황폐화가 확산되면서, 아르겐타리아 곶과 좁은 해협 하나를 사이에 두고 떨어져 있는 작은 이길리움 섬이 적들의 공격으로부터 피신처가 되었다. 이 섬은 로마와 아주 가까운 거리에 있었으므로, 많은 시민들이 이 외진 섬의 깊은 숲 속에 안전하게 몸을 숨겼다. 아프리카에 막대한 재산을 소유하고 있던 원로원 의원 가문들 중 폐허가 된 로마에서 탈출할 시간적 여유와 신중함을 지닌 자들에게는 더욱 탈출하기 좋은 장소였다. 이 피난민들 중에서도 가장 유명한 인물은 페트로니우스의 미망인으로 고귀하고 신앙심 깊은 프로바[65]였다. 로마에서 가장 영향력 있는 인물이었던 남편이 죽은 후, 그녀는 아니키우스 가를 이끌면서 자신의 재산으로 세 아들의 집정관직 유지 비용을 계속 대 주었다. 도시가

이 있다. 소크라테스는 반대로 많은 원로원 의원들이 갖은 고문으로 목숨을 잃었다고 과장하여 주장한다.

65 프로바와 그녀의 가족들의 모험담은 성 아우구스티누스의 생애와 연관이 있으므로 티유몽이 상세히 설명했다. 그들이 아프리카에 도착한 지 얼마 안 되어, 데메트리아스가 수녀가 되어 처녀성을 지킬 것을 맹세했다. 이것은 로마와 전 세계에 지극히 중요한 사건으로 간주되었다. 모든 성자들이 그녀에게 축하 편지를 썼다. 그중 히에로니무스의 것이 현존하는데, 불합리한 논법, 격렬한 웅변, 기묘한 사실들이 혼합된 내용으로, 그중 일부는 로마가 포위되고 약탈당한 사실과도 관계가 있다.

포위되어 고트족의 손에 넘어가자, 프로바는 그리스도교인다운 체념의 태도로 막대한 재산 손실을 감수하고 작은 배에 몸을 실었다. 그 배에서 보이는 것이라고는 그녀의 저택을 불태우는 화염뿐이었다. 그녀는 딸 레타와 성처녀로 유명해진 손녀 데메트리아스를 데리고 아프리카 해안으로 도망쳤다. 이 귀부인은 자신의 영지에서 나온 작물이나 영지를 판 돈을 자비롭게 나눠 줌으로써 불행한 피난민들과 포로들의 고통을 달래 주었다. 그러나 프로바의 가족들조차도 코메스인 헤라클리아누스의 탐욕스러운 압제에서 벗어날 수는 없었다. 그는 비열하게도 로마의 귀족 처녀들을 시리아 상인들에게 시집보낸다는 명목으로 사실상 팔아넘겼다. 이탈리아의 피난민들은 이집트와 아시아 해안에서 콘스탄티노폴과 예루살렘까지 퍼져 나갔다. 성 히에로니무스와 그를 따르는 여성 개종자들의 은거지였던 베들레헴 마을은 이제는 거지 신세가 된 남녀노소 귀족들로 붐벼 그들의 화려한 과거를 기억하는 사람들의 동정심을 자아냈다. 로마의 이 끔찍한 재앙에 경악한 제국은 슬픔과 공포로 가득 찼다. 로마의 위대성과 현재의 파괴상이 이루는 대조는 어리석은 맹신에 빠진 사람들의 흥미를 돋우었으므로, 그들은 모든 도시의 여왕인 로마의 불행을 한탄하는 정도를 넘어 과장하기까지 했다. 성직자들은 당면한 사건에 동방 예언자의 고차원적인 은유를 적용하여 수도의 파괴를 세상의 종말과 혼동하기도 했다.

카를 5세 군대의 로마 약탈

인간의 본성에는 자기 시대의 좋은 점은 깎아내리고 나쁜 점은 과장하는 경향이 있다. 그러나 초기의 격앙된 감정이 어느 정도 가라앉고 실제의 피해에 대한 공정한 평가가 이루어지면서, 동시대인들 중 학식 있고 현명한 자들이라면 로마의 초기 시대에는 현재의 쇠퇴기에 고트족으로부터 받은 것보다 더 심각한 피해를 갈리아인들로부터 받은 적도 있다는 사실을 인정하지 않을 수 없었다. 후세 사람들은 1100년의 경험을 통해 훨씬 더 나은 비교 사례를 들 수 있다. 즉 알라리크가 도나우 강변에서 끌고 온 야만족들의 파괴 행위보다 로마인들의 황제를 자칭한 가톨릭 군주 카를 5세의 군대가 자행한 적대 행위가 훨씬 더 무시무시했다고 자신 있게 주장할 수 있다. 고트족들은 6일째 되는 날 도시를 떠났으나, 카를 5세는 아홉 달 이상이나 로마를 장악하고 그 기간 내내 잔인함과 욕정, 약탈욕에서 비롯된 극악무도한 행위를 저질렀다. 알라리크의 권위는 그를 지도자이자 왕으로 인정하는 무리들 속에서 어느 정도는 질서와 절제를 유지했다. 그러나 부르봉의 대장이 성벽을 공격하던 중 장렬히 전사한 후, 이탈리아인, 에스파냐인, 게르만인의 세 독립된 민족으로 구성된 군대에서 모든 군율의 제약이 사라져 버렸다. 16세기 초 이탈리아의 풍습은 타락의 극치를 달렸다. 그것은 아직 안정되지 않은 사회에 만연하는 잔혹한 범죄에 예술과 사치의 극단에서 나온 세련된 악덕이 결합된 것이었다. 애국심이나 미신 따위는 염두에 두지 않은 채 로마 교황의 거처를 공격했던 방종한 모험꾼들은 이탈리아인들 중에서도 가장 거친 부류에 속했다. 같은 시대에 에스파냐인들의 이름은 구세계와 신세계 양쪽에서 공포의 대상이었다. 그러나 그들의 용맹은 음험한 자만심, 만족을 모르는 탐욕, 무자비한 잔인성으로 얼룩졌다. 그들은 명성과 부를 좇으면서 거듭된 실습을 통해 더없이 정교하고 효과적인 고문 방법을 발전시켰다. 로마를 약탈한 카스틸리아인들 중 다수가 종교 재판에 대해 잘 알고 있었으며, 아마도 일부 자원자들은 나중에 멕시코 정복에서 돌아온 자들이었을 것이다. 게르만인들은 이탈리아인들보

66 소크라테스는 동로마 군대가 그를 공격하러 총진군에 나섰다는 소식을 듣고 알라리크가 도주했다고 주장하지만 전혀 사실이 아니다.

67 로마가 건국되기 48년 전(기원전 약 800년)에 투스카니인들은 서로 23마일 정도 떨어진 거리에 카푸아와 놀라를 세웠다. 그러나 두 도시 중 후자는 평범한 수준을 벗어나지 못했다.

다는 덜 타락했고 에스파냐인들보다는 덜 잔인했다. 이들 외국인 전사들의 순박하다 못해 야만스러운 얼굴 뒤에는 단순하고 인정 많은 천성이 숨어 있는 경우도 많았다. 그러나 그들은 종교 개혁 초기의 열정적인 분위기 속에서 루터의 원칙뿐 아니라 정신까지도 흡수했으므로, 가톨릭의 미신적인 성물을 더럽히거나 파괴하는 일이야말로 그들이 가장 좋아하는 오락이었다. 그들은 동정심이나 가책은 전혀 없이, 로마 주민의 상당 부분을 차지했던 모든 종파의 성직자들에게 직위를 가리지 않고 증오를 퍼부었다. 그들은 적그리스도의 왕좌를 무너뜨리고 피와 불길로 가증스러운 영적 바빌론을 정화하겠다는 광신적인 열정에 불탔다.

서기 410년 8월, 로마에서 철수해 이날리아를 약탈한 알라리크

승리를 거둔 고트족이 6일 만에 로마에서 철수한 것은 신중함에서였지 공포심에서 그리 한 것이 결코 아니었다.66 그들의 용감무쌍한 지도자는 값나가고 무거운 전리품을 가득 짊어진 군대를 이끌고 아피아 가도를 따라 이탈리아 남부의 속주로 진군했다. 그는 자신의 앞길을 가로막는 것은 무엇이든 파괴해 버리고 저항을 포기한 지역은 약탈했다. 캄파니아가 자랑하던 화려한 대도시인 카푸아는 쇠퇴기에 들어서서도 제국의 여덟 번째 도시로 존경받았으나, 인근 마을인 놀라67가 집정관에서 수도사, 수도사에서 주교가 된 파울리누스의 성지로 이름을 떨치는 것과는 반대로 망각 속에 묻혔다. 그는 40세에 이제껏 누려 오던 부와 명예를 버리고 고독한 고행 생활을 택했다. 속세의 벗들은 이 극단적인 행동을 마음이나 몸에 어떤 병이 든 탓으로 돌리며 비난했지만, 성직자들은 열렬한 박수갈채로 그를 격려했다. 그는 일찍부터 성 펠릭스에게 품었던 열렬한 애정 때문에 성 펠릭스의 무덤이 있는

놀라의 교외에 초라한 거처를 정했다. 그곳에는 이미 많은 신도를 거느린 대규모의 교회들이 다섯 개나 있었다. 그는 자신의 남은 재산과 학식을 이 순교자를 섬기는 데 바쳤다. 성 펠릭스의 축일에는 엄숙한 찬송으로 경배를 바쳤으며, 그의 이름으로 가장 뛰어난 우아함과 아름다움을 자랑하는 여섯 번째 교회를 세우고 구약과 신약에 등장하는 많은 그림들로 꾸몄다. 이러한 열렬한 신심은 성자의 호의까지는 몰라도[68] 최소한 사람들의 호의는 얻어 냈다. 15년간의 은거 생활 끝에 한때 집정관이었던 그는 마지못해 놀라의 주교직을 받아들였는데, 그 일이 있기 몇 달 전 도시가 고트족에게 포위되었다. 포위 공격이 진행될 동안, 일부 신앙심 깊은 사람들은 꿈이나 환상을 통해 수호 성인의 모습을 보았다며 기뻐했다. 그러나 펠릭스가 예전에 양치기로서 이끌었던 양 떼를 지켜 줄 힘이 없든지 그럴 의향이 없다는 사실이 곧 드러났다. 놀라는 초토화를 피하지 못했고, 포로가 된 주교는 그의 결백과 가난이 널리 알려진 덕에 해를 면했을 뿐이었다. 알라리크가 이탈리아를 침공한 후 그의 후계자인 아돌푸스의 지휘 아래 고트족이 자발적으로 퇴각하기까지 4년 이상의 세월이 흘렀다. 그 기간 내내 그들은, 고대인들의 의견에 따르면, 모든 종류의 자연과 예술의 극치를 결합한 이 나라를 무소불위의 힘으로 지배했다. 이탈리아가 안토니누스 황제의 상서로운 시대에 달성했던 번영은 제국의 쇠망과 함께 서서히 몰락해 갔다. 오랜 평화로 얻은 결실은 야만족들의 거친 지배 아래 시들어 갔다. 야만족들은 부드럽고 세련된 이탈리아인들의 기호에 맞게 마련된 우아한 사치품을 누릴 능력이 없었다. 그러나 병사들은 매일 고트족 진영에서 소비할 막대한 양의 곡물과 소 떼, 기름과 포도주를 요구했다.

서기 408~412년, 고트족의 이탈리아 점령

[68] 겸손한 파울리누스는 성 펠릭스가 자신을 사랑하지 않는다고, 아니 사랑한다 해도 주인으로서 자신의 작은 개를 사랑하는 정도라고 믿는다고 말하기도 했다.

⁶⁹ 플라타너스는 고대인들이 가장 좋아해서, 그늘을 만들기 위해 동방에서 갈리아까지 널리 심었다. 플리니우스는 엄청난 크기의 플라타너스 몇 그루에 대해 언급했다. 하나는 칼리굴라가 자기 둥지라고 불렀던 벨리트레의 황제 별장에 있었는데, 가지들 아래에 큰 테이블과 적당한 수의 시종들과 황제까지 들어갈 수 있었다.

⁷⁰ "파괴자에게 굴복한 남부는 그녀의 자랑스러운 칭호와 황금 들판을 바쳤다. 겨울은 음산한 웃음을 흘리며 더 밝은 날과 하늘을 바라본다. 피어나는 장미의 신선한 향기를 맡아보라. 그리고 매달아 놓은 포도주를 한 모금 들이켜 보라." 그레이(Gray)는 왜 연표와 역사 자료를 수집하는 대신 그의 천재적인 재능을 발휘하여 이렇게 훌륭한 철학적 시를 완성하지 않았을까?

높은 계급의 전사들은 캄파니아의 아름다운 해안을 따라 늘어선, 한때 루쿨루스나 키케로가 살았던 별장과 정원들을 더럽혔다. 그들의 포로가 된 원로원 의원들의 자녀들은 겁에 질려 오만하고 무례한 승리자들에게 금과 보석을 박은 잔에 포도주를 가득 따라 바쳤다. 그들은 플라타너스⁶⁹ 그늘 아래 거대한 사지를 쭉 뻗고 누워 작렬하는 태양빛을 피해 따뜻한 온기를 즐겼다. 지난날의 고생을 떠올리면 이런 즐거움은 한층 더 커졌다. 그들의 고향 땅인 황량하고 척박한 스키타이의 언덕들, 엘베와 도나우의 얼어붙은 강변들과 비교하면 이탈리아의 기후가 가져다주는 행복은 새로운 매력을 더했다.⁷⁰

서기 410년, 알라리크의 죽음

알라리크의 목표가 명성과 정복과 부 가운데 어떤 것이었든지 간에, 그는 역경에도 굴하지 않고 성공했다고 만족하지도 않는 지칠 줄 모르는 열정으로 목표를 추구했다. 그는 이탈리아 종단에 도달하여 눈앞의 풍요롭고 평화로운 섬을 보자마자 다시 공격에 나섰다. 그러나 시칠리아 점령조차도 그에게는 아프리카 대륙을 향하여 이미 구상해 둔 중대한 원정으로 가는 중간 단계에 불과했다. 레기움과 메시나 해협은 길이 12마일에, 가장 좁은 통로의 폭이 약 1.5마일이다. 스킬라의 암초나 카리브디스의 소용돌이도 가장 겁 많고 실력 없는 선원들을 제외하고는 아무도 두려워하지 않았다. 그러나 고트족의 첫 번째 분대가 승선하자마자 갑작스러운 돌풍이 몰아쳐 많은 함선을 침몰시키거나 흩뜨렸다. 새로운 장애에 그들의 용기도 수그러들었다. 게다가 알라리크가 잠시 앓아누운 끝에 그의 정복 중에서도 가장 중요한 시기에 때 이른 죽음을 맞게 되자 전체 계획이 어그러지고 말았다. 애도의 박수갈채로 용맹스러움과 행운을 기렸던 영웅의 장례식에서도 야만족들의 포악한 성격은 여지없이 발휘되었다. 그들은 포로들의 노동력을 이용하여 콘센티아 성벽을 감고 흐르는 작은 강인 부센티누스의 물길을 바꾸었다. 그들은 바싹 마른 강바닥에 화려한 전리품들과 로마의 기념물들로 장식한 왕의 묘소를 건설한 다음, 강물을 다시 원래의 수로로 되돌려 놓고 공사에 참여했던 모든 죄수들을 무참히 살해함으로써 알라리크의 유해가 안장된 비밀 장소를 영원히 감추었다.

야만족들은 그들 간의 개인적인 원한과 오래된 반목을 잠시 접어 두고, 왕위를 계승할 인물로서 사망한 군주의 처남인 용감한 아돌푸스를 만장일치로 추대했다. 새로운 고트족 왕의 인품과 정치 체제를 알려면 그가 나르본의 한 유명한 시민과 나눈 대화를 살펴보는 것이 가장 좋을 것이다. 그는 나중에 순례 여행 중 역사가 오로시우스 앞에서 성 히에로니무스에게 이렇게 말했다.

서기 412년, 로마 제국과 평화 조약을 체결하고 갈리아로 진군한 고트족의 왕 아돌푸스

나는 용맹스러움과 승리에 대한 확신에 차서 한때 열망했었다. 세계의 모습을 바꾸어 놓기를, 로마의 이름을 지워 버리기를, 로마의 폐허 위에 고트족의 왕국을 세우기를, 아우구스투스와 같이 새로운 제국의 건설자로서 불멸의 명성을 얻기를. 그러나 시도를 거듭하면서 체계가 잘 잡힌 나라를 유지하고 통치하려면 반드시 법률이 필요하나, 고트족의 난폭한 기질은 법과 통치라는 유익한 멍에를 받아들일 수 없다는 사실을 점차 확신하게 되었다. 그 순간부터 나는 영광과 야심을 만족시킬 다른 대상을 찾았다. 이제 나의 참된 소망은 후세 사람들로부터 고트족의 검을 휘둘렀던 한 이방인이 로마 제국의 번영을 무너뜨린 것이 아니라 회복시키고 유지했음을 인정받는 것뿐이다.

알라리크의 후계자는 이러한 생각으로 전투를 중단하고 황제의 궁정과 친선 및 동맹 관계를 맺기 위한 조약의 협상에 진지하게 임했다. 이제 자신들의 허황된 맹세의 의무에서 벗어나게 된 호노리우스의 대신들의 관심사는 고트족의 참기 어려운 중압으로부터 이탈리아를 구하는 일이었으므로, 그들은 알프스 너머 속주들을 어지럽히고 있는 참제들과 야만인들을 정벌하겠다는 고트족의 제안을 기꺼이 받아들였다. 아돌푸스[71]는 로마 장군의 칭호를 받아 캄파니아 끝에서 갈리아의 남부 속주로 진군했다. 그의 군대는 무력으로든 동의를 얻어서든 순식간에 나르본과 툴루즈, 보르도의 도시들을 점령했다. 그들은 마르세유 성벽에서 코메스인 보니파키우스에게 격퇴당하기는 했지만, 곧 지중해에서 대서양까지 세력을 확대했다. 속주민들은 적들이 남겨 놓은 비참할 만큼 보잘것없는 나머지 재산까지 고트족이 동맹군의 허울 아래 잔인하게 강탈하자 절규했지만, 고트족은 동맹군의 깃발을 내세워 자신들의 폭력을 변명하고 정당화했다. 그들은 호노리우스 정부에 대한 반란죄를 씌워 갈리아의 도시들을 공격했으며, 조약의 내용이나 궁정의 비밀 지령 따위를 구실 삼아 강탈을 일삼았다. 마구잡이로 적대 행위를 저지르고도 평화나 규율에 익숙지 않은 야만족 대군의 통제하기 어려운 기질을 들어 책임을 회피했다. 이탈리아의 사치가 고트족의 용맹성을 약화시켰을지는 몰라도 기질을 유순하게 만들지는 못했다. 그들은 문명화된 사회의 예술과 제도는 모방하지 않고 악덕만을 흡수했다.[72]

아돌푸스의 말은 아마도 진심에서 나왔을 것이다. 더구나 로마의 공주에게 마음을 빼앗긴 후부터 공화국의 대의에 대한

[71] 요르난데스는 아돌푸스가 로마를 두 번째로 방문하여 약탈했다고 했으나 그다지 신빙성이 없다. 그러나 그는 평화 조약이 고트족 왕과 호노리우스 사이에 맺어졌다는 오로시우스의 의견에 동의한다.

[72] 고트족의 이탈리아로부터 퇴각과 최초의 갈리아 침략은 불확실하고 의심스럽다. 나는 그 시대의 단편적으로 흩어진 연대기들을 예증하고 연결한 마스코우로부터 많은 도움을 받았다.

그의 애착은 더욱 확고해졌다. 테오도시우스 대제와 그의 두 번째 아내 갈라의 딸인 플라키디아는 콘스탄티노플 궁정에서 황족으로서 교육받았다. 그러나 그녀는 동생 호노리우스의 시대에 서로마 제국을 뒤흔들었던 격동 속에서 파란만장한 일생을 살았다. 로마가 처음 알라리크에게 포위당했을 때, 플라키디아는 갓 스무 살로 로마에 살고 있었다. 그녀는 사촌인 세레나의 죽음에 서슴없이 동의했다고 하여 잔인하고 배은망덕한 여자라는 평을 들었다. 그녀의 나이가 어렸다는 점은 이러한 의견을 강화시킬 수도 있고 변명이 될 수도 있을 것이다. 승리를 거둔 야만족들은 호노리우스의 누이를 인질 또는 포로로[73]억류했다. 그러나 그녀는 고트족 진영을 따라 이탈리아를 옮겨 다니는 치욕을 겪으면서도 정중하고 온건한 대우를 받았다. 요르난데스는 플라키디아의 미모를 찬양했지만, 그녀의 아첨꾼들은 의미심장하게 침묵을 지키고 있어 대조를 이룬다. 그러나 아돌푸스는 그녀의 고귀한 태생과 피어나는 젊음, 우아한 행동거지, 능란하게 남의 비위를 맞추는 기술에 깊은 인상을 받고 황제의 매형이 되고자 했다. 호노리우스의 대신들은 로마인으로서의 자부심을 훼손시키는 결혼 제안을 경멸스럽게 거부하고 평화 조약의 필수 조건으로 플라키디아의 반환을 거듭 요구했다. 그러나 테오도시우스의 딸은 알라리크의 장대한 체구에는 미치지 못해도 더 매력적인 우아함과 미모를 갖춘 젊고 용맹한 군주인 이 정복자에게 그다지 싫은 기색 없이 굴복했다. 고트족이 이탈리아에서 퇴각하기 전에 아돌푸스와 플라키디아의 결혼이 성사되었다. 나중에 갈리아에 있는 나르본의 가장 명망 높은 시민 중 하나인 잉게누우스의 집에서 결혼 1주년을 기념하는 축하 의례가 엄숙하게 치러졌다. 로마 황녀의 복

서기 414년, 플라키디아와 결혼한 아돌푸스

[73] 오로시우스와 마르켈리누스, 이다티우스의 연대기에서는 고트족이 로마의 마지막 포위가 있은 후까지 플라키디아를 데려가지 않았다고 보는 것 같다.

74 이 결혼 축제에 대한 상세한 설명은 역사가 올림피오도루스의 기록에서 가져온 것이다.

75 부케(Dom. Bouquet)가 프랑스 역사가들의 글을 모아 놓은 것을 참조할 것. 이 익명의 사가는 그 시대 사람답게 무식해서 이 그리스도교 숭배 도구들이 솔로몬의 사원에 속한 것이었다고 생각했다. 그의 글 중 중요한 부분이 있다면 그것들이 로마의 약탈 중 발견되었다는 것뿐이다.

장을 차려입은 신부가 왕좌에 앉고, 고트족 왕은 로마의 관습에 따라 그녀 옆의 한 단계 아래 자리에 앉는 것으로 만족했다. 그가 자기 나라의 관습에 따라 플라키디아에게 준 결혼 선물은 그녀의 나라에서 가져온 희귀하고 화려한 전리품들로 이루어졌다. 비단옷을 입은 쉰 명의 아름다운 젊은이들이 제각기 손에 대접을 들고 나왔다. 이 대접들 중 하나에는 금이, 나머지에는 헤아릴 수 없을 만큼의 귀한 보석들이 가득 채워져 있었다. 오랫동안 행운의 여신과 고트족으로부터 조롱거리가 되어 왔던 아탈루스는 결혼 축가를 부를 합창대를 지휘하라는 명을 받았다. 이 폐위된 황제는 뛰어난 음악가라는 찬사를 간절히 바랐을 것이다. 야만족들은 그들의 승리를 마음껏 즐겼고, 속주민들도 사랑과 이성의 부드러운 힘이 고트족 왕의 사나운 정신을 순화시켰다면서 이 결합을 기뻐했다.74

고트족의 보물

플라키디아에게 결혼 선물로 주어진 금과 보석으로 가득 찬 백 개의 대접은 고트족의 재화 전체로 따지면 보잘것없는 일부에 불과했다. 고트족의 보물들 중 아돌푸스의 후계자들의 역사에서 몇 가지 특기할 만한 것들을 골라 보겠다. 프랑크족이 6세기경 나르본의 저택을 약탈했을 때 보석이 박힌 정교하고 값진 순금 장식품들이 발견되었다. 클로비스의 아들은 예순 개의 컵과 술잔들, 성찬식에 쓰이는 열다섯 개의 쟁반, 복음서를 담을 스무 개의 상자 등 봉헌된 재물들을75 자기 영토 안의 교회들에 고루 나눠 주었는데, 그의 경건한 관대함은 예전에 고트족이 저질렀던 신성 모독적 행위에 대한 비난의 뜻을 담은 것 같다. 그들은 유명한 미소리움(missorium), 즉 정교한 장인의 솜씨로 500파운드가 넘는 엄청난 금과 그보다 훨씬 값나가는 보석들로 만들어졌으며, 귀족인 아이티우스가 고트족 왕인 토리스몬트에게 선물했다는 훌륭한 접시도 손에 넣었다. 토리스몬트의 후계자들 중 한 사람은 이 훌륭한 선물을 넘겨주겠다는 약속으로 프랑스 군주의 원조를 얻어 냈다. 그는 에스파냐 왕좌에 오르자 마지못해 다고베르의 사절에게 이것을 주어 보냈으나, 도중에 다시 빼앗아 와서 오랜 협상 끝에 부족하지만 금화 20만 닢이라는 보상금을 주고 고트족의 자랑거리로 보존해 두었다.[76] 에스파냐가 정복되었을 때 이 보물을 아랍족에게 약탈당하자, 그들은 훨씬 더 눈을 끄는 다른 보물을 찬양의 대상으로 삼았다. 그것은 한 개의 에메랄드로 만들어진 커다란 탁자로, 세 줄의 진주를 테두리에 박고 보석과 금으로 360개의 다리를 만들었는데, 금화 50만 닢의 가치를 가진 것으로 추정되었다.[77] 고트족의 보물 중 일부는 친선의 표시로 받은 선물이거나 복종의 뜻으로 받은 공물이었을 수도 있지만, 대부분은 전쟁과 약탈로 얻은 것이었으며 로마 제국에서 가져온 전리품이었다.

이탈리아가 고트족의 압제로부터 해방된 후, 궁정의 파벌들 가운데 한 비밀 고문관에게 만신창이가 된 나라를 치유할 기회가 내려졌다. 그는 가장 깊은 타격을 입었던 여덟 개의 속주 캄파니아, 투스카니, 피케눔, 삼니움, 아물리아, 칼라브리아, 브루티움, 루카니아에 5년간의 특례를 허용하는 현명하고 자비로운 조치를 취했다. 이 속주들은 공물을 5분의 1로 감면 받은데다가, 이조차도 공공 역참 제도를 회복시키고 유지하는 데 쓰였다. 또 다른 법령이 발포되어 주민이나 경작자를 잃은 토지를 세금 감면 혜택과 함께 이를 소유하고 싶어하는 이웃 주민들이나 이방인들에게 분배했다. 새로운 지주는 나중에 피난 갔던 원주민이 돌아와도 소유권을 보장받았다. 비슷한 시기

서기 410~417년, 이탈리아와 로마를 구제하기 위한 법률들

[76] 시세난드는 서기 631년에 에스파냐 왕좌에 즉위했다. 다고베르는 금화 20만 닢을 성 디오니시우스의 교회 건립에 썼다.

[77] 고게(Goguet)은 놀랄 만큼 큰 에메랄드, 고대인들이 이집트, 가데스, 콘스탄티노플에 놓았던 조각상들과 기둥 들은 실제로는 색유리로 만든 것에 불과했다는 견해를 밝힌다. 제노아에 있는 유명한 에메랄드 접시는 이러한 의구심을 뒷받침해 준다.

78 필로스토르기우스는 호노리우스가 개선 입성을 하면서 도시를 재건하도록 로마인들을 격려했다고 한다. 프로스페루스의 연대기는 헤라클리아누스를 칭찬했다.

79 클라우디우스 루틸리우스 누마티아누스의 여행은 여러 어려움 때문에 중단되었으나, 스칼리게르는 천문을 읽고 그가 서기 416년 9월 24일에 로마를 떠나 10월 9일에 포르토에서 배를 탔다고 추측했다. 이 시적인 여행에서 루틸리우스는 로마에 축하를 보냈다.

80 오로시우스는 그 사건이 있은 지 2년 후 아프리카에서 역사서를 집필했다. 그러나 사실의 개연성이 부족하여 그의 권위를 떨어뜨린다. 마르켈리누스의 연대기는 헤라클리아누스가 700척의 배와 3000명의 군사를 이끌었다고 기록하고 있다. 후자의 숫자는 우스울 정도로 잘못된 것이지만, 전자도 그다지 만족스럽지는 않다.

에 호노리우스의 이름으로 대사면령이 발표되어, 국가적인 혼란과 재난 중에 불행한 국민들이 저질렀던 본의 아닌 범죄의 기록을 모두 삭제해 주었다. 수도의 복구에도 상당한 관심을 쏟았다. 적의 방화에 파괴되거나 손상된 건물들을 재건하도록 시민들을 격려했고, 엄청난 양의 곡물을 아프리카 해안에서 수입해 왔다. 바로 얼마 전에 야만족들의 칼을 피해 도망쳤던 시민들은 부와 쾌락을 얻을 희망을 품고 곧 되돌아왔다. 수도 총독인 알비누스는 단 하루 만에 1만 4000명의 외지인들이 도착했다는 보고를 놀라움과 우려를 섞어 궁정에 전했다.78 고트족이 침략한 흔적이 거의 지워지고 도시가 이전의 영광과 평온을 되찾는 데는 7년이 채 걸리지 않았다. 존엄한 귀부인(로마)은 전란의 폭풍에 흐트러졌던 월계관을 바로잡고 멸망하는 마지막 순간까지도 복수와 승리 속에서 영원히 지배하리라는 달콤한 예언을 즐겼다.79

서기 413년,
아프리카의 코메스
헤라클리아누스의
반란과 패배

그러나 로마 시민들의 식량 공급지인 아프리카에 반란 집단의 군대가 접근하자 이러한 표면상의 평온은 순식간에 사라졌다. 가장 힘들고 어려운 상황에서도 뜨거운 충성심으로 호노리우스를 지지했던 아프리카의 코메스인 헤라클리아누스가 1년간 집정관을 지내던 중, 유혹에 넘어가 반역자가 되어 황제를 참칭하고 나섰던 것이다. 즉각 아프리카의 항구마다 해군으로 뒤덮였다. 그는 선두에서 이탈리아를 침략할 채비를 했다. 그의 함대가 테베레 강 하구에 정박했을 때, 갤리선과 아주 작은 배들까지 포함하여 그 수가 3200척으로 믿기 어려운 정도였다고 한다. 이는 크세르크세스나 알렉산드로스의 함대마저도 뛰어넘는 규모였다.80 그러나 지상에서 가장 강대한 제국이라도 전복시키거나 부흥시킬 만한 이 정도의 군대로도 아프리카의 찬탈자는 경쟁자의 속주에 그다지 깊은 인상을 주지 못했다. 항구로부터 로마의 성문으로 가는 길을 따라 진군하던 그는 황제의 장군들 중 한 명과 마주치자 겁에 질려 완패하고 말았다. 이 대군의 지도자는 자신의 운명과 벗들을 모두 버리고 수치스럽게도 배 한 척에 몸을 싣고 도망쳐 버렸다.[81] 카르타고의 항구에 상륙한 헤라클리아누스는 속주 전체가 이 한심한 지배자에게 조소를 보내며 원래 군주에게로 되돌아갔음을 알게 되었다. 반역자는 고대 신전에서 참수되었고 집정관의 직위도 박탈당했다.[82] 금 4000파운드에 달하는 그의 유산은 모두 용감한 콘스탄티우스의 것이 되었다. 콘스탄티우스는 나중에 나약한 군주와 공유하게 될 왕위를 미리 지킨 셈이었다. 호노리우스는 무기력하고 무관심한 태도로 로마와 이탈리아에 닥친 재난을 관망했으나,[83] 자신의 안위를 위협하는 아탈루스와 헤라클리아누스의 반역에는 잠깐이나마 타고난 무력증에서 깨어났다. 그는 아마도 자기가 무엇 때문에, 어떻게 하여 임박한 위험을 피했는지도 몰랐을 것이다. 이후로 이탈리아는 더 이상 외침이나 내란을 겪지 않았으므로, 알프스 너머에서 참제들이 연달아 테오도시우스의 아들의 이름으로 그의 부하들에게 평정될 동안 그는 라벤나 궁정에서 평온한 나날을 보냈다. 서둘러 흥미로운 이야기를 전개해 나가다 보면 이런 군주의 죽음 따위는 깜박 잊고 지나치기 십상일테니, 그가 로마의 마지막 포위 공격 이후로 13년을 더 살았다는 사실을 여기에서 미리 말해 두어야겠다.

콘스탄티누스는 브리타니아의 군단들로부터 자의를 받고 성공적으로 안전하게 제위를 찬탈했다. 그의 황제 칭호는 안토니누스의 방벽에서 헤라클레스의 기둥까지 널리 인정되었다.

서기 409~413년, 갈리아와 에스파냐의 혁명

[81] 이다티우스의 연대기는 그가 움브리아의 오트리쿨룸까지 진군하여 그곳에서 격전을 벌인 끝에 5만 명의 군사를 잃고 패했다고 주장하고 있으나 전혀 사실이 아니다.

[82] 그의 이름으로 선포한 법령들은 노예 해방령까지도 모두 공식적으로 다시 선포될 때까지 무효로 선언되었다.

[83] 로마의 재난에 놀란 호노리우스가 드디어 그가 잃었던 것이 같은 이름의 닭이 아니라 세계의 수도라는 사실을 깨달았다는 어리석고 터무니없는 이야기는 언급하기도 경멸스럽다. 그러나 이 이야기조차 어느 정도 당시의 여론을 반영한다.

국가적 혼란의 와중에서 그는 야만족들과 함께 갈리아와 에스파냐를 지배하고 약탈했다. 그들의 무시무시한 대열은 라인 강이며 피레네 산맥도 거침없이 통과했다. 그는 호노리우스의 친족들의 피로 손을 더럽히고 나서야 라벤나 궁정과의 비밀 교신 끝에 반역적인 요구의 비준을 얻어 냈다. 콘스탄티누스는 이탈리아를 고트족의 손에서 구해 내겠노라고 엄숙히 맹세하고 포 강까지 진군해 갔다. 그는 약체 동맹군을 돕기보다는 경악에 빠뜨려 놓고 실속도 없이 번지르르한 승리를 흥청망청 자축했다. 그러나 이 덧없는 승전 축제도 그의 장군들 중 가장 용감한 코메스인 게론티우스의 반란으로 중단되었다. 그는 콘스탄티누스의 아들로서 이미 황제의 자의를 받고 군주가 된 콘스탄스가 자리를 비운 동안 에스파냐의 속주들에 대한 통치권을 차지했다. 우리가 알 수 없는 몇 가지 이유들 때문에 게론티우스는 직접 왕관을 쓰지 않고 타라고나에 사는 친구 막시무스의 머리에 왕관을 씌워 주었다. 그런 다음 피레네 산맥을 통과하여 진군에 나서 두 황제 콘스탄티누스와 콘스탄스가 반격할 채비를 갖추기 전에 기습했다. 아들 콘스탄스는 비엔나에서 사로잡혀 그 자리에서 처형당했다. 이 불행한 젊은이는 자신으로 하여금 조용한 은둔 생활을 버리도록 유혹하고 강요했던 가족의 출세를 한탄할 틈도 없었을 것이다. 아버지 콘스탄티누스는 아를 성벽 안에서 포위 공격에 맞섰으나, 기대하지도 않았던 이탈리아 군대가 달려와 도시를 구원하지 않았다면 성벽은 공격에 굴복하고 말았을 것이다. 군대가 호노리우스의 이름으로 콘스탄티누스를 적법한 군주로 선포하자 반란군은 경악했다. 자신의 군대로부터 버림받고 에스파냐 국경 지대로 도망친 게론티우스는 생애 마지막 순간에 로마인다운 용기를 발휘하여 자신의 이름을 역사에 남겼다. 깊은 밤중, 그를 배신한 병사들이 그의 집을 둘러싸고 공격해 오자, 그는 방어벽을 치고 이에 맞섰다. 그의 아내와 알라니족 출신의 용맹한 친구, 몇몇 충성스러운 노예들이 그의 곁을 계속 지켰다. 그는 기민하고 과감하게 비축해 두었던 다량의 화살을 날려 공격에 나선 병사들 중 300여 명 이상의 목숨을 빼앗았다. 그의 노예들은 투척용 무기가 떨어지자 새벽녘에 도주했다. 게론티우스도 사랑하는 아내가 만류하지 않았더라면 그들과 같은 행동을 취했을 것이다. 마침내 완강한 저항에 성난 병사들이 집에 불을 질렀다. 피할 수 없는 곤경에 처하자, 그는 야만족 친구의 간청대로 친구의 목을 쳤다. 게론티우스의 아내도 자신을 비참하고 치욕스러운 세상에 버려두고 가지 말라고 간청하면서 기꺼이 그의 칼 밑에 목을 내놓았다. 그는 자신의 몸을 세 번 찔렀으나 소용이 없자, 단검을 뽑아 심장에 찔러 넣음으로써 비로소 비극의 막을 내렸다.[84] 자의를 입었다가 기댈 데가 없어진 막시무스는 힘과 능력이 보잘것없던 덕에 목숨을 건졌다. 에스파냐를 파괴했던 야만족들은 변덕스럽게 다시 한 번 이 꼭두각시 황제를 왕좌에 앉혔다가 곧 호노리우스에게 넘겨주었다. 참제 막시무스는 로마와 라벤나 시민들 앞에서 구경거리가 된 후 공개 처형을 당했다.

[84] 절망에서 나온 이러한 행위에 대한 소조메노스의 찬사는 교회 사가로서는 이상야릇하고 수치스럽게 보인다. 그는 게론티우스의 아내가 그리스도교인이었다고 하면서, 그녀의 죽음은 그녀의 종교와 불멸의 명예에 어울리는 가치 있는 것이었다고 주장한다.

콘스탄티우스 장군의 성격과 승리

접근하는 것만으로도 아를의 포위 공격을 풀고 게론티우스의 군대를 뿔뿔이 흩어지게 했던 장군의 이름은 콘스탄티우스로, 로마 토박이였다. 그가 특별히 두드러져 보였다는 사실은 제국의 국민들 사이에 상무 정신이 그만큼 쇠퇴했음을 보여주는 반증이다. 장군의 힘과 위엄이 국민들의 이목을 끌었기 때문에 세간의 여론은 그를 다음 황제감으로 꼽았다. 그는 사생활에서 친교를 나눌 때는 쾌활하고 매력적이었으며, 소란스러운 여흥도 경멸하지 않았고 때로는 무언극 배우들 못지않게 익살을 부리기도 했다. 그러나 전장으로 부르는 나팔 소리에 말등에 올라 말의 목에 거의 닿을 만큼 몸을 구부리고 큰 눈을 굴리면서 맹렬히 내달을 때면, 적들을 공포에 떨게 하고 자신의 병사들에게는 승리의 확신을 불어넣어 주었다. 그는 라벤나 궁정으로부터 서로마 속주들의 반란군을 소탕하라는 중대 임무를 부여받았다. 참제 콘스탄티누스는 짧고 불안한 휴식을 즐기다가 더 무시무시한 적에게 또다시 포위당했다. 그러나 그 전에 프랑크족과 알레만니족과의 협상이 성공적으로 진행되어, 사절로 파견한 에도비크가 곧 군대를 이끌고 돌아와서 아를 포위 작전을 교란시켰다. 로마 장군은 반격을 기다리지 않고 대담하고 현명하게 론 강을 건너 야만족들과 맞서기로 결심했다. 그의 계획은 교묘히 비밀스럽게 진행되었다. 그리하여 야만족들이 콘스탄티우스의 보병대와 전면에서 교전을 벌일 동안, 몰래 울필라스의 기병대가 후방에서 유리한 고지를 장악하고 포위 공격하여 큰 타격을 입혔다. 에도비크의 남은 군대는 도주하거나 항복하여 목숨을 부지했으며, 지휘관은 전장에서 한 친구의 집으로 탈출했다. 그러나 이 신의 없는 친구는 손님의 목이 황제군의 장군에게 반갑고 이로운 선물이 되리라는 사실을 너무나 잘 알고 있었다. 이때 콘스탄티우스는 진짜 로마인다운 관대함을 발휘했다. 그는 질투심을 억누르면서 울필라스의 업적과 봉사를 공식적으로 인정했으나, 에도비크의 암살자에게는 등을 돌리고 병영이 우정과 환대의 법을 어긴 배은망덕한 자로 인해 더럽혀져서는 안 된다는 엄한 명령을 전달했다. 아를의 성벽에서 마지막 희망이 무너지는 것을 목도한 참제는 자비로운 정복자를 조금이라도 믿어 보고 싶은 유혹에 빠졌다. 그는 안전 보장을 요구하고 안수례를 받아 그리스도교

사제가 된 다음 도시의 성문을 열었다. 그러나 그는 곧 콘스탄티우스가 평상시 따르는 명예와 고결성의 원칙을 느슨한 정치적 도덕의 원칙으로 갈아 치웠다는 사실을 몸소 체험해야 했다. 로마 장군은 콘스탄티누스의 피로 자신의 월계관을 더럽히지 않겠다고 했으나, 자리에서 쫓겨난 황제와 아들 율리아누스는 철통 같은 경계 하에 이탈리아로 압송되어 라벤나 궁정에 닿기 전 죽음을 맞았다.

서기 411년 11월, 찬탈자 콘스탄티누스의 죽음

누구나 자신이 개인적인 능력으로 보아서는 출생 신분 덕에 제위에 앉은 군주들보다 못할 것이 없다고 생각하던 시대였던 만큼, 전임자들의 운명이야 어찌 되었건 찬탈자들은 계속해서 꼬리를 물고 등장했다. 에스파냐와 갈리아 속주들이 특히 심했다. 위계 질서와 복종의 원칙은 전쟁과 반란으로 이미 자취를 감춘 지 오래였다. 콘스탄티누스가 자의를 벗기 전, 아를 포위 공격이 있은 지 넉 달째 되던 때에, 상(上)게르마니아의 멘츠에서 요비누스가 알라니족 왕인 고아르와 부르군트족 왕 군티아리우스의 꼬임에 넘어가 왕관을 받고 막강한 야만족 대군과 함께 라인 강변에서 론 강변으로 진군해 오고 있다는 첩보가 황제의 진영에 날아들었다. 요비누스의 짧은 통치 기록은 불명확하고 이해할 수 없는 일투성이이다. 용감하고 실력 있는 장군이 군대를 이끌고 전장에서 호노리우스가 가진 대의의 정당성을 주장했으리라고 추측된다. 콘스탄티우스가 황급히 퇴각한 데에는 어떤 중대한 사유가 있었으리라고 생각되지만, 어쨌든 그는 싸움 한 번 해보지 않고 갈리아의 소유권을 포기했다. 민정 총독인 다르다누스는 유일하게 찬탈자에게 복종을 거부한 행정관으로 기록되어 있다.[85] 로

서기 411~416년, 찬탈자 요비누스, 세바스티아누스, 아탈루스의 몰락

85 시도니우스 아폴리나리스는 콘스탄티누스의 변덕, 요비누스의 무사안일, 게론티우스의 불성실을 비난한 후, 이 모든 참제들의 악덕을 다르다누스가 전부 갖추고 있었다고 말한다. 그러나 그 총독은 교회에서까지도 존경할 만한 인물이라는 평을 받았으며, 성 아우구스티누스와 성 히에로니무스와도 서신을 주고받았다.

마의 포위 공격이 있은 지 2년 후 고트족이 갈리아에 본거지를 구축했을 때, 최근에 동맹을 맺은 황제 호노리우스를 지지하든가 음악가나 군주의 역할이 필요할 때 가끔씩 활용할 목적으로 자기들의 진영에 데리고 있는 아탈루스를 황제로 내세우는 것 외에는 대안이 없다고 생각되었다. 그러나 아돌푸스는 갈리아의 찬탈자와 손을 잡고 아탈루스에게 그 자신의 불명예를 승인하는 결과가 될 조약의 협상이라는 치욕적인 임무를 맡겼다. 여기에서 요비누스가 고트족과의 동맹 관계를 자신의 제위를 지탱해 줄 가장 확실한 지원책으로 여기지 않고, 주제도 모르고 끈덕지게 달라붙는 아탈루스를 모호한 표현으로 나무랐다는 사실에 다시 한 번 놀라지 않을 수 없다. 그는 위대한 동맹의 충고를 무시하고 자신의 형제인 세바스티아누스에게 자의를 내렸다. 그러나 그의 행동 중에서도 가장 경솔한 처사는 호노리우스 밑에서 싸웠던 용맹한 사루스가 제대로 보상할 줄도, 처벌할 줄도 모르는 군주의 궁정을 떠나자 자기 밑에 받아들인 일이었다. 전사들 속에서 자란 아돌푸스는 복수의 의무를 무엇보다도 소중하고 신성한 유산으로 존중했으므로, 1만 명의 고트족 군대를 이끌고 이 발티 가의 숙적과 맞섰다. 그는 사루스가 별다른 호위 없이 용감한 추종자들 열여덟 내지 스무 명만을 이끌고 있는 틈을 타 공격했다. 우정으로 뭉쳐진 이 영웅의 무리는 필사적인 용기로 대항했으나 결국 중과부적으로 당하고 말았다. 그들은 적들의 동정은 사지 못했어도 존경은 얻을 만했다. 이 사루스의 죽음으로 아돌푸스가 그때까지 갈리아의 찬탈자들과 유지하고 있던 느슨한 동맹 관계는 해체되었다. 그는 다시 애정과 신중함을 좇아, 즉시 라벤나 궁정에 두 참제 요비누스와 세바스티아누스의 목을 바치겠다는 약속으로 플라키디아의 남동생(호노리우스)을 기쁘게 했다. 고트족 왕은 지체 없이 자신의 약속을 실행에 옮겼다. 개인적인 능력이라고는 무엇 하나 내세울 것 없는 그 무능력한 형제들은 야만족 보조군으로부터도 버림받았다. 발렌티아의 저항도 오래가지 못하고 갈리아의 가장 훌륭한 도시들 중 하나가 멸망함으로써 끝나 버렸다. 로마 원로원에 의해 선택되었던 황제(아탈루스)는 제위에 올랐다가, 퇴위되었다가, 모욕을 당하고 다시 복위되었다. 그러나 다시 쫓겨났다가 재차 모욕을 당하고 결국은 자신의 운명에 내맡겨졌다. 고트족 왕은 아탈루스의 보호를 철회했을 때에도 동정심에서인지 경멸감에서인지 모르지만 위해를 가하는 것만은 삼갔다. 국민도 동맹도 하나 없이 홀로 남겨진 불운한 아탈루스는 어딘가 안전하고 외진 은신처를 찾아 에스파냐의 한 항구에서 배에 올랐다. 그러나 그는 중도에 바다 위에서 사로잡혀 호노리우스에게 압송되어 로마와 라벤나의 거리를 끌려 다닌 다음, 무적의 정복자가 앉는 왕좌 두 번째 단에 앉혀져 사람들의 구경거리가 되었다. 번영을 누리던 시절 경쟁자를 협박하는 데 썼다고 비난을 받았던 바로 그 처벌을 이제 아탈루스 자신이 받았던 것이다. 그는 손가락 두 개를 잘린 후 리파리 섬으로 영구 추방되어 그곳에서 조용히 여생을 보냈다. 호노리우스의 남은 재위 기간 중에는 더 이상 반란이 일어나지 않았다. 아무런 결단을 내리거나 행동을 취할 능력이 없는 군주에게 5년 동안 일곱 명의 찬탈자가 굴복했다는 사실은 놀랄 만하다.

　에스파냐는 사면이 온통 바다, 산맥, 다른 속주들로 둘러싸여 로마의 적들과 차단된 상태에서 오랫동안 멀고 외진 지역의 평온을 누려 왔다. 400년 동안 에스파냐가 로마 제국의 역사에 거의 이야깃거리를 제공하지 않았

서기 409년 10월, 수에비족, 반달족, 알라니족 등의 에스파냐 침공

86 이다티우스는 다니엘의 예언을 이 국가적 재난에 적용시키고 싶어했다. 그리하여 사건의 정황을 예언조로 서술하려 했다.

다는 사실은 이 지역이 누린 복된 평온을 확인해 준다. 갈리에누스 시대에 피레네 산맥 너머까지 미쳤던 야만족들의 발길은 평화가 회복되자 곧 망각 속에 묻혔다. 기원후 4세기경 에메리타(다른 이름으로는 메리다), 코르두바, 브라카라, 타라고나는 로마 제국에서도 가장 훌륭한 도시로 손꼽혔다. 다양한 종류의 동식물과 광물들이 근면한 주민들의 기술로 개발, 가공되었으며, 선박용품들의 특이한 이점을 살려 광범위하고 활발한 무역 활동을 펼쳤다. 그뿐 아니라 황제들의 비호 아래 예술과 학문이 융성했다. 에스파냐인들의 성격이 평화와 굴종으로 유약해졌다 해도, 게르만인들이 라인 강에서 피레네 산맥까지 공포와 황폐화를 퍼뜨리며 몰아쳐 오자 어느 정도 용맹스러운 정신이 되살아났던 것 같다. 강인하고 충성스러운 지역 민병대가 산맥의 방어를 맡아 야만족들의 거듭되는 시도를 성공적으로 격퇴했다. 그러나 그들이 콘스탄티누스가 이끄는 호노리우스의 군대에게 거점을 인도하자마자, 로마가 고트족에게 약탈되기 10개월 전이 되는 시점에 에스파냐의 성문들은 나라의 적들에게 넘어갔다. 피레네 산맥의 용병 수비대는 죄의식과 약탈욕 때문에 자기 구역을 버렸다. 밀려들어 온 수에비족, 반달족, 알라니족이 갈리아 국경 지대에서 아프리카의 바다까지 성난 파도처럼 저항할 수 없는 힘으로 휩쓸었다. 에스파냐의 불행은 가장 웅변적인 역사가의 붓을 빌려 묘사되었다. 그는 동시대 사가들의 열정적이다 못해 조금은 과장된 열변을 간결하게 표현했다.[86]

이 민족들의 난입은 무시무시한 재난을 몰고 왔다. 야만족들은 로마인과 에스파냐인들에게 무차별로 잔혹 행위를 저지르고 도시와 농촌 할 것 없이 가리지 않고 약탈했다. 기근이 퍼져 나가 주민들은 동족의 살을 먹지 않을 수 없게 되었다. 인간의 제재가 사라지자 무수히 불어난 야수들까지도 굶주림을 견디지 못하고 인간들을 공격했다. 기근 뒤에 항상 따르기 마련인 역병이 곧 만연하여, 대부분의 사람들이 목숨을 잃었다. 죽어 가는 자들의 신음 소리가 살아남은 벗들의 부러움을 살 정도였다. 마침내 살육과 약탈로 배를 채우고 자기들이 끌어들인 전염병에 타격을 입은 야만족들은 주민들이 사라진 지역에 영구적인 근거지를 세웠다. 지금의 국경선 안에 구(舊)카스틸리아를 포함하는 갈리시아는 수에비족과 반달족에 의해 분할되었다. 알라니족은 지중해에서 대서양까지 카르타게나와 루시타니아 속주들 전체에 퍼져 나갔고, 풍요로운 바이티카는 반달족의 또 다른 부류인 실링기족의 소유가 되었다. 이러한 분할이 이루어진 후, 정복자들은 새로운 주민들과 복종의 대가로 보호를 제공하는 계약을 맺었다. 토지가 다시 경작되었고, 포로가 되었던 주민들이 마을로 다시 돌아왔다. 많은 에스파냐인들은 가난하고 야만스러워도 오히려 이 새로운 삶을 로마 정부의 가혹한 압제보다 더 반기기조차 했다. 그러나 아직도 천부의 자유를 주장하는 많은 사람들이 있었고, 특히 갈리시아 산맥에는 야만족의 멍에에 굴복하기를 거부하는 자들이 있었다.[87]

[87] 마리아나는 오로시우스의 글에서 야만족들이 칼을 보습으로 바꾸었다고 읽었다.

서기 414년, 에스파냐로 진군하는 고트족의 왕 아돌푸스

선물로 보낸 요비누스와 세바스티아누스의 목은 아돌푸스의 우의를 입증했으며, 갈리아 지역을 처남인 호노리우스에게 복귀시켰다. 그러나 고트족 왕의 처지에나 기질에나 평화는 어울리지 않았다. 그는 승리한 군대를 에스파냐의 야만족들 쪽으로 돌리자는 제안을 기꺼이 받아들였다. 콘스탄티우스의 군

88 로마 역사가인 오로시우스와 고트족 역사가인 요르난데스를 비교해 보면 무력과 설득이 다 사용되었음을 추측할 수 있다.

89 요르난데스의 말에 따르면 고트족의 왕권을 계승할 상속권은 아말리족에게 있었으나, 훈족의 가신이었던 아말리족 군주들은 게르마니아나 스키타이의 멀리 떨어진 지역에서 동고트족을 다스렸다.

90 콘스탄티노플에서는 아돌푸스의 죽음을 찬양했다. 이때 그리스인들이 야만족들에 대한 증오심에서 그랬는지 라틴족에 대한 증오심으로 그랬는지는 확실하지 않은 것 같다.

대가 갈리아의 항구 도시들로 가는 길목을 차단하고 고트족의 진군 방향을 피레네 산맥으로 유도했다.88 그는 산맥을 통과하여 황제의 이름으로 바르셀로나를 기습했다. 로마인 아내에 대한 아돌푸스의 애정은 시간이 가도, 결혼한 후에도 줄어들지 않았다. 게다가 그녀로부터 위대한 조부의 이름을 딴 아들 테오도시우스까지 얻어, 그는 영원히 공화국과 이해관계를 같이 하리라고 생각되었다. 이 아이가 죽자 부모들은 크게 상심하고 유해를 은으로 된 관에 넣어 바르셀로나 부근의 교회들 중 한 곳에 안치했다. 그래도 고트족 왕은 전투의 노고 속에서 슬픔을 잊을 수 있었으나, 고트족의 내분으로 연전연승의 행진은 중단되었다. 그는 경솔하게도 사루스의 추종자들 중 한 명을 그의 휘하에 받아들인 바 있었다. 키는 작았어도 대담무쌍한 정신을 지닌 이 야만인은 은인의 원수를 갚겠다는 생각을 품고 있었던데다가, 오만한 새 주인의 비아냥거림에 자극을 받았다. 결국 아돌푸스는 바르셀로나의 궁정에서 암살되었다. 파벌 싸움 속에서 왕위 계승 원칙도 무시되었다.89 사루스의 형제로 황족의 혈통과는 전혀 인연이 없는 인물인 싱게리크가 고트족 왕좌에 앉았다. 그가 왕으로서 처음 내린 명령은 아돌푸스의 전처 소생인 여섯 아이들을 덕망 높지만 힘없는 한 주교의 팔에서 가차 없이 떼어 내어 잔인하게 살해하라는 것이었다. 불행한 플라키디아는 아무리 야만스러운 자들로부터라도 존경받아야 마땅했지만, 잔인하고 부당한 모욕을 받았다. 테오도시우스 황제의 딸은 천한 포로들의 무리에 뒤섞여 사랑하는 남편을 암살한 야만인의 말 앞에서 12마일 이상을 걸어가야만 했다.90

그러나 플라키디아는 곧 복수의 기쁨을 맛보았다. 그녀의 치욕적인 고통에 분노한 시민들이 참제에 대항하여 들고일어

서기 415년 8월, 아돌푸스의 죽음

나 왕위 찬탈 7일째 되는 날 그를 암살했다. 싱게리크의 죽음 이후 고트족의 자유로운 선택으로 왕홀은 발리아에게 넘어갔다. 그의 호전적이고 야심 많은 기질은 치세 초기에는 공화국에 극히 적대적으로 비쳤다. 그는 바르셀로나에서 고대인들이 세계의 끝으로 경외했던 대서양 해안까지 무장하고 진군했다. 그는 에스파냐의 서쪽 곶에 다다라 지브롤터 해협의 요새가 있는 바위산 위에서 인근의 풍요로운 아프리카 해안의 모습을 보고, 알라리크의 죽음으로 중단되었던 정복 계획을 재개하기로 마음먹었다. 그러나 바람과 파도로 인해 또다시 고트족의 대사업은 좌절에 부딪혔다. 폭풍과 난파로 재난이 거듭되자 미신적인 사람들의 마음은 크게 흔들렸다. 이런 와중에 참인지 거짓인지 모르지만 용감한 콘스탄티우스의 지휘 아래 대군이 접근해 오고 있다며 로마 사절이 압박을 가하자, 아돌푸스의 후계자로서도 사절의 제안을 물리칠 수가 없었다. 그리하여 엄숙한 조약이 체결되었고 플라키디아는 명예롭게 오라버니에게로 되돌아갔으며, 굶주린 고트족에게 60만 포대의 밀이 전달되었다.91 발리아는 제국에 봉사하는 데 자신의 검을 쓰기로 했다. 곧 에스파냐의 야만족들 간에 피비린내 나는 전쟁이 벌어졌다. 서로 맞선 군주들은 서로마 황제에게 저마다 편지와 사절, 인질을 보내어 자기들의 싸움에 개입하지 말고 중립을 지켜 달라고 간청했다. 사실 그들의 싸움은 같은 적들끼리 서로 살육하는 것이니 로마인들로서는 손해 볼 것이 없었다. 에스파냐의 전쟁은 세 차례에 걸쳐 끈질기게 계속되면서 승패가 여러 차례 뒤집혔다. 결국 발리아가 최후의 승자가 되어 제국 전체에 위대한 고트족 영웅의 명성을 떨쳤다. 그는 아름답고 풍요로운 바이티카 속주를 회복할 수 없을 만큼 파괴해 놓았던 실링기족

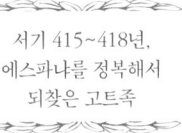
서기 415~418년, 에스파냐를 정복해서 되찾은 고트족

91 이 공급은 매우 만족스러웠다. 고트족은 극도의 곤궁에 처해 1트룰라, 밀가루 반 파운드에 금화 한 닢을 지불했다고 하여, 트룰리(Truli)라는 별명으로 에스파냐의 반달족들에게 놀림을 당했다.

> 92 아돌푸스의 죽음과 발리아의 원정에 관한 사실은 올림피오도루스, 오로시우스, 요르난데스, 이다티우스와 이시도르의 연대기에 설명되어 있다.

을 전멸시켰다. 알라니족 왕도 살해했다. 전장에서 탈출하여 목숨을 건진 스키타이 전사들은 새로운 지도자를 추대하는 대신 반달족 휘하로 구차하게 몸을 피해 그들 속에 동화되었다. 반달족과 수에비족은 무적의 고트족 앞에 굴복했다. 방자한 야만족들의 무리는 퇴로를 차단당하자 갈리시아의 산속으로 도망쳤다. 그들은 그 좁은 황무지 안에서도 서로 무자비한 싸움을 계속했다. 승자가 되었어도 발리아는 자신의 약속에 충실했다. 그는 자신이 정복한 에스파냐를 호노리우스에게 되돌려 주었다. 그러나 새로 파견된 황제의 관리들이 폭정을 휘둘렀기 때문에, 주민들은 오히려 야만족 밑에서 살던 시절을 그리워하게 되었다. 전세가 아직 확실히 결판나지 않았던 때에 발리아가 처음으로 우위를 얻자, 기세등등해진 라벤나 궁정은 나약한 황제에게 승전의 영예를 선언했다. 그는 고대의 야만족 정복자들 같은 모습으로 로마에 입성했다. 굴종적인 부패상의 기념비가 오래지 않아 마땅히 겪어야 할 운명을 맞았으니 망정이지, 그렇지 않았다면 수많은 시인들과 웅변가들, 관료와 주교들이 호노리우스 황제의 행운, 지혜, 불굴의 용기에 보낸 찬사를 발견할 수 있었을 것이다.[92]

서기 419년, 고트족의 아퀴타니아 정착

발리아가 피레네 산맥을 다시 통과하기 전에 에스파냐 전쟁의 씨앗을 제거했다면, 로마의 동맹으로서 그의 승리에 대한 정당한 권리를 주장할 수 있었을 것이다. 승리한 고트족은 도나우 강을 건너온 지 43년 만에 조약에 따라 제2 아퀴타니아에 정착했다. 이곳은 가론 강과 루아르 강 사이의 바다에 면한 속주로, 행정과 교회 구역상 보르도에 속했다. 해상 무역에 유리한 입지인 보르도는 질서 정연하고 훌륭한 형태를 갖추고 있었다. 그곳 주민들은 부와 학식, 공손한 예절 등 어느 모로 보나 갈리아인들 가운데서 단연 으뜸이었다. 에덴 동산에 즐겨 비유되어 온 인근 속주는 풍요로운 토양과 온화한 기후로 축복받은 곳이었다. 이 지역은 예술과 산업에서 그 면모를 과시했다. 그러나 전쟁의 고역을 치른 뒤 그곳에 들어온 고트족은 아퀴타니아의 풍족한 포도원을 황폐화시켰다. 고트족은 인근의 몇몇 지역을 추가로 증여받아 영토를 확장했다. 알라리크의 후계자들은 툴루즈에 왕의 주거지를 정했다. 그곳은 광활한 성내에 도시라고 해도 좋을 다섯 개의 인구 조밀 구역을 포함하고 있었다. 그와 비슷한 무렵이었던 호노리우스의 치세 말기, 고트족과 부르군트족, 프랑크족은 갈리아 속주에 영유권을 얻었다. 찬탈자 요비누스가 부르군트족 동맹에게 주기로 했던 후한 상여금은 적법한 황제에 의해 인가되어, 제1 게르마니아(상(上)게르마니아)가 이 무시무시한 야만인들에게 할양되었다. 그들은 하나는 정복으로, 또 하나는 조약을 체결함으로써 두 개의 속주를 더 손에 넣었다. 이 지역은 아직까지도 공작령, 백작령이라는 칭호와 함께 부르군디라는 민족 이름을 가진 지역으로 남아 있다.[93] 로마 공화국의 용맹스럽고 충실한 동맹이었던 프랑크족은 자신들이 용감하게 맞서 싸웠던 침략자들을 모방하고 싶은 유혹에 넘어갔다. 그리하여 갈리아의 수도인 트레브가 이 무법자들에게 약탈을 당했다. 그들이 브라반트의 톡산드리아 지역에서 유지해 온 보잘것없는 식민지는 서서히 뫼즈 강과 스헬데 강변을 따라 팽창해 나가, 마침내는 그들의 세력이 제2 게르마니아(하(下)게르마니아) 전역을 장악하게 되었다. 이 사실들은 역사적 증거로 충분히 증명되고 있으나, 파라몬드가 프랑스 군주제의 기초를 세웠다는 주장을 비롯하여 그 영웅의 정복, 법률, 심지어는 그의 존재에 대해서까지도 현

부르군트족

[93] 오로시우스는 갈리아 사람들을 그리스도교 형제로 대한 부르군트인들의 온화함과 절도를 칭찬했다. 마스코우는 고대 게르만인의 역사에 대한 그의 저작 말미의 처음 네 개 주석에서 그들 왕국의 기원을 설명했다.

대 역사가들의 공정하고 엄격한 재고가 있어야 할 것이다.[94]

서기 420년 등,
갈리아의 야만족들의 상태

갈리아의 풍요한 속주들이 파괴된 시기는 이 야만족들이 자리를 잡은 때부터로 볼 수 있다. 야만족들과의 동맹 관계는 위험하고 고통스러운 것이었다. 그들은 이해관계나 감정상의 이유로 국가의 평화를 뒤흔들곤 했다. 전쟁의 참화를 피해 살아남은 속주들에는 과중하고 부당한 배상금이 부과되었다. 가장 아름답고 비옥한 토지들이 탐욕스러운 이방인들의 차지가 되었다. 겁에 질린 토착민들은 탄식하며 조상 대대로 내려온 유산을 포기했다. 그러나 내부의 재난은 야만족들과는 무관했고, 로마인들 자신이 가해자이자 피해자였다. 로마인들은 무례한 외국인 정복자들로부터는 물론이고 극심한 내정 불화로 고통받았다. 삼두제의 집정관들은 이탈리아의 가장 번성한 식민지 열여덟 개를 몰수하여 카이사르의 죽음에 복수하고, 조국의 자유를 억압한 고참병들에게 주민들의 토지와 집을 분배해 주었다. 어느 시인 두 사람은(베르길리우스와 파울리누스) 명성에서는 하늘과 땅 차이였으나, 비슷한 상황에 처해 자신들의 세습 재산을 잃고 탄식했다. 그러나 아우구스투스의 군단병들은 호노리우스 시대에 갈리아를 침략했던 야만족들보다 훨씬 더 난폭하고 부당했던 것 같다. 베르길리우스는 말할 수 없는 고초를 겪고 나서야 간신히 만투아 인근의 그의 농장을 빼앗은 백인대의 칼을 피할 수 있었으나, 보르도의 파울리누스는 자기 토지를 산 고트족으로부터 놀랍게도 상당한 액수의 돈을 받고 기뻐했다. 비록 토지의 실제 가치에는 한참 못 미치는 액수였지만, 이 강탈 행위를 어느 정도나마 온건하고 공정한 것으로 위장해 주었다. 정복자들의 혐오스러운 이름은 로마인들의 손님이라는 부드럽고 친근한 호칭으로 대치되었다. 갈리아의 야

[94] 프로스페루스의 연대기에 나오는 짧고 의문스러운 가계도를 제외하고는 파라몬드의 이름은 7세기 전까지는 일체 언급된 적이 없다. 『프랑크족의 역사』의 저자는 투스카니의 추방자였던 그의 아버지 마르코미르가 프랑크족에게 파라몬드를 추대하도록 천거했다고 암시한다.

만족들, 특히 고트족들은 자신들이 시민들과는 환대의 끈으로, 황제와는 충성과 군사적 봉사의 의무로 묶여 있다고 거듭 공언했다. 호노리우스와 후계자들의 칭호, 법, 민정 관리들은 야만족 동맹군의 소유가 된 갈리아의 속주들에서 여전히 존중받았다. 야만족 왕들은 시민들에게 독립적인 권위를 행사하면서도 황제 군대의 장군 직위를 유지했다. 이 전사들이 카피톨리누스의 전리품들을 싹쓸이했을망정, 마음속에는 여전히 이렇게 로마의 이름에 대한 존경심을 지니고 있었다.

이탈리아가 고트족에게 유린당하고 나약한 참제들이 잇달아 알프스 너머 속주들을 압박하고 있을 동안, 브리타니아의 섬들이 로마 제국에서 이탈했다. 이 멀리 떨어진 속주를 지키는 정규군이 점차 본국으로 철수함에 따라, 브리타니아는 색슨족 해적들과 아일랜드와 칼레도니아의 야만인들의 손에 무방비 상태로 버려졌다. 이런 난국에 처하자 브리튼인들은 더 이상 망해 가는 왕조의 더디고 불확실한 도움에만 기댈 수가 없었다. 무장하고 모여서 침략자를 물리친 그들은 자기 자신들의 힘을 발견한 데 대해 기뻐했다.[95] 아르모리카 속주들(센 강과 루아르 강 사이의 바다에 면한 갈리아 지역을 총칭하는 이름[96])도 똑같은 재난에 직면하자, 그들 못지않은 기백으로 무장하고 이웃 섬의 예를 따르기로 결심했다. 그들은 찬탈자 콘스탄티누스의 권위를 업었던 로마 관리들을 몰아냈다. 그리하여 오랜 세월 지배자의 독단적인 의지에 종속되어 왔던 민족들 사이에 자유로운 정부가 세워졌다. 브리타니아와 아르모리카의 독립은 곧 서로마 제국의 적법한 황제인 호노리우스에 의해 승인되었다. 그는 그들의 안위를 스스로 책임지라는 내용의 칙서를 새로운 국가들에게 전달했다. 이는 군주의 권력 행사와 권리를

서기 409년, 브리타니아와 아르모리카의 반란

[95] 조시무스는 브리타니아와 아르모리카의 반란을 몇 마디로 설명했다. 우리의 학자들은 위대한 캠든(Cambden)조차도 그 대륙의 역사에 대한 불완전한 지식으로 말미암아 많은 오류를 범했다.

[96] 아르모리카의 경계선은 두 명의 지리학자인 발루아와 당빌(d'Anville)이 그들의 고대 갈리아의 『노티티아』에서 정했다. 이 명칭은 더 포괄적인 의미로 사용되었다가 나중에는 훨씬 더 좁은 의미로 축소되었다.

97 몽테스키외가 그렇게 맹렬히 반대했던 뒤보(Abbé Dubos)의 방식 중 이 부분에 대해서는 반론을 제기할 필요가 있겠다.

98 비드(Bede)조차 호노리우스 시대에 로마인들이 결국 브리타니아를 떠났다는 사실을 인정한다. 그러나 우리의 현대 역사가들과 호고학자들은 그들의 지배 기간을 더 길게 잡으며, 그들이 떠나고 색슨족이 들어오기까지 불과 몇 달밖에는 지나지 않았던 것으로 보는 자들도 있다.

99 비드는 스코트족과 픽트족에 맞서 군단들이 때때로 원조를 제공한 일을 잊지 않았다. 독립한 브리튼족이 갈리아의 안테미우스 황제에게 봉사하고자 1만 2000명의 병사를 모았다는 더 믿을 만한 증거가 차후 나오게 될 것이다.

100 나 자신의 생각과 역사적 진실에 의거하여, 그 부분에 관한 일부 상세한 내용들은 추측과 유추 외에는 방법이 없다고 단언할 수 있다. 영어의 어법 상 조건절에서 직설법으로 바꾸어야 할 경우가 종종 생긴다.

완전히, 영원히 포기하겠다는 뜻으로 해석될 수 있었다. 이후의 사태는 이를 어느 정도 정당화했다. 갈리아의 찬탈자들이 연달아 쓰러진 후 바다에 면한 속주들은 제국으로 다시 귀속되었으나, 이들에 대한 지배는 불안정했다. 허영심 많고 변덕스러우며 반항적인 시민들은 자유나 복종 어느 쪽도 쉽게 받아들일 수 없었다. 아르모리카는 공화국의 형태를 오래 유지할 수 없었음에도 불구하고 97 격렬한 반란이 빈발하여 동요가 끊이지 않았다. 한편 브리타니아는 회복할 수 없을 정도로 로마로부터 멀리 이탈해 버렸다. 98 그러나 황제들은 멀리 떨어진 속주의 독립은 현명하게 수용했으므로, 폭정이나 반란이라는 비난으로 분리 과정이 시끄러워지지는 않았다. 또한 충성과 보호의 의무도 친선 관계 아래에서의 상호 자발적인 임무로 계승되었다. 99

서기 409~449년, 브리타니아의 상태

이러한 변화는 군정과 민정이 통합되어 있던 부자연스러운 구조를 해체시켰다. 독립한 국가는 색슨족이 내려오기까지 40년간 성직자, 귀족, 자치도시들의 권위로 다스려졌다. 100 1) 조시무스만이 이 기이한 화해에 대한 기록을 남겼다. 그는 호노리우스의 서신들이 브리타니아의 여러 도시에 전달되었다고 분명히 밝히고 있다. 로마인들의 보호 아래 아흔두 개의 대도시가 이 넓은 속주 곳곳에 세워져 있었다. 이들 가운데 서른세 개의 도시가 특권과 중요성에서 우위를 차지했다. 이 도시들 각각은 제국의 다른 모든 속주에서와 마찬가지로 내정 관리를 위한 법적 연합체를 구성하고, 로마 국가 체제의 기본 모델을 따라 자치도시의 정부 권한을 1년 임기의 관리들과 원로원, 민회에 배분했다. 이 소규모의 공화국들은 공동 세입의 관리, 민사권과 형사권의 실행, 주민에게 권고하고 명령을 내리는 관례 등에서 로마의 예를 따랐다. 그들이 독립을 주장했을 때 도시와 인근 지역의 젊은이들은 당연히 관리들의 휘하에 모여들었다. 그러나 정치적 결사체의 이점은 누리고 싶으면서도 부담은 피하고 싶다는 생각은 끊임없는 불화를 초래하는 법이다. 또한 브리타니아가 자유를 회복하는 과정에서 동요와 분열이 없지 않았다. 대담하고 인기 있는 시민들이 출생이나 재산의 측면에서 우위에 있는 자들을 누르는 경우도 많았으므로, 거만한 귀족들은 자기 하인들의 밑에 있게 되었다고 불평하면서 군주의 지배를 그리워하기도 했다. 2) 인근 지역에 대한 각 도시의 관할권은 주요 원로원 의원들의 세습 권력이 뒷받침했다. 더 작은 도시나 마을 또는 지주들은 부상하기 시작한 이 공화국들의 보호를 구함으로써 안전을 도모했다. 그들의 세력권의 범위는 각자의 부와 인구에 비례했다. 그러나 강력한 인근 도시의 지배를 받지 않는 광대한 사유지를 가진 세습 지주들은 독립 군주의 지위를 갖고 평화와 전쟁에 대한 결정권을 행사하기를 원했다. 이탈리아의 우아함을 희미하게나마 모방한 정원과 별장들은 곧 유사시에 대피할 수 있는 견고한 성으로 바뀌었다. 토지의 소출은 무기와 말을 구입하고 노예, 농부들, 추종자들로 이루어진 병력을 유지하는 데 쓰였다. 이들은 자기 영토 내에서는 민정 관리와 맞먹는 권력을 가졌다. 이러한 브리타니아의 세습 지주들 중에는 실제로 고대 왕의 후손도 여럿 있었을 것이다. 이런 영예로운 가계도를 손에 넣어 카이사르들의 찬탈로 잃었던 상속권을 주장하고자 하는 자들은 훨씬 더 많았다.[101] 그들은 자기들의 입장과 희망에 따라 조상들의 복장과 언어, 관습을 채택했다. 도시들은 로마의 법과 관습을 열심히 따른 반면, 브리타니아의 군주들은 야만 상태로 되돌아가는 쪽을 택했다. 따라서 온 섬이 두 개의 파벌로 분할되고, 다

[101] 한 활기 있고 박식한 사학자의 실행 불가능한 계획을 채택할 수만 있었다면 그들의 권력을 확립하는 일은 정말 쉬웠을 것이다. 그는 여러 부족의 브리타니아 군주들이 클라우디우스 시대부터 호노리우스 시대까지 종속적인 권한이기는 하지만 계속해서 지배했다고 가정한다.

양한 이해관계와 적대 관계에 따라 또다시 수없이 많은 분파로 갈라졌다. 외적에 맞서 국가의 힘을 모으기는커녕 별 명분도 없는 내분에 힘을 소모했다. 개인적인 업적으로 동료들의 선두에 서서 지도자가 된 자들은 인근 지역의 자유를 억압했다. 로마 정부가 해체된 이후에는 수많은 참제들이 브리타니아 전역에 들끓었다. 3) 브리타니아의 교회는 적정 비율의 하급 성직자들을 거느린 30~40명의 주교들로 구성되었다. 그들은 무소유를 실천하고 성직자답게 모범적으로 행동하여 대중들로부터 존경을 받았다. 성직자들은 기질로 보나 이해관계로 보나 분열된 조국의 평화와 통합을 지지했으므로, 이러한 유익한 가르침이 그들의 설교에 자주 등장했다. 종교 회의들은 의회와 맞먹는 무게와 권위를 지닌 유일한 회의체였다. 이러한 회의에서는 군주들과 관리들이 주교들과 마구 뒤섞여 앉아 교회의 일뿐 아니라 중요한 국사까지 자유롭게 토론했다. 그 속에서 이견들이 조정되고, 동맹 관계가 맺어지고, 세금이 부과되고, 종종 타협 끝에 현명한 결단이 나와 실행에 옮겨지기도 했다. 또한 큰 위험이 닥칠 때는 일종의 독재자인 펜드라곤(Pendragon)이 브리튼인들의 전체 동의로 선출되었던 것 같다. 그러나 종교적 성격을 띤 이러한 소박한 논의는 성직의 성격에 잘 어울렸음에도 불구하고 미신과 신앙열로 인해 중단되었다. 브리타니아의 성직자들은 펠라기우스주의 이단을 나라의 수치라고 혐오하면서 수단과 방법을 가리지 않고 박멸하려 했던 것이다.

서기 418년,
일곱 개 속주의 회합

브리타니아와 아르모리카의 반란을 계기로 갈리아의 속주들에 외형상으로나마 자유가 도입되었다는 사실은 다소 기이하지만 한편으로는 지극히 당연한 일일지도 모른다. 호노리우스 황제는 군주들이 입으로만 노상 말할 뿐 실제로 느끼는 일은 없는 아버지 같은 애정을 엄숙히 공언한 칙령에서, 일곱 개 속주들의 연례 집회를 개최하겠다는 뜻을 선포했다. 일곱 개 속주란 오래전부터 켈트족의 야만성을 버리고 이탈리아의 유용하고 우아한 예술을 받아들인 아퀴타니아와 고대 나르본네시스에 특별히 붙여진 이름이었다.[102] 정치와 상업의 본거지인 아를이 회의 장소로 정해져서, 해마다 8월 15일부터 9월 13일까지 28일간 정기적으로 회의가 열렸다. 회의에는 1명의 집정관과 갈리아의 민정 총독과 6명의 총독으로 구성된 7명의 속주 총독, 60여 개 도시의 행정관과 주교들, 숫자는 정확하지 않지만 자기 지역의 대표격인 지체 높고 부유한 지주들이 참석했다. 그들은 군주의 법을 해석하고 전달하며, 주민들의 불만과 희망 사항을 전하고, 과중하거나 불평등한 세금 부담을 완화해 주고, 일곱 개 속주의 평화와 번영의 회복에 이바지할 수 있는 국가적으로 중요한 모든 문제를 협의할 권한을 부여받았다. 주민들로 하여금 자신들의 정부에 관심을 갖게 만드는 이러한 제도가 트라야누스나 안토니누스에 의해 널리 확립되었더라면, 로마 제국이 시민들 속에 지혜와 덕성의 씨앗을 널리 퍼뜨릴 수 있었을 것이다. 시민들의 특권으로 군주의 왕좌를 안전하게 지탱해 줄 수도 있었을 것이다. 또한 이러한 대표 회의체의 개입으로 자의적인 권력 남용을 어느 정도는 예방하거나 바로잡을 수 있었을 것이며, 토착민들과 자유민들이 힘을 모아 외적에 맞서 나라를 방어할 수도 있었을 것이다. 온건하고 관대한 자유의 힘 아래에서 로마 제국은 영원히 무적으로 남을 수 있었을지도 모른다. 복잡다단하고 변화무쌍한 인간사 속에서 이러한 상태가 영원히 지속될 수는 없다 하더라도, 중요한 구성원들은 저마다 자신의 활력과 독립성을 잃지 않을 수 있었을 것이다. 그러나 모든 건전한 삶의 원칙이 힘을 잃는 제국의 쇠

102 『노티티아』에 따르면 일곱 개의 속주는 비엔네시스, 바다와 접한 알프스, 제1, 제2 나르본네시스, 노벰포풀라니아, 제1, 제2 아퀴타니아가 틀림없다. 뒤 보는 힌크마르(Hincmar)의 권위에 근거하여 제1 아퀴타니아 대신 제1 루그두넨시스를 넣고 싶어한다.

퇴기에 뒤늦게 이러한 부분적인 처방을 적용하는 정도로는 어떠한 결정적이고 유익한 결과도 가져올 수 없었다. 호노리우스 황제는 이러한 특권을 간청해야 마땅할 속주들에게 오히려 받아들이도록 강요해야 하는 데 놀라움을 표시했다. 불참한 대표들에게는 금 3파운드나 5파운드의 벌금이 부과되었다. 그들은 자유 체제라는 이 허구에 불과한 선물을 압제자들의 가장 잔인한 최후의 모욕으로 여기고 거부한 것일지도 모른다.

32

THE DECLINE AND FALL
OF THE ROMAN EMPIRE

동로마 황제 아르카디우스 · 에우트로피우스의 통치와 치욕 · 가이나스의 반란 · 성 요하네스 크리소스토무스에 대한 박해 · 동로마 황제 테오도시우스 2세 · 그의 누이 풀케리아 · 그의 아내 에우도키아 · 페르시아 전쟁과 아르메니아 분할 · 쇠퇴기의 광휘

테오도시우스의 아들들 사이에 이루어진 로마 제국의 분할로 동로마 제국의 건국이 완료되었다. 이 제국은 아르카디우스 시대부터 투르크인들이 콘스탄티노플을 점령하기까지, 일찍부터 시작되어 오랫동안 진행된 쇠퇴 속에서 1058년 동안 유지되었다. 그 제국의 군주는 로마인들의 황제라는 칭호가 마침내 허명에 지나지 않게 될 때까지 완강히 붙잡고 놓지 않았다. 그는 상속받은 카이사르와 아우구스투스의 칭호 아래 세계 제일의 국가를 통치하는 일인자의 적법한 계승자임을 계속 주장했다. 콘스탄티노플 궁정은 페르시아의 웅장함에 못지않았고, 어쩌면 그 이상이었을지도 모른다. 성 크리소스토무스[1]는 세련된 설교로 아르카디우스 치하의 화려한 사치를 비난하면서 한편으로 찬양했다.

황제는 머리에 가치를 헤아릴 수 없는 보석으로 장식한 왕

> 서기 395~1453년,
> 동로마 제국.
> 서기 395~408년,
> 아르카디우스의 통치

[1] 몽포콩(Montfaucon)은 베네딕트파 수도원장의 명령으로 테오도시우스 시대의 풍습을 보여 주는 우화와 기이한 고대 문화에 대해 성 크리소스토무스가 수집한 방대한 글을 발췌하여 2절판 열세 권으로 만들어 내야 했다.

관이나 금관을 쓴다. 이 장식품들과 자의는 오로지 황제 한 사람만을 위해 준비된 것이다. 황제의 비단옷에는 금실로 용의 형상이 수놓아져 있다. 황제의 옥좌도 많은 금으로 만들어졌다. 황제는 항상 조신들과 호위대, 시종들에게 둘러싸여 공공장소에 모습을 나타낸다. 그들의 창과 방패, 갑옷과 투구, 마구(馬具)는 모두 순금으로 만들어졌든지 아니면 금박을 입혔다. 방패 중앙에는 사람의 눈을 본뜬 커다란 돋을새김 장식이 있고, 테두리에도 그보다 작은 돋을새김 장식이 있다. 황제의 마차를 끄는 눈부신 흰색의 노새 두 마리는 온통 금으로 치장되어 휘황찬란하다. 순금으로 만들어진 마차는 그 자체만으로도 자줏빛 커튼, 눈처럼 흰 양탄자, 커다란 보석들, 마차의 움직임에 따라 번쩍이는 눈부신 황금 판 등에 넋이 빠진 구경꾼들의 찬탄을 자아낸다. 황제는 옆에 무기와 말, 호위대를 대동하고, 패배한 적들을 사슬에 묶어 발치에 꿇린 채 옥좌에 앉아 모습을 드러낸다.

콘스탄티누스 대제의 후계자들은 그가 유럽과 아시아의 변경 지방에 세운 도시에 영구적인 거처를 마련했다. 난공불락의 수도가 오랫동안 야만인들의 공격을 물리치면서, 그들은 적들의 위협은 물론이고 아마도 국민들의 불평도 들리지 않는 곳에서 철따라 나는 온갖 공물을 받았다. 그들의 지배권은 아드리아 해와 티그리스 강까지 뻗쳤다. 혹독하게 추운 스키타이에서 무더운 에티오피아까지[2] 25일간을 꼬박 항해해야 하는 거리가 모두 동로마 제국의 범위 안에 들어갔다. 인구가 많은 지역은 예술과 학문, 사치와 부의 중심지였다. 그리스의 언어와 풍습을 지닌 주민들은 자신들이 모든 종족들 중에서도 가장 문명화되고 개화되었다고 자부했는데, 어느 정도는 분명히 사실이기도

[2] 배가 순풍을 타고 항해할 수 있는 거리를 대충 줄잡아 계산해 보면 1000스타디아, 즉 125마일을 가는 데 하루 밤낮이 걸린다. 디오도루스 시쿨루스는 마이오티스 호에서 로도스까지 열흘, 로도스에서 알렉산드리아까지는 나흘 걸린다고 계산한다. 북회귀선 아래를 지나 알렉산드리아에서 시엔(현재의 아스완)까지 나일 강을 항해하려면 강의 흐름을 거슬러 가야 하기 때문에 열흘 이상이 소요된다. 그가 열대 지방 끝 지방의 혹서를 기준으로 판단한 것인지는 모르지만, 마이오티스가 극권 안에 있다는 점으로 미루어 북위 47도라고 말한다.

했다. 정부 형태는 순수하고 단순한 군주제였다. 그토록 오랜 세월 동안 자유의 전통을 희미하게나마 간직해 온 로마 공화국의 이름은 라틴 속주들에만 한정되었고, 콘스탄티노플의 군주들은 국민들의 굴종을 자신들의 위대성을 가늠하는 척도로 삼았다. 그들은 이러한 수동적인 자세가 정신의 모든 기능을 얼마나 약화시키고 퇴화시키는지 알지 못했다. 자신들의 의지를 군주의 절대적인 명령에 맡긴 국민들도 마찬가지로 야만족들의 공격에 맞서 자신들의 생명과 재산을 보호하거나 미신의 공포로부터 이성을 지킬 능력이 없었다.

아르카디우스와 호노리우스 치세 초기에 일어난 사건들은 매우 밀접하게 관련되어 있어서, 고트족의 반란과 루피누스의 몰락은 서로마의 역사에서도 한 장을 차지한다. 콘스탄티노플 궁정의 중요한 환관들 중 한 사람인 에우트로피우스가[3] 이 오만한 대신(루피누스)을 파멸시킨 후 그의 자리에 앉아 곧 그의 악덕을 따라 했다는 사실은 앞서 이미 언급한 바 있다. 국가의 모든 계층의 사람들이 새로운 총신 앞에 머리를 조아렸다. 그들이 순순히 아부하며 굴종하는 모습에 그는 기가 살아서 법을 농락했을 뿐 아니라, 이보다 훨씬 더 어렵고 위험한 일이지만 나라의 관습까지도 무시했다. 아르카디우스의 전임자들 중 가장 허약한 자가 다스릴 때조차도 환관들의 통치는 은밀하게, 거의 눈에 보이지 않게 이루어졌다. 그들은 군주의 마음속으로 교묘하게 파고들어 갔지만, 남들이 보기에 그들이 하는 일은 어디까지나 의복과 황제의 침실을 돌보는 비천한 업무에 한정되어 있었다. 그들은 귀에 대고 한 번 속삭이는 것으로 공적인 회의를 좌지우지할 수도 있었고, 악의적인 암시를 흘림으로써 가장 명망 높은 시민들의 명성과 재산을 망쳐 놓을

서기 395~399년, 에우트로피우스의 통치와 성격

[3] 맹목적인 미신에 사로잡혀 자신의 저자를 주석자로 존경한 바르티우스는 클라우디아누스가 에우트로피우스에 맞서 집필한 두 권의 책을 그의 다른 저작들 전부를 합친 것 위에 올려놓았다. 그 책들은 참으로 대단히 우아하고 생기 넘치는 풍자물로서, 이 저주문이 좀 덜 모호하고 더 온건했다면 역사적으로도 더 귀중한 것이 되었을 것이다.

수도 있었다. 그러나 결코 제국의 전면에 나서서 국가의 명예를 더럽힌 일은 없었다. 에우트로피우스는 환관으로서 감히 로마의 행정 장관과 장군의 직책을 맡은 최초의 인물이었다. 그는 얼굴을 붉힌 원로원 의원들 앞에서 재판정에 올라 판결을 선포하거나 장황한 연설을 늘어놓기도 했고, 영웅의 복장과 갑옷을 갖추고 말에 올라 군대의 선두에 모습을 나타내기도 했다. 관습과 양식을 무시하는 행동은 흔히 나약하고 줏대 없는 정신을 드러내는 것일 뿐이다. 에우트로피우스 역시 이러한 어리석음을 보상할 만한 어떤 탁월한 업적이나 능력을 보여 주지는 못했다. 그가 이전까지 살아온 삶은 법을 공부한다든지 전장에서 단련을 받는 것과는 거리가 멀었다. 그러므로 그의 어색한 시도는 성공을 거두지 못하고 구경꾼들의 은밀한 조소를 불러일으켰다. 고트족은 이런 장군이 계속 로마 군대를 지휘하기를 바랐을 정도였다. 대신의 이름은 조롱거리가 되었는데, 공인으로서는 차라리 증오의 대상이 되는 편이 나을 것이다. 아르카디우스의 국민들은 제대로 된 사내처럼 보이려고 안간힘을 쓰는 이 불구의 노쇠한 환관이[4] 가장 비천한 노예 출신이라는 사실에 더욱 분노하지 않을 수 없었다. 그는 황제의 궁정에 들어가기 전 무수히 많은 주인들 손에서 끊임없이 팔려 다녔다. 그는 온갖 비천하고 굴욕스러운 일에 젊음을 소진하고 늙어서야 풀려나 자유롭지만 가난한 처지가 되었던 것이다. 이 불명예스러운 이야기들이 귀엣말로 돌고 돌면서 부풀려질 동안에도 이 총신은 특별한 영예들로 허영심을 채웠다. 원로원에, 수도에, 속주에 청동이나 대리석으로 만든 에우트로피우스의 동상이 세워졌다. 동상은 민정과 군정에서 거둔 공적의 상징물들로 장식되었고, 콘스탄티노플의 세 번째 건립자라는 화려한 칭호까지 새겨졌다. 그는 명예고관의 지위까지 올라가 이

[4] 그의 추한 외모에 대한 시인의 생생한 묘사는 크리소스토무스의 신뢰할 만한 증언으로 뒷받침된다. 그는 화장이 지워진 에우트로피우스의 얼굴은 늙은 여인보다도 더 추하고 주름진 모습이었다고 말한다.

제는 국민들에게뿐만 아니라 법적으로도 황제의 아버지로 행세하기 시작했다. 4세기의 마지막 해는 환관이자 노예였던 자가 집정관직을 맡은 오욕의 해였다. 그러나 이 기괴하고 용서할 수 없는 인물은 로마인들의 혐오감을 일깨웠다. 서로마는 이 사내라고 볼 수도 없는 집정관을 공화국의 연대기에 지울 수 없는 오점이라며 기록하기를 거부했다. 에우트로피우스와 같은 관직에 있는 한 학식 있고 존경할 만한 자가[5] 브루투스와 카밀루스의 혼령을 불러내지 않고도 동서 두 정부의 각기 다른 원칙을 적절히 처리했다.

루피누스의 대담하고 정력적인 정신은 포악한 복수심으로 한층 더 자극받았던 것 같지만, 에우트로피우스의 탐욕도 루피누스 못지않았다.[6] 에우트로피우스가 국민들에게서 갈취하여 배를 채운 압제자들의 것을 빼앗는 데 그쳤더라면 그다지 질시를 받거나 부정을 저지르지 않고도 탐욕을 만족시킬 수 있었을 것이다. 그러나 그는 곧 적법한 유산이나 근면으로 얻은 부에까지 약탈의 손을 뻗쳤다. 통상적인 재물 착취 수단들이 발전해 가면서, 클라우디아누스는 나라를 경매에 붙인 듯한 장면을 생생하게 독창적으로 묘사했다.

에우트로피우스의 탐욕과 부정

이 환관의 성적 무능력은(이 유쾌한 풍자가는 이렇게 말하고 있다.) 그의 탐욕을 더욱 자극했다. 노예 시절, 주인의 금고 자물쇠를 열고 좀도둑질을 하던 그 손이 이제는 세계의 부를 강탈하고 있다. 제국의 이 치욕스러운 거간꾼은 발칸 산맥에서 티그리스 강까지 로마 속주들마다 값을 매기고 조각조각 나눈다. 어떤 자는 별장을 바치고 아시아의 총독이 되었다. 또 다른 자는 아내의 보석으로 시리아를 샀다. 어떤 자는 아버지로부터

[5] 말리우스 테오도루스의 문관으로서의 명예와 철학적 저작은 클라우디아누스의 찬사를 받았다.

[6] 에우트로피우스의 탐욕은 수이다스의 사전과 마르켈리누스의 연대기에서 똑같이 저주의 대상이 되었다. 크리소스토무스는 이 총신의 허영심과 지나친 부가 가져올 위험에 대해 경고했다.

7 클라우디아누스는 아분단티우스의 유죄 판결과 추방을 언급하면서, 팔라리스에게 바친 청동 황소상의 첫 번째 시험자가 되었던 예술가의 예를 인용했다.

물려받은 영지를 비티니아의 통치권과 바꾸고 한숨지었다. 에우트로피우스의 대기실에는 각 속주의 가격을 표시한 대형 게시판이 사람들 눈앞에 버젓이 놓여 있다. 폰투스, 갈라티아, 리디아는 값어치가 각각 다르다. 리키아는 금화 수천 닢으로 얻을 수 있지만, 부유한 프리기아를 얻으려면 더 많은 돈을 써야 한다. 이 환관은 모든 사람들에게 불명예를 안김으로써 자신의 개인적 치부를 감추려 한다. 자기도 일찍이 팔린 적이 있는 몸이니 나머지 모든 사람들도 팔아넘기고 싶은 것인지도 모른다. 치열한 경쟁에서 속주의 운명을 결정짓는 저울추가 저울대 위에서 흔들릴 때면, 저울의 어느 한쪽이 확실히 기울 때까지 판관은 불안한 긴장 속에서 이를 주시한다. 이런 것이

(분개한 시인은 계속한다.)

로마의 무용과 안티오쿠스의 패퇴와 폼페이우스의 승리가 가져온 결실이다.

이러한 매관매직이 퍼져 나가면서 이후로는 이런 범죄에 대해 죄를 묻지 않게 되었다. 그러나 에우트로피우스의 부는 자기가 표적으로 삼은 부자들에게 죄를 뒤집어씌워 몰수한 것이었으므로, 이미 부정으로 얼룩져 있었다. 여러 귀족들이 이 사형 집행인의 손에 의해 피를 흘렸으며, 제국에서도 가장 황량한 오지에는 결백하고 이름 높은 추방자들이 넘쳤다. 동로마의 장군들과 집정관들 중에서도 아분단티우스에게는7 에우트로피우스의 분노를 제일 먼저 두려워할 이유가 있었다. 그는 천한 노예를 콘스탄티노플 궁정에 끌어들이는 용서받지 못할 죄를

아분단티우스의 몰락

범했으니, 힘 있고 배은망덕한 총신(에우트로피우스)이 은인을 불명예에 빠뜨린 사실은 칭찬해야 할지 모르겠다. 아분단티우스는 황제의 칙령으로 막대한 재산을 모두 몰수당하고 로마 제국의 가장 먼 변경 지대인 흑해의 피티우스로 추방되었다. 그는 그곳에서 야만족들의 변덕스러운 자비에 기대어 연명하다가, 에우트로피우스가 몰락한 후에야 좀 더 나은 유형지인 페니키아의 시돈으로 옮겨졌다. 티마시우스를 파멸시키는 데는 좀 더 진지하고 조직적인 공격이 동원되었다. 테오도시우스

티마시우스의 몰락

군대의 총사령관인 이 위대한 장군은 테살리아의 고트족들에게 거둔 결정적인 승리로 용맹스러움을 떨쳤다. 그러나 그는 군주가 했던 것처럼 너무 쉽게 평화 시의 사치에 빠져, 사악하고 교활한 아첨꾼들을 신임하게 되었다. 티마시우스는 국민들의 불평도 무시하고 평판이 나쁜 한 부하를 보병대 지휘관으로 승진시켰다. 그러나 바르구스는 배은망덕하게도 에우트로피우스의 은밀한 사주를 받고 자신의 후견인을 역모 죄로 고발했다. 티마시우스 장군은 아르카디우스가 몸소 나온 재판정에 끌려 나와 죄상 여부를 심문받았다. 환관은 옥좌 옆에 서서 군주에게 질문과 대답을 귀띔해 주었다. 그러나 이런 형식의 재판은 불공정하고 자의적이라는 비난을 받을 소지가 있었으므로, 집정관급인 사투르니누스와 발렌스 황제의 장인으로 여전히 존경받고 있는 프로코피우스가 그의 죄상에 대해 더 깊이 있는 심문을 맡았다. 퉁명스럽지만 정직한 프로코피우스는 공정하고 합법적으로 소송 절차를 진행했으나, 총신의 명령을 따르는 동료의 잔꾀에 어쩔 수 없이 굴복하여 불운한 티마시우스에게 유죄 판결을 내렸다. 그의 막대한 재산은 황제의 이름으로 몰수되어 에우트로피우스의 주머니로 들어갔다. 그는 리비아의

8 대(大)오아시스는 리비아의 사막에서 샘이 있는 곳들 중 하나로, 밀과 보리, 야자나무를 재배할 수 있다. 이곳은 북에서 남까지 약 3일 걸리고 폭으로 치면 반나절 정도 거리이며, 나일 강의 아비두스 서쪽까지 가는 데에는 5일 걸리는 거리에 있다. 오아시스를 둘러싼 황량한 사막 때문에 오아시스는 상대적으로 풍요한 곳으로 여겨져 행복한 섬이라는 별명까지 얻었다.

모래사막 한가운데에 있는 외딴 오아시스에 영구 추방되었다.[8] 모든 인간과의 친교에서 단절된 채 로마 총사령관은 세상에서 영원히 잊혀졌으나, 그의 운명에 대해서는 몇 가지 다른 이야기가 전해져 온다. 에우트로피우스가 그를 은밀히 처형하라는 명령을 보냈다는 암시가 있다. 오아시스에서 탈출하려다가 갈증과 기아로 죽은 시체가 리비아의 사막에서 발견되었다는 이야기도 있다. 가장 믿을 만한 이야기는 그의 아들 시아그리우스가 궁정의 첩자들과 밀정들의 추적을 따돌린 후, 아프리카의 도적 떼를 모아 티마시우스를 유형지에서 구출해 내어 세상 사람들의 눈에 띄지 않는 곳으로 사라졌다는 것이다. 한편 배은망덕한 바르구스는 죄의 보상을 맛볼 틈도 없이 곧 더 지독한 악당인 대신의 함정에 빠져 파멸했다. 에우트로피우스에게도 자기 범죄의 도구를 혐오할 정도의 의식은 있었던 모양이다.

서기 397년 9월,
잔인하고 부당한 모반법

국민들의 증오와 개개인의 절망은 에우트로피우스 자신뿐 아니라 그의 부패한 호의로 영전하여 그와 운명을 같이하는 수많은 추종자들의 안전을 위협했다. 그는 서로의 안위를 지키기 위해 자비와 정의의 모든 원칙을 짓밟는 법률을 고안해 냈다. 1) 황제가 자신의 수족처럼 여기는 자들 중 누구에 대해서든 그의 생명을 위협할 음모를 꾸민 자들은 사형과 재산 몰수의 형벌을 받게 된다는 법률이 아르카디우스의 이름과 권위로 입안되었다. 이처럼 가공적이고 은유적인 반역으로부터 보호받는 대상의 범위는 신성한 교회 회의에 참석하는 국가와 군대의 고위 관료들뿐만 아니라, 궁정의 중요한 하인들, 콘스탄티노플의 원로원 의원들, 군 지휘관들, 속주의 민정 관료들까지 확대되었다. 모호하고 부정확한 목록 속에는 콘스탄티누스의 후계자들 밑에 있는 정체도 분명하지 않은 무수히 많은 하급 신하들까지 들어갔다. 2) 이 법이 단지 군주의 대리인들을 직무 수행 과정에서 어떤 실제의 폭력으로부터 보호하는 것만을 목표로 한다면, 지나치게 가혹하다 해도 정당화될 수 있을지 모른다. 그러나 궁정의 모든 종복들이 면책권이라 해도 좋을 특권을 지니고 아무리 함부로 행동하더라도, 동료 시민들의 성급한, 때로는 정당한 분노로부터 보호받았다. 또한 법을 자의적으로 해석하여 개인적인 다툼이나 황제와 제국에 대한 계획적인 음모에나 똑같은 강도의 죄목과 처벌을 적용했다. 아르카디우스의 훈령은 아주 단호하게, 그러나 불합리하게도 반역 사건에서 의도와 실행이 똑같은 처벌 대상이 된다고 선언한다. 또한 반역 의도를 눈치 채고 즉각 고발하지 않은 자도 모의한 자와 똑같은 처벌을 받는다. 경솔하게 반역자들의 사면을 탄원한 자들은 영원한 치욕의 표시로 대중 앞에서 낙인찍힌다.

3) 반역자의 자식들에 대해서는

(황제의 칙령이 계속된다.)

그들이 부모의 죄를 모방할지도 모르므로 함께 처벌해야 마땅하겠지만, 황실이 특별히 자비를 베풀어 목숨은 살려 주겠다. 그러나 아버지 쪽에서든 어머니 쪽에서든 유산을 상속받을 수 없으며, 친족이나 제삼자의 유언에 따라 유산을 받을 수도 없다. 반역자의 자손은 대대로 오명을 쓰고 공직이나 재산을 얻을 희망을 완전히 빼앗긴 채, 가난과 멸시의 고통 속에서 마침내 삶을 불행으로, 죽음을 위안과 구원으로 여기게 될 것이니라.

황제, 아니 그의 총애를 받는 환관은 저지르지도 않은 음모를

9 그러나 게르만인들의 자유의 원칙에 정면으로 배치되는 이 법률이 『금인칙서(金印勅書)』에 몰래 추가되었던 것 같다.

10 조시무스는 트리비길트와 가이나스의 반란에 대해 상세한 설명을(더 중요한 사건을 위해 남겨 두는 편이 나왔을) 전하고 있다. 클라우디아누스의 책 두 권은 상세하지만 불완전한 역사를 단편적으로 다룬다.

11 클라우디아누스는 프리기아인들의 고대의 이름과 나라가 사방팔방으로 매우 멀리까지 뻗어 나가 트라키아의 비티니아인들, 그리스인들, 마침내는 갈리아인들의 식민지까지 국경을 넓혔다고 매우 정확하게 전한다. 프리기아의 비옥함과 금을 생산하는 네 개의 강에 대한 그의 설명은 정확하며 그린 듯 생생하다.

12 클라우디아누스는 마르시아스와 마이안데르 강이 만나는 부분을 사온 강과 론 강의 합류점과 비교한다. 그러나 프리기아의 강들 중 작은 강이 더 큰 강으로 인해 유속이 빨라지거나 느려지지는 않는다.

지지하거나 고발하지 않은 자들의 자식들한테까지 똑같이 부당하고 비인간적인 형벌을 가하는 법에, 인간의 감정을 모욕하기에 안성맞춤인 이러한 표현으로 완화 조항을 붙여 놓고 자화자찬했다. 로마의 사법권 중에서도 가장 고귀한 법률들 일부는 폐지되었으나, 대신의 폭정에 편리하고 강력한 수단을 제공해 준 이 칙령은 테오도시우스와 유스티니아누스 법전에 세심하게 삽입되었다. 똑같은 원칙들이 오늘날에도 부활하여 독일의 선제후들과 로마 교회의 추기경들을 보호하게 되었다.9

서기 399년,
트리비길트의 반란

그러나 이 잔학한 법률이 의기소침해진 국민들을 두려움에 떨게 했어도, 동고트족의 트리비길트의10 대담한 기도를 억누르지는 못했다. 테오도시우스는 프리기아에서도11 가장 비옥한 지역들 중 하나에 그들의 식민지를 세워 주었다. 그러나 이 호전적인 사람들은 약탈 행위와 알라리크의 후한 보상에서 얻던 이득에 비하면 고되면서 수확을 얻기까지 많은 시간이 걸리는 농사일이 탐탁지 않았다. 그런 터에 그들의 지도자가 콘스탄티노플 궁정에서 홀대를 받자 이를 자기들에 대한 모욕으로 여기고 분개했다. 제국의 중심부에 있는 부유하지만 나약한 속주는 전쟁의 소음에 혼비백산했다. 그간 무시당하고 억눌려 온 충성스러운 신하는 야만족의 적대적인 모습으로 돌아가 다시 동족들의 존경을 한 몸에 받았다. 전쟁의 불길이 물살이 빠른 마르시아스 강과 구불구불한 마이안데르12 강 사이의 포도밭과 풍요로운 들판을 삼켜 버렸다. 약해진 도시의 성벽은 적들의 첫 번째 일격에 먼지로 변해 버렸다. 겁에 질린 주민들은 피비린내 나는 대학살을 피해 헬레스폰투스 해협의 해안으로 도망쳤다. 트리비길트의 반란으로 소아시아의 상당 부분이 초토화되었다. 그의 빠른 진군을 막은 것은 팜필리아 농부들의 저항이었다. 동고트족은 깊은 늪지인 셀가이13 시와 타우루스 산의 바위투성이 절벽 사이의 좁은 길목에서 공격을 받고 패배하여 최정예군을 잃었다. 그러나 족장의 기개는 불운에도 꺾이지 않았다. 그의 군대에는 전쟁과 정복이라는 좀 더 명예로운 구실 아래 본격적인 도적질에 나서고 싶어 몸이 단 야만족들과 무법자들의 무리가 끊임없이 모여들었다. 한동안은 공포심과 아첨이 트리비길트의 성공에 대한 소문들을 숨겼지만, 날이 갈수록 궁정과 수도 전체에 퍼져 나갔다. 진위를 알 수 없는 은밀한 암시들 속에서 재난에 대한 소문은 부풀려졌고, 반란자들의 계획을 놓고 이리저리 근심스러운 추측이 난무했다. 트리비길트가 내륙 지역으로 진군하면, 로마인들은 그가 타우루스 산을 통과하여 시리아를 침략할 계획이라고 생각했다. 바다를 향해 내려가면, 아마도 이 고트족 족장이 이오니아의 항구에서 함대를 무장시켜 나일 강 하구에서 콘스탄티노플 항까지 해안가를 따라 약탈 범위를 확대한다는 더 위험한 계획을 세웠을 것으로 추측했다. 위험이 임박한 가운데 트리비길트가 어떠한 형태의 화해 제안도 완강히 거부하자, 에우트로피우스는 전쟁을 논의하기 위해 회의를 소집하지 않을 수 없었다. 이 환관은 노병으로서의 특권을 내세워 자신은 뒤로 물러나고 고트족의 가이나스에게 트라키아와 헬레스폰투스의 방위를 맡겼다. 아시아 군대의 지휘는 총애하는 부하인 레오에게 맡겼다. 두 장군은 서로 방법은 달랐어도 오히려 효과적으로 반란군의 기세를 부채질했다. 레오는 거구지만 머리는 둔한 자로 동방의 아이아스라는 별명을 가지고 있었다. 본래 양털 다듬는 일을 하다가 군인이 되었지만, 그 일을 그대로 하는 편이 그의 능력에도 걸맞고 결과도 더 좋았을 것이다. 그는 실전에서 부딪힐 수 있는 어려움에 대해서 아는 바가 없었고, 어쩌다 좋은 기회가

13 스파르타인들의 식민지였던 셀가이는 옛날에는 시민 수가 2만 명을 헤아렸으나 조시무스의 시대에는 소읍으로 전락했다.

14 한 그리스 역사가가 주장한 가이나스와 트리비길트의 음모는 클라우디아누스의 귀에까지는 들어가지 않았으므로, 그는 동고트족의 반란을 트리비길트 자신의 군인으로서의 기백과 아내의 충고 탓으로 돌렸다.

와도 비겁하게 흘려보냈다. 또한 작전의 계획과 실행 과정에서도 종잡을 수 없는 변덕으로 일관했다. 동고트족이 경솔하게도 멜라스 강과 에우리메돈 강 사이의 불리한 위치로 밀고 들어갔다가 팜필리아의 농부들에게 거의 포위된 일이 있었다. 그러나 황제군의 도착은 그들을 전멸시키기는커녕 그들이 안전과 승리를 거머쥘 기회를 제공했다. 트리비길트는 야음을 틈타 방심한 로마군 진영을 기습하여, 대다수의 야만족 보조군들을 꾀어내고 기강 해이와 수도에서의 사치스러운 생활로 타락한 병사들을 손쉽게 궤멸시켰다. 루피누스의 살해를 모의하고 실행에 옮겼던 가이나스는 그의 무능력한 후계자가 누리는 행운에 불만이 커져만 갔다. 그는 천한 환관의 통치를 굴욕스럽게 견디고 있는 스스로를 자책했다. 게다가 이 야심 많은 고트인은 적어도 여론이 보기에는 트리비길트와 동족일 뿐 아니라 같은 가계인만큼, 반란을 몰래 조장했으리라는 비난을 받았다.14 가이나스는 휘하에 남은 아시아 군대를 규합하여 헬레스폰투스 해협을 건너면서 교묘하게 동고트족에게 유리하도록 작전을 전개했다. 그는 퇴각함으로써 동고트족에게 그들이 침략하려던 지역을 넘겨주었고, 진군함으로써 야만족 보조군들에게 쉽게 탈영할 기회를 주었다. 그는 황제의 궁정에서 트리비길트의 용맹스러움, 천재적인 재능, 풍부한 물자 등을 과장하면서, 자신은 전쟁을 수행할 능력이 없으니 막강한 적과 협상하도록 허락해 달라고 강력하게 요청했다. 거만한 반란군 측에서 평화 조약의 조건들을 제시했다. 그들이 불문곡직하고 에우트로피우스의 목을 요구한 것을 보면 이 음모를 계획한 자가 누구이며 의도가 무엇인지를 알 수 있었다.

그리스도교 황제들을 부당하게 맹비난함으로써 불만을 달랬던 대담한 풍자가는 테오도시우스의 아들을 자기가 양치기의 소유라는 것도 거의 자각하지 못하는 천진하고 순진한 양 떼들 중 하나와 비교함으로써 역사의 진실보다는 품위를 해쳤다. 그러나 공포와 부부애라는 두 가지의 감정이 아르카디우스의 무기력한 영혼을 깨웠다. 그는 승리감에 넘친 야만인의 위협에 공포를 느꼈다. 또한 그의 아내 에우독시아가 어린 자녀들을 앞세워 거짓 눈물을 흘리며 무례한 환관으로부터 받은 모욕에 정의로운 처벌을 내려 달라고 애원하자 굴복했다.[15] 황제는 에우트로피우스에 대한 유죄 선고에 서명했다. 4년 동안 군주와 국민들을 얽어매었던 마법의 주문은 순식간에 풀렸다. 조금 전까지만 해도 총신의 업적과 행운에 보내던 환호성은 그의 죄상을 비난하며 즉각 처형할 것을 요구하는 병사들과 국민들의 성난 외침으로 바뀌었다. 고뇌와 절망에 빠진 그의 유일한 피난처는 그가 온갖 교활한 방법으로 특권을 제한하려 했던 교회의 성소뿐이었다. 성자들 가운데서도 달변가로 유명한 요하네스 크리소스토무스는 일찍이 그에게 선택되어 콘스탄티노플 교회 조직의 왕좌에 오른 인물로, 이 실각한 대신을 기꺼이 보호해 주었다. 대주교는 남녀노소를 가릴 것 없이 구름같이 모인 군중들이 주목하는 가운데 대성당의 설교단에 올라, 부정을 용서하고 인간의 불완전함을 인정해야 한다는 시의적절한 내용의 설교를 했다. 겁에 질려 창백해진 얼굴로 제단의 탁자 아래 엎드린 환관의 고뇌에 찬 모습은 엄숙하고 교훈적인 구경거리가 되었다. 설교자는 나중에 에우트로피우스의 불행을 모욕했다는 비난을 받았다. 그는 사람들의 격분을 누그러뜨리기 위해 경멸감을 불러일으키려고 애썼다. 자비와 미신, 열변의 힘이 결국 이겼다. 황후 에우독시아는 스스로의 선입관 탓이었는지 국민들의 눈을 의식한 탓이었는지 교회의 성역을 침범하지

서기 399년, 에우트로피우스의 몰락

[15] 이 일화는 필로스토르기우스만이 전하고 있는데 고트족의 반란과 궁정의 비밀 음모를 연관지어 준다는 점에서 중요하다.

16 크리소스토무스는 또 다른 설교에서는 에우트로피우스가 교회를 버리지 않았더라면 잡혀가지 않았을 것이라고 주장했다. 그러나 약속은 어떤 협정이 이루어졌다는 증거이며, 클라우디아누스의 강력한 주장은 어떤 약속이 있었다는 증거로 간주될 수 있다.

17 이 법이 공포된 날짜 (서기 399년 1월 17일)는 잘못된 것이다. 왜냐하면 에우트로피우스의 실각은 같은 해 가을 이후의 일이기 때문이다.

는 못했다. 에우트로피우스는 은근한 설득과 목숨만은 살려 주겠다는 맹세에 이끌려 저항을 포기했다.16 군주의 위엄 따위는 안중에도 없는 새로운 대신들은 즉각 칙령을 포고하여 그의 옛 총신이 집정관과 귀족들의 이름을 더럽혔다고 선언했다. 그들은 에우트로피우스의 동상들을 철거하고 재산을 몰수하고 키프로스 섬에 영구 추방하기로 했다.17 비열하고 노쇠한 환관은 이제 더 이상 적들의 공포의 대상이 아니었다. 그러나 아직 그에게 남은 것들, 평화와 고적함, 좋은 날씨가 주는 위안 따위를 즐길 수는 없었다. 적들의 무자비한 복수심은 비참한 생을 끝내는 순간까지 그를 놓아주지 않았다. 에우트로피우스는 키프로스 해안을 밟자마자 서둘러 재소환되었다. 장소를 바꾸면 서약의 의무를 피할 수 있으리라는 계산에서, 황후는 그의 재판과 처형 장소를 콘스탄티노플에서 칼케돈 인근의 교외로 옮겼다. 집정관인 아우렐리아누스가 형을 선고했는데, 이 판결은 전제적인 정부의 법체계의 실상을 폭로하는 것이었다. 에우트로피우스는 국민들에게 지은 죄로 보아 죽어 마땅했지만, 결국 그의 죄목으로는 혈통으로나 색깔로나 황제만이 쓸 수 있는 신성한 동물들을 마차에 맸다는 점이 지목되었다.

서기 400년, 가이나스의 음모와 몰락

국내에서 이러한 변화가 진행될 동안 가이나스는 공공연히 반역 의사를 드러내고 나섰다. 그는 리디아의 티아티라에서 트리비길트의 군대와 병력을 합쳤는데 동고트족의 지도자보다 훨씬 우세했다. 연합군은 아무런 저항도 받지 않고 헬레스폰투스 해협과 보스포루스 해협까지 진군했다. 아르카디우스는 아시아 영토를 잃지 않으려면 야만족들을 믿고 그의 일신과 권력을 맡겨야 한다는 진언을 받았다. 칼케돈 근방의 높은 언덕에 자리 잡은 성스러운 순교자 에우페미아의 교회가 회담

장소로 선택되었다. 가이나스는 정중하게 황제의 발치에 절을 했으나, 집정관급 대신인 아우렐리아누스와 사투르니누스의 희생을 요구했다. 그리하여 그들이 오만한 반역자의 요구대로 칼끝에 목을 내놓은 순간, 그는 변덕스럽게 마음을 바꾸어 불명예스러운 집행유예를 허락했다. 고트족은 협정 조건에 따라 즉각 아시아에서 유럽으로 이동했다. 승리한 족장은 로마군 총사령관의 칭호를 받고 곧 콘스탄티노플을 자신의 군대로 가득 채우고 부하들에게 제국의 명예직과 보수를 분배해 주었다. 젊은 시절 가이나스는 탄원자이자 피난민 신세로 도나우 강을 건넜으나, 이제 무용과 행운에 힘입어 입신출세를 이룬 것이다. 그러나 그의 무분별하고 신의 없는 언행은 급속한 몰락을 가져왔다. 대주교의 맹렬한 반대에도 불구하고 그는 자신의 아리우스파 신도들을 위해 특정 교회의 소유권을 끈질기게 요구했다. 이단파에 대한 대사면령으로 가톨릭교도들의 자존심은 여지없이 짓밟혔다.[18] 콘스탄티노플 시가지마다 소요와 혼란이 들끓었다. 야만족들은 보석상이며 환전상의 화려한 탁자에 넋을 잃고 눈을 떼지 못했으므로, 시민들은 이렇게 위험한 유혹이 그들의 눈에 띄지 않도록 치워 두는 것이 상책이라고 판단했다. 그들은 무례한 예방 조치에 분개하여 밤중에 황제의 궁정을 불로 공격하고 파괴하는 대담한 행동까지 저질렀다.[19] 이처럼 서로 의심하고 반목하는 분위기 속에서 콘스탄티노플 수비대와 시민들은 성문을 닫아걸고 고트족의 음모를 예방하고 분쇄하기 위해 무기를 들었다. 가이나스가 자리를 비우고 없을 동안 그의 군대는 기습을 당했다. 이 피비린내 나는 대학살에서 7000명의 야만족들이 목숨을 잃었다. 격렬한 추격 과정에서 가톨릭교도들은 야만족 병사들이 도망쳐 들어간 아리우스파 교

7월

[18] 크리소스토무스의 신성한 항변은 그 자신의 저작에는 나와 있지 않지만 테오도레투스가 강력히 주장했다. 그러나 그의 항변이 성공적이었다는 암시는 사실이 아니다. 티유몽(Tillemont)은 황제가 가이나스의 탐욕스러운 요구들을 들어주기 위해 성사도 교회의 접시를 녹였다는 사실을 발견했다.

[19] 여론을 따라가기도 하고 이끌기도 하는 교회 사가들은 천사들의 군대가 콘스탄티노플 궁정을 지키고 있었다고 확신에 넘쳐 주장한다.

회나 비밀 집회소의 지붕을 뜯어내고 불붙은 통나무들을 던져 넣어 적들을 압도해 버렸다. 가이나스는 이런 계획을 몰랐거나 아니면 자신의 성공을 과신했던 것 같다. 그는 휘하 군대 중 최정예 부대가 불명예스럽게 전멸했으며, 자신이 국가의 적으로 선포되었고, 동족이지만 용감하고 충성스러운 로마의 동맹인 프라비타가 육상과 해상에서 전투의 진두 지휘를 맡았다는 소식에 경악을 금치 못했다. 반란군은 트라키아의 여러 도시에 대한 공격에 나섰으나 치밀하고 견고한 방어에 부딪혔다. 굶주린 병사들은 머지않아 요새 주변에 나 있는 잡초를 뜯어 먹는 처지가 되었다. 가이나스는 헛되이 아시아의 부와 사치를 그리면서 헬레스폰투스 해협의 통로를 뚫겠다는 필사적인 결단을 내렸다. 그에게는 배가 한 척도 없었지만 케르소네수스의 숲에는 뗏목을 만들 재료가 얼마든지 있었고, 용감무쌍한 야만인들은 파도에 몸을 맡기기를 주저하지 않았다. 그러나 프라비타는 그들이 일을 진행하는 모습을 신중히 관찰하고 있었다. 그들이 바다 한가운데에 이르자마자 질서 정연한 로마의 갤리선 함대가[20] 순풍과 해류를 타고 거세게 노를 저어 돌진했다. 헬레스폰투스 해협은 고트족 난파선의 잔해로 뒤덮였다. 희망이 산산조각 나고 최정예 병사들 대다수를 잃고 나서 더 이상 로마인들 위에 군림할 수도, 그들을 굴복시킬 수도 없게 된 가이나스는 야만인 시절의 독립 상태로 돌아가기로 결심했다. 경무장한 야만족 기병대는 보병대와 짐으로부터 벗어난다면 헬레스폰투스 해협에서 도나우 강까지 300마일을 8일에서 10일 사이에 행군할 수 있었다.[21] 중요한 국경 지대의 수비대는 이미 전멸당한 상태였고 12월의 강은 꽁꽁 얼어 있었기 때문에, 스키타이가 가이나스의 야심 앞에 거칠 것 없이 펼쳐져 있었다.

12월

[20] 조시무스는 이 갤리선들의 이름을 리부르나라고 하면서 이 배들이 쉰 개의 노를 가진 배만큼 빨랐다고(그들 사이에 어떤 차이가 있는지는 설명하지 않고) 말한다. 하지만 속력 면에서는 이미 사용되지 않은 지 오래인 트리레메스보다 훨씬 못했다고 한다. 그러나 그는 폴리비우스의 증언에 따라 포에니 전쟁에서는 훨씬 더 큰 갤리선들이 건조되었다는 타당한 결론으로 글을 맺는다. 로마 제국이 지중해에 패권을 확립한 이후로는 대형 전투선 건조술은 쓸모가 없어져 무시되었다가 결국은 잊혀졌을 것이다.

[21] 치술(Chishul)은 갈리폴리에서 하드리아노폴리스를 거쳐 도나우 강까지 약 보름 만에 도달했다. 그는 영국 사절단 행렬에 끼어 여행했는데, 그의 짐은 일흔 대의 마차로 이루어져 있었다. 이 박식한 여행자는 인적이 드문 길을 따라가는 행운을 누렸다.

250

이 계획을 동족 군대에게 은밀히 전달하자 그들은 지휘관과 운명을 함께하기로 했다. 그러나 고향에 애착을 갖고 있을지 모르는 속주 보조군 대다수는 출발 신호가 떨어지기 전에 학살되었다. 고트족은 빠른 속도로 행군하여 트라키아의 평원들을 지나 곧 프라비타의 허영심 덕에 추격의 공포에서 벗어날 수 있었다. 프라비타는 전쟁을 마무리짓기보다는 대중의 갈채 속에서 평화롭게 집정관의 영예를 즐기고자 서둘러 돌아갔던 것이다. 그러나 막강한 동맹군이 무장하고 나타나 제국의 지고한 위엄을 지키고 스키타이의 평화와 자유를 구했다.22 훈족 왕 훌딘이 우세한 병력으로 가이나스의 진군을 막았던 것이다. 또한 야만족에 의해 파괴된 지역에서는 그 주민들이 적의를 품고 그의 퇴각을 막았다. 가이나스는 항복 권고를 무시하고 수차례 적들의 대열을 돌파하려는 시도를 한 끝에, 절망한 추종자들과 함께 전장에서 살해되었다. 헬레스폰투스 해협에서 해군이 승리를 거둔 지 11일 후 콘스탄티노플은 승리자로부터 헤아릴 수 없이 값진 선물인 가이나스의 목을 받고 크게 기뻐하며 축제를 벌여 경축했다. 아르카디우스의 승리는 서사시의 주제가 되었다.23 적에 대한 공포에서 해방된 군주는 아름답고 교활한 에우독시아의 온건하지만 절대적인 통치에 권력을 넘기고 물러나 앉았다. 그러나 그녀는 성 요하네스 크리소스토무스에 대한 박해로 명성에 오점을 남겼다.

서기 401년 1월

나지안주스의 그레고리우스의 후계자인 오만방자한 넥타리우스 대주교의 사망 이후, 콘스탄티노플의 교회는 국민들이나 총신의 마음을 사기 위해서라면 부끄러움 없이 금전과 아첨을 뿌리는 야심 찬 후보자들로 혼란에 빠졌다. 이때만큼은 에우트

서기 398년 2월, 크리소스토무스

22 조시무스의 글은 가이나스가 사실상 도나우 강 너머까지 간 것으로 전했지만, 소크라테스와 소조메노스의 증언과 알렉산드리아력의 정확하고 믿을 만한 날짜에 따라 그가 트라키아에서 살해된 것으로 수정되어야 한다.

23 에우세비우스는 자신이 참전했던 고트 전쟁에 대한 시로 명성을 얻었다. 약 40년 후 암모니우스가 테오도시우스 생전에 같은 주제로 또 하나의 시를 읊었다.

로피우스도 평소의 원칙에서 벗어나 한 이방인의 뛰어난 업적에 대해 올바른 판단을 내렸다. 그는 당시 동로마를 여행하다가 요하네스의 설교를 듣고 탄복했다. 요하네스는 안티오크 출신의 사제로 '황금의 입'을 뜻하는 크리소스토무스라는 별명을 가진 인물이었다.[24] 개인적인 명령서가 시리아 총독에게 전달되었다. 사람들은 가장 좋아하는 설교자를 내주고 싶지 않았겠지만, 요하네스는 재빨리 은밀하게 역마차에 태워져 안티오크에서 콘스탄티노플로 이송되었다. 궁정과 성직자, 시민들은 만장일치로 대신의 선택을 인정했다. 성자이면서 웅변가인 신임 대주교는 대중이 기대한 것 이상이었다. 시리아 수도의 고귀하고 부유한 가문에서 태어난 크리소스토무스는 자애로운 어머니의 보살핌 속에서 실력 있는 대가들로부터 교육을 받았다. 그는 리바니우스의 학원에서 수사학을 공부했다. 곧 자기 제자의 재능을 알아본 이 저명한 소피스트는 요하네스를 그리스도교인들한테 빼앗기지만 않았더라면 자기 뒤를 잇게 했을 것이라고 솔직하게 고백했다. 신앙심 깊은 그는 오래 지나지 않아 세례 성사를 받고 명예와 돈이 따르는 법률가라는 직업을 포기한 뒤, 인근의 사막으로 숨어 들어가 6년간 엄격하게 고행하며 육체의 욕망을 다스렸다. 그는 병 때문에 어쩔 수 없이 속세로 돌아온 후 멜레티우스의 권위를 받들어 교회에 봉사하는 데 재능을 바쳤다. 그러나 가정에서, 그리고 나중에는 대주교 자리에서 크리소스토무스는 금욕적인 미덕을 계속 수행했다. 그는 전임자들이 사치와 허례허식에 소비했던 막대한 수입을 병원 건립에 썼다. 그의 자선으로 도움을 받은 사람들은 극장이나 대경기장의 오락거리보다 대주교의 열정적이고 교훈적인 설교를 더 좋아했다. 안티오크와 콘스탄티노플에서 20년 가까이 경탄의 대상이 된 그의 기념비적인 웅변은 세심하게 보존

[24] 소크라테스 제6권, 소조메노스 제8권, 테오도레투스 제15권에서는 크리소스토무스의 일생에 대해 상세하고 믿을 만한 자료를 제공한다. 이 역사가들 이외에도 이 성자의 전기를 쓴 네 명의 주요 전기 작가들을 참조했다. 1) 헬레노폴리스의 주교이며, 그의 열렬한 지지자인 팔라디우스의 이름을 빌려 대화체로 쓴 콘스탄티노플 대주교에 대한 편파적이고 감정적인 옹호문의 저자. 이것은 크리소스토무스의 작품들 사이에 삽입되어 있다. 2) 온건한 에라스무스. 그의 생기발랄함과 양식은 인정할 만하지만, 오래된 교회 문화의 조악함에서 나온 오류는 피할 수 없었다. 3) 박식한 티유몽. 그는 믿을 수 없을 정도의 인내와 종교적인 수준의 정확성으로 성자들의 삶에 대한 자료를 수집했다. 그는 크리소스토무스의 방대한 저작들을 꼼꼼히 조사했다. 4) 교부 몽포콩. 그는 편집자다운 근면함으로 그 책들을 숙독하면서 새로운 설교문 몇 개를 발견하여 크리소스토무스의 일생을 다시 검토하고 재구성했다.

되어, 1000편에 달하는 그의 설교문은 후세의 비평가들[25]로부터 진정한 재능을 평가받는 근거가 되었다. 이 그리스도교도 웅변가의 우아하고 풍부한 어휘를 자유롭게 다루는 솜씨, 수사학과 철학에서 얻은 장점을 감출 줄 아는 사려 깊음, 아무리 익숙한 주제라도 다양하게 그려 내는 은유와 비유, 끊임없이 쏟아 내는 개념과 이미지들, 미덕을 위해서만 열정을 불태우는 능력, 진실과 극적인 재현 능력으로 악덕의 어리석음뿐 아니라 비열함까지 파헤치는 재능에 대해서는 모든 비평가들이 만장일치로 동의한다.

콘스탄티노플 대주교의 목자로서의 노력에 자극받은 두 부류의 적들, 즉 그의 성공을 시샘하는 성직자들과 그의 질책이 귀에 거슬린 죄인들은 서서히 그에 맞서 하나로 뭉쳤다. 크리소스토무스가 성 소피아 교회의 설교단에서 타락한 그리스도교도들을 겨냥하여 천둥 같은 열변을 토할 때, 그의 날카로운 화살은 어느 개인을 상처 입히거나 노리는 일 없이 군중들 사이로 날아갔다. 그가 부자들의 악덕을 맹렬히 비난할 때 가난한 자들은 잠시나마 그의 설교에서 위안을 얻을 수 있었다. 그러나 죄인들은 수적 우세를 보호막으로 삼았고, 자신들의 우월 의식으로 인해 비난 자체가 고귀해지는 느낌조차 받았다. 그러나 오르막이 있으면 내리막도 있는 법이다. 정무관들, 대신들, 총애받는 환관들, 궁정의 귀부인들,[26] 황후 에우독시아는 죄인들의 비율이 줄어들수록 더 큰 몫의 죄를 짊어졌다. 스스로의 양심에 대고 물어 보면 그들 개개인에게 다 해당되는 죄목이었다. 대담무쌍한 설교자는 죄와 죄인 모두를 분노한 대중 앞에 폭로하는 위험한 권한을 맡았다. 궁정에서 은밀하게 퍼져 나가는 분노는 대주교의 열렬한 신앙열에 밀려 너무 성급하게 개혁 대상으로 지목된 콘스탄티노플의 성직자들과 수도사들의 불만

[25] 나는 크리소스토무스의 방대한 설교문에 대해서는 거의 문외한이기 때문에, 가장 현명하고 온건한 두 명의 교회 사가를 신뢰하기로 하겠다.

[26] 콘스탄티노플의 여성들은 크리소스토무스에게 적의를 품은 사람들과 애정을 가진 사람들로 나뉘었다. 세 명의 부유하고 고귀한 미망인들, 마르사, 카스트리키아, 에우그라피아는 박해의 선두에 섰다. 그들로서는 의복과 장신구로 나이와 추한 얼굴을 감추려는 자신들의 허영을 비난한 설교자를 용서할 수 없었다. 올림피아스는 그들 못지않은 열정으로 더 신성한 대의에 봉사하여 성녀의 칭호를 얻었다.

을 부채질했다. 그는 설교단에서 하녀나 수녀라는 이름으로 끊임없이 죄와 추문을 빚어내는 콘스탄티노플 성직자들 집안의 여성들을 비난했다. 크리소스토무스는 속세를 등지고 침묵과 고독 속에서 지내는 고행자들에게는 더없이 열렬한 찬사를 바쳤지만, 쾌락과 이익을 좇아 수도의 거리를 바삐 누비고 다니는 타락한 수도사들은 성직의 수치라며 경멸과 비난을 퍼부었다. 대주교는 설득하는 데 그치지 않고 무시무시한 권위를 실제로 행사했다. 교회 재판권을 행사하면서 그가 늘 감정에 치우치지 않고 중립을 지켰던 것은 아니었으며, 항상 신중을 기한 것도 아니었다. 크리소스토무스는 본래 다혈질이었다.[27] 그는 복음의 가르침에 따라 개인적인 적들까지도 사랑하려고 노력했지만, 신과 교회의 적들을 증오할 특권은 포기하지 않았다. 그는 때로 안색이나 표현에서 지나칠 만큼 격렬하게 감정을 드러내곤 했다. 그는 건강상의 이유와 금욕적인 동기에서 혼자 식사하는 예전의 습관을 계속 고수했다. 그의 적들은 이처럼 남을 대접하지 않는 습관을[28] 자만심 탓으로 돌렸다. 그런 이유에서는 아니었다 하더라도 이 습관은 적어도 그의 까다롭고 비사교적인 기질상의 결함을 악화시키는 결과를 가져왔다. 여러 사람들과의 사귐을 통해 세상 물정을 파악하고 업무 처리를 보다 쉽게 할 수도 있었으나, 그는 부제 세라피온만을 의심 없이 의지했다. 그는 인간의 본성에 대한 자신의 이론적인 지식을 종복들이나 동료들 중 특정인에게 적용해 볼 생각은 거의 하지 않았다. 콘스탄티노플 대주교는 자기 의도의 순수성뿐 아니라 우월한 재능에 대해서도 확신을 갖고 있었으므로, 황제의 도시 밖으로까지 관할권을 확장하여 목회 활동의 범위를 넓혔다. 이런 행동은 속인들의 눈에는 야심에서 나온 것으로 비칠 법했지만, 크리소스토무스 자신은 어디까지나 신성하

[27] 소조메노스, 특히 소크라테스는 그를 맹목적으로 찬미하는 자들에게는 아주 불쾌하겠지만, 크리소스토무스의 참된 성격을 온건하고 공정하게 정의했다. 이 역사가들은 파벌의 폭력이 누그러지고, 이 성자의 미덕과 과오를 잘 알고 있는 많은 사람들과 대화할 수 있는 다음 세대의 사람들이었다.

[28] 팔라디우스는 매우 진지한 태도로 대주교를 변호했다. 1) 그는 포도주를 결코 마신 일이 없다. 2) 그는 위가 약해서 특별한 음식을 먹어야 했다. 3) 업무나 연구, 기도 때문에 해질 녘까지 식사를 할 수 없는 경우가 종종 있었다. 4) 거창한 저녁 식사에 따르는 소음과 소란을 싫어했다. 5) 가난한 사람들을 위해 식사에 쓸 돈을 아꼈다. 6) 콘스탄티노플과 같은 수도에서 특정인들만 초대할 경우 초래될 질시와 비난을 우려했다.

고 불가피한 의무로 생각했다. 그는 아시아의 속주들을 방문했을 때, 리디아와 프리기아에서 열세 명의 주교들을 면직시키고 경솔하게도 성직 매매와 부도덕이 성직자들 전반에 뿌리 깊이 퍼져 있다고 선언했다.[29] 그 주교들이 결백하다면 이러한 성급하고 부당한 견책은 정당한 근거가 있는 불만을 일으켰을 것이 틀림없다. 만일 그들이 유죄라면 수많은 공범들이 자신들의 안전을 위해 대주교를 파멸시켜야 한다고 생각했을 것이다. 그리하여 그들은 대주교를 동로마 교회의 폭군으로 꾸미는 일에 착수했다.

이러한 음모를 주도한 자는 활동적이고 야심만만한 성직자인 알렉산드리아 대주교 테오필루스였다. 그는 약탈의 결과를 과시하는 화려한 기념비를 세울 만큼 허세 부리기 좋아하는 인물이었다. 콘스탄티노플의 부상과 함께 그리스도교 세계에서 두 번째 위치였던 알렉산드리아가 세 번째로 밀려나 그렇지 않아도 그 도시에 대해 민족적 증오심을 품고 있던 차에, 크리소스토무스와의 개인적인 논쟁으로 감정의 골이 더욱 깊어졌다.[30] 황후의 개인적인 초대를 받은 테오필루스는 시민들에 대항하기 위해 건장한 이집트 선원들을, 종교 회의에서 다수를 확보하기 위해 자기 밑의 주교들을 데리고 콘스탄티노플에 도착했다. 종교 회의는[31] 루피누스가 웅장하고 화려한 교회와 수도원을 세웠던, '떡갈나무' 라는 별칭을 가진 칼케돈 교외에서 14일 동안 계속되었다. 주교와 부제 한 사람이 콘스탄티노플 대주교를 비난했다. 그러나 그들이 비난의 근거로 제시한 마흔일곱 개의 세부 항목은 경솔하고 개연성이 없을 뿐 아니라, 오히려 공정하고 나무랄 데 없는 찬사로 간주해도 좋을 만한 것이었다. 크리소스토무스에게 호출 명령이 연

서기 403년,
황후 에우독시아의
박해를 받는
크리소스토무스

[29] 크리소스토무스는 구원 받을 수 있는 주교들의 수는 지옥에 떨어질 주교들의 수에 비하면 대단히 적은 비율에 불과할 것이라고 솔직히 밝혔다.

[30] 오리게네스주의와 신인동형론(Anthropomorphism)에 관한 이집트 수도사들의 논쟁, 테오필루스의 위선과 폭력, 에피파니우스의 단순함을 교묘하게 조종한 일, 형제들의 박해와 도주, 그들이 콘스탄티노플에서 크리소스토무스로부터 받았던 애매모호한 지원에 대해서는 일부러 생략했다.

[31] 포티우스는 떡갈나무 종교 회의에서 원래 결의되었던 사항들을 전했다. 이것은 크리소스토무스가 적어도 서른여섯 명 이상의 주교들에 의해 유죄 판결을 받았으며, 그중 스물아홉 명이 이집트인이었다는 잘못된 주장을 뒤집는다. 마흔다섯 명의 주교들이 그의 판결문에 서명했다.

32 팔라디우스는 만일 콘스탄티노플 시민들이 테오필루스를 발견했다면 틀림없이 그를 바다에 처넣었을 것이라고 고백했다. 소크라테스는 군중들과 알렉산드리아 선원들 사이에 싸움이 일어나 많은 사람들이 부상당하고 몇몇은 목숨을 잃었다고 말한다. 수도사들의 학살을 전한 사가는 이교도인 조시무스뿐이었는데, 그는 크리소스토무스에게는 일자무식의 대중을 이끄는 특별한 재능이 있었다고 인정한다.

달아 네 차례나 내려졌으나, 그는 무자비한 적들의 손에 일신과 평판을 맡기기를 거부했다. 그러자 그들은 어떤 특정 비난에 대해서도 조사를 거부하고는 단지 그의 반항적인 불복종을 단죄하여 서둘러 파면을 선고했다. 떡갈나무 마을의 종교 회의는 서둘러 황제에게 그들의 판결을 인가하고 실행해 달라는 청을 올리는 한편, 대담무쌍한 설교자가 황후 에우독시아를 이사벨이라고 비난한 데 대해 반역죄를 적용할 수도 있다는 점을 친절하게 귀띔해 주었다. 대주교는 무례하게 체포되었고, 황제의 사자들 중 한 사람에게 이끌려 도시를 통과한 후 짧은 항해 끝에 흑해 어귀에 내려졌다. 그러나 그는 그곳에서 이틀을 보내고 영광스럽게 복위되었다.

콘스탄티노플의 민중 폭동

충성스럽게 그를 따르는 시민들은 처음에는 경악한 나머지 침묵 속에서 수동적인 자세를 취했으나, 갑자기 일제히 누구도 막을 수 없을 만큼 거센 분노에 차서 궐기했다. 테오필루스는 도망쳤으나 그를 따라온 수도사들과 이집트 선원들은 콘스탄티노플 거리에서 무자비하게 학살당했다.32 이때 마침 일어난 지진은 천상의 개입으로 생각되었다. 폭도들이 물밀 듯이 궁정 문을 향해 몰려들자, 두려움과 후회로 마음이 바뀐 황후는 아르카디우스의 발밑에 몸을 던지고 국가의 안전을 위해서는 크리소스토무스를 복위시키는 수밖에 없다고 고백했다. 보스포루스 해협은 무수히 많은 선박들로 뒤덮이고 유럽과 아시아의 해안은 등불로 환하게 밝혀졌다. 항구에서 성당까지 승리감에 찬 시민들의 환호성이 대주교의 개선 행렬을 뒤따랐다. 그는 종교 회의의 권위로 합법적 절차를 밟아 판결이 철회되기도 전에 자신의 직무를 다시 수행하는 데 동의했다. 크리소스토무스는 임박한 위험을 몰랐는지, 알아도 개의치 않았던 것인지 자신의 열정, 아니 아마도 자신의 분노에만 몰두했다. 그는 여성의 악덕에 대해 특히 날카롭게 맹공격을 가했고, 성 소피아 교구에 있는 황후의 동상에 부여된 세속적인 영예들을 비난했다. 적들은 다음과 같은 그의 유명한 설교문의 서두를 에우독시아에게 알려 주어 오만한 그녀를 격분하게 했는데, 그들이 이를 지어냈을 수도 있다.

33 조시무스로부터 이러한 비난은 당연히 예상할 수 있는 일이지만, 소크라테스와 파스칼 연대기에서도 이를 확인할 수 있다는 사실은 주목할 만하다.

　헤로디아가 다시 격노한다. 헤로디아가 다시 춤춘다. 그녀는 다시 한 번 요한의 머리를 원하고 있다.

여성이자 황후로서 이렇게 무례한 암시를 참아 넘기기는 힘들었다. 다수의 동로마 성직자들로 구성된 종교 회의는 테오필루스의 원격 조종에 따라 이전 판결의 정당성을 검토해 보지도 않고 효력을 확인했다. 잠시 동안의 소강 상태는 대주교의 치욕과 파멸을 위한 더 효과적인 수단을 마련하는 데 이용된 셈이었다. 시민들의 분노를 진압하기 위해 야만족 군대가 도시에 들어왔다. 부활절 전야의 엄숙한 세례식은 병사들에 의해 난장판이 되었다. 그들은 벌거벗은 세례 지원자들을 놀라게 만들고 신성한 그리스도교 예배 의식을 더럽혔다. 아르사키우스는 성 소피아 교회와 대주교 좌를 점령했다. 신도들은 콘스탄티누스 욕장으로 후퇴했다가 들판으로 도망갔으나, 계속해서 수비대, 주교들, 행정관들로부터 추격당하고 공격을 받았다. 크리소스토무스가 두 번째이자 마지막으로 추방된 운명의 날, 대성당과 원로원, 인근 건물들은 불길에 휩싸였다. 이 재난은 박해를 받게 된 파벌이 절망하여 저질렀다고 생각되었는데 물증은 없지만 심증은 충분했다.33

　키케로는 자발적으로 유랑 길에 오름으로써 공화국의 평화

34 그는 웅변가이자 정치가로서 이러한 허울 좋은 동기를 내세웠다.

35 크리소스토무스가 쓴 242통의 편지가 아직도 남아 있다. 이 편지들은 대단히 다양한 사람들에게 보내졌으며, 키케로가 유형지에서 보여 주었던 것보다도 훨씬 더 굳은 마음의 자세를 보여 준다. 열네 번째 편지는 그가 여행 중 겪은 위험에 대한 기이한 이야기를 담고 있다.

서기 404년 6월, 크리소스토무스의 추방

를 지킨 공로를 주장할 수도 있었을 것이다.34 그러나 그리스도교도로서나 한 사람의 국민으로서나 크리소스토무스에게는 복종해야 할 의무가 있었다. 완고한 황후는 키지쿠스나 니코메디아에 머물게 허락해 달라는 그의 애원에도 불구하고, 그의 유형지를 소(小)아르메니아의 타우루스 산 산마루의 멀고 황량한 마을인 쿠쿠수스로 정했다. 대주교가 한여름의 무더위 속에서 소아시아의 속주들을 통과하여 이사우리아인들의 습격과 그보다도 훨씬 무서운 수도사들의 분노에 끊임없이 위협을 받으면서 70일간이나 어렵고 위험한 길을 가다 보면 유배지에 닿기 전에 죽을지도 모른다는 계산도 있었다. 그러나 크리소스토무스는 유배지에 무사히 도착했다. 그가 쿠쿠수스와 아라비수스 인근 마을에서 보낸 3년의 세월은 그의 생애에서 최후의 가장 영광스러운 시기가 되었다. 그의 인격은 부재와 박해로 신성시되고 재직 시의 과오는 다 잊혀졌다. 사람들은 입을 모아 그의 재능과 미덕을 거듭 칭찬했다. 전 그리스도교 세계가 경의에 찬 시선으로 타우루스 산속 외딴 곳을 주시했다. 불행에서 오히려 힘을 얻은 대주교는 그 벽지에서 아주 멀리 떨어진 속주와도 자주 서신을 교환했다.35 그는 충실한 추종자들에게 충성심을 지키기 위해 따로 집회를 열도록 권고했고, 페니키아의 신전들을 파괴하고 키프로스 섬에서 이단들을 소탕하도록 촉구했다. 또한 목자로서 페르시아와 스키타이의 포교 문제에까지 관심을 보였으며, 사자를 보내 로마 교황과 호노리우스 황제와 교섭을 벌였고, 대담하게 지역 종교 회의에서 대공의회의 최고 재판정에 항소했다. 영광스러운 유형 생활 가운데 정신은 여전히 독립적인 상태를 유지했지만, 사로잡힌 몸은 언제 아르카디우스의 이름과 권위를 남용하는 압제자들의 보복을 받을지 몰랐다.36 마침내 크리소스토무스를 피티우스의 가장 외딴 사막으로 즉각 옮기라는 명령서가 전해졌다. 그의 호위병들은 그들이 받은 잔혹한 지시를 충실히 따랐으므로, 그는 흑해 해안에 닿기도 전에 폰투스의 코마나에서 60세를 일기로 생을 마감했다. 다음 세대는 그의 결백과 공로를 인정했다. 동로마의 대주교들은 전임자들이 크리소스토무스의 적이었다는 사실이 부끄러웠는지, 로마 교황의 단호한 태도에 힘입어 그 존경받는 이름의 영예를 점차 회복시켰다.37 성직자들과 콘스탄티노플 시민들의 경건한 청원에 따라 그의 유해는 사망한 지 30년 후 눈에 띄지 않는 외진 곳의 묘지에서 황제의 도시로 이송되었다.38 테오도시우스 황제는 칼케돈까지 이를 맞으러 나가, 관 앞에 엎드려 자신의 부모 아르카디우스와 에우독시아가 성인에게 저지른 죄의 용서를 빌었다.39

그러나 아르카디우스의 죄가 그의 후임 황제에게 조금이라도 유전되지 않았을지 의심을 품는다 해도 무리가 아니다. 젊고 아름다웠던 에우독시아는 남편을 무시하고 자기 마음 가는 대로 행동했다. 코메스인 요하네스는 황후로부터 깊은 신임을 받았다. 세간에는 그가 테오도시우스 2세의 생부라는 소문이 나돌았다. 그러나 신앙심 깊은 아르카디우스는 아들의 출생을 가문과 동방 세계에 가장 상서롭고 영예로운 일로 받아들여, 어린아이에게 전례 없이 카이사르와 아우구스투스의 칭호 두 가지를 모두 내려 주었다. 에우독시아는 불과 4년 후 젊음의 절정기에 유산의 후유증으로 숨을 거두었다. 그녀의 요절로 그녀가 영광스러운 아들의 복된 통치를 오랫동안 지켜보게 될

서기 407년 9월, 크리소스토무스의 죽음

서기 438년 1월, 콘스탄티노플로 이송된 크리소스토무스의 유해

서기 408년 5월, 아르카디우스의 죽음

36 크리소스토무스가 유배된 후, 테오필루스는 그에 대해 끔찍한 내용으로 가득 찬 방대한 분량의 책을 출간했는데, 그는 크리소스토무스가 악마에게 영혼을 팔았다고 주장하면서 그의 죄상에 합당한 좀 더 심한 처벌이 내려지기를 바랐다. 성 히에로니무스는 그의 벗 테오필루스의 청원서에서 이 교훈적인 내용을 그리스어에서 라틴어로 번역했다.

37 그의 이름은 서기 418년 그의 후계자 아티쿠스에 의해 콘스탄티노플 교회의 두 폭화 작품들에 삽입되었다. 10년 후 그는 성인의 반열에 올려졌다. 숙부인 테오필루스의 자리뿐 아니라 그의 감정까지도 고스란히 물려받은 키릴루스는 대단히 못마땅해 하면서 이에 따랐다.

38 이 사건으로 그때까지 그의 후계자들을 인정하기를 거부하던 요아니테스와 화해가 이루어졌다. 요아니테스는 그의 생전에 가톨릭교도들로부터 콘스탄티노플의 참된 정통 교파로 존경을 받았다. 그러나 지나친 완고함으로 점점 분열되어 갔다.

39 어떤 설명에 따르면 의례를 갖춘 성자의 유해가 코마나에서 옮겨지기 전에 황제가 초청과 사죄의 뜻을 담은 편지를 보내야만 했다고 한다.

[40] 그는 가자의 포르피리우스이다. 그는 신앙심이 강해서 그 도시의 이교도 신전 여덟 개를 파괴하라는 명령을 받자 기뻐 날뛰었다.

[41] 히에로니무스는 파괴적인 메뚜기 떼가 하늘과 땅 사이에 검은 구름처럼 퍼져서 팔레스타인 땅을 온통 뒤덮었다고 생생한 필치로 묘사한다. 때마침 바람이 불어 이들의 일부는 사해로, 일부는 지중해로 날아갔다.

것이라고 말한 한 주교[40]의 예언이 무색해졌다. 가톨릭교도들은 성 크리소스토무스를 박해한 죄로 하늘의 심판을 받았다며 기뻐했다. 아마도 오만하고 탐욕스러운 에우독시아를 잃고 진심으로 슬퍼한 사람은 황제뿐이었을 것이다. 이러한 가정의 불행은 동로마의 국가적 재난보다 더 깊이 그의 마음을 아프게 했다. 당시 이사우리아인 도적 떼들이 정부의 힘이 약해진 틈을 타 폰투스에서 팔레스타인까지 거침없이 휘젓고 다녔을 뿐 아니라, 지진, 대화재, 기근, 메뚜기 떼의 출몰[41] 등 재난이 거듭되었다. 불만에 찬 국민들은 이를 모두 군주의 무능력 탓으로 돌렸다. 결국 그의 나이 31세, 13년 3개월 15일간의 통치(통치라는 말을 이렇게 함부로 써도 좋다면.) 끝에 아르카디우스는 콘스탄티노플 궁정에서 숨을 거두었다. 역사적인 사료가 풍부하게 쏟아져 나온 시기임에도 불구하고, 테오도시우스 대제의 이 아들이 했음직한 행동을 하나라도 언급하기가 쉽지 않은 탓에 그의 성격을 묘사하기가 어렵다.

소문으로 전하는
아르카디우스의 유언

역사가 프로코피우스는 인간적인 신중함에서 비롯된 것인지 천상에서 내린 지혜에서 비롯된 것인지 모르지만 한 줄기 빛이 죽어 가는 황제의 정신을 밝혔다고 전한다. 아르카디우스는 이제 겨우 일곱 살 나이에 소수파의 내분과 페르시아 왕인 야즈데게르드의 야심에 맞서야 하는 아들 테오도시우스의 힘겨운 상황을 근심했다. 그는 지고의 권력을 나누어 주는 조건으로 야심만만한 신하의 충성을 확보하는 대신, 대담하게도 페르시아 왕의 관대함에 호소하기로 하고 엄숙한 서약으로 야즈데게르드의 손에 동방 제국의 왕홀을 넘겨주었다. 황제의 후견인은 이 명예로운 협정을 전례 없이 충실하게 수행했다. 그는 페르시아의 무력과 자문으로 나이 어린 테오도시우스 2세의 유아기를 보호해 주었다. 이상이 프로코피우스가 전한 이야기이다. 아가티아스[42]는 그의 진실성을 논박하지는 않았다. 그러나 자신의 견해로는 동의하기 어렵다며, 운이 좋기는 했지만 그렇게 경솔하게 아들과 영토를 잘 알지도 못하는 이방인이자 경쟁자인 이교도의 신의에 맡긴 그리스도교도 황제의 지혜를 비난했다. 150년이 흐른 후에도 유스티니아누스의 궁정에서 이 정치적인 문제가 토론 대상에 오르기도 했으나, 신중한 역사가라면 아르카디우스의 유언장의 진위 여부가 확인될 때까지 타당성에 대한 검토를 미루어야 할 것이다. 이 사건과 견주어 볼 만한 비근한 역사적 사례가 없으므로 동시대인들의 한결같은 증언을 근거로 삼는 수밖에 없다. 우리의 의구심을 자아내는 이 기이하고 희한한 사건은 틀림없이 그들의 주목을 끌었을 것이다. 하지만 그들이 한결같이 침묵을 지키고 있으니 다음 세대의 허황된 구전(口傳) 따위는 무시하는 수밖에 없다.

[42] 그는 그런 소문이 널리 퍼졌음을 인정하면서도 이를 글로 옮긴 사람은 프로코피우스가 최초라고 주장한다. 티유몽은 이 이야기의 장점에 대해 매우 현명하게 논하는데 그의 논평은 교회의 권위로 왜곡되지 않았다. 프로코피우스와 아가티아스는 반쯤은 이교도였다.

개인 재산에 대한 로마 사법권의 원칙을 국가의 지배권에도 적용할 수 있다면, 황제가 적어도 열네 살이 될 때까지는 호노리우스 황제에게 조카의 후견인 자격이 있었다. 그러나 호노리우스는 무능력과 그의 통치하에서 일어난 재난으로 인해 이 정당한 권리를 수행할 자격을 잃었다. 이렇게 두 제국은 이해관계로나 감정상으로나 완전히 분리되었으므로, 콘스탄티노플은 이탈리아 궁정의 명령보다는 차라리 페르시아인들의 명령에 거부감을 덜 느꼈을 것이다. 겉으로 꾸민 남성다움과 분별로 나약함을 감춘 군주 아래에서라면, 쓰레기 같은 총신들이 은밀하게 국사를 논하고, 순종하는 속주들에게 자기들이 경멸하는 군주를 좌지우지하여 명령을 내릴 수도 있었다. 그러나 황제가 어린아이여서 황제의 이름으로 재가를 내려 힘을 실어

서기 408~415년, 안테미우스의 통치

43 안테미우스는 콘스탄티우스의 대신이었던 필리푸스의 손자이며 안테미우스 황제의 조부이다. 그는 페르시아 사절단에서 돌아온 후, 서기 405년 동로마의 민정 총독과 집정관으로 임명되어 10년간 민정 총독직에 있었다.

44 그는 일부 스키리인들이 비티니아의 올림푸스 산 근처에서 노동하는 모습을 보고 그 포로들이 그 민족들 중 마지막 생존자일 것이라는 헛된 기대를 품었다.

줄 능력이 없는 경우에는, 대신들이 독립적인 권위를 손에 넣어 행사해야만 했다. 아르카디우스가 죽기 전 임명한 국가와 군대의 고위 관료들은 일종의 귀족 계급을 형성했는데, 이것이 제대로 제 역할을 수행했더라면 자유로운 공화국의 이상을 심어 줄 수도 있었을 것이다. 동로마 제국의 정권을 맡은 자는 다행히도 민정 총독 안테미우스로,⁴³ 그는 뛰어난 능력으로 동료들 속에서 확고한 우위를 차지하고 있었다. 젊은 황제가 안전했다는 사실로 안테미우스의 능력과 고결함을 알 수 있다. 그는 신중하고 단호한 태도로 어린 황제의 힘과 평판을 떠받쳤다. 막강한 야만족 대군을 이끌고 트라키아 중심부에 진을 친 훌딘은 오만한 태도로 모든 타협안을 물리쳤다. 그는 떠오르는 태양을 손으로 가리키면서 태양이 떨어지는 곳에서 비로소 훈족의 정복이 끝날 것이라고 로마 사절들에게 선언했다. 그러나 그의 연합군이 황제의 대신들의 정당성과 관대함을 믿고 탈영하자 도나우 강을 다시 건너지 않을 수 없었다. 후위를 맡았던 스키리족은 거의 전멸했다. 수천 명의 포로가 아시아의 경작지에 배치되어 노예처럼 일하게 되었다.⁴⁴ 승리의 와중에서도 콘스탄티노플은 더 확장된 새 성벽으로 튼튼히 둘러싸였고, 일리리쿰의 도시들의 성채도 세심하게 복구되었다. 또한 도나우 강에 250척의 무장 함대를 배치하여 7년 후에는 지배권을 확보하자는 계획이 신중하게 논의되었다.

서기 414~453년, 풀케리아의 성격과 통치

그러나 로마인들은 너무나 오랜 세월 동안 군주의 권위에 익숙해져 있었으므로, 황제의 가문에서 제일 먼저 용기나 능력을 보여 주기만 하면 여자라도 테오도시우스의 빈자리를 채울 수 있었다. 그리하여 그보다 겨우 두 살 많은 누이 풀케리아가 열여섯의 나이에 아우구스타(여제(女帝))의 칭호를 받았다. 그녀는 때로 변덕이나 음모에 흔들리기도 했지만 동생의 미성년기와 사망 후 자신의 이름으로, 또는 명목상의 남편인 마르키아누스의 이름으로 근 40년 가까이 동로마 제국을 다스렸다. 그녀는 신중을 기하느라 그랬는지 종교적 이유에서였는지 독신 생활을 고수했다. 풀케리아의 정절에 대한 비방이 있었음에도 불구하고[45] 그녀가 자매인 아르카디아와 마리나까지 감화시킨 이 결심은 그리스도교 세계에서는 경건한 신앙심에서 나온 숭고한 노력으로 찬양을 받았다. 성직자들과 국민들이 보는 앞에서 아르카디우스의 세 딸들은[46] 신에게 자신들의 처녀성을 바쳤다. 그들은 엄숙히 맹세한 의무를 금과 보석으로 만든 판에 새겨 콘스탄티노플의 대성당에 공개적으로 헌납했다. 그들의 궁정은 수도원으로 바뀌어 양심의 안내자들, 즉 성의 구별을 잊은 지 오래인 성자들을 제외하고는 어떤 남성도 성스러운 문지방을 넘을 수 없었다. 풀케리아와 두 자매는 특별히 선택된 처녀들과 함께 종교적인 공동체를 이루어 생활했다. 그들은 의복에 대한 허영을 버리고 단순하고 검소한 음식마저도 잦은 단식으로 물리쳤다. 수놓는 일에 일정 시간을 할애하고 밤낮 기도와 찬송으로 많은 시간을 보냈다. 그리스도교도 처녀들의 신앙심은 여왕의 열정과 관대함으로 더욱 돋보였다. 교회사는 풀케리아의 헌금으로 동로마의 전 속주에 건립된 웅장한 교회들, 이방인들과 빈민들을 위한 자선 기금, 수도원들의 유지를 위해 배정된 막대한 기부금, 네스토리우스와 에우티케스 이단에 대한 가혹한 탄압을 상세히 기록하고 있다. 이러한 미덕은 신의 특별한 호의를 받기에 충분하다고 여겨졌으므로, 이 성스러운 여왕은 앞일에 대한 예지뿐 아니라 순교자들의 유해가 있는 위치까지도 환상과 계시로 전달받았다.[47] 그러나 풀케리아의 헌신적인 신앙심도 세속의 일로부터 관심을

[45] 수이다스는 네스토리우스교인들의 말에 따라 네스토리우스가 미남 파울리누스와의 관계와 동생 테오도시우스와의 근친상간을 비난하다가 풀케리아의 분노를 샀다고 뻔뻔스럽게 주장한다.

[46] 장녀인 플라킬라는 아르카디우스보다 먼저 죽었거나, 아니면 서기 431년까지 살았더라도 어떤 정신적, 육체적 장애가 있어 제위 계승 서열에서 제외되었던 것이 틀림없다.

[47] 그녀는 거듭되는 꿈으로 마흔 명의 순교자들이 매장된 장소를 알았다. 그 장소는 콘스탄티노플의 한 여성의 집과 정원으로, 마케도니아 수도사들의 수도원으로, 서기 397년 집정관인 카이사리우스가 세운 성 티르수스의 교회로 바뀌어 왔으나, 유해에 대한 기억은 거의 잊혀졌다. 조틴(Dr. Jortin)의 자비로운 소망에도 불구하고 풀케리아가 종교적인 사기극에서 한몫을 했다는 혐의를 피하기 어렵다. 이 사건은 그녀가 35세가 넘었을 때 이루어졌던 것이 분명하다.

돌리게 하지는 못했다. 그녀는 테오도시우스의 모든 후손들 중에서 유일하게 그의 남성다운 기개와 능력을 물려받았던 듯하다. 그녀는 그리스어와 라틴어를 모두 우아하고 능숙하게 구사했으므로, 국정을 논하거나 글을 써야 할 경우 쉽게 대처할 수 있었다. 판단을 내릴 때는 신중하게 심사숙고했으나 행동은 재빠르고 단호했다. 그녀는 국정의 바퀴를 잡음이나 허식 없이 굴리면서도 마르키아누스 황제의 치세가 오랫동안 평온을 유지한 공은 황제의 재능 덕으로 돌렸다. 평화로웠던 그의 삶 말기에 유럽은 아틸라의 무력으로 심한 고통을 겪었으나 아시아의 광대한 속주들은 여전히 평온한 안식을 누렸다. 테오도시우스는 반역을 겪고 그것을 처벌해야 하는 굴욕스러운 지경에 처한 적은 한 번도 없었다. 풀케리아의 통치에 대해 그녀의 강렬한 기질을 칭찬할 수는 없다 해도 온화함과 번영에는 찬사를 돌려야 할 것이다.

테오도시우스 2세의 성격과 교육

로마 제국은 군주의 교육에 깊은 관심을 가졌다. 규칙적인 학습과 훈련 과정이 주의 깊게 계획되었다. 이는 말타기와 활쏘기 등 군사 훈련과 문법, 수사학, 철학 등 교양 학문의 연마로 구성되었다. 동로마에서도 가장 실력 있는 대가들이 미래의 황제를 제자로 맡기를 청하고 나섰으며, 귀족 태생 청년들 여럿이 궁정에 들어와 동문수학하며 그의 면학열을 북돋았다. 황제에게 정무를 보는 법을 가르치는 중요한 임무는 온전히 풀케리아의 몫이었다. 그러나 그녀가 그럴 만한 능력이 있었는지, 또는 순수한 의도에서 한 일이었는지는 의심의 여지가 있다. 그녀는 근엄하고 위엄 있는 태도를 유지하라고 가르쳤는데, 걸을 때나, 옷자락을 잡을 때, 옥좌에 앉을 때 위대한 군주의 품위를 보여 주라고 했다. 웃음을 삼가고, 정중한 태도로 귀를 기울이고, 적절한 답변을 해 주고 곧 진지하고 차분한 표정을 지으라는, 즉 한 마디로 말해서 로마 황제로서 우아함과 권위를 겉으로 드러내는 법을 가르쳤다. 그러나 테오도시우스 2세는[48] 빛나는 이름의 무게와 영광을 유지하는 데에는 전혀 관심이 없었다. 그는 선조들을 본받기는커녕 아버지와 숙부보다도 나약한 존재로 타락했다.(무능력의 정도를 재어 볼 수 있다면.) 아르카디우스와 호노리우스는 권위와 모범으로 가르침을 전한 아버지의 도움을 받을 수 있었으나, 태어나면서부터 자의를 입은 이 불행한 군주는 진실이 무엇인지 전혀 알지 못한 채로 남겨져야 했다. 아르카디우스의 아들은 굴종적인 여성들과 환관들에 둘러싸여 영원히 유년기에 머물 운명을 지니고 태어났다. 그는 제위에 따르는 의무를 무시하고 남아도는 시간을 게으른 오락과 아무 짝에도 쓸모없는 공부로 채웠다. 그를 궁정 밖으로 끌어낼 수 있는 유일한 활동적인 일은 사냥이었다. 그러나 그가 때로는 한밤중까지 불을 켜 놓고 열성을 쏟은 일은 그림 그리기와 조각 같은 기계적인 작업이었다. 그는 종교 서적을 필사하는 데 남다른 공을 들여 로마 황제답지 않게 '칼리그라페스(Calligraphes)', 즉 달필가라는 별명까지 얻었다. 그는 뚫리지 않는 두꺼운 장막에 싸여 외부 세계로부터 차단되어 자신이 사랑하는 사람들만을 신뢰했고, 게으른 그를 즐겁게 해 주면서 아첨하는 자들만 사랑했다. 그는 황제의 서명을 요하는 문서를 자세히 읽는 법이 없었으므로, 그의 기질에 전혀 맞지 않는 부당한 법령들이 그의 이름으로 발표되는 일도 자주 있었다. 황제 자신은 순결하고, 온건하고, 관대하고, 자비로웠으나 이러한 자질들은 용기로 뒷받침되고 신중함으로 조절될 때만 미덕으로서의 진가를 발휘하는 법이다. 따라서 이것들은 국민들에게 거의 도움이 되지 못했을 뿐 아니라, 오히려 해로운 경

[48] 두 명의 교회 사가는 전체적으로는 매우 비슷했지만 한 가지 주목할 만한 차이를 보였다. 소조메노스는 풀케리아가 제국의 통치와 동생의 교육을 맡았으나, 그는 거의 칭찬을 받기 힘든 인물이었다고 말한다. 소크라테스는 호의나 명성 따위는 전혀 바라지 않는다고 젠 체하며 주장하긴 했으나, 황제에 대해 공들인 찬양문을 쓰면서 누이의 공은 세심하게 감추었다. 필로스토르기우스는 부드럽고 공손한 투로 풀케리아의 영향력에 대해 표현했다. 수이다스는 테오도시우스의 성격을 제대로 그려 냈다. 나는 현대 그리스인들로부터 몇 구절을 빌려 온 티유몽의 예를 따랐다.

⁴⁹ 학식과 신앙심에서 당대 제일인자들 중 하나인 키프로스의 주교는 테오도시우스가 신의 법률에 순종하는 데 찬사를 보냈다.

⁵⁰ 소크라테스는 그녀의 이름(아테나이스, 아테네의 소피스트인 레온티우스의 딸), 세례, 결혼, 시적 재능에 대해 언급했다. 그녀의 역사에 관한 가장 오래된 설명은 말랄라(John Malala)와 파스칼 연대기에 있다. 이 저자들은 아마도 에우도키아 황후의 원래 초상들을 본 적이 있었던 것 같다. 현대의 그리스인들 조나라스(Zonaras)와 케드레누스(Cedrenus) 등은 이야기를 지어내는 재능보다는 이야기에 대한 애착을 보여 주었다. 나는 니케포루스의 저서에서 그녀의 나이를 추측해 보았다. 로맨스의 저자라면 아테나이스가 스물여덟 정도의 나이로 젊은 황제의 가슴에 불을 당겼으리라고는 생각하지 않을 것이다.

우조차 있었다. 그의 정신은 교육으로 오히려 약화된데다가 천박한 미신에 물들어 억눌리고 타락했다. 그는 단식을 하고, 찬송을 하고, 그의 신앙에 끊임없이 자양분을 공급하는 기적담과 교리들을 맹목적으로 받아들였다. 그리고 가톨릭 교회의 성자라면 산 자나 죽은 자나 가리지 않고 열렬히 숭배했다. 이 군주는 한 오만한 수도사가 파문 선고를 내리자, 그 수도사가 자신이 입힌 영혼의 상처를 치료해 줄 때까지 음식을 거부한 적도 있었다.⁴⁹

서기 421~460년,
황후 에우도키아의
성격과 모험

일개 평민의 위치에서 황후의 자리에 오른 한 아름답고 정숙한 처녀의 이야기는 테오도시우스 2세의 결혼으로 사실임이 입증되지 않았더라면 황당무계한 로맨스로 치부되었을지도 모른다. 아테나이스는⁵⁰ 아버지 레온티우스로부터 그리스의 종교와 학문을 배웠다. 이 아테네 철학자는 그의 동시대인들을 높이 평가했다. 그래서 재산을 두 아들에게만 나누어 주고, 딸에게는 그녀의 미모와 재능만으로도 충분한 재산이 되리라는 믿음에서 금화 백 닢만을 남겨 주었다. 형제들의 질투와 탐욕 때문에 아테나이스는 곧 콘스탄티노플에서 은신처를 구해야 했다. 그녀는 풀케리아의 발밑에 몸을 던지고 그녀의 호의를 간청했다. 이 현명한 여왕은 그녀의 유창한 이야기에 귀를 기울여 주고, 마음속으로 철학자 레온티우스의 딸을 이제 갓 스물이 된 동로마 황제의 장래 아내감으로 점찍었다. 풀케리아는 큰 눈, 보기 좋은 코, 아름다운 피부, 황금빛 머리카락, 날씬한 몸매, 우아한 몸가짐, 학문으로 닦은 지성, 역경의 시련을 거친 미덕을 한몸에 갖춘 아테나이스의 매력을 흥미롭게 묘사하여 동생의 호기심을 자극했다. 테오도시우스 2세는 누이의 방 커튼 뒤에 숨어서 처녀를 훔쳐봐도 좋다는 허락을 받았다. 수

줍은 청년은 곧 순수하고 고결한 애정을 고백했고, 수도와 속주들의 환호 속에서 황제의 결혼식이 거행되었다. 아테나이스는 그릇된 이교를 버리라는 설득을 흔쾌히 받아들여 에우도키아라는 그리스도교 이름으로 세례를 받았다. 그러나 신중한 풀케리아는 그녀가 15년 후 서로마 황제의 아내가 되는 딸을 낳음으로써 수태 능력을 입증할 때까지 황후의 칭호를 보류했다. 에우도키아의 형제들은 황후의 부름을 받고 마음을 졸이면서 궁정으로 갔다. 그녀는 무정한 형제들을 쉽게 용서하고 누이로서의 애정이라기보다는 허영심에서 그들에게 집정관과 민정 총독의 지위를 주었다. 호화로운 궁정에서도 그녀는 황후의 자리까지 오르는 데 기여한 학예 연마를 게을리 하지 않았다. 그녀는 현명하게도 자신의 재능을 활용하여 그리스도교와 남편의 명예를 드높였다. 에우도키아는 구약의 첫 여덟 권과 다니엘서와 차카리아(Zachariah)의 예언을 시적인 운문으로 재구성했으며, 호메로스에서 발췌한 시문을 그리스도의 생애와 기적에 적용한 글을 썼고, 성 키프리아누스의 전설과 테오도시우스 대제의 페르시아전 승리에 대한 송사를 썼다. 그녀의 저작은 굴종과 미신이 난무한 시대에 갈채를 받았지만, 공정한 비평의 잣대를 들이대더라도 무시할 만한 수준은 아니었다.[51] 황제의 애정은 시간이 흘러도 변치 않았다. 에우도키아는 자신의 딸을 시집보낸 후 감사의 서약을 이행하기 위해 예루살렘으로 순례 여행을 떠나도 좋다는 허가를 받았다. 동로마를 통과하면서 한껏 호화로움을 과시한 그녀의 순례 행렬은 그리스도교가 설파하는 겸양의 정신과는 맞지 않아 보였다. 그녀는 금은보석으로 치장한 옥좌에 앉아 안티오크의 원로원을 향하여 도시의 성벽을 확장하고 공중 욕탕의 재건을 위해 금 200파운드의 기부금을 내리겠다는 멋진 연설을 하고 안티오크 시가 감사의 뜻으로

[51] 호메로스의 발췌 시문은 아직까지도 남아서 거듭 인쇄되어 왔으나, 이 진부한 작품이 에우도키아의 것인지는 평자들 사이에서 논의의 대상이다. 역사와 우화를 잡다하게 모은 사전인 『이오니아(Ionia)』는 11세기에 살았던 에우도키아라는 동명이인 황후가 편집한 것으로, 아직까지도 필사본의 형태로 전해지고 있다.

52 바로니우스는 달변인데다 구변이 좋지만, 각각 다른 시대의 거짓들을 비슷하게 신뢰한다는 비난을 받는다.

53 동시대인으로 궁정 대신이었던 프리스쿠스는 아무런 존칭이나 경칭 없이 그녀의 이교도로서의 이름과 그리스도교인으로서의 이름을 냉담한 태도로 언급했다.

만든 동상들을 받았다. 성지에서 그녀가 낸 빈민 구호품과 종교 기금은 헬레나가 쾌척했던 액수를 상회했다. 이러한 지나친 관대함은 국고를 고갈시켰지만, 그녀는 성 베드로의 사슬, 성 스테파노의 오른팔, 틀림없이 성 루가가 그렸다는 성모 마리아의 초상 따위를 가지고 기쁨에 차서 콘스탄티노플로 돌아왔다.52 그러나 이 순례를 끝으로 에우도키아의 영광은 막을 내렸다. 실속 없는 겉치레에 물린 그녀는 풀케리아의 은혜도 잊고 동로마 제국의 통치권을 넘보았다. 궁정은 여자들끼리의 불화로 어지러워졌으나 결국 테오도시우스 2세의 누이가 승리했다. 총무 장관 파울리누스의 처형과 동로마의 민정 총독 키루스의 파면으로 에우도키아가 가장 충성스러운 벗들조차 보호해 줄 힘이 없다는 사실이 확실해졌다. 또한 파울리누스의 보기 드문 외모로 미루어 볼 때 그의 진짜 죄목은 황후의 애인이라는 은밀한 소문이 퍼졌다. 황후는 테오도시우스 2세의 애정을 영영 잃었음을 깨닫고, 곧 예루살렘의 멀고 외진 곳에 은거하도록 허락해 달라고 청했다. 그녀의 청은 곧 받아들여졌으나 테오도시우스의 질투 혹은 풀케리아의 복수심은 그녀를 끝까지 쫓아갔다. 국내군 코메스인 사투르니누스는 에우도키아가 가장 총애하던 성직자 두 명을 죽음으로 벌하라는 명령을 받았다. 에우도키아는 즉각 코메스를 암살함으로써 이에 복수했다. 그렇지 않아도 의심을 받고 있는 처지에 이러한 과격한 행동은 테오도시우스 2세의 가혹한 조치를 정당화하는 결과가 되었다. 황후는 치욕스럽게도 명예로운 지위를 박탈당하고53 온 세상이 보는 앞에서 굴욕을 겪었다. 에우도키아는 이후 16년간의 남은 여생을 유형지에서 기도하며 보냈다. 그녀는 나이를 먹으면서 테오도시우스 2세의 죽음과 하나뿐인 딸이 포로가 되어 로마에서 카르타고로 끌려가는 불행을 겪었고, 팔레스타인의 수도사들과 교유하면서 그녀의 신앙심은 점점 더 굳어져 갔다. 인생의 흥망성쇠를 다 겪고 난 뒤에야 철학자 레온티우스의 딸은 67세를 일기로 예루살렘에서 숨을 거두었다. 그녀는 임종의 순간에 평생 한 번도 순결과 우정 사이의 선을 넘지 않았다고 맹세했다.[54]

유약한 정신의 소유자인 테오도시우스 2세는 한 번도 정복이나 군사적 명예에 대한 야심을 품어 본 적이 없었으며, 페

서기 422년, 페르시아 전쟁

르시아 전쟁의 미약한 소음도 동로마의 평온을 깨뜨리지는 못했다. 이 전쟁의 동기는 정당하고 고귀했다. 테오도시우스 2세의 후견인인 야즈데게르드의 치세 마지막 해에, 한 주교가 순교자의 영광을 얻고 싶은 열망에 불타 수사(Susa)의 신전들 중 하나를 파괴했다. 그의 완고한 신앙열로 인해 동족들은 복수의 대상이 되어 마기교도들의 잔인한 박해를 받았다. 곧이어 왕위에 오른 야즈데게르드의 아들 바라네스, 즉 바흐람은 아버지의 성급하고 열정적인 성격을 고스란히 물려받은 인물이었다. 그는 몇몇 그리스도교인 도망자들이 로마 변경으로 탈출하자 이들을 인도해 줄 것을 강력히 요구했으나 정중히 거절당했다. 여기에 상업적인 분쟁까지 겹쳐 상황이 악화되었고 곧 두 왕조 간의 전쟁으로 번졌다. 아르메니아 산악 지대와 메소포타미아 평원에는 온통 군대로 뒤덮였으나 두 차례의 잇따른 전투는 결정적인 전과 없이 지나갔다. 엎치락뒤치락 승패가 엇갈리는 가운데 몇 차례 교전이 벌어지고 몇몇 마을이 포위되었다. 로마인들이 오래전에 잃었던 니시비스를 재탈환하려는 시도는 실패로 돌아갔으나, 페르시아인들도 성 토마스의 이름으로 우레처럼 함성을 지르며 돌진한 한 호전적인 주교의 용맹에 밀려 메소포타미아 성벽에서 격퇴당했다. 그러나 전령인 팔라디우

[54] 에우도키아의 두 차례의 순례. 예루살렘에서의 오랜 거주. 그녀의 헌납과 빈민 구호품 등을 보려면 소크라테스와 에바그리우스를 참조할 것. 파스칼 연대기도 몇 군데 눈여겨볼 구석이 있다. 안티오크의 역사에 대해서는 말랄라가 권위자이다. 궤네(Abbé Guenée)의 비망록은 발췌본만 보았는데, 거기에서는 에우도키아가 기증한 금액을 금 2만 488파운드, 영국 돈 80만 파운드 이상으로 계산한다.

55 소크라테스는 페르시아 전쟁에 대해 쓴 저자들 가운데서 가장 훌륭하다. 세 가지의 연대기, 파스칼, 마르켈리누스, 말랄라의 것을 참조해도 좋다.

스는 믿을 수 없을 만큼 **빠른 속도로** 빛나는 승전보만을 잇달아 콘스탄티노플의 궁정에 알렸으므로, 궁정은 축하 분위기에 들떠 축제를 벌이고 찬양문을 발표했다.55 그 시대의 역사를 다룬 사가들은 찬양문에서 한 페르시아인 영웅이 오만하게 도전했다가 고트족 아레오빈두스의 그물에 걸려 칼에 찔려 죽은 이야기, 로마군의 공격으로 살해된 1만 명의 페르시아 근위병들, 혼비백산하여 유프라테스 강에 거꾸로 몸을 던진 10만 명의 아랍인들 또는 사라센인들에 관한 놀랍고 믿기 어려운 이야기들을 인용한다. 이러한 이야기들은 믿지 않고 무시해도 상관없지만, 성자의 달력에 이름을 올려도 좋을 아미다의 주교 아카키우스의 선행은 기억할 가치가 있다. 이 자비로운 성직자는 먹지도 마시지도 않는 신에게 금은으로 만든 식기 따위는 필요 없다고 대담하게 선언하고, 아미다 교회의 식기들을 팔아 치워 그 돈으로 7000명의 페르시아 포로들의 몸값을 치르고 필수품을 대 주었다. 그런 다음 그들을 고국으로 돌려보내 페르시아 왕에게 그가 박해하는 종교의 참된 정신을 알리도록 했다. 전쟁의 포화 한가운데에서의 선행의 실천은 적국의 적의를 누그러뜨리는 법이니만큼, 아카키우스가 평화의 회복에 크게 기여했다고 믿고 싶다. 두 제국의 국경선에서 열린 회담에서 로마 측 사절단은 헛되이 군주의 힘을 과장하여 오히려 그의 인품을 떨어뜨렸다. 그들은 적절한 때에 타협하여 황제의 분노를 막는 편이 신상에 이로울 것이라고 페르시아인들에게 진지하게 충고했지만, 황제 본인은 아직 먼 곳에서 일어난 이 전쟁에 대해 알지도 못하고 있었다. 백 년간의 휴전 협정이 엄숙하게 비준되었다. 아르메니아의 혼란이 국가의 평안을 위협한 적도 있었지만, 콘스탄티누스 대제와 아르타크세르크세스의 후계자들은 이 조약의 핵심 조항을 거의 80년 가까이 존중했다.

로마인들과 파르티아인들의 깃발이 유프라테스 강변에서 처음 충돌한 이래로, 아르메니아 왕국은[56] 번갈아 가며 이 강대한 보호자들의 억압을 받았다. 이러한 역사 속에서 전쟁과 평화의 추를 움직인 여러 사건들에 대해서는 이미 기술한 바 있다. 굴욕적인 조약에 의해 아르메니아가 샤푸르의 야심에 넘어감으로써 추는 페르시아 쪽으로 기운 듯했다. 아르사케스 왕족은 성급하게 사산 왕가에 굴복했지만 동요한 귀족들이 대대로 이어진 독립을 주장하고 나섰고, 민중들은 여전히 콘스탄티노플의 그리스도교도 군주에 대한 애착을 버리지 않았다. 5세기 초반경, 아르메니아는 전쟁과 내분이 격화되면서 분열되었다.[57] 부자연스러운 분열은 유서 깊은 왕조의 몰락을 재촉했다. 페르시아의 가신인 호스로우가 이 나라의 가장 넓은 부분인 동쪽 지역을 다스렸으나, 서쪽의 속주는 아르사케스의 지배권과 아르카디우스 황제의 주권을 인정했다. 아르사케스가 사망한 후 로마인들은 왕의 정부를 억누르고 동맹자들에게 신하의 지위를 강요했다. 그들은 군 지휘권을 아르메니아 국경을 지키는 코메스에게 위임하고, 유프라테스 강 발원지 부근의 비옥하고 입지 좋은 곳에 테오도시오폴리스라는 도시를[58] 건설하여 요새화했다. 부속 영토들은 다섯 명의 태수들이 지배했는데, 이들은 금으로 수놓은 자주색 의복으로 위엄을 과시했다. 불운한 귀족들은 왕을 잃은 데 탄식하고 동료들이 얻은 명예를 질투하면서 안전과 사면을 얻기 위해 페르시아 궁정과 협상에 나섰다. 그들은 추종 세력을 이끌고 아르타크사타의 궁정으로 돌아와 호스로우를 적법한 군주로 인정했다. 약 30년 후 호스로우의 조카이며 후계자인 아르타시레스가 오만하고 변덕스러운 아르메니아 귀족들의 심기를 불편하게 하였

서기 431~440년, 페르시아인들과 로마인들 사이에 분할된 아르메니아

[56] 아르메니아 왕국의 몰락과 분할에 대한 설명은 코레네의 모세스의 아르메니아 역사 제3권에서 가져온 것이다. 그는 좋은 역사가로서의 자질을 다 갖추지는 못했지만, 그 지역에 대한 지식, 열정, 편견은 동시대인들의 글 속에 뚜렷이 드러나 있다. 프로코피우스는 똑같은 사실을 완전히 다른 태도로 설명하고 있으나, 그 자체로도 충분히 신빙성 있는 대목과 코레네의 모세스와 가장 근접하게 일치하는 부분만 발췌했다.

[57] 서구의 아르메니아인들은 종교적인 직분을 행사하면서 그리스어를 사용했으나, 동방의 속주에서는 페르시아인들이 적국의 언어를 사용하는 것을 금지하고 시리아 말을 쓰게 했다. 이는 5세기에 메스로브가 아르메니아 문자를 만들고 아르메니아어로 성서를 번역할 때까지 계속되었다. 성서 번역은 콘스탄티노플의 교회와 국가와의 연결 관계를 느슨하게 만든 사건이었다.

[58] 테오도시오폴리스는 터키령 아르메니아의 현 수도인 아르제로움에서 동쪽으로 35마일 정도 떨어진 곳에 있다.

32장 271

다. 귀족들은 만장일치로 이 자격 없는 왕을 폐하고 그 자리에 지사를 보내 달라고 페르시아에 청원했다. 그들은 대주교 이삭의 허가를 간청했으나, 그의 대답은 미신에 약한 민족의 특성을 여실히 보여 주는 것이었다. 그는 아르타시레스의 명백하고도 용서받지 못할 악덕들을 개탄하면서, 이 죄인을 파멸시키지는 않더라도 벌을 내려 줄 그리스도교 황제의 재판정 앞에 그를 주저 없이 고발하겠노라고 선언했다. 이삭은 다음과 같이 계속했다.

우리의 왕은 방탕한 쾌락에 지나치게 탐닉하고 있으나 세례식의 성수로 정화된 몸이다. 그는 음란한 죄를 지었다는 비난을 받아 마땅하지만 가톨릭 신자임은 틀림이 없다. 그가 여색을 탐하는 것은 사실이지만, 그렇다고 불이나 물, 바람 따위를 경배하지는 않는다. 그의 몸가짐은 악명이 높지만 믿음만은 순수하다. 나의 양을 게걸스러운 늑대들의 분노에 내맡기는 데 절대 동의하지 않겠다. 그대들은 신자의 결점을 이교도의 허울 좋은 미덕과 맞바꾼 경솔함을 머지않아 후회하게 될 것이다.[59]

허울뿐인 귀족들은 이삭의 단호함에 격노하여 왕과 대주교 모두 황제와 내통하고 있다고 고발했다. 그들은 편파적인 심문을 거쳐 바라네스 자신이 엄숙히 유죄를 선고하자 어리석게도 기뻐했다. 그리하여 아르사케스의 후예들은 560년[60] 이상 지녀온 왕좌를[61] 빼앗겼고, 불운한 아르타시레스의 영토는 페르사르메니아라는 의미심장한 새 호칭 아래 페르시아의 일개 속주의 지위로 전락했다. 이러한 왕위 찬탈은 로마 정부의 질시를 불러일으켰으나, 유서 깊은 아르메니아 왕국을 불공평하지만 평화적으로 분할함으로써 논쟁은 곧 종식되었다. 아우구스투

[59] 아르메니아의 사도인 성 그레고리우스의 관례에 따르면, 대주교는 언제나 황실 가문의 일원이었다. 이 설명은 어느 정도는 성직자의 영향력을 바로잡고 주교직과 왕관을 결합시켰다.

[60] 발라르사케스는 기원전 130년경 안티오쿠스 시데테스의 패배 직후 파르티아 군주인 형의 손으로 아르메니아 왕의 자리에 올랐다. 서로 모순되는 마지막 왕들의 통치 기간을 따르지 않아도 아르메니아 왕국이 서기 431년 칼케돈 공의회가 있은 후 420부터 440년까지 통치한 페르시아 왕 베라무스(또는 바흐람) 때 멸망했다고 확신할 수 있다.

[61] 아르사케스 왕실의 한 분가가 아르메니아 태수의 지위와 재산을 가지고 존속했다.

스 같았으면 이러한 영토 확장을 경멸했겠지만, 이는 그나마 테오도시우스 2세의 쇠망해 가는 제국에 얼마간 광휘를 던져 주었다.

33

THE DECLINE AND FALL
OF THE ROMAN EMPIRE

호노리우스의 죽음 · 서로마 황제 발렌티니아누스 3세 ·
그의 모후 플라키디아의 통치 · 아이티우스와 보니파키
우스 · 반달족의 아프리카 정복

서로마 황제 호노리우스는 28년간의 길고 불명예스러운 재위 기간 동안 동로마를 통치한 형 아르카디우스, 그리고 그 뒤를 이은 조카 테오도시우스 2세와 담을 쌓고 지냈다. 콘스탄티노플은 겉으로는 무관심을 가장하고 내심으로는 은근히 즐기면서 로마에 닥친 재난들을 구경했다. 플라키디아의 기이한 모험들은 동서 두 제국 간의 동맹 관계를 되살리고 서서히 강화시켰다. 테오도시우스 대제의 딸(플라키디아)은 한때 고트족의 포로 신세에서 여왕이 되었다가, 사랑하는 남편(아돌푸스)을 잃고 무례한 암살자의 손에 사슬로 묶여 끌려 다녔다. 그러다가 복수의 기쁨을 맛보고 평화 협정에서 밀 60만 포대와 교환되었다. 플라키디아는 에스파냐에서 이탈리아로 돌아온 후 가족의 품에서 재혼이라는 새로운 고난을 겪어야 했다. 그녀는 자신의 동의 없이 결정된 결혼에 반감을 나타냈으나 소용이 없었다. 호노리우스는 내키지 않는 결혼에 저항하는 아돌푸스의

서기 423년 8월, 호노리우스의 죽음

미망인의 손을 참제들을 쓰러뜨린 데 대한 고귀한 보상으로 용감한 콘스탄티우스에게 넘겨주었다. 플라키디아는 혼례를 치른 후 더 이상의 저항을 포기하고 호노리아와 발렌티니아누스 3세의 어머니가 되어 감사해 하는 남편에게 절대적인 지배권을 행사했다. 지금까지 사교와 군무(軍務) 이외에는 몰랐던 관대한 이 군인은 그녀의 가르침으로 탐욕과 야심에 눈을 떴다. 그는 황제에게 아우구스투스의 칭호를 강요하여 받아 냈는데, 이제 호노리우스의 부하가 서로마 제국을 공동으로 통치하게 된 것이다. 그 후 7개월 만에 콘스탄티우스가 죽었지만 플라키디아의 권력은 줄어들기는커녕 오히려 더욱 커졌다. 그녀의 오빠가 플라키디아에게 보인 친밀함은 어린 시절의 애정에서 나왔다기에는 도를 넘었다. 세상 사람들의 눈에 근친상간적 애정으로 비칠 정도였다. 그러나 한 집사와 유모의 비열한 음모로 인해 이 과도한 애정은 갑자기 도저히 화해할 수 없을 정도의 격렬한 싸움으로 바뀌었다. 황제와 누이동생 간의 분쟁은 궁정의 담 안에만 머물지 않았다. 고트족 병사들은 자기들의 여왕을 따랐으므로 라벤나 시는 유혈 소동에 휩싸였다. 플라키디아와 자녀들이 자의 반 타의 반으로 궁정을 떠난 뒤에야 소란은 겨우 가라앉았다. 망명 길에 오른 황족들은 테오도시우스 2세의 결혼 직후 페르시아에 거둔 승리를 축하하는 축제가 벌어지고 있을 즈음에 콘스탄티노플에 상륙했다. 그들은 친절하게 환대를 받았으나 서로마 궁정에서는 콘스탄티우스 황제의 동상들을 받아들이지 않았으므로, 그의 미망인에게 황후의 호칭은 허락되지 않았다. 플라키디아가 도착한 지 몇 달 안 되어 한 발빠른 사자가 부종으로 인한 호노리우스 황제의 죽음을 알렸다. 그러나 이 중대한 비밀은 달마티아 해변으로 대군을 급파하기 위해 필요한 명령들이 내려질 때까지 발설되지 않았다.

콘스탄티노플의 상점들과 성문들은 7일간 문을 닫고, 존경하지도 않고 아쉽지도 않은 외국 군주의 죽음에 대해 겉으로만 요란하게 국가적인 애도의 뜻을 표했다.

콘스탄티노플의 대신들이 심사숙고할 동안 호노리우스의 빈자리는 한 야심 많은 이방인에게 넘어갔다. 그 반역자의 이름은 요하네스로 기밀 업무를 다루는 수석 비서관의 요직에 있었다. 역사는 그를 가장 신성한 의무를 어긴 인물답지 않게 많은 장점을 지닌 인물로 전한다. 이탈리아가 항복하고 훈족과 동맹을 맺을 희망이 보이자 우쭐해진 요하네스는 사절단을 보내 동방 황제의 위엄을 모욕하는 행동을 했다. 그러나 사절들이 추방과 투옥 등 응당 받아야 할 굴욕적인 대우를 받고 쫓겨났다는 사실을 알게 되자, 무력으로라도 자신의 부당한 요구를 관철시킬 태세를 취했다. 사정이 이쯤 되면 테오도시우스 대제의 손자라면 몸소 진군에 나서야 했을 것이다. 그러나 젊은 황제는 의사들의 충고를 따라 그 무모하고 위험한 계획에서 쉽사리 마음을 접었다. 이탈리아 원정 임무는 페르시아인들을 상대로 이미 널리 무용을 떨친 아르다부리우스와 그의 아들 아스파르에게 맡겨졌다. 아르다부리우스는 보병대를 이끌고 출발하고, 아스파르는 플라키디아와 그녀의 아들 발렌티니아누스를 수행하여 기병대를 이끌고 아드리아 해 해안을 따라 진군하기로 결정되었다. 기병대는 발빠르게 행군하여 아무런 저항에도 부딪히지 않고 중요한 도시인 아퀼레이아를 기습했다. 그러나 이때 폭풍우로 인해 황제의 함대가 뿔뿔이 흩어졌고, 아버지가 단 두 척의 갤리선과 함께 사로잡혀 라벤나 항에 포로로 이송되었다는 소식이 전해져 아스파르를 좌절에 빠뜨렸다. 하지만 이 사건은 분명 불행이었지만 결과적으로는 이탈리아 정복을

> 서기 423~425년,
> 요하네스의
> 제위 찬탈과 몰락

1 그로티우스는 많은 노력을 기울여 사기나 무력, 시기나 우연에 의해 이루어진 복잡하고 모순된 왕위 계승 방식들로부터 합리적인 법체계를 구성하려고 시도했지만 헛된 일이었다.

도왔다. 아르다부리우스는 예우상 그에게 허락된 자유를 이용하여 군대에 충성과 감사의 기억을 되살려 놓았다. 음모가 실행 단계에 이르자 곧 그는 은밀히 전갈을 보내 아스파르의 진격을 재촉했다. 한 양치기가 비밀 통로로 동로마의 기병대를 인도하여 통행이 불가능하다고 여겨졌던 포 강의 습지를 지날 수 있게 해 주었다. 후에 어리석은 대중은 그를 천사로 믿었다. 라벤나 성문은 짧은 저항 끝에 열렸고 무방비 상태의 참제는 정복자의 자비에 호소했다. 요하네스는 오른손을 먼저 잘린 다음 사람들의 경멸 속에서 당나귀 등에 태워져 구경거리가 된 후 아퀼레이아 광장에서 참수당했다. 승전보를 받은 테오도시우스 황제는 경마를 중단시키고 찬송을 부르면서 시민들을 이끌고 경기장에서 교회까지 행진해 간 후, 감사에 넘친 기도로 그날 하루를 보냈다.

서기 425~455년,
서로마 제국 황제
발렌티니아누스 3세

군주제에서 왕위 계승은 다양한 선례에 따라 추대나 세습, 장자 상속 등 여러 가지 방법으로 이루어질 수 있지만, 여성과 방계 혈족의 계승권을 명확히 규정하기란 불가능했다.¹ 테오도시우스 2세는 혈연상으로나, 또는 정복자의 권리로 로마인들의 유일한 정통 황제가 될 수 있었다. 아마도 눈앞에 펼쳐진 무제한의 권력이 잠시 동안 그를 유혹했겠지만, 나태한 기질의 그는 건전한 정책상의 요구를 따랐다. 그는 동로마를 소유한 데 만족했으므로 알프스 너머의 야만족들과 끝없는 전쟁을 치러야 하고, 언어와 이해관계가 너무나 다른 나머지 사고방식마저 판이하게 달라진 이탈리아인들과 아프리카인들의 복종을 확보해야 하는 힘겨운 의무를 현명하게 포기했다. 그는 야심의 목소리에 귀를 기울이는 대신, 조부(테오도시우스 대제)의 중용을 본받아 서로마의 제위에 사촌 발렌티니아누스를 앉히기로 결심했다. 이 어린아이는 이미 콘스탄티노플에서 '노빌리시무스'의 칭호를 받았고, 테살로니카를 떠나기 전 부황제의 지위에 오른 상태였다. 이탈리아가 정복된 후 명예고관인 헬리온이 테오도시우스의 권위를 받들어 원로원 의원들 앞에서 발렌티니아누스 3세에게 황제의 칭호를 내리고 엄숙하게 왕관과 황제의 자의를 입혀 주었다.[2] 로마 제국을 뒷전에서 지배하던 세 여성의 동의에 따라 플라키디아의 아들은 테오도시우스와 아테나이스 사이에서 난 딸 에우독시아와 혼약을 맺었다. 두 사람이 결혼 적령기에 도달하자마자 이 영예로운 결합은 충실하게 완성되었다. 이와 동시에 아마도 전쟁 비용에 대한 보상으로 서로마의 일리리쿰이 이탈리아 영토에서 분리되어 콘스탄티노플에 복속되었다.[3] 이로써 동로마 황제는 달마티아의 바다에 면한 부유한 속주의 지배권과 함께 20년 이상 훈족, 동고트족, 반달족, 기타 방자한 야만족들의 약탈에 시달려 온 판노니아와 노리쿰의 위험한 통치권을 손에 넣었다. 테오도시우스와 발렌티니아누스는 공적, 사적 동맹 관계에 따르는 의무를 존중했으나 행정상의 통일성은 완전히 붕괴되었다. 그 후로 명문화된 선언으로 포고되는 법률은 포고자가 자기 손으로 서명한 다음 공동 통치 황제의 동의를 얻기 위해 굳이 알릴 필요가 없다고 생각할 경우에는 그의 영토 내에서만 그 효력을 가지는 것으로 한정되었다.[4]

발렌티니아누스가 황제의 칭호를 받았을 때의 나이는 고작 여섯 살에 불과했다. 그의 오랜 미성년기 동안 서로마 제국의 계승권을 주장할 자격이 있는 어머니가 후견인 역할을 맡았다. 플라키디아는 그럴 능력도 없으면서 테오도시우스 2세의 아내와 누이의 평판과 미덕, 즉 에우도

[2] 원저자들은 발렌티니아누스가 로마에서 왕관을 받았는지 라벤나에서 받았는지에 대해 의견이 일치하지 않고 있다. 나는 원로원에 경의를 표했다고 믿고 싶다.

[3] 뷔아(Count de Buat)는 이 주목할 만한 영토 할양의 진실을 입증하고, 동기를 설명하고, 결과를 추적했다.

[4] 테오도시우스의 최초의 개정 칙령을 참조할 것. 그는 이를 발표하여 『테오도시우스 법전』을 승인하고 알렸다.(서기 438년) 그 후 약 40년간 한 차례의 예외 사례에서만 공동으로 법률을 제정했다. 아풀리아와 칼라브리아의 도시에 많이 퍼져 있던 유대인들은 시정 업무에서 자신들의 면제를 정당화하기 위해 동로마의 법률을 만들었다. 서로마 황제는 특별 칙령으로 이 법을 무효화해야 했다.

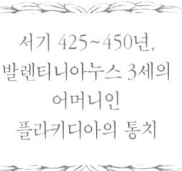

서기 425~450년, 발렌티니아누스 3세의 어머니인 플라키디아의 통치

5 카시오도루스는 플라키디아와 아말라손타의 섭정을 비교했다. 그는 발렌티니아누스의 어머니의 약점을 비난하고 여왕의 미덕을 찬양했다. 이 경우에는 아첨이라도 진실을 담고 있는 듯하다.

6 아이티우스의 아버지는 스키타이 속주의 유명 인사이며 기병대 총사령관이었던 가우덴티우스였고, 어머니는 부유하고 신분 높은 이탈리아인이었다. 아이티우스는 젊은 시절 군인이자 인질로서 야만족들과 교분을 가졌다.

7 히포의 주교는 그의 벗이 정절을 지킬 것을 엄숙히 서약한 뒤에도 아리우스파 신도인 후처를 얻고 집에 여러 명의 첩까지 두었다는 의혹을 사게 되자 그의 타락에 탄식했다.

키아의 우아한 재능과 풀케리아의 현명하고 성공적인 정책을 질투했다. 발렌티니아누스의 어머니는 자신의 능력으로는 감당하지도 못할 권력을 탐냈다.5 그녀는 25년간 아들의 이름으로 통치했다. 장점이라고는 찾기 힘든 황제의 성격을 놓고 플라키디아가 방만한 교육으로 그의 젊음을 무기력하게 만들고, 남자답고 명예로운 목표 쪽으로 주의를 돌리지 못하도록 온갖 수를 써서 막았다는 의혹이 점점 커져 갔다. 군인 정신의 쇠퇴 속에서 그녀의 군대는 아이티우스6와 보니파키우스7 두 장군이 지휘했다. 이들은 로마인들 중 최후의 장군이라고 일컬을 만한 인물들이었다. 그들이 힘을 합쳤더라면 무너져 가는 제국을 지탱할 수 있었을 것이다. 그러나 그들의 불화는 아프리카의 상실이라는 치명적이고 직접적인 결과를 초래했다. 아이티우스는 아틸라를 격퇴함으로써 명성을 확고히 다졌다. 코메스인 보니파키우스는 시간이 흐르면서 빛이 바래기는 했지만, 마르세유를 방어하고 아프리카를 구함으로써 군사적 재능을 입증했다. 국지전이든 백병전이든 전장에서 그는 여전히 야만족들의 공포의 대상이었다. 성직자들, 특히 그의 벗인 아우구스티누스는 한때는 속세를 떠날 생각까지 했던 그의 신앙심에 감동했으며, 국민들은 그의 한 점 티끌 없는 고결함에 찬사를 보냈다. 병사들은 그의 공정하고 가차 없는 정의를 두려워했는데, 이를 잘 보여 주는 매우 특이한 사례가 하나 있다. 한 농부가 자기 처와 고트족 병사가 간통을 저질렀다고 항의한 일이 있었다. 보니파키우스는 그 농부에게 다음날 법정에 출두하라는 명령을 전했다. 그는 그 전날 밤 밀통 장소와 시간을 알아낸 후 말을 몰고 10마일을 달려 그들을 덮쳤다. 그는 병사를 그 자리에서 죽임으로써 벌하고 다음날 아침 간부(姦夫)의 목

플라키디아의 두 장군, 아이티우스와 보니파키우스

을 남편 앞에 내놓아 그의 불만을 잠재웠다. 아이티우스와 보니파키우스의 능력은 요직에서 국가의 적들에 대항하여 각기 요긴하게 쓰일 수 있었다. 그러나 플라키디아는 그들의 과거 행동에 따라 자신의 총애와 신임을 결정했다. 그녀가 추방되어 곤궁을 겪던 시절, 보니파키우스만이 한결같은 충성으로 그녀를 지지했을 뿐 아니라 아프리카의 군대와 재물을 동원하여 요하네스의 반역을 진압하는 데 결정적인 기여를 했다. 반면 아이티우스는 열성적으로 요하네스의 반역을 지지했다. 그는 찬탈자를 돕기 위해 도나우 강에서 이탈리아 국경까지 6만 명의 훈족 군대를 데려왔다. 이때 요하네스가 갑자기 죽는 바람에 그는 유리한 협정을 받아들이지 않을 수 없었다. 그러나 그는 여전히 발렌티니아누스의 신하이자 군인이면서도, 후한 선물과 관대한 약속들을 받고 물러간 그의 야만족 동맹자들과 비밀리에 내통했다. 그러나 아이티우스는 권력을 쥔 여성의 특성을 이용할 줄 알았다. 그는 국내에 머물러 있다는 점을 활용하여 교묘하고 달콤한 아첨으로 라벤나 궁정을 사로잡을 수 있었다. 그리고 충성과 우정의 가면 아래 음험한 의도를 숨기고 나약한 여자와 용감한 남자가 쉽게 의심을 품지 않을 정교한 음모를 꾸며, 여주인과 부재중인 경쟁자를 한꺼번에 속였다. 그는 은밀히 플라키디아를[8] 설득하여 아프리카를 다스리고 있던 보니파키우스를 소환하게 하는 한편, 보니파키우스에게는 황실의 소환에 응하지 말라고 충고했다. 그런 다음 한쪽에는 소환 명령이 곧 사형 선고라고 말하고, 다른 쪽에는 명령 불응은 반역의 신호라고 속삭였다. 급기야 어리석고 남을 의심할 줄 모르는 보니파키우스는 자신을 지키기 위해 속주를 무장했다. 그러자 아이티우스는 자신의 배신행위가 조장

[8] 프로코피우스는 아이티우스의 속임수, 보니파키우스의 반란, 아프리카의 상실을 기술했다. 이 일화는 몇 가지 부수적인 증거가 뒷받침해 주고 있는데, 고대와 현대 궁정의 관습과도 일치하는 듯하며, 보니파키우스의 참회로 자연히 밝혀졌을 것이다.

서기 427년, 아프리카에서 보니파키우스의 실책과 반란

한 결과임에도 불구하고, 그가 반역하리라는 자신의 현명한 예상이 맞아떨어졌다며 자화자찬했다. 보니파키우스의 진짜 동기에 대해 적절한 심문이 이루어졌더라면, 이 충성스러운 신하를 공화국과 그의 직분으로 돌아가게 할 수 있었을 것이다. 그러나 아이티우스의 간계로 배신과 선동이 계속되자, 보니파키우스는 가장 절망적인 결심을 하기에 이르렀다. 첫 번째 공격을 그가 성공적으로 피하거나 물리쳤다 해도, 군기도 약하고 무질서한 아프리카인들을 이끌고 무시하기 어려운 군사적 자질을 갖춘 경쟁자가 지휘하는 서로마의 정규군을 물리칠 수 있으리라는 헛된 자신감을 가질 수는 없었다. 신중함과 충성심 사이에서 갈등하며 잠시 주저한 끝에, 보니파키우스는 신뢰하는 친구 한 명을 반달족 왕인 곤데리크의 궁정이라기보다는 막사에 가까운 처소에 보내어, 그와 동맹 관계를 맺는다면 만족할 만한 정착지를 영구 제공하겠다고 제안했다.

서기 428년, 반달족을 초청한 보니파키우스

고트족이 퇴각한 후 호노리우스의 권력은 에스파냐에서 불안정하나마 기반을 잡았다. 갈리시아 속주만을 제외한 나머지 전 지역에서 수에비족과 반달족은 적대적인 독립 상태를 유지하면서 각자 자신들의 진영을 강화했다. 마침내 반달족이 우위를 차지했는데 수에비족은 레온과 오비에도 사이의 네르바시스 언덕에서 포위되었다가, 코메스인 아스테리우스에게 밀려 승리하던 반달족은 전장을 바이티카 평원으로 옮기지 않을 수 없었다. 반달족의 진군 속도가 너무 빨랐으므로 더 효과적으로 맞설 필요성이 제기되었다. 그리하여 총사령관 카스티누스가 로마인과 고트족으로 구성된 대군을 이끌고 그들에게 맞서 진군했다. 그러나 카스티누스는 열세인 적에게 패하고 불명예스럽게 타라고나로 도망쳤다. 이 패배는 그가 경솔한 가정에 따라 행동한 결과일 가능성이 크다.9 세빌리아와 카르타헤나는 흉포한 정복자들에게 보상이라기보다는 먹이가 되었다. 그들은 카르타헤나의 항구에서 찾아낸 배를 타고 에스파냐의 피난민들이 안전한 곳이라 믿고 가족과 재산을 숨겨 둔 마요르카와 미노르카 섬으로 쉽사리 이동할 수 있었다. 반달족은 항해 경험을 갖춘데다가 아프리카의 풍요로운 모습에 구미가 당겼으므로, 보니파키우스의 초청을 받아들였다. 게다가 자신들의 왕 곤데리크의 죽음은 오히려 이 대담한 계획을 촉진시키고 활력을 불어넣었다. 그들은 육체적으로나 정신적으로나 그다지 탁월한 능력을 보여 주지 못했던 군주의 빈자리에 그의 이복 형제인 가이세리크를 앉혔다. 그의 이름은 로마 제국의 멸망사에 있어서 알라리크와 아틸라와 동격으로 취급해야 마땅하다. 반달족 왕은 중키에 낙마 사고로 한쪽 다리를 저는 인물로 묘사된다. 그의 느리고 신중한 말투는 마음속 깊은 곳에 자리한 본심을 드러내는 법이 거의 없었다. 그는 패배자들의 사치를 모방하는 짓 따위는 경멸하면서 오로지 무시무시한 분노와 복수욕만을 불태웠다. 가이세리크의 야심은 끝이 없었고 양심의 가책 따위를 느끼는 법도 없었다. 이 전사는 음험한 정책을 교묘하게 펼쳐 그의 성공에 도움이 될 만한 동맹자들을 구하고 적들 사이에 증오와 반목의 씨를 뿌렸다. 그는 출정하려 할 즈음에 수에비족 왕인 헤르만리크가 그가 포기하려고 결심한 에스파냐 영토를 유린했다는 정보를 입수했다. 모욕당했다는 생각에 격분한 가이세리크는 서둘러 퇴각하는 수에비족을 메리디아까지 추격하여 왕과 그의 군대를 아나스 강에 밀어 넣고 침착한 태도로 해안으로 돌아와 승리한 군대를 승선시켰다.

9 살비아누스는 반달족의 승리를 그들의 강한 신앙심 덕으로 돌린다. 그들은 적들의 배신 행위와 신성 모독을 벌하겠다는 뜻을 품고 단식하고 기도하며 성경을 늘 지니고 다녔다.

반달족의 왕, 가이세리크

서기 429년 5월, 아프리카에 상륙한 가이세리크

10 에스파냐인이며 동시대인이었던 이다티우스는 반달족이 통과한 때를 아브라함의 해 2444년 5월로 보았다. 서기 429년에 해당하는 이때는 또 다른 에스파냐 주교인 이시도르가 언급했다. 그 전에 일어난 사건으로 보았던 역사가들의 견해보다 그의 의견이 더 타당성이 있다.

11 프로코피우스는 무어인들이 발렌티니아누스가 죽기 전에 반달족에 합류했다고 말했는데, 독립된 부족들이 어떤 동일한 행동 방침을 받아들이지 않았을 가능성이 높다.

그들이 빨리 떠나기만을 바라는 에스파냐인들과 그들의 강력한 원조를 간청한 아프리카의 장군이 제공한 선박으로 반달족은 폭 12마일에 불과한 수로인 지금의 지브롤터 해협을 건널 수 있었다.10

서기 429년, 가이세리크의 군대

우리는 북방에서 쏟아져 나온 호전적인 야만족 무리들의 수를 과장하는 데 오랫동안 익숙해져 있으므로, 가이세리크가 마우리타니아 해안에 집결시킨 군대의 규모를 보면 놀랄 것이다. 20년 동안 엘베 강에서 아틀라스 산까지 퍼져 나간 반달족은 호전적인 왕의 지휘 아래 일치단결했다. 그는 알라니족도 동등한 권위를 가지고 통치하면서 일생 동안 혹한의 스키타이에서 혹서의 아프리카까지 누볐다. 이 대담한 대사업의 전망에 고트족의 많은 용감한 모험가들이 가슴을 설레었다. 절망적인 처지의 속주민들도 자신들을 파멸시켰던 것과 똑같은 수단으로 재산을 되찾고 싶은 유혹을 느꼈다. 그러나 이 각양각색의 무리들 중 전투 능력이 있는 자들은 5만 명에 불과했다. 가이세리크가 천인(千人)대장을 여든 명이나 임명하여 실제 병력보다 교묘하게 부풀렸다 해도, 노인들, 아이들, 노예들까지 다 긁어모아 봤자 8만 명이 채 되지 않았다. 그러나 그의 수완과 아프리카에 만연한 불만에 힘입어 반달족은 금세 다수의 적극적인 동맹들을 얻어 세력을 늘렸다. 마우리타니아의 넓은 사막과 대서양에 면한 지역들에는 공포스러운 로마군의 위용에 마음을 고쳐먹기는커녕 오히려 분노를 불태우는 사납고 거친 자들이 넘쳤다. 방랑하는 무어족들11 중 해안과 반달족의 진영 가까이에 접근한 자들은 자기들의 해안에 상륙한 미지의 이방인들의 의복과 갑옷, 호전적인 자부심에 찬 질서 정연한

무어족

모습을 공포와 경악 속에서 바라보았을 것이다. 게르마니아 전사들의 푸른 눈과 흰 피부색은 열대 지방 민족들의 거무스름하거나 올리브 빛깔인 피부색과 뚜렷한 대조를 이루었다. 서로의 언어를 모르는 데서 오는 첫 번째 장애를 어느 정도 극복하고 나자, 무어인들은 앞으로의 결과 따위는 아랑곳하지 않고 로마의 적들과의 동맹을 받아들였다. 발가벗은 야만인들은 그 땅의 통치권을 자신들에게서 빼앗아 갔던 세련된 폭군들에 대한 복수욕에 불타 아틀라스 산의 숲과 골짜기에서 뛰쳐나왔다.

도나투스파에 대한 박해도 가이세리크의 계획에 유리하게 작용했다. 그가 아프리카에 상륙하기 17년 전, 행정관의 명령으로 카르타고에서 주교 회의가 한 차례 열린 적이 있었다. 가톨릭교도들은 종파 분립론자들의 완고성이 용서의 여지가 없는 의도적인 것이라는 확신을 갖고, 그토록 오랫동안 황제의 인내와 관용을 악용해 온 종파에게 가장 가혹한 처벌을 내리도록 호노리우스 황제를 설득했다. 300명의 주교들이[12] 수천 명의 하급 성직자들과 함께 교회에서 끌려 나와 성직자로서의 재산을 빼앗기고 섬으로 추방되었다. 아프리카의 속주에 몸을 숨긴 자들은 법률의 보호를 받지 못했다. 도시와 시골에 퍼져 있는 수많은 신도단은 시민으로서의 권리와 종교 의식을 올릴 권리를 박탈당했다. 종파 분립론자들의 비밀 예배를 도운 자들에게는 지위와 재산의 정도에 따라 은 10파운드에서 200파운드까지의 벌금이 부과되었다. 죄인이 고집을 꺾지 않고 벌금을 다섯 번 부과받으면 그 이후의 처벌은 궁정의 판결에 맡겨졌다.[13] 성 아우구스티누스가 누구보다도 열렬하게 지지한 이런 가혹한 조치 덕에[14] 도나투스파 대다수가 가톨릭 교회로 돌아왔다. 그러나 여전히 반대 입장을 고수하는 광신도들은 광기와

도나투스파

12 카르타고 주교 회의에서 도나투스파 주교들의 숫자는 279명에 달했다. 그들은 자기들의 숫자를 다 합하면 400명 정도 된다고 주장했다. 가톨릭 주교들은 286명이 참석하고 120명은 결석했으며, 그 밖에 64석의 주교직은 공석이었다.

13 『테오도시우스 법전』 16권 5번째 제목은 서기 400년부터 428년까지 도나투스파에 대한 황제의 법들을 보여 준다. 이 중 54번째 법은 호노리우스가 서기 514년에 포고한 것으로 가장 가혹하고 효과적이다.

14 성 아우구스티누스는 이단파들에 대한 적절한 조치에 대하여 자신의 견해를 바꾸었다. 로크(Mr. Locke)는 마니교파에 대한 동정과 관용을 바라는 그의 감동적인 선언문을 진부한 책 속에 삽입해 넣었다. 유명한 철학자 베일(Bayle)은 히포의 주교가 말년에 도나투스파의 박해를 정당화한 주장을 수선스럽게 논박했다.

15 도나투스파들은 이 수 많은 자발적인 순교자들을 자랑했다. 이 숫자들이 크게 과장되었다는 아우구스티누스의 주장은 어느 정도 사실일 것이다. 그러나 그는 모두가 지옥불에 몸을 태우기보다는 일부가 이 세상에서 스스로를 태우는 편이 낫다고 주장했다.

16 성 아우구스티누스와 테오도레투스에 따르면 도나투스파는 가이세리크가 지지한 아리우스파의 원칙에 가까운 경향을 띠었다.

17 바로니우스는 중요한 사건들의 원인을 지상보다는 천상의 뜻에서 찾으려는 경향이 있기는 하지만, 반달족과 도나투스파의 명백한 관계를 포착했다. 야만족들의 통치 아래 아프리카의 종파 분립론자들은 백 년간 눈에 띄지 않게 조용히 평화를 누렸으나, 말기에 가서 황제의 박해로 또다시 존재가 드러난다.

18 성 아우구스티누스는 보니파키우스에게 보낸 비밀 서신에서 싸움의 원인을 알아볼 생각은 않고 경건한 태도로 그에게 그리스도교도이자 신하로서의 의무를 다하고 지체 없이 위험한 상황에서 빠져나올 것이며, 아내의 동의를 얻을 수만 있다면 독신으로 회개하는 삶을 택하도록 권고한다. 주교는 다리우스와 각별한 사이였다.

절망의 극단으로 치달아, 나라는 소요와 유혈로 바람 잘 날이 없었다. 집 없이 떠도는 부대(Circumcellions)는 무장한 채 그들 자신과 적들을 번갈아 분노의 대상으로 삼았으므로, 양쪽의 순교자 달력에 상당한 숫자의 순교자들을 올렸다.15 이런 상황에서 그리스도교인이지만 정통파 교회의 적인 가이세리크가 도나투스파 앞에 강력한 구원자로 나타났던 것이다. 그러니 그가 로마 황제의 증오스럽고 압제적인 칙령을 폐지해 주리라는 도나투스파의 기대도 당연했다.16 국내 종파의 적극적인 열성, 혹은 비밀 원조 덕분에 그는 쉽사리 아프리카를 정복했다. 반달족들은 교회와 성직자들을 무자비하게 다루었다는 비난을 받았지만, 그들보다는 동맹자들의 광신주의를 탓해야 옳다. 그리스도교의 승리를 더럽힌 편협성으로 인해 결국 서로마의 가장 중요한 속주를 잃고 말았다.17

서기 430년, 보니파키우스의 뒤늦은 후회

궁정과 국민들은 그렇게 아낌없이 지원과 봉사를 바쳐 오던 덕망 높은 영웅이 충성의 의무를 저버리고 자신에게 맡겨진 속주를 파괴하도록 야만족들을 끌어들였다는 믿기 어려운 소식에 경악했다. 보니파키우스의 벗들은 그가 범죄 행각을 저지른 데에는 그럴 만한 이유가 있었을 것이며, 변명의 여지가 있으리라는 믿음을 버리지 않았다. 그들은 아이티우스가 자리를 비운 틈을 타서 아프리카의 코메스와 회담을 갖도록 고위직 관리인 다리우스를 사절로 임명해 달라는 청을 올렸다.18 카르타고에서의 첫 회견에서 서로 조작된 도발에 대해 해명하고 상반되는 내용을 가진 아이티우스의 편지들을 비교해 본 결과, 금세 사기극의 전모가 드러났다. 플라키디아와 보니파키우스는 자신들이 저지른 치명적인 실수를 한탄했다. 보니파키우스는 도량이 넓은 인물이었으므로 군주의 용서를 믿고 그녀의 처분에 목숨을 맡겼다. 그는 진심으로 뉘우쳤으나 자기가 기초를 흔들어 놓은 건물의 복구는 이미 자신의 능력 밖의 일이 되었음을 깨달았다. 카르타고와 로마 수비대는 발렌티니아누스에게 충성을 맹세한 장군과 함께 귀환했으나, 아프리카의 나머지 지역은 전쟁과 분열로 얼룩진 상태였다. 냉혹한 반달족 왕은 어떤 화해 조건에도 코웃음을 치면서 먹잇감을 내놓기를 완강히 거부했다. 보니파키우스가 이끌고 간 정예 부대와 속주에서 서둘러 모집한 군대 모두 엄청난 손실을 입고 패배했으며, 승리한 야만족들은 거침없이 온 지역을 유린했다. 카르타고, 키르타, 히포레기우스는 일대 소란 속에서도 유일하게 살아남은 도시들이었다.

길고 좁다란 아프리카 해안 지대에는 로마의 기술과 장려함을 보여 주는 기념물들이 즐비했다. 각 기념물은 카르타고

아프리카의 파괴

와 지중해에 가까울수록 더 진보된 모습을 보여 주었다. 조금만 생각해 보아도 누구나 이곳이 비옥하고 경작하기 좋은 곳임을 분명히 알 수 있다. 그 지역에는 인구가 매우 많았고 주민들은 양식을 넉넉히 저장해 놓고 있었다. 해마다 수출, 특히 밀 수출은 항상 규칙적이고 풍부했으므로 아프리카는 로마와 인류 공통의 곡물 창고라는 이름을 얻을 만했다. 그런데 갑작스럽게 탕헤르에서 트리폴리에 걸쳐 일곱 개의 부유한 속주가 반달족의 습격을 받은 것이다. 반달족의 파괴적인 분노는 대중의 악의, 종교열, 터무니없는 웅변으로 과장된 면이 없지 않다. 그러나 아무리 정당한 전쟁이라도 자비와 정의를 짓밟게 되는 법이다. 하물며 반달족들의 난폭하고 다루기 힘든 기질은 자신들의 사회에서조차도 평화롭고 가정적인 분위기를 끊임없이 어지럽혀 온 만큼, 그들의 적대 행위는 한층 더 격렬했다.

19 아프리카의 황폐화에 대한 원래의 불평들은 다음의 기록에 포함되어 있다. 1) 카르타고의 주교인 카프레올루스가 에페수스 공의회에 불참한 것을 변명하는 편지. 2) 성 아우구스티누스 전기에 그의 벗이자 동료인 포시디우스가 기록한 내용. 3) 반달족의 박해 역사에 대한 빅토르 비텐시스의 기록. 마지막 설명은 사건이 있은 지 60년 후에 쓰여진 것으로 사실 자체보다는 저자의 감정에 치중해 쓰여졌다.

20 옛 히포레기우스는 결국 7세기에 아랍인들에 의해 파괴되었다. 그러나 2마일 정도 떨어진 곳에 새로운 마을이 건설되어 16세기에는 근면하지만 거친 제조업자들 300여 가구가 살았다. 인근 지역은 맑은 공기와 비옥한 토양, 훌륭한 과일로 유명하다.

21 티유몽(Tillemont)이 쓴 성 아우구스티누스 전기는 1000쪽이 넘는 4절판이다. 자기 종파의 설립자에 대한 당파적이고 독실한 열정은 이 학식 있는 얀센주의자의 근면함을 더욱 자극했다.

반달족은 저항하는 자를 살려 두는 법이 거의 없었고, 용맹스러운 동포들이 도시의 성벽 아래서 죽기라도 하면 그 도시를 파괴함으로써 보복했다. 포로들로부터 숨겨 둔 재물을 끌어낼 수만 있다면 남녀노소와 지위 고하를 가리지 않고 온갖 종류의 치욕과 고문을 가했다. 가이세리크의 냉혹한 방침으로 인해 포로들에 대한 처형이 빈번하게 행해졌다. 또한 그가 항상 자신과 부하들의 감정을 통제할 수 있는 것도 아니었다. 무어족들의 방자함과 도나투스파의 광신으로 인해 전쟁의 참화는 더욱 끔찍한 양상을 띠었다. 그러나 반달족들이 자기들이 정착하려 했던 땅에서 올리브를 비롯한 과일나무들을 멸종시켰다는 통설을 쉽게 받아들이기는 어렵다. 또한 포위된 도시의 성벽 앞에서 많은 포로들을 학살하는 것이 그들의 통상적인 전략이라는 주장도 믿을 수 없다. 그런 짓을 했다가는 공기 오염으로 역병이 발생하여 반달족이 맨 먼저 희생자가 될 것이 틀림없기 때문이다.[19]

서기 430년 5월, 히포에 대한 포위 공격

인정 많은 코메스인 보니파키우스는 자신이 초래한 재난이 막을 수 없을 만큼 빠른 속도로 진행되는 모습을 보면서 마음이 갈가리 찢기는 고통을 겪어야 했다. 전투에서 패배한 후 그는 히포레기우스로 퇴각했으나, 곧바로 그를 아프리카의 참된 보루로 간주한 적에게 포위되었다. 카르타고에서 서쪽으로 약 200마일 정도 떨어져 바다에 면한 이 히포라는 식민지는[20] 과거에 누미디아 왕들의 거주지로서, 레기우스라는 독특한 별명을 얻었다. 현재까지도 무역이 번창하고 인구가 많았던 자취가 어느 정도 남아서 보나라는 이름으로 와전되어 유럽에 알려져 있다. 보니파키우스는 그의 벗인 성 아우구스티누스와의 교훈적인 대화를 통해 군인으로서의 노고와 근심을 달랬다.[21] 가톨릭 교회의 빛이자 기둥이었던 이 주교는 포위 공격이 있은 지 석 달째 되던 때 76세를 일기로 조국에 닥친 재난으로부터 조용히 해방되었다. 아우구스티누스의 청년기는 그가 솔직하게 고백한 대로 악덕과 비행으로 얼룩져 있었다. 그러나 개심한 순간부터 죽을 때까지 히포의 주교는 순결하고 엄격한 몸가짐을 유지했다. 그의 미덕들 가운데서도 가장 두드러진 것은 마니교파, 도나투스파, 펠라기우스파 등 모든 교파의 이단들에 맞서 쉬지 않고 싸운 열정이었다. 그가 사망한 지 몇 달 후 도시는 반달족들의 손으로 화염에 휩싸였으나, 다행히도 신학적 주제를 다룬 232권의 책이나 논고, 시편과 복음 해설집, 많은 서신과 설교문 등22 그의 방대한 저작들이 보관된 도서관은 참화를 모면했다. 가장 공정한 평자들의 견해에 따르면 아우구스티누스의 피상적인 학문적 지식은 라틴어로만 쓰여져 있다.23 그의 문체는 열정적인 웅변으로 생동감이 넘칠 때도 있지만 전체적으로는 오류와 미사여구로 혼란스럽다. 그러나 그는 강인하고 포용력 있고 논쟁을 좋아하는 성격이었으며, 은총, 예정설, 자유 의지, 원죄의 어두운 심연을 대담하게 탐색했다. 라틴 교회들은 그가 뼈대를 세웠거나 복구한24 그리스도교의 엄밀한 체계를 겉으로는 환영했지만 내심으로는 못마땅하게 생각했다.25

보니파키우스의 능력 덕도 있겠지만 아마도 반달족의 무지 탓에 히포는 약 14개월 동안이나 포위 공격을 버텨 냈다. 해상 쪽은 여전히 무방비 상태였다. 그러나 인근의 내륙 지역이 시시때때로 일어나는 약탈로 황폐해졌으므로, 기근에 몰린 포위군은 정복 사업을 포기하지 않을 수 없었다. 서로마의 섭정

서기 430년 8월, 성 아우구스티누스의 죽음

서기 431년, 보니파키우스의 패배와 후퇴

22 겐나디우스는 과연 성 아우구스티누스의 저작을 모두 읽는 것은 고사하고 하다못해 수집이라도 한 사람이 있을지 의심스러워하는 것 같지만, 적어도 이것이 빅토르 비텐시스의 설명이다. 그것들은 여러 차례 인쇄되었으며 뒤팽(Dupin)은 방대하고 만족할 만한 축약본을 제공했다. 내가 개인적으로 히포의 주교에 대해 알고 있는 것은 『고백록』과 『신의 도시』 정도이다.

23 젊은 시절 성 아우구스티누스는 그리스 연구를 싫어하고 소홀히 한 나머지, 플라톤 학파의 책도 라틴어 번역본으로 읽었다고 솔직하게 고백했다. 일부 현대 비평가들은 그가 그리스어를 모르기 때문에 성서를 해석할 자격이 없으며, 키케로나 퀸틸리아누스라면 수사학 교수에게 그리스어에 대한 지식을 요구했을 것이라고 생각했다.

24 이 문제는 성 바울 시대부터 성 아우구스티누스 시대까지 거의 토론 대상이 되지 않았다. 그리스의 교부들은 반(半)펠라기우스주의의 견해를 주장했으며, 성 아우구스티누스의 정통 신앙은 마니교파에서 가져온 것이라고 한다.

25 로마 교회는 아우구스티누스를 시성(諡聖)하고 칼뱅을 비난했다. 그러나 신학적으로 아무리 엄밀히 살펴보아도 그들 사이의 진짜 차이를 찾아낼 수

33장 289

없기 때문에. 몰리니우스주의자들은 성인의 권위로 탄압을 받고 얀센주의자들은 이단과 비슷하다는 이유로 무시를 당하고 있다. 반면 프로테스탄트의 아르미니스주의자들은 멀리 떨어져서 논객들의 복잡한 이론에 조소를 보낸다. 아마도 독립적인 이성을 지닌 자라면 로마인들에게 보내는 서한에 대한 아르미니스파 주석을 잘 읽어 보고 자신의 변화에 미소를 지을 것이다.

26 한쪽에는 발렌티니아누스 황제의 얼굴이 새겨져 있고, 반대쪽에는 한손에 회초리, 다른 손에 종려잎을 들고 네 마리의 말이 끄는 개선 마차를 탄 보니파키우스의 모습이 새겨져 있다. 이 얼마나 불길한 상징인가! 황제의 얼굴을 새긴 메달 반대편에 신하의 머리를 새긴 예가 또 있을지 의문이다.

을 맡은 플라키디아도 아프리카의 중요성과 현재 당면한 위험을 절감하고 동로마에 원조를 애원했다. 이에 아스파르가 콘스탄티노플에서 중무장을 갖추고 항해해 와서 이탈리아의 함대와 군대를 보강해 주었다. 보니파키우스는 자신의 휘하에 두 제국의 힘이 합쳐지자 곧바로 대담무쌍하게 반달족에 맞서 진군을 개시했다. 그러나 두 번째 전투의 패배는 아프리카의 운명을 되돌릴 수 없이 결정짓는 계기가 되었다. 그는 절망에 빠져 허둥지둥 배에 올랐다. 대부분의 병사들은 반달족의 손에 살해되거나 포로가 되었고, 히포 주민들은 병사들이 떠난 빈자리에 가족들과 가재도구를 가지고 들어가도 좋다는 허락을 받았다. 치명적인 어리석음으로 공화국의 생명줄을 손상시킨 보니파키우스는 다소 불안한 마음을 안고 라벤나 궁정에 들어섰지만, 플라키디아의 미소는 그의 근심을 날려 보냈다. 그는 감사하며 명예고관의 지위와 로마군 총사령관의 직위를 받았다. 그러나 그로서도 자신의 이름과 함께 공적이 기록된 메달을 보았을 때는 얼굴을 붉히지 않을 수 없었을 것이다.26 오만한 아이티우스는 자신의 조작극이 탄로 나 황후의 노여움을 산데다가 경쟁자는 특혜를 받았다는 사실을 알고 격분했다. 그는 야만족 추종자들로 구성된 수행단이라기보다는 군대를 이끌고 화급히 갈리아에서 이탈리아로 되돌아왔다. 이처럼 두 장군의 사적인 다툼이 피비린내 나는 전투로 결판이 나게 된 데에서도 정부의 힘이 얼마나 약해졌는가를 알 수 있다. 이 싸움에서 보니파키우스가 승리했지만 적의 창에 치명상을 입었다. 그는 며

서기 432년,
보니파키우스의 죽음

칠 후 숨을 거두면서 그리스도교인답게 자비로운 마음으로 에스파냐의 부유한 상속녀가 된 아내에게 아이티우스를 두 번째 남편으로 맞이하라는 유언을 남겼다. 하지만 아이티우스

는 죽어 가는 적이 베푼 관대함에서 어떤 직접적인 이득도 얻을 수 없었다. 그는 플라키디아의 심판에 따라 반역도로 선고받고, 자신의 세습 영지에 세운 튼튼한 요새에서 방어전에 나섰다. 그러나 곧 황제의 힘에 굴복하여 그에게 충성을 바치는 훈족의 진영이 있는 판노니아로 후퇴해야만 했다. 공화국은 그들 사이의 불화로 인해 가장 훌륭한 두 전사를 잃었다.[27]

보니파키우스가 철수한 후 반달족이 아무런 저항에도 부딪히지 않고 주저 없이 아프리카 정복을 달성하리라고 누구나 예상했을 것이다. 그러나 보니파키우스가 히포에서 철수한 이후 반달족이 카르타고를 정복하기까지 8년이라는 세월이 걸렸다. 그 기간 중 야심만만한 가이세리크는 누가 보나 승기를 잡은 상황이었는데도 평화 조약을 맺었다. 그는 조약에 따라 아들 훈네리크를 볼모로 넘겨주고 서로마 황제에게서 마우리타니아의 세 개 속주를 온전히 받아 내는 데 동의했다.[28] 이러한 유화책은 정복자의 정의로움보다는 신중한 방편에서 나온 것으로 보아야 한다. 가이세리크의 왕좌를 둘러싼 국내의 적들은 그의 비천한 출생을 문제 삼아 그의 조카들, 즉 선왕 곤데리크의 아들들의 정통성을 주장했다. 그는 자신의 안위를 위해 조카들을 제물로 삼았다. 선왕의 미망인인 그들의 어머니는 가이세리크의 명령으로 암프사가 강에 빠뜨려 죽였다. 그러나 국민들의 불만에서 비롯된 위험한 음모가 난무했는데, 호전적인 폭군은 전장에서보다 사형 집행인의 손으로 더 많은 반달족의 피를 흘렸다고 한다. 아프리카의 소요는 그전까지는 가이세리크의 공격에 유리하게 작용했지만, 이제는 그의 권력 기반 확립에 장애 요소가 되었다. 무어족과 게르만족, 도나투스파와 가톨릭교도들의 폭동은 끊임없이 정복자의 불안정한 통치를 뒤

서기 431~439년, 아프리카에서의 반달족의 전진

[27] 프로코피우스는 보니파키우스의 이탈리아 귀환까지만 서술했다. 그의 죽음은 프로스페루스와 마르켈리누스가 언급했다. 마르켈리누스가 그 전날 아이티우스가 더 긴 창을 썼다고 서술한 부분은 정기적으로 결투 비슷한 싸움이 있었음을 암시해 준다.

[28] 발렌티니아누스는 누미디아와 마우리타니아의 시민들의 곤궁을 구제하고자 몇 가지 자비로운 법률을 공포했다. 그는 그들의 빚을 크게 탕감해 주었고, 공물을 8분의 1로 줄여 주고, 속주 행정관들을 통해 로마의 수도 총독에게 항소할 권리를 주었다.

33장 291

흔들고 위협했다. 그는 카르타고를 향해 진군하면서 서로마의 속주에서 군대를 철수시켜야만 했으므로, 에스파냐와 이탈리아의 로마인들의 해군력 앞에 해안 지대를 노출시킬 수밖에 없었다. 누미디아 중심부에 있는 키르타의 강성한 내륙 도시는 완강한 태도로 독립 상태를 유지했다. 가이세리크는 기백과 인내, 잔인성으로 이러한 장애들을 서서히 제압했으며, 아프리카 왕국을 세우는 데 화전 양면의 기술을 적절히 번갈아 가며 구사했다. 그는 준수하든 위반하든 때에 따라 조약을 적절히 이용할 수 있으리라는 생각에서 엄숙한 조약에 서명했다. 그가 침략 의도를 감추고 우호 관계를 공언하자 적들도 경계심을 풀었다. 그 결과 카르타고는 도시와 공화국이 소(小)스키피오의 손에 파괴된 이래로 585년 만에 반달족의 기습을 받게 되었다.

서기 439년 10월, 반달족의 카르타고 공격

폐허 속에서 식민지라는 호칭 아래 새로운 도시가 건설되었다. 카르타고는 콘스탄티노플이 지닌 황제의 도시로서의 특권에 굴복하고 알렉산드리아의 무역과 안티오크의 화려함에도 밀리는 처지가 되기는 했지만, 여전히 서로마 제국의 두 번째 도시로서 (동시대인들의 표현을 빌리자면) '아프리카 세계의 로마'라는 지위를 유지하고 있었다. 이 부유하고 풍요로운 대도시는 종속적인 위치에서도 번성한 나라의 이미지를 과시했다. 카르타고의 여섯 개 속주는 제조업, 군사력, 부를 골고루 갖추었다. 시의 관직 체계는 도시의 거리와 구역들을 담당하는 징세관에서 고대 로마의 집정관의 지위와 위엄에 해당하는 최고 관직인 총독까지 체계적으로 정비되어 있었다. 아프리카 청년들의 교육을 위해 학교와 체력 단련장들이 건설되었고, 교양 과목과 예절, 문법, 수사학, 철학이 그리스어와 라틴어로 교육되었다. 카르타고의 건물들은 모두 같은 형태에 한결같이 웅장했다. 수도 중앙에는 관목 숲이 넓은 그늘을 만들었다. 새로 지은 안전하고 널찍한 항구는 시민들과 타지인들의 상업에 유용한 역할을 했다. 원형경기장과 극장에서는 화려한 경기가 야만인들의 눈앞에 펼쳐졌다. 그런데 카르타고인들에 대한 평판은 자기 지역의 평판만큼은 못했다. 그들의 교활하고 신의 없는 성격에 '카르타고의 신의(Punic faith)'라는 비난조의 표현이 따라다녔다. 무역의 관습과 사치의 만연으로 시민들의 품행이 타락했다. 그 시대의 설교자였던 살비아누스는 무엇보다도 불경스럽게 수도사들을 경멸하고 비정상적인 정욕을 수치심 없이 행동으로 옮기는 시민들의 혐오스러운 모습에 신성한 분노를 느꼈다. 반달족 왕은 음탕한 시민들의 악덕을 가혹한 방법으로 교정했다. 오랜 세월 동안 고귀하고 거침없는 자유를 누려 온 카르타고인들은 가이세리크에 의해 굴욕적인 예속 상태로 전락했다. 그는 병사들에게 마음껏 분노와 탐욕을 채우도록 한 다음, 좀 더 질서 잡힌 체계를 세워 약탈과 압제를 자행했다. 그는 칙령을 공포하여 모든 사람들에게 당장 소지한 금은보석과 값진 가구와 의복을 전부 왕의 관리들에게 바치도록 명령했다. 일부라도 재산을 감추려고 시도했다가는 국가에 대한 반역 행위로 간주되어 죽음과 고문이라는 혹독한 처벌을 받게 된다는 엄포도 곁들여졌다. 카르타고 인근 지역과 총독이 지배하는 속주의 땅은 정확히 평가하여 야만족들 사이에 분배되었다. 정복자는 비옥한 비자키움 지역과 누미디아와 가이툴리아 인근 지역은 자신의 몫으로 남겨 두었다.

가이세리크가 자신이 상처 입힌 자들을 증오했으리라는 사실은 충분히 짐작할 만하다. 카르타고의 귀족들과 원로원 의원들은 그의 질시와 분노의 표적이 되었다. 자신의 명예와 신

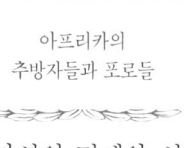

아프리카의
추방자들과 포로들

앙에 비추어 받아들이기 힘든 치욕적인 조건을 거부한 자들은 누구든지 이 아리우스파 폭군에 의해 영구 추방령을 받았다. 로마, 이탈리아, 기타 동로마의 속주들마다 국가의 온정을 탄원하는 추방자들, 피난민들, 포로들이 들끓었다. 테오도레투스의 서신들은 동정심에 가득 차서 카일레스티아누스와 마리아라는 사람들의 이름과 불행을 전한다. 이 시리아 주교는 카르타고의 고귀하고 부유한 원로원 의원 신분에서 처자식과 함께 하인으로 전락한 카일레스티아누스의 불운에 대해 탄식했다. 그러나 그는 이 그리스도교인 추방자의 체념하는 자세와 이런 재난에 짓눌리면서도 부와 번영의 범속한 운명을 누릴 때보다 더 진정한 행복을 즐기는 철학자다운 자세에 찬사를 보냈다. 에우다이몬의 딸인 마리아의 이야기는 특이하고도 흥미롭다. 카르타고가 약탈을 당하면서 그녀는 반달족에 의해 몇몇 시리아 상인들에게 팔려 갔다. 그들은 그녀를 자기들 나라에 노예로 팔았다. 똑같은 배를 타고 같은 집에 팔린 그녀의 하녀는 자신과 같은 노예의 처지로 전락한 여주인을 계속해서 섬겼고, 에우다이몬의 딸은 예전에는 당연하게 받았던 봉사를 감사하는 마음으로 받았다. 그들의 행동이 눈길을 끌어 마리아의 처지가 드러나게 되자, 키루스의 주교가 자리를 비우고 없을 동안 너그러운 수비대의 병사들 몇 명이 그녀를 노예 신분에서 구해 주었다. 테오도레투스는 관대하게도 그녀에게 적당한 생계비를 제공해 주고 교회 일을 돌보는 여자들과 함께 지내도록 해 주었다. 그렇게 10개월을 보낸 후 그녀는 뜻밖에도 아버지가 카르타고의 파괴 당시 탈출하여 서방 속주들 중 한 곳에서 높은 직위에 있다는 사실을 알게 되었다. 신앙심 깊은 주교는 아버지를 만나고 싶어하는 딸에게 또다시 도움을 제공했다. 테오도레투스는 에게의 주교에게 편지를 썼다. 에게는 킬리키아의 바다에 면한 도시로, 해마다 시장이 열릴 동안 서로마의 선박들이 자주 드나드는 곳이었다. 그는 편지에서 그녀를 신분에 맞게 정중히 대접해 주고, 희망을 잃고 상심한 부모의 품에 보상 없이 딸을 돌려보내 줄 믿을 만한 상인에게 맡겨 달라고 간곡히 부탁했다.

교회사의 진부한 전설들 가운데서도 일곱 영웅들에 대한 우화는 짚고 넘어가야 겠다. 이 이야기상의 가공의 연대는 테오도시우스 2세의 치세와 반달족의 아프리카 정복 시기와 일치한다.[29] 데키우스 황제가 그리스도교도들을 박해하자 에페수스의 귀족 청년들 일곱 명이 인근 산자락의 넓은 동굴 속에 몸을 숨겼다. 입구를 큰 돌무더기로 단단히 막으라는 황제의 명령으로 그들은 그곳에서 죽을 운명에 처했다. 그들은 즉시 깊은 잠에 빠졌다. 그 잠은 생명에 아무런 해도 끼치지 않고 187년 동안이나 기적적으로 계속되었다. 그렇게 시간이 지난 후, 그 산을 상속받은 아돌리우스의 노예들이 집을 지을 재료를 구하느라 돌을 치웠다. 그러자 태양 빛이 동굴 속을 비추면서 일곱 영웅들을 잠에서 깨웠다. 그들은 몇 시간 정도 잤다고 생각했으므로 허기를 느꼈다. 그리하여 일행 중 한 명인 암블리쿠스를 몰래 도시로 보내 빵을 사 오게 했다. 그 젊은이는 (아직도 그렇게 불러도 좋다면) 더 이상 눈에 익은 고향 땅의 모습을 전혀 찾아낼 수가 없었던데다가, 무엇보다도 에페수스의 성문 위에 당당하게 서 있는 커다란 십자가를 보고 크게 놀랐다. 그가 이상한 옷차림에 옛날 말투를 쓰면서 데키우스의 옛 메달을 지금 제국에서 쓰는 돈인 줄 알고 내놓자 빵가게 주인은 당황했다. 결국 그는 보물을 숨겨 두고 있다는 의심을 받고 재판관 앞에 끌려갔다. 그는 재판관과의 문답 끝에 자신과 친

일곱 명의 잠자는 사람들에 대한 우화

[29] 아세만니가 인용한 두 명의 시리아 저자들은 일곱 영웅들이 부활한 해를 셀레우코스 왕국 736년(서기 425년) 또는 748년(437년)으로 잡는다. 포티우스가 읽었다는 그리스어 기록에서는 테오도시우스 치세 38년째 되는 해로 잡고 있는데, 이는 439년이나 446년쯤이 될 것이다. 데키우스의 박해 이래로 얼마나 시간이 흘렀는지는 쉽게 확인할 수 있다. 300~400년간의 간격이 있었다는 마호메트나 전설집 저자들의 가정은 무지의 소치라고밖에는 볼 수가 없다.

30 시리아 교회의 정통파 교부들 중 한 사람인 야고보는 서기 452년에 태어났다. 519년 메소포타미아 속주, 사루그 교구에서 바트나이의 주교가 되었다가 521년에 사망했다. 아세만니가 바로니우스의 반론에 답변하는 대신 사루그의 야고보의 글을 번역했더라면 더 좋았을 것이다.

31 볼란드파의 성인 열전을 참조할 것. 126년 (1644~1770년) 동안의 성인들을 4절판 50권에 담은 방대한 분량의 달력은 10월 7일까지밖에는 나가지 못했다. 신화와 미신을 매개로 역사적, 철학적 가르침을 전달하려 한 이러한 사업은 예수회의 탄압으로 중단되었을 가능성이 크다.

32 아퀼레이아의 부제였던 파울루스는 바닷가 바위 아래 동굴에 야만족들에게도 존경받은 북쪽의 일곱 영웅들을 두었다. 그들의 의복이 야만인들에게 그들이 로마인임을 알려 주었다. 부제는 그들이 그리스도교를 믿지 않는 나라의 미래의 사도들로서 신의 섭리에 따라 보존된 것이라고 추측한다.

구들이 이교도 폭군의 분노를 피해 탈출한 이래 거의 2세기가 지났다는 놀라운 사실을 알게 되었다. 에페수스의 주교, 성직자들, 관리들, 시민들, 테오도시우스 황제까지 일곱 영웅들의 동굴을 방문하러 달려왔다. 일곱 영웅들은 감사 기도를 올리고 자신들의 이야기를 들려준 다음 동시에 평화롭게 숨을 거두었다. 이 기적이 있은 지 반세기가 안 되는 기간 동안 믿을 만한 전승을 발견할 수 있으므로, 이 전설의 기원을 당시 그리스인들의 신앙심에서 비롯된 기만과 어리석음으로만 돌리기는 힘들다. 시리아 주교인 사루그 지방의 야고보는 테오도시우스 2세가 죽기 2년 전에 태어났는데, 230개에 달하는 그의 설교문 중 하나에서 에페수스의 젊은이들을 찬양하고 있다.[30] 그들의 전설은 6세기 말 이전에 투르의 그레고리우스의 노력에 힘입어 시리아어에서 라틴어로 번역되었다. 사이가 좋지 않은 동로마의 교파들도 똑같은 경외심으로 그들을 기렸으므로, 그들의 이름은 로마, 아비시니아, 러시아의 달력에 명예롭게 올려졌다.[31] 그들의 명성은 그리스도교 세계에만 국한되지 않았다. 마호메트도 시리아의 시장에 낙타 떼를 끌고 나왔다가 들었는지, 이 인기 있는 이야기는 코란에도 신성한 계시로 소개되어 있다. 일곱 영웅들의 이야기는 벵갈에서 아프리카까지 이슬람교를 신봉하는 나라들에서도 널리 퍼져 숭배의 대상이 되었으며, 비슷한 전승의 자취가 저 먼 스칸디나비아 변경 지대에서까지도 발견되었다.[32] 이 이야기가 이처럼 쉽게 널리 받아들여졌다는 사실은 우화 자체의 참된 가치를 증명해 준다. 우리는 서서히, 그러나 쉬지 않고 진행되는 인간사의 변화를 인식하지 못한 채 젊음에서 노년으로 넘어간다. 더 넓은 범위의 역사적 경험에서조차도 끊임없이 이어지는 인과 관계를 통해 아무리 멀리 떨어져 있는 변화들이라도 상상력으로 한데 묶는

데 익숙해져 있다. 그러나 중요한 두 시대 사이의 간격이 일순간에 소멸될 수 있다면, 과거의 세계에 대한 생생한 인상을 지닌 채 200년간의 잠에서 막 깨어난 자의 눈앞에 새로운 세계가 펼쳐지는 일이 일어날 수 있다면, 그의 놀라움과 사색은 철학적인 로맨스의 유쾌한 주제가 될 것이다. 이러한 사건에 데키우스 시대와 테오도시우스 2세 시대 사이의 200년보다 더 극적인 효과를 줄 수 있는 시기는 없을 것이다. 이 시기 동안 정부의 근거지가 로마에서 트라키아 보스포루스 해협의 새로운 도시로 옮겨 갔다. 지나칠 만큼 팽배했던 군인 정신은 무기력한 겉치레만 중시하는 굴종적이고 부자연스러운 체계로 억압되었다. 박해를 일삼던 데키우스의 옥좌는 그리스도교도이자 정통파인 군주들이 계승하여 고대의 가짜 신들을 뿌리 뽑았다. 다이아나와 헤라클레스의 제단에서 이제는 가톨릭 교회의 성자들과 순교자들에게 예배를 드렸다. 로마 제국의 통일은 해체되었다. 로마의 정신이 먼지로 화하면서 정체 모를 야만족들의 군대가 북방의 얼어붙은 땅에서 쏟아져 내려와 유럽과 아프리카의 가장 아름다운 속주들에 통치권을 확립했다.

34

THE DECLINE AND FALL
OF THE ROMAN EMPIRE

훈족의 왕 아틸라의 성격, 정복, 그의 궁정 · 테오도시우스 2세의 죽음 · 풀케리아가 마르키아누스를 동로마 제국의 제위에 앉히다

서로마 제국은 훈족에 밀려 도망쳐 온 고트족과 반달족 밑에서 신음했다. 그러나 정작 훈족이 성취한 바는 그들의 힘과 행운에 비하면 보잘것없었다. 승리를 거둔 대군은 볼가 강에서 도나우 강까지 퍼져 나갔다. 그러나 그들의 힘은 독립 족장들 간의 불화로 소진되었고, 목적도 없는 애매한 약탈에 쓸모없이 그들의 무용을 허비했다. 전리품을 얻을 욕심에 적들의 휘하에 들어감으로써 민족의 위신을 떨어뜨리는 일조차 빈번했다. 그러나 아틸라[1]의 치세에 훈족은 또다시 전 세계에 공포를 몰고 왔다. 이 장에서는 동로마와 서로마를 번갈아 침략하여 유린하고 결국은 로마 제국의 급속한 몰락을 재촉했던 이 무시무시한 야만인의 성격과 행적을 서술해 보겠다.

중국 국경 지대로부터 게르마니아 국경까지 맹렬하게 밀어닥친 민족 대이동의 흐름 속에서 가장 강력하고 규모가 큰 민

서기 376~433년, 훈족

현재의 헝가리에 정착한 훈족

[1] 아틸라에 대한 믿을 만한 자료는 요르난데스와 프리스쿠스에서 찾을 수 있다. 12세기에 집필된 달마티누스의 책이나 그란(Gran)의 주교인 올라후스(Nicholas Olahus)가 16세기에 쓴 아틸라의 전기는 보지 못했다. 현대의 헝가리인들이 덧붙인 내용은 전부 거짓이다. 게다가 아틸라가 갈리아와 이탈리아를 침략했을 때 수많은 아내를 얻었다느니, 그가 120살까지 살았다느니 하는 이야기를 전한 것을 보면, 그들은 허구를 지어내는 기술조차도 신통치 않은 것 같다.

족들은 하나같이 로마 속주들의 변경 지대로 이동했다. 로마 제국은 한동안은 인공적인 장벽으로 그들의 지속적인 침입을 막아 낼 수 있었다. 그러나 로마 제국의 황제들은 그들의 무례한 요구를 고분고분하게 들어줌으로써, 이미 문명 생활에서 누릴 수 있는 사치의 맛을 알게 된 야만족들을 만족시키기는커녕 오히려 그들을 끌어들이는 결과를 낳았다. 아틸라를 자기들의 왕들 속에 끼워 넣길 좋아하는 헝가리인들은 아틸라의 숙부인 로아스, 즉 루길라스가 이끄는 대집단이 현재 헝가리[2] 국경선 내 모든 사냥꾼과 양치기를 충분히 먹여 살릴 만큼 풍요한 지역에 야영지를 세웠다고 주장하는데, 이것은 어느 정도 사실일 것이다. 이처럼 유리한 상황에서 루길라스와 그의 용감한 형제들은 계속해서 힘과 명성을 키워 나갔고, 동서 로마 두 제국과의 관계에서도 전쟁과 평화의 주도권을 쥐고 휘둘렀다. 그가 서로마인들과 맺은 동맹 관계는 아이티우스와의 개인적인 우정으로 더욱 공고해졌다. 아이티우스는 언제든지 야만족 진영에서 후한 대접을 받고 강력한 지원을 얻을 수 있었다. 그의 청에 의해 찬탈자 요하네스의 이름으로 6만 명의 훈족들이 이탈리아 국경 지대로 진군해 간 일도 있었다. 로마는 그들의 행진과 퇴각에 많은 대가를 지불해야 했다. 아이티우스는 은혜를 갚는 뜻에서 그의 충성스러운 동맹에게 판노니아의 소유권을 양도했다. 동로마인들도 속주는 물론이고 수도까지 위협하는 루길라스의 무력을 두려워하기는 마찬가지였다. 일부 교회 사가들은 이 야만족들이 번개와 역병으로 전멸했다고 주장한다.[3] 그러나 테오도시우스는 이들에게 연간 금 350파운드의 지급을 약속하면서 훈족 왕에게 장군의 칭호를 내려 이 불명예스러운 공물을 봉사의 대가로 위장하는 초라한 임시방편을 써야 할 처지였다. 나라의 평안은 거칠고 참을성이 부족한 이 야만인들과

[2] 헝가리는 세 부류의 스키타이인들에 의해 성공적으로 지배되어 왔다. 1) 아틸라의 훈족, 2) 서기 6세기경의 아바르족, 3) 서기 889년. 투르크족 또는 마자르족은 현대 헝가리인들의 직계 조상으로 앞의 두 민족과의 관계는 대단히 희미하고 멀다.

[3] 항상 교회 사가들의 믿음에 의존하는 티유몽(Tillemont)은 전쟁과 인물이 동일하지는 않다고 강력히 주장한다.

비잔티움 궁정의 음모로 자주 어지럽혀졌다. 로마에 종속된 네 민족들 중에서도 특히 바바리아인들은 훈족의 주권을 부정하고 있었으므로, 로마인들의 선동과 비호하에 반란을 일으켰다. 그리하여 마침내 루길라스의 사절인 에슬라우가 막강한 힘을 내세워 자기 왕의 정당한 요구를 전달했다. 원로원의 한결같은 소원은 평화였으므로, 황제도 그들의 결정을 재가하여 두 명의 사자를 임명했다. 한 명은 스키타이 태생의 장군이지만 집정관의 지위에 있는 플린타스였고, 다른 한 명은 현명하고 경험 많은 정치인으로 야심 많은 그의 동료 플린타스의 추천을 받은 재무관 에피게네스였다.

그러나 루길라스의 죽음으로 조약의 교섭은 일시 중단되었다. 루길라스의 두 조카인 아틸라와 블레다가 숙부의 왕위를 이어받아 콘스탄티노플에서 온 사절들과 직접 면담을 갖는 데 동의했다. 그러나 그들이 오만한 자세로 말에서 내리기를 거부했기 때문에, 회담은 상(上)모에시아의 마르구스 근처에 있는 광활한 평원에서 말에 탄 채 진행되었다. 훈족 왕들은 협상에서 실속 없는 명예는 물론이고 확실한 이익까지 두루 챙겼다. 그들은 화평을 맺는 대가로 조건을 내걸었는데, 이 조건 하나하나가 다 황제의 존엄에 대한 모욕이었다. 도나우 강변에 안전하고 풍부한 시장을 열 자유 외에도, 연간 기부금을 금 350파운드에서 700파운드로 증액해 줄 것, 야만족 주인 밑에서 도망친 로마 포로들 한 명당 금화 여덟 닢씩 몸값을 지불해 줄 것, 훈족의 적들과 맺은 조약과 약속은 황제가 모두 파기할 것, 테오도시우스의 궁정이나 속주에 몸을 피한 훈족 출신의 모든 도망자를 자신들의 군주가 재판하도록 인도할 것 등이 그들이 내건 요구 사항이었다. 왕족 출신의 불운한 몇몇 젊은이들이 이러한 재판

서기 433~453년,
아틸라의 통치

의 희생자가 되어, 아틸라의 명령으로 제국의 영토 내에서 책형(磔刑)을 당했다. 훈족 왕은 로마인들의 뇌리에 자신의 이름을 공포로 새겨 놓고, 바로 스키타이와 게르마니아에서 독립 상태를 유지하고 있는 반항적인 민족들을 굴복시키는 일에 착수함으로써 로마인들이 잠시나마 한숨을 돌릴 수 있게 해 주었다.

4 현대 헝가리인들은 그가 노아의 아들 함(Ham)의 35대 자손이라고 한다. 그러나 그들은 그의 아버지의 본명은 모른다.

아틸라의 생김새와 성격

아틸라는 문주크(Mundzuk)의 아들로 그의 가계는 중국 왕조와 대립했던 고대 훈족으로 거슬러 올라간다.[4] 한 고트족 사가의 관찰에 따르면, 그의 용모는 자기 민족의 태생적 특징을 고스란히 지니고 있었다고 한다. 아틸라의 초상화를 보면 그가 큰 두상, 거무스름한 피부색, 작고 푹 꺼진 눈, 낮은 코, 숱이 적은 수염, 떡 벌어진 어깨, 균형이 잘 안 맞는 짧고 땅딸막하지만 기운이 넘치는 몸 등 현대 칼무크인(Calmuck)의 추한 외모를 지녔음을 알 수 있다. 훈족 왕의 오만한 걸음걸이와 행동거지는 다른 모든 인간들에 대한 그의 우월감을 드러내 주었다. 또한 그는 남들을 공포에 떨게 만드는 것을 즐기는 듯 사납게 눈을 부라리는 습관이 있었다. 그러나 이 야만스러운 영웅에게도 동정심이 전혀 없지는 않았다. 그에게 애원하는 적들은 그의 평화나 사면 약속을 얻을 수 있었고, 자신의 국민들에게는 올바르고 관대한 군주로 여겨졌다. 그는 전쟁을 즐겼다. 그러나 성년이 되어 왕위에 오른 뒤부터는 손보다는 머리를 써서 북방 정복을 달성했으므로, 모험을 즐기는 용장(勇將)으로서의 명성 대신 현명하고 성공적인 지장(智將)이라는 명성을 얻었다. 개인적 무용으로 거둔 업적은 시나 로맨스에 나온 내용을 제외하고는 보잘것없다. 따라서 훈족들조차도 그의 승리는 단 한 사람을 위해 봉사하도록 군중의 감정을 통합하고 이

끄는 기술 덕이라고 생각한 것이 분명하다. 스키타이의 정복자였던 아틸라와 칭기즈칸은 용기보다는 기술 면에서 미개한 동포들을 능가했다. 훈족과 몽골족의 왕조는 대중의 미신을 바탕으로 세워졌다는 점이 특징이다. 처녀의 몸으로 기적에 의해 수태했다는 칭기즈칸 어머니의 이야기는 그를 보통 인간들 이상의 위치로 끌어올렸다. 벌거벗은 예언자가 신의 이름으로 그에게 지상의 제국을 부여했다는 이야기는 몽골족의 용맹을 세차게 타오르게 했다. 아틸라는 자기 시대와 나라의 성격에 맞게 종교를 적절히 이용했다. 스키타이인들이 전쟁의 신을 특별히 숭배한 것은 지극히 당연한 일이었다. 그러나 그들에게는 추상적인 개념이나 형태를 갖춘 상징물을 만들어 낼 능력이 없었으므로, 쇠로 만든 언월도 한 자루를 자기들의 수호신으로 숭배했다. 한 훈족 양치기가 어느 날 풀을 뜯던 암소 한 마리가 발에 상처를 입은 것을 보고 이상히 여겨 핏자국을 따라갔다가, 풀숲에서 오래된 칼을 발견했다. 그는 칼을 땅에서 파내 아틸라에게 바쳤다. 관대하다기보다 교활한 이 군주는 이를 신이 자신에게 내린 호의라며 감사하게 받아들였다. 그리고 자신이 마르스(군신(軍神))의 검을 소유한 자로서 지상을 다스릴 권리를 신으로부터 정당하게 받았으니 아무도 빼앗을 수 없다고 선언했다.[5] 이렇게 엄숙한 날에 스키타이식으로 제의를 치렀다면, 길이와 폭이 300야드에 달하는 삭정이 더미를 넓은 평원에 세우고 이 소박한 제단의 꼭대기에 마르스의 검을 놓은 다음, 해마다 양, 말, 백 번째 포로의 피를 바쳤을 것이다.[6] 아틸라가 숭배 의식의 일부로 사람의 피를 바쳐 전쟁의 신을 달랬는지, 그렇지 않으면 전장에서 끊임없이 바친 희생자들의 피로 달랬는지는 알 수 없다. 그러나 이 마르스의 총아는 곧 신

마르스의 검을 발견한 아틸라

[5] 프리스쿠스는 이 놀라운 이야기를 자기 책과 요르난데스가 인용한 부분에 설명해 놓았다. 그가 이 유명한 검을 의인화한 전승이나 설화와 함께 그리스와 로마의 신인 마르스로 옮겨 놓은 스키타이 신의 특성뿐 아니라 이름도 밝혀 주었더라면 좋았을 것이다.

[6] 경제적인 고려에서 가장 적은 치수로 계산했다. 인신 공희를 할 때는 희생자의 어깨와 팔을 절단한 다음 허공에 던져 떨어진 모습을 보고 앞일의 예언을 읽어 냈다.

7 더 개화된 영웅인 아우구스투스조차도 자신의 모습을 똑바로 바라보면 신성한 광채로 눈이 부셔 견딜 수 없다고 하자 기뻐했다.

8 뷔아(Count de Buat)는 아틸라가 형을 살해했다는 혐의를 벗겨 주려고 시도하면서, 요르난데스와 동시대 연대기들의 일치된 증언을 부인하려 했다.

격화되었고 그의 정복 사업도 더 순탄하게 진행되었다. 야만족의 군주들은 신과 같은 이 훈족 왕의 존엄한 자태를 감히 오래 쳐다볼 수도 없다는 둥 온갖 아첨과 숭배를 바쳤다.7 그리고 나라의 상당 부분을 통치하고 있던 아틸라의 형 블레다는 자신의 왕홀과 생명을 포기해야만 했다. 그러나 이러한 잔인한 행위조차도 초자연적인 힘 탓으로 돌려졌다. 아틸라가 마르스의 검을 힘차게 휘두르는 모습은 그 검이 오로지 무적의 팔을 가진 그를 위해 존재한다는 확신을 온 세상에 심어 주기에 충분했다.8 그러나 지금 그가 거둔 승리의 횟수와 중요성을 보여 주는 유일한 증거는 그의 제국의 판도뿐이다. 비록 이 스키타이 출신의 군주가 학문과 철학의 가치에 대해 무지했다 해도, 일자무식의 국민들에게 그의 원정의 기억을 영원히 남길 능력이 없었다는 점에 대해서는 아마도 탄식을 금치 못했을 것이다.

스키타이와 게르마니아를 통합한 아틸라

지구상의 문명화된 지역과 미개한 지역 사이, 토지를 경작하는 도시 주변 주민들과 천막에 거주하는 사냥꾼들 및 양치기들 사이에 선을 긋는다면, 아틸라는 야만족의 왕들 중 유일하게 최고의 군주라는 칭호를 받을 것이다. 그는 고대와 현대의 정복자들을 통틀어 유일하게 막강한 두 왕국, 게르마니아와 스키타이를 통합했다. 그 지역의 모호한 명칭들을 그의 치세에 적용시키려면 가급적 폭을 넓게 잡아 이해하는 편이 좋을 것이다. 실제의 경계선 너머 도나우 강까지 뻗은 튀링기아도 그의 속주들 가운데 포함되어 있었다. 그는 강력한 이웃 국가로서 프랑크족의 내정에까지 개입했다. 그의 부하들 중 하나는 라인 강 유역의 부르군트족을 응징하여 거의 전멸 지경까지 몰고 갔다. 그는 대양의 섬들과 발트 해로 둘러싸여 대륙과 분리되어 있는 스칸디나비아 왕국들도 정복했다. 훈족은 혹독한 기후와 원주민들의 용기에 힘입어 모든 정복자들을 물리쳐 왔던 북방 지역으로부터도 모피를 공물로 받아 냈다. 동쪽으로 스키타이의 사막 지역에서는 아틸라의 영토가 어디까지였는지 확인하기가 어렵다. 하지만 그가 볼가 강 유역을 통치했으며, 훈족 왕이 전사뿐 아니라 마법사로서도 공포의 대상이었다는 사실,[9] 그가 막강한 유연(柔然)족의 칸에게 굴욕적인 패배를 안기고 중국에 사절을 보내어 동등한 동맹 관계를 맺고자 협상했다는 사실은 확실하다. 아틸라의 주권을 인정했을 뿐 아니라 그의 생전에는 감히 반역할 꿈도 꾸지 못했던 나라들 중에서 특히 게피다이족과 동고트족은 숫자나 용맹성, 수장들의 개인적 재능 면에서 두각을 나타냈다. 이름 높은 게피다이족의 왕 아르다리크는 아틸라의 충성스럽고 현명한 조언자 역할을 했다. 아틸라는 동고트족 왕 발라미르의 온화하고 신중한 미덕을 사랑하는 동시에 아르다리크의 용감무쌍한 천재성에도 경의를 표했다. 호전적인 부족을 이끄는 수많은 왕들이 아틸라의 휘하에서 호위대나 친위대로서 아틸라를 섬겼다. 그들은 그가 고개를 끄덕이는지 주의 깊게 살피고 눈살만 찌푸려도 벌벌 떨었으며, 그의 엄격하고 절대적인 명령이 떨어지기가 무섭게 불평 한 마디 없이 잽싸게 실행에 옮겼다. 평화로운 때에는 아틸라에 예속된 왕들이 자기들의 군대를 이끌고 군주의 진영에서 번갈아 가며 그를 모셨다. 그러나 아틸라가 일단 병력 소집령을 내리면 단숨에 50만, 일설에는 70만 명의 야만족 군대가 들판에 모였다.

훈족의 사절단은 그들이 한쪽으로는 도나우 강에 면하고, 다른 한쪽으로는 타나이스 강까지 뻗어 나가 유럽과 아시아

서기 430~440년, 페르시아를 침공한 훈족

[9] 유연족은 훈족이 바람과 비를 자유자재로 일으킬 수 있다고 믿었다. 게지(Gezi)라는 이름의 돌이 이런 현상을 만들어 냈는데, 14세기에 이슬람교를 믿는 타타르인들은 전투에서의 패배를 이 돌이 가진 마술적인 힘 탓으로 돌렸다.

양쪽에서 로마와 이웃하고 있음을 상기시킴으로써 테오도시우스의 주의를 환기시킬 수 있었을 것이다. 그의 아버지 아르카디우스가 통치하던 때에 모험을 즐기는 훈족 무리가 동로마의 속주를 약탈하고 전리품과 수많은 포로들을 빼앗아 간 일도 있었다.

이 원정대는 비밀 통로로 카스피 해 해안을 따라 진군하여 눈 덮인 아르메니아 산맥을 넘고 티그리스 강, 유프라테스 강, 할리스 강을 건넜다. 그들은 지친 기병대를 위해 카파도키아산 말 떼를 모은 다음, 킬리키아의 구릉 지대를 점령하여 축제의 노래와 춤을 즐기던 안티오크 시민들을 혼비백산하게 만들었다. 그들이 접근해 오자 이집트는 불안에 떨었고, 성지의 수도사들과 순례자들은 재빨리 배에 올라 그들의 분노를 피해 탈출할 채비를 했다. 이 침략의 기억은 오리엔트 사람들의 뇌리에 여전히 잊혀지지 않고 남아 있다. 아틸라의 부하들은 이 모험가들이 대담무쌍하게 시도한 계획을 압도적인 무력으로 성취했다. 곧 일대 폭풍이 로마와 페르시아 영토 중 어느 쪽으로 몰아칠 것인가를 놓고 근심스러운 추측이 난무했다. 그들 자신 또한 막강한 군주이기도 한 훈족 왕의 고위 신하들 중 몇몇이 서로마의 황제와, 어쩌면 휘하의 장군과 동맹을 맺고자 파견되었다. 그들은 로마에 머무는 동안 최근에 나섰던 동로마 원정에 대하여 설명해 주었다. 그들은 사막과 로마인들이 마이오티스 호라고 여기는 습지를 지난 후, 산악 지대를 통과해 15일간의 행군 끝에 메디아 국경 지대에 도착했다. 거기에서 그들은 잘 알려지지 않은 도시인 바시크와 쿠르시크까지 전진했다. 그들은 메디아 평원에서 페르시아 군대와 일대 격전을 치렀는데, 그들의 말에 따르면 비오듯 쏟아지는 화살에 가려 하늘이 어두워졌을 정도였다고 한다. 그러나 훈족은 적의 수에 밀려 후퇴하지 않을 수 없었다. 퇴각이 어려워져서 다른 길을 택해야만 했으며 이 과정에서 노획품의 대부분을 잃었다. 마침내 그들은 그 지역에 대한 얼마간의 지식과 불타는 복수심만을 안고 군주의 진영으로 되돌아왔다. 아틸라의 궁정에서 동로마 황제와 서로마 황제의 사절들은 이 가공할 적(아틸라)의 성격과 의도에 대해 토론하며 기탄없이 의견을 교환했다. 콘스탄티노플의 대신들은 아틸라의 힘을 사산족 군주들과의 길고도 성패가 의심스러운 싸움으로 돌려 소진시키기를 바랐다. 좀 더 현명한 이탈리아인들은 동로마의 동포들에게 이러한 소망이 얼마나 어리석고 위험한지 훈계했다. 그들이 보기에 메디아인들과 페르시아인들은 훈족의 무력에 대항할 능력이 없었다. 만약 아틸라가 요충지인 페르시아를 쉽게 손에 넣는다면 정복자의 힘은 물론이고 자만심까지 오히려 더 커지게 된다. 그렇게 된다면 아틸라가 적절한 기부금과 테오도시우스의 장군이라는 군사적 명예 정도에 만족할 리 없고, 로마인 전체를 굴복시켜 포로로 만들어 치욕스럽고 견디기 힘든 멍에를 씌우려고 할 것이며, 훈족의 제국에 의해 사면이 다 포위되리라는 것이 그들의 우려였다.

    유럽과 아시아가 있는 힘을 다해 다가오는 재난을 막아 보려고 애쓸 동안, 아틸라는 반달족이 아프리카를 계속 지배하도록 동맹으로서 지원해 주었다. 라벤나와 콘스탄티노플 궁정에서는 이 귀중한 속주의 탈환을 위한 계획이 추진되고 있었다. 시칠리아의 항구들은 이미 테오도시우스의 육해군들로 가득 찼다. 그러나 전 세계를 상대로 협상을 진행할 정도로 기민한 가이세리크는 동로마 제국을 침략하도록 훈족 왕을 충동질함으로써 그들의 계획을 무산시켰다. 여기에는 사소한 사건 하

서기 441년 등, 동로마 제국을 공격한 훈족

나가 순식간에 파괴적인 전쟁을 일으키는 지렛대로 작용했다.[10] 마르구스 조약에 따라 자유 시장이 도나우 북쪽 강변에 개설되어, 콘스탄티아라는 이름의 로마군 요새에 의해 방어되었다. 그런데 어느 날 훈족 군대가 나타나 시장을 뒤엎고 죄 없는 상인들을 죽이거나 쫓아낸 다음 요새를 헐어 버렸다. 훈족은 이를 마르구스의 주교가 그들의 영토에 침입해 역대 왕들의 보물을 찾아내 훔쳐 간 데 대한 보복 조치라고 정당화했다. 그들은 죄를 지은 성직자와 불경스럽게 훔쳐 간 약탈품, 그리고 아틸라의 정의를 피해 탈출한 도망자들을 인도할 것을 강력히 요구했다. 비잔티움 궁정은 이를 거부함으로써 전쟁의 신호탄을 올렸다. 모에시아인들은 처음에는 황제의 자비롭고 단호한 태도에 박수를 보냈다. 그러나 곧 비미나키움과 인근 마을들이 파괴되자 겁에 질려, 비록 결백하고 존경받는 인물이라도 나라의 안위를 위해 마르구스의 주교 한 명이 희생해야 옳다는 편리한 원칙 쪽으로 기울었다. 마르구스의 주교는 순교자가 되고 싶은 생각은 털끝만큼도 없었으므로, 이런 의도를 미리 눈치채고 막으려 했다. 그는 대담하게도 훈족의 장군들과 협상에 나서 자신을 사면해 준다면 보상을 하겠다고 엄숙히 맹세했다. 그리하여 야만족 파견대를 도나우 강가에 비밀리에 매복시키고, 약속된 시간에 자기 손으로 직접 자기 교구인 도시의 성문을 열어 주었다. 훈족이 그의 배신 행위로부터 얻은 이득은 더욱 영예롭고 결정적인 승리의 서곡이 되었다. 일리리쿰의 국경지대에는 수많은 성과 요새들이 줄지어 있었다. 그중 대다수는 고작해야 탑 하나에 수비군 약간이 배치되어 있는 정도였지만, 질서 정연한 포위 공격의 기술에 무지하거나 그런 데에 시간을 들이기에는 성미가 너무 급한 적들의 내습을 격퇴하고 방어하기에는 충분했다. 그러나 이 정도의 미약한 장애물은 물밀 듯

[10] 프리스쿠스의 『역사』는 이 전쟁에 대한 풍부하고 상세한 설명을 담고 있으나, 사절들에게 설명한 발췌본만 전해지고 있다. 그러나 요르난데스, 테오파네스, 마르켈리누스, 프로스페루스, 알렉산드리아 연대기의 저자 등 다른 저자들로부터 원전에 대해 불완전한 지식이나마 얻을 수 있다. 뷔아는 이 전쟁의 원인과 정황, 지속 기간을 조사했는데, 서기 444년 이상 넘어가지는 않았을 것으로 보았다.

밀어닥치는 훈족 앞에서는 무용지물이었다.11 그들은 불과 검으로 나이수스와 사르디카, 라티아리아와 마르키아노폴리스, 시르미움과 싱기두눔 등 인구가 많은 도시들을 초토화했다. 이들 도시에서는 점차 시민들의 훈련이나 건물의 구조 등 모든 것이 방어를 유일한 목적으로 삼게 되었다. 흑해에서 아드리아 해에 이르기까지 500마일에 달하는 유럽 전체가 아틸라가 전장으로 끌어낸 무수한 야만족들에게 침략당하고 점령되어 초토화되었다. 그러나 이러한 국가적인 위기와 난국도 쾌락과 예배에 빠진 테오도시우스의 마음을 흔들어 로마 군단의 선두에 몸소 나서게 하지는 못했다. 그가 취한 조치라고는 가이세리크와 싸우도록 보낸 군대들을 시칠리아에서 황급히 재소환하고 페르시아 쪽에서도 수비대를 철수시키는 것이 고작이었다. 장군들이 군대를 지휘하는 법을, 병사들이 복종할 의무를 잘 알고 있었더라면 수적으로나 무력으로나 막강한 군사력을 유럽에서 끌어모을 수도 있었을 것이다. 동로마 제국의 군대는 세 번의 전투에서 연이어 패배했다. 전장의 위치로 아틸라의 진군 경로를 추적해 볼 수 있는데, 앞의 두 차례의 전투는 도나우 강과 하이무스 산 사이에 있는 우투스 강변과 마르키아노폴리스 성벽 아래의 광활한 평원에서 벌어졌다. 로마인들은 승승장구하는 적들을 감당할 수 없었으므로, 제대로 대적도 못해 보고 서서히 트라키아의 케르소네수스까지 밀렸다. 그 지역의 맨 끝인 좁은 반도에서 벌어진 세 번째 전투에서 그들은 다시 일어설 수 없을 정도로 크게 패했다. 이 군대를 전멸시킴으로써 아틸라는 이 지역에 대해 이론의 여지가 없는 소유권을 확보했다. 헬레스폰투스 해협에서 테르모필라이까지, 그리고 콘스탄티노플 교외 지역에서 그는 거침없이 무자비하게 트라키아와 마케

멀리 콘스탄티노플까지 약탈한 훈족

11 이 요새들은 나중에 유스티니아누스 황제의 손으로 복구되고 강화, 확대되었다. 그러나 훈족의 힘과 영토를 물려받은 아바레스족에게 금세 또다시 파괴되었다.

12 티유몽은 이 지진에 대해 큰 관심을 보였다. 이 지진은 콘스탄티노플에서 안티오크와 알렉산드리아에서까지 감지할 수 있을 정도였으며, 모든 교회 사가들은 이를 크게 다루었다. 인기 있는 설교자에게 지진은 놀랄 만한 효과를 내는 무기가 된다.

도니아의 속주들을 유린했다. 헤라클레아와 하드리아노폴리스는 훈족의 무시무시한 침공을 피할 수 있었지만, 동로마 제국의 일흔 개 도시들이 겪은 참화에 대해서는 완전한 몰살과 전멸이라는 말밖에는 달리 쓸 표현이 없다. 테오도시우스와 그의 궁정, 나약한 국민들은 콘스탄티노플의 성안으로 몸을 피했다. 그러나 성벽은 최근에 있었던 지진으로 벽이 갈라지고 쉰여덟 개의 탑이 무너져 여기저기 커다란 균열이 나 있는 상태였다. 지진으로 인한 피해는 정말로 눈 깜짝할 사이에 복구되었다. 그러나 이 사고는 시민들 사이에 하늘이 로마인들의 법과 언어, 종교 따위는 전혀 모르는 스키타이의 양치기들에게 황제의 도시를 넘겨주었다는 미신적인 공포를 퍼뜨려 상황을 악화시켰다.12

스키타이 전쟁

남쪽의 문명화된 제국들을 모조리 침략하면서, 스키타이의 양치기들을 지배한 것은 야만스럽고 파괴적인 정신이었다. 국가적인 약탈과 살인을 규제하는 전쟁의 법들은 현실적인 이해관계에서 나온 두 가지 원칙에 기초한다. 하나는 온건한 방법으로 정복함으로써 영구적으로 이익을 얻을 수 있다는 사실이고, 또 하나는 적의 나라를 초토화시켰다가는 똑같은 보복을 초래할 수도 있다는 우려이다. 그러나 유목 민족들은 이러한 원칙에는 거의 아랑곳하지 않았다. 아틸라가 이끄는 훈족을 종교와 사치를 알게 되면서 본래의 미개한 관습을 바꾸기 이전의 몽골족이나 타타르족과 비교해도 전혀 무리가 아니다. 동양의 역사가 제공하는 증언은 로마의 짧고 불완전한 사료를 다소나마 보충해 준다. 몽골족은 중국 북방의 여러 지역을 정복한 후, 승리의 열기에 취한 흥분 상태가 아니라 냉정하게 중지를 모으는 자리에서 번화한 지역의 주민들을 전멸시키고 빈 땅을 목초지로 바꾸자는 방안을 진지하게 거론했다. 그러나 한 중국인 관료가[13] 단호한 태도로 칭기즈칸의 마음속에 합리적인 정책의 원칙 몇 가지를 심어 주어 이 끔찍한 계획의 실행을 포기하게끔 만들었다. 그러나 몽골족에게 항복한 아시아의 도시들에서는 전승자의 권리를 비인간적으로 남용하는 행위가 조직적으로 자행되었다. 아마도 같은 이유에서 승리한 훈족도 이와 같은 행동을 취했으리라고 짐작할 수 있다. 주민들은 집을 비우고 도시 인근의 평원에 모이라는 명령을 받았다. 그곳에서 몽골족은 피정복민들을 세 무리로 분류했다. 첫 번째 무리는 수비대의 병사들과 무기를 들 수 있는 젊은이들로 구성되었는데, 그들의 운명은 즉시 결정되었다. 즉 그들은 몽골족의 병적에 이름을 올리든지, 그렇지 않으면 그들을 둘러싸고 창칼을 겨눈 군대에게 그 자리에서 학살당했다. 두 번째 무리는 젊고 아름다운 여자들, 모든 신분과 직업의 기술자들, 몸값을 기대할 수 있는 부유하고 명예로운 시민 계급에 속하는 자들로, 공평하게 또는 비율에 따른 추첨을 통해 몽골족에게 분배되었다. 살리든 죽이든 정복자들에게는 아무런 쓸모가 없는 나머지 사람들은 도시로 돌아가도 좋다는 허락을 받았다. 그러나 이 비참한 주민들은 값나가는 가재도구를 모두 빼앗겼고, 고향 땅의 공기를 마음껏 마시는 대가로 세금을 물어야 했다. 몽골족은 이런 짓을 하면서도 특별히 가혹한 짓을 했다는 의식도 없었다. 그리고 아주 우연한 도발이나 지극히 사소한 동기에서 나온 변덕으로 모든 주민들을 무차별 학살하는 일도 자주 있었다. 번영을 누리던 도시들이 이렇게 계속 파괴되었는데, 그들의 표현에 따르면 말 떼가 발부리 한 번 걸리지 않고 도시가 서 있던 땅 위를 질풍노도처럼 달릴 수 있을 정도였다고 한다. 코라산의 대도시인 마루, 네이사보르, 헤라트가 칭기즈칸의 군

[13] 그는 몽골족의 왕에게 그가 손에 넣은 네 개 속주를 잘 다스리면 해마다 은 50만 온스, 쌀 40만 포대, 비단 80만 필의 소출을 얻을 수 있을 것이라고 말했다. 옐루초우사이(이것이 그 관료의 이름이었다.)는 현명하고 덕망 높은 대신으로 나라를 구하고 정복자들을 문명화시켰다.

14 마루에서 130만 명, 헤라트에서 160만 명, 네이사보르에서 174만 7000명이 학살되었다. 나는 당빌(d'Anville)의 정사 투영법을 이용했다. 그러나 페르시아인들은 자기들의 피해를 과장하고 싶어하고, 몽골족은 자기들의 원정을 부풀리고 싶어했으리라는 점도 염두에 두어야 한다.

15 비굴한 아첨꾼인 케레페딘은 많은 끔찍한 사례를 전해 준다. 티무르는 델피 앞의 그의 막사에서 열 명의 인도인 죄수들이 동족들의 군대를 보고 기뻐하자 그들을 학살했다. 이스파한 주민들의 해골 7만 개로 여러 개의 높은 탑을 쌓았다. 바그다드의 반란도 비슷한 대가를 치렀다. 케레페딘은 군인들로부터 정확한 숫자를 얻지 못했지만 다른 역사가는 해골 수가 총 9만 개에 이르렀다고 전한다.

16 고대인들인 요르난데스, 프리스쿠스 등은 이 별명에 대해서는 몰랐다. 현대의 헝가리인들은 갈리아의 은자가 아틸라에게 이 별명을 붙였다고 추측했는데, 아틸라는 이를 자신의 호칭들 속에 즐겨 포함시켰다.

17 성 크리소스토무스의 포교자들은 도나우 강 너머 막사와 마차에 사는 스키타이인들 다수를 개종시켰다. 이슬람교도, 네스토리우스파, 라틴 그리스도교인들은 저마다 자신들이 칭기즈칸의 아들들

대에 의해 파괴되었고, 살해당한 자들의 수는 434만 7000명에 달했다.[14] 티무르는 덜 야만적인 시대에 이슬람교도로서 교육을 받았다. 그러나 아틸라가 자행한 파괴 행위가 티무르에 버금간다면,[15] 두 사람은 모두 '신의 징벌'이라는 별명을 얻을 만하다.[16]

포로들의 상태

훈족이 로마 국민들 상당수를 포로로 끌고 갔기 때문에 제국 속주들의 인구가 크게 줄었다는 주장도 과장이라고 할 수는 없다. 만약 아틸라가 현명한 입법가였다면 근면한 식민지 주민들을 이용하여 스키타이 사막에 유용한 기술들을 퍼뜨릴 수도 있었을 것이다. 그러나 전쟁에서 사로잡힌 포로들은 아틸라의 제국에 복종하는 부족들 속에 마구잡이로 배치되었다. 무지하고 원칙이 없는 야만족들은 단순한 잣대로 그들 개인의 가치를 평가했다. 그들이 삼위일체나 현현(顯現)과 같은 신학 논쟁에 정통한 신학자의 가치를 알 턱이 없었다. 그러나 그들은 모든 종교의 성직자들을 존중했다. 그리스도교 포교자들은 적극적인 열성으로 군주 개인이나 궁정에 가까이 가지 않고도 복음을 전파하는 성과를 거두었다.[17] 토지 소유권에 대해서는 무지한 유목 민족이었으므로 재판권의 악용은 고사하고 이용하는 법조차 무시했다. 따라서 구변 좋은 변호사의 기술도 그들에게는 경멸과 혐오를 불러일으킬 따름이었다.[18] 훈족과 고트족 간에는 끊임없이 교류가 있었기 때문에 서로의 말을 잘 알고 있었다. 이 야만족들은 동로마 제국의 군사 용어까지 구사하면서 라틴어로 대화하기를 즐겼다.[19] 그러나 그리스의 학문과 언어는 멸시했다. 자기 학파에 대한 아첨 섞인 찬사를 즐겨온 허영심 강한 소피스트나 근엄한 철학자는 이제 자신의 건장한 하인이 자신보다 더 값어치 있고 중요한 포로라는 사실에

자존심이 상했을 것이다. 기술을 가진 사람은 훈족의 요구를 만족시켜 주었기 때문에 높은 평가를 받았다. 아틸라의 총신들 중 하나인 오네게시우스를 위해 봉사했던 한 건축공은 욕탕을 짓는 데 고용되었는데, 이렇게 개인적으로 사치를 누리는 예는 극히 드물었다. 대장장이, 목수, 무기 제조업자 등은 유랑 민족에게 평화 시에나 전시에나 유용한 도구들을 공급해 주었다. 의사는 어디에서나 존경과 호의를 받았다. 죽음을 가볍게 여기는 야만족들도 질병은 두려워했던 것이다. 오만한 정복자조차도 그의 생명을 연장해 주거나 지켜 줄 힘이 있는 포로 앞에서는 두려움에 떨었다.[20] 훈족은 절대적인 명령권을 가지고 노예들을 함부로 다루었지만, 그들의 압제가 정교한 체계에 따라 이루어진 것은 아니었다. 용기와 근면을 다한 자는 자유의 몸으로 만들어 보상해 주는 일도 드물지 않았다. 아틸라의 진영에서 역사가 프리스쿠스에게 낯선 사람 하나가 접근해 온 일이 있었다. 그는 그리스어로 인사를 건넸지만 복장과 외모는 부유한 스키타이인으로 보였다. 그의 말에 따르면 그는 비미나키움 포위 공격 당시 재산과 자유를 잃고 오네게시우스의 노예가 되었다. 그러나 로마인들과 아카치레족에 맞선 싸움에서 충성을 다한 결과, 훈족과 같은 지위까지 올라가서 새로운 아내와 여러 자식까지 얻었다. 전쟁에서 얻은 전리품으로 재산을 되찾았을 뿐 아니라 오히려 더 늘렸으며, 옛 주인의 식탁에 함께 앉을 수 있게 되었다. 이 변절한 그리스인은 자신의 포로 시절 덕분에 지금의 행복하고 독립된 상태에 이를 수 있었다며 그 시절을 축복했다. 그는 영예롭게 군 복무를 함으로써 이러한 지위를 보장받았다. 그와의 대화는 자연스럽게 로마 정부의 장점과 결점에 대한 논쟁으로 흘러갔다. 이 변절자는 로마 정부를 혹독하게 비판했고 프리스쿠스는 장황하지만 빈약한 옹호

과 손자들을 손에 넣었다고 생각했으며, 그들은 서로 경쟁하는 포교자들을 공평하게 호의적으로 대했다.

18 바루스와 그의 군단을 전멸시킨 게르만인들은 로마의 법과 변호사들을 특히 혐오했다. 야만족들 중 한 명은 변호사의 혀를 자르고 입을 꿰매는 방법으로 효과적인 경고를 전하고, 살모사 같은 변호사가 더 이상 혀를 내밀 수도 없게 된 모습을 만족스럽게 바라보았다.

19 훈족은 고트어와 라틴어를 조악하고 빈약한 자신들의 언어보다 선호했던 것 같다.

20 코민(Philip de Comines)은 루이 11세의 최후를 훌륭하게 그려 낸 부분에서 그의 주치의의 오만함을 묘사한 바 있는데, 그는 이 엄격하고 탐욕스러운 군주에게서 다섯 달 동안 5만 4000크라운과 보수가 많은 주교직을 얻어 냈다.

론을 폈다. 오네게시우스 덕에 자유를 얻은 이 인물은 그렇게 오랜 세월 동안 자신을 희생자로 만들었던 기울어 가는 제국의 결함을 생생하게 폭로했다. 그 결함이란 국가의 적에 맞서 자기 국민들을 보호해 줄 능력도 없는 주제에 스스로를 방어하도록 무장하는 것조차도 허락해 주지 않는 로마 군주들의 잔인한 어리석음, 복잡하고 자의적인 징수 방식으로 인해 훨씬 더 가혹해진 견디기 힘든 세금 부담, 지나치게 많은데다 서로 모순되는 애매모호한 법률들, 지루하게 길고 많은 비용이 소요되는 재판 절차, 부당하게 적용되는 법의 판결, 빈익빈 부익부를 심화시키는 부패의 만연 등이었다. 마침내 이 운 좋은 망명자의 가슴속에도 애국심이 되살아났다. 그는 눈물을 쏟으면서 가장 현명하고 건전한 제도들을 타락시킨 위정자들의 죄상과 나약함을 한탄했다.

겁 많고 이기적인 서로마인들은 동로마 제국을 훈족의 손에 내버려 두었다. 군대는 손실을 입고 기강도 약화된데다 황제는 이를 보충할 개인적 능력마저도 없었다. 테오도시우스는 '무적의 아우구스투스'라는 칭호와 의장을 여전히 갖추고 있었지만, 오만한 자세로 가혹하고 굴욕적인 화평 조건을 전하는

서기 446년,
아틸라와 동로마 제국
사이의 조약

아틸라에게 자비를 구하는 처지로 전락하고 말았다. 1) 동로마 황제는 명시적 혹은 묵시적 합의에 의해 도나우 강 남쪽 유역을 따라 싱기두눔에서 트라키아 지역 노바이까지의 넓고 중요한 영토를 양도했다. 그 넓이는 15일간 여행해야 하는 거리라는 애매모호한 계산으로 정해졌다. 그러나 국내 시장 부지를 옮기자는 아틸라의 제안으로 미루어, 그의 영토 안에 폐허가 된 나이수스까지 포함되었음이 곧 분명해졌다. 2) 훈족 왕은 사실상의 공물인 보조금을 금 700파운드에서 연간 총 2100파운

드로 늘려 달라고 요구하여 이를 얻어 냈다. 그뿐 아니라 전비의 부담 또는 전쟁을 일으킨 죄를 속죄하는 뜻에서 금 6000파운드를 즉시 지급해 달라고 요구했다. 개인 재산으로는 감당하기 힘든 요구이지만, 누구나 부유한 동로마 제국이 그 정도 요구를 들어주는 것이 어려운 일은 아니라고 생각할 것이다. 그러나 이로 인해 국가가 겪은 어려움은 재정 상태의 악화와 혼란상을 뚜렷이 보여 주었다. 국민들로부터 걷은 세금의 상당 부분이 콘스탄티노플의 국고로 가는 과정에서 온갖 부정한 경로로 빼돌려지거나 이송이 지체되었다. 테오도시우스와 그의 총신들은 방탕한 사치와 낭비로 세입을 탕진하면서도, 이를 황제의 위엄을 보이기 위해서라든가 또는 그리스도교의 자선이라는 명목으로 위장했다. 긴급 지출을 위해 걷은 세금도 예상치 못한 군비로 모두 지출되었다. 아틸라의 탐욕을 채워 줄 유일한 방편으로 원로원 의원들에게 가혹하게, 그러나 임시적으로 개인 기부금이 부과되었다. 하지만 가난해진 귀족들은 아내들의 보석과 집안 대대로 내려온 장식품들을 경매에 내놓는 수치스러운 방법을 택하지 않을 수 없었다.[21] 3) 훈족 왕은 자국법의 원칙에 따라 자발적으로든 강요에 의해서든 그의 권위에 굴복한 사람들에 대해, 일단 한번 손에 넣은 권리는 절대 사라지지 않는다는 점을 분명히 해 두었다. 이 원칙으로부터 전쟁에서 포로가 된 훈족은 아무 대가 없이 당장 석방되어야 하며, 탈출한 로마인 포로들은 금화 열두 닢으로 자유를 사야 한다는 것, 또한 아틸라의 군기를 버리고 탈영한 야만족들은 사면 약속 없이 복귀해야 한다는 결론을 이끌어 냈다. 아틸라의 결론은 곧 거역할 수 없는 법이었다. 이러한 가혹하고 치욕적인 조약을 실행하는 과정에서 황제의 관리들은 죽을 것이 뻔한데 제발로 돌아갈 수는 없다고 버티는 충성스러운 탈영병 여러 명을

[21] 크리소스토무스의 설명이라기보다는 비난에 따르면 비잔티움의 사치품 경매는 매우 성행했음이 틀림없다. 부유한 집들은 어느 집이나 두 사람의 힘으로도 들기 힘든 반원형의 묵직한 은제 테이블, 40파운드 무게의 순금 화병, 금제 컵과 접시 등을 가지고 있었다.

살해해야만 했다. 로마인들은 테오도시우스의 옥좌에 매달린 탄원자들을 보호해 줄 힘도 신의도 없다는 사실을 이렇게 만천하에 드러냄으로써, 스키타이인들에게 우호 관계를 청할 자격을 완전히 잃고 말았다.22

아지무스 주민들의 기백

역사가나 지리학자들이 이 경우를 제외하고는 단 한 번도 언급한 적이 없을 만큼 미미한 곳이었던 한 마을이 보여 준 단호함은 제국과 황제의 치욕을 만천하에 폭로했다. 일리리쿰 국경에 있는 트라키아의 한 소도시인 아지무스, 즉 아지문티움23은 젊은이들의 호전적인 기상과 그들이 선출한 지도자들의 재능, 평판과 야만족 대군에 맞선 대담한 위업으로 명성을 떨쳤다. 아지무스 시민들은 훈족 군대의 접근을 손 놓고 기다리지 않았다. 그들은 여러 차례 성공적인 기습 공격으로 이 위험한 이웃을 서서히 눌러 전리품과 포로들을 빼앗아 왔다. 또한 피난민과 탈영병들 중 자원자들로 병력을 보충했다. 조약이 체결된 후 아틸라는 아지무스 주민들이 설득에 의해서든 강요에 의해서든 그들의 군주가 수락한 조건들을 따르지 않는다면 무자비하게 전쟁을 계속하겠다고 제국을 위협했다. 테오도시우스의 대신들은 부끄럽지만 자기들 고유의 독립권을 그렇게 용감하게 주장하는 집단을 더 이상 통제할 힘이 없다는 사실을 솔직하게 고백했다. 그러자 훈족 왕은 아지무스 시민들과 동등한 포로 교환 협상에 나섰다. 아지무스 시민들은 우발적인 기습을 당하여 끌려간 양치기와 더불어 그 가축도 함께 반환할 것을 요구했는데 성과는 없었지만 엄격한 조사가 이루어지기도 했다. 훈족은 아지무스 시민들이 행방불명된 동료들의 안전 보장을 위해 억류해 둔 두 명의 훈족을 돌려주기 전에는 시민 포로들은 한 명도 억류한 일이 없다고 맹세했다. 아틸

22 무질서하게 또는 부정확하게 표현된 조약의 조항들은 프리스쿠스의 글에 나온다. 코메스인 마르켈리누스는 다음과 같은 사실을 언급하여 위안을 삼고자 했다. 첫째로 아틸라 자신이 이전에 거부했던 평화와 공물들을 청했다. 두 번째로 비슷한 시기에 인도의 사절단이 테오도시우스 황제에게 잘 길들인 커다란 호랑이를 선물로 바쳤다.

23 프로코피우스가 182개로 추산한 트라키아의 성채들 중에 에시몬토우라는 이름의 성채가 하나 있는데, 그 위치는 확실하지는 않지만 안키알루스와 흑해 부근이다. 아지문티움의 이름과 성벽은 유스티니아누스 시대까지 있었던 것 같지만, 이 용감한 방어군들은 로마 군주의 질투를 사 전멸당했다.

라 편에서는 나머지 포로들이 모두 죽임을 당했으며, 로마인이 건 탈영병이건 국가적 신의에 따라 안전을 보장받은 자는 즉각 풀어 주는 것이 자신들의 변함없는 방침이라는 아지무스 측의 엄숙한 장담을 믿었으나, 사실 이는 거짓말이었다. 이런 거짓말은 성 아우구스티누스의 엄격한 원칙과 성 히에로니무스와 성 크리소스토무스의 좀 더 온건한 견해 중 어느 것을 따르느냐에 따라 궤변론자들의 비난을 받을 수도 있고 용인될 수도 있을 것이다. 그러나 아지무스의 시민들과 같은 사람들이 더 많았더라면 야만족들이 제국의 위엄을 짓밟지 못했으리라는 데에는 병사들이건 정치가이건 이의를 제기하지 않았다.

테오도시우스가 명예를 버리는 대가로 안전하고 확고한 평화를 구했다면, 다시 말해 그의 무기력이 참화를 반복해서 불러들이지 않았다면 그것이야말로 오히려 이상한 일이었을 것이다. 비잔티움 궁정은 대여섯 명의 사절들로부터 잇따라 모욕을 당했다.[24] 아틸라의 대신들은 하나같이 마지막 조약을 지체 없이 실행하고 아직도 제국의 보호 아래 있는 도망자들과 탈영병들의 이름을 밝히라면서 압력을 가했다. 그들은 겉으로는 어디까지나 온건한 태도를 잃지 않았으나, 자신들의 군주가 완전히 만족하지 못한다면 설령 그가 노력한다 해도 호전적인 자기 민족의 분노를 제지할 수 없을 것이라고 엄포를 놓았다. 훈족 왕이 협상을 계속하도록 재촉한 데에는 오만과 이해관계에서 비롯된 동기 외에도, 적들로부터 뜯어낸 재물로 자기 총신들의 배를 채워 주려는 덜 명예로운 의도 역시 작용했다. 황제의 국고는 사절단과 그 수행원들의 호감을 사서 그들의 군주에게 화평 유지에 유리한 보고를 올리도록 하는 데 탕진되었다. 야만족 군주는 대신들이 받은 후한 대접에 우쭐해졌다. 그는 대신

> 콘스탄티노플에 파견된 아틸라의 사절단

[24] 몽테스키외(Montesquieu)는 대담하고 쉬운 필치로 아틸라의 오만과 로마인들의 치욕 중에서 가장 충격적인 사례 몇 가지를 묘사했다. 그는 그동안 지나치게 경시되어 왔던 프리스쿠스의 단편들을 읽었다는 점에서 찬사를 받아 마땅하다.

들이 받은 선물의 가치를 즐거운 마음으로 계산했다. 그는 대신들의 개인적인 이익과 관련된 약속들을 이행하도록 강력히 요구했고, 비서관 콘스탄티우스의 결혼도 중대한 국사로 취급했다.25 콘스탄티우스는 아이티우스의 추천으로 훈족 왕을 위해 일하게 된 갈리아 출신의 모험가였다. 그는 부유한 귀족 출신의 처를 얻게 해 준다는 조건 아래 콘스탄티노플의 대신들을 위해 봉사했다. 로마가 약속을 이행하기 위해 코메스인 사투르니누스의 딸이 선택되었으나, 희생물이 된 그녀의 저항과 집안 다툼, 그녀의 재산에 대한 부당한 몰수 등으로 인해 콘스탄티우스의 애정이 식어 버렸다. 그러나 그는 여전히 아틸라의 이름으로 그에 걸맞은 혼인 상대를 요구했다. 비잔티움 궁정은 그의 요구에 대해 모호한 지연과 변명을 수없이 거듭한 끝에, 이 오만한 이방인을 위해 출생, 부, 미모 그 어느 모로 보나 로마의 귀부인들 중 최고로 꼽히는 아르마티우스의 미망인을 희생시키지 않을 수 없었다. 아틸라는 이러한 성가시고 고압적인 사절들을 보내 놓고 그에 상응하는 답례를 요구했다. 그는 황제가 보낸 사절들의 인품과 지위를 의심하면서 오만하게 따졌으며, 집정관 직위를 지낸 대신들을 보낸다면 사르디카까지 나가서 맞이하겠노라고 약속했다. 테오도시우스의 신하들은 폐허가 된 사르디카의 상황을 구실로 이 제안을 회피했으며, 대담하게도 군대나 궁정의 관리라면 누구든지 스키타이 최강의 군주들을 모실 자격이 있다는 암시를 흘리기까지 했다. 그리하여 결국 민정과 군정 양쪽에서 오랫동안 능력을 발휘해 온 존경받는 인물인 막시미누스26가 성마른 훈족 왕을 달래야 하는 어려운 위험한 임무를 마지못해 받아들였다. 그의 벗이며 역사가인 프리스쿠스27는 야만족의 영웅이 평화로운 한때를 보내는 모습을 관찰할 기회가 있을 것이라 하여 이 사절단에 동행

25 이 모험가는 나중에 역모를 꾸몄다는 의심을 받아 아틸라의 명령으로 교수형에 처해졌다는 설이 유력하다. 그러나 프리스쿠스는 콘스탄티우스라는 두 동명이인의 일생이 너무 비슷해서 혼동하기 쉬운데도 불구하고 너무 간단하게 구별해 놓았다.

26 서기 422년에 체결된 페르시아 조약에서 현명한 달변가 막시미누스는 아르다부리우스의 보좌역이었다. 마르키아누스가 제위에 올랐을 때 막시미누스에게 대시종장의 직분이 내려졌는데, 그는 공개 칙령으로 네 명의 대신들 중 한 자리에 앉았다. 그는 동방의 속주에서 민정과 군정의 직권을 행사했으며, 그가 죽었을 때는 일찍이 침략했다가 그의 손에 진압되었던 에티오피아의 야만인들까지도 슬퍼했다.

27 프리스쿠스는 트라키아의 파니움 원주민으로 그의 열변은 당대의 소피스트들 중 최고의 영예를 차지할 만했다. 그가 자신의 시대에 대해 서술한 비잔티움 역사는 일곱 권으로 이루어져 있다. 비평가들의 관대한 견해에도 불구하고 나는 그가 이교도였다는 의심을 지울 수 없다.

했다. 그러나 사절단이 품은 치명적이고 범죄적인 비밀은 오로지 통역자인 비길리우스만이 알고 있었다. 훈족의 마지막 사절 두 명, 판노니아 속주의 귀족인 오레스테스와 스키리족의 용맹스러운 족장인 에데콘도 같은 시기에 콘스탄티노플에서 왕의 진영으로 귀환했다. 그들의 이름은 잘 알려지지 않았으나 나중에 아들들의 특기할 만한 행운과 대조적인 운명 덕에 주목을 받았다. 그 아들들은 각각 서로마 제국 최후의 황제와 이탈리아 최초의 야만족 왕이 되었던 것이다.

제국의 사절단은 수많은 말과 사람들의 행렬을 이끌고 콘스탄티노플에서 350마일 떨어져 있는 13일 걸리는 거리인 사르디카에서 처음 발을 멈추었다. 사르디카는 아직 제국의 국경선 안에 있었으므로 로마인들에게는 주인으로서 훈족 측을 정중히 환대할 의무가 있었다. 그들은 속주민들의 도움으로 충분한 수의 양과 소를 준비하여 화려하지는 않아도 풍성한 식탁에 훈족들을 초대했다. 그러나 서로 간의 편견과 경솔함으로 인해 화기애애한 분위기는 곧 엉망이 되었다. 대신들이 제국과 황제의 위대함을 열렬히 주장하자, 훈족도 이에 질세라 열렬히 자기들의 승리한 군주가 우월하다고 주장했다. 하필 이때 비길리우스가 경솔하게도 신성한 테오도시우스를 한낱 인간과 어찌 비교할 수 있겠느냐고 격하게 주장하는 바람에 논쟁이 가열되었다. 막시미누스와 프리스쿠스는 대화의 주제를 돌리고 성난 야만족들을 달래느라고 갖은 노력을 다해야 했다. 그들이 식탁에서 일어날 때 황제의 사절이 에데콘과 오레스테스에게 비단옷과 인도산 진주라는 값진 선물을 바쳤다. 오레스테스는 항상 이렇게 너그럽고 정중한 대접을 받지는 못했다고 슬쩍 한마디 흘렸다. 자신의 직위와 출생 신분에 의해 얻은 동료(에데콘)의

서기 448년, 아틸라에게 파견된 막시미누스의 사절단

지위 사이에 은근히 보이는 불쾌한 차별 대우 때문에 오레스테스는 에데콘을 믿을 수 없는 자로 보았고, 에데콘 또한 오레스테스를 불구대천의 적으로 여겼던 것 같다. 이 주연이 끝난 후 그들은 사르디카에서 나이수스까지 백여 마일을 여행했다. 콘스탄티누스 대제의 고향이며 번영을 누리던 도시는 폐허가 되었고 주민들은 죽거나 뿔뿔이 흩어졌다. 교회의 폐허 속에 계속 머물러도 좋다는 허락을 받은 몇몇 환자들의 모습은 도시의 모습을 더욱 살풍경하게 만들었다. 그 지역은 살해당한 자들의 뼈로 뒤덮여 있었으므로, 북서쪽으로 방향을 잡은 사절단은 지금의 세르비아 구릉 지대를 통과하여 도나우 강에서 끝나는 평탄한 늪 지대로 내려가야 했다. 훈족이 그 큰 강을 장악하고 있었는데, 그들은 나무 한 그루의 몸통을 잘라 속을 파내 만든 카누를 이용해 테오도시우스의 신하들을 반대편 강가에 옮겨 주었다. 야만족 동료들은 즉각 서둘러 사냥과 전쟁을 함께 즐길 수 있도록 마련된 아틸라의 막사로 향했다. 막시미누스는 도나우 강에서 겨우 2마일 정도 간 지점에서부터 정복자의 까다로운 오만함을 몸으로 느끼기 시작했다. 그는 한 쾌적한 계곡에 천막을 치려다가 엄격히 제지당했는데, 멀리서부터 왕의 처소에 경외의 뜻을 표해야 한다는 이유에서였다. 아틸라의 대신들은 그가 군주에게 직접 전하려고 가져온 용건과 지침들을 자기들에게 먼저 내놓으라고 강요했다. 막시미누스는 온건한 태도로 양국 관습의 상이점을 강조했으나, 신에게도 드러내서는 안 될 비밀(프리스쿠스의 표현을 빌린다면)인 신성한 종교 회의의 결의 사항까지 국가의 적에게 이미 누설되었다는 암시에 크게 당황했다. 그가 이러한 수치스러운 강압에 따르기를 거부하자, 훈족은 황제의 사절에게 즉각 떠나라는 명령을 내렸다가 취소하기를 반복하면서 막시미누스의 단호한 자세를 무너뜨리려고 애썼으나 성과를 거두지 못했다. 결국 후한 선물로 미리 환심을 사 둔 오네게시우스의 형제 스코타의 중재 덕에 왕을 친견할 수 있도록 허락이 떨어졌다. 그러나 확실한 답변은 얻지 못했다. 아틸라는 한자리에서 동로마와 서로마 제국의 사절단을 동시에 맞이하면서 승리감을 만끽하고 싶어했으므로, 막시미누스는 멀리 북쪽으로 여행을 떠나야만 했다. 그의 여행은 안내인의 통제를 따라야 했다. 안내인은 왕의 편의에 따라 막시미누스의 여행을 중지시켰다가, 재촉했다가, 통상적인 행로를 벗어나 딴 길로 가기도 했다. 헝가리의 평원들을 횡단한 로마인들은 카누나 운반 가능한 배로 여러 개의 강을 건넜다고 생각했지만, 실제로는 구불구불하게 흐르면서 여러 지점에서 다른 이름으로 불리는 타이스, 즉 티비스쿠스 강 하나를 여러 차례 건넌 것이었다. 그들은 인근 마을들로부터 정기적으로 충분한 식량을 공급받았다. 포도주 대신 벌꿀 술, 빵 대신 수수, 프리스쿠스가 전하는 바에 따르면 보리에서 증류한 카무스라고 불리는 일종의 술 등이 그것이었다.[28] 콘스탄티노플에서 사치를 즐겨 온 사람들에게 이런 음식은 조악하고 거칠게 여겨졌을 것이다. 그러나 그들은 전쟁터에서는 그렇게도 무섭고 잔인했던 바로 그 야만족들의 친절 덕분에 우연히 당한 위기를 모면할 수 있었다. 어느 날 사절들은 거대한 습지의 가장자리에 막사를 쳤다가, 갑자기 천둥 번개를 동반한 강력한 폭풍우를 만났다. 천막은 뒤집히고 짐과 가구는 물에 잠겼다. 수행단은 뿔뿔이 흩어져 길을 잃고 어떤 위험이 닥칠지 몰라 불안에 떨면서 밤의 어둠 속을 헤맸다. 그들의 고함 소리는 블레다의 미망인이 소유하고 있는 인근 마을 주민들의 잠을 깨웠다. 그들은 친절하게도 갈대로 만든 모닥불을 피우고 로마인들이 원하는 것을 관대하게 제공했다. 로마인들은 블레다의 미망

[28] 훈족은 여전히 농사일을 경멸했으며 승자의 특권을 남용했다. 토지를 경작하는 근면한 민족인 고트족은 그들의 이웃을 굶주린 늑대 못지않게 두려워했다. 사르트족과 타드기크족도 마찬가지로 그들 자신과 게으르고 탐욕스러운 우즈베크의 타르족들을 위해 식량을 생산했다.

29 프리스쿠스는 도나우 강과 타이스 강을 건넜으나 카르파티아 산맥 기슭까지는 가지 못했던 것이 확실하다. 아그리아, 토카이, 야츠베린은 이 경계로 둘러싸인 평원에 위치해 있다. 뷔아는 토카이를 선택했다. 학식 있는 헝가리인인 오트로코스키(Otrokosci)는 부다(Buda)와 도나우 강 서쪽으로 36마일 정도 떨어진 곳에 있는 야츠베린을 선호했다.

30 아틸라의 마을은 칭기즈칸의 후계자들이 살았던 카라코룸에 비견될 수 있다. 또한 이 마을이 더 안정적인 주거지라 해도, 13세기 성 데니스의 마을과 수도원에는 규모나 화려함에서 비할 수 없을 것이다.

인이 의외로 공손한 태도를 취할 뿐 아니라 아름답고 순종적인 처녀들까지 선물로 주자 놀라서 어쩔 줄 몰랐다. 다음 날이 되자 날씨가 갰지만 휴식을 취하기로 했다. 그들은 짐을 말리고 말과 사람들도 원기를 회복하게 했다. 다시 여정에 오르기 전날 밤, 사절단은 이 인심 좋은 귀부인에게 은제 컵, 붉은 양털, 말린 과일, 인도산 후추 등 상대의 마음에 들 만한 선물로 감사의 뜻을 표했다. 이런 소동이 있은 후 곧 그들은 6마일 정도 떨어져 있었던 아틸라의 행진 대열과 합류하여 수천 마일 안에 도시 하나 없는 제국의 수도를 향해 천천히 전진했다.

왕의 마을과 궁정

프리스쿠스의 애매모호하고 불명료한 설명에 따른다면, 이 수도는 도나우, 타이스 강과 상(上)헝가리 평원에 있는 카르파티아 산맥 사이, 아마도 야츠베린, 아그리아, 혹은 토카이 인근에 위치해 있었던 것으로 보인다.29 그곳은 처음에는 임시 진영 이상은 아니었다. 그러나 아틸라가 오랜 기간 동안 자주 체류하면서, 서서히 그를 따르는 군대와 노예들과 종자들의 다양한 무리들이 모여 거대한 마을로 변했다.30 오네게시우스가 판노니아에서 날라 온 재료로 지은 욕탕이 유일한 석조 건물이었다. 인근 지역에는 큰 나무조차 없었기 때문에, 왕이 사는 마을의 누추한 집들은 지푸라기, 진흙 또는 천막으로 지어졌다. 더 신분이 높은 훈족의 목조 가옥들은 소유주의 지위와 재산 또는 취향에 따라 조잡하나마 웅장하게 지어졌다. 집들은 어느 정도 질서와 조화에 따라 배치되었던 것 같다. 즉 군주의 거주지에 가까운 곳일수록 더 영예로운 장소였다. 그의 영토 내에 있는 다른 모든 집들을 능가하는 아틸라의 궁정은 전체가 나무로만 지어져 넓은 땅 위를 뒤덮었다. 바깥의 울타리는 통나무로 만든 높은 담이었는데, 사이사이에 높은 탑이 있었지만 방어용이라기보다는 장식용이었다. 언덕의 경사면을 에워싼 듯 보이는 이 담벽은 왕족의 용도에 맞게 지어진 형형색색의 목조 건물들을 둘러싸고 있었다. 아틸라의 수많은 아내들에게는 각각 독립된 별채 하나씩이 주어졌다. 그들은 질투심 많은 아시아인들이 하듯이 엄격한 감금 상태에 있지는 않았다. 그들은 로마 사절들을 몸소 식탁에서 공손히 맞이했을 뿐 아니라 순수한 포옹까지 자유롭게 나누었다. 막시미누스는 첫째 부인인 케르카에게 선물을 바치면서 그녀가 사는 저택의 독특한 구조와 둥근 기둥의 높이, 정교하게 다듬거나 조각한 목재의 크기와 아름다움에 감탄을 금치 못했다. 그의 날카로운 감식안은 장식들 속에서 어떤 취향을, 각 부분 부분에서는 질서와 조화를 발견해 낼 수 있었다. 사절단은 문 앞에서 지키고 있는 경비대를 통과하여 케르카의 사실(私室)로 안내되었다. 아틸라의 아내는 부드러운 긴 의자에서 거의 누운 자세로 그들의 방문을 받았다. 바닥은 양탄자로 덮여 있었고 몸종들이 여왕을 둘러싸고 있었다. 바닥에 앉은 시녀들은 야만족 전사들의 의복을 장식할 수를 색색으로 놓고 있었다. 훈족들은 승리의 결실이자 증표인 부를 과시하지 못해 안달이었다. 그들은 말의 마구, 검, 심지어는 신발까지도 금과 보석을 박아 장식했고, 식탁 위에는 그리스 장인들이 빚어낸 접시, 술잔, 금은 화병들을 잔뜩 쌓아 두었다. 군주만이 여전히 스키타이 조상들의 단순성을 고수하는 데서 자부심을 누렸다.[31] 아틸라의 의복과 무기, 마구는 장식 없이 단순했고 색깔도 한 가지만 썼다. 왕의 식탁에서는 나무로 된 컵과 접시를 썼고 살코기가 유일한 음식이었다. 이 북방의 정복자는 빵을 맛보는 사치는 누려 본 적이 없었다.

아틸라가 도나우 강변에서 처음으로 로마의 사절들을 접견

31 몽골족이 톤카트의 회의에서 아시아의 전리품들을 자랑했을 때에도, 칭기즈칸의 왕좌는 여전히 그가 호전적인 동포들을 지배하는 자리에 올랐을 때 앉았던 검은색 펠트 융단으로 덮여 있었다.

| 로마 사절단에 대한 아틸라의 태도 | 했을 때, 막강한 경호대가 그의 막사를 에워싸고 있었다. 군주는 나무 의자에 앉아 있었다. 의연한 막시미누스도 그의 험악한 표정, 성난 몸짓, 짜증스러운 어투에 놀랐으나, 비길리우스야말로 아틸라가 국가 간의 법만 아니라면 사기꾼 같은 통역자를 십자가에 못박아 독수리 떼의 먹이로 넘겨주었을 것이라는 위협이 무엇을 뜻하는지 분명히 이해했으므로 두려움에 떨 만했다. 야만족 왕은 정확한 명단을 내놓아 탈영병을 열일곱 명밖에 찾아내지 못했다는 비길리우스의 주장이 거짓임을 폭로했다. 그러나 그들의 무력으로 속주를 방어하려는 테오도시우스의 무기력한 노력은 경멸스러울 뿐이므로, 수치스럽게 자신의 도망 노예들과 다투지는 않겠다고 오만한 태도로 말했다.

우리가 지상에서 없애 버리기로 마음만 먹는다면 드넓은 로마 제국 안의 어떤 성채, 어떤 도시가 안전하기를 바라겠느냐?

그러나 그는 더 완벽한 보상을 하고 더 훌륭한 사절을 보내라는 자신의 위압적인 요구 사항을 들고 콘스탄티노플로 돌아가도록 통역자를 풀어 주었다. 그의 분노도 서서히 가라앉았다. 아마도 이동 중에 에슬람이라는 사람의 딸과 결혼식을 올림으로써 얻은 가정 내에서의 만족감 덕분에 그의 사나운 기질이 얼마간 진정된 것인지도 모른다. 아틸라가 왕의 마을로 입성할 때는 매우 특이한 의식이 치러졌다. 수많은 여자들의 무리가 그들의 영웅이자 왕을 맞으러 나왔다. 그들은 길고 질서 정연하게 열을 이루어 그의 앞을 행진했다. 대열 사이에서 여자들이 얇은 흰색 아마포 휘장의 양끝을 높이 잡아 차양을 만들었다. 그 아래로 젊은 처녀들로 이루어진 합창대가 지나가면서 스키타이어로 찬양의 노래를 불렀다. 그의 총신 오네게시우스의 아내는 시녀들을 이끌고 자기 집 문간에 나와 궁정으로 가는 아틸라에게 인사를 올렸다. 그녀는 나라의 관습에 따라 그를 맞이하기 위해 준비해 둔 술과 고기를 맛보아 달라고 간청함으로써 신종(臣從)의 예를 바쳤다. 군주가 정성이 깃들인 대접을 정중하게 받아들이자, 곧바로 그의 하인들이 말 위에 앉은 그에게 편한 높이로 작은 은제 테이블을 들어올렸다. 아틸라는 술잔에 입술을 댄 다음, 다시 오네게시우스의 처에게 인사하고 행진을 계속했다. 그는 본거지에 머물 동안에도 외부와 담을 쌓고 후궁과 게으름을 피우며 시간을 낭비하는 일 따위는 하지 않았다. 훈족 왕은 언제나 사람들의 눈앞에서 위엄을 유지했다. 그는 자주 회의를 소집했고 각국의 사절들을 접견했다. 또한 그의 국민들은 동방의 관습에 따라 나무로 만들어진 궁궐 문 앞에서 정해진 시간에 열리는 최고 법정에 호소할 수 있었다. 동로마와 서로마의 로마인들은 연회에 두 번 초대받았다. 그 자리에서 아틸라는 스키타이의 명망가들 및 귀족들과 더불어 성찬을 즐겼다.

왕의 연회

막시미누스와 동료들은 입구에서 멈추어 훈족 왕의 건강과 행운을 기원하며 술을 올린 다음, 넓은 홀에 마련된 각자의 자리로 안내되었다. 융단과 좋은 아마포로 덮인 왕의 식탁과 의자가 홀 중앙의 몇 계단 높은 곳에 마련되어 있었다. 총애하는 신하 한 사람과 아들, 숙부가 아틸라의 소박한 식사에 함께 하였다. 한 개당 서너 명의 손님을 위해 차린 작은 식탁이 두 줄로 양쪽에 차려졌다. 오른편이 더 영예로운 자리였다. 로마인들은 그들의 자리가 왼편이었으며, 아마도 고트족으로 생각되는 무명의 족장 베리크가 테오도시우스와 발렌티니아누스의 대표단보다 상석에 앉았다고 솔직하게 전했다. 야만족 군주가 술 따르는 사람이 채워 준 포도주 술잔을 들고 공손하게 가장 높은 손님의 건강을 위해 건배하면, 그 역시 자리에서 일어나 같은 태도로 성심껏 정중한 서언을 했다. 이 의식은 그곳에 모인 모든 사람들까지는 아니더라도 적어도 높은 사람들을 위해 계속 반복되었다. 새로운 음식이 식탁에 올려질 때마다 이를 세 번씩 반복했으므로 틀림없이 상당한 시간이 소모되었을 것이다. 그러나 음식이 다 나온 뒤에도 포도주는 계속 남아서, 훈족은 두 제국의 사절들이 맑은 정신으로 점잖게 연회 석상에서 물러난 뒤에도 오랫동안 요란하게 마음껏 즐겼다. 사절들은 자리를 뜨기 전 이 민족이 연회를 즐기는 모습을 관찰할 드문 기회를 얻었다. 두 명의 스키타이인이 아틸라의 의자 앞에 서서 그의 용맹과 승리를 찬양하는 자작시를 읊었다. 홀 안에 정적이 흐르는 가운데 조화롭게 울려 퍼지는 목소리는 참석자들의 주의를 사로잡고 그들이 겪었던 원정의 기억을 되살렸다. 전투에 목마른 전사들의 눈에서 전쟁에 대한 열정이 불타올랐다. 노인들의 눈물은 이제 더 이상 전쟁의 위험과 영광을 같이할 수 없는 안타까운 심정을 대변했다.[32] 무용의 덕에 대한 가르침이라 할 이러한 여흥 다음에는 인간 본성의 존귀함을 떨어뜨리는 소극이 이어졌다. 기형적인 외모에 우스꽝스러운 옷차림을 한 무어인과 스키타이인 광대 한 명씩이 나와 익살스러운 몸짓, 앞뒤가 맞지 않는 말장난에 라틴어, 고트어, 훈족어를 알아들을 수 없게 마구 뒤섞어 거친 구경꾼들을 즐겁게 했다. 홀은 거침없이 터져 나오는 폭소로 울렸다. 이렇게 왁자지껄하게 노는 중에도 아틸라만이 안색 하나 바꾸지 않고 흔들림 없이 엄숙한 자세를 고수했다. 그의 자세는 막내아들 이르나크가 입장할 때를 제외하고는 절대 풀어지지 않았다. 그는 아버지다운 애정에 넘친 미소로 소년을 포

[32] 플루타르코스의 말을 믿어도 좋다면, 스키타이인들은 주연을 즐길 때 활시위를 튕겨 나약해진 용기를 일깨우는 관습이 있었다고 한다.

옹하고 뺨을 부드럽게 꼬집어 주었다. 아틸라의 예언자들이 이르나크가 장차 가문과 제국의 기둥이 될 것이라고 단언하고 있는 만큼 편애할 만도 했다. 이틀 후 사절단은 두 번째로 초대를 받았다. 아틸라의 후한 대접뿐 아니라 공손함도 찬사를 받을 만했다. 훈족 왕은 막시미누스와 오랜 시간 동안 친밀한 대화를 나누었으나, 때때로 거친 표현이나 오만한 질책이 튀어나와 그의 공손한 태도를 망치곤 했다. 그는 자신의 비서관 콘스탄티우스의 사적인 요구를 지나칠 만큼 강력한 태도로 지지했다.

> 황제는 오래전에 그에게 부유한 아내를 맞이하게 해 주겠다고 약속했소. 콘스탄티우스를 실망시켜서는 안 될 뿐더러, 로마 황제가 거짓말쟁이라는 소리를 들어서도 안 될 것이오.

셋째 날 사절단은 떠났다. 그들의 간청으로 여러 명의 포로들이 적당한 몸값을 치르고 풀려났다. 그들은 왕이 준 선물 외에도, 스키타이의 귀족들로부터 말 한 마리씩을 영예롭고 쓸모 있는 선물로 받았다. 막시미누스는 갔던 길을 되짚어 콘스탄티노플로 돌아왔다. 그는 아틸라의 새로운 사절인 베리크와 우발적인 논쟁에 휘말리기는 했지만, 고된 여행으로 양국 간의 평화와 우의를 확고히 다지는 데 기여했다고 스스로를 달랬다.[33]

그러나 로마 사절은 국가 간의 신의라는 가면 아래 숨겨진 배신 계획에 대해서는 전혀 모르고 있었다. 앞서 말한 훈족의 사절들 중 에데콘이 콘스탄티노플의 호화로움에 놀라자, 이에 고무된 통역자 비길리우스는 황제와 제국을 좌지우지하는 환관 크리사피우스[34]와의 비밀 회담을 주선해 주었다. 환관은

아틸라의 목숨을 노리는 로마인들의 음모

[33] 이 사절의 상세한 이야기는 그다지 관심 가는 데도 없고 추가적인 증거를 받아들일 여지도 없지만, 프리스쿠스의 책에 실려 있다. 그러나 나는 똑같은 순서를 따르지는 않았다. 예전에 역사적인 정황들을 발췌해 두었는데, 이는 로마 사절들의 여행과 그들이 행한 임무와는 관련성이 떨어진다.

[34] 티유몽은 테오도시우스의 이름으로 연달아 통치한 시종장들에 대해 잘 설명해 놓았다. 크리사피우스가 그중 마지막인데, 역사가들은 만장일치로 그를 최악의 총신으로 꼽는다. 그는 대부인 이단파 지도자 에우티케스를 편애해서 그가 정통파를 박해하도록 놔두었다.

대신이 갖추어야 할 고상한 미덕 따위는 생각해 본 적도 없는 인물이었다. 그는 에데콘과 잠시 사전 대화를 나누고 서로 비밀을 지킬 것을 맹세한 후, 아틸라를 암살한다면 그가 선망하는 부와 사치를 얼마든지 제공해 주겠다는 대담한 제안을 내놓았다. 이 유혹적인 제안에 귀가 솔깃해진 훈족의 사절은 피비린내 나는 범죄를 기꺼이 실행할 뜻이 있을 뿐 아니라 능력도 있다고 호언장담했다. 이 계획은 총무 장관의 귀에 전달되었고, 테오도시우스도 그 감당하기 힘든 적을 암살하는 계획에 동의했다. 그러나 이 음모는 에데콘이 거짓으로 꾸민 것이었는지 마음을 바꾸었는지 모르지만 실패로 돌아갔다. 그는 반역에 동의하는 척하면서 아틸라에게 내심 품고 있던 증오를 과장했을지도 모르지만, 교묘하게 일찍 자수함으로써 오히려 유리한 위치를 얻었다. 오늘날의 관점에서 막시미누스의 사절로서의 역할과 그에 대한 아틸라의 행동을 다시 살펴본다면, 이 야만족 왕이 손님을 환대하는 법도를 존중하여 자신의 생명을 노리고 음모를 꾸민 황제의 신하를 관대하게 대접하고 돌려보낸 데 찬사를 보내야 마땅하다. 그러나 비길리우스의 경솔함은 참으로 이해하기 힘들 지경이다. 그는 자기가 죄를 지었고 위험한 상황임을 알면서도 아틸라의 진영으로 돌아왔던 것이다. 그는 아들까지 대동한 채 환관이 에데콘의 요구를 들어주고 수비대를 매수하라고 준 금화가 들어 있는 무거운 주머니를 가지고 왔다. 이 통역사는 곧 붙잡혀서 아틸라의 법정 앞에 끌려왔다. 그는 짐짓 단호한 태도로 결백을 주장했으나, 아들을 눈앞에서 죽이겠다고 위협하자 결국 범죄의 거래에 대해 털어놓았다. 탐욕스러운 훈족 왕은 이런 배신자를 벌줄 가치도 없다면서, 그의 생명에 대한 몸값 명목으로 금 200파운드를 요구했다. 그리고 그는 그보다 높은 자에게 정당한 분노를 돌렸다. 그의 사절에슬라우와 오레스테스가 고압적인 명령을 가지고 콘스탄티노플로 즉각 파견되었다. 그 명령은 거부하기에는 너무나 위험했다. 그들은 오레스테스의 목에 문제의 돈주머니를 걸고 황제 앞에 대담하게 나아가 옥좌 옆에 선 환관 크리사피우스에게 그의 죄의 증거를 알아볼 수 있겠느냐고 물었다. 그러나 문책하는 임무는 더 우월한 권위를 지닌 에슬라우의 몫이었다. 그는 동로마 황제에게 엄숙하게 다음과 같이 말했다.

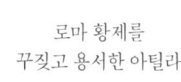
로마 황제를 꾸짖고 용서한 아틸라

테오도시우스 황제께서는 고명하고 존경받는 어버이를 두셨습니다. 그러나 아틸라 대왕도 그에 못지않게 고귀한 혈통을 타고나셨으며, 문주크 부왕으로부터 물려받은 권위를 행동으로 지켜 오셨습니다. 그러나 테오도시우스 황제께서는 부왕의 명예를 잃었을 뿐 아니라, 공물을 바치는 데 동의함으로써 노예의 상태로 전락하셨습니다. 그러므로 사악한 노예처럼 뒷전에서 주인을 해하려는 음모를 꾸미기보다는 운과 위업에서 우위에 있는 자에게 존경의 뜻을 바치는 것이 마땅할 줄 압니다.

아첨에만 익숙해져 있던 아르카디우스의 아들은 진실이 담긴 가혹한 말에 경악하여 귀를 기울이다가, 마침내 얼굴을 붉히고 몸을 와들와들 떨었다. 그는 아틸라의 지시에 따라 크리사피우스의 머리를 내놓으라는 에슬라우와 오레스테스의 요구를 감히 대놓고 물리칠 생각도 하지 못했다. 사절이 모든 권한과 엄청난 선물을 지니고 아틸라의 분노를 달래기 위해 황급히 파견되었다. 집정관급이자 명예고관급으로 훌륭한 재무관인 노미우스와 동로마 군대의 총사령관인 아나톨리우스가 사절로 오자 아틸라도 만족했다. 그는 이 사절들을 맞으러 드렌코 강변

35 이 비밀 음모와 그 결과에 대해서는 프리스쿠스가 단편적으로 기술했다. 이 역사가의 연대기는 정확한 날짜를 명시해 놓지 않았다. 그러나 아틸라와 동로마 황제 사이에서 진행된 일련의 협상들은 서기 450년 테오도시우스의 죽음으로 끝나기까지 3, 4년간 계속되었다.

36 테오도루스와 파스칼의 연대기는 부상에 대해 정확히 설명하지 않고 추락 사고라고만 언급해 두었다. 그러나 이 사건은 우연히 발생한 것이지 누군가 꾸몄을 가능성은 매우 낮아서, 14세기 그리스인인 칼리스투스의 말을 신뢰해도 좋을 것 같다.

까지 나왔다. 그는 처음에는 엄하고 오만한 태도를 취했으나 그들의 열변과 후한 선물에 차차 노했던 마음을 풀었다. 그는 황제와 환관, 통역사를 용서하고 화평 조건을 준수하겠다고 맹세했으며, 다수의 포로들을 석방하고 도망자들과 탈영병들은 자신들의 운에 맡기기로 했다. 또한 이미 그곳의 부와 주민들을 다 빼앗아 간 뒤이기는 했지만, 도나우 강 남쪽의 넓은 영토를 내주기로 했다. 그러나 이 조약은 전쟁까지도 훌륭히 치르고 남을 만큼의 비용을 들여 비싸게 산 것이었다. 테오도시우스의 신하들은 쓸모없는 총신의 안전을 보장받기 위해 엄청난 세금을 쓴 셈이었다. 차라리 그 돈이 그 총신을 파멸시키는 데 쓰였다면 더 기분 좋게 내놨을 것이다.35

서기 450년 7월,
테오도시우스 2세의 죽음

테오도시우스 황제는 오욕으로 점철된 삶 가운데서도 가장 굴욕적인 시기 이후 그리 오래 살지는 못했다. 그는 콘스탄티노플 인근에서 말을 타고 사냥하던 중 말에서 떨어져 리쿠스 강에 빠졌다. 그는 추락하면서 척추를 다쳐 며칠 후 그의 나이 50세를 일기로 재위 43년 만에 숨을 거두었다.36 그의 누이 풀케리아는 민정과 종교상의 모든 면에 걸쳐 사악한 환관들의 세력에 밀리고 있었으나, 만장일치로 동로마의 여제(女帝)로 추대되었다. 그리하여 로마인들은 처음으로 여성의 지배를 받게 되었다. 풀케리아는 제위에 오르자마자 대중이 원하는 정의의 심판으로 자신과 국민들의 분노를 풀었다. 환관 크리사피우스는 일체의 재판 절차 없이 시의 성문 앞에서 처형되었다. 이 탐욕스러운 총신이 모은 막대한 부는 그의 처벌을 재촉하고 정당화했을 뿐이다. 여제는 성직자들과 국민들의 박수갈채 속에서도 여성으로서 맞닥뜨릴 편견과 불리한 입지를 잊지 않았다. 현명하게도 그녀는 아내의 우월한 지위와 처녀성을 항상 존중해 줄 공동 통치 황제를 선택함으로써 사람들의 수군거림을 미리 차단하기로 결정했다. 그녀는 60세쯤 된 원로원 의원 마르키아누스를 선택하여, 명목상의 남편에게 엄숙하게 황제의 자의를 내려 주었다. 그가 칼케돈 공의회에서 확립된 정통파 교리에 대해 보여 준 열정에 가톨릭교도들은 열렬히 감사를 표했다. 또한 사생활에서, 그리고 나중에 제위에서 마르키아누스가 보여 준 행동이야말로 그가 두 명의 나약한 세습 군주들이 거의 붕괴 상태에 몰아넣은 제국을 되살리고 활력을 불어넣을 인물이라는 믿음을 뒷받침하기에 충분했다. 그는 트라키아에서 태어나 군인으로 교육받았다. 그러나 마르키아누스의 청년 시절은 혹독한 가난과 불행으로 점철되었다. 그가 콘스탄티노플에 처음 도착했을 때 수중에 지닌 돈이라고는 친구에게서 빌린 금화 200닢이 전부였다. 그는 아스파르와 그의 아들 아르다부리우스 밑에서 군인이자 심복으로 봉사하면서 19년의 세월을 보냈다. 그는 이 장군들을 따라 페르시아 전쟁과 아프리카 전쟁에 출정했으며, 그들의 힘으로 원로원 의원이라는 영예로운 직책을 얻었다. 그는 온화한 성품과 뛰어난 재능으로 주변의 질시를 자극하지 않으면서 후원자들로부터 존경과 호의를 얻었다. 그는 부패하고 포악한 통치권의 남용을 지켜보면서 느낀 바가 있었던 것 같다. 그는 스스로 모범을 보임으로써 악습을 개혁하기 위해 자신이 선포한 법률에 힘과 무게를 실어 주었다.

> 8월,
> 테오도시우스 2세를
> 계승한 마르키아누스

35

아틸라의 갈리아 침공 · 아이티우스와 서고트족에 의해 격퇴되다 · 아틸라의 이탈리아 침략과 철수 · 아틸라, 아이티우스, 발렌티니아누스 3세의 죽음 · 로마의 몰락의 징후들

안전하고 명예롭게 평화를 유지할 수만 있다면 전쟁은 피해야 한다는 것이 마르키아누스의 생각이었다. 그러나 군주가 나약하게 전쟁을 피하려고만 한다면 안전하고 명예로운 평화가 있을 수 없다는 것 또한 그의 지론이었다. 마르키아누스는 연공을 강요하는 무례한 아틸라의 요구에 온건하지만 용기 있는 태도로 응대했다. 황제는 야만족들이 공물 운운하며 더 이상 로마의 위엄을 더럽히도록 용납하지 않겠으며, 동맹국들의 충성에 대해서는 상응하는 관대함으로 보답하겠노라고 전했다. 그러나 국가 간의 화평을 해치려 한다면 자신에게도 그들의 공격을 물리칠 만한 군대와 무력 그리고 결의가 있음을 보여 주겠다고 엄포를 놓았다. 그의 사절 아폴로니우스는 훈족 진영에 황제의 말을 그대로 전했다. 그는 대담하게도 개인 접견을 허락받기 전에 선물을 전달하기를 거부함으로써, 아틸라가 타락한 로마인들에게서 전혀 기대하지 않은

서기 450년, 동서 로마 제국을 위협하고 갈리아 침공을 준비하는 아틸라

1 『프랑스 왕국 창건사』 두 번째 권을 보면, 아틸라의 침공을 받았을 당시 갈리아의 정황이 잘 나와 있다. 그러나 뒤보(Abbé Dubos) 역시 너무 자주 혼동을 일으킨다.

위험을 대수롭지 않게 여기는 용기와 기품을 과시했다. 아틸라는 테오도시우스의 경솔한 후임자를 응징하겠다고 협박했으나, 동로마와 서로마 어느 쪽에 먼저 무력을 쓸지를 놓고 주저했다. 모두가 긴장해서 결단을 기다릴 동안 그는 라벤나와 콘스탄티노플 궁정에 똑같은 도전장을 보냈다. 그의 신하들은 두 황제에게 똑같이 오만한 선언으로 인사를 대신했다.

나의 주인이시며 그대의 주인이기도 한 아틸라 대왕께서 즉시 그분을 맞아들일 궁전을 준비하도록 분부하셨습니다.

그러나 야만족 왕은 이미 여러 번 굴복시킨 바 있는 동로마인들은 멸시했거나 적어도 멸시하는 척했으므로, 곧 좀 더 영광스럽고 중요한 대사업을 성취할 때까지 더 쉬운 정벌은 일단 미루어 두겠다는 결심을 선언했다. 훈족은 갈리아와 이탈리아 침공 당시 그 속주들의 부와 풍요로움에 매료되었다. 그러나 아틸라가 침공에 나선 이유는 발렌티니아누스 치하, 좀 더 정확히 말하자면 아이티우스가 지배하던 서로마 제국의 상황을 살펴보아야 설명이 가능할 것이다.¹

서기 433~454년, 아이티우스의 성격과 통치

경쟁자인 보니파키우스가 죽은 후 아이티우스는 현명하게 훈족의 막사에 숨어 그들의 협조에 힘입어 안전과 재기를 도모했다. 그는 죄를 짓고 추방당한 자답게 용서를 구하기는커녕 야만족 6만 명을 이끌고 돌아와 사면을 요구했다. 황후 플라키디아가 잠시 거부하는 듯한 모습을 보였지만 금세 그를 받아들인 것은 자비로움이 아니라 사실은 나약함과 공포 때문이었음을 드러냈다. 황후는 자신과 아들 발렌티니아누스, 그리고 서로마 제국까지 오만한 신하의 손아귀에 넘겨주었을 뿐만 아니라, 보니파키우스의 양자로 덕망 높고 충성스러운 세바스티아누스[2]도 가혹한 박해로부터 지켜 주지 못했다. 세바스티아누스는 이 나라, 저 나라로 도망쳐 다니다가 결국 반달족 밑에서 비참하게 숨을 거두었다. 아이티우스는 운 좋게도 즉시 명예고관의 지위로 승진하고 집정관의 영예를 세 번이나 누렸을 뿐 아니라, 기병대와 보병대 총사령관의 칭호와 함께 제국의 모든 군사력을 손에 쥐었다. 그리하여 동시대 사가들은 그를 서로마인들의 두크스 또는 장군이라 부른다. 그는 관대함보다는 신중함에서 테오도시우스의 손자가 제위를 유지하도록 내버려 두었다. 그래서 발렌티니아누스는 이 명예고관이 무너져 가는 서로마 제국을 거의 20년 가까이 지탱한 영웅이자 애국자로서 영광을 누릴 동안 이탈리아의 평화와 사치를 즐기도록 허용되었다. 한 고트족 사가는 순진하게도 아이티우스야말로 로마 공화정을 구원하기 위해 태어났다고 공언했다. 그에 대한 다음의 묘사는 온통 칭찬 일색이기는 하지만 아첨보다는 진실 쪽에 가깝다고 보아도 좋다.

그의 어머니는 부유하고 고귀한 이탈리아인이었고, 스키타이의 속주에서 높은 지위에 있었던 아버지 가우덴티우스는 일개 병사의 지위에서 시작해 기병대장의 자리에까지 올라간 인물이었다. 유년 시절부터 수비대의 병적에 이름을 올렸던 그들의 아들은 처음에는 알라리크에게, 다음에는 훈족에게 볼모로 보내졌다. 그는 궁정의 민정과 군정의 영예직을 차례로 손에 넣었는데 그의 탁월한 업적으로 보아 그럴 자격이 충분했다. 아이티우스는 우아한 외모에 키는 중간 정도였으나, 남자다운 육체는 경탄할 만한 힘과 아름다움, 민첩성을 갖추었다. 또한 말을 다루고, 활을 쏘며, 창을 던지는 무예에서도 탁월한 기량

[2] 그가 콘스탄티노플, 시칠리아, 갈리아, 에스파냐, 아프리카 등지에서 겪은 모험은 마르켈리누스와 이다티우스의 연대기에 가볍게 언급되어 있다. 그는 어려운 상황에서도 수많은 무리를 항상 이끌고 다녔으므로, 헬레스폰투스 해협과 프로폰티스, 바르셀로나를 약탈할 수 있었다.

3 이는 동시대의 사가인 레나투스의 표현이다. 레나투스는 의무감, 아니면 적어도 이해관계 때문에 아이티우스의 미덕을 과장한 듯하다. 그러나 그가 인내심 있고 너그러운 성품을 칭찬하지 않았다면 좀 더 그럴듯했을 것이다.

을 자랑했다. 그는 배고픔이나 수면 부족도 참을성 있게 견뎠으며 그의 육체와 정신은 어떤 고난에도 꺾이지 않았다. 그는 위험은 물론이고 부상도 두려워하지 않는 참된 용기를 지녔다. 강인하고 완전무결한 그의 영혼은 그 무엇으로도 타락시키거나, 기만하거나, 위협할 수 없었다.³

서로마 속주에 정착한 야만인들은 서서히 아이티우스의 신념과 용맹을 존경하게 되었다. 그는 그들의 감정을 달래 주었고, 편견을 참작해 주었으며, 이해관계를 조정하여 야심을 억눌렀다. 아이티우스가 가이세리크와 시기적절하게 맺은 조약 덕분에 이탈리아는 반달족의 약탈로부터 보호받을 수 있게 되었다. 독립한 브리튼족도 그의 원조를 간청했다. 갈리아와 에스파냐에서도 황제의 권위가 되살아나고 유지되었다. 그는 프랑크족과 수에비족을 전장에서 굴복시켜 공화국의 쓸모 있는 동맹으로 만들었다.

훈족과 알라니족의 아이티우스와의 관계

감사의 뜻에서는 물론이고 이해관계 때문에서라도 아이티우스는 훈족과의 동맹 관계를 다지는 데 많은 노력을 기울였다. 그는 볼모로 또는 추방자로 그들 막사에 머물던 시절, 은인의 조카인 아틸라와도 격의 없는 대화를 나누곤 했다. 두 유명한 맞수는 개인적으로나 군사적으로나 친분 관계를 맺었던 것으로 보인다. 두 사람은 이후에도 서로 선물을 주고받고 자주 사절을 교환했으며, 아이티우스의 아들 카르필리오를 아틸라의 막사에서 교육시킴으로써 더욱 관계를 다졌다. 아이티우스는 감사의 뜻과 마음에서 우러난 애정을 공공연히 과시함으로써 무시무시한 군사력으로 두 제국을 압박하는 스키타이 정복자에 대한 우려를 감추려 했을 것이다. 아이티우스는 아틸라의 요구 사항 중 일부는 들어주고 일부는 피했다. 아틸라가 한 도시를 정복했다가 전리품들 중 순금제 화병 몇 개를 속아서 빼앗겼다며 반환을 요구한 일이 있었다. 아이티우스는 그의 불평을 해소해 주기 위해 노리쿰의 민정과 군정 관리들을 즉각 파견했다.[4] 서로마 사절들이 대왕의 마을에서 막시미누스와 프리스쿠스가 나눈 대화에서 확인할 수 있는 것은 아이티우스의 용맹과 신중함에도 불구하고 서로마인들 역시 공물을 바치는 치욕을 면하지는 못했다는 사실이다. 그러나 그의 교묘한 수완 덕분에 바람직한 평화를 오래 누릴 수 있었고, 그가 거느린 훈족과 알라니족 대군으로 갈리아를 지킬 수 있었다. 이 야만인들의 식민지들은 발렌시아와 오를레앙의 영토에 위치했다.[5] 그들의 기병대는 론 강과 루아르 강의 중요한 통로를 확보하고 있었다. 사실 국민들 눈에는 이 야만스러운 동맹들 역시 로마의 적들 못지않게 두려운 존재였는데, 그들은 처음 그곳에 정착할 때 무자비한 폭력을 썼다. 또한 그들이 진군한 속주는 적이 침략했을 때 으레 일어나는 재난을 똑같이 다 겪어야 했다. 갈리아의 알라니족은 황제나 공화국 따위는 전혀 알 바 아니었고 아이티우스의 야심을 위해서만 헌신했다. 아이티우스는 그들이 아틸라와 싸워야 할 상황이 온다면 과연 자기 민족의 왕에게까지도 반기를 들고 맞설지는 의심스러웠지만, 고트족, 부르군트족, 프랑크족에 대한 그들의 적의를 부추기기보다는 억누르려고 애썼다.

서고트족이 갈리아 서부 속주에 세운 왕국은 점차 세력을 키우며 안정되어 갔다. 아이티우스는 평화로울 때나 전쟁을 할 때나 이 야심 많은 야만족들의 행동에서 한시도 눈을 떼지 않았다. 발리아가 죽고 난 후 고트족 왕위는 알라리크의 아들

서기 419~451년, 테오도리크 치세하의 갈리아의 서고트족

[4] 이 사절단은 코메스인 로물루스, 노리쿰의 프로모투스, 두크스인 로마누스로 이루어졌다. 같은 속주에 있는 페토비오의 유명한 시민이며 오레스테스의 아버지로, 코메스인 로물루스의 딸과 결혼했던 타툴루스도 그들과 동행했다.

[5] 프로스페루스는 갈리아 오지의 땅이 알라니족에게 할당되었다고 보았다. 뒤보의 정정을 인정하지 않는다면, 알라니족의 두 개의 식민지나 수비대에 대한 합리적인 가정은 그의 주장을 뒷받침하고 반론을 없애 줄 것이다.

테오도리크에게 넘어갔다. 그가 난폭한 국민들을 30년 이상이나 훌륭하게 다스린 점으로 보아 현명한 성품을 뒷받침할 비상한 용맹을 갖추었음을 알 수 있다. 테오도리크는 자신의 좁은 영토에 만족하지 못하고 부유하고 정치와 상업의 중심지인 아를 탐냈으나, 아이티우스가 때맞춰 달려와 도시를 구했다. 다소간 손실과 불명예를 입고 포위를 푼 고트족 왕은 적당한 보상금을 받고 국민들의 호전적인 용맹을 에스파냐 전쟁에 돌리기로 마음을 바꾸었다. 그러나 테오도리크는 여전히 로마와의 전쟁을 재개할 기회를 노리고 있다가 기회가 오자 놓치지 않았다. 고트족은 벨기카 방면의 속주들이 부르군트족에게 침략당한 틈을 타서 나르본을 포위했다. 이쯤 되자 로마의 적들이 손잡고 제국의 안위를 사방에서 위협하는 지경이 되었다. 그러나 아이티우스와 스키타이 기병대는 사방에서 단호하게 성공적으로 반격했다. 부르군트인 2만 명이 전투에서 살육당했다. 나머지는 사보이의 산악 지대로 물러가 종속적인 위치를 군말 없이 받아들였다.[6] 한편 공성용 무기가 나르본의 성벽에 맹공격을 퍼붓는 가운데 주민들은 극도의 기근에 시달리고 있었다. 이때 코메스인 리토리우스가 살금살금 접근해 와 기병대원 한 명당 밀가루 두 포대를 등에 지고 포위군의 참호선을 뚫고 들어갔다. 포위는 곧 풀렸고 아이티우스는 자신의 용맹으로 고트족 8000명을 살해하는 전과를 올렸다. 그런데 어떤 공공의 혹은 개인의 이익이 걸린 일 때문에 이탈리아로 급히 불려가게 되어 리토리우스에게 지휘권을 넘겼다. 그러나 그는 주제넘은 행동으로 기병대의 지휘와 중요한 전투의 작전 지휘에는 전혀 다른 재능이 요구된다는 사실을 입증했다. 그는 적을 얕잡아 보고 경솔하게도 훈족 군대를 이끌고 무모하게 툴루즈 성문으로 진격했다. 그러나 적들은 패배를 겪은 후 신중해졌고 궁지

[6] 사보이의 기원인 '사파우디아이(Sapaudiae)'라는 이름을 처음 언급한 것은 암미아누스 마르켈리누스였다. 『노티티아(Notitia)』에서 그 속주의 경계 안에 두 곳의 군대 주둔지가 있었음을 확인할 수 있다. 도피네의 그르노블에 보병대가 주둔해 있었고, 뇌프샤텔 호를 내려다보는 에브레두눔, 즉 이베르두눔에는 작은 선박들로 이루어진 함대가 있었다.

에 몰려 독이 오른 상태였다. 점쟁이들은 리토리우스에게 고트족의 수도에 개선장군으로 입성하리라는 예언으로 신성 모독적인 자신감을 불어넣었다. 또한 이교도 동맹들을 믿고 테오도리크의 이름으로 주교들이 거듭 제안한 화평 조건들을 물리쳤다. 고트족 왕은 어려움에 처하여 그와는 대조적으로 그리스도교인다운 신앙심과 절도를 보여 주었다. 그의 병사들은 전의와 신심으로 뜨겁게 달아올라 리토리우스 진영의 공격에 나섰다. 전투는 막상막하로 전개되어 양측이 많은 사상자를 냈다. 결국 로마 장군은 자신의 미숙함과 경솔함으로 말미암아 완패하고 말았다. 그는 자기의 개선 행렬이 아니라 적의 개선 행렬 속에 끼어 툴루즈 거리를 끌려가는 신세가 되었다. 그가 길고 치욕스러운 포로 생활 중 겪은 불행은 야만족들한테도 동정을 살 정도였다.7 이미 오래전부터 기력과 재정이 고갈된 나라에게 이런 손실은 치명타가 되는 법이다. 게다가 고트족은 야심과 복수심에 불타고 있었으므로, 아이티우스가 로마인들에게 활력을 불어넣고 군기를 회복시키지 못했더라면 고트족이 론 강변에 승리의 깃발을 꽂았을 것이다. 양측의 군대는 결전의 신호만을 기다렸다. 그러나 서로의 전력을 잘 아는 장군들은 자기편의 우위를 확신할 수 없었으므로, 신중하게 칼을 칼집에 다시 집어넣고 영구적인 화해를 진지하게 결의했다. 서고트족 왕 테오도리크는 국민들의 사랑과 동맹들의 신뢰, 모든 사람의 존경을 한몸에 받을 만한 인물이었던 듯하다. 그의 왕좌를 둘러싼 여섯 명의 용맹스러운 아들들은 야만족 진영과 갈리아에 있는 학교에서 똑같이 세심한 교육을 받았다. 그들은 로마의 법체계를 연구하여 적어도 법과 정의의 이론쯤은 습득했으며, 베르길리우스의 조화로운 시문을 익혀 자기 민족이 타고난 거친 성격을 순화시켰다. 고트족 왕의 두 딸은 에스파냐와 아프

7 살비아누스는 신성의 도덕적 지배에 대해 설명하려는 시도를 했는데, 사악한 자들이 겪는 재난은 심판이고, 올바른 자들이 겪는 것은 시험이라고 가정했다.

리카를 다스리는 수에비족 왕과 반달족 왕의 장남에게 시집갔으나, 이 훌륭한 결연은 죄와 불화의 씨앗이 되었다. 수에비족 왕비는 남편을 자기 형제의 손에 잔인하게 잃고 비탄에 잠겼다. 반달족 왕비는 시아버지라는 질투에 찬 폭군의 희생물이 되었다. 잔인한 가이세리크는 며느리가 자기를 독살하려는 음모를 꾸몄다는 의심을 품고 벌로 그녀의 코와 귀를 잘랐다. 테오도리크의 불행한 딸은 불구의 몸이 되어 수치스럽게 툴루즈의 궁정으로 돌아왔다. 문명화된 시대에서는 생각조차 못할 이 끔찍한 만행에 눈물을 흘리지 않는 자가 없었다. 테오도리크는 부모이자 왕이 된 자의 심정으로 이러한 돌이킬 수 없는 모욕에 복수할 결심을 했다. 황제의 대신들에게 야만족들 간의 불화는 언제라도 환영할 일이었으므로, 이들은 고트족에게 아프리카 전쟁에 쓸 무기와 배와 재물을 제공해 주었다. 간교한 반달족이 막강한 훈족의 힘에 맞서 무기를 들지 않았더라면 가이세리크의 잔인성은 스스로에게 치명적인 결과를 가져왔을 것이다. 그는 막대한 선물과 간절한 호소로 아틸라의 야심을 움직였다. 그리하여 아이티우스와 테오도리크의 계획(아프리카 침공)은 아틸라의 갈리아 침략으로 가로막히고 말았다.[8]

여전히 하(下)라인 강 인근만을 왕국의 경계로 삼고 있던 프랑크족은 현명하게도 메로빙거 왕조의 계승권을 확립했다.[9] 이 군주들은 군 지휘권을 상징하는 둥근 방패 위에 앉아 행진했으며[10] 신분과 존엄의 상징으로 머리를 길렀다. 다른 부족민들은 법이나 관습에 따라 뒷머리는 모두 밀고 남은 머리카락을 이마로 넘겨 빗질한 뒤 두 개의 작은 구레나룻을 기르는 정도로 만족해야 했지만, 왕은 아마 빛머리 타래를 공들여 빗질하고 다듬어 어깨와 등으로 굽이치도

[8] 테오도리크 1세의 통치에 대한 권위 있는 기록을 보려면 이다티우스의 연대기, 프랑스의 역사가들의 책 속에 삽입된 프로스페루스의 글 두 편을 볼 것. 여기에 시도니우스가 쓴 아비투스에 대한 찬양문을 추가해도 좋다.

[9] 그레고리우스 자신이 메로빙거의 이름을 언급하지는 않지만, 이 가문뿐 아니라 프랑스 왕조의 이름까지도 7세기 초까지 추적할 수 있다. 한 사가는 메로빙거라는 이름이 위대한 마로보두우스(Maroboduus)에서 나왔다고 추정했다. 그는 최초의 종족에게 자기 이름을 준 왕이 힐데리크의 선조보다도 더 오래되었음을 분명히 입증했다.

[10] 타키투스에서 투르의 그레고리우스까지 거슬러 올라가는 이 게르만 관습은 마침내 콘스탄티노플의 황제들에게도 받아들여졌다. 몽포콩(Montfaucon)은 10세기 필사본에서 비슷한 의식의 재현을 묘사했는데, 그 시대에 대해 무지했던 탓에 이를 다윗 왕의 것으로 오인했다.

서기 420~451년,
메로빙거 왕조
치세하의 갈리아의
프랑크족

340

록 늘어뜨렸다. 프랑크족의 큰 키와 푸른 눈은 그들이 게르만족 혈통이라는 표시였다. 그들은 몸에 꼭 맞는 의복으로 몸매를 그대로 드러냈고 무거운 칼을 넓은 벨트에 매달고 커다란 방패로 몸을 보호했다. 이 호전적인 야만족들은 어린 시절부터 달리고, 뛰어넘고, 헤엄치고, 창이나 전투용 도끼를 정확하게 던지고, 자기보다 강한 적에게도 주저 없이 덤벼들고, 살아서나 죽어서나 무적이라는 조상들의 명성을 지키도록 훈련받았다.11 머리를 기른 왕들 중 최초로 정사에 이름과 행적이 언급된 클로디온은 루뱅과 브뤼셀 사이로 추정되는 디스파르굼12에 한 마을 혹은 요새인 거처를 정했다. 프랑크족 왕은 벨기카 제 2지역이 무방비 상태에 있으므로 가벼운 공격에도 굴복할 것이라는 첩자들의 보고를 받았다. 그는 대담하게도 카르보나리아 숲의 덤불과 습지를 뚫고 들어가13 5세기경 이 지역에 두 개밖에 없던 도시인 투르네이와 캄브레이를 점령하고 훨씬 나중에야 경작과 정착이 이루어진 황량한 지역 너머 솜므 강까지 영토를 확장했다. 클로디온이 아르투아 평원에14 진을 치고 안전을 과시하며 아들의 결혼 축하연을 치르고 있었는데, 이때 아이티우스가 예고 없이 경무장한 기병대를 이끌고 솜므 강을 건너 쳐들어와 잔치를 난장판으로 만들었다. 아름다운 시냇가를 따라 언덕 아래 펼쳐진 식탁들은 거칠게 뒤집혔다. 프랑크족은 미처 무기를 들고 대열을 정비하기도 전에 제압당했으며, 헛된 용맹은 그들 자신의 생명을 빼앗아 갔을 뿐이었다. 그들의 행군 대열을 따르던 짐을 가득 실은 마차들은 풍성한 전리품이 되었고, 막 결혼한 새 신부는 시녀들과 함께 운명에 따라 야수 같은 남자들에게 희생되었다. 아이티우스의 능력과 활약으로 거둔 이 승리는 클로디온의 군사적 능력에 오점을 남겼다. 하지만 프랑크족 왕은 곧 힘과 명성을 회복하고 라인 강에

11 시도니우스 아폴리나리스의 기록에서 고대 프랑크인들의 외모, 의복, 무기, 기질에 대한 묘사를 볼 수 있다. 이런 묘사는 조악하기는 해도 참된 고유의 가치를 지니고 있다.

12 어떤 지리학자들은 디스파르굼의 위치를 라인 강의 독일 쪽으로 보기도 한다.

13 카르보나리아 숲은 아르덴 대삼림의 일부로 에스코 강과 뫼즈 강 사이에 있다.

14 정확한 장소는 헬레나로 불리는 마을이었다. 이 이름과 장소는 랜스에서 현대의 지리학자들에 의해 발견되었다.

15 프랑스 사가들은 갈리아에 자신들의 왕조를 세우고 싶은 초조한 마음에, 시도니우스가 침묵을 지켰다는 사실을 강력한 증거로 끌어댔다. 그는 패배한 프랑크족이 라인 강을 다시 건너야만 했다는 암시를 준 일이 없다.

16 살비아누스는 모호하고 선언적인 어조로 이 세 도시의 불행을 설명했는데, 학식 높은 마스코우(Mascou)가 이를 명백한 사실로 확인해 주었다.

17 프리스쿠스는 두 형제의 다툼을 설명하면서 그들의 이름은 밝히지 않았다. 그중 동생은 그가 로마에서 본 일이 있었는데, 긴 머리를 늘어뜨리고 수염도 나지 않은 젊은이였다. 베네딕트파 편집자들은 그들이 네케르 강변 지대를 통치한 이름이 알려지지 않은 프랑크족 왕의 아들들이었다고 믿고 싶어한다. 그러나 퐁스마뉴(M. de Foncemagne)의 주장은 클로디온의 후계 자리를 놓고 두 아들이 다투었으며, 동생인 메로베우스가 힐데리크의 아버지임을 입증하는 듯 보인다.

18 메로빙거 일족 아래에서 왕위는 세습되었으나 사망한 군주의 아들들 모두가 똑같이 그의 재산과 영토를 받을 권리가 있었다.

19 아우구스타의 칭호를 받고 기뻐하는 호노리아의 모습을 보여 주는 메달이 아직도 남아 있다.

서 솜므 강까지 갈리아 왕국의 패권을 유지했다.15 그의 통치 아래에서 멘츠, 트레브, 콜론은 잔인하고 탐욕스러운 적의 시달림을 받았다. 같은 야만족들이 계속해서 통치하면서 콜론의 고난은 끝날 줄 몰랐다. 그 야만족들은 폐허가 된 트레브에서 철수했지만 40년 동안 네 번이나 포위 공격과 약탈을 겪은 시민들은 대경기장의 부질없는 오락에 빠져 고통스러운 기억을 잊으려 애썼다.16 클로디온이 20년에 걸친 통치 끝에 사망하자 두 아들은 불화와 야심으로 왕국을 혼란에 빠뜨렸다. 동생 메로베우스는17 로마에 보호를 요청하자는 설득에 넘어갔다. 그래서 황제의 궁정에서 발렌티니아누스의 동맹자로, 귀족인 아이티우스의 양자로 대접받았다. 그는 훌륭한 선물과 함께 굳은 우정과 지지를 약속받고 고국으로 돌아왔다. 그가 없을 동안 형은 동생 못지않게 열렬히 아틸라의 강력한 원조를 요청했다. 훈족 왕은 라인 강을 통행하기 쉬워질 뿐 아니라, 갈리아의 침공을 정당화할 영예롭고 그럴듯한 구실을 얻을 수 있다는 점에서 동맹 관계를 받아들였다.18

호노리아 공주의 모험

아틸라는 동맹인 반달족과 프랑크족의 대의를 지지한다는 결심을 선언하는 동시에, 낭만적인 기사라도 되는 양 호노리아 공주의 연인이자 보호자를 자처하고 나섰다. 발렌티니아누스의 누이(호노리아)는 라벤나 궁정에서 교육을 받았는데 그녀의 결혼이 나라를 위태롭게 할 수도 있었으므로, 아무리 뻔뻔한 신하라도 함부로 넘보지 못하도록 '아우구스타'의 칭호가 내려졌다.19 그러나 아름다운 호노리아는 열여섯 살이 되자 자신에게 고귀한 사랑의 기쁨을 영원히 빼앗아 버린 성가신 지위를 증오하게 되었다. 호노리아는 아무짝에도 쓸모없고 불만스럽기만 한 허식으로 가득 찬 생활 속에서 탄식하다가 욕망에 굴복하여 시종장인 에우게니우스의 팔에 자신을 내던졌다. 그녀의 죄와 수치(이것은 오만한 남자의 어리석은 표현이다.)는 임신의 징후가 나타남으로써 곧 탄로났다. 황후 플라키디아는 경솔한 언행으로 황족의 불명예를 만천하에 공개했다. 그녀는 딸을 엄격하고 치욕스러운 감금 상태에 두었다가 콘스탄티노플로 추방했다. 불행한 공주는 테오도시우스의 누이들과 그들이 선택한 시중드는 처녀들하고만 교제하면서 12년 내지 14년의 세월을 보냈다. 호노리아는 그 처녀들과 같은 영광을 바랄 처지도 아니면서 기도와 단식, 철야로 채워진 그들의 열성적인 금욕 생활을 억지로 따라해야 했다. 길고 희망 없는 금욕 생활에 넌더리가 난 그녀는 기이하고 절망적인 결심을 하기에 이르렀다. 아틸라의 이름은 콘스탄티노플에서 익숙하면서도 공포를 자아내는 것이었다. 그가 파견하는 사절들은 그의 막사와 황제의 궁정 사이를 끊임없이 오갔다. 플라키디아의 딸은 사랑을 갈구해서가 아니라 복수심에서 모든 의무와 선입관을 버리고 자기가 알지도 못하는 언어를 쓸 뿐 아니라 인간 같지도 않은 외모에 혐오스러운 종교와 관습을 지닌 이 야만인의 손에 자신을 맡기기로 했다. 한 충실한 환관의 도움으로 그녀는 아틸라에게 애정의 증표로 반지를 전해 주고 자신을 비밀 약혼한 적법한 배우자로 요구해 달라고 간청했다. 이러한 점잖지 못한 접근은 냉담하고 경멸스러운 태도로나마 받아들여졌다. 훈족 왕은 아내의 숫자를 계속해서 늘려 왔으나, 애정보다 더 강력한 감정인 탐욕과 야심에 마음이 동했다. 그는 공주 호노리아를 황제의 세습 재산 가운데 정당하고 동등한 몫과 함께 공식적으로 요구한 뒤, 이를 빌미로 갈리아를 침공했다. 그의 선조들인 고대의 선우(Tanjou)들도 똑같이 적대적이고 위압적인 태도로 중국의 공주들을 자주 요구하곤 했다. 아틸라의 요구는 그 못지않게 로마의 존엄을 모욕하는 것이었다. 그의 사절들에게 온건하지만 단호한 거절의 뜻이 전달되었다. 사절들은 플라키디아와 풀케리아의 최근 예를 들어 여성의 상속권에 대한 그럴듯한 주장을 폈으나 단호하게 거부당했다. 또한 로마 궁정은 호노리아가 이미 다른 사람과 확고한 혼약을 맺었음을 들어 스키타이인 애인의 요구를 물리쳤다.[20] 훈족 왕과의 관계가 발각되자 죄인이 된 공주는 증오의 대상이 되어 콘스탄티노플에서 이탈리아로 쫓겨났다. 그녀는 목숨은 구했지만 이름 모를 남성과 허울뿐인 혼례를 치른 후 영원히 유폐되어, 황제의 딸로 태어나지 않았더라면 겪지 않았을 죄와 불행을 탄식하며 여생을 보내야 했다.[21]

[20] 여성들이 제위를 계승할 수 있다면 테오도시우스 2세의 딸이자 상속녀와 결혼한 발렌티니아누스 본인이 동로마 제국에 대한 권리를 주장할 수 있다는 가정도 근거가 있다.

[21] 호노리아의 이야기는 요르난데스, 프로스페루스, 마르켈리누스의 연대기에 불완전하게 전해지고 있다. 그러나 일관성과 개연성을 가지려면 에우게니우스와의 밀통과 아틸라를 불러들인 일을 다른 시기에 각기 다른 장소에서 일어난 것으로 보아야 한다.

서기 451년, 갈리아를 침공하고 오를레앙을 포위 공격한 아틸라

갈리아 주민이었던 학식 높은 웅변가 시도니우스는 나중에 클레르몽의 주교가 되었던 인물로, 아틸라의 전쟁에 관한 균형 잡힌 역사서를 쓰겠다고 친구와 약속한 바 있었다. 그러나 시도니우스는 겸손 때문에 이러한 흥미로운 작업을 실행에 옮기기를 단념했다. 그렇지 않았더라면 시인답게 모호하고 의심스러운 은유로 압축해서 암시해 놓은 기념비적인 사건들을 역사가로서 사실적으로 단순 명쾌하게 설명했을 것이다. 볼가 강에서 도나우 강까지 게르만과 스키타이의 왕과 부족들은 아틸라의 부름에 따랐다. 헝가리 평원에 있는 왕의 마을에서 그의 깃발이 서로마를 향해 출정했다. 그는 700~800마일을 진군한 끝에 라인 강과 네케르 강이 만나는 지점에 도착하여, 그곳에서 동맹인 클로디온의 장남이 이끄는 프랑크족과 합류했다. 약탈할 대상을 찾아 주변을 배회하는 경무장한 야만족 군대라면 얼음이 얼어 강을 건너기 쉬운 겨울을 택했겠지만, 훈족의 대규모 기병대는 많은 양의 마초와 군량을 얻기 위해 더 따뜻한 계절을 택해야 했다. 헤르시니아 대삼림에서 선교(船橋)를 만들 자재를 얼마든지 구할 수 있었다. 그리하여 무수히 많은 적군이 파죽지세로 벨기카 속주들로 쳐들어오자[22] 갈리아 전체가 경악에 빠졌다. 이때 갈리아의 도시들이 겪은 기구한 운명은 수많은 순교자들과 기적들에 대한 전설을 낳았다.[23] 트루아는 성 루푸스의 도움으로 구원받았으며, 성 세르바티우스는 통그르의 멸망을 보지 않도록 그 전에 세상을 떴다. 성 쥬느비에브는 기도를 통해 아틸라의 진군 방향을 파리 인근에서 돌려 놓았다. 그러나 갈리아의 도시들은 대부분 성자도 군대도 없었으므로 훈족에게 포위되어 맹공격을 받았다. 한 예로 훈족은 메츠[24]에서 전투를 할 때 그들이 관습으로 삼고 있는 원칙을 실행에 옮겨, 제단에서 일하던 신부들과 위험이 닥치자 미리 주교의 영세를 받은 유아들까지 무차별로 학살했다. 번영을 누리던 도시는 화염에 휩싸였고 사도 스테판의 성당만이 홀로 남아 도시가 있던 자리임을 알려 주었다. 아틸라는 라인 강에서 모젤 강까지 갈리아의 심장부를 향해 진군하여 오세르에서 센 강을 건너 길고 고된 행군 끝에 오를레앙 성벽 밑에 진을 쳤다. 그는 루아르 강의 물길을 내려다보는 유리한 고지를 손에 넣음으로써 승기를 굳히고 싶었다. 그래서 알라니족 왕인 상기바누스가 도시를 배반하고 제국에 대한 봉사를 저버리겠다고 약속하며 몰래 불러들이자 이에 응했다. 그러나 이 반역 음모는 사전에 발각되어 실패로 끝났다. 또한 오를레앙은 최근에 요새를 쌓아 방어를 강화해 둔 상태였다. 오를레앙을 지키는 병사들과 시민들은 충성스러운 용기로 훈족의 습격을 격퇴했다. 초기 성직자들의 거룩함과 최고의 현명함을 갖춘 아니아누스는 성직자다운 헌신성을 발휘해 모든 종교적 수단을 동원하여 구원의 손길이 도착할 때까지 그들의 용기를

[22] 이 전쟁에 대한 가장 믿을 만하고 자세한 설명은 요르난데스의 책에 있는데, 그는 카시오도루스의 더 방대한 역사를 때로는 요약하고 때로는 전재했다. 요르난데스의 인용문은 너무 장황해서 되풀이할 필요가 없을 정도이다. 투르의 그레고리우스, 이다티우스, 이시도르, 두 명의 프로스페루스의 연대기로 이를 수정하고 예증할 수 있다. 프랑스의 역사가들은 모든 고대의 증언을 수집하고 삽입해 두었으나, 이다티우스 연대기의 초록은 갈리시아 주교의 기록과 모순되는 경우가 많으므로 주의해야 한다.

[23] 고대의 전설집은 우화와 그 시대의 실제 역사를 연결시켰다는 점에서 주목할 가치가 있다.

[24] 뷔아(Count de Buat)의 회의주의는 이성이나 비판의 원칙 중 어떤 것과도 어울리지 않는다. 메츠시 파괴에 대한 투르의 그레고리우스의 설명은 정확하고 확실하지 않은가? 채 백 년도 지나지 않았는데 아우스트라시아의 왕들의 실제 거주지였던 도시의 운명을 국민들이 모를 수가 있단 말인가?

북돋았다. 치열한 포위 공격 끝에 공성용 무기에 맞은 성벽이 흔들리기 시작했다. 훈족은 이미 시의 외곽 지역을 점령한 상태였다. 무기를 들 수 없는 시민들은 땅에 엎드려 기도를 올렸다. 아니아누스는 날짜와 시간을 근심스럽게 헤아려 보고 믿을 만한 사자를 보내 성벽 위에서 멀리 벌판 끝의 상황을 관찰하고 오도록 했다. 사자는 두 번을 다녀왔으나 희망이나 위안이 될 조짐은 아무것도 가져오지 못했다. 그러나 세 번째 보고에서, 그는 지평선 끝자락 멀리에서 희미하게 작은 먼지구름을 보았다고 말했다. "이것이야말로 신의 도우심이다!" 주교가 경건하게 확신에 가득 찬 목소리로 부르짖었다. 모든 군중이 그의 말을 받아 되풀이했다. "신의 도우심이다." 모두가 눈을 떼지 않고 바라보는 가운데 멀리 먼지구름은 시시각각 커지고 뚜렷해져서, 점차 로마군과 고트군의 기를 알아볼 수 있게 되었다. 순풍이 먼지를 날려 보내자 겹겹이 대열을 짜고 오를레앙을 구하러 달려온 아이티우스와 테오도리크의 군대가 모습을 드러냈다.

로마인들과 서고트족의 동맹

아틸라가 그렇게 쉽게 갈리아의 심장부까지 뚫고 들어올 수 있었던 것은 그의 무시무시한 무력 때문이기도 하지만, 한편으로는 그의 교활한 수완 덕이기도 했다. 그는 앞에서 선언한 내용을 뒤에서는 말을 바꾸어 교묘하게 상대의 마음을 누그러뜨렸다. 그는 로마와 고트족을 번갈아 달래고 위협함으로써, 라벤나와 툴루즈의 궁정은 서로 상대의 의도를 의심한 나머지 공동의 적이 다가오는데도 수수방관했다. 아이티우스만이 국가의 안전을 지키는 유일한 수호자였으나 그의 대책이 아무리 현명해도 플라키디아가 사망한 이후 궁정을 뒤흔든 내분 앞에서는 힘을 쓸 수가 없었다. 게다가 이탈리아의 젊은이들은 나팔 소리만 들어도 겁을 내며 사시나무 떨 듯 떤데 비해 공포심에서든 애정에서든 아틸라를 지지하는 야만족들은 좀 미심쩍기는 해도 돈을 벌 수 있으리라는 믿음에서 전쟁이 일어나기만을 기다렸다. 아이티우스는 약간의 군대를 이끌고 알프스를 넘었지만, 그들의 전력과 숫자는 군대라고 부르기에도 민망할 정도였다. 아를 또는 리옹에 도착했을 때는 서고트족이 갈리아의 방어 임무를 거부하고 그토록 경멸한다던 침략군을 자기들의 영토 내에 받아들이기로 결정했다는 소식을 듣고 당황했다. 그리하여 민정 총독직을 영예롭게 수행한 뒤 오베르뉴에 있는 자신의 영지에 은거하고 있던 원로원 의원 아비투스에게 중대한 사명을 맡겼는데, 아비투스는 자신의 재능을 발휘하여 그 일을 성공적으로 수행했다. 아비투스는 테오도리크에게 갈리아 전 지역을 지배하려는 야심에 찬 정복자를 막는 길은 그 정복자가 있는 힘을 다해 억누르려 하는 강국들이 일치단결하는 것뿐이라고 설득했다. 그는 생생한 열변으로 고트족의 조상들이 훈족으로부터 받은 피해를 묘사하며 훈족의 무자비한 광포성이 지금도 도나우 강에서 피레네 산기슭까지 그들의 뒤를 쫓고 있지 않느냐며 고트족 전사들을 자극했다. 아비투스는 신의 교회와 성자들의 유물을 모욕적으로 유린당할 위기에서 구해 내는 것이 모든 그리스도교도의 의무라고 설득했다. 또한 갈리아에 정착한 야만족으로서 이해득실을 따져 보아도 그들을 위하여 경작되는 토지와 포도밭을 짓밟으려는 스키타이 양치기들에 맞서 싸워야 한다고 강력히 주장했다. 테오도리크는 움직일 수 없는 사실을 증거로 내놓는 데 설복당하여 가장 현명할 뿐 아니라 가장 영예로운 조치를 택하기로 했다. 그는 아이티우스와 로마인들의 충성스러운 동맹으로서 갈리아의 안전을 위해 자신의 생명과 왕국을 기꺼이 바치겠노라고 선언했다.[25] 당시 명

[25] 아틸라, 아이티우스, 서고트족의 정책은 아비투스의 찬양문과 요르나데스의 책 36장에 불완전하게 기술되어 있다. 시인과 역사가 양쪽 모두 개인적인 또는 민족적인 선입견을 가지고 있다. 전자는 아비투스의 업적과 중요성을 찬양하고 있다. 후자는 고트족을 가장 훌륭하게 그리려고 안달이다. 그러나 그들을 공정하게 해석해서 일치하는 부분이 그들의 진실성을 입증한다.

성에서나 전력에서나 절정기를 구가하던 서고트족은 전투 신호를 따라 민첩하게 무기와 말을 준비하고 왕의 깃발 아래 모였다. 고령의 왕도 큰아들 토리스몬드와 둘째 아들 테오도리크와 함께 몸소 용맹스러운 대군을 지휘하기로 했다. 고트족을 본받아 훈족과 로마인들 사이에서 갈팡질팡하던 몇몇 부족과 민족들도 의사를 결정했다. 아이티우스는 지칠 줄 모르는 열성으로 갈리아와 게르마니아의 군대를 끌어들였다. 그들은 예전에는 공화국의 국민이자 병사를 자임했지만, 이제는 독립적인 동맹으로서의 위치와 자발적인 봉사에 대한 대가를 요구했다. 그들은 라에티족, 아르모리카족, 브레오네족, 색슨족, 부르군트족, 사르마티아족, 알라니족, 리푸아리족, 그리고 메로베우스를 적법한 군주로 세운 프랑크족이었다. 이렇게 다양한 군대가 아이티우스와 테오도리크의 지휘를 받아 오를레앙을 구출하고 아틸라의 대군과 일전을 벌이기 위해 신속하게 진군에 나섰던 것이다.[26]

26 아이티우스의 군대는 요르난데스가 개관했다. 라에티족은 갈리아에서 태어났거나 귀화한 야만족들이 마구 뒤섞인 부족이었다. 리푸아리족은 세 개의 강, 즉 라인 강, 뫼즈 강, 모젤 강에 있는 군대 주둔지에서 이름을 따왔다. 아르모리카족은 센 강과 루아르 강 사이에 독립된 도시들을 소유하고 있었다. 색슨족의 이민단은 바이외 교구에 정착했으며 부르군트족은 사보이에 정착했다. 브레오네족은 콘스탄스 호 동쪽에 있는 라에티아의 호전적인 부족이었다.

27 오를레앙이 지켜진 것은 신앙심 깊은 주교가 예언대로 성취한 기적으로 쉽게 돌릴 수도 있을 것이다.

샹파뉴 평원으로
퇴각하는 아틸라

훈족 왕은 그들이 진군해 오자 즉시 포위망을 풀고 이미 도시에 들어가 약탈에 빠져 있던 선봉대에 퇴각 명령을 내렸다.[27] 아틸라는 항상 용맹을 떨치면서도 신중을 잊지 않는 인물이었던만큼, 갈리아 심장부에서 패배했을 경우의 치명적인 결과를 예견했다. 그래서 센 강을 다시 건너 스키타이 기병대가 작전을 펼치기에 좋은 평탄한 땅인 샬롱의 평원에서 적을 기다렸다. 그러나 어수선하게 후퇴하는 가운데 로마인들과 동맹들의 선봉 부대가 아틸라의 후방 부대에 끊임없이 압박을 가하면서 때때로 전투를 벌였다. 그들은 밤의 어둠 속에서 길을 헤매다가 뜻하지 않게 마주치기도 했다. 1만 5000명의 야만족들이 살해된 프랑크족과 게피다이족의 혈전은 더 전면적이고 결정적인 전투의 서곡이었다. 샬롱 주위에 펼쳐진 카탈라우눔 평원은[28] 요르난데스가 대강 어림한 바에 따르면, 길이 150마일, 폭 100마일로 샹파뉴 지역으로 불리는 넓은 땅에 걸쳐 뻗어 있었다.[29] 그러나 이 광활한 평원은 지면의 기복이 심하기로 유명한 곳이었다. 양측 장군들은 아틸라의 진영을 내려다볼 수 있는 고지를 점령하는 일이 얼마나 중요한가를 깨닫고 이를 차지하려고 겨루었다. 젊고 용맹스러운 토리스몬트가 먼저 정상을 점령했다. 고트족은 반대쪽에서 올라오려는 훈족을 저항할 수 없을 만치 거세게 짓눌렀다. 이렇게 유리한 고지를 손에 넣고 병사들과 지휘관들 모두 승리의 확신에 부풀어오른 것도 무리가 아니었다. 아틸라는 불안감에 빠져 황급히 신관들과 복점관들을 불러 조언을 구했다. 그들이 희생자의 창자를 조사하고 뼈를 긁어내 보니, 아틸라의 패배와 그의 적들 중 중요한 인물의 죽음을 알리는 점괘가 나왔다. 점괘를 본 아틸라는 내키지는 않지만 이를 받아들여 아이티우스의 우월함에 대해 존경의 뜻을 표했다고 한다. 그러나 훈족 사이에서 전에 없이 깊은 절망감이 번져 나가고 있었으므로, 아틸라는 고대 장군들이 잘 썼던 방법대로 병사들에게 연설을 함으로써 활기를 붙어넣으려 했다. 그는 그들의 선두에 서서 많은 전투를 치르고 정복을 거두어 온 왕으로서 호소했다.[30] 그는 병사들에게 과거의 영광과 현재의 위험, 그리고 미래의 희망을 상기하도록 촉구했다. 무기도 없이 스키타이의 사막과 습지에서 용맹을 떨치며 수많은 호전적인 민족들을 발밑에 꿇어 엎드리게 했던 그들의 운명이 다시 한 번 최고의 승리를 위해 이 기념비적인 전장에서 누릴 환희를 준비해 둔 것이며, 적들의 신중한 움직임, 굳은 동맹, 유리한 입지 등은 신중함이 아니라 공포심에서 나온 결과라고 교묘하게 바꾸었다. 적군들 중에서 싸워 볼 만한 자

[28] 샬롱 또는 카탈라우눔은 나중에 카탈라우니가 되었는데, 예전에는 거기에서 27마일밖에 떨어져 있지 않은 랭스 지역의 일부였다.

[29] 캄파니아 또는 샹파뉴라는 이름은 투르의 그레고리우스가 종종 언급했다. 랭스가 수도인 이 훌륭한 속주는 두크스의 명령에 복종했다.

[30] 이 연설들은 보통 역사가들이 썼다는 사실을 알 수 있다. 그러나 아틸라 밑에서 봉사했던 한 동고트족 노인은 카시오도루스에게 그가 한 연설을 되풀이해 줄 수 있었는데, 그의 사상뿐 아니라 표현까지도 스키타이족 고유의 색채를 띠고 있었다.

들은 서고트족뿐이며, 훈족이 마음만 먹으면 타락한 로마인들은 짓밟아 버릴 수 있다고 했다. 아틸라는 로마인들의 밀집 대형은 그들의 두려움을 보여 주는 것이며, 그들은 전투의 위험이나 피로를 견딜 힘이 없음을 강조했다. 훈족 왕은 군인의 미덕을 북돋우기에 안성맞춤인 운명론을 거듭 설파했다. 그는 하늘의 보호를 받는 전사들은 비오듯 쏟아지는 적들의 화살 속에서도 털끝 하나 다치지 않고 안전할 수 있으나, 절대 실수하는 법이 없는 운명의 여신은 불명예스러운 평화 속에서 편하게 살고 있는 자들을 반드시 희생시키고 만다는 확신을 심어 주었다. 아틸라는 계속 말을 이었다.

짐이 몸소 첫 번째 창을 던지겠노라. 군주의 모범을 따르지 않는 자는 죽음을 면치 못할 것이다.

야만족들의 기개는 무적의 지도자의 존재, 목소리, 본보기에 다시 불타올랐다. 아틸라는 그들의 성화에 따라 즉시 전투 대형을 짰다. 그는 용감하고 충성스러운 훈족의 선두에 서서 몸소 대열 중앙에 자리를 잡았다. 그의 제국에 복속된 민족들, 루기아족, 헤룰리족, 튀링기아족, 프랑크족, 부르군트족 등이 광활한 카탈라우눔 평원에 전투 대형을 펼쳤다. 게피다이족 왕인 아르다리크가 우익을 맡았으며, 동고트족을 지배하는 용맹스러운 삼형제가 친족인 서고트족에 맞서 왼편에 배치되었다. 이에 비해 동맹군은 다른 원칙에 따라 배치되었다. 신뢰할 수 없는 알라니족 왕인 상기바누스를 중앙에 배치하였는데, 그의 움직임을 엄중히 감시하여 배신 행위를 할 경우에는 즉각 처벌하기 위해서였다. 아이티우스는 좌측, 테오도리크는 우측의 지휘를 맡았고, 토리스몬트는 스키타이 군대의 측면과 후방까지

덮칠 수 있는 고지를 계속 사수했다. 볼가 강에서 대서양까지의 여러 민족들이 샬롱 평원에 모인 셈이었다. 그러나 이 민족들 가운데 상당수가 내분이나 정복, 이민 등으로 분열된 상태였으므로, 비슷한 무기와 깃발이 서로를 위협하는 모습은 내전의 양상을 방불케 했다.

그리스인들과 로마인들의 규율과 전법은 그들 민족의 관습 중에서도 흥미로운 부분을 이룬다. 크세노폰이나 카이사르, 또는 프리드리히의 군사 작전은 이를 구상하고 실행한 천재들 자신이 직접 기록한 만큼, 주의 깊게 연구한다면 인류를 파괴하는 기술을 진보시킬 수 있을지도 모른다.(이런 진보가 바람직한 것이라 할 수 있다면.) 그러나 샬롱 전투는 야만족들의 맹목적인 성급함으로 촉발되었고, 군사 관계의 일에 대해서는 무지한 민간인이나 성직자 출신의 편파적인 사가들의 손으로 기술되었으므로, 여기서 우리의 호기심을 끄는 것은 방대한 규모뿐이다. 그러나 카시오도루스는 이 기념비적인 전투에 참전했던 고트족 전사 여러 명과 나눈 깊이 있는 대화에서 다음과 같은 사실을 알아냈다.

샬롱 전투

전투는 격렬했고 다양한 양상으로 전개되었다. 양측이 한 치의 물러섬도 없는 혈전을 벌였다. 과거에도 당대에도 이와 견줄 만한 것은 없을 것이다.

전사자들의 수가 16만 2000명을 헤아렸고 다른 계산에 따르면 30만 명에 달했다고도 한다. 믿기 힘든 과장이지만 이를 통해 실제의 손실을 대략이나마 가늠할 수 있다. 이 정도 숫자라면 왕들의 광기로 한 시간 만에 한 세대 전체를 소멸시킬 수도 있

31 뷔아는 여전히 잘못된 기록에 의지해 진실을 거부하고 있다. 이다티우스는 아틸라의 패배를 두 번의 대전투로 나누고 있다. 첫 번째는 오를레앙 근처에서였고 두 번째는 샹파뉴 근처에서였는데, 첫 번째 전투에서는 테오도리크가 살해되었고 두 번째 전투에서 그의 죽음에 대해 복수했다.

다는 한 역사가의 말도 과장이라 할 수 없다. 전투는 화살과 투창을 서로 수차례 주고받으면서 시작되었고 스키타이 궁사들이 더 뛰어난 솜씨를 과시했다. 그런 다음 양군의 기병대와 보병대가 격렬하게 맞붙어 백병전을 벌였다. 왕이 지켜보는 가운데 훈족은 동맹군의 허약한 중심부를 뚫고 들어가 좌우 날개를 갈라놓고, 빠르게 움직여 왼쪽으로 선회하면서 서고트족을 향해 전 병력을 돌렸다. 테오도리크는 말을 타고 대열 사이를 달리면서 군대를 격려하다가 동고트의 귀족인 안다게스의 일격에 말에서 떨어졌다. 부상당한 왕은 일대 혼란 속에서 일어나지 못하고 자기 기병대의 말발굽에 짓밟혔다. 그의 죽음으로 복점관들의 애매모호한 예언이 의미하는 바가 밝혀졌다. 아틸라는 벌써 승리를 확신하고 만면에 희색을 띠었으나, 이때 용감한 토리스몬트가 언덕에서 내려와 나머지 예언을 사실로 입증했다. 서고트족은 알라니족의 탈주와 배신으로 한때 혼란에 빠지기도 했으나 서서히 전열을 회복했다. 아틸라가 퇴각하지 않을 수 없게 되자 훈족은 의심의 여지없이 패배했다. 아틸라는 일개 병사처럼 무모하게 자신을 위험에 노출시켰으나, 중앙의 용감한 군대가 대열 바깥쪽까지 밀고 나갔다. 그들의 공격에 대한 지원은 미약했고 측면도 무방비 상태였으나, 어둠이 내려 스키타이와 게르마니아의 정복자들은 간신히 완패를 면할 수 있었다. 그들은 진영 주변에 마차를 둘러쳐 만든 요새 안으로 퇴각했다. 말에서 내린 기병대는 그들의 무기에나 기질에나 맞지 않지만 방어전을 준비했다. 전쟁의 승패는 불확실했으나, 아틸라는 최후의 영예로운 수단을 각오하고 기병대의 안장과 화려한 마구들을 모아 장작더미에 쌓아 놓도록 명령했다. 그는 만일 참호가 무너진다면 불 속에 몸을 던져 적들이 자신을 죽이거나 생포하는 영광을 얻지 못하게 할 결심이었다.[31]

그러나 그의 적들 역시 혼란과 불안 속에서 밤을 보냈다. 토리스몬트는 무모하게 용기만 앞세워 추격을 계속하다가 결국 예기치 않게 몇 명의 수행원들만 거느리고 스키타이의 마차들 속에 포위되었다. 한밤중의 혼전 속에서 그는 말에서 떨어졌다. 고트족 왕자가 젊어서 기운이 좋고 용감한 동반자들이 그를 위험에서 구했으니 망정이지, 하마터면 자기 아버지와 똑같은 죽음을 맞을 뻔했다. 아이티우스도 똑같은 식으로 대열 왼편에서 동맹군들로부터 떨어져 나왔다. 그는 자기편이 승리한 사실도 모르고 앞으로의 운명을 걱정하던 중, 샬롱 평원에 흩어져 있던 적군들과 마주쳤다가 겨우 탈출했다. 그는 간신히 고트족 진영에 닿아 날이 밝을 때까지 방패들을 방벽 삼아 방어했다. 황제의 장군은 곧 아틸라가 패배한 사실을 알고 기뻐했다. 아틸라는 아직도 참호 안에 꼼짝도 않고 처박혀 있었다. 아이티우스는 피비린내 나는 현장을 두루 살펴보고 주로 야만족들 쪽의 피해가 컸다는 사실에 내심 만족했다. 테오도리크의 유해는 영광스러운 상처투성이가 된 채로 전사자들의 시체 더미 아래에서 발견되었다. 그러나 그들의 눈물은 노랫소리와 환호로 뒤범벅되었다. 그들은 패배한 적의 면전에서 장례식을 거행했다. 고트족은 무기를 부딪쳐 요란하게 울리면서 그의 장남 토리스몬트를 방패 위에 떠받쳐 승리의 영광을 돌렸다. 새로운 왕은 복수의 의무를 상속받은 왕위에 따르는 신성한 몫으로 받아들였다. 그러나 무시무시한 적의 사납고 대담한 모습에는 고트족들도 적이 놀랐다. 고트족 역사가는 아틸라를 동굴에 갇혀서도 더욱 격렬하게 사냥꾼들을 위협하는 사자에 비유했다. 여러 왕과 민족들은 처음에는 난국에 처하면 아틸라의 깃발을 버리고 도망갈 수도 있다고 생각했지만, 곧 군주의 노여움이야말

아틸라의 후퇴

로 가장 절박하고 피할 수 없는 위험이라는 사실을 알게 되었다. 군악을 연주하는 악기들이 총동원되어 쉬지 않고 활기를 북돋우는 도전적인 가락을 요란하게 연주했다. 훈족을 공격하러 나선 고트족의 선봉 부대는 참호 양편에서 비오듯 쏟아지는 화살에 저지당하거나 궤멸되었다. 전체 군사 회의에서 훈족 왕의 진영을 포위하고 군량 수송을 차단하여 굴욕스러운 조약을 받아들이든가 승산 없는 전투에 나서게 하든가 양자택일을 하게 하기로 결정했다. 그러나 성급한 야만족들은 이처럼 신중하고 시간이 걸리는 계책을 경멸했다. 그뿐만 아니라 아이티우스의 혜안은 훈족이 궤멸된 후에는 고트족의 오만과 무력이 공화국에 짐이 될 것을 우려했다. 아이티우스는 우세한 권위와 이성의 힘을 발휘하여 복수를 자신의 의무로 여기는 테오도리크의 아들을 진정시켰다. 그는 오랫동안 본거지를 비워 두었다가는 어떤 위험이 닥칠지 모른다면서 짐짓 진심으로 걱정해 주는 척했다. 그러면서 조속히 귀환하여 툴루즈의 왕좌와 보물을 노리는 동생의 야심을 좌절시켜야 한다고 설득했다.[32] 고트족이 떠나고 동맹군이 뿔뿔이 흩어진 뒤 정적이 샬롱 평원을 뒤덮었다. 놀란 아틸라는 적의 계략이 숨어 있는 것이 아닌가 하는 의심에 며칠이 지나도록 마차로 친 진을 나오지 않았다. 그러다가 마침내 라인 강변 너머로 퇴각함으로써 서로마 제국의 이름으로 최후의 승리가 성취되었음을 인정했다. 메로베우스가 이끄는 프랑크족은 신중하게 일정한 거리를 유지하고 밤마다 수많은 횃불을 올려 자신들의 병력을 과장하면서 계속 훈족의 뒤를 따라 마침내 튀링기아 국경 지대에 닿았다. 튀링기아족은 아틸라의 군대에 속해 있으면서 진군할 때와 회군할 때 모두 프랑크족의 영토를 횡단했다. 아마도 그들이 이 전쟁에서 저지른 잔혹 행위를 약 80년 후 클로비스의 아들이 복수했을 것이

[32] 아이티우스의 계책과 토리스몬트의 행동은 지극히 자연스러운 것이다. 투르의 그레고리우스에 따르면 아이티우스는 프랑크족 군주에게도 비슷한 우려를 귀띔해 물러나게 했다. 이다티우스는 어리석게도 아이티우스가 훈족 왕과 서고트족 왕을 한밤중에 몰래 방문하여 그들 각각으로부터 무사히 퇴각하게 해 주는 대가로 금화 1만 닢을 뇌물로 받았다고 주장한다.

다. 그들은 포로들뿐 아니라 볼모까지도 학살했다. 200명의 젊은 처녀들이 끔찍하고 잔혹한 고문에 희생되었다. 그들의 몸은 야생마에 매여 갈가리 찢겼고 뼈는 굴러가는 마차에 짓눌려 으스러졌다. 그들의 사지는 매장도 하지 않은 채 길가에 버려져 개와 독수리의 먹이가 되었다. 후세의 문명화된 시대에 이르러서는 그들의 덕성을 멋대로 상상하여 찬사와 선망의 대상으로 삼았으나, 사실 이런 것들이 야만스러운 조상들이 한 짓거리이다.[33]

아틸라의 기백, 병력, 평판은 갈리아 원정에 실패했음에도 불구하고 어느 것 하나 전혀 타격을 입지 않았다. 이듬해 봄, 그는 또다시 호노리아 공주와 그녀의 세습 재산을 요구했으나 다시 한 번 거부당했다. 분개한 연인은 즉시 전투를 개시하여 알프스를 넘어 이탈리아를 침략하고 야만족 대군이 아퀼레이아를 포위했다. 이 야만족들은 고대인들 가운데서도 특히 기계를 다루는 기술의 지식이나 훈련이 어느 정도 필요한 질서 정연한 포위 공격에 서툴렀다. 그러나 수천 명의 속주민들과 포로들이 무자비한 희생을 치르면서 고통스럽고 위험한 작업을 수행했다. 로마 장인들의 기술이 결국 조국의 멸망을 초래한 셈이다. 공성용 무기, 이동식 포탑, 돌, 화살, 불을 던지는 무기 등이 무시무시하게 줄지어 아퀼레이아 성벽에 공격을 퍼부었다.[34] 훈족 군주는 이탈리아 정복을 지연시키는 유일한 장애물을 무너뜨리기 위해 희망, 공포, 경쟁심, 이해관계 등 모든 강력한 동기 유발책을 총동원했다. 아퀼레이아는 그 당시 아드리아 해 해안의 도시들 가운데 가장 부유하고 인구가 많은 강성한 도시의 하나였다. 이곳 시민들은 알라리크와 안탈라 밑에서 싸웠던 고트족 보조군들로서 조상들이 로마 황제의 존엄

서기 452년, 아틸라의 이탈리아 침공

[33] 클로비스의 아들 테오도리크가 깊이 탄식했던 이러한 잔혹 행위는 아틸라가 침략하던 당시의 시대와 환경에서는 흔한 일이었다. 민간 전승에 따르면 그가 튀링기아에 거주했으며, 아이제나흐의 영토에서 회의를 소집했다고 한다. 마스코우는 고대 튀링기아의 범위를 정확히 정하고 테르빙기의 고트족으로부터 그 이름을 따왔다.

[34] 13세기, 몽골족은 이슬람교도들이나 그리스도교도들이 150파운드에서 300파운드까지 나가는 돌을 던지도록 설계한 대형 공성구로 중국의 도시들을 공격했다. 중국인들은 나라를 지키기 위해 화약과 폭탄까지 사용했으나, 이것은 유럽에 알려지기 백년 전의 일이었다. 그러나 이러한 천상의 또는 지옥의 무기도 나약한 민족을 지키기에는 부족했다.

35 요르난데스와 프로코피우스도 똑같은 이야기를 전하고 있는데 어느 쪽이 원본인가를 결정하기는 쉽지 않다. 그러나 그리스 역사가는 아퀼레이아 포위 공격이 있었던 시기를 아이티우스의 사망 이후로 놓는 중대한 실수를 범했다.

36 요르난데스는 아퀼레이아가 완전히 파괴되었다고 백여 년 후 주장했다. 아퀼레이아라는 이름은 때때로 베네치아 속주의 훗날 이름에 붙여지기도 했다.

을 더럽힌 흉포하고 잔혹한 야만인들에게 맞서 영광스럽게 저항했던 일을 기억하고 그들의 두려움을 모르는 정신을 이어받았다. 아퀼레이아 포위 공격은 아무런 성과를 거두지 못한 채 3개월이 흘렀다. 마침내 아틸라는 군량 부족과 군대의 불만에 밀려 대사업을 포기하고 군대에게 다음 날 아침 막사를 걷고 퇴각을 개시하라는 명령을 내릴 수밖에 없었다. 낙담한 채 생각에 잠겨 성벽 주위를 말을 타고 달리다가, 그는 탑에서 황새 한 마리가 둥지를 떠나 어린 새끼들을 데리고 고향으로 날아갈 채비를 하는 모습을 보았다. 그는 이 사소한 사건을 정치가다운 기민한 통찰력으로 포착하여 미신에 이용했다. 그는 밝고 기운찬 목소리로 탑들이 곧 파괴당하고 버려질 운명이 임박했기 때문이 아니라면, 이렇게 항상 사람들과 더불어 살아온 새가 어찌 정든 둥지를 버리는 일이 있겠느냐고 외쳤다.[35] 병사들은 이러한 길조에서 승리에 대한 확신을 얻고 심기일전하여 포위 공격을 재개했으며, 황새가 날아갔던 바로 그 자리의 성벽에 커다란 균열을 내는 데 성공했다. 훈족은 저항할 수 없을 만치 거센 맹공격을 퍼부어 후세 사람들이 아퀼레이아의 폐허조차 발견할 수 없을 정도로 초토화시켰다.[36] 이런 무시무시한 응징 후 아틸라는 진군을 계속했는데 그들이 지나는 길을 따라 알티눔, 콩코르디아, 파두아의 도시들이 한 줌의 돌무더기와 잿더미로 변했다. 내륙의 마을인 비켄차, 베로나, 베르가모도 훈족의 탐욕과 잔인성 앞에 속수무책이었다. 밀라노와 파비아는 저항도 못하고 그들의 부를 고스란히 내놓았고, 훈족은 전에 없이 관용을 베풀어 개인 건물뿐 아니라 공공 건물까지 방화하지 않고 온전히 두고 사로잡힌 많은 사람들의 생명을 살려주어 찬사를 받았다. 코뭄, 토리노, 모데나 등과 관련된 잘 알려진 역사적 일화들은 진위 여부를 따져 보아야겠지만, 포 강을 경계로 알프스 산맥과 아펜니노 산맥으로 둘러싸인 지금의 롬바르디아 평원 일대까지 아틸라가 약탈했음을 입증하는 믿을 만한 증거와 일치한다.37 그는 밀라노에 있는 황제의 궁정을 점령했을 때, 옥좌에 앉은 황제들의 발밑에 스키타이의 군주들이 엎드린 장면을 묘사한 그림을 보고 놀라는 한편 기분이 상했다. 아틸라는 이 로마의 허영심의 표본에 해롭지 않으면서도 기발한 복수를 가했다. 그는 화가에게 그림의 인물들과 자세를 뒤바꾸어 그리라고 명령했다. 그리하여 똑같은 화폭에 황제들이 탄원하는 자세로 스키타이 군주의 왕좌 앞에 다가가 공물로 가져온 금을 꺼내는 모습이 그려졌다.38 구경꾼들도 바뀐 그림이 좀 더 사실에 가깝다고 인정할 수밖에 없었을 것이며, 아마도 이 기묘한 사건을 보고 사자와 인간 사이에 벌어진 유명한 우화를 떠올렸을 것이다.

아틸라의 포악한 오만무도함은 극에 달하여 그의 말이 밟고 지나간 자리에는 풀 한 포기 자라지 않을 정도였다. 그런데 이 야만스러운 파괴자가 의도한 바는 아니지만 유럽의 한 공화국의 기초를 닦게 되는데 그 나라는 봉건 시대에 상업의 기술과 정신을 부활시켰다. 한때는 베니스, 즉 베네치아의 이름이 판노니아 국경 지대에서 아두아 강까지, 포 강에서 라에티아알프스, 율리아알프스까지 이탈리아의 넓고 비옥한 속주 전체를 아울렀다. 베네치아의 쉰 개 도시들은 야만족들이 밀고 들어오기 전까지는 평화와 번영 속에서 전성기를 누렸다. 가장 두각을 나타낸 도시는 아퀼레이아였으나, 파두아도 농업과 제조업으로 오래전부터 명성을 떨쳐 왔다. 파두아의 기사 계급에 속한 시민들 500명의 재산은 아무리 적게 계산해도 줄잡아 170만 파운드에 달했을 것이다. 훈족의 칼을 피해 도망친 아퀼레이아, 파

베네치아 공화국의 기초

37 아틸라가 치른 전쟁 중에서도 매우 유명하지만 정확히 밝혀지지 않은 이 전쟁을 설명하면서, 어느 정도 유리한 위치에서 이 주제를 다룬 두 명의 박학한 이탈리아인 시고니우스와 무라토리를 길잡이로 삼았다.

38 이 일화는 수이다스가 잡다한 사실들을 모아 편집한 책에 두 가지 다른 제목으로 실려 있다.

두아, 인근 마을의 많은 가족들은 안전한 피난처를 찾아 근처 섬으로 숨어들었다.[39] 아드리아 해 만의 조수 간만은 아주 약했고, 그 끝에는 백여 개의 섬이 대륙과 얕은 물을 사이에 두고 육지의 긴 단층 몇 개로 파도를 막고 있었다. 숨어 있는 좁은 해협들을 통해서만 선박들이 드나들 수 있었다. 5세기 중반까지 이 멀고 외진 지역은 주민도 거의 없고 이름도 없이 경작되지 않은 상태로 남아 있었다. 그러나 새로운 상황에 처한 베네치아의 피난민들은 관습과 기술, 정부 체제를 서서히 만들어 나갔다. 70년이 흐른 후 그들의 상황을 기술한 카시오도루스의 편지 한 통[40]은 공화국의 초기 시대를 보여 주는 기념물이다. 테오도리크의 신하는 예스러운 연설조로 그들을 파도치는 바다 한가운데에 둥지를 짓고 사는 물새에 비유하면서 과거에 베네치아 속주에는 고귀한 가문들이 많이 있었다고 인정했지만, 이제는 불행에 떠밀려 비참한 빈민의 수준으로 전락했음을 암시했다. 계층을 막론하고 물고기를 주식으로 삼았고 재산이라고는 바다에서 채취한 대량의 소금이 전부였다. 생활 필수품인 소금은 인근 시장에서 금화와 은화 대용으로 쓰였다. 뭍에서 산다고 해야 할지 물에서 산다고 해야 할지 애매했던 이 주민들은 곧 양쪽에서의 생활에 다 익숙해지고 당장 급한 욕구가 어느 정도 해결되자 욕심이 생겼다. 그라도 섬에서 키오차 섬까지 굳은 유대 관계로 뭉친 섬사람들은 고되지만 안전하게 항해하여 강과 내륙의 운하들을 거쳐 이탈리아 중심부까지 침투해 들어갔다. 그들은 규모와 숫자를 계속 불리면서 베네치아 만의 모든 항구를 돌았다. 오늘날도 베네치아가 해마다 경축하는 아드리아 해와의 혼례 의식도 베네치아 초기 시절에 시작된 것이다. 민정 총독이었던 카시오도루스가 해군 지휘관들에게 띄운 서신이 아직도 남아 있다. 서신에서 카시오도루스는 포도

---

[39] 이 이주를 뒷받침해 줄 만한 동시대의 증거는 아무것도 없다. 그러나 사건으로 사실이 입증되기도 하며, 전해 내려오는 이야기들이 정황을 전해 줄 수도 있는 법이다. 아퀼레이아 시민들은 그라두스의 섬, 알투스 강, 또는 리알토로 은거했는데, 나중에 그곳에는 베네치아의 도시가 건설되었다.

[40] 마페이(Maffei)는 베네치아를 로마 공화국의 유일한 적자로 보았던 박식한 학자이자 충성스러운 국민으로서 이 기이한 편지를 번역하고 해설했다. 그는 서신이 쓰여진 시기와 카시오도루스가 민정 총독직을 역임한 해를 서기 523년으로 보았다. 마페이는 자기 작품들의 편집판을 준비하고 있었으며, 실제로 자기 이름의 정서법에 대한 글을 발표하기도 했으므로 그의 권위에 한층 더 무게가 실린다.

주와 기름 저장고를 이스트라 속주에서 황제가 있는 라벤나로 옮기는 데 섬주민의 도움을 요청했다. 그는 근엄하고 온화한 어조로 공화국을 위해 헌신하도록 동포들의 애국심을 북돋았다. 그러나 이 해군 지휘관이라는 직분은 좀 애매모호했는데 이는 열두 개의 주요 섬에서 열두 명의 지휘관을 해마다 선거로 선출하는 것이 전통인 탓이었다. 이 신뢰할 만한 기록은 이탈리아를 점령한 고트족 왕국 치하에서 베네치아 공화국이 실존했다는 근거를 제공해 주지만, 동시에 본래부터 변함없이 독립을 유지했다는 베네치아인들의 주장도 뒤집는다.

손에서 무기를 놓고 태평성대를 즐기던 이탈리아인들은 40년간의 평화가 지속된 후 갑자기 들이닥친 공화국의 적이자 그리스도교의 적으로 증오해 마지않는 무시무시한 야만족의 접근에 혼비백산했다. 모두가 놀라 허둥지둥하는 가운데서도 아이티우스만이 의연한 자세를 잃지 않았으나, 아무의 도움도 없이 홀로 과거의 명성에 걸맞은 군사적 위업을 이루기는 불가능했다. 갈리아를 방어하던 야만족들은 이탈리아를 구하기 위해 진군에 나설 생각이 없었고, 동로마 황제가 약속한 구원의 손길은 멀고 불확실했다. 아이티우스가 군대를 이끌고 전장에 나서 아틸라의 진군을 방해하거나 지연시키는 동안, 무지하고 배은망덕한 사람들은 그의 행동에 비난을 일삼았지만 이때만큼 그가 진실로 더 위대했던 적은 없었다. 발렌티니아누스가 관대한 정신의 소유자였다면 이런 장군을 자신의 귀감이자 사표로 삼아야 마땅했다. 그러나 이 겁 많은 테오도시우스의 손자는 위험을 함께 짊어지는 대신 전쟁의 소란을 피해 라벤나에서 로마로, 난공불락의 요새에서 무방비의 수도로 황급히 퇴각해 버렸다. 그는 위험이 다가오면 바로 이탈리아를 포기할 심

> 로마인들과 평화 조약을 체결한 아틸라

산이었던 것이다. 그러나 의심하고 머뭇거리느라 황제로서의 직무를 내던지는 일조차도 제대로 하지 못했다. 이는 우유부단한 집단에서 공통적으로 나타나는 현상이지만, 때로는 뜻하지 않게 치명적인 결과를 막기도 한다. 서로마 황제는 로마의 원로원과 시민들과 함께 정식 사절을 파견해 아틸라의 분노를 달래 보자는 좀 더 이로운 결의를 채택했다. 이 중요한 임무를 맡은 인물은 아비에누스였다. 그는 출생 신분과 재산, 집정관으로서의 권위, 휘하에 거느린 예속 평민들의 엄청난 수, 개인적 능력으로 로마 원로원에서도 일인자의 위치에 있었다. 겉치레에 능하고 교활한 아비에누스의 성격은[41] 공적이든 사적이든 이해관계가 걸린 협상을 수행하는 데 더없이 적격이었다. 그와 함께 임무를 맡은 트리게티우스도 이탈리아의 민정 총독을 지낸 사람이었다. 로마 주교인 레오 역시 신도들의 안전을 위해 자기 생명을 걸기로 했다. 레오의 재능은[42] 국가적 위기 상황에서 빛을 발했다. 그는 정통 신앙과 교회 규율의 신성한 이름으로 자신의 견해와 권위를 확립하는 데 성공함으로써, '대' 교황이라는 칭호에 걸맞은 모습을 보여 주었다. 로마의 사절들은 아틸라의 막사로 안내되었다. 아틸라는 민키우스 강이 천천히 굽이쳐 베나쿠스 호의 포말 속으로 사라지는 지점에 진을 치고 스키타이 기병대의 말발굽으로 카툴루스와 베르길리우스의 농장을 짓밟고 있었다.[43] 야만족 군주는 호의를 보이는 정도를 넘어서 존중하는 태도로 귀를 기울였다. 그는 호노리아 공주의 몸값 또는 지참금 명목으로 막대한 액수를 내놓으면 이탈리아에서 물러가겠다고 말했다. 그가 쉽게 조약의 체결에 동의하고 서둘러 퇴각한 것은 그의 군대가 처한 상황 때문이었을지도 모른다. 그들의 호전성은 따뜻한 지방에서 풍족하고 게으른 생활을 하다 보니 느슨해져 있었다. 우유와 날고기를 주식

[41] 시도니우스의 편지에 대조적으로 묘사된 아비에누스와 그의 라이벌 바실리우스의 모습을 보라. 그는 원로원의 두 수장의 성격을 연구했는데, 그 자신은 강직하고 사심 없는 벗인 바실리우스에게 끌렸다.

[42] 레오의 성격과 원칙들은 141통의 편지에서 자취를 찾을 수 있다. 여기에는 서기 440년부터 461년까지 최고 성직자로서 보낸 역사가 담겨 있다.

[43] 마페이는 우아하고 박식하게 이 흥미로운 지형을 묘사했다. 그는 아틸라와 성 레오의 회담이 호수와 강이 합쳐지는 지점인 아리올리카(다른 이름으로는 아르델리카), 즉 지금의 페스키에라, 시르미오의 쾌적한 반도에 있는 카툴루스의 별장에서 있었다고 전한다.

으로 삼던 북방 민족들은 솜씨를 다해 요리하고 맛을 낸 빵과 포도주, 고기를 마음껏 즐겼다. 게다가 군대에 역병이 창궐하여 이탈리아인들이 입은 피해를 일부나마 되갚을 수 있었다. 아틸라가 승승장구하는 군대를 이끌고 로마 성문으로 진격하겠다는 결의를 선언하자, 그의 적대자들과 친구들까지 나서서 알라리크도 그 영원한 도시를 정복하고 얼마 살지 못했다고 경고하며 말렸다. 실제 위험 앞에서는 흔들리지 않는 그의 정신도 가공의 공포 앞에서는 무너졌다. 자신의 계획에 그렇게 자주 이용했던 미신의 영향력에서 그 또한 벗어날 수 없었다. 레오의 간곡한 열변과 위엄 있는 풍모, 사제복은 아틸라의 마음속에 그리스도교인들의 영적 아버지에 대한 존경심을 불러일으켰다. 성 베드로와 성 바울의 환영이 아틸라 앞에 나타나 자기들 후계자의 기도를 물리치는 날에는 그 자리에서 죽음을 맞으리라고 위협했다는 이야기는 교회사에서 전해 내려오는 가장 고귀한 전설들 중 하나이다. 로마의 안전은 천상의 존재가 중재할 만한 값진 것인지도 모른다. 라파엘로의 화필과 알가르디의 정이 전하는 이 이야기를 어느 정도 받아들여도 좋을 것이다.44

44 라파엘로의 그림은 바티칸에 있고 알가르디의 부조상은 성 베드로의 제단들 중 한 곳에 있다. 바로니우스는 대담하게도 환영이 나타났다는 이야기가 진실이라고 주장한다. 그러나 가장 학식 있고 신앙심 깊은 가톨릭교도들도 이를 부인한다.

훈족 왕은 이탈리아에서 철수하기에 앞서 만일 자신의 신부 호노리아를 조약에 명기된 기한 안에 그의 사절들에게 인도하지 않으면 더 무시무시하고 잔혹한 보복을 가하겠다고 협박했다. 그러나 그동안에 아틸라는 일디코라는 아름다운 처녀를 수많은 아내들의 목록에 새로 올려 초조한 마음을 달랬다. 두 사람의 혼례는 도나우 강 너머 그의 목조 궁전에서 야만족 풍습에 따라 호화스러운 축제로 치러졌다. 군주는 밤늦게 연회를 마치고 술과 잠에 취해 혼례의 침상으로 돌아갔다. 그의 시

서기 453년, 아틸라의 죽음

45 그녀의 죄를 알리는 보고가 콘스탄티노플에 닿았을 때는 아주 다른 이름으로 알려졌다. 마르켈리누스는 유럽의 폭군이 밤사이 한 여자의 손과 칼로 살해되었다고 말했다.

46 아틸라의 죽음과 장례에 얽힌 기이한 정황들은 요르난데스가 설명했다. 아마도 이를 번역한 사람은 프리스쿠스였던 것 같다.

종들은 다음 날 거의 날이 저물 때까지 그가 쾌락을 즐기든지 쉬든지 방해하지 않고 놔두었으나, 이상하리만치 침묵이 길어지자 공포와 의혹을 품기 시작했다. 그들은 여러 차례 큰 소리로 아틸라를 깨워 보려고 했으나 아무 반응이 없자 마침내 왕의 침실 문을 열어젖혔다. 방 안으로 들어가자 침대 옆에서 겁에 질린 신부가 얼굴을 베일로 가리고 밤 사이 절명한 왕의 죽음과 함께 그것이 자신에게 미칠 위험을 한탄하고 있었다.45 동맥의 한 곳이 갑자기 터져서 반듯이 누워 있던 아틸라의 콧구멍으로 피가 나오지 못하고 폐와 위로 역류해 들어가는 바람에 질식하고 만 것이다. 그의 유해는 평원 한가운데에 친 비단 천막 아래 엄숙히 놓였다. 훈족의 정예 기병 부대가 열을 맞추어 주위를 돌았다. 그들은 살아서는 영광스러웠고 죽어서도 무적이었으며, 국민들에게는 아버지 같고 적에게는 재앙이었으며 전 세계의 공포였던 영웅을 기리는 장례식 노래를 불렀다. 훈족의 관습에 따라 야만족들은 머리카락을 자르고 얼굴에 보기 흉한 상처를 내어 여자들의 눈물이 아니라 전사들의 피로 용맹스러운 군주의 죽음을 슬퍼했다. 아틸라의 유골은 금, 은, 철로 만든 세 겹의 관에 넣어 훈족의 전리품과 함께 한밤중에 비밀리에 매장되었다. 무덤을 팠던 포로들은 잔인하게 학살당했다. 그런 다음 깊은 슬픔에 잠겼던 바로 그 훈족들이 채 마르지도 않은 왕의 무덤 앞에서 방탕한 환락을 질펀하게 즐겼다. 콘스탄티노플에서는 아틸라가 숨을 거둔 그 행운의 밤에 마르키아누스가 꿈에서 아틸라의 활이 두 쪽으로 갈라지는 모습을 보았다는 소문이 퍼졌다. 그 무시무시한 야만족의 모습이 로마 황제의 머릿속을 떠난 적이 없었던 것이다.46

그의 죽음이 초래한 훈족 제국의 붕괴는 거대하고 느슨한 체제를 지탱해 온 것이 오로지 그의 천재성이었음을 보여 줌으로써 그의 명성을 확고하게 만들었다. 그가 죽은 후 야심만만한 족장들이 저마다 왕의 지위를 노렸으나, 막강한 수령들은 자기보다 나은 인물을 인정하지 않으려 했다. 또한 수많은 어머니들에서 태어난 죽은 왕의 아들들이 게르마니아와 스키타이 민족들에 대한 최고 지배권을 마치 개인의 상속물처럼 놓고 다투었다. 이처럼 비열하게 분할되는 데 굴욕감을 느낀 대담한 아르다리크는 호전적인 게피다이족으로, 그의 동포들은 용감한 삼형제가 이끄는 동고트족과 함께 동맹 부족들을 부추겨 자유와 왕위를 요구하고 나섰다. 그리하여 판노니아 속주의 네타드 강변에서 피비린내 나는 일전이 벌어져 게피다이족의 창, 고트족의 검, 훈족의 화살, 수에비족의 보병대, 헤룰리족의 경무장과 알라니족의 중무장이 서로 맞서기도 하고 돕기도 하며 혼전을 벌였다. 결국 아르다리크가 적병 3만 명을 살육하는 전과를 올리며 승리를 거두었다. 아틸라의 장남 엘라크는 네타드의 대전투에서 생명과 왕관을 잃었다. 그는 일찍부터 용맹을 떨쳐 스키타이의 한 부족인 아카치르를 정복하고 왕위에 올랐다. 장남의 뛰어난 재능을 사랑했던 아틸라가 엘라크의 죽음을 알았더라면 깊이 슬퍼했을 것이다. 그의 동생 덴기지크도 비록 패배하여 무너졌어도 여전히 막강한 훈족 군대를 이끌고 도나우 강변에서 15년 이상 자신의 영토를 유지했다. 아틸라의 궁정은 카르파티아 산맥에서 흑해에 이르는 구(舊)다키아 지역과 함께 게피다이족의 왕 아르다리크가 세운 새로운 왕국의 본거지가 되었다. 비엔나에서 시르미움까지 판노니아의 점령지들은 동고트족의 손에 들어갔다. 용감하게 독립과 자유를 주장한 부족들은 각자의 세력에 따라 정착지를 나누어 가졌다. 부왕 밑에서 복종하던 부족들의 무리에 포위당해 여러 모로 압박

[47] 플라키디아는 서기 450년 11월 27일 로마에서 사망했다. 그녀는 라벤나에 묻혔는데, 그녀의 묘소뿐 아니라 시체까지도 사이프러스 나무로 만든 의자 위에 앉혀져 수세기 동안 보존되었다. 황후는 정통파 성직자들로부터 많은 찬사를 받았다. 성 크리솔로구스는 삼위일체에 대한 그녀의 열정이 거룩한 세 명의 아이들로 보답받았다고 주장했다.

받게 된 덴기지크는 고작 마차로 둥글게 친 진지 안에 머무는 신세가 되었다. 그는 이판사판으로 동로마 제국을 침략했다가 전사했다. 그의 머리는 치욕스럽게도 경기장에 내걸려 기쁨에 찬 콘스탄티노플 시민들의 구경거리가 되었다. 아틸라는 애정에서였는지 미신 때문이었는지 모르지만 막내인 이르나크가 자기 부족의 영광을 이어 갈 운명을 타고났다고 믿었다. 그는 형 덴기지크의 무모한 시도를 진정시키려고 애썼을 만큼 쇠퇴해 가는 훈족의 상황에 좀 더 순응하는 인물이었다. 그래서 휘하 부족들을 이끌고 소(小)스키타이 깊숙한 곳으로 숨어 들어갔으나 곧 물밀듯이 덮치는 새로운 야만족들에게 밀려 조상들의 전철을 밟았다. 그리스 사가들이 바닷가에 거주한다고 했던 아바르족이 인근 부족들을 압박했다. 그 결과 가장 품질 좋은 모피의 생산지인 추운 시베리아 지역에서 내려온 북방의 이구르족이 보리스테네스와 카스피 성문까지 사막 지대 전체에 세력을 확장하여, 결국 훈족의 제국을 멸망시켰다.

서기 454년, 아이티우스를 살해한 발렌티니아누스

야만족들의 경의를 잃지 않으면서 우호적인 관계를 유지한 황제(마르키아누스)는 이 사건을 계기로 동로마 제국의 안전을 확보했다. 그러나 서로마 황제 발렌티니아누스는 서른다섯 살이 되어서도 아직 나이에 걸맞은 용기나 이성을 갖추지 못한 나약하고 방종한 인물이었다. 그는 이처럼 상황이 안정되자 이를 악용하여 아이티우스를 살해함으로써, 자기 손으로 자기 왕좌의 토대를 허무는 어리석음을 범했다. 비열하고 시기심 많은 그는 야만족들에게 공포의 대상이자 공화국의 지주로 널리 칭송받던 아이티우스를 본능적으로 미워했다. 그의 새로운 총신인 환관 헤라클리우스는 플라키디아의 생전에[47] 효도해야 한다는 핑계로 잠든 듯이 무기력한 상태에 빠져 있던 황제를 일깨웠다. 아이티우스는 명성, 재산과 높은 지위, 그를 따르는 수많은 호전적인 야만족 추종자들, 나라의 관직을 독점하다시피 한 막강한 부하들, 이미 황제의 딸 에우독시아와 혼약을 맺은 아들 가우덴티우스에 대한 기대 등으로 일개 신하 이상의 위치에 있었다. 총신은 그의 야심 찬 계획들을 뒷전에서 비난하여 발렌티니아누스의 분노는 물론이고 두려움을 자극했다. 아이티우스 본인도 자신의 업적과 공로뿐 아니라 결백을 자신한 나머지 거만하고 경솔한 행동을 일삼은 것 같다. 아이티우스는 적대적인 발언으로 군주의 비위를 거스른데다가, 한발 더 나아가 화해와 협력 관계를 엄숙한 맹세로 인정하도록 강요하여 황제를 격분시켰다. 그는 의혹을 일으킬 만한 말을 공공연히 입에 담으면서도 안전에는 신경 쓰지 않았고, 자신이 경멸하는 적에게는 남자다운 범죄를 저지를 능력조차 없다는 헛된 확신에 차서 경솔하게도 로마 궁정에 모습을 드러내는 모험을 했다. 그가 자기 성질을 억누르지 못하고 격한 태도로 아들의 혼사를 재촉하자, 발렌티니아누스는 난생 처음으로 칼을 뽑아 자기 왕국을 구한 장군의 가슴에 깊이 찔러 넣었다. 그러자 조신들과 환관들도 앞다투어 주인의 행동을 따라 했다. 아이티우스는 백여 군데나 칼에 찔린 채 황제 앞에서 쓰러져 죽었다. 민정 총독이었던 보이티우스도 이때 함께 살해당했으며, 이 사건이 새어 나가기 전에 아이티우스의 가까운 친구들도 한 명씩 궁정으로 호출하여 살해했다. 정의와 필요성이라는 허울 좋은 이름으로 윤색된 이 끔찍한 행위는 즉각 황제 자신에 의해 그의 병사들과 국민들, 동맹들에게 전달되었다. 아이티우스와 무관하거나 적대 관계에 있던 민족들까지도 그가 영웅에 걸맞지 않은 운명을 맞은 데 애도의 뜻을 표했다. 그의 밑에서 충성했던 야만족들은 슬픔과 분노를 숨겼다. 국민들이 오랫동안 발렌

48 시도니우스는 세상을 알았지만 그의 시에서 훌륭한 영웅으로 찬양했던 아비투스와 마요리아누스를 해하거나 불명예를 준 자에게 아첨할 생각은 없었다.

티니아누스에 대해 품어 온 경멸감은 깊은 증오로 바뀌었다. 이러한 분위기가 궁정 담 안까지 파고 들어가지는 못했지만, 황제는 한 로마인에게 긍정적인 답을 기대했다가 솔직한 대답을 듣고 당황했다.

폐하, 저는 폐하의 동기나 분개하신 원인에 대해서는 모릅니다. 다만 제가 아는 것은 폐하의 행동은 왼손으로 오른손을 자른 것이나 마찬가지라는 것뿐입니다.[48]

막시무스의 부인을 강탈한 발렌티니아누스

발렌티니아누스는 로마의 호화로움에 이끌려 그곳을 자주 찾은 듯하지만, 제국의 영토 다른 어느 곳에서보다 로마에서 더 경멸당했다. 그의 나약한 통치 기반을 지탱하려면 원로원의 권위와 물적 지원이 필수이었으므로, 원로원에 공화정의 정신이 서서히 되살아났다. 세습 군주의 위풍당당한 태도는 그들의 자존심을 건드렸고 황제 자신의 쾌락만을 좇느라 고귀한 가문들의 평안과 명예에 해를 입혔다. 황후 에우독시아는 남편 못지않은 고귀한 집안 출신으로, 그녀의 매력과 부드러운 성품은 지조 없는 남편이 불륜 상대에게 헛되이 쏟는 사랑을 받을 자격이 충분했다. 두 번이나 집정관을 지냈던 아니키우스 가문의 부유한 원로원 의원 페트로니우스 막시무스에게는 정숙하고 아름다운 아내가 있었다. 발렌티니아누스의 정욕은 그녀의 완강한 저항에 도리어 더욱 불타올라 계략으로든 힘으로든 자기 욕망을 채우리라 마음먹었다. 당시 궁정에 만연한 악습 가운데 하나는 도박이었다. 황제는 운이었는지 계략이었는지 모르지만 막시무스로부터 상당한 금액의 내기 돈을 딴 뒤, 빚에 대한 보증으로 무례하게도 반지를 빼앗았다. 그런 다음 막시무스의 아내에게 믿을 만한 사자를 보내 반지를 내보이고 지금 당장 황후 에우독시아에게 오라는 명령을 남편의 이름으로 전했다. 막시무스의 아내는 아무 의심 없이 마차를 타고 황제의 궁정으로 향했다. 황제가 보낸 사자들은 그녀를 외진 구석의 조용한 침실로 안내했다. 발렌티니아누스는 양심의 가책도 없이 손님에 대한 법도를 짓밟았다. 집에 돌아온 그녀는 깊이 상심하여 눈물을 흘리면서 남편도 이 수치스러운 일의 공범인 줄 알고 그를 격렬하게 비난했다. 막시무스의 마음속에도 정당한 복수심이 들끓었다. 게다가 그의 야심이 복수심을 더욱 자극했다. 로마 원로원의 자유로운 동의를 얻어 혐오스럽고 경멸스러운 적의 제위를 노려 볼 만했다. 발렌티니아누스는 자기와 마찬가지로 남들도 우정이나 감사 따위는 느낄 줄 모른다고 생각했으므로, 아이티우스의 가신들과 추종자들 가운데 여럿을 자기 호위대에 받아들였다. 이들 가운데 야만족들 두 명이 은인을 암살한 자를 죽음으로 벌함으로써 신성하고 영예로운 의무를 수행하라는 설득에 동의했다. 두려움을 모르는 용감한 그들은 굳이 기회를 오래 기다릴 필요도 없었다. 발렌티니아누스가 마르스 광장에서 병사들의 무예를 구경하며 즐기고 있을 때, 그들이 갑자기 무기를 뽑아 들고 헤라클리우스를 처치하고 그의 부하들이 손쓸 틈도 없이 황제의 심장을 찔렀다. 사실 부하들도 폭군의 죽음을 오히려 기뻐하는 듯 보였다. 테오도시우스 가문의 마지막 황제였던 발렌티니아누스 3세는 이렇게 종말을 맞았다.[49] 황제는 사촌 형과 두 숙부의 성격 중에서도 기개와 능력의 부족을 메워 줄 온화함, 순수함, 소박함 등은 전혀 물려받지 않고 나약함만을 고스란히 물려받았다. 발렌티니아누스는 덕성은 갖추지 못하고 오직 감정만을 좇았다는 점에

서기 455년 3월,
발렌티니아누스 3세의
죽음

[49] 아이티우스와 발렌티니아누스의 죽음의 원인과 주변 정황은 불확실하고 불완전하다. 프로코피우스의 저술 중 그가 기억해 내기 전에 일어난 사건들에 대해서는 믿을 수가 없다. 그러므로 그의 기록은 대여섯 가지의 연대기들로 보충하고 수정해야 한다. 그러나 그중에서 로마나 이탈리아에서 쓰여진 것은 하나도 없고, 불완전한 문장으로 갈리아, 에스파냐, 아프리카, 콘스탄티노플, 알렉산드리아 등지에 퍼졌던 소문들을 옮긴 것들뿐이다.

50 유명한 예언자인 베티우스의 해석을 바로(Varro)가 그의 책에서 인용했다.

51 바로의 말에 따르면 열두 번째 세기는 서기 447년에 종료되어야 한다. 그러나 로마의 진짜 연대가 불확실하므로 어느 정도 여유를 둘 수 있다.

52 살비아누스의 저서 다섯 번째 권은 가슴 아픈 탄식과 격렬한 저주로 가득 차 있다. 그의 지나칠 정도의 솔직함은 로마 정부의 타락뿐 아니라 약해진 모습까지도 여실히 보여 준다. 그의 책은 아프리카를 잃고 나서(서기 439년) 아틸라와 전쟁을 벌이기 전(451년)에 나왔다.

서 더욱 용서받기 힘들다. 또한 그의 신앙도 수상쩍어서 이단에 빠진 적은 없었다 해도 마법과 점술 등 부정한 사술에 탐닉해 경건한 그리스도교인들의 분노를 샀다.

부패와 파멸의 징후들

키케로와 바로의 시대에 로마의 예언자들은 로물루스가 보았다는 열두 마리의 독수리는 그의 도시에 부여된 열두 세기를 각각 뜻한다고 보았다.50 안정과 번영을 누리던 시기에는 아마도 이 예언이 사람들의 관심을 끌지 못했겠지만, 치욕과 재난으로 얼룩진 열두 번째 세기가 거의 끝나 갈 무렵에는 우울한 근심을 불러일으켰다.51 후손들로서도 우연이나 허구에 불과한 사건에 대한 자의적인 해석이 서로마 제국의 몰락이라는 사실로 입증된 데 놀라움을 금할 수 없었다. 그러나 날아가는 독수리 떼보다 더 확실한 징조가 로마의 멸망을 예고하고 있었다. 날이 갈수록 로마 정부는 적들에게는 더 이상 두렵지 않은 존재가 되는 반면 국민들에게는 더 혐오스럽고 압제적이 되어 갔다.52 나라가 어려워질수록 세금은 불어났고 절약의 필요성은 요구될수록 오히려 반비례하여 무시되었다. 부자들은 부당한 행위로 가난한 자들에게 불공평한 짐을 떠넘겼고, 빈민들의 고통을 경감해 줄 수 있는 면제 방법마저 속임수를 통해 빼앗아 버렸다. 재산을 몰수하고 육체를 고문하는 가혹한 심문에 몰린 발렌티니아누스의 국민들은 차라리 더 단순한 야만인들의 폭정 쪽을 택했다. 그들은 숲과 산으로 도주하거나 야만족들 밑에서 돈을 받고 하인으로 일하는 비천한 생활을 받아들였다. 과거에는 전 세계인이 열망했던 로마 시민이라는 영예로운 이름을 버린 정도가 아니라 혐오했다. 갈리아의 아르모리카 속주들과 에스파냐 대부분이 바가우다이의 동맹에 의해 무질서한 독립 상태에 빠졌다. 황제의 대신들은 자기들이 만들어

낸 반역자들을 추방령과 무능한 무력으로 쫓아다녔다.[53] 만일 모든 야만족 정복자들이 일거에 전멸된다 해도 서로마 제국을 회복시키지는 못했을 것이며, 로마가 여전히 살아남는다 해도 자유, 미덕, 명예를 모두 잃은 뒤였을 것이다.

[53] 로마 군대와 전투를 벌였던 에스파냐의 바가우다이는 이다티우스의 연대기에 여러 차례 언급되었다. 살비아누스는 그들의 고난과 반역을 매우 설득력 있는 어조로 기술했다.

36

THE DECLINE AND FALL
OF THE ROMAN EMPIRE

반달족 왕 가이세리크의 로마 약탈 · 그의 해상 약탈 · 서로마 제국 최후의 황제들, 막시무스, 아비투스, 마요리아누스, 세베루스, 안테미우스, 올리브리우스, 글리케리우스, 네포스, 아우구스툴루스 · 서로마 제국의 멸망 · 이탈리아 최초의 야만족 왕 오도아케르의 치세와 인품

대서양에서 알프스 산맥에 이르는 지역에 펼쳐져 있는 속주들을 잃거나 황폐화하면서 로마 제국의 영광과 위대성은 크게 손상되었고, 아프리카를 잃음으로써 로마의 번영은 돌이킬 수 없이 훼손되었다. 탐욕스러운 반달족은 원로원 의원들의 세습 영지를 몰수했고, 빈민을 구제한다는 명목이지만 실제로는 평민들의 게으름만을 부추긴 국가의 보조금도 가로챘다. 로마는 뜻하지 않은 공격으로 더욱 곤경에 빠졌다. 근면하고 순종적인 주민들이 오랫동안 로마인들을 위해 경작해 오던 아프리카 속주가 이제는 야만족의 야심으로 로마인들을 향해 무기를 겨누게 된 것이다. 승승장구하던 가이세리크의 군기를 따른 반달족과 알라니족은 해안을 따라 탕헤르에서 트리폴리에 이르는 비옥한 영토를 모두 차지했다. 이 지역은 통과하려면 90일 이상이 걸릴 정도로 길게 뻗어 있었지만, 양쪽이 사막과 지중해로 막혀 있어 다소 고립되어 있었다. 합리적이었던 가이세리크

서기 439~455년, 반달족의 해군력

는 열대 지방 내륙에 사는 흑인 종족들을 찾아내 정복하려는 무모한 야심을 품는 대신 해양으로 눈을 돌렸다. 그는 해상의 지배력을 확보하기로 결심했고, 이 대담한 결정을 적극적이면서도 꾸준하고 끈기 있게 추진해 나갔다. 아틀라스 산맥의 삼림은 풍부한 목재를 제공해 주었고, 더욱이 그의 지배를 받게 된 아프리카인들은 항해와 선박 건조 기술을 잘 알고 있었다. 그는 대담무쌍한 반달족에게 해안에 있는 지역들은 언제라도 무기를 잡을 수 있는 전투 태세에 돌입하도록 지시했다. 무어인과 아프리카인들은 약탈에 대한 희망을 품고 이에 따랐는데, 그리하여 6세기 후에는 카르타고 항구에서 출발한 함대가 또다시 지중해의 패권을 주장하게 되었다. 반달족이 승리를 거듭하면서 시칠리아를 정복하고 팔레르모를 약탈하고 더 나아가 루카니아 해안에까지 자주 출몰하자, 발렌티니아누스 황제의 어머니와 테오도시우스 황제의 누이는 깜짝 놀라 경각심을 갖게 되었다. 공동의 적과 맞서기 위해 연맹을 결성하였지만, 비용만 많이 들었을 뿐 쓸모는 별로 없는 무기와 군장을 준비하였다. 막상 그 적들은 정책으로도 막거나 피할 수 없는 위험이 닥치면 그때서야 사용하려고 무력과 용맹을 아껴 두고 있었다. 로마 정부의 계획은 가이세리크의 교묘한 지연 작전과 모호한 약속, 외견상의 양보 등으로 번번이 좌절되었다. 또한 가이세리크의 막강한 동맹자인 훈족 왕이 개입하게 되자, 로마는 아프리카 정복 계획에서 한 걸음 물러나 국내의 안전 유지에 신경을 곤두세워야 했다. 그러던 중 궁정 내에서 혁명들이 일어나 서로마 제국에는 합법적인 군주도 국가를 방어할 세력도 없는 상황이 되자, 가이세리크의 근심 걱정은 사라져 버렸고 야망만이 불타올랐다. 가이세리크는 곧 반달족과 무어족의 수많은 함대를 무장시켰고, 마침내 테베레 강어귀에 닻을 내렸다.

발렌티니아누스 황제가 사망하고 막시무스 황제가 즉위한 지 3개월 만이었다.

원로원 의원 페트로니우스 막시무스의 삶은 보기 드문 완벽한 행복의 전형으로 여겨졌다. 아니키아누스 가의 후손인

서기 455년 3월, 황제 막시무스의 성격과 통치

그는 저명한 귀족 가문 출신이었고, 토지와 현금으로 상당한 재산을 물려받아서 가문의 명예를 유지했다. 타고난 행운에 학예에 대한 조예와 품위 있는 태도까지 갖추어서 재능과 미덕이라는 귀중한 자질을 습득하고 가꿀 수 있었다. 그의 저택과 식탁은 호화로우면서도 기품 있었고, 손님들에 대한 인심도 후했다. 막시무스가 대중 앞에 나타나면, 그에게 도움을 받은 수많은 사람들이 감사와 아부를 표하며 주위로 몰려들었다. 그 가운데는 진정한 벗이라고 할 만한 사람도 더러 있었다. 이와 같은 장점으로 황제와 원로원의 호감을 얻어, 이탈리아 민정 총독을 세 번이나 지냈고 두 차례나 집정관직에 올랐다. 막시무스는 공적인 명예와 함께 개인적인 여유와 평온도 누렸던 것 같다. 감성적 필요에서였는지 이성적 필요에서였는지는 모르지만 물시계로 시간을 정확하게 분배해 사용했는데, 이와 같은 엄격한 시간 관리는 그가 개인적인 행복을 추구하는 데도 시간을 할애했음을 입증해 준다. 발렌티니아누스 황제가 그에게 가한 모욕은 아무리 가혹한 복수라도 정당화될 수 있을 정도였다. 철학자라면 자신의 처가 끝까지 진심으로 저항했다면 정절을 잃지 않았을 것이고, 그 간부(姦夫)의 의지에 굴복했다면 어차피 돌이킬 수 없는 일이라고 생각했을 것이다. 애국자라면 테오도시우스 황가의 몰락에 불가피하게 수반될 재앙 속으로 자신과 조국을 몰아넣는 일에 상당히 망설였을 것이다. 그러나 경솔했던 막시무스는 이런 사정을 고려해 보지 않은 채 오직

1 시도니우스 아폴리나리스는 제2권의 열세 번째 서한에서 사망한 황제에 대해 독창적이고도 관대한 애정을 표현한 친구 세르라누스의 역설을 논박했다. 이 서한은 상당히 섬세하게 잘 쓰여졌다고 볼 수 있고, 또한 막시무스의 성격에 대해서도 많은 정보를 주고 있다.

자신의 분노와 야망을 채우는 데 만족했다. 그는 발렌티니아누스 황제의 시체에서 뿜어져 나오는 피를 발밑으로 내려다보며, 원로원과 시민들이 만장일치로 자신을 황제라고 연호하는 소리를 들었다. 그러나 황제로 즉위한 날이 그가 행복했던 마지막 날이었다. 그는 궁정이라는 감옥 안에 갇혀서(이것이 시도니우스의 생생한 표현이다.) 하룻밤을 뜬눈으로 보내고 난 뒤 한숨을 쉬며, 마침내 자신이 바라던 정상에 올랐지만 이제는 이 위험한 자리에서 내려가고 싶을 뿐이라고 탄식했다. 왕관의 무게에 짓눌린 막시무스는 친한 벗이자 재무관인 풀겐티우스에게 자신의 불안과 우려를 토로했다. 지난날의 안전하고 행복했던 삶을 헛되이 추억하면서 "어느 날 저녁 치세가 시작되었다가 같은 날 곧바로 끝난 다모클레스는 얼마나 행운아인가!"라고 탄식했다고 한다. 이후로 풀겐티우스는 이 유명한 구절을 군주들과 백성들에게 들려주는 교훈으로 자주 사용했다고 한다.

서기 455년 6월, 막시무스의 죽음

막시무스의 치세는 3개월 정도 지속되었다. 더 이상 자신이 관리할 수 없게 된 시간은 후회와 죄의식, 공포로 채워졌고, 그의 왕좌는 군대와 시민과 야만족 연합군의 소요로 끊임없이 위협받았다. 아들 팔라디우스를 발렌티니아누스의 장녀와 결혼시킴으로써 자기 가문의 세습적인 황위 계승권을 확립시킬 수 있었을 것이다. 그러나 그는 정욕 또는 복수라는 무분별한 충동에서 황후 에우독시아에게 폭력을 행사했다. 이 비극적 사건의 원인이었던 막시무스의 아내는 이미 세상을 떠났고, 발렌티니아누스의 미망인은 죽은 남편에 대해 아마도 진심이었던 것 같은 애도를 표하지도 못하고 남편의 암살자로 의심되는 뻔뻔스러운 찬탈자의 포옹에 몸을 내맡길 수밖에 없었다. 이 의심은 얼마 지나지 않아 막시무스 자신의 경솔한 고백으로 사실로 드러나면서 마지못해 몸을 맡기기는 했지만 자신이 황제 가문의 후손이라는 점을 여전히 의식하고 있던 새 신부의 증오심을 부추겼다. 그러나 에우독시아는 동방에서는 효과적인 도움을 받을 희망이 전혀 없었다. 아버지와 고모 풀케리아는 죽었고, 어머니는 치욕스럽게 추방되어 예루살렘에서 비탄의 나날을 보내고 있었으며, 콘스탄티노플의 왕홀은 낯선 자가 쥐고 있었다. 에우독시아는 카르타고 쪽으로 눈을 돌려서 반달족 왕에게 은밀하게 도움을 청했다. 그녀는 탐욕스러운 야망을 명예와 정의와 연민이라는 그럴듯한 이름으로 포장할 수 있는 이 좋은 기회를 놓치지 말라고 가이세리크를 설득했다. 막시무스는 신하로서 직책을 수행했을 때는 탁월한 능력을 보여 주었을지 모르지만, 제국을 이끌어 갈 만한 능력은 없었다. 그는 아프리카의 반대편 해안에서 해군의 군비 증강이 이루어지고 있다는 소식을 분명히 알고 있었음에도, 방어에 나서거나 협상을 하거나 또는 적절한 퇴각 조치를 전혀 취하지 않은 채 적의 공격을 기다리고만 있었다. 반달족이 테베레 강어귀에 상륙하고 공포에 질린 군중의 절망적인 외침을 듣고 나서야 무기력한 상태에서 깨어났다. 깜짝 놀란 그의 머리에 떠오른 유일한 희망은 황급히 도망가는 것뿐이었고, 원로원 의원들에게도 군주의 예를 따르라고 지시했다. 그러나 막시무스는 거리로 나서자마자 대중의 무수한 돌 세례를 받았다. 로마 병사 혹은 부르군트 병사들은 자신들이 첫 번째로 상처를 입히는 영예를 누렸다고 주장했고, 그의 시체는 치욕스럽게도 난도질되어 테베레 강에 던져졌다. 로마인들은 공공의 재앙을 초래한 범죄자를 처벌했다며 기뻐했고, 에우독시아의 가솔들은 이 모든 것이 여주인에 대한 애정에서 비롯되었다고 생각했다.

서기 455년 6월, 반달족의 로마 약탈

이 폭동이 있고 사흘 뒤에, 가이세리크는 오스티아 항으로부터 무방비 상태에 놓여 있는 로마의 성문으로 과감하게 진출했다. 성문에서는 로마 청년들이 돌격해 나오는 대신 로마 주교가 비무장한 성직자들의 행렬을 이끌고 나타났다. 레오 주교의 두려움을 모르는 정신력과 권위와 웅변술은 다시 한 번 야만족 정복자의 사나운 기질을 누그러뜨려서, 반달족의 왕은 저항하지 않는 대중들은 살려 주겠으며 건물에 방화하지 않겠고 포로들을 고문하지 않겠다고 약속했다. 이런 명령이 엄격하게 내려지지도 않았고 철저하게 지켜지지도 않았지만, 레오 주교의 중재는 자신에게는 영광이었고 조국에도 어느 정도 유익한 결과를 가져다주었다. 그러나 로마와 그 주민들은 카르타고에서 당한 모욕을 설욕하려는 반달족과 무어족의 맹목적인 폭력에 무자비하게 노출되었다. 약탈은 14일간 밤낮으로 계속되었고, 공공 재산이나 사유 재산 또는 교회의 재산을 가리지 않고 남은 것은 모조리 가이세리크의 함선으로 운반되었다. 약탈품 중 특히 두 신전, 아니 오히려 두 종교의 화려한 유물은 인간 세계나 신의 세계에 똑같이 적용되는 영고성쇠가 있다는 잊을 수 없는 예를 보여 주었다. 이교가 금지된 이후로 카피톨리누스 신전은 약탈당한 채 버려져 있었지만, 영웅의 동상들은 여전히 존경을 받았고, 청동에 금도금을 입힌 정묘한 형태의 지붕이 남아 있어 가이세리크의 탐욕스러운 손에 내맡겨졌다.[2] 유대교 예배의 성물들, 즉 하느님의 특별 지시에 따라 만들어졌다는 황금 식탁과 일곱 개의 촛대가 달린 황금 촛대는 하느님의 성소 깊숙이 모셔져 있다가 티투스 황제의 승리 이후 로마인들에게 화려하게 전시되었다. 그 이후로는 평화 신전에 있던 이 예루살렘의 약탈품은 400년 만에 발트 해 연안 출신의

[2] 카피톨리누스의 지붕에 금을 처음 입힌 카툴루스의 아낌없는 기부는 잘 알려져 있지 않다. 그러나 황제는 훨씬 더 많은 기부금을 냈는데, 신전 외부를 금으로 입히는 데 총 1만 2000도미티아누스탈렌트 (240만 파운드)가 들었다고 한다. 클라우디우스와 루틸리우스는 그리스도교도나 고트족이 이 휘황찬란한 금도금을 손상시키지 않았음을 명확하게 입증했다. 카피톨리누스의 지붕은 금도금한 동상들과 네 필의 말이 끄는 전차로 장식되었던 것 같다.

한 야만족에 의해 로마에서 카르타고로 옮겨지게 되었다. 이와 같은 고대의 유물들은 탐욕뿐 아니라 호기심의 대상이 되었을 것이다. 그러나 무엇보다도 그 당시의 지배적인 종교로서 풍부하게 장식되었던 그리스도교 교회들이 훨씬 더 많은 약탈의 재료들을 공급해 주었다. 교황 레오가 신성한 관대함을 베풀어 콘스탄티누스 황제가 선물한 각각 100파운드 정도의 여섯 개의 은 항아리를 녹여서 복구 비용을 제공한 일이 그가 복구하고자 애쓴 피해의 증거가 될 것이다. 고트족이 침입한 이후 45년 동안 로마의 화려한 외관은 어느 정도 복구되었지만, 제국 수도의 부를 약탈할 여유와 그것을 옮길 함대도 있었던 정복자의 탐욕을 피할 수도 없었고, 그렇다고 충분히 만족시키기도 어려웠다. 궁정의 황실 장식품들과 화려한 가구 및 의상, 육중한 식기류 등이 마구잡이로 약탈당했고, 금화와 은화만 해도 수천 탈렌트에 달했지만, 그것도 모자라 구리와 놋쇠 화폐까지도 세심하게 다 챙겨갔다. 이렇게 되자 가이세리크를 벗이자 구원자로 환영했던 에우독시아조차도 곧 자신의 성급한 결정을 후회하게 되었다. 이 불운한 황후는 약탈자들에게 금은보화를 무례하게 강탈당한 후에, 테오도시우스 가의 마지막 후손인 두 딸과 함께 포로가 되어 거만한 반달족 왕을 따라가야만 했다. 가이세리크는 즉시 돛을 올리고 당당하게 카르타고 항으로 귀환했다.[3] 수천 명의 로마인 남녀가 유용하게 사용되거나 쾌락을 위해 사용되기 위해서 억지로 가이세리크의 함대에 태워졌다. 그들의 고통은 인정사정없는 야만족의 처사 때문에 더욱 악화되었다. 야만족들은 전리품을 분배하는 과정에서 부부나 부모 자식을 강제로 떼어 놓았기 때문이다. 카르타고의 주교였던 데오그라티아스[4]의 자비심만이 그들을 위로해 주고 지탱해 준 유일한 힘이었다. 그는 관대하게도 교회의 금은 식기를 팔아서

[3] 전체 함대 중 카피톨리누스의 유물을 실은 배 한 척만 난파했다고 한다. 편협한 소피스트나 이교도가 이 사건을 설명했다면 신을 모독한 이 배가 바다로 사라져 버렸다며 즐거워했을 것이다.

[4] 데오그라티아스는 단 3년간 카르타고 교회를 지도했다. 그의 시신이 개인적으로 비밀스럽게 매장되지 않았다면, 아마도 광신도들에 의해 갈기갈기 찢겼을 가능성이 높다.

5 아비투스의 사적인 삶이나 공적에 대해서는 다소 의심해 볼 필요가 있다. 그에 대해 찬사를 늘어놓은 시도니우스 아폴리나리스가 그의 신하이자 사위였기 때문이다.

몇몇 포로의 자유를 사 주었고, 또 몇몇 사람들의 고난을 경감시켜 주었으며, 이탈리아에서 아프리카까지 오는 항해 중에 겪은 고난으로 건강을 해친 수많은 포로들의 질병을 치료해 주고 필요한 물자를 공급해 주었다. 그의 지시로 큰 교회 두 곳이 병원으로 바뀌었는데, 환자들은 편안한 병상을 배정받고 식품과 약품도 넉넉히 제공받았다. 또한 대주교는 연로한 나이임에도 밤낮을 가리지 않고 부지런히 환자들을 방문해서 자상한 배려와 연민을 보임으로써 자신이 하는 일의 가치를 더욱 빛냈다. 이 장면을 예전 칸나이 전투와 비교해 보라. 그리고 이들 한니발과 성 키프리아누스의 후계자들에 대해 판단을 내려 보아도 좋을 것이다.

서기 455년 7월, 황제 아비투스

아이티우스와 발렌티니아누스 3세의 죽음은 갈리아의 야만족들을 평화와 복종 상태에 묶어 두었던 기반을 약화시키는 계기가 되었다. 해안에는 색슨족이 들끓었고, 알레만니족과 프랑크족은 라인 강에서 센 강까지 진출했으며, 야심 많은 고트족은 좀 더 광범위하고 영구적인 정복을 고려하고 있는 듯했다. 막시무스 황제는 이 먼 곳에서 일어나는 일에까지 신경을 써야 하는 노고에서 벗어날 수 있는 현명한 선택을 했다. 그는 가까운 벗들의 탄원을 무시하고 세상 사람들의 평판을 들어본 다음에 낯선 이방인에게 갈리아 군대의 지휘권을 맡겼다. 자신의 미덕을 훌륭하게 보상받은 이 이방인은 아비투스5라고 하며 오베르뉴 관구의 부유하고 명망 있는 가문 출신이었다. 혼란스러웠던 시대는 그에게 행정이나 군대의 공직을 똑같은 열정으로 수행하도록 내몰았는데, 이 지칠 줄 모르는 젊은이는 문학과 사법에 대한 연구와 군사와 사냥 기술을 조화롭게 병행하며 발전시켜 나갔다. 그의 생애에서 30년은 훌륭한 공직 생활로 채워졌다. 전쟁과 협상 양면에서 탁월한 재능을 발휘한 이 아이티우스의 병사는 매우 중요한 사절 임무를 몇 차례 수행한 후에 갈리아의 총독으로 승진했다. 그러나 곧 클레르몽에 있는 사유지로 조용히 은퇴한 것으로 보아, 아비투스의 공적이 질시를 불렀든지, 아니면 그의 절제심이 휴식을 원했던 것 같다. 거기서는 산에서 흘러 내려오는 풍부한 계곡 물이 수많은 폭포가 되어 요란하게 물거품을 일으키면서 쏟아져 내린 후에 길이 2마일 정도의 호수로 흘러들었는데, 아비투스의 별장은 이 호수 끝에 자리잡고 있었다. 목욕탕과 주랑, 여름과 겨울용 방들이 저마다의 용도에 맞도록 화려하게 지어져 있었고, 주변의 농촌은 숲과 목초지와 풀밭 등의 다양한 풍경을 제공해 주었다.[6] 이런 한가한 은거지에서 책과 전원 스포츠 그리고 농사일이나 벗들과의 교제[7]를 즐기며 시간을 보내던 아비투스는 어느 날 자신을 갈리아의 기병 및 보병대장으로 임명한다는 황제의 위촉장을 받았다. 그는 이 직위를 받아들였고 야만족들은 공격을 멈추었다. 그가 어떤 방법을 썼는지, 어떤 양보를 해야만 했는지는 알 수 없으나, 갈리아 주민들은 실질적인 평화라는 혜택을 누리게 되었다. 그러나 갈리아의 운명은 서고트족에게 달려 있었는데, 자신의 명예보다는 공공의 평화를 더욱 중요시했던 이 로마 장군은 주저 없이 사절의 자격으로 툴루즈를 방문했다. 고트족의 왕 테오도리크는 그를 정중하게 환대했다. 그러나 아비투스가 고트족과의 견실한 동맹을 위한 초석을 다지고 있는 가운데, 막시무스 황제가 살해당했으며 로마는 반달족에게 약탈당했다는 엄청난 소식이 들려왔다. 죄의식이나 위험 없이 오를 수도 있는 비어 있는 왕좌가 아비투스의 야심을 유혹했고,[8] 서고트족은 절대적인 투표권을 행사함으로써 그의 즉위를 지지하겠다고 선뜻 동의했다. 그들은 아비투스를 좋아

[6] 소(小)플리니우스의 예를 따라 시도니우스는 자신의 별장을 화려하고 장황하며 모호하게 묘사하고자 애썼는데, 아비투스의 이름을 딴 그 별장(아비타쿰)은 원래 아비투스의 소유였다. 정확한 상황은 알려져 있지 않다.

[7] 시도니우스는 니스메스 인근에 있는 친구의 영지를 방문했을 때, 갈리아 귀족들의 전원 생활을 묘사한 바 있다. 오전 시간은 테니스장이나 라틴 작가들이 쓴 세속적이거나 종교적인 책으로 채워진 도서관에서 보냈다. 전자가 신사들을 위한 것이라면 후자는 숙녀들을 위한 것이었다. 식사는 오찬과 저녁 식사 두 번이었는데, 주로 끓이거나 구워 뜨겁게 요리된 육류와 포도주를 먹었다. 남는 시간에는 낮잠을 자거나 승마를 하거나 뜨거운 목욕을 했다.

[8] 시도니우스는 70행이나 되는 송시에서 아비투스는 겸손하게도 사양했으나 테오도리크와 갈리아인들이 끈질기게 설득했다고 묘사하고 있으나, 이것은 보다 진실한 역사가의 '로마인은 황제를 꿈꾸었다.' 라는 문장에 의해 완전히 부정된다.

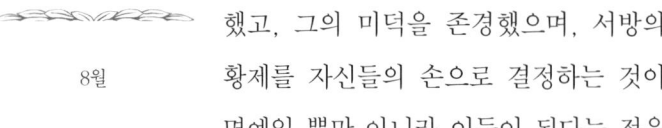

8월

9 그 자신도 고트족 왕가 혈통이었던 세빌리아의 주교 이시도르는 이 범죄를 수긍하고 더 나아가 정당화시켰다. 그들의 종이었던 요르난데스는 비열하게도 범죄 자체를 감추었다.

10 이 자세한 묘사는 모종의 정치적 동기에서 기록되었다. 이것은 대중에게 보여 주기 위해 기록되었고, 서한집에 넣기 전에 시도니우스의 친구에 의해 미리 공개되었다. 서한집의 첫 권은 별도로 출간되었다.

했고, 그의 미덕을 존경했으며, 서방의 황제를 자신들의 손으로 결정하는 것이 명예일 뿐만 아니라 이득이 된다는 점을 잘 알고 있었다. 해마다 일곱 개 속주의 대표가 아를에 모여 회의를 갖는 시기가 다가왔다. 그들의 토의에 그 자리에 배석한 테오도리크와 그의 호전적인 형제들이 영향을 주었을 수도 있었겠지만, 그들의 선택은 가장 뛰어난 인물에게 자연스럽게 이끌린 결과라고 보는 것이 타당하다. 아비투스는 적당히 사양하다가 갈리아 대표단으로부터 황제의 왕관을 받아들였고, 그의 즉위는 야만족과 속주민들의 환호로 승인을 받았다. 그 후 동방의 황제 마르키아누스의 공식적인 승인도 받아 냈다. 그러나 원로원과 로마, 이탈리아는 최근에 겪는 참화로 다소 몸을 낮추기는 했지만, 은밀한 불만을 억누르면서 뻔뻔스러운 갈리아 출신 찬탈자를 마지못해 받아들였다.

서기 453~466년,
서고트족의 왕
테오도리크의 성격

아비투스가 황제 자리에 오르는 데 큰 도움을 주었던 테오도리크는 형인 토리스몬트를 죽임으로써 고트족의 왕홀을 쥐었다. 그는 이 극악한 행동을 선왕이 로마 제국과의 동맹을 파기하고자 계획했기 때문이라고 정당화했다.9 이런 범죄는 야만족에게는 오히려 미덕이 될 수도 있는 것이었다. 그러나 테오도리크는 몸가짐이 예의 바르고 고상해서, 후손들도 이 고트족 왕의 모습을 생각할 때 별다른 공포심을 느끼지 않았다. 한가한 시간이나 사교 모임에서 그를 가까이 관찰했던 시도니우스는 툴루즈의 궁정에서 쓴 한 서한에서 다음과 같은 묘사로 친구의 호기심을 만족시켜 주고 있다.10

테오도리크 왕의 미덕을 모르는 사람이라도 그의 위엄 있는 외모를 보면 존경할 수밖에 없다네. 원래 왕자로 태어났지만, 일개 평민이었다 해도 그의 미덕들은 그를 존귀하게 만들었을 걸세. 키는 중간 정도이고 약간 통통한 체격으로 잘 균형 잡힌 사지는 강하면서도 민첩하다네.[11] 용모를 살펴보면 넓직한 이마와 길고 숱 많은 눈썹, 매부리코에 얇은 입술, 하얗고 고른 치아에다, 안색은 희었는데 분노보다는 수줍음 때문에 종종 붉어지기도 하지. 대중에게 공개되는 한도 내에서 그의 일과를 간단히 요약하자면 이렇다네. 아침 동이 트기 전에 그는 몇 사람만 대동하고 궁정 내의 예배실로 가서 아리우스파 성직자가 집전하는 예배를 드리지. 다만 그의 깊은 속내까지 파고들려는 사람들은 이 부지런한 실천이 그저 습관과 정책의 산물이라고 생각하곤 하지. 그런 다음에는 왕국의 공무를 본다네. 그의 왕좌 주위에는 점잖은 용모와 태도를 갖춘 몇 명의 장군들이 서 있고, 시끄러운 야만족 경비병들은 넓은 접견실에 대기하고 있는데, 그들은 왕의 회의실을 대중들의 눈에서 가려 주는 베일 또는 커튼 안으로는 들어가지 못한다네. 각국의 사절들이 연이어 소개되고, 테오도리크는 그들의 말을 주의 깊게 경청한 다음 신중하고 간결하게 대답하고, 사안에 따라서 마지막 결정을 내리거나 유보하기도 한다네. 8시(제2시)경에는 왕좌에서 일어나 국고나 마구간으로 가지. 사냥을 하거나 말을 타고 싶을 때는 총애하는 젊은이에게 활을 주고 수행하게 한다네. 그러나 일단 사냥감이 눈에 띄면 직접 활을 당겼는데 목표물을 놓치는 일이 거의 없지. 왕으로서의 그는 이런 오락 같은 일에 무기를 들기를 꺼렸지만, 군인으로서는 자신이 직접 할 수 있는 일을 다른 사람에게 시키는 것을 수치라고 여긴다네. 보통 날의 그의 점심 식사는 일개 시민의 식사와 전혀 다를 바가 없네. 그렇지만 토요일에는 수많은 고관들을 왕의 식탁에 초대하는데, 이

[11] 나는 테오도리크에 대한 이 묘사에서 몇 가지 세부적이고 전문적인 표현들을 생략했는데, 그 표현들은 시도니우스의 동시대인들처럼 벌거벗은 노예들을 사고파는 시장에 자주 가 본 사람들만이 알아들을 수 있는 것이다.

때는 우아한 그리스 요리나 푸짐한 갈리아 요리 또는 정갈하고 검소한 이탈리아 요리가 차려지곤 하지. 금은 식기는 무게도 무게이지만, 그 진귀한 모양이며 반짝이는 광채가 더 눈길을 끄는데, 외국의 값비싼 사치품들보다 더 아름답다네. 포도주 잔은 금주법에 엄격하게 따라서 크기와 개수가 정해졌고, 정찬 자리에는 주로 정중한 침묵이 흐르는데 이따금씩 들려오는 소리도 모두 진지하고 교훈적인 대화뿐이라네. 식사 후에 테오도리크는 짧은 잠에 빠지곤 하는데, 깨어나면 주사위 게임을 준비시키고 벗들에게 왕의 위엄 따위는 잊으라고 이른 다음 게임을 하며 그들이 자유롭게 감정을 표현하는 소리를 들으면서 즐거워한다네. 전쟁과 비슷하다고 좋아한 이 게임에서 왕은 열의와 기술 그리고 인내심과 유쾌한 기질을 모두 보여 주곤 하지. 게임에서 져도 웃어넘기고, 이기면 겸손하게 입을 다물지. 하지만 어떤 부탁이 있거나 아부는 대부분 그가 게임에 이기는 순간을 택하는데, 나도 게임에서 지고 난 다음 몇 번 특혜를 받은 적이 있다네. 9시(제3시)경이 되면 다시 공무가 시작되어 해질 때까지 쉼없이 이어졌는데, 저녁 식사를 알리는 소리가 들리면 기진맥진한 탄원자 무리가 사방으로 흩어진다네. 더 허물없는 자리였던 저녁 만찬은 좀 더 자유스러운 분위기에서 이루어져 때때로 광대나 무언극 배우들이 초대되기도 한다네. 그들은 익살스러운 기지로 모인 사람들의 감정을 건드리지 않는 범위에서 그들을 즐겁게 해 주곤 한다네. 그러나 여가수나 부드럽고 여성적인 음악은 엄격하게 배제되었는데, 오직 용기를 북돋우는 군가만이 테오도리크의 귀를 즐겁게 해 주었다네. 그가 만찬 자리에서 물러나면 야간 경비병들이 즉각 국고와 궁정, 왕의 침실 앞에 배치된다네.

서고트족의 왕이 아비투스를 황제에 오르도록 밀어줄 때만 해도, 그는 자신과 자신의 군대는 로마 제국의 충실한 병사가 될 것이라고 약속했다.[12] 테오도리크의 이러한 행동을 보면서 세상 사람들은 곧 그가 호전적인 조상들의 기질을 물려받지 않았다고 생각하게 되었다. 고트족이 아퀴타니아에 자리 잡고 반달족이 아프리카로 돌아간 이후, 갈리시아에 왕국을 세우고 있던 수에비족은 에스파냐 정복을 꿈꾸며 희미하게나마 남아 있는 로마의 지배권을 뿌리 뽑겠다고 위협했다. 카르타헤나와 타라고나의 속주민들은 이들의 맹렬한 공격을 받고 로마 정부에 자신들의 고통과 우려를 호소했다. 아비투스 황제의 대리인 자격으로 코메스인 프론토가 평화와 동맹이라는 유리한 협상 조건을 들고 파견되었고, 테오도리크도 개입하여 그의 처남이기도 한 수에비족 왕에게 즉시 퇴각하지 않으면 정의와 로마의 이름으로 군사력을 사용할 수밖에 없다고 선언하며 강력한 중재에 나섰다. 오만한 레키아리우스는 이렇게 대답했다.

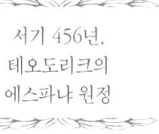

서기 456년, 테오도리크의 에스파냐 원정

[12] 테오도리크 본인이 직접 엄숙하고 자발적으로 충성을 약속했고, 이것은 갈리아와 에스파냐에 모두 알려지고 이해되었다.

그에게 그의 우정도 군사력도 모두 경멸한다고 전하시오. 그리고 툴루즈 성벽 밑에서 내가 도착하기를 기다릴 용기가 있는지 곧 시험해 보겠다고 전하시오.

이런 도전을 받은 테오도리크는 적의 대담한 계획을 저지하기 위해 선제 공격에 나서기로 결심했다. 그는 서고트족의 선두에 서서 피레네 산맥을 넘었고, 프랑크족과 부르군트족도 그의 군기를 따랐다. 테오도리크는 겉으로는 아비투스의 충실한 신하임을 표방했지만, 자신과 후계자들을 위해 에스파냐 정복의 결실을 온전히 누린다는 약정을 비밀리에 받아 둔 상태였다. 두

13 수에비 왕의 계획으로 볼 때, 그들은 분명 갈리시아 항구에서 지중해까지 가는 항법을 알았고 또 실행했던 것 같다. 브라가의 배들은 무모하게 대서양으로 향하지 않고 조심스럽게 해안을 따라 나아갔다.

14 수에비 전쟁에 대한 기술은 이다티우스의 연대기 중 가장 믿을 만한 부분인데, 이리아 플라비아의 주교였던 그는 전쟁의 목격자이자 피해자이기도 했다. 요르난데스는 고트족의 승리를 한껏 기뻐하며 세세하게 설명해 놓았다.

군대라기보다는 두 민족은 아스토르가에서 12마일 정도 떨어진 우르비쿠스 강변에서 접전을 벌였다. 이 전투에서 고트족이 대승을 거두어 잠시나마 수에비족의 이름과 왕국은 완전히 사라진 것으로 보일 정도였다. 테오도리크는 전장에서 여전히 고대의 위엄과 상업적 번영의 화려한 흔적을 간직하고 있던 수도 브라가로 진군했다.13 그의 입성은 유혈로 얼룩지지 않았고, 고트족 병사들은 여자 포로들, 그중에서도 특히 성처녀들의 정절을 존중하여 지켜 주었다. 그러나 수많은 성직자들과 주민들을 붙잡아 노예로 삼았고, 교회와 제단들도 무자비하게 약탈하였다. 불운한 수에비족 왕은 대서양의 한 항구로 도망가려 했지만 강한 바람 때문에 뜻을 이루지 못하고 있다가 무자비한 경쟁자 앞으로 끌려왔다. 자비심을 원하지도 기대하지도 않았던 레키아리우스는 이겼더라면 자신이 경쟁자에게 내렸을 죽음을 남자다운 의연함으로 받아들였다. 테오도리크는 승전군을 이끌고 루시타니아의 주요 마을인 메리다까지 진출했는데, 가는 도중에 성 에우랄리아의 놀라운 기적 이외에는 그 어떤 저항도 받지 않았다. 그러나 테오도리크는 승리의 절정에서 진군을 멈추고, 정복지를 완전하게 자신의 것으로 확보하지도 못한 상태에서 에스파냐에서 철수해야만 했다. 그는 피레네 산맥으로 퇴각하는 길에 지나오는 지역들에 자신의 실망과 분노를 터뜨렸는데, 폴렌티아와 아스토르가에서 자행한 약탈에서는 자신이 의리 없는 동맹군이며 잔인무도한 적임을 유감없이 보여 주었다. 한편 이 서고트족의 왕이 아비투스의 이름으로 싸우고 승리하는 동안 아비투스의 치세는 끝나 버렸다. 그리하여 테오도리크는 자신이 직접 서로마 제국의 왕좌에 옹립한 벗의 오욕으로 명예와 이익 양면에서 큰 타격을 입게 되었다.14

원로원과 로마인들의 간곡한 청원으로 아비투스는 로마에

거주하면서 다음 해에 집정관에 취임하기로 승낙했다. 그리하여 1월 1일에 황제의 사위인 시도니우스 아폴리나리스는 600행에 달하는 찬양 시를 지어 황제에게 바쳤는데, 이 작품은 비록 황동 동상으로 보상받기는 했지만,[15] 별다른 재능도 진실도 볼 수 없는 글이었다. 시인이라는 신성한 이름을 더럽혀 가며 그를 시인이라고 부른다면, 이 시인은 군주이자 장인의 장점을 과장하면서 길고 영광스러운 치세가 지속될 것을 예언했는데, 이 예언은 곧이어 발생한 사건으로 실현되지 않았다. 황제라는 존엄한 자리가 으뜸가는 노고와 위험한 자리로 전락한 시대였음에도 불구하고 아비투스는 사치스러운 이탈리아의 유흥과 쾌락에 푹 빠져 버렸다. 늙은 나이임에도 그의 호색한 기질을 말릴 수 없었는데, 남의 부인네들을 유혹하고 강간한 다음 분별없고 비열하게도 그 남편들까지 조롱하고 모욕했다는 비난을 받았다. 로마인들은 그의 잘못을 변명해 줄 생각도, 그의 미덕을 인정해 줄 생각도 없었다. 분할된 제국의 각 지역은 나날이 서로 멀어져만 갔고, 갈리아 출신의 이 낯선 황제는 증오와 경멸의 대상이 될 뿐이었다. 그러자 원로원은 황제 선출에 대한 합법적인 권리를 주장하고 나섰는데, 공화정 체제에서 비롯된 원로원의 권위는 쇠퇴해 가던 군주정 체제의 허약성으로 다시 한 번 강화되었다. 그렇다고 해도 이탈리아를 방어하던 야만족 부대의 주요 지휘관 중 한 명이었던 리키메르가 그들의 불만을 지지하고 은근히 부추기지만 않았다면, 아무리 허약한 군주정이라 해도 비무장한 원로원의 투표 정도에는 저항할 수 있었을 것이다. 리키메르의 어머니는 서고트족의 왕인 발리아의 딸이었지만, 아버지에게 수에비족의 피를 이어받았다.[16] 수에비족이 최근에 겪은 불행으로 그의 자존심과 애국심은 한층

서기 456년 10월, 폐위된 아비투스

[15] 트라야누스 도서관의 주랑에 유명 작가들과 웅변가들의 동상 사이에 그의 동상도 있다.

[16] 시도니우스는 리키메르가 왕족 혈통을 이어받은 적법한 상속자임을 칭송했는데, 고트족과 수에비 왕국 모두에게 이런 생각을 심어 주고자 했던 것 같다.

17 빅토르 툰누넨시스는 '죄 없는 어버이 아비투스'라고 연민과 경멸이 혼합된 표현을 사용했다. 다른 곳에서는 '고결하고 단순한 사람'이라고 부르기도 했다. 이런 표현은 화려하지는 않지만 시도니우스의 찬양보다는 훨씬 정직하고 진지한 것이다.

18 그는 디오클레티아누스의 박해를 겪은 것으로 추정된다. 그를 열렬하게 숭배했던 투르의 그레고리우스는 순교자 율리아누스의 영광을 위해 책 한 권을 바쳤는데, 그 책에는 율리아누스의 유골이 행한 쉰여 가지의 황당한 기적들이 세세히 묘사되어 있다.

강화되었고, 그는 자신의 뜻과 상관없이 즉위한 황제에게 마지못해 복종하고 있었다. 리키메르가 공동의 적에 대항해서 세운 충성스럽고도 중요한 공적들은 그에게 더욱 큰 권위를 부여했다. 리키메르는 코르시카 연안에서 예순 척의 갤리선으로 이루어진 반달족 함대를 격퇴한 후에는 '이탈리아의 구원자'라는 환호를 받으며 당당하게 개선했다. 그는 이 순간을 놓치지 않고 아비투스에게 이제 당신의 치세는 끝났노라고 선언했다. 고트족 동맹자와 멀리 떨어져 있던 허약한 황제는 잠시 아무 소용도 없는 저항을 해보다가 결국 황제 자리를 포기했다. 그러나 리키메르의 자비심이었는지 경멸이었는지는 모르지만,[17] 아비투스는 왕좌에서 내려오는 대신 플라켄티아의 주교라는 매우 매력적인 자리에 임명되었다. 그러나 여전히 분개하고 있던 원로원은 완고하고 가혹하게 그에게 사형 선고를 내렸다. 아비투스는 알프스로 탈출을 감행했는데, 이것은 자신을 위해 서고트족을 무장시키려는 목적이 아니라, 단지 오베르뉴의 수호성인 중 한 사람인 율리아누스[18]의 성소에 피신할 수 있을지도 모른다는 소박한 희망에서 비롯된 행동이었다. 도망치던 도중에 병에 걸린 것인지 아니면 사형 집행인을 만난 것인지는 모르지만 죽고 말았다. 그러나 그의 시신은 고향인 브리바스로 정중하게 운구되어 수호성인의 발치에서 영면할 수 있었다. 아비투스는 딸 하나만을 세상에 남겼는데 그녀가 바로 시도니우스 아폴리나리스의 아내였다. 시도니우스는 장인의 세습 재산을 물려받았지만 여러 가지 사적, 공적인 기대가 좌절된 것을 매우 슬퍼하였다. 그는 분개심에서 갈리아에서 일어난 한 반란 세력에 가담했거나 적어도 동조했는데, 이런 와중에 모종의 혐의에 연루되기도 해서 후임 황제에게 새로운 아부의 송시를 바쳐 속죄하지 않으면 안 되었다.

다행스럽게도 아비투스의 후계자는 타락한 시대에 인간의 존엄성을 지키기 위해 가끔씩 나타나는 위대하고 영웅적인 인물이었다. 마요리아누스 황제는 동시대인과 후손의 찬사를 받을 자격이 충분했는데, 그에 대한 찬사는 공평하고 분별 있는 한 역사가의 다음과 같은 말에 강하게 표현되어 있다.

서기 457년, 마요리아누스의 성품과 제위 등극

그는 백성들에게는 온화했고 적에게는 무서웠으며, 모든 점에서 로마인을 지배했던 그 어느 전임 황제들보다 뛰어났다.

이와 같은 증언은 시도니우스의 송시를 어느 정도 정당화시켜 주는데, 이 아첨꾼 웅변가는 아무 자격이 없는 군주에게도 비슷한 열정으로 찬사를 바치기는 했지만, 이번에는 그 대상이 워낙 뛰어난 덕분에 어느 정도 진실의 범주에 머물렀다고 인정할 수 있다.[19] 마요리아누스라는 이름은 테오도시우스 대제 치세에 일리리쿰 변경 군대를 지휘했던 외할아버지의 이름을 딴 것이다. 외할아버지는 딸을 마요리아누스의 아버지와 결혼시켰는데, 아버지는 갈리아의 세입을 성실하고 능숙하게 관리했던 훌륭한 공직자로서 간교한 궁정의 솔깃한 제의보다는 아이티우스와의 우정을 더 소중히 여기던 인물이었다. 그의 아들, 즉 미래의 황제는 군인으로서의 교육을 받았는데, 어린 시절부터 대담한 용기와 조숙한 지혜, 더욱이 얼마 안 되는 재산이나마 아낌없이 나눠 주는 관대함을 보였다. 마요리아누스는 아이티우스 휘하에서 그의 승리에 공헌하면서 영광을 나누어 갖고 때로는 그를 능가하기도 했는데, 이것이 결국에는 아이티우스, 아니 오히려 그 아내의 질투를 불러일으켜 관직에서 물러났다.[20] 마요리아누스는 아이티우스가 사망한 이후 다시 부름을

[19] 이 송시는 황제가 아직 집정관일 때인 서기 458년 말에 리옹에서 발표되었다. 이 시는 재능보다는 기교를, 기교보다는 노동을 보여 준다. 시의 장식은 부적절하거나 시시하고, 표현은 힘이 없고 장황하다. 시도니우스는 중요한 점을 강하고 명확하게 보여 주는 기술이 없었다. 그는 마요리아누스의 사적인 삶을 묘사하는 데 거의 200행을 할애하고 있다.

[20] 그 아내는 관직 박탈 정도에 만족하지 못하고 즉각 처형할 것을 주장했다고 한다. 아이티우스는 벨리사리우스나 말버러처럼 아내에게 휘둘렸던 것 같다. 그녀는 열렬한 신앙심으로 기적을 행하기도 했지만 비열하고 잔인한 충고도 서슴지 않았다.

²¹ 알레만니족은 라에티아 알프스를 넘어와 캄피카니니, 즉 벨린초나 지역에서 패배했다. 이 지역은 아둘라 산에서 발원해 마조레 호로 흘러드는 티치노 강이 흐르는 곳이다. 900명의 야만족을 물리치고 자랑스러워하는 것은 이탈리아가 얼마나 허약했는지를 단적으로 보여준다.

²² 'dilation(팽창)'과 'delation(밀고)' 어느 쪽으로 보아도 되지만, 후자로 해석했을 때 뜻이 더 잘 통하고 의미도 분명해지므로 이 단어를 택했다.

받아 복무하며 승진했는데, 이때 코메스인 리키메르와 맺은 친분이 그를 서로마 제국의 제위에 오르게 한 직접적인 발판이 되어 주었다. 아비투스의 폐위 이후 제위가 비어 있는 동안, 출신 때문에 황제가 될 수 없었던 이 야심만만한 야만인은 귀족이라는 칭호 아래 이탈리아를 실질적으로 지배하면서 기병 및 보병대장이라는 영예로운 직위는 벗에게 양보하고 있었다. 몇 달이 지난 후에 알레만니족에게 거둔 승리²¹로 민심을 얻은 마요리아누스를 황제로 옹립하라는 로마인들의 만장일치의 요구에 동의하였다. 마요리아누스는 라벤나에서 즉위했는데, 그가 직접 써서 원로원에 보낸 다음과 같은 서한에는 그 당시 상황과 감정이 잘 표현되어 있다.

원로원 의원들이여! 경들의 선출과 가장 용감한 군대의 포고로 과인은 황제가 되었소. 경들의 이익과 국민의 복지를 위해 집정관들과 과인의 업무에 자비로운 신의 가호가 내려 인도하고 또 번영으로 이끌어 주시길 바라오! 과인은 통치를 원한 것이 아니라 다만 복종했을 뿐이오. 과인이 만일 비열하고 이기적인 배은망덕으로 국가가 부과하는 이 무거운 짐을 지기를 거부했다면, 그것은 시민으로서의 의무를 저버리는 것과 다름 없었소. 그러므로 경들은 그대들이 만든 이 군주를 도와 주시고, 경들이 과인에게 지워 준 의무들을 조금씩 분담해 주시오. 그리하면 우리의 공동의 노력이 과인이 경들에게서 인수받은 이 제국의 행복을 증진시켜 나갈 것이외다. 우리 시대에 정의가 다시금 과거와 같은 권위를 회복하고 미덕이 단지 죄를 짓지 않는 것이 아니라 칭찬할 만한 것이 될 수 있다고 확신해 주시오. 밀고²²에 대해서는 과인이 신하였을 때는 항상 좋지 않은 일로 비난해 왔고 왕이 된 지금은 엄격하게 처벌하고자 하니 밀고자 본인들 이외에는 아무도 이를 두려워하지 않도록 하겠소. 우리의 불철주야의 노력과 리키메르가 함께 군사력을 통제하면서 지금까지 국내외의 적들로부터 안전하게 지켜 온 로마를 계속 수호해 나갈 것이오.23 경들은 이상과 같은 과인의 시정 방침을 이해해 주길 바라오. 이전에는 그대들과 생사의 위험을 함께 했던 동료이고 지금도 여전히 원로원 의원이라는 이름을 자랑스럽게 여기는 과인의 진실한 애정과 진지한 신의를 믿어 주시오. 그리고 그대들이 과인을 사랑하여 내린 판단을 후회하는 일이 결코 없기를 간절히 소망하는 바이오.

폐허가 된 로마에 홀연히 나타나 트라야누스 황제라도 무시하지 못할 정도로 고대의 법률과 자유를 부활시킨 이 황제의 자비로운 감정은 자신의 마음에서 진실로 우러나온 것임에 틀림없다. 그 시대의 관습이나 전임 황제들의 선례를 볼 때 그가 모방할 만한 것이 아무것도 없었기 때문이다.24

마요리아누스 황제의 사적이거나 공적인 행동에 대해서는 거의 알려진 바가 없다. 그러나 그의 법률은 독창적인 사고와 표현력을 보여 주는데, 그 속에는 백성을 사랑하고, 그들의 고통에 연민을 느끼며, 제국이 쇠퇴한 원인을 분석하고, 국가적 혼란에 직면해 현명하고 유효한 치유법을 제시하고, 그것이 실행 가능했다면 그 치유법을 적용할 수도 있었던 한 군주의 인품이 잘 드러나 있다.25 재정에 관련된 그의 법규는 백성들이 가장 견디기 힘든 고충을 덜어 주거나 적어도 경감시켜 주려는 명백한 의도를 담고 있다. 1) 즉위하자마자 그는 부당하게 징발되던 세금과 재산세의 누적된 중압에 짓눌려 신음해 온 속주민들의 불행을 덜어 주고자 전력을 다했다.(그의 말을 그대로

서기 457~461년, 마요리아누스의 유익한 법률들

23 마요리아누스는 아비투스의 폭정을 알고 있었던 듯하고, 아비투스의 죽음을 궁극적으로 가치 있는 일로 선언하였다. 이 대목에 이르러 시도니우스는 다소 두려워하며 말을 흐리는데, 그는 열두 명의 카이사르와 아프리카의 나라들에 대해 언급하면서 아비투스라는 위험스러운 이름을 피하고 있다.

24 그러나 '우리의 왕국'이라는 표현에는 그 시대의 오점이 남아 있는데, 이 표현은 그가 자주 반복하고 있는 공화국이라는 단어와 잘 어울리지 않는다.

25 『테오도시우스 법전』 말미에 나오는 마요리아누스의 법률을 참조하라.(아홉 항목밖에 안 되지만 매우 길고 복잡하다.) 고드프루아(Godefroy)는 이 부연된 부분에 대해 아무런 언급도 하지 않았다.

번역한 것이다.) 이런 관점에서 그는 대사면을 베풀어 연체된 세금과 재무 관리들이 다양한 명목으로 백성들에게 요구한 빚을 전액 탕감해 주었다. 유효가 지나서 오히려 성가시고 무익한 세금들을 이런 방식으로 현명하게 포기함으로써 오히려 국고를 정화하고 증대시키는 결과를 가져왔다. 백성들이 이제는 절망감에 사로잡히는 대신, 감사의 마음과 희망을 품고 자신과 국가를 위해 열심히 일하게 되었기 때문이다. 2) 마요리아누스 황제는 세금의 평가와 징수 문제를 예전처럼 속주 행정관들의 일상적인 업무로 넘기고, 황제나 민정 총독의 이름으로 행해지는 특별 집행을 억제했다. 변칙적인 권력을 얻은 총신들은 무례한 태도로 제멋대로 세금을 부과해 왔다. 그들은 하급 심판관들을 무시했고, 보수나 이익이 자신들이 마지못해 국고에 내야 하는 금액의 두 배를 넘지 않으면 불평을 늘어놓았다. 그들의 터무니없는 부당 취득의 예는 입법자 자신이 사실임을 입증해 놓지 않았더라면 사실로 믿기 힘들 정도였다. 그들은 세금을 모두 금으로만 징수했는데, 그것도 당시 유통되던 금화가 아니라 파우스티나 황후나 안토니누스 황제들의 이름으로 주조된 옛날 금화만을 받기를 고집했다. 이 희귀한 금화를 마련하지 못한 백성들은 그들의 탐욕스러운 요구에 맞춰 모종의 합의를 봐야 했고, 어렵사리 금화를 준비한 사람들도 옛날 금화의 무게와 가치에 맞추어 세금을 두 배로 내야 했다.[26] 3) 마요리아누스 황제는 이렇게 말했다.

자치 단체와 작은 원로원(고대인들은 적절하게도 이런 표현을 썼다.)은 도시의 심장이자 공화국의 근육이라 볼 수 있다. 그런데 지금은 자치 단체가 행정관들의 부정과 징세관들의 무분별한 욕심으로 너무도 미약한 위치로 전락하여, 그 구성원들

[26] 그리브스(Greaves)는 부지런하게 연구하여 안토니우스 황제 시대의 금화는 118그레인이었지만 5세기에는 68그레인밖에 안 되었다는 사실을 밝혀냈다. 마요리아누스 황제는 모든 금화가 동일한 가치로 통용되도록 했다. 다만 갈리아 금화는 제외했는데 무게가 아니라 규격에 결함이 있었기 때문이었다.

중 많은 사람들이 주권과 조국을 버리고 아주 멀리 떨어져 있어 잘 알지도 못하는 곳으로 피신해 있는 실정이다.

황제는 그들이 각자의 도시로 돌아오도록 종용하고 강제한 후에, 그들이 자치 단체의 권한을 포기할 수밖에 없도록 만들었던 과중한 부담을 덜어 주었다. 그들은 속주 행정관들의 감독을 받으며 세금을 징수하는 업무를 다시 맡았다. 그러나 예전처럼 자신의 구역에서 내야 하는 세금 전부를 거두어 낼 책임을 지는 대신, 실제로 징수한 금액과 그때까지도 국가에 빚을 지고 있던 체납자들의 세금만 거두어 내면 되었다. 4) 그러나 이 자치 단체들이 그때까지 겪은 부당한 압제에 복수하고 싶을 것이라는 사실도 잘 알고 있었던 마요리아누스 황제는 '도시의 수호자'라는 유용한 직책을 부활시켰다. 황제는 대중이 자유로운 집회를 통해 분별력 있고 고결한 인물을 선출한 다음, 그에게 국민들의 권리를 주장하고 그들의 고통을 대변하며 부자들의 횡포로부터 가난한 사람들을 보호하고 황제의 이름으로 자행되는 압제를 고발하는 임무를 맡도록 했다.

고대 로마의 폐허를 애도하는 눈길로 바라보는 구경꾼이라면 고트족과 반달족의 침략에 모든 책임을 전가하고 싶어질

로마의 건축물들

터이지만, 사실 그들도 침략을 계속해 나갈 여유도 힘도 의도도 없었다. 전쟁의 폭풍우가 지상으로 높이 솟은 첨탑을 몇 개 파괴할 수는 있었겠지만, 수많은 웅장한 건물들의 토대를 송두리째 뒤엎은 파괴는 10세기에 걸쳐 서서히 조용하게 진행된 것이었다. 나중에 와서는 이익에 눈이 멀어 수치심이나 절제도 없이 자행되던 파괴가 건전한 정신과 양식을 갖추었던 마요리아누스 황제에 의해 엄격하게 저지되었다. 도시가 쇠퇴하면서

공공 시설의 가치도 점차 감소되었다. 원형경기장과 원형극장들은 여전히 국민의 욕구를 어느 정도 불러일으켰으나, 더 이상 그 욕구를 만족시킬 수는 없었다. 신전들은 그리스도교도의 광신을 용케 피했다 하더라도, 그곳에는 더 이상 신도 사람도 살지 않았다. 수적으로 줄어든 로마인들이 사용하기에 욕장이나 주랑은 너무 거대했고, 웅장한 도서관과 법정들은 공부에도 공무에도 관심이 없는 게으른 세대에게는 무용지물이 되었다. 집정관들과 황제들의 기념비는 더 이상 수도의 불멸의 영광을 보여 주는 대상으로 존중되지 않았고, 단지 먼 곳에 있는 채석장보다 값싸고 편리하게 건축 자재를 무진장 제공해 주는 광산쯤으로 여겨졌다. 무엇인가 공공 사업에 필요한데 돌과 벽돌이 부족하다는 그럴듯한 청원이 다루기 쉬운 행정관들에게 지속적으로 제출되어, 아름다운 건축물들이 하찮고 겉치레뿐인 보수 작업을 위해 무자비하게 손상되었다. 타락한 로마인들은 약탈품들을 자신의 것으로 챙기면서 조상들의 노고의 산물을 무엄하게 파괴했다. 황폐해진 도시의 모습에 한숨짓던 마요리아누스 황제는 점점 증가하고 있던 폐해를 중단시키기 위해 특단의 조치를 내렸다. 황제와 원로원만이 고대 건축물의 파괴가 정당화될 수 있는 특별한 경우들에 대한 심리권을 행사할 수 있게 했고, 감히 불법적이고 말썽의 소지가 있는 허가증을 내준 행정관들에게는 금화 50파운드(은화 2000파운드)의 벌금을 매기기로 했다. 또 하급 관리들이 그런 명령에 복종할 때는 범죄로 취급하여 가혹한 태형에 처하는 동시에 양손을 자르겠다고 공포하였다. 마지막 경우에 있어서는 죄와 벌의 형평성을 다소 잊은 듯하지만, 황제의 열의는 고결한 원칙에서 비롯된 것으로서 그는 자신이 살기를 희망했고 또 그에게 더 어울렸던 시대의 기념물들을 보호하고자 전력을 다했다. 백성들의 수를 늘리는 것 또한 황제의 주요 관심사였는데, 그는 결혼의 신성성을 수호하는 것이 자신의 의무라고 생각했다. 그러나 이 건전한 목적을 달성하기 위해 황제가 취한 방법은 다소 애매했고 비난의 여지도 있었다. 그리스도에게 처녀성을 바치고자 하는 신심 깊은 여성들도 40세 전에는 수녀가 될 수 없었다. 40세 전에 과부가 된 사람은 5년 이내에 재혼을 하도록 강요당했고, 그러지 않으면 재산의 반을 가까운 친척이나 국가에 몰수당했다. 신분이 다른 남녀 간의 결혼은 비난받았고, 심지어 무효화되기도 했다. 간통죄를 저지른 사람은 재산을 몰수당하고 추방당했으며, 만약 그 죄인이 이탈리아로 돌아온 것이 발견되면, 황제의 특별 포고령에 의거해 그를 죽여도 아무런 벌을 받지 않았다.27

27 황제는 투스카니 영사였던 로가티아누스의 관대한 조치를 매섭게 질책했는데, 거의 개인적인 원한을 품은 것처럼 보일 정도이다. 재혼하지 않는 과부를 처벌했던 마요리아누스의 법률은 후계자 세베루스에 의해 곧바로 폐지되었다.

마요리아누스 황제는 로마인들의 행복과 미덕을 회복하고자 부단히 노력하는 한편으로, 인품이나 상황으로 보았을 때

서기 457년,
아프리카 침공을 준비하는
마요리아누스

로마의 가장 강력한 적이었던 가이세리크의 군사력과 맞부딪쳐야 했다. 반달족과 무어족 함대가 리리스 강, 즉 가리글리아노 강어귀에 상륙했지만, 제국 군대가 캄파니아에서 가져온 약탈품을 거추장스러워하며 기동성을 잃고 있었던 이 무질서한 야만족 무리를 기습 공격했다. 야만족들은 다시 배로 쫓겨가는 중에 수없이 학살당했는데, 죽은 자들 가운데는 왕의 처남이었던 야만족 대장도 포함되어 있었다. 이와 같은 신속한 대응은 새로운 치세의 성격을 충분히 드러내 주었을 것이다. 그러나 아무리 엄중한 경계를 서고 수많은 군대를 배치해도 길게 뻗어 있는 로마 해안을 해상 약탈자로부터 완벽하게 보호할 수는 없었다. 마요리아누스 황제의 능력을 신뢰한 로마인들은 그에게 좀 더 고귀하고도 힘든 과제를 해결해 주기를 기대하고 있었

다. 로마는 마요리아누스 황제만이 아프리카를 수복할 수 있다고 기대했는데, 새로운 주거지에 정착한 반달족을 공격하려는 그의 계획은 이 기대에 부응한 대담하고 사려 깊은 정책의 결과였다. 이 용감무쌍한 황제가 자신의 고귀한 정신을 이탈리아의 젊은이들에게도 불어넣을 수 있었다면, 또한 그가 항상 뛰어난 자질을 보여 주었던 군사 기술 훈련을 마르스 연병장에서 재개했다면, 그는 로마군의 선두에 서서 가이세리크에 대한 공격에 나설 수 있었을 것이다. 젊은 세대는 이런 민족적 습성을 쇄신하는 데 기꺼운 마음으로 환영했을 것이다. 그러나 쇠퇴해 가는 제국을 힘겹게 유지해 나가는 군주들이 공통적으로 겪는 불운은 눈앞의 이익을 취하거나 닥쳐 오는 위험을 피하기 위해 가장 해로운 악습을 되풀이하거나 더 악화시킬 수밖에 없다는 점이다. 마요리아누스 황제도 허약한 전임 황제들과 마찬가지로 유약한 자국 백성들의 자리에 수치스럽게도 야만족 보조군을 임시방편으로 채워 넣을 수밖에 없었다. 그는 자신의 탁월한 능력을 언제라도 뒤돌아서 주인에게 칼을 겨눌 수 있는 이 위험한 도구를 용감하고도 능숙하게 다루는 데 쓸 뿐이었다. 황제의 용맹과 관대함에 대한 명성을 듣고는 이미 제국에 봉사를 맹세한 동맹국들 이외에도 도나우 강, 보리스테네스 강, 타나이스 강변의 여러 나라들도 속속 합류했다. 아틸라 휘하에서도 가장 용감했던 민족들인 게피다이족, 동고트족, 루기아족, 부르군트족, 수에비족, 알라니족의 수많은 용감한 병사들이 리구리아 평원에 모였는데, 그들의 막강한 무력은 상호 간의 적의로 균형을 유지했다.[28] 그들은 한겨울에 알프스를 넘었는데, 황제는 완전 무장을 갖추고 도보로 선두를 지휘했다. 그는 긴 막대기로 얼음과 눈의 깊이를 측량해 가며, 극심한 추위를 불평하는 스키타이족에게 조금만 참으면 아프리카의 더위로 보

[28] 군대와 알프스 진군에 대한 대목은 송시에서 가장 읽어 줄 만한 대목이다. 뷔아(M. de Buat)의 주해가 사바론(Savaron)이나 서몬드(Sirmond)의 해석보다 더 훌륭하다.

상받는다고 격려하며 앞으로 나아갔다. 리옹 시민들은 무엄하게도 성문을 닫아 버렸는데, 곧 성이 함락되자 마요리아누스의 자비를 간청했고 그것을 경험하였다. 마요리아누스는 전쟁터에서 테오도리크와 맞붙어 승리한 후에, 그의 군사력에 큰 도움이 될 만한 이 왕과 동맹을 맺었다. 갈리아와 에스파냐의 대부분 지역이 매우 유익했지만 다소 불확실한 연합을 이룬 것은 무력뿐 아니라 설득의 결과이기도 했다. 이전 치세에는 억압에서 도망치고 저항하면서 독립을 유지했던 바가우다이도 마요리아누스 황제의 인품을 믿어 보기로 했다. 이처럼 황제의 병영은 야만족 동맹군들로 가득 찼고, 그의 왕좌는 국민들의 열렬한 지지를 받았지만, 황제는 해군력이 없으면 아프리카 정복은 불가능하다는 점을 정확하게 간파하고 있었다. 제1차 포에니 전쟁 당시, 공화국 병사들은 믿을 수 없을 정도의 근면성을 발휘하여 처음 나무를 베기 시작한 지 60일 만에 160척의 갤리선으로 이루어진 함대를 당당하게 출항시킬 수 있었다고 한다.[29] 그때에 비하면 상황은 훨씬 열악했지만, 마요리아누스 황제의 정신력과 불굴의 의지는 옛 로마인들에 결코 뒤지지 않았다. 아펜니노의 삼림이 베어지고 라벤나와 미세눔의 병기창과 조선소가 복구되었다. 이탈리아와 갈리아는 경쟁적으로 이 국가적 사업에 아낌없이 기부금을 냈다. 그리하여 300척의 대형 갤리선과 그 규모에 적절한 수송선과 소형 선박들을 갖춘 제국 해군이 에스파냐 카르타헤나의 안전하고 넓은 항구에 집결했다. 마요리아누스 황제의 용감한 모습은 병사들에게 승리에 대한 확신을 심어 주었는데, 역사가 프로코피우스의 말을 믿는다면, 그의 용기는 때로는 너무 지나쳐서 분별력을 잃기도 했다고 한다. 반달족의 왕국을 자기 눈으로 직접 확인해 보고 싶은 마음이 너무 강했던 나머지 머리 색을 바꾸고 사절인 것

[29] 폴로루스는 나무가 저절로 배로 변신했다는 시적인 공상을 펼친 적이 있다. 폴리비우스의 역사책 첫 권을 보아도, 이때의 상황은 인간의 힘으로 하기엔 거의 불가능했던 것처럼 보인다.

처럼 위장해서 카르타고를 방문하기도 했는데, 후에 가이세리크는 자신이 로마 황제를 대접해서 돌려보낸 일을 알고 크게 분개했다고 한다. 이런 일화는 있을 법하지 않은 허구로 치부할 수도 있겠지만, 어쨌든 이런 허구는 영웅의 삶에서나 상상할 수 있는 것이다.[30]

마요리아누스 함대의 패배

가이세리크는 개인적으로 만나 본 적은 없었지만 적의 탁월한 능력과 계획을 잘 알고 있었다. 그는 언제나처럼 기만과 지연이라는 작전을 썼지만, 이번에는 먹혀들지 않았다. 그의 평화 제의는 날이 갈수록 점점 더 비굴해지면서 한층 진지해졌지만, 마요리아누스 황제는 카르타고가 적국으로 존재하는 한 로마는 안전할 수 없다는 예로부터의 원칙을 완고하게 고수했다. 반달족의 왕은 남방의 사치로 유약해진 자기 백성들의 용맹을 믿지 않았다. 또 자신을 아리우스파의 폭군으로 증오하는 피정복민들의 충성심 역시 믿지 않았다. 마우리타니아족을 사막으로 몰아넣었던 극단적인 방법[31]들을 사용한다 해도 아프리카 해안의 어느 지역에나 병사들을 자유롭게 상륙시킬 수 있는 로마 황제의 작전을 좌절시키지는 못할 터였다. 그러나 가이세리크는 마요리아누스 황제의 성공을 질시하고 우려한 몇몇 유력 인사들의 배신 덕분에 눈앞에 닥쳤던 불가피한 몰락에서 구원받았다. 가이세리크는 그들의 은밀한 정보를 듣고 카르타헤나 만에 정박해 있던 함대를 기습적으로 공격했다. 수많은 선박이 침몰되거나 빼앗기고 불태워졌는데, 이로써 3년에 걸친 준비가 단 하루 만에 수포로 돌아갔다.[32] 이 사건 후에 두 적대자가 보여 준 행동은 이들이 자신들에게 닥친 운명에 순순히 굴복하지 않는 뛰어난 인물들이라는 점을 입증했다. 반달족은 이 우연한 승리에 자만하지 않고 즉시 평화 협상을 간청했

30 가이세리크가 이 정체 불명의 손님을 카르타고의 병기고로 데려갔을 때, 무기들이 저절로 부딪쳐 소리를 냈다고 한다. 마요리아누스는 금발을 흑발로 물들였다고 한다.

31 그는 마을을 불태우고 우물에는 독을 탔다. 뒤보(Dubos)는 무어인들이 땅에 파묻은 저장고들은 이 파괴적인 탐색을 피했을 것이라고 언급했다. 같은 장소에 200~300여 개의 구덩이를 파기도 했는데, 각 구덩이는 적어도 곡식 400부셸을 담을 만큼 컸다.

32 갈리시아에 거주해서 리키메르의 권력에서 자유로웠던 이다티우스는 대담하고도 진지하게 "반달족은 배신자의 경고에 의해……"라고 말했다. 그러나 그는 배신자의 이름은 밝히지 않았다.

다. 위대한 계획을 세우고 큰 실망에도 견뎌 낼 수 있었던 서로마 제국의 황제는 평화 협상이라기보다는 휴전 협정에 동의했다. 해군을 복구하기 전에 두 번째 전쟁을 정당화할 만한 도발이 분명히 일어날 것이라 확신했기 때문이다. 마요리아누스는 다시 이탈리아로 돌아와 공공의 행복을 위해 노력했다. 자신의 성실성만을 믿었던 그는 자신의 왕좌와 생명을 위협하는 음흉한 음모가 계획되고 있다는 사실을 오랫동안 모르고 지냈다. 카르타헤나에서 겪은 불운은 대중의 눈을 현혹시켰던 그의 영광에 커다란 흠집을 냈다. 민간이나 군사 관리들은 대부분 이 개혁자에 대해 부정적이었다. 그들은 모두 황제가 개혁하고자 하는 폐해들에서 다소나마 이득을 챙겼기 때문이다. 그리하여 리키메르는 그가 존경하면서도 증오했던 이 황제에 대항하라고 야만족들의 변덕스러운 열정을 부추겼다. 마요리아누스의 미덕도 알프스 산기슭의 토르토나 부근 병영에서 일어난 충동적인 폭동에서 그를 지켜 주지는 못했다. 그는 폐위당했고, 폐위된 지 5일 후에 이질로 사망했다고 공포되었다. 그의 시체를 묻은 초라한 무덤은 후세에 가서야 비로소 감사와 존경의 마음으로 신성시되었다. 마요리아누스의 개인적인 인품은 사랑과 존경을 불러일으켰다. 그는 악의에 찬 비방이나 풍자에 분개했지만 자신이 그 대상이었을 때는 가볍게 웃어넘겼다. 한편 그는 기지나 재치의 자유는 보호해 주었는데, 벗들과 허물없는 교제를 나눌 때는 황제의 위엄을 손상시키는 일은 없이 재치 있는 농담을 즐기기도 했다.[33]

리키메르가 자신의 야심을 위해 친구를 희생시킨 후에는 얼마쯤 후회했을지도 모른다. 그러나 그는 다음 황제를 고를

서기 461년 8월, 마요리아누스의 죽음

서기 461~467년, 세베루스의 이름으로 통치한 리키메르

[33] 시도니우스는 마요리아누스가 죽기 얼마 전에 그의 초대를 받고 참석했던 아를에서의 만찬에 대해 장황하게 설명해 놓았다. 그는 이미 사망한 황제에게 찬사를 바칠 의도는 없었지만 무심하게 다음과 같이 언급했다. "황제는 마음에 맞는 친구들과 교제를 즐기면서 위엄을 잃지 않고 마음껏 즐겼다." 이것이 그의 600행에 걸친 타산적인 송시보다 더 큰 무게로 다가온다.

36장 397

34 이교도의 미덕을 항상 무시했던 티유몽(Tillemont)은 마르켈리누스에 대한 호의적인 묘사(수이다스는 이 견해를 지지했다.)를 이교도 역사가들의 편파적인 애정 때문으로 폄하했다.

때에는 뛰어난 자질이나 미덕을 가진 인물을 택하는 위험을 피하기로 마음먹었다. 순종적인 원로원은 그의 명령에 따라 리비우스 세베루스를 황제로 추대했는데, 그는 비록 서로마의 황제로 즉위하기는 했지만 평생 무명의 사인(私人) 신분에서 벗어나지 못했다. 역사는 그의 출생이나 즉위, 성격, 죽음에 대해 거의 관심을 기울이지 않았다. 세베루스는 후원자에게 더 이상 쓸모가 없어지자 곧 사망했다. 마요리아누스의 죽음부터 안테미우스가 즉위하기까지의 6년 동안 실제로는 비어 있는 것과 다름없었던 제위를 명목상의 그의 치세로 구분하는 것조차 별 쓸모없는 일일 것이다. 이 기간 동안 제국 정부는 전적으로 리키메르의 수중에 있었다. 이 야만족은 겸양을 발휘하여 왕이라는 칭호는 사양했지만, 재물을 축적하고 별도의 군대를 조직하고 비밀리에 동맹 관계를 맺는 등, 후일에 오도아케르와 테오도리크가 행사한 것과 똑같은 독립적이고 전제적인 권력을 휘두르며 이탈리아를 통치했다. 그러나 그의 지배는 알프스까지로 한정되었고, 두 명의 로마 장군 마르켈리누스와 아이기디우스는 공화국에 대한 충성을 견지하면서 이 야만족이 황제라고 칭하게 한 허깨비의 존재를 경멸하며 인정하지 않았다. 마르켈

달마티아에서
마르켈리누스의 반란

리누스는 여전히 옛 종교를 신봉했는데, 교회와 제국의 법에 은밀하게 불복종했던 신심 깊은 이교도들은 그의 뛰어난 역술에 찬탄을 보내고 있었다. 그러나 그는 점술뿐만 아니라 학문, 미덕, 용기 등의 보다 가치 있는 자질도 갖추고 있었다.[34] 로마 문학에 대한 연구는 세련된 취향을 갖추게 해 주었고, 그의 군사적 재능은 대(大)아이티우스의 존경과 신임을 얻었을 정도였다. 마르켈리누스는 아이티우스의 몰락에 휩쓸려 들어갔지만 적절한 시기에 탈출하여 발렌티니아누스 황제의 분노

를 피한 후에, 서로마 제국의 격동기를 틈타 대담하게 자유를 선언했다. 자발적인 선택이었는지 아니면 어쩔 수 없는 선택이었는지는 모르지만, 그는 마요리아누스 황제의 권위에 복종하여 그 보상으로 시칠리아의 통치권과 반달족에 대항할 목적으로 그 섬에 배치되어 있던 군대의 지휘권까지 얻었다. 그러나 이 야만족 용병들은 마요리아누스가 사망한 후 리키메르의 교묘한 사주를 받아 반란을 일으켰다. 용감무쌍한 마르켈리누스는 충성스러운 추종자 일단을 이끌고 달마티아를 점령한 후에, 스스로를 서로마 제국의 귀족으로 칭했다. 그는 온화하고 공평한 통치로 주민들의 신뢰를 확보했고, 함대를 조직해서 아드리아 해의 지배권을 주장하면서 이탈리아와 아프리카 연안을 번갈아가며 위협했다.[35] 한편 갈리아의 아이기디우스는 옛 로마 영웅들과 필적하거나 적어도 그들을 모방할 수 있는 인물이었다.[36]

갈리아에서 아이기디우스의 반란

그는 자신이 사랑했던 황제를 암살한 자들에 대한 씻을 수 없는 분노를 공공연하게 선언했다. 용감한 수많은 병사들이 그의 군기 아래 모였는데, 비록 리키메르의 술책과 서고트족의 군사력 때문에 로마 성문 앞으로 진격하는 일은 저지당했지만, 알프스 너머에서는 독자적인 지배권을 행사했으며, 그의 이름은 전시에나 평시에나 똑같이 존경받았다. 젊은 혈기에 저지른 실수들을 빌미로 힐데리크 1세를 추방했던 프랑크족은 이 로마 장군을 자신들의 왕으로 추대했는데, 그는 야심이라기보다는 공명심에서 이 특별한 영예를 받아들였다. 4년 후, 프랑크족이 자신들이 메로빙거 왕가에 가한 모욕을 후회하자, 그는 화도 내지 않고 느긋하게 합법적인 군주에게 왕위를 돌려주겠다고 동의했다. 아이기디우스의 권위는 죽을 때까지 지속되었다. 그의 죽음에는 독약이나 은밀한 습격에 의한 타살이라는

[35] 마르켈리누스의 생애의 여러 정황들에 대해서는, 프로코피우스의 견해와 그 당시의 로마 연대기가 서로 부합되지 않는 부분이 많다.

[36] 시도니우스가 마요리아누스 군대의 후위대를 지휘했던 이름 모를 지휘관에게 바친 찬사를 아이기디우스에게 바친 것이라고 주장하고 싶다. 이디티우스는 공공 보고서에서 그의 독실한 그리스도 신앙을 칭찬했고, 프리스쿠스는 그의 뛰어난 군사적 자질에 대해 언급했다.

37 피상적이고 현대적인 작가 다니엘(Pére Daniel)은 힐데리크의 이야기에 반론을 제기했다. 그러나 뒤보와 수아송 아카데미 상을 놓고 경쟁했던 두 작가는 이 이야기를 지지했다. 힐데리크의 추방 대목을 놓고 보면, 아이기디우스의 삶을 이다티우스의 연대기에 기록된 것보다 더 연장시키거나, 그레고리우스의 저서를 수정할 필요가 있다.

의혹이 제기되었는데, 리키메르의 성격으로 보아 그럴 법도 했던 이와 같은 의혹은 무엇이든 잘 믿는 갈리아인들에 의해 열렬히 주장되었다.37

서기 361~467년,
반달족의 해전

서로마 제국은 점차 이탈리아 왕국으로 축소되어 가면서, 리키메르의 통치 아래 반달족 해적들의 끊임없는 약탈에 시달리게 되었다. 매년 봄이 되면 반달족은 카르타헤나 항구에 막강한 해군을 배치했고, 가이세리크는 상당한 고령임에도 불구하고 여전히 몸소 중요한 원정을 지휘했다. 그의 계획은 돛을 올리는 그 순간까지 철저히 비밀에 부쳐졌다. 키잡이가 어느 쪽으로 항해할 것인지를 물어 보면 이 야만족 왕은 경건하고도 오만하게 이렇게 대답했다.

바람 부는 대로 맡겨 두어라. 바람이 정의로운 신을 분노케 한 죄 많은 해안으로 우리를 데려다 줄 것이다.

그러나 가이세리크는 좀 더 구체적인 명령을 내려야 할 때는 가장 부유한 해안을 가장 죄 많은 해안으로 판단했다. 반달족은 에스파냐, 리구리아, 투스카니, 캄파니아, 루카니아, 브루티움, 아풀리아, 칼라브리아, 베네치아, 달마티아, 에피루스, 그리스, 시칠리아 해안을 되풀이해서 습격했고, 지중해 중앙이라는 편리한 지점에 위치한 사르디니아 섬을 정복하려고 하는 등, 그들의 군사력은 헤라클레스의 기둥에서 나일 강 하구에 이르는 전 지역을 황폐화시키고 공포에 떨게 만들었다. 그들의 목적은 영예보다는 약탈에 있었던 만큼, 요새 도시를 공격하거나 전장에서 정식 교전을 벌인 적은 거의 없었다. 그러나 민첩한 행동력 덕분에 반달족은 그들의 탐욕을 부추기는 곳이라면 서로 멀리 떨어진 지역이라도 동시에 위협하고 공격할 수 있었다. 더욱이 항상 충분한 말을 배에 태우고 다니다가 상륙하면 경기병대로 변하여 혼비백산한 그 지역을 휩쓸어 버렸다. 그러나 왕의 솔선수범에도 불구하고, 반달족과 알라니족은 언제부터인지 이런 수고스럽고 위험한 약탈을 달가워하지 않게 되었다. 아프리카를 정복했던 강인한 첫 세대는 거의 죽었고, 아프리카에서 태어난 그 아들 세대는 아버지의 용맹으로 얻은 안락한 욕장과 정원을 즐겼다. 그들의 빈자리는 무어인과 로마인 포로들과 범법자 등으로 쉽게 채워졌다. 이미 자국에서 법을 위반했던 불량배 무리들은 가이세리크의 승리에 오점을 남길 극악무도한 짓을 서슴지 않고 저질렀다. 불운한 포로들을 다룰 때에는 가이세리크는 어떨 때는 탐욕으로 마음이 움직이기도 했고, 어떨 때는 잔인성을 마음껏 즐기기도 했다. 잔트(또는 자킨투스) 섬에서 잡아온 500명의 상류층 시민들을 토막 내어 죽인 다음 이오니아 해에 던져 버린 일은 전 국민의 분노를 불러일으켰고, 그의 마지막 자손까지 이 일로 비난받았다.

이런 범죄적 행위는 피살자로부터 그 어떤 도발이 있었다고 해도 용서될 수 없겠지만, 반달족이 로마 제국을 상대로 일으킨 전쟁에는 꽤 그럴듯하고 합리적인 이유가 붙어 있었다. 가이세리크가 포로로 붙잡아 로마에서 카르타고로 데려온 발렌티니아누스 황제의 미망인 에우독시아는 테오도시우스 가의 유일한 상속녀였다. 그녀의 큰딸인 에우도키아는 가이세리크의 장남인 훈네리크와 내키지 않는 결혼을 해야 했는데, 무서운 시아버지는 합법적인 주장임을 내세워 황가 세습 재산의 정당한 몫을 내놓으라는 쉽게 뿌리칠 수도 그렇다고 들어줄 수도 없는 요구를 해 왔다. 이에 대하여 동로마의 황제가 평화를 위

서기 462년 등, 동로마 제국과의 협상

38 마르키아누스, 레오, 제논 치세의 원전은 매우 불완전하고 단편적이다. 이 결함은 이후에 쓰여진 테오파네스, 조나라스, 케드레누스의 저서로 보완되었음에 틀림없다.

39 성 풀케리아는 명목상의 남편보다 4년 먼저인 서기 453년에 죽었는데, 그리스에서는 9월 10일을 그녀의 축일로 기념하고 있다. 그녀는 교회에 엄청난 유산을 남겨 주었다.

해 적절한, 적어도 상당한 보상금을 지불했다. 그리하여 에우독시아와 작은 딸 플라키디아는 무사히 귀국했고, 반달족의 분노는 서로마 제국에만 한정되었다. 해안을 보호할 수 있는 유일한 방책인 해군력이 없었던 이탈리아는 이전에는 전시에나 평시에나 한결같이 로마의 우월성을 인정했던 동방의 부유한 나라들에 원조를 요청했다. 그러나 동서 두 제국의 영구적인 분리는 서로의 이해관계나 기질을 점점 더 멀어지게 만들었으므로, 최근에 맺은 협상을 준수해야 한다는 이유로 무기와 선박 대신 별 효과도 없는 중재에 나서겠다는 냉담한 약속을 받았을 뿐이었다. 이렇게 되자 오랫동안 어려운 상황 속에서 고군분투해 온 오만한 리키메르도 콘스탄티노플의 황제에게 신하로서의 겸손한 태도를 취할 수밖에 없었고, 이로써 이탈리아는 동맹과 안전의 대가로 동로마 제국의 황제가 선택한 군주를 받아들이게 되었다. 비잔티움 제국의 역사를 기술하는 것이 이 장의 목적은 아니지만, 레오 황제의 치세와 그의 성격에 대해 간단하게 살펴보면 몰락하는 서로마 제국을 구원하려는 마지막 노력들을 설명하는 데 도움이 될 것이다.³⁸

서기 457~474년,
동로마 제국 황제 레오

테오도시우스 2세가 사망한 이후, 콘스탄티노플의 내부적인 평화는 전쟁이나 당파 싸움으로 깨진 적이 단 한 번도 없었다. 풀케리아는 높은 덕망을 갖춘 마르키아누스와 결혼해서 그에게 동로마의 왕홀을 쥐어 주었다. 그는 감사하며 그녀의 존엄한 지위와 성처녀로서의 순결을 존중하여 지켜 주었고, 그녀가 죽은 뒤에는 이 황족 성녀에게 합당한 경건한 예배 의식을 제정하여 국민에게 모범을 보여 주었다.³⁹ 자기 영토의 번영에 세심한 노력을 기울였던 마르키아누스는 로마의 불행에 대해서는 무심히 바라보고만 있는 듯했다. 용감하고 활동적이었던 이 군주가 반달족에 무력으로 맞서기를 완강하게 거절한 것은 그가 이전에 가이세리크의 포로로 잡혔을 때 맺은 은밀한 약속 때문으로 여겨졌다. 마르키아누스가 7년간의 치세 후에 세상을 떠나자 동로마는 국민투표라는 위험한 상황을 맞을 뻔했지만, 한 유력한 가문이 자신들이 지지하는 후보자를 밀면서 균형이 깨졌다. 귀족인 아스파르는 니케아 신조에 동의하기만 했다면, 스스로 황제가 될 수도 있었을 것이다.[40] 아스파르의 아버지와 그 자신과 그의 아들 아르다부리우스는 3대에 걸쳐 동방의 군대를 지휘했다. 그의 야만족 친위대는 궁정과 수도를 위압할 만큼 막강한 군사력을 형성했고, 막대한 재물을 아낌없이 나눠 주어 권력만큼이나 인기도 많았다. 그런 그가 사령관이자 자기 집안의 수석 집사였던 트라키아 출신의 레오라는 인물을 황제로 추천한 것이다. 그의 즉위는 원로원에서 만장일치로 승인되었다. 이로써 아스파르의 하인은 주교가 씌워 주는 왕관을 쓰게 되었는데, 주교는 이 이례적인 의식을 통해 신의 동의를 표명하도록 허용되었다.[41] 레오라는 이름을 사용한 첫 황제는 '대제'라는 칭호로 후계자들과 구분되었는데, 그리스인의 견해에 따르면 그 이후의 황제들은 영웅적이거나 적어도 군주다운 우수성이라는 측면에서 매우 낮은 수준으로 전락하여 그 자리에 안주하고 말았다는 것이다. 그러나 레오 황제가 은인인 아스파르의 압력에 온건하면서도 확고하게 저항한 사실은 그가 자신의 의무와 특권을 잘 의식하고 있었음을 보여 준다. 아스파르는 이제 자신의 영향력으로 콘스탄티노플의 총독 한 명도 임명할 수 없다는 사실에 경악했고, 약속을 위반했다며 감히 황제를 나무라고, 무엄하게 자의를 잡아당기며 "이 옷을 입은 자가 죄를 짓거나 거짓말을 하는 것은 옳지 않다."라며 따졌다고 한다. 이에 레오 황제는 "군주가 일개 백성의

[40] 아스파르가 황제가 될 수 없었다는 점에서 이단의 오점은 영원했고 지울 수 없었음을 유추할 수 있다. 반면 야만족이라는 약점은 두 세대가 지나면서 사라졌다.

[41] 이것이 전 세계의 그리스도교 왕들이 그 이후로 채택한 의식의 첫 기원이었던 것으로 보인다. 이후로 성직자들은 매우 강력한 영향력을 행사하게 되었다.

42 좋았던 시절의 작가들과 소통했던 케드레누스는 아스파르의 중요한 발언을 원어 그대로 기록해 놓았다.

43 이사우리아의 세력은 제논과 아나스타시우스 두 황제의 치세 동안 동로마 제국을 지속적으로 괴롭혔다. 그들은 약 230년 동안 사나운 독립 상태를 유지하다가 멸망했다.

의지에 의해 자신의 판단이나 국민의 이익을 저버리도록 강요받는 일 또한 옳지 않다."라고 대답했다고 한다.42 이런 심상치 않은 일이 벌어진 후, 황제와 아스파르가 진심으로 화해한다거나, 확실하고 영속적인 화해를 이룰 수 있을 것으로 기대할 수는 없었다. 이사우리아43 군대가 비밀리에 징병되어 콘스탄티노플로 입성했다. 레오 황제는 아스파르 가문의 권위를 잠식하면서 그들을 실각시킬 준비를 하는 한편, 온건하고 신중한 행동으로 이들이 자신들 아니면 적들에게 치명적이 될 성급하고 무모한 시도를 하지 못하도록 저지했다. 전쟁과 평화라는 중대한 결정이 이와 같은 내부 혁명의 영향을 받았던 것이다. 아스파르가 황제의 권위를 손상시키고 있는 동안에, 그는 종교와 이해관계가 암묵적으로 일치하는 가이세리크의 명분에 이끌리고 있었다. 그러나 레오 황제는 이런 수치스러운 굴종 상태에서 벗어나면서 이탈리아인들의 불평에 귀를 기울여 반달족의 횡포를 근절하기로 결심했다. 그리고 동료 황제이자 자신이 직접 엄숙하게 왕관과 자의를 내린 서로마의 황제 안테미우스와 동맹을 선언했다.

서기 467~472년,
서로마 제국 황제
안테미우스

안테미우스의 장점은 과장된 면이 많은 것 같다. 황제 가문의 후손이라는 것도 사실은 찬탈자 프로코피우스의 후손일 뿐인데, 대대로 황제를 배출한 가문이라고 부풀려졌기 때문이다. 안테미우스는 부모님의 공적과 명예 그리고 재산 덕택에 동로마에서 가장 저명한 인물들 중 한 사람이 되었다. 아버지 프로코피우스는 페르시아 사절 임무를 수행한 다음 장군이자 귀족이라는 칭호를 얻었다. 안테미우스라는 이름은 외조부로부터 물려받은 것인데, 이 외조부는 비상한 능력을 발휘하여 테오도시우스 치세 초기를 훌륭하게 지켜나간 동로마의 저명한 민정 총독이었다. 안테미우스는 마르키아누스 황제의 딸 에우페미아와 결혼함으로써 일개 신하의 신분을 초월했다. 이 화려한 결혼은 자질의 유무와는 상관없이 안테미우스를 코메스, 사령관, 집정관, 명예고관의 위치로 연이어 승진시켰고, 그의 자질이었는지 행운이었는지 도나우 강변에서 훈족에게 승리를 거두는 영광까지 차지했다. 마르키아누스의 사위는 특별하게 야심을 품지 않아도 그의 후계자가 될 희망을 가져도 될 것 같았다. (레오 황제의 즉위로) 이 기대가 무너졌지만 안테미우스는 용기와 인내로 극복해 나갔다. 그 후 그의 즉위에 국민들은 전폭적인 지지를 보냈는데, 국민들은 그가 언젠가는 황제가 될 만한 인물이라고 존경했던 것이다.[44] 서로마의 새로운 황제는 명성 높은 코메스 몇 명과 정규군에 맞먹는 규모의 근위대를 이끌고 콘스탄티노플을 출발했다. 그는 로마에 개선 행렬로 입성했고, 레오 황제의 선택은 이탈리아의 원로원과 국민, 야만족 동맹들에 의해 재차 승인되었다.[45] 안테미우스의 엄숙한 즉위식이 끝나고 나서 그의 딸과 귀족 리키메르의 결혼식이 이어졌는데, 이것은 서로마의 화합과 행복을 확실하게 보장하는 행운의 사건으로 여겨졌다. 동서 두 제국의 부가 보란 듯이 과시되었는데, 가난을 숨기려고 무리하게 돈을 끌어 뿌리다가 완전히 파멸한 원로원 의원들도 적지 않았다. 이 축제 기간 동안 모든 공무는 정지되었고, 법정도 문을 닫았으며, 로마의 거리와 극장과 공적, 사적인 오락장들은 결혼 축가와 춤으로 들썩거렸다. 새 신부는 비단 옷에 관을 쓰고 리키메르의 저택으로 안내되었는데, 리키메르도 평소에 입던 군복을 벗고 집정관이자 원로원 의원의 복장을 입고 있었다. 이 기념할 만한 시기에 이미 젊은 날의 야망이 무참히 깨져 버린 시도니우스는 황제에

서기 467년 4월

[44] 시도니우스는 꽤 그럴듯한 재능을 발휘하며 이런 실망은 안테미우스의 미덕에 새로운 광채를 더해 준다고 설명했다. 그는 하나의 왕홀은 거절했지만 다른 왕홀은 마지못해 수락했다는 것이다.

[45] 시도니우스는 다시 한 번 국가의 모든 계급이 만장일치로 승인했음을 칭송했다. 이다티우스의 연대기에는 그의 행군을 군대가 수행했다고 언급되어 있다.

게 축하와 찬사를 바치기 위해 참석한 속주 대표들 틈에 끼여 오베르뉴 지방의 대표로 나타났다. 1월이 다가오자, 아비투스를 사랑했고 마요리아누스를 존경했던 이 타산적인 시인은 이제는 안테미우스 황제의 자질과 덕성, 두 번째 집정관 취임과 앞날의 영광을 축원하는 영웅시를 바치는 것이 좋겠다는 벗들의 충고를 받았다. 시도니우스가 확신에 차서 훌륭하게 낭송한 송시는 지금까지 남아 있는데, 그 주제와 작품상의 결함과는 상관없이 이 아첨꾼은 큰 환영을 받았고 즉각 로마 총독으로 임명되는 보상을 받았다. 이 직위는 그를 제국에서 가장 유력한 인물들 가운데 한 사람으로 올려놓았지만, 그는 나중에 현명하게도 더 존경받는 직위인 주교와 성인의 자리를 선택했다.[46]

서기 468년 1월

그리스(동로마)인들은 자신들이 서로마로 보낸 황제의 경건성과 가톨릭 신앙을 열렬히 칭찬했으며, 그가 콘스탄티노플을 떠날 때 자신이 살던 저택을 공중 욕장과 교회, 노인들을 위한 병원 등의 경건한 장소로 개조한 사실도 잊지 않고 언급했다.[47] 그러나 안테미우스의 신학적인 명성을 더럽히는 약간의 의심스러운 정황들도 발견된다. 황제는 마케도니아 분파 신도인 필로테우스와의 대화에서 종교적 관용의 정신을 주입받았던 것이다. 그리하여 로마의 이단자들은 처벌받지 않고 무사히 집회를 가질 수도 있을 것으로 생각했다. 그러나 교황 힐라리우스가 성 베드로 성당에서 대담하고 격렬하게 비난하는 바람에 황제는 인기 없는 관용 정신을 포기해야만 했다. 미약한 존재로 전락한 이교도들까지도 안테미우스 황제의 무관심 내지는 편애에 헛된 희망을 품었다. 황제가 집정관에 임명한 철

루페르칼리아 축제

[46] 시도니우스는 자신의 동기와 노력, 보상에 대해 매우 공정하게 서술해 놓았다. 그는 서기 471년에 클레르몽의 주교로 임명되었다.

[47] 안테미우스의 저택은 프로폰티스(마르마라) 해 제방 위에 있었다. 9세기에 테오필루스 황제의 사위인 알렉시우스가 이 땅을 살 허가를 얻어 이 쾌적한 장소에 수도원을 세웠고, 그곳에서 삶을 마쳤다.

학자 세베루스와의 남다른 우정은 고대의 다신교를 부활시키려는 은밀한 기도로 여겨지기도 했다.⁴⁸ 고대 신들의 신상은 산산이 부서져 먼지가 되어 버렸고, 한때는 여러 민족의 경건한 신조였던 신화는 더 이상 아무도 믿지 않아 그리스도교 시인이 그것을 차용하여도 아무런 의심도 받지 않았고 문제가 되지도 않았다.⁴⁹ 그럼에도 고대 신앙의 흔적이 완전히 말살된 것은 아니었고, 로마 건국보다 기원이 더 오래된 루페르칼리아 축제는 안테미우스 치세에도 여전히 열리고 있었다. 이 야만적이고 단순한 축제는 기술과 농업이 발달하기 전 원시 사회의 모습을 생생하게 표현한다. 시골 생활의 고락을 관장하는 목신(牧神) 판(Pan)과 파우누스(Faunus), 그들을 따르는 사티로스 무리는 양치기의 공상이 만들어 낼 만한 신으로서, 장난치기를 좋아하고 성미 급하고 음탕한 신이었다. 그들의 힘은 제한적이었고, 나쁜 짓을 한다 해도 악의 없는 장난 정도였다. 이 신들의 성격과 속성에 가장 어울리는 제물은 염소였는데, 염소 고기를 버드나무 꼬챙이에 꿰어 굽는 동안, 축제에 모여 떠들썩하게 즐기던 젊은이들은 손에 가죽끈을 들고 벌거벗은 채 들판을 뛰어다니다가 만나는 여자들을 가죽끈으로 때린다. 이렇게 가죽끈에 맞은 여자는 다산의 축복을 받은 것으로 여겨졌다.⁵⁰ 판 신의 제단은 아마도 아르카디아의 에반데르에 의해서, 팔라티누스 언덕 중턱에 있는 샘물이 끊임없이 솟아나오고 수풀이 우거져 그늘을 드리운 어둡고 아늑한 곳에 세워졌다. 이곳에는 로물루스와 레무스가 늑대의 젖을 먹고 자랐다는 전설이 있어 로마인들은 이 장소를 한층 더 신성하고 거룩한 곳으로 여겼고, 이 숲 주변에는 점차 위풍당당한 포럼이 들어서게 되었다. 로마의 개종 이후에도 그리스도교도들은 해마다 2월이 오면 루페르칼리아 축제를 경축했으며, 이것이 동식물 세계의 생식

⁴⁸ 유스티니아누스 치세에 살았던 다마스키우스는 영혼과 악마와 유령 등의 플라톤주의 망령들에 대한 570개의 초자연적인 이야기를 담은 작품을 썼다.

⁴⁹ 시도니우스는 나중에는 부정한 시들에서 유명한 다신교 신들을 주요 인물로 등장시켰다. 히에로니무스가 베르길리우스를 읽었다는 이유만으로 친사들에게 매를 맞았다면, 이 클레르몽의 주교는 너무나 변변찮게 고전을 모방한 죄로 시신(詩神)들에게도 매를 한참 더 맞아야 할 것이다.

⁵⁰ 오비디우스는 고대인들의 어리석은 행동들을 재미있게 묘사한 바 있다. 근엄한 행정관들이 벌거벗고 거리를 내달려도 전혀 놀라움이나 조롱의 대상이 아니었다는 것이다.

력에 은밀하고도 신비로운 영향을 준다고 생각했다. 로마의 주교들은 그리스도교 정신에 크게 위배되는 이 불경스러운 관습을 폐지하려고 노력했지만, 그들의 열의는 행정관들의 지지를 받지 못했다. 이 뿌리 깊은 관습은 5세기 말까지 지속되다가, 교황 겔라시우스가 마지막 우상 숭배의 흔적을 몰아내 수도를 정화시키고자 했을 때, 공식적인 사과문을 통해 원로원과 국민의 불만을 달랜 다음에야 폐지되었다.[51]

서기 468년,
아프리카의 반달족에
대한 대비

레오 황제는 모든 공식적인 선언문에서 자신과 로마 제국을 양분하여 통치하는 안테미우스에 대해 아버지로서의 권위를 보였고, 또 그에 합당한 애정을 표시했다. 레오 황제가 처한 상황이나 그의 성격은 위험하고 수고스러운 아프리카 전쟁에 직접 나서는 것은 단념하게 했다. 그러나 그는 반달족으로부터 이탈리아와 지중해를 구출하기 위해서는 동로마 제국의 군사력을 아낌없이 사용했다. 육지와 해상에서 그토록 오랫동안 전횡을 휘둘러 왔던 가이세리크는 이제는 사방에서 가해오는 강력한 침공으로 위협받는 처지가 되었다. 전쟁은 총지휘관 헤라클리우스의 대담하고 성공적인 모험으로 시작되었다.[52] 이집트, 테베, 리비아의 군대가 그의 지휘 아래 모여 출항했고, 아랍인들은 말과 낙타를 이끌고 사막에 길을 내어 진군했다. 헤라클리우스는 트리폴리 해안에 상륙해서 그 지역의 도시들을 기습 공격해 굴복시킨 다음, 그 옛날 카토가 행했던 것과 같은 힘든 행군을 거쳐[53] 카르타고 성벽 밑에서 제국 군대와 합류할 준비에 들어갔다. 이 패전의 소식을 들은 가이세리크는 교활하고도 실효도 없는 평화 협정을 몇 번 요구했는데, 그러던 중 마르켈리누스가 두 제국과 화해했다는 소식을 듣고 크게 놀라지 않을 수 없었다. 이 독립적인 귀족은 안테미우스를 합

[51] 겔라시우스는 항상 자신의 반대자들은 명목상의 그리스도교인일 뿐이라고 생각했고, 불합리한 편견들에 결코 굴복하지 않았다. 그는 그 시대의 모든 재난들이 이 무해한 축제 때문이라고 비난했다.

[52] 헤라클리우스의 원정은 여러 가지 난항을 겪었던 것 같다. 테오파네스가 제공한 정황을 받아들이면 프로코피우스의 보다 믿을 만한 증거들과 부합되지 않는 점이 많다.

[53] 키레네의 베레니케에서 시작한 카토의 행군이 트리폴리에서 시작한 헤라클리우스의 행군보다 훨씬 길었다. 그는 깊은 사막을 30일 동안 행군했는데, 일상적인 군수품 외에도 물을 채운 엄청난 양의 가죽 부대와 그 지역에서 식하는 뱀에 물렸을 때 독을 빨아내는 기술이 있는 사람들 몇 명이 필요하다는 사실을 알게 되었다.

법적인 황제로 인정하도록 설득당했고, 황제와 함께 로마로 입성했다. 이탈리아 각 항구에서 달마티아 함대를 받아들였고, 마르켈리누스는 적극적으로 용맹을 발휘해 사르디니아 섬에서 반달족을 몰아냈다. 활기 없는 서로마의 노력도 동로마의 대규모 전쟁 준비에 어느 정도 힘을 보탰다. 레오 황제는 반달족 토벌을 위한 해군 장비에 들인 비용 명세를 명확하게 밝혔는데, 이 이상하고도 유익한 계산서는 쇠퇴해 가는 제국의 부를 잘 보여 준다. 황실 영지와 황제의 세습 재산에서 금 1만 7000파운드가 공급되었고, 각 속주의 총독들이 총 금 4만 7000파운드와 은 70만 파운드를 국고에 납부했다. 이 때문에 각 도시는 극심한 빈곤 상태에 빠졌는데, 벌금과 몰수금을 세입의 중요한 부분으로 생각해 세심하게 계산했던 점으로 미루어 볼 때 공평하고 자비로운 통치와는 거리가 멀었던 듯하다. 어떤 방법으로 조달되었든 간에 아프리카 전쟁 준비에 총 금 13만 파운드의 자금이 소요되었는데, 지금의 가치로 환산하면 약 520만 파운드에 해당하는 금액이다. 게다가 곡물의 상대적 가격으로 유추해 볼 때 당시의 화폐 가치는 지금보다 다소 높았을 것으로 추정된다.[54] 콘스탄티노플에서 아프리카로 출항한 함대는 1113척으로 구성되었고, 육해군 병사들은 10만 명을 넘었다. 베리나 황후의 남동생인 바실리스쿠스가 이 중요한 군대의 지휘를 맡았다. 그의 누이이자 레오 황제의 아내인 황후가 이전에 자신의 남동생이 스키타이족을 상대로 발휘한 무공을 과장했기 때문이었다. 그러나 그의 범죄 또는 무능력은 아프리카 전쟁에서 여지없이 드러났다. 그의 친구들은 그가 가이세리크를 살려 주고 서로마 제국의 마지막 희망을 배신한 것은 아스파르의 공모 때문이었다고 주장하는 것 외에는 그의 군사적 명성을 구제할 방법을 찾지 못했다.

[54] 주요 금액은 프로코피우스가 명확하게 밝혀 놓았다. 그 외 세세한 부분들은 티유몽이 비잔틴 작가들을 참조해 열심히 밝혔지만 확실하지도 않고 그다지 중요하지도 않다. 역사가 말쿠스는 백성들이 겪었을 고통에 대해 한탄했는데, 그렇다고 해도 레오 황제가 백성들에게 착취한 재물로 축재했다고 비난한 것은 분명 부당한 해석이었다.

36장

55 이 곳은 카르타고에서 40마일, 시칠리아에서 12리그(약 36마일) 떨어진 곳에 있었다. 스키피오는 만 깊숙이 들어가 이 아름다운 곳에 상륙한 바 있다.

56 테오파네스는 수많은 반달족 배들이 침몰했음을 확인해 준다. 그러나 바실리스쿠스가 카르타고를 공격했다는 요르난데스의 주장은 매우 제한된 의미에서 이해되어야 한다.

원정의 실패

경험으로 볼 때 침략군의 성공 여부는 대부분 용감하고 신속한 작전에 달려 있다. 처음에 받은 막강하고 날카로운 인상은 작전이 지연되면서 무뎌지고, 병사들의 체력과 정신력은 먼 지역의 풍토 속에서 서서히 시들어 갔다. 두 번 다시는 반복할 수 없을 정도로 막대한 노력을 기울여 구성한 육해군 병력은 표시도 없이 소모되어 가고, 협상으로 소요되는 시간들은 적에게 처음에는 도저히 저항할 수 없는 것으로 보였던 상대방의 병력을 차분히 관찰하고 검토해 볼 여유를 제공했다. 바실리스쿠스의 막강한 해군은 트라키아 보스포루스 해협에서 아프리카까지 순조롭게 항해하여, 카르타고에서 약 40마일 정도 떨어진 보나 곶 또는 메르쿠리우스의 곶이라고 불리는 곳에 상륙했다.55 헤라클리우스의 군대와 마르켈리누스의 함대가 이 황제 대리인과 합류해서 그들을 지원했고, 육지와 해상 양쪽에서 이들의 진군을 막으려 했던 반달족은 연이어 패배했다.56 바실리스쿠스가 반달족이 당황한 이때를 놓치지 않고 과감하게 수도로 진군했더라면, 분명 카르타고는 함락되고 반달족의 왕국은 멸망했을 것이다. 그러나 가이세리크는 의연하게 이 상황을 주시하다가 노장다운 교묘한 술책으로 위험을 피했다. 그는 매우 겸손한 어투로 자신과 왕국은 황제의 의지에 복종하겠다고 선언하고, 복종의 조건을 규정하기 위해 5일간의 휴전을 제의했다. 많은 사람들은 이런 공개적인 협상이 가능했던 것은 은밀하게 뇌물을 뿌렸기 때문이라고 믿고 있었다. 바실리스쿠스는 죄지은 것이 있었는지 아니면 너무 쉽게 믿었는지는 모르지만, 적이 간절하게 원하는 관대한 조치를 완강하게 거부하는 대신, 이 치명적인 휴전 제의에 쉽사리 동의했다. 이러한 경솔한 방심은 아마도 그가 자신을 이미 아프리카의 정복자로 생각하고 있었음을 말해 주는 것 같다. 이 짧은 휴전 기간 동안 전세는 가이세리크에게 유리하게 바뀌었다. 그는 큰 군함들에 무어족과 반달족 중에서도 가장 용감한 병사들을 태우고, 불에 잘 타는 물건들을 가득 채운 수많은 범선을 예인하게 했다. 이 위험천만한 선박들은 밤을 틈타 아무 의심 없이 무방비 상태에 있던 로마 함대를 습격했는데, 로마군은 위험이 코앞에 닥쳐서야 비로소 잠에서 깨어났다. 로마군의 밀집 대형은 불길이 더욱 잘 번지도록 도와 주었고, 불길은 맹렬하고 불가항력적으로 무섭게 번져 나갔다. 바람 소리, 불꽃이 탁탁거리며 타오르는 소리, 명령도 복종도 할 수 없게 된 병사들이 저마다 질러대는 비명 소리 등은 이 한밤의 대혼란을 더욱 무서운 아비규환으로 만들었다. 로마 병사들이 불타고 있는 배에서 탈출하여 해군력의 일부라도 건져 내려고 애쓰는 사이, 가이세리크의 갤리선은 침착하고도 절도 있게 그들을 공격했고, 가까스로 불길을 피한 병사들은 승리로 의기양양해진 반달족에게 붙잡혀 살해당했다. 이 재앙의 밤에 일어난 사건들 중 바실리스쿠스의 측근 장교였던 요하네스의 영웅적인, 혹은 자포자기식의 용기가 그의 이름을 망각에서 구해 주었다. 그는 용감하게 자기가 탄 배를 끝까지 방어하다가 배가 거의 다 불타 버리자 무장을 한 채 바다로 뛰어들었다. 가이세리크의 아들 겐소가 존경과 연민을 표하며 명예롭게 구조를 받으라고 설득하는 것을 경멸하며 뿌리치고 파도 속으로 가라앉았는데, 마지막 순간에 그는 너희 같은 불경한 개들의 수중에 살아서 들어가는 일은 결코 없을 것이라고 외쳤다고 한다. 이런 생각과는 거리가 먼 바실리스쿠스는 막사가 위험에서 멀리 떨어져 있었음에도 교전이 일어나자마자 수치스럽게 도망쳤고, 함대와 병사들의 절반 이상을 잃고 콘스탄티노플로 돌아와서, 누이가 눈물을 흘리며 간청해 분노

57 그 시대의 짧은 연대기 세 권을 비교해 보면, 마르켈리누스는 카르타고 근처에서 싸우다 시칠리아에서 죽은 것으로 보인다.

58 테오도리크 2세와 에우리크의 치세에 대해서는 요르난데스가 가장 잘 설명해 주고 있다. 이다티우스는 너무 빨리 설명을 끝냈고, 이시도르는 에스파냐에 대해 많은 정보를 주었어야 할 것 같은데 오히려 거의 언급하지 않았다.

한 황제의 용서를 받아낼 때까지 성 소피아 성당의 제단 깊숙이 그 죄 많은 머리를 처박고 있었다. 헤라클리우스는 사막으로 퇴각했고, 시칠리아로 후퇴했던 마르켈리누스는 아마도 리키메르의 부추김을 받은 듯한 부하 장교에게 살해당했다. 이에 반달족의 왕은 자신의 가장 막강한 적을 로마 스스로가 제거해 준 것에 놀라면서도 크게 만족했다.57 이 대규모 정벌 계획이 실패한 후, 가이세리크는 또다시 해상의 독재자가 되었다. 이탈리아, 그리스, 아시아의 해안은 또다시 가이세리크의 복수와 탐욕에 시달렸고, 트리폴리와 사르디니아는 다시 그의 지배를

서기 477년

받게 되었으며, 시칠리아도 그의 영토로 복속되었다. 그리고 그는 영광의 절정에 이르러 고령으로 죽기 전에 서로마 제국의 최종적인 멸망까지 목격했던 것이다.

서기 462~472년, 서고트족의 에스파냐와 갈리아 정복

활동적이었던 이 아프리카 군주는 긴 치세 동안 유럽의 여러 야만족과 친분을 쌓는 데 힘썼는데, 이는 그들의 무력을 적절한 때에 효과적으로 사용해 동서 두 제국을 견제하기 위해서였다. 아틸라가 사망한 이후 가이세리크는 갈리아의 서고트족과의 동맹을 재개했는데, 이 호전적인 민족을 연이어 통치한 테오도리크 1세의 두 아들은 이해관계에 의해 쉽게 설득당해, 그가 누이에게 가한 잔인한 모욕도 잊어 버렸다.58 마요리아누스 황제가 사망하자 테오도리크 2세는 두려움이나 혹은 명예심에 의한 절제에서 해방되어, 바로 얼마 전에 로마와 맺은 조약을 파기해 버렸다. 그는 배신에 대한 즉각적인 보상으로 나르본의 광대한 영토를 자기 영토로 확고하게 합병시켰다. 리키메르는 이기적인 속셈에서 경쟁자인 아이기디우스가 통치하던 속주들을 침입하라고 테오도리크 2세를 부추겼다. 그러나 이

용감한 코메스는 아들을 방어하고 오를레앙에서 승리를 거둠으로써 갈리아를 지켜 냈고, 살아 있는 동안에는 서고트족의 진출을 훌륭하게 저지했다. 그러나 서고트족의 야망이 다시 불타오르면서 에스파냐와 갈리아에서 로마 세력을 완전히 몰아내려는 계획이 수립되었고, 에우리크 치세에는 그 계획이 거의 완수되었다. 에우리크는 형 테오도리크 2세를 살해한 후 왕위에 올라 그 잔인한 기질을 발휘하여 전시는 물론이고 평소에도 한층 탁월한 능력을 보여 주었다. 그는 수많은 병사들을 이끌고 피레네 산맥을 넘어 사라고사와 팜펠루나의 도시들을 정복하고, 타라고나 속주의 용맹스러운 귀족들을 전쟁터에서 격파하고 승전군을 루시타니아 중심부까지 진출시켰고, 수에비족에게는 에스파냐의 고트족 왕정 하에서 갈리시아 왕국을 유지하도록 해 주었다. 갈리아에서 보여 준 에우리크의 활약도 이에 못지않게 활발했고 또 성공적이어서, 피레네 산맥에서 론 강과 루아르 강에 이르는 지역까지 그의 지배를 인정하지 않는 도시는 오직 베리와 오베르뉴 단 두 지역뿐이었다. 오베르뉴 주민들은 주요 도시인 클레르몽을 방어하면서 전쟁의 참화와 역병과 기근에도 아랑곳하지 않고 불굴의 투혼을 발휘했으며, 서고트족은 아무 성과도 거두지 못한 채 포위 공격을 풀고 퇴각하면서 이 중요한 정복을 뒤로 미루어야 했다. 당시 이 지역의 청년들은 아비투스 황제의 아들인 엑디키우스[59]가 보여 준 영웅적이고 믿을 수 없을 정도의 용맹함에 크게 고무되었다. 그는 겨우 열여덟 명의 기병을 이끌고 고트족 군대를 대담하게 공격해서 여러 차례 날쌔게 소규모 접전을 벌인 끝에 성과를 올리고 클레르몽의 성벽 안으로 무사히 되돌아왔다. 그의 자비심도 용기에 뒤지지 않았다. 극심한 기근에 시달리자 개인 경비로 4000명을 먹여 살렸고, 개인적인 영향력만으로 오베르뉴

[59] 엑디키우스는 아비투스의 아내가 전남편에게서 낳은 양자였던 것 같다.

60) 이 편지는 시도니우스의 이성이나 감성에 면목을 세워 준다. 그의 산문은 그릇되거나 가장된 취향으로 손상될 때도 있지만 대체로 멋없는 그의 운문보다는 훨씬 낫다.

를 구출하기 위해 부르군트족 병사들을 소집할 수 있었다. 갈리아의 충성스러운 시민들은 오로지 그의 미덕을 믿고 얼마간이나마 안전과 자유에 대한 희망을 품을 수 있었지만, 이런 미덕도 닥쳐오는 파멸을 막기에는 역부족이었다. 갈리아 시민들은 망명이냐 굴복이냐 그 어느 쪽을 선택할 것인가에 대해서 그의 권위와 모범을 따르겠다고 간절히 청했다. 국가에 대한 신뢰는 무너졌고, 국가 재정도 고갈되었으며, 이탈리아를 통치하는 안테미우스가 알프스 건너편에 있는 곤궁한 백성들을 보호해 줄 능력이 없다고 믿을 만한 이유는 얼마든지 있었다. 허약한 황제는 갈리아를 방어하기 위해 1만 2000명의 브리타니아 보조군을 조달해 주었을 뿐이었다. 브리타니아의 독립적인 왕 혹은 족장이었던 리오타무스가 군대를 갈리아로 옮기도록 설득당해 루아르 강을 거슬러 올라가 베리에 병영을 세웠지만, 주민들은 이 포악한 동맹군에 반감을 가졌고, 결국은 서고트족에게 패배해 흩어지고 말았다.

서기 468년,
아르반두스의 재판

로마 원로원이 갈리아 백성들에게 행사한 마지막 사법 행위의 하나는 갈리아의 총독 아르반두스에 대한 재판과 단죄였다. 시도니우스는 국사범을 동정하고 변호할 수 있는 시대에 사는 것을 기뻐하면서, 그의 분별없고 불운했던 친구의 죄과에 대해 동정 어린 마음으로 자유롭게 토로하고 있다.60) 아르반두스는 위기를 모면한 후에 교훈을 얻었어야 했음에도 자만심만을 키운 것 같다. 그가 일관되지만 다양한 방식으로 보여 준 무분별한 행동을 보면 그의 몰락보다는 오히려 그 이전의 번영이 더욱 놀랍게 여겨진다. 5년에 걸친 통치 중 두 번째 총독 재임 기간에 그는 이전 통치의 공적과 인기마저 모두 망쳐 버렸다. 느긋했던 성격은 아부로 타락하여 반대에라도 부딪히면 격분했다. 끈질긴 채권자들의 요구를 만족시키기 위해 속주의 부를 제공했고, 변덕스럽고 무례한 언행으로 갈리아 귀족들의 감정을 상하게 했으며, 갈리아 국민 전체의 증오라는 무거운 짐을 지게 되었다. 그는 면직 명령과 함께 원로원에서 해명할 기회를 준다는 소환장을 받았다. 투스카니의 바다를 지날 때 순풍이 불자 낙관적인 운명의 전조로 생각하기도 했지만, 그것은 헛된 희망이었다. 그때까지는 총독에 대한 예우가 지켜져서, 로마에 도착한 아르반두스는 카피톨리누스 신전에 살던[61] 성(聖) 유산 관리자 플라비우스 아셀루스의 감시라기보다는 접대까지 받았다. 한편 출생과 권위와 웅변술에서 모두 뛰어났던 갈리아 대표 네 명이 그를 고발했는데, 이들은 집요하게 그를 뒤따라왔다. 그들은 위대한 갈리아 속주의 이름과 로마 사법권의 형식에 따라 민법과 형법 양쪽으로 고소장을 접수시키고, 개인이 받은 손실을 보상할 만한 배상액과 국가의 정의를 만족시킬 만한 처벌을 요구했다. 부패한 압제에 대한 수많은 고발도 중요했지만, 그들이 은밀하게 더욱 기대를 걸었던 것은 수신인에게 전달되는 도중에 가로채어 비서관으로부터 아르반두스가 직접 구술한 것이라는 확인까지 받은 서신 한 통이었다. 그 서신을 쓴 사람은 고트족의 왕에게 그리스(동로마) 황제와 평화 협정을 맺지 말라고 설득하고, 루아르 강의 브리타니아군을 습격하라고 제의하고, 갈리아를 만민법에 의거하여 서고트족과 부르군트족이 분할할 것을 충고하고 있었다. 이런 간악한 계획은 그의 벗이라 해도 허영과 무분별이라는 비난으로 얼버무릴 수밖에 없었고, 황제에 대한 반역의 음모로 해석될 수도 있는 것이었다. 갈리아 대표단은 이 강력한 무기를 재판의 결정적인 순간까지 감추어 두기로 책략을 세웠다. 그러나 시도니우스가 곧 이들의 의도를 간파했다. 그는 즉시 아무런 의심도

[61] 카피톨리누스가 신전으로서의 역할을 멈추자 그곳은 행정관들이 사용하도록 전용되었고, 원로원 의원들의 거주지가 되기도 했다. 보석상 등은 그곳의 주랑에 값비싼 보물들을 전시하기도 했을 것이다.

하지 않았던 범죄인에게 닥쳐올 위험에 대해 알렸고, 조금의 비난도 섞지 않고 진실한 마음으로 그의 고압적이고 뻔뻔한 태도를 한탄했지만, 아르반두스는 벗들의 유익한 충고를 뿌리치고 오히려 화까지 냈다. 아르반두스는 자신이 처한 상황을 인식하지 못하고 공직 후보자들만이 입는 흰색 예복을 걸치고 카피톨리누스에 나타나서는, 누구인지도 모르고 하는 인사나 봉사 제의 따위에 흔쾌히 응하였다. 또한 상점들을 방문하여 어떨 때는 구경꾼처럼 무심하게, 어떨 때는 실제로 구매할 것처럼 세심하게 비단이나 보석들을 살펴보기도 했으며, 시대와 원로원과 황제 그리고 재판의 지연에 대한 불평을 늘어놓기도 했다. 그의 마지막 불평의 원인은 곧 사라졌다. 가까운 시일로 그의 재판일이 정해졌고, 아르반두스는 고발자들과 함께 수많은 로마 원로원 의원들 앞에 모습을 드러냈다. 고발자들이 일부러 갖춰입은 칙칙한 의상이 재판관들의 동정을 불러일으킨 데 반하여, 아르반두스가 입은 밝고 화려한 의상은 재판관들의 노여움을 샀다. 총독 아르반두스와 고발자 대표가 재판석 앞으로 나오도록 요구받았을 때도, 그들의 행동에 나타난 자만심과 겸손함이 대조를 이루어 눈길을 끌었다. 옛 공화정의 모습을 생생하게 재현한 이 기억할 만한 재판에서, 갈리아 대표단은 속주의 비탄을 힘차게 막힘없이 전달했고, 청중들이 충분히 분개했다고 생각되자 그 결정적인 서신을 낭독하기 시작했다. 아르반두스는 실제로 자의를 입는 음모를 꾸미지 않은 한 반란죄는 성립될 수 없다는 이상한 논리만을 고집스럽게 주장했다. 서신이 낭독되는 동안 그는 큰 목소리로 자신이 쓴 것이 틀림없다고 반복해서 외쳤고, 원로원이 만장일치로 그에게 대역죄를 선고했을 때 그의 놀라움은 낙담만큼이나 컸다. 원로원의 선고에 의해 그는 총독의 지위에서 일개 평민의 지위로 강등되었고, 비천한 간수들의 손에 난폭하게 끌려 나가 일반 감옥에 투옥되었다. 2주간의 휴정 뒤에, 원로원은 다시 모여 그에게 사형을 선고했다. 그러나 옛 법률에 의거해 극악무도한 죄인에게 허용된 30일간의 유예 기간[62]을 아이스쿨라피우스 섬에서 보내는 동안, 친구들이 손을 쓰고 안테미우스 황제도 가엾게 여겼는지 이 갈리아 총독은 추방과 재산 몰수형으로 감해졌다. 아르반두스의 잘못은 어느 정도 동정의 여지가 있다 하더라도, 세로나투스가 사면된 것은 법의 정의에 대한 비난을 불러일으켰다. 결국 세로나투스는 오베르뉴 주민들의 고소로 사형이 선고되었고 또 집행되었다. 당대의 카틸리나라고 부를 수 있는 이 극악무도한 관리는 서고트족과 내통하면서 자신이 폭정을 행사하던 속주를 배신했다. 이 자의 주된 업무는 새로운 세금을 만들어 내고 이미 시효가 지난 죄상들을 부지런히 들추어내는 일로 그가 저지른 극악무도한 죄상들은 공포나 증오를 낳지 않았다 해도, 분명 경멸을 불러일으켰을 것이다.[63]

이런 종류의 범죄자는 정의의 심판을 피해갈 수 없지만, 야만족 출신의 리키메르 정도의 실력자라면 죄상이 무엇이었는

서기 471년, 안테미우스와 리키메르의 불화

지는 차치하고라도, 자신이 경멸하면서 인척 관계를 맺은 황제와 언제든지 겨룰 수도 타협할 수도 있었다. 안테미우스가 서로마에 약속했던 평화와 번영의 전망은 여러 가지 불운과 불화로 곧 어두워지기 시작했다. 리키메르는 자기보다 지위가 높은 인물에 대해 걱정하고 또 참지 못하여 로마에서 물러나 밀라노에 머물고 있었다. 이곳은 알프스 산맥과 도나우 강 사이에 자리 잡고 있던 여러 호전적인 부족들을 불러들이거나 물리치는 데 유리한 지점이었다.[64] 이탈리아는 점차 독립적이고 서로를 적대시하는 두 개의 왕국으로 분할되었고, 내전의 발발을 두려

[62] 사형 선고와 집행 사이에는 10일만이 허용되었고, 나머지 20일은 테오도시우스 치세에 덧붙여졌다.

[63] 시도니우스는 세로나투스의 범죄를 통렬히 비난하고 그에 대한 처벌을 소리 높여 칭찬했다. 올바른 시민으로서의 분개심에 개인적인 적으로서의 증오가 더해졌을 것이다.

[64] 리키메르는 안테미우스 황제 치세의 전쟁에서 알라니족의 왕 베오르고르를 쳐부수고 죽였다. 그는 여동생을 부르군트 왕과 결혼시켰고, 판노니아와 노리쿰 지역에 자리 잡았던 수에비 왕국과도 긴밀한 관계를 유지했다.

위했던 리구리아의 귀족들은 리키메르의 발밑에 꿇어 엎드려 불운한 자신들의 고장만은 살려 달라고 간청하기에 이르렀다. 리키메르는 오만하고 절제된 말투로 이렇게 말했다.

나로 말하자면 아직도 저 갈라티아인[65]의 우정을 받아들이고 싶은 마음이오. 하지만 누가 그의 분노를 누그러뜨리고 우리가 복종하면 할수록 그것과 비례해 높아져 가는 그의 자만심을 꺾어 놓을 수 있단 말이오?

귀족들은 파비아의 주교인 에피파니우스[66]가 뱀의 지혜와 비둘기의 순결을 함께 갖춘 인물이라고 추천하며, 그러한 사절의 웅변술이라면 이해관계나 감정에서 비롯되는 그 어떤 저항이라도 능히 설득할 수 있을 것이라고 자신있게 말했다. 그들의 추천이 받아들여져 에피파니우스는 중재라는 선의의 임무를 띠고 지체 없이 로마로 파견되었고, 그곳에서 그의 인품과 명성에 걸맞은 영접을 받았다. 평화를 설득하는 주교의 연설은 쉽게 상상해 볼 수 있을 것이다. 주교는 어떤 상황에서라도 위해와 모욕을 용서하는 것은 자비롭고 훌륭하며 신중한 행동임을 역설하고, 그 사나운 야만족과 대결하는 것은 황제 자신뿐 아니라 서로마 전체에 치명적이므로 절대로 피하라고 진지하게 충고했다. 안테미우스는 주교의 말이 진실임을 인정했지만, 리키메르의 행동에 대해 비애와 분노를 깊게 느끼고 있었던 황제의 발언은 강력하고 설득력 있는 웅변이 되었다. 그는 끓어오르는 감정으로 이렇게 외쳤다.

우리가 그 배은망덕한 자의 호의를 거절한 적이 있었던가요? 그의 도발을 참지 않았던 적은 또 있었소? 황제의 위엄도

[65] 서몬드는 엔노디우스에 대한 주석에서 이 언급이 안테미우스를 가리킨다고 했다. 황제는 갈리시아에서 태어났던 것 같다. 이 지역 사람들은 야만인의 악과 문명인의 타락상을 함께 가진 것으로 여겨졌다.

[66] 에피파니우스는 30년 동안 파비아의 주교였다.(서기 467~497년) 후계자 가운데 한 명인 엔노디우스가 그의 생애에 대해 기록하지 않았다면 그의 이름과 업적은 전혀 알려지지 않았을 것이다. 엔노디우스는 에피파니우스를 그 시대의 가장 훌륭한 인물 중 한 명으로 제시했다.

고려하지 않고 나는 고트인에게 딸까지 주었소. 공화국의 평화를 위해 내 핏줄을 희생시켰단 말이오. 영원히 충성을 바쳐야 할 은혜를 베풀었는데도 리키메르는 오히려 은인에게 대항하고 있소. 제국에 대항한 전쟁은 모두 그자가 일으킨 것이오. 적대적인 민족들을 부추기고 도와 준 적은 또 얼마나 많소. 그런데도 그의 불성실한 우정을 받아들여야 한단 말이오? 이미 자식으로서의 의무를 배반한 그자가 협상을 지킬 것이라 어떻게 믿을 수 있겠소?

그러나 안테미우스의 분노는 이 열렬한 웅변과 함께 날아가 버렸다. 결국 에피파니우스 주교의 제안을 받아들였고, 주교는 화해를 주선해 이탈리아의 평화를 회복시켰다는 만족감을 안고 자기 관구로 돌아갔다.[67] 그러나 그 화해의 진실성과 영속성은 다분히 의심스러운 것이 사실이었다. 황제의 관용은 그의 허약성에서 비롯된 것이었고, 리키메르의 목적은 안테미누스의 왕좌를 전복시킬 수단을 은밀하게 준비하는 동안 자신의 야망을 잠시 감추어 두려는 것이었다. 준비를 마친 리키메르는 평화와 관용의 가면을 벗어던졌다. 리키메르는 부르군트족과 동방 수에비족의 수많은 병사들로 군사력을 강화한 다음, 동로마 황제와 맺은 동맹을 전면 부인하고 아니오 강변에 병영을 세운 후에, 자신이 다음 황제 후보자로 생각했던 올리브리우스가 도착하기를 초조하게 기다리고 있었다.

원로원 의원 올리브리우스는 아니키우스 가 출신으로 스스로 서로마 제국의 합법적인 후계자로 생각해도 좋을 만한 인물이었다. 그는 발렌티니아누스의 둘째 딸 플라키디아가 가이세리크의 포로로 잡혀갔다 돌아온 후 그녀와 결혼했는데, 가이

서기 472년 3월, 서로마 제국의 황제 올리브리우스

[67] 엔노디우스는 에피파니우스의 사절단에 대해 설명해 놓았다. 그의 다소 장황하고 과장된 저술에는 서로마 제국의 멸망에 대한 기묘한 서술도 포함되어 있다.

(68) 에우독시아와 그 딸은 마요리아누스 황제가 죽은 이후에 돌아왔다. 올리브리우스는 서기 464년에 집정관으로 임명되었는데 아마도 결혼 선물이었던 것 같다.

(69) 올리브리우스의 비호의적인 출현은 (파기(Pagi)의 다른 견해에도 불구하고) 그의 짧은 치세와 함께 움직일 수 없는 사실이 되어 버렸다. 테오파네스와 파스칼 연대기는 레오 황제가 비밀리에 묵인했음을 말해 준다. 그의 의도에 대해서는 알 수 없으나, 우리는 이 불분명한 시대의 가장 중요하고 공적인 사실들마저 잘 알지 못한다.

세리크는 그때까지도 플라키디아의 언니 에우도키아를 아들의 아내라기보다는 오히려 포로로서 억류하고 있었다. 반달족의 왕은 위협과 간청을 통해 이 로마인 인척의 황제 주장을 지지했으며, 원로원과 국민이 이 합법적인 황제를 승인하지 않고 부당하게도 낯선 이방인을 선정한 것을 전쟁의 이유 중 하나로 내세우기도 했다.(68) 적인 가이세리크와의 우정이 올리브리우스를 한층 인기 없는 사람으로 만들 우려도 있었지만, 안테미우스 황제의 폐위를 생각하고 있던 리키메르는 저명한 가문과 황가와의 인척 관계로 자신의 반란을 정당화할 수 있는 이 후보자에게 황제의 제관을 제공하겠다고 유혹했다. 플라키디아의 남편이 된 올리브리우스는 그의 조상들 대부분과 마찬가지로 집정관의 직위를 부여받고 있었는데, 콘스탄티노플에 그대로 평화롭게 거주했다면 안전하고 영광된 삶을 계속 누릴 수 있었을 것이다. 또한 그에게 제국을 통치하지 않으면 만족하지 못할 만큼 비범한 자질이 있어 그것 때문에 번뇌했을 것 같지도 않다. 그러나 올리브리우스는 벗들과 아마도 아내의 끈질긴 간청을 받아들여 무모하게 위험한 내전의 참화 속으로 뛰어들었고, 레오 황제의 묵인하에 이탈리아 황제 자리를 수락했다. 결국 이 자리는 한 야만족의 변덕스러운 의지에 의해 주어지기도 빼앗기기도 하는 자리에 불과했다. 그는 아무런 방해를 받지 않고(가이세리크가 바다의 지배자였으므로) 라벤나, 아니면 오스티아 항에 상륙해서 곧장 리키메르의 진영으로 향했고, 그곳에서 서로마 제국의 황제로 영접받았다.(69)

서기 472년 7월, 로마 약탈과 안테미우스의 죽음

리키메르는 이미 자신의 주둔지를 아니오에서 밀비우스 다리까지 전진시켜 로마의 주요 지역인 바티칸과 야니쿨룸을 차지하고 있었다. 이 지역은 테베레 강에 의해 로마의 다른 지역과 분리되어 있었다.70 원로원에서 분파된 일부 의원들이 여기서 아마도 합법적인 선거의 형태를 취해서 올리브리우스를 황제로 선출했을 것이다. 그러나 원로원과 시민들 대부분은 여전히 안테미우스의 명분을 확고하게 지지했고, 고트족 군사력의 보다 실제적인 지지가 안테미우스의 치세를 좀 더 연장할 수 있었다. 그러나 이 3개월의 저항 기간에 기근과 역병이 돌아 시민들은 극심한 고통에 빠졌다. 마침내 리키메르는 하드리아누스 다리, 성 안젤로 성(城)에 총공격을 퍼부었다. 이 좁은 통로는 그에 못지않게 용맹한 고트족에 의해 방어되었지만, 그것도 지휘관인 길리메르의 전사와 함께 끝났다. 승리한 군대는 모든 요새를 파괴하고 저항할 수 없이 맹렬한 기세로 도시의 중심부로 난입했는데, 그리하여 (당시의 한 교황의 말을 빌리면) 로마는 안테미우스와 리키메르 간의 내전의 포화로 처절하게 파괴되었다. 불운한 안테미우스는 사위의 명령으로 은신처에서 끌려 나와 무참하게 살해당했는데, 이로써 리키메르는 세 번째 혹은 네 번째의 황제 희생물을 추가시켰던 것이다. 야만족의 사나운 습성과 파벌로 나뉜 시민의 분노에 일체가 된 병사들은 제멋대로 약탈과 살인을 자행했으며, 이 혁명에는 아무런 관심도 없던 노예와 평민 무리들도 닥치는 대로 약탈을 일삼았다. 그리하여 도시의 외관은 무자비한 잔인성과 무절제한 방종의 기묘한 대조를 보여 주고 있었다.71 영광이라기보다는 죄악의 주제라 할 수 있는 이 재앙이 있은 지 40일 후에 이탈리아는 폭군 리키메르를 덮친 고통스러운 질병 덕분에 마침내 해방되었다. 리키메르는 군대의 통솔권을 부르군트족의 족장이었던 조카 군도발트에게 넘겼다. 같은 해에 이 위대한 혁명에 참가했던 주요 배우들은 모두 무대에서 퇴장했고, 올리브

8월, 리키메르의 죽음

70 아우구스투스가 로마를 열네 개 지역으로 나누었을 때, 아니쿨룸 한 곳만 테베레 강을 끼고 투스카니 쪽으로 있던 지역이었다. 그러나 5세기에는 바티칸 근교가 상당한 규모의 도시로 발전했고, 교황 심플리키우스의 배분으로 로마의 일곱 개 관구 중 두 개가 성 베드로 교회에 의존했다. 이 부분에서 나는 그 박학다식한 로마인의 지형도와 견해를 달리하는데, 이 정황을 설명하려면 장황한 논문 한 편이 필요할 것이다.

71 로마가 베스파시아누스 군대에 습격당해 유린당할 때도 상황은 유사했는데, 그 이후로 악행의 명분은 더 많은 에너지를 충전했다. 각 시대의 혁명들은 같은 재앙을 반복시켰지만, 그것을 기록하는 타키투스는 다시 배출하지 못했다.

72 유스티니아누스 황제의 조카딸과 결혼한 것으로 보이는 아레오빈두스가 테오도시우스 대제의 8대손이다.

73 서로마 제국의 마지막 혁명들에 대해서는 테오파네스, 요르난데스의 저술이나 마르켈리누스의 연대기, 발레시우스가 암미아누스 치세 말기에 출판한 무명 작가들의 단편적인 서술에서도 거의 언급되어 있지 않다. 포티우스가 그렇게 제멋대로 축약하지만 않았더라도 당대 역사가들인 말쿠스나 칸디두스로부터 많은 정보를 얻을 수 있었을 것이다.

74 군도발트는 두 형의 죽음 혹은 살해 후에 부르군트 왕국을 손에 넣었는데, 이들의 불화가 부르군트 왕국의 몰락을 재촉했다.

10월,
올리브리우스의 죽음

리우스의 치세는(그의 죽음에서는 폭력의 징후를 전혀 찾아볼 수 없다.) 7개월로 끝났다. 그에게는 플라키디아와의 결혼에서 낳은 딸이 한 명 있었는데, 이리하여 에스파냐에서 콘스탄티노플로 옮겨온 테오도시우스 대제의 가계는 그 이후로 여덟 세대 동안 모계를 통해 이어지게 된다.72

서기 472~475년,
서로마 제국의 황제
네포스와 글리케리우스

이탈리아의 비어 있는 제위가 무법의 야만족들에게 유린당하는 동안,73 레오 황제의 회의에서는 새로운 서로마 황제의 선출 문제를 진지하게 논의하고 있었다. 친정 가문의 세력을 확장시키는 데 열심이었던 황후 베리나는 조카딸을 율리우스 네포스와 결혼시켰다. 네포스는 백부 마르켈리누스의 뒤를 이어 달마티아의 주권을 장악하고 있었는데, 황후로부터 그 지위보다 불안정한 서로마의 황제 자리를 받아들이도록 설득당해 그 제의를 받아들였다. 그러나 비잔티움 궁정의 조치가 매우 미온적이고 우유부단했기 때문에 안테미우스와 올리브리우스가 사망한 이후 몇 달이 지나도록 이 황제 예정자는 적절한 규모의 군사력을 이끌고 이탈리아의 국민들 앞에 모습을 드러내지 못하고 있었다. 그 사이에 군도발트는 무명의 병사였던 글리케리우스에게 자의를 입혀 주었지만, 이 부르군트 족장은 내전을 일으키면서까지 자신이 추대한 황제를 지지할 의사도 능력도 없었다. 그는 부르군트 내부의 야심을 추구하느라 알프스 건너편으로 철수해 버렸고,74 그의 후견을 받던 황제는 서로마의 왕홀을 살로나의 주교직과 기꺼이 맞바꾸었다. 네포스는 이렇게 경쟁자를 제거한 다음 원로원과 이탈리아 국민 그리고 갈리아 속주민들로부터 정식으로 황제로 승인받았다. 모두들 그의 덕성과 용맹을 소리 높여 칭송했으며, 그의 집권으로 조금이라도 개인적인 이득을 본 사람들은 예언자적 어조로 국가적 행복이 회복되었다고 떠벌였다.[75] 그러나 그들의 기대는 (진지하게 희망을 가졌다면 말이지만.) 채 1년도 되지 않아 배신당했는데, 오베르뉴를 서고트족에게 양도한다는 평화 조약이 이 황제의 짧고 불명예스러운 치세의 유일한 치적이었다. 황제에게 가장 충성스러웠던 갈리아 주민들이 국내 안전이라는 명분 아래 희생되었는데,[76] 이렇게 얻은 평화마저도 야만족 연합군의 맹렬한 반란으로 곧 깨졌다. 그들은 장군 오레스테스의 지휘 아래 전군이 로마에서 라벤나로 진군했다. 이 소식에 겁을 먹은 네포스는 마땅히 라벤나의 방어력을 신뢰해야 했음에도 불구하고 황급히 배를 타고 아드리아 해 맞은편 해안에 있던 달마티아 공국으로 도망쳤다. 이 수치스러운 퇴각으로 황제도 망명자도 아닌 매우 모호한 신분으로 5년 정도 목숨을 연장할 수 있었다. 결국 그는 살로나에서 배은망덕한 글리케리우스에 의해 암살당했는데, 글리케리우스는 이 범죄에 대한 보상이었는지 그 후 밀라노 대주교로 영전하였다.

아틸라가 죽은 이후 원래 소유지였다든지 정복의 권리를 내세워 독립을 선언한 민족들은 도나우 강 북부의 드넓은 영토나 도나우 강과 알프스 사이에 있는 로마 속주들에 제각기 나라를 세웠다. 그러나 가장 용감한 젊은이들은 연합군에 속해서 이탈리아의 방위를 맡는 동시에 위협 세력도 되었는데,[77] 이 잡다한 무리들 중에서는 헤룰리족, 스키리족, 알라니족, 투르킬링기족, 루기아족 등이 우위를 점하고 있었던 것으로 보인다. 이 전사들의 예를 본받은 자가 오레스테스였는데, 그는 타툴루스의 아들이자 서로마 제국 마지막 황제의 아버지였다. 이미 언급한 바 있는 오레스테스는 평생 자신의 조국을

서기 475년, 오레스테스

[75] 네포스는 엑디키우스에게 안테미우스 황제도 약속한 바 있는 귀족 칭호를 내렸다.

[76] 네포스는 에피파니우스를 사절로 서고트족에게 보냈는데, 그 목적은 상납금을 확인하기 위해서였다. 그의 감동적인 연설에는 이 수치스러운 비밀이 드러나 있지 않은데, 클레르몽 주교 시도니우스는 당연히 이것을 신랄하게 비판했다.

[77] 서로마 제국을 전복시킨 용병들에 대한 지식은 프로코피우스에게서 얻었다. 일반적인 견해와 당시 역사가들은 오도아케르가 이방인인 동족 부하들을 이끌고 이탈리아를 침략한 이방인 왕이라는 잘못된 해석을 하고 있다.

떠나지 않았다. 그는 출신과 재산으로 볼 때 판노니아에서 가장 저명한 인물에 속했다. 판노니아 속주가 훈족에 양도되었을 때는 합법적 군주인 아틸라의 비서직을 얻어 봉사했는데, 대사 자격으로 여러 차례 콘스탄티노플을 방문해 그 거만한 군주를 대신해 명령을 전달하기도 했다. 이 정복자의 죽음으로 다시 자유의 몸이 된 오레스테스는 아틸라의 아들들을 따라 스키타이 사막으로 가는 것도 판노니아의 지배권을 찬탈한 동고트족에게 복종하는 것도 모두 거절하면서 명예를 지켰다. 대신 발렌티니아누스의 후계자인 이탈리아 군주에게 봉사하는 길을 택했는데, 용감하고 근면했을 뿐더러 경험도 풍부하여 군사직의 여러 단계를 신속하게 승진하여 마침내는 네포스 황제의 총애에 힘입어 사령관으로 영전했다. 이 군대는 오랜 기간에 걸쳐 오레스테스의 인품과 권위를 존중해 왔고, 오레스테스 자신도 오랫동안 형성된 친밀함과 우정을 바탕으로 그들의 풍습을 취하고 그들의 언어로 대화했으며 각 부족의 족장과도 친밀한 관계를 유지했다. 이런 그의 요청이 있자 군대는 무장을 갖추고, 감히 그들의 복종을 요구한 정체도 불분명한 동로마인 황제에게 항거했던 것이다. 그리고 오레스테스가 어떤 동기에서

서기 476년,
오레스테스의 아들이자
서로마 제국의 마지막
황제인 아우구스툴루스

였는지 자의를 거절하자 간단하게 그의 아들인 아우구스툴루스를 서로마의 황제로 승인했다. 네포스의 퇴위로 오레스테스는 이제 야망을 이룰 수 있는 절호의 기회를 얻었다. 그러나 채 1년도 지나기 전에 그는 배신과 배은망덕의 죄과는 반드시 자신에게 되돌아온다는 것(반역자들은 누구나 되새겨야 할 교훈이다.)과 불안하기 짝이 없는 이탈리아 군주로서는 결국 야만족 용병들의 노예가 되느냐 아니면 희생물이 되느냐를 선택하는 길밖에 없다는 사실을 깨달았다.

이민족과의 이런 위험한 동맹은 로마의 자유와 위엄의 마지막 잔재마저 억압하고 모독했다. 혁명이 있을 때마다 그들의 봉급과 특권도 증대되어 갔으며 그보다 훨씬 큰 비율로 점점 더 오만해지고 무례해져 갔다. 그들은 갈리아, 에스파냐, 아프리카의 동족들이 승전의 결과로 독립적이고 항구적인 영토를 획득한 것을 부러워하면서, 이탈리아 영토의 3분의 1을 자신들에게 분배해 달라고 뻔뻔하게 요구해 왔다. 오레스테스는 상황이 좀 달랐다면 능히 우리의 존경을 받을 만한 기개를 발휘하여, 무고한 백성들의 멸망에 동의하는 대신 무장한 군중의 횡포에 맞서는 길을 선택했다. 그는 이 무례한 요구를 거절했는데, 이것이 오도아케르의 야망 실현을 도와 주는 셈이 되었다. 이 대담한 야만족은 자신의 지휘 아래 단결한다면 부당하게 거절당한 그들의 당연한 요구를 무력으로 쟁취할 수 있을 것이라고 동료 병사들을 설득했다. 이탈리아 전역의 모든 진영과 주둔지에서 똑같은 분노와 똑같은 희망으로 불타오른 연합군이 이 인기 있는 지도자의 깃발 아래 앞다투어 몰려들었다. 한편 불운한 오레스테스는 이 격류에 압도되어 황급히 성 에피파니우스가 주교로 있는 견고한 파비아로 피신했다. 파비아는 곧 포위되었고 요새는 습격당했으며 도시는 약탈당했다. 주교가 교회의 재산과 포로로 잡힌 여자들의 정조를 지켜 주려고 열심히 노력하여 어느 정도 성공을 거두기도 했지만, 소동은 오레스테스가 처형되고 난 후에야 겨우 가라앉았다.[78] 그의 동생 파울루스도 라벤나 부근에서 벌어진 전투에서 살해당했고, 이제 의지할 곳을 잃은 아우구스툴루스는 오도아케르의 충성을 요구하기는커녕 그의 자비를 간청해야 하는 처지가 되었다.

이렇게 성공을 거둔 야만족은 에데콘의 아들이었는데, 에데콘은 앞 장에서 상세하게 설명한 것처럼 몇몇 중요한 교섭을

[78] 엔노디우스는 프로코피우스의 서술에 무게를 실어 주었다. 그러나 악마가 주교와 그 무리를 혼내 주려고 파비아 포위 공격을 계획했다는 말은 당연히 의심스럽다.

79 뷔아는 오도아케르와 그의 모험에 대해 명확하게 설명해 놓았다. 그가 앵글로족을 약탈하고 색슨족 해적 함대를 지휘한 인물이라는 설명은 믿어도 될 것 같다.

서기 476~490년, 이탈리아의 왕 오도아케르

이끌어낸 적도 있는 오레스테스의 동료였다. 대사라는 영예로운 신분 덕분에 의심을 받지 않았던 에데콘은 자신의 주군의 목숨을 노리는 음모에 귀를 기울인 적도 있었다. 그러나 이런 명백한 범죄도 그의 공적 혹은 참회 덕분에 용서받았고, 그의 지위는 항상 두드러지게 높았다. 그는 아틸라의 총애를 받았으며, 순번이 돌아오면 왕의 도시를 경호하기도 했던 휘하 부대는 그의 직접적이고 세습적인 부하인 스키리족으로 구성되어 있었다. 제 민족들이 반란을 일으켰을 때 스키리족은 여전히 훈족의 명분을 따랐는데, 그 후 12년 이상을 동고트족에 힘겹게 맞섰다는 점에서 에데콘의 이름은 명예롭게 기억되고 있다. 이 긴 항쟁은 두 번의 피비린내 나는 전투 후에 스키리족이 패배해 흩어짐으로써 끝이 났다.79 그들의 용감한 지도자도 이 민족적 참화와 함께 사망했고 오눌프와 오도아케르라는 두 아들을 남겼다. 두 형제는 역경을 헤쳐 가며 어려운 유랑 생활에 동행한 충직한 추종자들을 약탈이나 봉직을 통해 먹여 살렸다. 오눌프는 콘스탄티노플로 발걸음을 돌려 은혜를 베푼 은인을 암살함으로써 전쟁터에서 얻은 명성을 더럽혔다. 동생 오도아케르는 자포자기한 필사적인 모험에나 적합한 정신과 운세를 품고 노리쿰의 야만족들 사이에서 유랑 생활을 지속했다. 그러나 일단 마음을 정하자 그 지역의 명망 높은 성자 세베리누스의 승인과 축복을 받고자 그의 암자를 공손하게 찾아갔다. 암자의 문이 낮았으므로 키가 큰 오도아케르는 고개를 숙일 수밖에 없었는데, 성자는 이런 겸손한 자세에서 그가 장차 위대한 인물이 될 것이라는 징조를 발견했다. 성자는 예언자적인 목소리로 그를 맞으면서 이렇게 말했다.

당신의 계획대로 추진하시오. 이탈리아로 가시오. 그러면 당신은 머지않아 이 조악한 가죽옷을 벗고 당신의 원대한 정신에 어울리는 부귀영화를 얻게 될 것이오.[80]

대담한 기상을 지닌 이 야만족은 예언을 받아들여 확신을 가지고 서로마 제국의 군대로 들어가서 곧 근위대에서 명예로운 지위를 얻었다. 그의 태도도 점차 세련되어졌고 군사 기술도 향상되었다. 오도아케르의 공적으로 그의 용맹과 능력에 대한 평판이 높지 않았다면 이탈리아 연합군이 그를 장군으로 선출하지는 않았을 것이다.[81] 병사들은 환호하며 그에게 왕의 칭호를 바쳤지만 그는 치세 기간 내내 자의를 입거나 왕관을 쓰는 일은 삼갔다.[82] 그것은 우연하게 그 부하들이 승전군에 섞여 들어온 군주들의 기분을 상하게 하지 않으려는 의도였으며, 시간과 정책에 힘입어 언젠가는 하나의 커다란 나라로 연합될지도 모르는 일이었기 때문이다.

야만족들에게 왕의 존재는 익숙했으므로, 오도아케르가 서로마 제국 황제의 대리인으로서 권력을 행사했다면 이탈리아의 순종적인 백성들은 아무런 불평 없이 복종하였을 것이다. 그러나 오도아케르는 이미 쓸데없이 돈만 많이 드는 지위를 폐지하기로 결심하고 있었다. 그렇다고는 해도 고대로부터의 선입견이 워낙 강했으므로 이 과업을 쉽게 수행하려면 어느 정도의 대담성과 통찰력이 필요했다. 불운한 아우구스툴루스가 그 자신의 굴욕을 위한 도구로 이용되었다. 황제가 퇴위할 의사를 원로원에 표명하자, 원로원은 로마의 군주에게 마지막으로 복종하면서 여전히 자유의 정신과 공화정의 형식을 취하는 척하였다. 원로원은 만장일치로 판결을 내려 레오 황제의 사위이자

서기 476년 혹은 479년, 서로마 제국의 멸망

[80] 그는 성 세베리누스의 생애에 대해 인용해 놓았는데, 이것은 지금도 현존해서 알려지지 않았던 귀중한 정보들을 제공해 준다. 원본은 성 세베리누스의 제자인 에우기피우스가 그가 죽고 30년이 지난 후인 서기 511년에 쓴 글이다.

[81] 그를 고트인이라고 불렀던 테오파네스는 그가 이탈리아에서 교육받고 양육되었다고 썼다. '양육되었다'는 강한 표현이 문자 그대로의 의미를 지닌 것은 아니므로, 이것은 제국 근위대에 오랫동안 근무했다는 의미가 될 것이다.

[82] 그는 왕이라는 모호한 칭호를 사용했지만 특정 민족이나 국가를 지칭하지는 않았다.

후계자인 제논 황제에게 서한을 보냈다. 제논 황제는 반란으로 잠시 물러났다가 다시 동로마 제국의 황제로 복귀해 있던 참이었다. 그들은 서한에서 다음과 같이 엄숙하게 선언했다.

저희들은 이탈리아에서의 황제 계승을 계속할 필요성을 부인하며 그렇게 할 의사도 포기합니다. 저희들의 견해로는 한 사람의 군주의 권위로도 동시에 동로마와 서로마를 지배하고 방어하기에 충분한 것으로 사료되옵니다. 원로원과 국민의 이름으로 저희들은 공통 황제의 자리가 로마에서 콘스탄티노플로 옮겨지는 것에 동의합니다. 그리고 저희들은 전 세계에 법을 부여한 권위의 마지막 남아 있는 흔적인 황제를 선택하는 권리도 포기합니다. 공화국은(그들은 부끄러워하지도 않고 이 말을 반복했다.) 오도아케르의 내정과 군사 능력을 신임해도 좋을 듯합니다. 저희들은 황제께서 그에게 명예고관의 칭호와 이탈리아 관구에 대한 행정권을 부여해 주시기를 겸허하게 요청합니다.

콘스탄티노플에서는 이 원로원 사절단을 약간의 불쾌감과 분노를 표명한 가운데 맞아들였다. 제논 황제와의 알현이 허용되었을 때, 황제는 이탈리아의 청원에 따라 동로마 제국이 승인해 준 두 명의 황제, 안테미우스와 네포스에 대한 그들의 처우를 엄중하게 질책했다. 황제는 이렇게 말했다.

그대들은 안테미우스를 살해하고 네포스를 추방했소. 그러나 네포스는 아직 살아 있으니 만큼 그가 살아 있는 동안에는 그대들의 합법적인 황제요.

그러나 주도면밀한 제논은 이미 폐위된 동료 황제의 가망 없는 명분 따위는 곧 저버렸다. 그의 허영심은 로마 제국의 유일한 황제라는 칭호와 그를 기념해서 로마 각지에 세워진 동상으로 만족되었다. 황제는 오도아케르와 다소 애매하지만 우호적인 서신을 주고받았으며, 황제의 표장이나 황좌와 궁정의 신성한 장식물들을 기꺼이 인수했다. 한편 야만족 출신 오도아케르로서는 이런 물건들을 국민들의 눈에 보이지 않게 치우는 것을 오히려 기꺼워하였다.[83]

발렌티니아누스 황제가 죽고 난 이후 20년 동안 아홉 명의 황제가 연이어 사라져 갔다. 오직 미소년이라는 것밖에 내세울 점이 없었던 오레스테스의 아들(아우구스툴루스)은 그의 치세가 서로마 제국의 멸망이라는 인류 역사상 기념비적인 시기가 아니었던들, 후세의 이목을 끌 만한 점을 전혀 남기지 못했을 것이다.[84] 오레스테스는 노리쿰의 페토비오 출신 코메스인 로물루스의 딸과 결혼했는데, 당시 아우구스투스라는 이름은 권력을 연상하게 하여 질시되는 면도 있었지만 아퀼레이아 지방에서 비교적 흔한 성이었다. 그래서 로마와 로마 제정의 기초를 놓은 위대한 두 창시자의 이름이 기묘하게도 그 마지막 후계자의 이름에서 통합되었던 것이다.[85] 오레스테스의 아들은 로물루스 아우구스투스라는 이름을 사용함으로써 그 이름들을 더럽혔다. 그러나 그리스 사람들은 로물루스를 모밀루스(Momyllus)로 격하시켰고, 라틴 사람들은 경멸의 의미를 담은 지시사를 붙여 아우구스투스를 아우구스툴루스로 바꾸어 버렸다. 이 죄 없는 젊은이의 생명은 오도아케르의 너그러운 자비심으로 구원받았다. 오도아케르는 그를 가족과 함께 궁정에서 몰아냈지만, 1년에 금화 6000닢을 지급하고 캄파니아에 있는

루쿨루스 별장으로 추방된 아우구스툴루스

[83] 원로원과 제논의 이 특별한 대면에 대해서는 말쿠스(그의 책이 소실되어 무척 안타깝다.)가 잘 기록해 놓았다. 무명 작가들의 단편적인 기록과 칸디두스 발췌본도 어느 정도 도움이 된다.

[84] 서로마 제국이 멸망한 연도는 정확하지 않다. 권위 있는 연대기에 따르면 서기 476년인 것 같다. 그러나 요르난데스가 기록한 두 날짜를 보면 이 커다란 사건은 479년으로 미뤄진다. 뷔아는 그의 증거를 무시했지만 그것과 부합되는 여러 가지 정황을 제공하기도 했다.

[85] 비슷한 유명한 예를 들 수도 있다. 로마 제국에서 가장 비천한 백성들이 파트리키우스라는 유명한 이름을 사용했다. 아일랜드의 개종으로 이 사실은 전 세계에 알려졌다.

루쿨루스 성을 추방지 또는 은거지로 정해 주었다. 로마인들은 포에니 전쟁으로 지친 심신을 추스르고 한숨 돌렸을 때 캄파니아의 쾌적함과 아름다움에 마음이 끌렸는데, 리테르눔에 건설된 스키피오 가의 별장은 로마인들의 소박한 단순성의 영원한 전형을 보여 준다.[86] 나폴리의 아름다운 해안에는 별장들이 밀집해 있었는데, 술라도 그의 라이벌 마리우스의 뛰어난 안목을 크게 칭찬한 바 있다. 마리우스는 사방으로 바다와 육지를 수평선까지 조망할 수 있는 위치인 미세눔 항의 높은 곳에 별장을 지었다. 마리우스의 별장을 몇 년 후에 루쿨루스가 구입했는데, 2500파운드였던 가격이 그 후로 8만 파운드 이상으로 급등했다고 한다.[87] 새로운 별장 주인은 그곳을 그리스 예술품과 아시아의 보물들로 장식하여 루쿨루스의 별장과 정원은 제국의 궁정처럼 호화롭고 눈에 띄는 위용을 자랑하게 되었다.[88] 반달족이 나폴리 해안 지역을 위협하던 시기에, 미세눔 곶의 루쿨루스 별장은 강력한 성채라는 이름과 그에 걸맞은 힘을 갖추었는데, 마침내는 서로마 제국 마지막 황제의 비밀스러운 은거지가 된 것이다. 이런 대변혁이 있은 지 약 20년 후에 이곳은 교회와 수도원으로 바뀌어 성 세베리누스의 유해를 안치하게 되었다. 유해는 킴브리족과 아르메니아인들의 승전 기념물들과 함께 10세기 초까지 무사히 보존되었지만, 그 후 이 요새가 사라센족에게 은신처로 이용될지도 모른다는 위협을 느낀 나폴리 사람들은 이곳을 파괴하고 말았다.[89]

[86] 세네카의 감동적인 연설을 보라. 그러나 그는 모든 사치는 상대적이며, 학문과 사교로 세련된 매너를 갖추었던 대(大)스키피오도 덜 세련된 동시대인들에게 사치한다는 비난을 받았음을 상기해야 했다.

[87] 7만 5000드라크마에서 250만 드라크마가 되었다. 그러나 마리우스가 소유했을 때에도 이곳은 사치스러운 별장이었다. 로마인들은 그의 나태함을 조롱했지만 머지않아 그의 행동으로 통곡하게 되었다.

[88] 루쿨루스는 바이아이, 나폴리, 투스쿨룸 등에 이곳과 분위기는 다르지만 이에 필적하는 위용을 갖춘 별장을 여러 개 소유했다. 그는 자신이 황새나 두루미처럼 기후에 따라 옮겨 다닌다고 자랑했다고 한다.

[89] 세베리누스는 서기 482년에 노리쿰에서 사망했다. 6년 후에 제자들이 시신을 이탈리아로 운구했는데, 지나는 길에 여러 가지 기적을 일으켰다고 한다. 신앙이 깊었던 나폴리 귀부인이 루쿨루스의 별장으로 그를 모셨는데, 아우구스툴루스는 이미 그곳에 없었던 것 같다.

로마 정신의 영락

오도아케르는 이탈리아에서 한때는 자신들이 전 인류 중 당연히 가장 우월하다고 주장하던 사람들을 통치한 최초의 야만족 출신 지도자이다. 로마인들의 굴욕은 지금도 우리의 존경과 동정을 불러일으키며, 영락한 그 후손들의 슬픔과 분노를 생각하면 애정 어린 연민을 느끼게 된다. 그러나 이탈리아는 잇따른 재난으로 자유와 영광에 대한 자긍심을 조금씩 상실해 갔다. 로마인의 미덕이 살아 있던 시절에 속주들은 공화국의 군사력에, 시민들은 공화국의 법률에 복종했다. 그러나 내분으로 공화국의 법률은 무너졌고, 로마와 속주들은 비굴한 폭군의 소유물로 변질되었다. 그들의 비참한 노예 상태를 어느 정도 경감시키거나 위장해 주었던 입헌 공화정의 형식도 시간과 폭력에 의해 폐지되었다. 이탈리아인들은 마음속으로는 혐오하고 경멸하던 황제에 대해 때로는 그 존재를 때로는 그 부재를 아쉬워했으며, 5세기에 걸쳐 군대의 방종, 변덕스러운 전제 정치, 교묘한 억압 등의 각종 재난을 겪었다. 같은 기간 동안 야만족들은 미천한 신분과 경멸 대상에서 벗어났으며, 게르마니아와 스키타이의 전사들은 처음에는 용병이나 동맹군으로 속주 군대에 편입되었다가 마침내는 로마인들의 주인이 되어 로마인들을 모욕하거나 보호해 주기도 했다. 로마인들의 증오는 두려움으로 억제되었으며, 제국의 높은 지위를 부여받은 장군들의 기개와 위용에는 존경심을 품었다. 로마의 운명은 이미 오래전부터 이 힘센 이방인들의 창검에 달려 있었던 것이다. 이탈리아의 폐허를 다시 짓밟았던 그 준엄한 리키메르는 왕의 칭호를 취하지는 않았지만 이미 왕의 권력을 행사했다. 그리하여 참을성 많은 로마인들은 자신도 모르는 사이 오도아케르와 그 야만족 후계자들의 왕권을 승인할 준비를 하고 있었던 것이다.

이 이탈리아 왕(오도아케르)은 용맹과 행운으로 차지한 그 높은 지위에 결코 어울리지 않는 인물은 아니었다. 그의 야만적인 습성은 세상과 교류하면서 순화되었고, 야만족이자 정복

서기 476~490년, 오도아케르의 성격과 통치

[90] 오도아케르나 로마 원로인이 임명한 집정관들은 동로마 제국의 승인을 받았던 것 같다.

[91] 시도니우스 아폴리나리스는 당대의(서기 468년) 유력한 두 원로원 의원, 겐나디우스 아비에누스와 카이키나 바실리우스를 비교하였는데, 전자는 피상적인 묘사에 그친 반면 후자는 공적, 사적인 삶에서 보여 준 미덕들을 구체적으로 묘사했다. 아들로 보이는 바실리우스 2세는 480년에 집정관이 되었다.

[92] 에피파니우스가 파비아 주민을 위해 중재에 나섰다. 왕은 처음에는 세금을 5년간 유예시켜 주었고, 이후에는 펠라기우스의 폭정에서 구원해 주었다.

[93] 바실리우스의 변칙적인 조처는 16년 후에 로마 종교 회의에서 교황 심마쿠스에 의해 폐기되었다.

자였지만 로마인들의 제도와 선입견들까지도 존중했다. 7년이 지난 후에 오도아케르는 서로마 제국에 집정관 제도를 부활시켰다. 그 자신은 동로마 제국의 황제들이 여전히 수락하는 이 직위를 겸손해서였는지, 자존심 때문이었는지는 모르지만 거부했는데, 이 영예로운 자리는 가장 저명한 원로원 의원 열한 명이 연이어 차지하였다.[90] 이 명단은 바실리우스 같은 존경스러운 이름에 의해 더욱 빛났는데, 그의 후원을 받은 시도니우스는 감사로 가득 찬 송시에서 그의 미덕을 드높이 칭송한 바 있다.[91] 역대 황제들의 법률은 엄격히 시행되었고, 이탈리아의 민정은 여전히 민정 총독과 그 휘하 관리들에 의해 집행되었다. 오도아케르는 세금을 징수하는 억압적이고 미움을 사는 업무는 로마 관리들에게 위임했지만, 적절하게 세금을 유예해 주는 인기 있는 조치를 취하는 일은 자신의 소관으로 남겨 두었다.[92] 그는 다른 야만족들과 마찬가지로 아리우스파의 교리를 교육받았지만, 수도사와 주교의 지위를 존중하였다. 그 시기 가톨릭교도들의 침묵은 그들이 종교적 자유를 누렸다는 사실을 입증해 준다. 로마 시의 평화를 위해서는 새로운 로마 교황을 선출할 때 바실리우스의 개입이 필요했는데, 성직자들이 토지를 내놓는 것을 금지한 칙령은 궁극적으로 백성들의 이익을 위한 것이었다. 백성들이 신앙심에서 교회의 재산상의 손해를 벌충하기 위해 무거운 부담을 질 것이 분명했기 때문이다.[93] 이탈리아는 이 정복자의 군사력으로 지켜졌는데, 약체화된 테오도시우스 왕조를 그토록 오랫동안 유린해 온 갈리아와 게르마니아의 야만족들도 이 시기에는 이탈리아의 국경을 넘본 적이 없었다. 오도아케르는 아드리아 해를 건너서 네포스 황제를 암살한 자들을 처벌하고 바다에 면한 달마티아 속주를 취득했다. 그는 또한 알프스를 넘어서 도나우 강 너머에 거주하던 루기아족의 왕 파바로부터 노리쿰의 나머지 지역을 탈환했다. 파바 왕은 전쟁에서 패한 뒤 포로가 되었으며, 그의 수많은 백성과 포로들이 이탈리아로 강제 이주되었다. 오랫동안 수많은 패배와 굴욕을 맛본 로마는 야만족 왕 밑에서 비로소 승리를 주장할 수 있었던 것이다.[94]

오도아케르의 이와 같은 신중함과 승리에도 불구하고, 그의 왕국 역시 가난과 황폐라는 비참한 전경을 보여 줄 수밖에 없었다. 티베리우스 황제 이후 이탈리아에서는 농업이 쇠퇴하였고, 로마인들의 생활이 우발적인 바람과 파도에 의존하고 있다는 사실은 항상 불평의 소지가 되어 왔다. 제국이 분할되고 쇠퇴하면서 이집트와 아프리카의 농산물 공납이 중지되었고, 생활 물자의 감소와 함께 인구도 지속적으로 감소하였으며, 전쟁과 기근,[95] 역병 같은 돌이킬 수 없는 손실에 의해 국토는 황폐화되었다. 성 암브로시우스도 한때는 볼로냐, 모데나, 레기움, 플라켄티아 등의 번화한 도시로 장식되었던 인구가 붐비던 지역이 황폐화된 모습을 한탄한 바 있다. 오도아케르의 신하였던 교황 겔라시우스도 아이밀리아, 투스카니와 그 인근 지역에서 인류가 거의 멸종되었다고 극단적으로 과장해서 주장한 적이 있다. 주인의 손으로 부양되던 로마의 평민들은 주인이 자비로운 인심을 중단하자 죽거나 사라졌고, 기술이 쇠퇴하자 부지런했던 기술자들은 나태와 빈곤에 빠졌으며, 황폐화된 조국을 참을성 있게 부양했어야 할 원로원 의원들은 자신들의 재산과 사치스러운 생활을 할 수 없게 된 것을 안타까워할 뿐이었다. 이탈리아가 황폐화된 근본적인 이유로 손꼽히던 막대한 사유지의 3분의 1이 정복자들이 사용할 목적으로 강제 몰수되었다. 피해 의식은 모욕감으로 더욱 악화되었고, 실제로 겪는 고

이탈리아의 비참한 상태

[94] 오도아케르의 전쟁에 대해서는 파울루스의 저술과 카시오도루스와 쿠스피니아누스의 두 연대기에 간단하게 언급되어 있다. 에우기피우스가 쓴 『성 세베리누스의 생애』에는 폐허가 된 노리쿰과 야만족 유적들이 묘사되어 있는데, 이에 대해서는 뮈아가 열심히 연구한 바 있다.

[95] 헤룰리의 왕 오도아케르의 침입 당시 이탈리아를 휩쓴 기근에 대해서는 프랑스 시인 무아(Les Mois)가 운문과 산문을 사용해 감동적으로 묘사하였다. 어디에서 정보를 얻었는지는 알 수 없으나 그의 묘사가 역사적 진실과 상당히 일치한다는 점은 분명하다.

통은 더욱 무서운 일이 닥치지 않을까 하는 두려움으로 한층 크게 느껴졌다. 토지가 야만족 무리에게 배당되는 것을 보자, 원로원 의원들은 제멋대로인 측량사들이 자신들이 가장 아끼는 별장이나 가장 값비싼 농장에 접근해 오지 않을까 전전긍긍했다. 가장 불행을 느끼지 않은 사람은 어차피 저항할 수 없는 권력에 아무런 불평 없이 복종한 사람들이었다. 살기를 원하는 이상, 목숨을 구제해 준 군주에게 얼마간의 감사를 표해야 하며, 그 군주가 자신들의 재산의 궁극적인 주인인 이상, 남은 부분을 순수하고 자발적인 선물로 바쳐야 한다는 것이다. 이탈리아의 고통은 오도아케르의 신중함과 인간성 덕분에 어느 정도 완화되었다. 그는 방종하고 난폭한 군중들의 요구를 만족시켜 주는 것도 왕위에 오른 대가로 당연히 감당해야 할 의무라고 생각했다. 야만족 왕들은 동족 부하들로부터 저항을 받거나 폐위당하거나 살해당하는 일이 흔했다. 자신들이 선택한 장군의 깃발 아래 모여든 다양한 민족으로 구성된 이탈리아 용병들은 당연히 자유와 약탈에 대한 더욱 큰 특권을 요구했다. 민족적인 통일성도 혈통상의 권리도 없는 왕국은 해체를 향해 줄달음쳐 갔다. 오도아케르는 14년 동안의 치세 후에 자신보다 훨씬 뛰어났던 동고트족의 왕 테오도리크에게 패배했다. 전쟁과 행정 양면에서 똑같이 탁월한 능력을 발휘했던 영웅 테오도리크는 평화와 번영의 시대를 회복하였는데, 그의 이름은 지금까지도 우리의 관심을 불러일으키며 또 그럴 만한 가치가 충분하다고 하겠다.

37

수도원 생활의 기원, 그 발전과 영향 · 야만족들의 그리스도교와 아리우스파로의 개종 · 아프리카에서의 반달족의 박해 · 야만족들 사이에서의 아리우스파의 몰락 · 에스파냐의 유대인들

내정 문제와 종교 문제는 밀접한 연관성이 있기 때문에 그리스도교의 발전과 박해, 그 확립과 분열, 그리고 그리스도교의 최종적인 승리와 점진적인 부패에 대해 언급하지 않을 수 없다. 사실 나는 인간성의 연구라는 점에서도 흥미롭고 로마 제국의 쇠망에도 중요한 역할을 하는 두 가지 종교적인 사건에 대한 언급을 지금까지 일부러 미루어 두었다. 즉 1. 수도원 생활의 창설,[1] 2. 북방 야만족들의 개종이 그것이다.

1. 번영과 평화가 지속되면서 세속적인 그리스도교도와 금욕적인 그리스도교도 사이의 구분이 생겨났다. 느슨하고도 불완전한 종교 생활은 대중의 양심을 만족시켜 주었다. 군주와 관료들, 또 군인과 상인들은 자신들의 종교적 열정이나 맹목적인 신앙을 각자의 직업이나 이익의 추구, 욕망의 만족 등과 적절하게 양립시켰다. 그러나 금욕주의자들은 복음의 엄격한 계율에 복종하고 또 그것을 남용하여 인간은 죄인이고, 하느님은

1. 수도원 생활
수도사의 기원

[1] 토마생(Thomassin)과 헬요트(Helyot)는 수도원의 기원에 대해 많은 논의를 했다. 이들은 학식이 높고 비교적 공정한 작가들인데, 둘 사이의 이견은 주제를 한층 깊이 있게 드러내 준다. 그러나 가톨릭교도의 견해는 무조건 믿지 않는 이 조심스러운 개신교도는 빙엄(Bingham)의 『고대 기독교』를 참조했을 것이다.

² 카시아누스는 이것이 수도사의 기원이라 주장했는데, 이 전통은 점차 쇠퇴해 가다가 안토니우스와 그 제자들에 의해 부활되었다.

³ 카르멜회는 예언자 엘리야의 계보를 이은 수도회였다. 로마와 에스파냐의 종교재판소는 플랑드르 예수회의 불경스러운 비판을 침묵시켰고, 엘리야와 카르멜회의 위상은 성 베드로 교회에서 확립되었다.

전제적인 군주라는 과격한 신앙으로 빠져들었다. 그들은 세속적인 업무나 쾌락을 진지하게 거부하고, 술과 고기, 결혼과는 인연을 끊었으며, 육체를 학대하면서 감정을 억제하고 고난의 삶을 기꺼이 받아들임으로써 영원한 행복을 얻고자 했다. 콘스탄티누스 대제 시대에 이 금욕주의자들은 불경스럽고 타락한 속세를 떠나 영원한 고독의 세계, 종교적인 공동체로 도피하였다. 그들은 예루살렘의 초기 그리스도교도들²처럼 세속적인 재산의 사용권이나 소유권까지 버리고 성별이 같은 비슷한 성향을 가진 사람들끼리 질서 정연한 공동체를 만들어 스스로를 은둔자, 수도사, 은수자 등으로 칭하였다. 이 용어들은 모두 자연적인 또는 인공적인 사막에서 외로이 은거하는 모습을 표현한 것이다. 그들은 자신들이 경멸하며 등진 세상으로부터 존경을 받게 되었고, 그들의 '신의 철학'은 학문이나 이성의 도움 없이도 그리스 철학의 각 학파가 이룩한 수고로운 업적을 능가하는 것이라 하여 드높은 칭송을 받았다. 사실 수도사들은 재산이나 고통 또는 죽음까지도 무시한다는 점에서 스토아 학파에 견줄 수 있으며, 규율에 복종하고 고행하는 생활에서는 피타고라스 학파의 침묵과 순종을 엿볼 수 있고, 세속 세계의 일체의 형식과 예절을 단호하게 경멸했다는 점에서는 견유학파와 유사하다. 그러나 이 신의 철학의 수도사들은 좀 더 순수하고 완벽한 모범을 모방하고자 했다. 그들은 사막에서 은거한 예언자들의 발자취를 따르고자 했고,³ 엣세네파가 팔레스타인과 이집트 등지에서 창시한 경건하고 명상적인 생활을 부활시키고자 했다. 플리니우스는 사해 연안의 야자수 수풀에 사는 이 고독한 무리들을 냉정하고도 경이로운 감정으로 관찰했는데, 그들은 돈이 없이도 생존했고 여자 없이도 증식했으며, 인간에 대한 혐오와 참회 속에서도 끊임없이 자발적인 동료들을 끌어모았다.

　수많은 종교를 만들어 낸 이집트가 수도원 생활의 첫 번째 예를 제공했다. 테베 저지대 출신의 안토니우스라는 문맹의4 젊은이가 부모에게 물려받은 세습 재산을 사람들에게 나눠 주고 가족과 고향을 버린 후에, 순수하고도 용감한 광신으로 수도사의 고행을 실천했다. 공동묘지 한가운데나 폐허가 된 성탑에서 길고 고통스러운 수련 기간을 보낸 다음, 그는 과감하게 사막으로 들어가 나일 강 동쪽을 향해 사흘 동안 걸어가다가 물과 그늘이 있는 한적한 장소를 발견하고 홍해 부근의 콜짐 산에 주거를 정하였다. 이곳에는 오래된 수도원이 이 성자의 이름을 기리면서 지금까지도 남아 있다.5 그리스도교도들은 이해할 수 없는 광신으로 사막까지 그를 쫓아갔는데, 그가 알렉산드리아의 대중 앞에 얼굴을 드러내지 않을 수 없게 되었을 때, 위엄과 분별력을 보임으로써 자신의 명성을 지켰다. 이 이집트의 농부는 아타나시우스와 교우 관계를 맺고 그의 교리를 지지하였으며, 콘스탄티누스 대제의 정중한 초청은 공손하게 거절한 바 있다. 이 덕망 높은 교부(안토니우스는 105세까지 살았다.)는 자신의 모범과 교훈을 따르는 수많은 자손들이 생겨난 것을 살아 생전에 목격하였다. 수도사들의 거주지가 리비아의 사막과 테베의 암반과 나일 강변의 도시들에 급속도로 늘어 갔다. 알렉산드리아 남부 지역에는 니트리아 산과 인근 사막에 5000여 명의 수도사들이 있었다. 지금도 그 지역에는 안토니우스의 제자들이 그 척박한 땅에 세운 쉰여 개의 수도원이 남아 있다. 테베 고지대에는 타벤느6라는 무인도가 있었는데, 파코미우스와 그의 제자 1400명이 그곳에 자리를 잡

서기 305년, 안토니우스와 이집트 수도사들

서기 251~356년

4 대부분의 고대 작가들과 현대 작가들이 그가 문맹이었다는 주장을 받아들여 왔다. 그러나 티유몽(Tillemont)은 꽤 그럴듯한 논리를 전개하며 그가 그리스어만 몰랐지 모국어인 콥트어는 읽고 쓸 줄 알았다고 주장했다. 철학자 시네시우스는 안토니우스의 타고난 천재성은 학문의 도움이 필요하지 않았음을 인정했다.

5 히에로니무스와 시카르(P. Sicard)는 수도원에 대해 설명했는데, 두 사람의 의견이 항상 일치하지는 않는다. 전자가 상상으로 글을 썼다면 후자는 예수회 수도사로서의 경험을 근거로 글을 썼다.

6 타벤느는 나일 강에 있는 작은 섬인데, 고대 테베의 유적과 지금의 기르게 사이에 있는 텐티라 또는 덴데라 관구에 속한다. 티유몽은 이곳이 섬인지 아닌지 의심했지만, 나는 그가 제시한 사실들에서 그 초기 이름이 나중에 바우(Bau) 또는 파바우(Pa-bau)의 대수도원으로 바뀌었다고 결론 내렸다.

7 루피누스는 이곳을 '광대하고 인구 많은 도시'라고 불렀고 열두 개의 교회가 있었다고 했다. 스트라보와 암미아누스는 옥시린쿠스를 경애하며 언급했는데, 그곳 주민들은 거대한 신전에 살고 있었던 작은 물고기를 숭배했다고 한다.

8 로마와 이탈리아에 수도원 생활이 도입된 상황에 대해서는 히에로니무스가 간헐적으로 언급해 놓았다.

9 히에로니무스가 남긴 바울, 힐라리온, 말쿠스에 대한 이야기는 널리 사랑받았다. 이 유쾌한 이야기의 유일한 약점은 진실과 상식이 부족하다는 점뿐이다.

았다. 이 거룩한 대수도원장은 남성용 수도원 아홉 곳과 여성용 수도원 한 곳을 연이어 건립했는데, 부활절 축제에는 규율을 따르는 천사와도 같은 5만 명의 신도들이 모여들 정도였다. 웅장하고 인구도 많았던 옥시린쿠스라는 도시는 정통파 그리스도교도들의 중심지였는데, 이곳에서는 신전과 공공 건물, 심지어 방어용 성벽까지도 신앙 생활이나 자선용으로 바쳐졌다. 이곳의 주교는 열두 개의 교회를 순회하며 설교했고 수도사들의 수는 여자 1만 명, 남자 2만 명을 헤아렸다.7 이 놀라운 혁명을 자랑스러워 한 이집트인들은 수도사들의 수가 일반인들의 수와 비슷해질 것으로 기대하고 또 그렇게 되리라고 믿었으며, 후손들은 옛날에 이집트의 성스러운 동물들에게 적용되었던 속담이 되풀이될 것이라고 믿었다. 즉 이집트에서는 신을 찾는 일이 인간을 찾는 일보다 쉽다는 것이다.

서기 341년,
로마에 전파된
수도원 생활

아타나시우스는 로마에 수도원 생활에 대한 지식과 그 실천을 도입하였고, 이 새로운 철학 학파는 신성한 바티칸 대성당 입구까지 이 대주교를 수행한 안토니우스의 제자들에 의해 형성되었다. 이 이집트인들의 기묘하고 세련되지 못한 외모는 처음에는 공포와 경멸을 불러일으켰지만, 머지않아 찬사와 열렬한 추종을 이끌어 냈다. 원로원 의원들과 특히 귀부인들은 자신들의 저택과 별장을 종교 생활에 적합한 장소로 개조하였고, 가까스로 명맥만 이어져 오던 베스타 신전을 지키는 여섯 명의 성처녀 전통도 고대 신전의 폐허와 로마 포룸 한복판에 연이어 세워진 수도원들에 의해 사라졌다.8 안토니우스의 선

서기 328년,
팔레스타인의 힐라리온

례에 자극받은 힐라리온9이라는 시리아 청년은 가자에서 7마일 정도 떨어진 바다와 소택지로 둘러싸인 모래사장을 자신

의 고독한 주거지로 정하였다. 그 후 48년간 이어진 엄격한 고행은 그 부근에 유사한 열의를 확산시켰고, 이 성자가 팔레스타인의 수많은 수도원들을 방문할 때는 2000~3000명의 수도사들이 그 뒤를 따랐다고 한다. 바실리우스[10]의 명성도 동로마의 수도원 역사에서 빼놓을 수 없는 불후의 것이다. 아테네의 학문과 웅변술을 맛본 그는 카이사레아의 대주교 자리에도 만족하지 못하고 폰투스의 쓸쓸한 황야에 은거하면서 흑해 연안에 많은 영적인 집단 주거지를 창설하고, 한동안 그곳에 머물면서 계율을 정하는 일에 전념하였다. 한편 서로마에서는 군인에서 은자로, 주교에서 성자가 된 투르의 마르티누스[11]가 갈리아에서 수도원을 창설하였다. 그가 죽었을 때는 2000명의 제자들이 무덤까지 그를 따랐고 그의 전기를 쓴 능변의 역사가는 테베의 사막을 향해, 왜 더 나은 환경에서 이만한 덕을 가진 인물을 배출하지 못하냐고 도전적으로 말한 바 있다. 그리스도교가 빠르게 전파된 것과 마찬가지로 수도사의 수도 급속히 증가했다. 제국의 모든 속주들에, 그리고 마침내는 모든 도시들에 급격히 불어난 수도사들이 넘쳐 났고, 토스카나 해에 떠 있는 레랑 섬에서 리파리 섬까지 황량하게 버려진 섬들이 은수자들의 자발적인 망명지로 선택되었다. 바다와 육지를 잇는 편리하고 지속적인 교통이 로마의 각 속주들을 하나로 연결했는데, 그리하여 팔레스타인의 가난한 은수자인 힐라리온은 간단하게 이집트를 횡단하여 배를 타고 시칠리아로 향했으며, 에피루스로 탈출하여 마침내는 키프로스 섬에 정착하는 인생 역정을 보여 주었다.[12] 라틴계 가톨릭교도들은 로마의 종교적 제도들을 모두 받아들였다. 예루살렘을 방문한 순례자들은 전혀 다른 풍

서기 360년, 폰투스의 바실리우스

서기 370년, 갈리아의 마르티누스

10 그의 원래 은거지는 카이사레아에서 그리 멀지 않은 이리스 강변에 있는 작은 마을이었다. 10~12년에 걸친 그의 수도원 생활은 여러 가지 공직으로 자주 방해를 받았다. 그래서 그의 금욕주의에 의문을 표하는 비평가들도 있지만, 드러나 있는 증거가 너무 많고, 그 증거들은 그가 진실이었든 거짓이었든 열렬한 의지로 금욕을 실천했음을 증명해 준다.

11 술피키우스 세베루스는 로마의 책 판매인들이 그의 책이 너무 인기 있고 잘 팔려서 매우 좋아했다고 주장했다.

12 힐라리온이 파라이토니움에서 파키누스 곶으로 항해했을 때, 그는 뱃삯으로 복음서 한 권을 주었다고 한다. 갈리아의 수도사 포스투미아누스는 알렉산드리아와 마르세유를 왕복하는 상선이 있다는 것을 알고 30일간의 항해를 거쳐 이집트를 방문했다. 외국 수도사들에게 사신의 책 『성 안토니우스의 생애』를 전파한 아타나시우스는 배의 출발에 맞추기 위해 탈고를 서둘러야 했다고 한다.

13 작지만 황무지는 아니었던 아이오나는 길이 2마일, 넓이 1마일밖에 안 되는 섬이었는데, 이곳은 다음 사항들로 특별하게 기억된다. 1) 성 콜룸바가 서기 566년에 이곳에 수도원을 세웠는데, 수도원장은 칼레도니아의 주교들에 대한 특별한 재판권을 행사했다. 2) 리비우스의 모든 작품을 볼 수 있다는 일말의 희망을 품게 해 주는 고전 도서관이 있다. 3) 이 신성한 장소에 잠든 스코틀랜드, 아일랜드, 노르웨이의 왕 예순 명의 무덤이 있다.

14 크리소스토무스는 (베네딕트 주해 첫 책에서) 수도원 생활을 칭송하고 옹호하는 데 세 권을 할애했다. 그는 노아의 방주의 예에서 볼 수 있듯이 선택된 사람들(수도사들)만이 구원받을 수 있다고 생각했다. 다른 책에서는 좀 더 관대해져서 영광에도 해, 달, 별처럼 서로 다른 등급이 있다고 인정했다. 왕과 수도사 간의 이 생생한 비교에서 그는 (공정하지 않지만) 왕은 좀 덜 보상받고 더 엄격하게 벌을 받는다고 가정했다.

토 속에서도 수도 생활의 모범을 열렬히 본받았고, 성 안토니우스의 제자들은 적도를 넘어 열대 지방으로 들어가 그리스도교 제국인 에티오피아 일대로 퍼져 나갔다. 2000명이 넘는 수도사를 거느렸던 플린트셔의 반커 수도원은 아일랜드의 야만족들 사이에서 수많은 수도사 공동체를 탄생시켰는데, 아일랜드 수도사들이 헤브리데스 제도의 아이오나 섬에 세운 수도원은 이 북쪽 지역에까지 과학인지 미신인지 모를 의심스러운 종교의 빛을 퍼뜨렸다.13

수도원의 급속한 발전의 원인들

사회생활과 격리된 이들 불행한 망명자들은 미신의 어둡고도 거부할 수 없는 매력에 이끌렸다. 그들의 결심은 모든 연령과 모든 계층에서 모여든 수백만 남녀 신도들의 선례를 따라 이루어졌으며, 수도원의 정문에 들어서는 각각의 개종자들은 자신이 영원한 행복을 향한 험난한 가시밭길로 접어들었다고 굳게 믿었다.14 그러나 이런 종교적 동기가 어떻게 작용할 것인가는 각자의 기질이나 처한 환경에 따라 다른 형태로 나타났다. 종교의 영향력은 이성에 의해 수그러들기도 했고 정열 때문에 일시 중단되기도 했다. 종교는 누구보다도 여자와 아이들의 허약한 정신에 가장 큰 영향력을 발휘했다. 비밀스러운 회한이나 우발적인 불행으로 종교적 동기가 강화되기도 했고, 허영이나 이득 같은 세속적인 고려에서 종교를 이용하기도 했다. 그러자 자연스럽게 구원이라는 과제를 완수하기 위해 세상을 저버린 이들 경건하고 겸허한 수도사들이 그리스도교도를 영적으로 감독하는 임무에 가장 적합하다고 생각되었다. 그리하여 내켜하지 않는 은둔자들이 억지로 자신의 골방에서 끌려 나와 신도들의 박수갈채 속에 주교 자리에 앉았고, 이집트와 갈리아와 동방의 각 수도원들은 수많은 성인과 주교들을 계속해서 배출했다. 그러자 곧 야심가들은 부와 명예를 얻을 수 있는 비밀의 통로를 알아차렸다.[15] 성직 사회에서 성공하여 명예를 얻은 유명한 수도사들은 그들의 동료(포로)의 수를 늘리는 데 엄청난 공을 들였다. 그들은 돈 많은 귀족 집안에 빌붙어서 온갖 아첨과 유혹의 기술을 발휘하여 수도사라는 직업에 부와 권위를 부여해 줄 개종자들을 확보했다. 하나밖에 없는 아들을 수도원에 빼앗기고 분노하며 울부짖은 아버지도 있었을 것이고,[16] 순진한 처녀가 허영심 때문에 자연의 법칙을 배반한 경우도 있었으며, 유부녀가 가정생활의 행복을 포기하고 상상 속의 인간 완성을 열망한 경우도 있었다. 파울라라는 유명한 과부는 히에로니무스[17]의 능란한 웅변에 넘어갔는데, '신의 장모'[18]라는 불경스러운 칭호에 혹해서 딸 에우스토키움의 순결을 신에게 바쳤다. 파울라는 자신의 영적 지도자의 조언에 따라 로마와 젖먹이 아들까지 버리고 그와 동행하여 신성한 마을 베들레헴에 정착했다. 그녀는 그곳에서 병원 한 곳과 수도원 네 곳을 세우고 자선과 참회의 삶을 산 덕분에 가톨릭 교회에서 두드러지게 높은 지위에 올랐다. 이와 같은 보기 드문 참회의 삶은 그 시대의 영광이자 모범으로 칭송받았다. 그러나 수도원들은 대부분 비천한 신분의 평민들로 가득 찼는데, 그들은 세상에서 잃은 것보다 수도원에서 훨씬 더 많은 것을 얻었다. 농부, 노예, 직공 등이 가난과 멸시에서 탈출해 더 안전하고 명예로운 직업을 택했는데, 겉으로는 무척 힘들어 보이는 고행도 습관이 되면서 익숙해져, 사람들의 찬사와 은밀히 완화된 규율 덕분에 고난은 어느 정도 줄어들었다. 로마 백성들은 불공평하고 터무니없이 과도한 조세 때문에 신병과 재산을 침해당하자 제국 정부의 압제로부터 탈출했으며, 나약한 젊은이들은 위험한 군대 생활보다 수도원의 고행을 택했다. 야만족들을

[15] 수도사는 점차 성직자 계급의 한 부분을 차지하게 되었다.

[16] 미들턴(Dr. Middleton)은 수도원 생활의 가장 달변이고도 성공적인 변호인이었던 크리소스토무스의 행동과 저술을 편견 없이 비난했다.

[17] 히에로니무스를 추종한 독실한 귀부인들은 그의 작품에서 상당한 부분을 차지한다. 그가 '파울라에게 바치는 비명(碑銘)'이라고 제목 붙인 특이한 글은 공들여 썼지만 터무니없이 과장된 찬양이다. 다음과 같은 서문은 우스꽝스러울 정도로 과장되어 있다. "내 육체의 모든 부분이 혀로 변한다 하여도, 나의 수족이 모두 목소리를 낸다 하여도, 그래도 불가능하다……."

[18] 당연하게도 입방아에 오른 루피누스는 공격하는 자들에게 도대체 어떤 이교도 작가에게서 이토록 불경하고 부조리한 표현을 훔쳐 올 수 있었겠냐고 반문했다.

피해 공포에 떨며 도망친 속주민들은 신분의 높고 낮음을 가리지 않고 수도원을 생존할 수 있는 피난처로 삼았는데, 몇 개의 군단 병력에 해당하는 많은 사람들이 이 성역에 숨어 버린 셈이었다. 그리하여 개인들의 고난을 구제해 준 것과 똑같은 명분이 제국의 위력과 불굴의 정신력을 손상시키는 원인도 되었다.19

수도사들의 복종

고대의 수도사 생활은 자발적인 헌신의 형태를 띠었다. 신앙을 지키지 못한 광신자들은 자신이 저버린 신의 영원한 복수를 겁냈지만, 참회하기 위해 되돌아오면 수도원의 문은 여전히 활짝 열려 있었다. 이성이나 정열로 두꺼워진 양심이 수도사들을 자유롭게 속인과 시민의 신분으로 돌아가게 했으며, 그리스도와 결혼한 수녀들마저 세속 연인의 포옹을 받아들이는 데 아무런 지장이 없었다.20 추문의 예들이 많아지고 미신이 퍼져 나감에 따라 좀 더 강력한 규제의 필요성이 생겨났다. 수련자들은 충분한 시험을 거친 후에 엄숙하고 영원한 서약으로 신앙을 맹세하게 되었고, 되물릴 수 없는 이 서약은 교회와 국가의 법률에 따라 승인되었다. 죄를 저지르고 도망친 자는 추적되고 체포되어 영원한 감옥으로 보내졌고, 수도원의 비참한 노예 같은 규율을 어느 정도 경감시켜 주었던 자유와 이점도 행정관의 개입으로 억제되었다. 수도사들은 언행 심지어 생각까지도 엄격한 규칙21이나 변덕스러운 상급자의 결정에 따라야 했고, 아주 사소한 위반에도 치욕과 감금, 가혹한 금식과 끔찍한 체벌이 뒤따랐다. 불복종이나 불평, 사소한 지연도 가장 극악무도한 죄악 목록에 올랐다.22 수도원장의 명령이 아무리 부조리하고 심지어 범죄적이라 할지라도 그것에 무조건 복종하는 것이 이집트 수도사들의 제1 원칙이요 최고의 미덕이

19 황제들은 공적, 사적인 의무를 준수하게 하고자 노력했지만 허약한 젊은이들은 미신의 물결에 휩쓸려 들어가 버렸다. 그리고 유스티니아누스 황제는 수도사들이 최선으로 기대했던 것 이상이었다.

20 말쿠스의 예와 카시아누스와 그 친구의 계획 등은 그들의 자유를 너무도 명백하게 입증해 주는데, 이것은 에라스무스도 설명한 바 있다.

21 9세기 초 수도원을 개혁했던 베네딕트회의 아니아니우스가 수집하고 17세기에 홀스테니우스(Lucas Holstenius)가 출판한 『고대의 규율법』은 남녀에게 각각 다르게 적용되는 서른 개의 규율을 담고 있다. 이 중에서 일곱 개는 이집트에서 만들어졌고, 동방, 카파도키아, 이탈리아, 아프리카에서 하나씩, 네 개는 에스파냐에서 여덟 개는 갈리아에서, 마지막 하나는 영국에서 만들어졌다.

22 서로마에 널리 퍼져 있던 콜룸바누스의 규칙은 아주 작은 잘못을 저질러도 채찍질 백 번을 하도록 되어 있다. 샤를마뉴 대제 이전에 수도원장들은 수도사들의 사지를 절단하거나 눈을 뽑는 일을 즐겼다. 이것도 이후에 고안된 지하 감옥 또는 무덤보다는 훨씬 덜 잔인한 처벌 방법이다.

었으며, 그들의 인내심은 종종 가혹하기 이를 데 없는 시련으로 시험받았다. 그들은 엄청나게 큰 바위를 옮기라든가, 땅에 꽂아 놓은 나무 지팡이에 부지런히 물을 주어 3년 후에는 나무처럼 잎이 나고 꽃이 피게 하라는 명령을 받았으며, 심지어 활활 타오르는 용광로 안으로 걸어 들어가거나 자신의 아이를 깊은 우물에 던지라는 명령까지 받았다. 그래서 몇몇 성인인지 미치광이인지 모를 자들은 아무 두려움이나 주저 없이 명령에 복종했다 하여 수도원 역사에 불멸의 이름으로 기록되기도 했다.[23] 모든 고결하고 합리적인 사고의 근원이 되어야 할 자유로운 정신은 무조건 믿고 복종하는 습관으로 파괴되었고, 노예의 악습을 체득한 수도사들은 종교적 폭군의 믿음과 열정을 맹목적으로 따랐다. 동방 교회의 평화는 두려움도 이성도 없고 인간성마저 상실한 광신도 무리들에 의해 무너졌고, 제국의 군대는 이들을 상대하기보다는 차라리 흉악한 야만족들과 싸우는 것이 훨씬 낫다고 부끄러운 줄도 모르고 공언하는 형편이었다.[24]

수도사들의 기이한 복장은 종종 미신에 의해 정해지고 신성시되었다.[25] 그러나 얼핏 특이해 보이는 복장도 초기의 단순한 형태를 일률적으로 따르다 보니 생긴 결과로, 유행이 변화함에 따라 인간의 눈에 우스꽝스럽게 비치는 것일 뿐이다. 베네딕트회의 창시자는 의복의 선택이나 장단점 등에 대한 생각을 명백하게 거부하고, 제자들에게 자신이 살던 고장의 검소하고 편리한 의복을 입을 것을 엄숙하게 권고했다. 고대 수도원의 복장은 각 지역의 생활 양식이나 기후에 따라 다양했는데, 그들은 이집트 농부들이 입는 양가죽이나 그리스 철학자들이 입는 망토를 아무 생각 없이 똑같이 착용하곤 했다. 아마포가 값싸고 가내 수공업으로 생산되던 이집트에서는 아마포를

수도사들의 복장과 주거

[23] 『선현의 말씀』의 열네 번째 설교의 주제는 복종이다. 수도원에서 이용하도록 이 방대한 책을 출간한 예수회의 로스웨이드(Rosweyde)는 여기저기 산재한 구문들을 두 개의 상세한 색인에 모아놓았다.

[24] 조틴(Dr. Jortin)은 카파도키아 수도사들의 무모한 용기에 대해 언급했다. 이것은 『크리소스토무스의 추방』에 잘 예시되어 있다.

[25] 카시아누스는 단순하지만 매우 자세하게 이집트 수도원의 복장을 묘사했다. 소조메노스는 이것에 매우 우의적인 의미와 덕목들을 부여했다.

26 카시아누스는 갈리아에서는 완벽한 절식을 실천할 수 없다고 공정하게 인정하면서, '시대적 어려움과 우리들의 연약함' 때문이라고 설명했다. 서로마의 규율 중에는 콜롬바누스의 규율이 가장 엄격했다. 그는 가난한 아일랜드에서 자랐는데 그의 절식 규율은 이집트의 그것만큼이나 완고하고 엄격했다. 세빌리아의 이시도르의 규율이 가장 느슨해서 그는 휴일에는 육류를 먹어도 좋다고 허용했다.

사용했지만, 서로마에서는 그런 값비싼 외래품은 사용이 금지되었다. 머리를 짧게 깎거나 빡빡 미는 것이 수도사들의 일반적인 관습이었는데, 세속의 시선을 피하기 위해 머리에는 두건을 쓰고 다녔다. 아주 추운 한겨울을 제외하고는 맨발로 다녔는데 긴 지팡이로 느리고 힘겨운 발걸음을 지탱하였다. 진정한 고행자의 모습은 무시무시하고도 혐오스러웠다. 그들은 인간의 눈에 거슬리는 모든 것이 신에게는 받아들여진다고 생각했는데, 타베니시에서는 사지를 물로 씻고 기름을 바르는 좋은 습관까지도 규율로 금지하고 있었다. 엄격하게 규율을 지키는 수도사들은 땅바닥에 딱딱한 거적이나 거친 모포를 깔고 잠을 잤으며, 종려 잎 다발을 낮에는 방석으로 밤에는 베개로 사용했다. 그들은 최소한의 자재로 만든 좁고 낮은 오두막에 머물렀는데, 이곳에 질서 정연하게 통로가 배치되면서 하나의 마을을 이루었고, 공통의 담장 안에는 교회, 병원, 도서관, 몇몇 필요한 사무소, 정원, 샘이나 식수 저장소 등이 있었다. 30~40명의 수도사들이 고행과 식사를 따로 하는 가정을 이루었는데, 이집트의 큰 수도원에는 이런 가정이 30~40개쯤 있었다.

수도사들의 음식

수도사들의 언어에서 쾌락과 죄악은 동의어였다. 그들은 경험을 통해 엄격한 금식과 절식이 육체의 불순한 욕망을 제어하는 가장 효과적인 방법임을 알고 있었다. 그들이 스스로 부과하고 실천한 절식의 규율은 일률적이거나 영구적이지도 않았다. 오순절의 즐거운 축제는 사순절의 혹독한 참회로 상쇄되었고, 새로 생긴 수도원의 열의는 시간이 지나면서 누그러졌으며, 식욕이 왕성한 갈리아인들은 이집트인들의 인내와 절제를 흉내 낼 수 없었다.26 안토니우스와 파코미우스의 제자들은 하루에 12온스의 빵이라기보다는 딱딱한 비스킷에 가까운 식량[27]으로 만족했는데, 그들은 이것을 점심과 저녁 두 번의 검소한 식사에서 나누어 먹었다. 식당에서 제공하는 데친 채소는 거절하는 것이 미덕이자 거의 의무로 여겨졌지만, 때로는 수도원장이 엄청난 선심을 베풀어 치즈, 과일, 샐러드, 나일 강에서 잡은 고기의 건어물 등으로 차린 진수성찬을 제공하기도 했다. 생선류는 점차 받아들여져 허용되었지만, 육류는 오랫동안 제한되었고 환자와 여행객들에게만 제공되었다. 좀 덜 엄격했던 유럽의 수도원에서 이와 같은 규칙이 공식화되면서 조금 기묘한 구별법도 도입되었다. 예컨대 야생의 것이든 사육한 것이든 새 종류는 육지의 천박한 고기류보다 덜 불경스럽다는 것이다. 초기 수도사들에게는 순수하고 죄 없는 음료인 물이 허용되었다. 하지만 베네딕트회의 창시자는 시대적 방종으로 강요된 하루에 반 파인트의 포도주를 마지못해 허용한 일을 한탄했다. 이 정도의 배급량은 이탈리아의 포도밭에서 쉽게 공급되었지만, 알프스 산맥을 넘고 라인 강과 발트 해를 건넌 그의 의기양양한 제자들은 포도주 대신 좀 더 강한 맥주나 사과주를 요구하기에 이르렀다.

복음 안에서의 가난을 최고의 미덕으로 동경한 입문자들은 공동체에 발을 들여놓는 순간부터 개별적이고 배타적인 소유라는 개념, 심지어는 그 명칭까지도 철저히 거부했다.[28] 공동체의 형제들은 손으로 하는 노동을 통해 연명했고, 노동의 의무는 참회와 수련의 방법이자 일상생활을 유지하게 해 주는 가장 고귀한 수단으로 강력하게 권장되었다.[29] 수도사들이 숲이나 늪 지대를 개간해 만들어 낸 정원이나 전답은 그들의 손에 의해 부지런히 경작되고 가꾸어졌다. 그들은 노예들이나 하인들이 하던 육체 노동을 조금도 주저하지 않고 직접 했으며,

수도사들의 육체 노동

[27] 각각 6온스인 빵 또는 비스킷을 가리키는데 이것은 팍시마키아(Paximacia)라고 불렸다. 파코미우스는 수도사들에게 좀 더 많은 양의 음식을 허용하기도 했는데, 대신 먹은 양에 정확히 비례해서 일을 시켰다.

[28] '나의' 책, '나의' 외투, '나의' 신발 같은 표현은 서로마 수도사들에게는 그다지 엄격히 금지되지 않았고, 콜룸바누스의 규율에서는 채찍질 여섯 번의 처벌을 받았다. 『수도원의 질서』를 쓴 풍자 작가는 현대 수도원의 어리석은 세세한 규율들을 비웃었는데, 그는 아마 고대인들 역시 똑같이 어리석었다는 것을 모른 듯하다.

[29] 종교학의 위대한 대가들인 토마생과 마비용(P. Mabillon)은 수도사들의 육체 노동에 대해 진지하게 조사했다. 전자는 이것을 미덕으로 보았고 후자는 의무로 보았다.

의복이나 식기, 주거에 필요한 몇 가지 수공업도 거대한 수도원 부지 안에서 이루어졌다. 수도원에서의 학문은 대부분의 경우에 미신의 구름을 걷어 내기보다는 한층 더 짙게 한 경향이 있었지만, 몇몇 학식 높은 독학자들의 호기심과 열정은 종교적 지식은 물론 세속적인 학문까지 발전시키기도 했다. 후세들은 이들의 지칠 줄 모르는 펜에 의해 고대 그리스와 로마 학문의 기념비적 작품들이 보존되고 확대되었다는 사실을 감사하는 마음으로 인정해야만 한다.[30] 특히 이집트의 수도사들은 좀 더 겸허하게 말 없이 앉아서 나막신을 만들거나 종려 잎을 꼬아서 거적이나 바구니를 만드는 노동으로 만족했다. 수도원 내에서 소비되지 않은 잉여 물품은 교역을 통해 공동체 전체의 수요를 충족시켰다. 타베니시를 비롯한 테베의 여러 수도원에서 출발한 배는 나일 강을 따라 알렉산드리아까지 내려갔고, 그리스도교도들의 시장에서는 만든 사람의 신심이 제품의 내재 가치를 한층 더 높여 주기도 했다.

수도사들의 부(富)

그러나 육체 노동의 필요성은 차츰 다른 것으로 대체되었다. 개종자는 자신이 여생을 보내기로 결심한 공동체의 성자에게 재산을 기증하도록 권유받았는데, 법률 또한 부당한 관대성을 발휘하여 그가 수도원에 기부하기 위해 장차 부모나 누군가로부터 받을 재산을 수령할 수 있도록 허용하였다.[31] 멜라니아는 300파운드에 이르는 은식기 일체를 기부하였고 파울라는 어마어마한 빚까지 졌는데, 이 모두가 자신이 좋아하는 수도사를 후원하기 위함이었다. 수도사들은 그에 대한 답례로 인심 후한 부자 죄인을 위해 기도와 참회의 은혜를 베풀 따름이었다.[32] 인근 지방과 도시로까지 세력을 확장한 유명한 수도원의 재산은 시간이 지날수록 꾸준히 증가했고, 사고로 줄어들거나

[30] 마비용은 동로마와 서로마의 선배 수도사들이 한 노동을 입증하기 위하여 수많은 진기한 사실들을 수집했다. 이집트의 고대 수도사들과 성 마르티누스의 제자들은 책을 일일이 손으로 베껴 썼다. 카시오도루스는 수도사들이 공부할 때 돋보기를 사용하도록 허용했다. 그들의 펜이 크리소스토무스와 아우구스티누스를 베껴 쓰다가 때로는 호메로스와 베르길리우스 쪽으로 방황했다 해도 그리 놀라운 일은 아닐 것이다.

[31] 토마생은 민법과 교회법, 관습법의 변화를 연구했다. 지금의 프랑스는 수도사의 자살도 죽음으로 인정하고 그에 따라 유산 상속의 권리를 모두 박탈한다.

[32] 수도사 팜보는 자신이 기증한 물건의 가치를 묻는 멜라니아에게 이렇게 거만하게 대답했다고 한다. "이것이 내게 바치는 것이오? 신께 바치는 것이오? 신께 바치는 것이라면 산이라도 들어 올릴 수 있는 분이기에 은 식기의 무게 정도는 문제가 안 될 것이오."

하는 일은 좀처럼 없었다. 그리하여 수도원이 창설되고 1세기도 채 되지 않았을 때에, 이교도 조시무스는 그리스도교 수도사들이 가난한 사람들을 위한다는 명목으로 수많은 사람들을 거지 상태로 떨어뜨렸다고 악의적으로 논평했다. 수도사들이 아직 초기의 열정을 간직하고 있었을 때, 그들은 자신들에게 맡겨진 자선의 심부름꾼이라는 임무를 충실하고도 자비롭게 수행하였다. 그러나 수도원이 번성하면서 규율은 무너졌고, 점차 부자라는 자만심에 젖어 마침내는 사치와 소비에 탐닉하게 되었다. 공적인 사치는 예배의 웅장함이나 불멸의 공동체를 위한 견고한 주거지를 건립한다는 등의 그럴듯한 구실로 합리화되었다. 그러나 그 후 모든 세기에 걸쳐 교회는 타락한 수도사들의 방종을 비난할 수밖에 없었다. 수도사들은 이제 수도원을 창설할 당시의 목표를 잊고 자신들이 저버린 세상의 헛된 감각적 쾌락을 좇았는가 하면,[33] 창시자들이 엄격하게 덕행을 쌓아 획득한 부를 철면피하게 낭비하였다.[34] 그들이 초기의 고통스럽고 위험하기까지 했던 고행에서 인간에게 보편적인 악행으로 타락한 것은 자연스러운 일이기도 해서, 철학자가 보기에는 그다지 한탄스럽거나 분노할 일이 아닐지도 모른다.

초기 수도사들의 삶은 고독과 고행으로 이루어졌으며, 이성적이고 활동적인 일반 시민들의 시간을 메워 주고 능력을 발휘하게 해 주는 다양한 업무로 정신을 빼앗기는 일은 전혀 없었다. 수도원 밖으로 나갈 일이 있을 때에는 서로 경쟁 관계에 있는 두 명이 짝이 되어 서로의 행동을 감시했고, 돌아와서는 세상에서 보고 들은 것을 잊어 버리거나 적어도 발설하지는 말아야 했다. 정통 신앙을 선언한 외부인들은 별도의 방에서 환대를 받았지만, 그들과의 위험할 수도 있는 대화는 신앙과

수도사들의 독거

[33] 제6차 공의회에서는 남자 수도사는 여자 수도원을, 여자 수도사는 남자 수도원을 야간에 출입하지 못하도록 규제했다. 제7차 공의회는 남녀가 함께 사용하는 문란한 수도원의 건립을 금지시켰다. 그러나 발사몽(Balsamon)의 책을 보면 이 규제가 제대로 지켜진 것 같지는 않다.

[34] 나는 베네딕트 수도원장의 솔직한 고백을 어디선가 본 기억이 있다. "나의 가난에 대한 서약은 내게 1년에 10만 크라운을 주었고, 나의 복종에 대한 서약은 나를 군주의 지위에 올려놓았다." 순결에 대한 서약이 무엇을 주었는지는 기억이 나지 않는다.

분별력이 입증된 소수의 선택받은 고참들에게만 허용되었다. 수도원의 노예와도 같은 수도사들은 고참들의 입회 없이는 친척이나 친구의 방문도 받을 수 없었고, 상냥한 누이나 나이 든 부모가 찾아와도 말 한 마디 건네지 않고 눈길조차 주지 않아 그들을 가슴 아프게 만들어야 매우 큰 칭찬을 받았다.[35] 수도사들은 집단을 이루고 살았지만 서로 개인적인 친분을 맺는 일은 없었다. 이 집단은 결국 우연히 만들어져 폭력이나 편견에 의해 같은 감옥에 억류된 무리들에 지나지 않았다. 이들 세상을 저버린 광신도들은 사람들과 소통할 생각도 없었고 그러고 싶다는 감정도 없었다. 가까운 사람들의 방문 시기나 면회 시간도 수도원장의 특별 허가를 통해 규제되었고, 침묵 속에 진행되는 식사 시간에도 두건과 망토로 몸을 감싸고 서로 다가앉지 않는 것은 물론 서로의 모습을 쳐다보지도 않았다.[36] 학문이 고독을 달래 주는 좋은 친구가 되었겠지만, 수도원을 가득 채운 원래 직공들과 농부들이었던 사람들이 이제까지 받은 교육으로는 학문을 연구할 준비도 자질도 되지 않았다. 일을 할 수도 있었겠지만, 정신적 완성이라는 허영에 사로잡힌 그들은 육체 노동을 경멸하는 경향을 보였는데, 사실 개인적 이익이라는 관점에서 자극받지 않는 한 근면성이란 따분하고 내키지 않는 개념일 뿐이다.

[35] 이집트 수도사 피오르는 여동생이 자신을 보는 것은 허락했지만, 자신은 방문 내내 눈을 감고 있었다고 한다.

[36] 파코미우스의 규율 중 7, 8, 29, 30, 31, 34, 57, 60, 86, 95번째 조항이 모두 극단적인 침묵과 금욕에 관한 내용이다.

수도사들의 기도와 환영(幻影)

수도사들은 독방에서 보내는 낮 시간에는 개개인의 신앙이나 열정에 따라 묵도나 통성 기도를 했다. 저녁이 되면 모두 모여서 밤이 되어도 자지 않고 수도원의 공공 예배에 참석했다. 이집트의 맑은 하늘에는 거의 구름이 끼는 일이 없었으므로 정확한 시간은 별의 위치로 정해졌다. 예배 시간을 알리는 신호는 투박한 모양의 뿔피리나 나팔을 두 번 울려 광활한 사막의 침묵을 깨뜨리는 것이었다.³⁷ 불행한 사람들의 마지막 피난처라 할 수 있는 수면마저도 엄격히 제한되었다. 노동도 쾌락도 없는 수도사들의 공허한 시간은 느릿느릿 무겁게 흘러 갔으므로, 하루가 끝나기 전까지 그들은 몇 번이고 반복해서 태양의 지루한 발걸음을 탓했다.³⁸ 이렇게 아무런 위안도 없는 상황에서도 미신은 여전히 그 비참한 추종자들을 쫓아다니며 괴롭혔다.³⁹ 그들이 수도원의 골방 안에서 찾고자 한 안식은 때늦은 회한과 불경스러운 의심, 죄스러운 욕망 등으로 어지럽혀졌다. 그들은 인간의 자연스러운 충동 하나하나를 모두 용서받을 수 없는 죄악으로 여겼으므로 항상 활활 타오르는 끝없는 심연의 끝에 서서 떨어야만 했다. 이들 불행한 희생자들은 질병과 절망 속에서 고통스럽게 싸우다가 때로는 미치광이가 되거나 죽음으로 구제받기도 했는데, 6세기에는 처절한 고행 끝에 미쳐 버린 사람들을 위한 병원이 예루살렘에 세워지기도 했다.⁴⁰ 그들이 공식적으로 광기라는 최후의 결론에 도달하기 까지 본 환각은 초자연적인 우화들에 대한 방대한 자료를 제공해준다. 수도사들은 자신들이 숨 쉬고 있는 공기는 보이지 않는 적들과 수많은 악마들로 가득 차 있어서, 언제든지 다양한 형태로 변신하여 무방비 상태에 있는 그들의 양심을 위협하고 유혹하려 한다고 굳게 믿었다. 병적인 광신자의 환각 속에서는 상상력뿐만 아니라 감각까지도 혼미해져 버렸는데, 심야에 기도를 하다 저도 모르게 잠들었던 은둔자들은 꿈에서 본 것과 깨어나서 상상한 두렵거나 즐거운 환상들을 서로 분간하지도 못하는 경우가 많았다.⁴¹

　　수도사들은 두 부류로 나뉘었다. 공동의 일정한 규율 아래에서 생활하는 캐노바이트(Cœnobites)와 사람들과는 어울리

캐노바이트와 아나코레트

37 카시아누스는 자신의 책 『제도집』의 제3, 4권에서 수도사들의 주간, 야간 기도에 대해 매우 자세하게 설명해 놓았다. 그는 천사들이 타베니시의 수도원에 가르쳐 주었다는 전례 의식을 선호했다.

38 카시아누스는 수도사들이 혼자 있음을 알고 한숨 쉴 때 찾아오는 나태 또는 무기력 상태를 자신의 경험을 바탕으로 묘사한 바 있다.

39 스타기리우스는 친구였던 크리소스토무스에게 자신이 겪은 유혹과 고통을 털어놓은 적이 있다. 모든 성인들이 유사한 경험을 한 듯한데, 예수회의 창시자인 유명한 이그나티우스도 잊지 못할 예를 제공한다.

40 어디쯤이었는지는 기억이 잘 안 나지만 『교부들의 생애』에서 읽은 적이 있는데, 수도원장에게 유혹을 고백하지 않은 많은 수도사들이 자살의 죄를 저질렀다고 한다.

41 카시아누스의 『담화집』 제7, 8권을 참조하라. 카시아누스는 성 안토니우스 시대 이후로 어찌하여 악마들이 소극적이면서도 그 수는 늘어만 갔는지 침통하게 살펴보고 있다. 『교부들의 생애』에 대한 방대한 색인에서 로스웨이드는 다양한 지옥의 풍경을 보여 준다. 악마들은 여자의 형상을 했을 때 가장 강력했다.

37장　449

[42] 토마생은 이 암자를 잘 설명해 놓았다. 게라시무스가 요르단의 황야에서 수도원을 발견했을 때 그 주위에는 일흔 개 정도의 암자로 된 독거 수도원이 있었다고 한다.

[43] 테오도레투스는 서른 명의 은수자들의 생애와 기적을 수집해 두꺼운 책 한 권을 펴냈다. 에바그리우스는 좀 더 간단하게 팔레스타인의 수도사들과 은자들을 칭송했다.

[44] 성 에프렘은 이 '풀 뜯어 먹는 수도사들'에 대한 송시를 쓴 적이 있다.

[45] 시카르는 경이와 신앙심으로 테베 저지대의 동굴들을 탐사했다. 글자는 아비시니아의 그리스도교도들이 사용하던 옛 시리아 문자로 새겨져 있다.

지 않고 혼자서 광신에 몰입하는 아나코레트(Anachorets)가 그것이다. 영적인 형제들 중에서도 가장 독실하고 야심적인 사람들은 이전에 세상을 저버린 것처럼 수도원도 저버렸다. 이집트, 팔레스타인, 시리아의 열렬한 수도원 주위에는 라우라(Laura)[42]라고 불리던 암자들이 어느 정도의 거리를 두고 빙 둘러서 있었는데, 이곳에 기거한 은자들의 지독한 고행은 사람들의 찬사와 서로 간의 경쟁으로 더욱 자극받았다.[43] 그들은 고통스러울 정도로 무거운 십자가와 쇠사슬을 짊어졌고, 비썩 마른 팔다리에는 무겁고 단단한 철로 만든 수갑과 족쇄를 채웠다. 그들은 불필요하고 거추장스러운 의복을 경멸하며 벗어 던졌는데, 몇몇 맹렬한 성인들은 남녀를 막론하고 자신의 맨몸을 길게 기른 두발로만 가렸다 하여 존경받았다. 그들 중에는 인간이라는 동물이 다른 동물들과 거의 구분이 되지 않는 야생의 비참한 상태로까지 떨어지기를 열망한 사람들도 있었는데, 아나코레트 중 많은 분파들이 메소포타미아 평원에서 가축 떼들과 함께 풀을 뜯어 먹고 산 것에서 자기 일파의 명칭을 얻고 있었다.[44] 그들은 종종 자신들이 닮고자 한 야생동물의 동굴을 습격하여 빼앗기도 했고, 인공적으로 바위를 깎아 만들었거나 자연적으로 생긴 어두침침한 동굴에 은둔해 살기도 했는데, 테베의 대리석 채석장에서는 지금도 그들의 고행을 새긴 기념비가 발견되곤 한다.[45] 가장 완벽한 은둔자들은 며칠씩 음식도 먹지 않고 잠도 자지 않았으며 몇 년을 말도 하지 않고 살았던 것으로 추정된다. 좀 더 영광스러웠던 것은 독특하게 만든 골방 또는 좌석 같은 것을 고안해 불편하기 짝이 없는 자세로 사계절의 불순하고 혹독한 날씨에 신체를 그대로 노출시키는 인간(인간이라는 용어를 남용하는 것 같지만.)이었다.

이런 수도사 생활의 영웅들 중에 주상(柱上) 고행자 성 시메온은 공중에서 참회를 하는 기발한 고안으로 불멸의 영예를 얻었다. 열세 살에 이 시리아 소년은 양치기라는 생업을 버리고 엄격한 수도원에 몸을 맡겼다. 길고 고통스러운 수련 기간 중에도 시메온은 신심이 넘쳐 몇 번이고 자살하려 했지만 구제받았다. 수련이 끝나자 그는 안티오크에서 동쪽으로 30~40마일쯤 떨어진 산봉우리에 자리를 잡았다. 그리고 돌을 원형으로 둘러쌓은 만드라(Mandra) 안에서 육중한 쇠사슬을 몸에 감고 기둥 위로 올라갔다. 기둥은 지상 9피트 높이에서 시작되어 60피트 높이까지 계속 높아졌다.[46] 이 시리아인 고행자는 마지막으로 올린 가장 높은 기둥 위에서 30년 동안 한여름의 강한 햇살과 한겨울의 혹독한 추위를 견뎌 냈다. 습관과 수련 덕분에 그는 이 위험한 위치에서 공포나 현기증도 느끼지 않고 여러 가지 다양한 기도 자세를 보이기도 했다. 때로는 똑바로 서서 팔을 뻗어 십자가 형태를 취하고 기도를 하기도 했다. 무엇보다 가장 유명했던 자세는 해골같이 삐쩍마른 몸을 머리에서 발끝까지 완전히 굽히는 운동이었다. 구경꾼 한 사람이 호기심에서 이 운동을 1244회까지 반복하는 것을 세다가 더 이상 세기를 포기했다고 한다. 허벅지에 생긴 궤양[47]이 그의 천상 생활을 다소 단축시켰지만, 그래도 그 생활을 방해하지는 못했다. 이 참을성 많은 고행자는 기둥에서 내려오지 않고 그대로 삶을 마쳤다. 변덕으로 이와 같은 고통을 가하는 군주가 있었다면 그는 폭군으로 간주될 것이다. 그러나 폭군의 권력으로도, 군주의 잔인성에 어쩔 수 없이 희생되는 사람들에게 이토록 길고 비참한 생존을 강요할 수는 없을 것이다. 이런 자발적인 순교는 분명 육체의 감각과 함께 정신도 서서히 마비시켰을 것이다. 자신에게 그토록 극심한 고통을 가한 미치광이들이

서기 395~451년, 시메온 스틸리테스

[46] 에바그리우스는 기둥 꼭대기의 둘레가 2큐빗, 즉 3피트에 불과하다고 했지만, 이것은 이성적으로 이해되지 않고 사실과도 맞지 않으며 건축 규칙에도 어긋난다. 아래에서 올려다보면 그렇게 보일 수도 있을 것이다.

[47] 이 궤양이 어떻게 생겼는지에 대한 고대의 소문을 밝혀야만 하겠다. 악마가 천사의 형태로 가장하고 나타나 엘리야처럼 불전차에 올라타도록 그를 유혹했는데, 그가 너무도 서둘러 발을 들어 올리자 사탄이 그 기회를 놓치지 않고 그의 허영심에 응징을 했다고 전해진다.

[48] 로스웨이드의 『교부들의 생애』에 나와 있는 기적들을 어떻게 선택하고 설명해야 할지 모르겠다. 기적의 수가 그 두꺼운 책의 수천 쪽보다도 훨씬 많기 때문이다. 술피키우스 세베루스의 『대화』나 『성 마르티누스의 생애』에서 좋은 예를 찾아볼 수 있을 것이다. 그는 이집트 수도사들을 존경했지만, 투르의 대주교는 죽은 사람을 세 명이나 살린 반면 그들은 한 사람도 살리지 못했다고 언급함으로써 그들을 모욕하기도 했다.

타인에 대해 진지한 애정을 가졌을 것이라 상상할 수도 없다. 모든 시대 모든 지방을 막론하고 수도사들은 공통적으로 잔인하고 냉혹한 성격을 소유했다. 그들의 엄격한 냉혹성은 개인적인 우정으로도 순화되지 않았고 오히려 종교적 증오로 불타올랐다. 그래서 그들은 냉혹한 성격과 불타는 신앙으로 종교재판소라는 거룩한 기관을 정력적으로 유지할 수 있었던 것이다.

수도사들의 기적과 경배

수도원의 성인들은 철학자에게는 경멸과 연민을 불러일으킬 뿐이지만, 군주와 백성들에게는 존경받았고 그것은 거의 숭배에 가까울 정도였다. 갈리아와 인도에서는 순례자 무리들이 시메온의 신성한 기둥에 경의를 표하고자 끊임없이 찾아왔고, 사라센의 부족들은 무력을 사용해서라도 그의 축복을 받는 영예를 얻고자 했다. 아라비아와 페르시아의 왕비들은 그의 초자연적인 신앙을 기꺼이 승인했고, 테오도시우스 2세는 교회와 국가의 가장 중요한 사안들을 이 천사와도 같은 은수자에게 문의하였다. 그의 유해를 텔레니사의 산으로부터 옮길 때는 대주교, 동로마의 총사령관, 여섯 명의 주교와 스물한 명의 코메스 또는 사령관, 6000명의 군사들이 장엄한 행렬을 이루었고, 안티오크에서는 그의 유골을 도시의 영광스러운 장식품이자 난공불락의 방어물로 여기며 존경했다. 새롭게 탄생한 유명한 은수자들은 12사도와 순교자들의 명성을 잠식해 갔고, 그리스도교 세계는 그들의 성골함 앞에 무릎을 꿇었다. 그리하여 그들의 유골에 더해진 기적들이 그 수나 지속 기간에서 생전의 영적 위업을 능가하게 되었다. 그러나 그들 생애의 황금전설[48]들은 그들과 이해관계를 같이하는 형제 수도사들의 교활한 신념에 의해 더욱 화려하게 장식되었는데, 무엇이든 쉽게 믿었던 그 시대에는 이집트나 시리아 수도사들의 대수롭지 않은 변덕도 우주의 영원불변의 법칙을 바꾸기에 충분하다고 간단히 믿었던 것이다. 이들 천국의 총아들은 단 한 번의 접촉이나 말 한 마디, 먼 곳에서의 전언만으로도 오래된 질병을 고치고 사람들에게 들러붙은 마귀를 쫓아내는 일이 당연하게 여겨졌다. 이들은 사막의 사자나 뱀에게 친숙하게 말을 건네거나 또는 오만하게 명령을 내렸으며, 이미 수액이 말라 버린 나무 줄기에 생명을 불어넣고, 물 위에 쇠를 뜨게 하고, 악어 등에 올라타고 나일 강을 건넜으며, 불타오르는 용광로에서 살아 나왔다. 이런 허무맹랑한 이야기들은 시의 정신은 빼버리고 그것의 허구성만을 발휘하여 그리스도교도의 이성, 신앙, 도덕에 지대한 영향을 미쳤다. 신도들의 무조건적 믿음은 정신의 작용을 저하시키고 타락시켰으며 역사적 증거마저 왜곡시켰다.

그 시대의 미신

그리하여 미신은 서서히 그와 반대되는 개념인 철학과 학문의 빛을 흐리게 만들었던 것이다. 성자들이 행한 모든 종류의 예배 의식, 그들이 믿었던 모든 불가사의한 교의가 신의 계시라는 이름으로 승인되어 강화되었고, 이 비굴하고 나약한 수도사의 시대에는 모든 남성적인 미덕들은 철저히 억압되었다. 키케로의 철학적 저술들과 테오도레투스의 성인 전설담들 사이의 간극, 카토의 인품과 시메온의 인품 사이의 간극을 측정하는 것이 가능하다면, 우리는 500년의 시간이 흐르는 동안 로마 제국에서 일어난 엄청난 변화를 실감할 수 있을 것이다.

  2. 그리스도교는 영광스럽고도 결정적인 두 번의 승리를 통해 발전했다. 첫 번째는 로마 제국의 많이 배우고 사치스러운 시민들을 개종시킨 것이다. 두 번째는 스키타이와 게르마니아의 호전적인 야만족들을 개종시킨 것인데, 이들은 비록 제국

2. 야만족의 개종

은 정복했지만 로마인들의 종교를 받아들였다. 이들 야만족 개종자들의 선두 주자는 고트족이었는데, 그들을 개종시키는 데 공헌한 한 사람의 동포는 국민은 후세의 기억과 감사를 받을 자격이 있다는 점에서 유용한 기술을 발명한 사람과 같은 대접을 받아야 한다. 수많은 로마 속주민들이 갈리에누스 황제 시대에 소아시아를 습격한 고트족 무리들에게 포로로 잡혀 끌려갔다. 이들 가운데 많은 사람들이 그리스도교도였고 개중에는 성직자들도 끼여 있었다. 다키아의 여러 마을에 노예로 흩어졌던 이 원치 않았던 전도사들은 주인의 영혼을 구제하기 위해 꾸준히 노력하였다. 그들이 심은 복음의 씨앗은 서서히 퍼져 나가다가 한 세기가 지날 무렵 울필라스의 노력으로 완성되었다. 그의 조상들은 카파도키아의 한 작은 마을에서 도나우 강 저편으로 납치되어 갔었다.

서기 360년 등,
고트족의 사도 울필라스

고트족의 주교이자 사도이기도 한 울필라스는 흠잡을 데 없는 사생활과 지칠 줄 모르는 열정으로 고트족의 사랑과 존경을 얻었다. 고트족은 그가 가르치고 실천한 진리와 미덕의 교리를 절대적으로 신뢰하며 받아들였다. 울필라스는 성서를 고트족의 언어인 게르만 방어 또는 튜턴어로 번역하는 어려운 작업을 수행했지만, 신중하게도 야만족들의 사납고 잔인한 성격을 자극할 수도 있는 역대의 왕기(王紀) 네 권은 번역하지 않았다. 병사들과 양치기들이 사용하던 거칠고 불완전한 언어는 정신적인 관념이나 사상을 논하기에는 너무나 부적합했지만, 울필라스의 힘겨운 노력으로 고트족의 언어는 발전하고 순화되었다. 울필라스는 번역에 들어가기 전에 스물네 자로 이루어진 알파벳을 새로 만들어야만 했다. 그중 네 자는 그리스어와 라틴어에는 없는 독특한 음을 표현하기 위해 자신이 직접 고안한 것이었다.⁴⁹ 그러나 번성하던 고트족 교회는 얼마 지나지 않아 전쟁과 내분에 시달리게 되었고, 족장들은 이해관계뿐만 아니라 종교 문제에서도 분열되었다. 로마인들의 친구였던 프리티게른은 울필라스의 영향으로 개종했지만, 오만했던 아타나리크는 제국과 복음의 굴레를 경멸했다. 새로 개종한 신도들의 믿음은 아타나리크가 일으킨 종교 박해로 시험받았다. 그는 토르 또는 보덴 신의 보기 흉한 신상을 마차에 높이 매달고 병영 한가운데를 엄숙하게 행진했다. 이때 그들 조상들의 신에게 경배하지 않는 반역자들은 그 자리에서 막사와 가족을 함께 불태워 버리기도 했다. 울필라스의 인품은 동로마의 궁정에서도 존경을 받았는데, 그는 평화의 사절로서 동로마를 두 번 방문해 발렌스 황제의 보호를 절실하게 요청하는 고트족 신도들의 어려운 처지를 간곡히 설명하기도 했다. 그리하여 사람들을 깊고 넓은 도나우 강을 건너 약속의 땅에 도달하게 한 이 영적 지도자에게는 모세라는 이름이 붙게 되었다.⁵⁰ 울필라스를 따르며 그의 말에 순종한 이 독실한 고트족 양치기들은 마이시아 산기슭의 삼림 지역과 목초지에 정착하여 양 떼와 소 떼를 사육했고, 좀 더 비옥한 속주에서 곡식과 포도주도 사들일 수 있었다. 이 온순한 야만족들은 세상의 눈에 띄지 않는 한적한 곳에서 평화롭게 그리스도교를 신봉하면서 그 세력을 불려 나갔다.⁵¹

흉포했던 그들의 동족인 막강한 서고트족은 로마와 끊임없이 전쟁이나 우호, 정복 등의 관계로 교류하면서 로마의 종교를 널리 채택하게 되었다. 도나우 강에서 대서양까지 진행된 그들의 길고도 성공적인 진군 중에 그들은 동맹군을 그리스도교도로 개종시켰고, 자라나는 아이들에

⁴⁹ 고트어로 된 불완전한 사복음서는 1665년에 출간되었다. 이것은 튜턴어로 된 가장 오래된 작품으로 평가받는데, 베트스타인(Wetstein)은 좀 시시한 증거를 내세우며 이것이 울필라스의 작품이 아니라고 추정하기도 했다. 새로 만든 네 개의 문자는 W와 영어의 Th 발음 등을 표시했다.

⁵⁰ 필로스토르기우스는 이 대목을 콘스탄티누스 치세에 일어난 일로 잘못 배치해 놓았다. 하지만 이 일은 대이주 이전에 일어난 것 같다.

⁵¹ 요르난데스는 이들 소(小)고트족을 짧고 생생하게 묘사한 바 있다.

서기 400년 등,
그리스도교를 받아들인
고트족, 반달족,
부르군트족

52 모스하임(Mosheim)은 4세기에서 14세기까지 진행된 북방으로의 그리스도교 전파를 가볍게 묘사한 바 있다. 이 주제는 종교의 역사뿐 아니라 철학의 역사의 재료들도 제공해 준다.

53 소크라테스는 이것이 부르군트족의 개종 이유라고 설명했다. 오로시우스는 부르군트족의 독실한 그리스도교 신앙을 칭송했다.

게 그리스도교를 가르쳤다. 알라리크의 병영과 툴루즈 궁정의 신앙은 로마와 콘스탄티노플 궁정을 오히려 가르치거나 부끄럽게 만들 정도였다. 같은 시기에 서로마 제국의 폐허에 자신들의 왕국을 건설한 거의 모든 야만족은 그리스도교를 받아들였다. 갈리아의 부르군트족, 에스파냐의 수에비족, 아프리카의 반달족, 판노니아의 동고트족, 오도아케르를 이탈리아의 왕좌에 올려놓은 다양한 민족으로 이루어진 용병들이 모두 그리스도교를 받아들였다. 프랑크족과 색슨족만이 여전히 이교 숭배라는 과오를 저지르고 있었다. 그러나 프랑크족은 클로비스의 모범을 따라 개종하면서 갈리아 왕국을 손에 넣었고, 브리타니아를 정복한 색슨족도 로마 선교사들에 의해 야만적인 미신에서 벗어났다. 이들 야만족 개종자들은 열렬한 신앙심을 가지고 성공적으로 그리스도교를 전파했다. 메로빙거 왕조와 그 후계자들인 샤를마뉴 황제와 오토 대제는 정복과 법률을 통해 십자가의 영토를 더욱 확장시켰다. 잉글랜드는 최초의 게르마니아 사도를 배출했고, 복음의 빛은 라인 강 인근에서 시작해 엘베 강, 비스툴라 강을 지나 발트 해까지 퍼져 나갔다.52

야만족의 신앙 동기들

야만족 개종자들의 사고나 감정에 영향을 준 다양한 동기들이 무엇인지를 쉽게 밝혀낼 수는 없다. 단순한 변덕이나 우연인 경우가 많았고, 꿈이나 징조 또는 기적에 대한 이야기, 성직자나 영웅의 모범, 그리스도교를 믿는 아내에 대한 사랑, 특히 위험한 순간에 그리스도교의 신에게 기도나 맹세를 해서 좋은 결과가 있었던 일 등이 영향을 주었다.53 교육에 의해 처음에 생긴 편견은 친밀한 회합을 자주 가짐으로써 차츰 없어졌고, 복음의 도덕적 계율은 수도사들의 터무니없는 미담들로 굳게 지켜졌으며, 영적인 차원의 교리는 유물이나 성대한 예배

같은 눈에 보이는 힘으로 지지되었다. 무엇보다도 한 색슨족 주교[54]가 유명한 성자에게 제안했던 이성적이고 독창적인 설득법이 이교도들을 개종시키고자 했던 선교사들에게 채택된 것 같다. 이 영리한 논객은 이렇게 말했다.

[54] 윈체스터의 첫 주교 다니엘이 헤센과 튀링기아 지역에 복음을 설파한 성 보니파키우스에게 보낸 독창적이고도 재미있는 서한을 참조하라.

이교도들이 서로 육체적인 관계를 맺어 번식한 그 유명한 신과 여신들의 계보를 신나게 늘어놓으면 모두 인정해 주라. 그런 다음 신들이 태어났다면 또한 죽게 마련이고, 그렇다면 인간과 마찬가지로 불완전한 존재가 아니냐는 논리를 도출하라. 그들 중 최초의 신 또는 여신은 언제, 어떤 방법으로, 무슨 이유로 생겨났는가? 그들은 아직까지도 번식하고 있는가? 아니면 멈추었는가? 만약 번식을 멈추었다면 왜 그런 이상한 변화가 일어났는지 이유를 말해 달라고 하라. 아직도 계속 번식한다면 신들의 수가 무한대로 불어날 것인데, 그러다가 실수로 무능력한 신을 숭배하기라도 하면 좀 더 우월한 신의 분노를 사게 되는 것이 아닌가? 눈에 보이는 하늘과 땅, 그리고 마음으로 그려 볼 수 있는 전체 우주의 체계는 창조된 것인가, 아니면 영원불변의 것인가? 창조되었다면 신들은 창조 전에 어디서 어떻게 존재할 수 있었는가? 영원불변의 것이라면 어떻게 독립적이고 선재(先在)하는 신들의 왕국을 주장할 수 있는가? 이런 논리를 차분하고 온건하게 풀어 나가면서 적당한 때에 그리스도교 계시의 진리와 아름다움을 넌지시 언급하면서 이교도들이 분개하지는 않되 부끄러워하게 만들라.

게르마니아의 야만족에게는 너무 어려웠을 이런 형이상학적 논리는 권위라든지 대중의 동의 같은 좀 더 무식한 방법들에 의해 뒷받침되었다. 현세에서의 번영이라는 이점도 이교를 버

55 샤를마뉴의 검이 이 논의에 힘을 보태 주었다. 그러나 이 서한이 쓰여진 서기 723년에는 인도에서 에스파냐에 이르는 지역을 장악하고 있던 이슬람교가 그리스도교도에게 똑같이 반론을 제기할 수 있었을 것이다.

리고 그리스도교를 선택하게 만들었다. 무엇보다 지구상에서 가장 강력하고 계몽된 민족인 로마인들이 이미 조상들의 미신을 버리고 그리스도교를 선택했다. 제국의 쇠락이 새로운 종교의 효력을 의심하게 했을 수도 있지만, 이런 치욕은 승리한 고트족의 개종으로 이미 만회되었다. 서로마 제국의 속주들을 정복한 용감하고 운 좋은 야만족들도 잇따라 이 모범을 받아들였다. 샤를마뉴 황제 이전에 이미 그리스도교를 믿었던 유럽의 여러 나라들은 곡식과 포도주와 올리브유를 생산하는 온난한 기후와 비옥한 땅을 모두 차지하고 의기양양했다. 이에 비해 미개한 우상 숭배자들은 그들의 불쌍한 우상들과 함께 지구의 맨 끝, 즉 얼음으로 뒤덮인 어두운 북극으로 쫓겨 갔던 것이다.55

야만족들의 개종의 영향

야만족들에게 천국의 문을 열어 준 그리스도교는 그들의 도덕과 정치에도 중요한 변화를 가져왔다. 그리스도교의 교리는 성서에 담겨 있었으므로 그들은 종교와 함께 문자를 받아들였고, 교리를 연구하면서 역사와 자연, 예술과 사회 전체를 넓게 바라보게 되자 그들의 정신 세계는 자신들도 모르는 사이에 확장되었다. 성서 번역은 개종을 더욱 용이하게 했을 뿐 아니라, 성직자들에게 원전을 읽고 교회의 신성한 전례를 이해하고 교부들의 저술을 통해 일련의 교회 전통을 연구해 보고 싶다는 욕망을 불러일으켰다. 이런 영적 선물은 그리스어와 로마어로 보관되어 있었는데, 여기에는 고대 학문의 측량할 수 없을 정도로 귀중한 기념물들이 감추어져 있었다. 그리스도교로 개종한 야만족들은 베르길리우스, 키케로, 리비우스가 쓴 불멸의 작품들을 읽었는데, 이를 통해 아우구스투스 황제 시대와 클로비스와 샤를마뉴 대제 시대 사이에 무언의 교류가 이루어졌던 것이다. 인간의 경쟁심은 좀 더 완전한 시대에 대한 기억에서 비롯되는데, 이렇게 학문의 불꽃은 남모르게 은밀하게 살아 있어 서유럽의 성숙기를 따뜻하게 비춰 주었다. 그리스도교가 가장 타락했던 시기에도 야만족들은 율법에서 정의를 배웠고 복음에서 자비를 배웠다. 또한 그리스도교도의 의무에 대한 지식이 행동을 규제하고 열정을 억제하기에는 부족했을지 몰라도, 그들은 때로는 양심 때문에 억제했고 종종 양심의 가책이라는 벌을 받았다. 그러나 종교의 직접적인 권위보다 더 효과적이었던 것은 모든 그리스도교도 형제들을 영적으로 결합시키는 종교적 친교였다. 이 친교의 감정이 로마와 군사적 동맹을 맺을 때 충성심을 갖게 해 주었고, 전쟁의 공포를 경감시키고 정복자의 무례함을 완화시켰으며, 로마가 멸망한 후에도 로마라는 이름과 그 제도에 대한 존경을 변함없이 유지하게 해 주었다. 이교 시대에 갈리아와 게르마니아 성직자들은 백성들 위에 군림했고 관리들의 사법권까지 통제했다. 이제 열광적인 개종자들은 그와 똑같거나 좀 더 헌신적으로 그리스도교 주교들에게 복종했다. 주교들의 경건한 인품은 세속에서의 지위와 재산에 의해 더욱 공고해졌다. 그들은 군인들과 일반 시민들로 구성된 입법 의회에 명예 의석을 얻어 평화로운 협의를 통해 야만족의 사나운 기질을 순화시키는 임무를 맡았는데, 이것은 그들의 의무인 동시에 이익도 되었다. 라틴계 성직자들 사이의 끊임없는 서신 왕래, 로마에서 예루살렘까지의 순례, 교황의 신장된 권위 등이 이 그리스도교 공화국의 결속을 더욱 군건하게 만들었다. 그 결과 서서히 유사한 풍속과 공통된 법제가 생겨났는데, 이것이 근대 유럽의 독립적이고 심지어 적대적인 여러 나라들을 유럽 이외의 다른 나라들과 구별해 주는 특징이 되었다.

56 울필라스와 고트족의 견해는 반(半)아리우스주의라고 볼 수 있는데, 아리우스파 이단과 친교를 유지하긴 했지만 아들이 피조물이라고 생각하지는 않았기 때문이다. 이 사도들은 이런 논의가 성직자들의 열정에서 비롯된 사소하고 순간적인 것이라 생각했다.

57 오로시우스는 서기 416년에 가톨릭 교회가 훈족, 수에비족, 반달족, 부르군트족으로 가득 차 있었다고 확인해 주었다.

58 프리지아족의 왕 라드보드는 선교자의 이 성급한 선언에 분개하여 세례반에 발을 집어넣었다가 도로 뺐다고 한다.

아리우스파 이단의 영향을 받은 야만족들

그러나 이런 여러 가지 긍정적 작용은 구원이라는 잔에 독약을 떨어뜨린 한 불행한 사건 때문에 저지되고 지연되었다. 울필라스가 원래 어떤 생각을 가지고 있었는지는 모르지만, 어쨌든 그는 아리우스파가 지배하고 있던 시기에 제국과 교회 일에 관여했다. 이 고트족 사도는 리미니 신조를 따랐으며, 자유롭고 진지하게 아버지와 아들은 같지 않으며 동질도 아니라고[56] 공언하고 이런 과오를 성직자와 백성들에게 설교함으로써 야만족들의 세계를 이단으로 오염시켰다. 이 교리는 테오도시우스 대제가 금지하여 로마인들 사이에서는 이미 자취를 감춘 것이었다. 그러나 새로운 개종자들의 기질과 이해력으로는 형이상학적인 미묘한 차이를 알 수 없었고, 그들은 자신들이 진정한 그리스도교 교리라고 경건하게 받아들인 것을 열심히 믿고 유지했을 뿐이었다. 성서를 튜턴어로 설교하고 해석함으로써 얻은 장점은 울필라스와 그 후계자들의 사도적 노력에 한층 힘을 실어 주었고, 그들은 많은 수의 주교와 장로를 임명하여 동족의 교화라는 임무를 맡겼다. 라틴계 성직자들의 웅변에 귀를 기울였던 동고트족, 부르군트족, 수에비족, 반달족 등의 부족[57]도 동족 성직자들의 알아듣기 쉬운 설교를 더 좋아했다. 그리하여 아리우스파의 교리는 서로마 제국의 폐허에 자리 잡은 호전적인 개종자들의 일반적인 신앙으로 채택되었다. 이런 양립할 수 없는 종교상의 차이는 질시와 증오의 원인을 끊임없이 제공했는데, 이때부터 야만족이라는 경멸적 용어 위에는 더욱 혐오감을 담은 이단자라는 용어가 추가되었던 것이다. 자신들의 조상이 모두 지옥에 있다는 교리[58]를 떨떠름하게 받아들였던 이들 북방 출신의 영웅들은 이번에는 자신들도 형태만 바뀌었을 뿐 영원한 저주를 받고 있다는 사실을 접하고는 너무나 놀랐고 분개했다. 그리스도교도 왕들은 궁정의 고위 성직자들로부터 애정과 찬사를 받는 것에 익숙했지만, 정통파 주교들과 성직자들이 아리우스파 궁정과 반대되는 입장을 취하자, 그들의 무모한 반항을 범죄적인 것으로 여기는 경우도 많았고 때로는 아주 위험하게 보았다.[59] 선동과는 관계없는 경건한 곳으로 여겨진 설교단에서 파라오나 홀로페르네스라는 이름이 메아리쳤고,[60] 대중의 불만은 영광스러운 구원에 대한 희망 또는 약속으로 더욱 불타올랐으며, 선동적인 성자들은 자신들의 예언이 실현되도록 자극하겠다는 유혹에 빠졌다. 이런 소란 중에도 갈리아, 에스파냐, 이탈리아의 가톨릭교도들은 아리우스파의 지배를 받으면서도 자유롭고 평화롭게 자신들의 종교를 믿었다. 그들의 오만한 정복자들은 자신들의 제단 아래에서라면 죽어도 좋다고 말하는 수많은 백성들의 열정을 존중했고, 야만족들은 오히려 그 열렬하고 일관된 신앙에 경탄하면서 그것을 모방했다. 정복자들은 자신들의 관용을 이성과 인도주의라는 관대한 동기에서 나온 것으로 돌리면서 불명예스러운 비난이나 두려움에 대한 고백의 위험을 피했고, 그리스도교적 언어를 사용하려고 노력하는 가운데 자신들도 모르게 진정한 그리스도교의 정신을 받아들였다.

전반적 관용

때로는 교회의 평화가 깨지는 경우도 있었다. 가톨릭교도들은 신중하지 못했고, 야만족들은 인내심이 부족했으며, 아리우스파 성직자들이 추진한 편파적인 가혹 행위나 부당성은 정통파 저술가들에 의해 과장되었다. 박해의 죄는 서고트족의 왕인 에우리크에게 돌릴 수 있을 것이다. 그는 성직자들의 또는 적어도 주교단의 직무 수행을 정지시켰고, 아퀴타니아의 인

아리우스파인 반달족의 박해

[59] 서고트족과 아비투스 치세에서는 클레르몽의 주교였고, 부르군트족이 권력을 잡았을 때는 비엔나의 주교였던 시도니우스가 서한집에서 가톨릭교도의 일반적인 성향에 대해 설명했는데, 때로는 다소 음산한 암시도 주고 있다. 클로비스와 테오도리크 시대의 역사를 보면 구체적인 사실들을 어느 정도 알 수 있을 것이다.

[60] 가이세리크는 이런 경솔한 암시를 가혹하게 처벌함으로써 자신이 그들과 닮았음을 고백했다.

61 동시대인인 클레르몽의 주교 시도니우스는 이 부분을 비판했다. 그의 서한집을 인용한 투르의 그레고리우스는 여기에 아퀴타니아에서 처벌받은 아홉 명의 주교 중 몇몇은 순교했다는 공정하지 못한 추론을 억지로 갖다 붙였다.

기 있는 주교들에게 투옥, 추방, 재산 몰수 등의 형벌을 내렸다.61 그러나 한 민족 전체의 정신을 억압한다는 잔인하고도 불합리한 계획을 실행한 것은 반달족이었다. 가이세리크는 어렸을 때 믿은 정통 교리를 저버렸다. 이 배교자는 진정한 용서를 알지도 못했고 그 자신도 그것을 바랄 수 없었다. 가이세리크는 전쟁터에서는 정신없이 도망치던 아프리카인들이 아직도 종교 회의나 교회에서 자신의 의도에 대해 논쟁하고 있다는 사실을 알고 격노했다. 사납고 흉포했던 그는 공포나 연민의 감정을 전혀 알지 못했다. 가톨릭교도들은 편협하고 가혹한 법률과 그가 마음 내키는 대로 내리는 형벌로 억압받았다. 가이세리크의 언어는 흉악하고도 무시무시했는데, 그의 의도를 알았다면 그의 행동에 대한 그 어떤 악의적인 해석도 정당화될 수 있을 것이다. 아리우스파는 이 폭군의 궁정과 영토를 피로 물들인 갖가지 처형으로 비난받았지만, 이 바다의 왕자를 지배한 것은 종교가 아니라 무력과 야심이었다. 아버지의 악덕만을 물려받은 듯한 그의 수치스러운 아들 훈네리크는 아버지 못지않은 무자비한 분노로 가톨릭교도를 괴롭혔다. 그의 형제나 조카, 친구나 아버지의 총신도 그 대상이 되었고, 심지어 아리우스파의 교부 한 명도 카르타고 한복판에서 참혹하게 산 채로 화형에 처해졌다. 종교 전쟁이 일어나기 전에 그 준비를 위한 교활한 휴전이 있었는데, 반달족 궁정에서는 종교 박해가 가장 중요하고 진지한 업무가 되었다. 훈네리크의 죽음을 재촉한 메스꺼운 질병이 그의 박해에 대한 복수가 되어 주었지만, 교회를 구원하는 데는 전혀 기여하지 못했다. 아프리카의 왕좌는 훈네리크의 두 조카가 연이어 계승했다. 군다문트는 12년간

서기 429~477년, 가이세리크

서기 477년, 훈네리크

아프리카를 통치했고 트라시문트는 27년을 넘게 통치했다. 그들의 통치 역시 정통파에게는 적대적이고 억압적이었다. 군다문트는 숙부의 잔인성과 경쟁하거나 오히려 더 능가하려는 것처럼 보였으나, 최종적으로는 마음이 누그러져 주교들을 복직시키고 아타나시우스파에게 종교의 자유를 허용하려 했던 것 같다. 하지만 갑작스러운 죽음으로 이 뒤늦은 자비심도 무용지물이 되었다. 그의 동생인 트라시문트는 반달족 역대 왕들 중에서 가장 위대하고 뛰어난 인물로서 아름다운 외모와 신중함과 넓은 아량 등에서 타의 추종을 불허했다. 그러나 그의 관대한 인품은 관용성 없는 신앙과 기만적인 자비심으로 손상되었다. 트라시문트는 위협과 고문 대신에 유혹이라는 부드럽지만 더 효과적인 방법을 썼다. 배교자에게는 부와 명예, 왕의 총애가 아낌없이 주어졌다. 가톨릭교도가 법을 위반했다 해도 신앙만 저버리면 사면받을 수 있었다. 트라시문트는 무엇인가 엄격한 방법을 사용해야겠다는 생각이 들면 상대방이 경솔하게 그럴듯한 구실을 제공할 때까지 참을성 있게 기다렸다. 임종의 순간에 그가 내보인 감정은 편집증이라고 말할 수밖에 없는데, 그는 후계자에게 절대로 아타나시우스파에게 관용을 베풀지 않겠다는 엄숙한 서약을 받아 냈던 것이다. 그러나 포악한 훈네리크의 아들이지만 온화한 성격을 지닌 후계자 힐데리크는 불경스러운 서약을 헛되게 지키기보다는 인간애와 정의를 보여 주는 편을 선택하였다. 그의 즉위는 평화와 보편적인 자유의 회복이라는 영광으로 장식되었다. 고결하지만 유약했던 이 군주는 왕좌를 사촌이자 열렬한 아리우스파였던 겔리

서기 484년, 군다문트

서기 496년, 트라시문트

서기 523년, 힐데리크

62 훈네리크는 호모오우시온파에는 가톨릭이라는 이름을 붙이기를 거절했다. 그는 '신의 참된 경배자들'로서의 자신의 교파를 묘사했는데, 그들은 신앙을 고백했고 리미니 공의회와 셀레우키아 공의회에서 수많은 주교들에게 승인받았다는 것이다.

63 카르타고의 성직자들은 이것을 모험이라고 생각했고, 실제로 가톨릭 주교들을 함정에 빠뜨릴 속임수로 제안된 것 같다.

서기 530년, 겔리메르

아프리카에서의 박해에 대한 일반적 견해

메르에게 빼앗겼다. 그러나 그가 권력을 향유하거나 남용하기도 전에 반달 왕국은 벨리사리우스의 침략으로 멸망하고 말았고, 정통파는 그들이 받은 박해를 똑같은 방식으로 되갚아 주었다.

이 종교 박해의 유일한 기록인 가톨릭 교도들의 열렬한 증언은 명확한 인과 관계를 제공하지 못하고, 인물이나 종교 회의에 대한 공정한 견해도 보여 주지 못한다. 그러나 신뢰할 만하거나 주목할 만한 가치가 있는 중요한 상황들은 다음과 같은 몇 가지 항목으로 요약할 수 있다. 1) 지금도 남아 있는 훈네리크[62]의 법률 원본에서 그는 명확하게 다음과 같이 선언했는데, 여기에는 잘못이 없어 보인다. 훈네리크는 제국 칙령의 규칙과 벌칙을 충실하게 모방하여 성직자와 국민들에게 국교와 반대되는 이단적 집회를 금지한다고 했다. 가톨릭교도들이 양심의 권리에 대해 알았다면 과거의 행동을 부정하거나 현재의 고통을 묵묵히 받아들였을 것이다. 그러나 그들은 자신들의 종교적 자유는 주장하면서 다른 종교의 자유는 여전히 부정했다. 그들은 박해의 채찍 아래서 벌벌 떨면서도, 수많은 마니교 신도들을 화형에 처하거나 추방한 훈네리크의 칭찬할 만한 가혹함에 찬사를 보냈다. 또한 아리우스파와 아타나시우스파 신도들이 로마 영토와 반달족의 영토 안에서 서로 종교적 자유를 누려야 한다는 타협안을 불경스럽고도 두려운 일이라며 거절했다.[63] 2) 가톨릭교도들이 완강한 반항자들을 모욕하고 벌주기 위해 종종 써먹은 종교 회의 소집이라는 수법이 이제는 가톨릭교도를 상대로 행해졌다. 훈네리크의 명령으로 466명의 정통파 주교들이 카르타고에 모였다. 그러나 그들이 회의장에 들어섰을 때 목격한 것은 치욕스럽게도 아리우스파의 키릴라가 대주교석에 앉아 있는 모습이었다. 이들 논쟁자들은 서로 소란하다, 또는 말이 없다는 둥, 꾸물거린다든가 성급하다는 둥, 무력을 동원하겠다, 또는 군중을 선동하겠다는 상투적인 비난을 퍼부은 다음 해산했다. 가톨릭 주교 중에 순교자 1명과 증거자(박해에 굴하지 않고 신앙을 지킨 자) 1명이 선택되었고, 28명은 도망쳤으며, 88명은 개종했고, 46명은 코르시카 섬으로 보내져 왕실 해군을 위한 목재 벌채에 동원되었다. 나머지 302명은 아프리카 각지로 추방되어 적대자들의 모욕에 그대로 노출되었고, 세속적이거나 정신적인 삶의 위안을 모두 교묘하게 박탈당했다. 10년에 걸친 고통스러운 추방 생활은 그들의 수를 상당히 줄였음에 틀림없다. 그들이 성직자의 서품을 금지한 트라시문트의 칙령에 복종했다면 아프리카의 정통 교회는 그 실제 구성원들의 생명이 끝남과 동시에 소멸되었을 것이다. 그러나 그들은 복종하지 않았고, 220명의 주교가 또다시 사르디니아 섬으로 추방되어 관대한 힐데리크가 즉위할 때까지 15년을 그곳에서 고난의 세월을 보냈다. 이 두 섬은 아리우스파 폭군들이 악의적으로 매우 신중하게 고른 장소이다. 세네카는 자신의 경험을 바탕으로 코르시카 섬의 비참한 상황을 다소 과장되기는 했지만 자세하게 한탄한 바 있고,[64] 사르디니아 섬은 풍요롭기는 했지만 그 장점을 덮어 버릴 만큼 공기가 나쁜 곳이었다. 3) 가톨릭교도를 개종시키고자 한 가이세리크와 그 후계자들의 열정은 다른 한편으로는 반달족 신앙의 순수성을 지키기 위해 처절하게 노력하는 것으로 표출되었다. 교회가 최종적으로 폐쇄되기 전까지 야만족 복장으로 교회에 출석하는 것은 범죄로 규정하고 있었는데, 왕의 이런 명령을 감히 어긴 자들은 장발을 잡아채여 질질 끌려 나가야 했다. 궁정 관리들이 군주와 같은

[64] 이 스토아 학파 철학자의 열등하고 재미없는 풍자시를 참조하라. 그는 오비디우스보다 더 큰 용기로 추방 생활을 지탱하지는 못한 듯하다. 코르시카에서는 곡식과 포도주와 기름을 생산하지 못했을 수는 있지만, 풀과 물과 불까지 없었을 리는 없다.

65 무어족 왕 한 명은 반달족이 행한 신성 모독의 흔적을 열심히 지움으로써 그리스도교 신의 마음에 들고자 노력했다고 한다.

종교를 갖기를 거부하기라도 하면 치욕스럽게 관직을 박탈당하고 시칠리아나 사르디니아 섬으로 추방되거나, 우티카 들판에서 농부나 노예가 되어 천한 일을 하도록 선고받았다. 특별히 반달족을 위해 할당된 지역에서 가톨릭 예배를 보는 것은 더욱 엄격하게 금지되었고, 이를 어길 때에는 선교사와 개종자 모두에게 가혹한 형벌이 가해졌다. 이런 방법을 통해 야만족들의 신앙은 유지되었고 그들의 신앙은 불타올랐다. 그들은 열렬한 신앙심에서 기꺼이 첩자나 밀고자, 때로는 처형자의 역할까지 수행했다. 이들의 기병대가 일단 출격하면 이 진군의 가장 큰 즐거움은 가는 길에 만나는 반대파 교회를 모독하고 성직자들을 욕보이는 것이었다.65 4) 로마 속주의 사치스러운 분위기에서 교육받은 시민들은 더없는 잔인성으로 사막에 사는 무어인들에게 보내졌다. 경건하고 덕망 높은 주교, 장로, 부제들과 신앙심 깊은 4096명의 신도들이 죄상이 무엇인지도 모른 채 훈네리크의 명령에 따라 고향에서 쫓겨났다. 그들은 밤에는 가축들처럼 배설물과 함께 자도록 감금당했고 낮에는 타는 듯한 모래를 밟고 걸어가야 했다. 폭염과 피로로 쓰러지기라도 하면 막대기로 찔리거나 질질 끌려갔으며 그러다가는 고문자의 손에서 죽어 나갔다. 이들 불행한 추방자들이 막상 무어인의 오두막에 도착했을 때는 그들의 동정을 받는 경우가 많았다. 무어인들의 천성은 이성에 의해 진보하지는 않았지만 광신에 의해 타락하지도 않았기 때문이다. 그러나 로마인들은 위험은 모면했을지 모르나 어쨌든 무어인들의 야만적이고 비참한 삶을 공유해야만 했다. 5) 박해의 주동자는 최후의 극단적인 상황까지 박해를 계속할 것인지를 미리 생각해 두어야 한다. 그들은 자신들이 꺼뜨리고자 한 불꽃을 오히려 더욱 활활 타오르게 하는 경우도 있었다. 그렇게 되면 범법자의 죄상뿐 아니라 불복종도 벌해야 할 필요가 생겨난다. 벌금을 낼 수 없거나 내기를 거부하면 가혹한 체형이 가해졌고, 가벼운 처벌을 무시하면 극형에 처하는 것도 정당화되었다. 허구와 장광설의 베일을 통해서 우리는 가톨릭교도들이 특히 훈네리크 통치 아래에서 가장 잔인하고 치욕스러운 대우를 받았다는 점만은 명확히 알아챌 수 있다. 덕망 높은 시민들과 귀족 부인들, 경건한 성처녀들이 발가벗겨지고 발목에는 추까지 채워져서 도르래로 공중에 매달렸다. 이런 고통스러운 자세에서 그들의 벌거벗은 몸은 채찍에 맞아 찢어졌고 신체의 가장 연약한 부분이 빨갛게 달군 철판으로 지져지기도 했다. 아리우스파들은 귀, 코, 혀, 오른손 등의 신체 일부를 절단하기도 했으며, 몇 명인지 정확하게 확인되지는 않았지만 주교 한 명과 총독 한 명[66]이 포함된 수많은 사람들이 순교의 관을 쓸 자격을 얻었다. 흔들림 없는 일관성으로 니케아 신조를 따랐던 코메스인 세바스티아누스도 사후에 순교자로 추인되었는데, 가이세리크는 경쟁자로 생각하며 두려워했던 이 용감하고 야심만만한 망명자를 이단으로 몰아 증오했던 것 같다. 6) 그 후 아리우스파 성직자들은 의지가 박약한 사람들을 복종시키고 소심한 사람을 겁먹게 하는 새로운 개종 방식을 채택했다. 그들은 기만이나 폭력으로 세례 의식을 강요했고, 가톨릭교도들이 이런 혐오스럽고 세속적인 의식은 자유 의지와 성사(聖事)의 일체성을 뻔뻔스럽게 침해하는 것이라고 반항하면 배교라 하여 처벌하였다. 그 이전에는 서로 적대적인 종파라 하더라도 상대방의 세례의 유효성은 인정했는데, 반달족이 세차게 몰아 부친 이 개혁은 도나투스파의 모범과 권유를 따른 것이라고 생각할 수밖에 없다. 7) 아리우스파 성직자들은 종교적인 잔인성에서 왕과 반달족을 능가했지만, 그들이 그토록 열망하던 영혼의 포도밭을 경작할 능력은

[66] 그의 이름은 빅토리아누스였다. 그는 아드루메툼의 부유한 시민이었고 왕의 신임을 받았다고 한다. 그는 왕의 총애로 속주 총독의 지위에 올랐고 아프리카의 총독이라는 직함도 얻었다.

37장 467

없었다. 교부 한 명이 카르타고의 총대주교 자리에 앉았고, 주요 도시의 주교들 중 몇몇은 경쟁자의 자리를 빼앗기도 하였다. 그러나 성직자 수가 부족했고 라틴어를 몰랐기 때문에[67] 야만족들에게는 큰 교회의 성직을 수행할 자격이 주어지지 않았고, 아프리카인들은 정통파 지도자들을 잃고 난 후에는 공적으로 예배를 드릴 기회를 박탈당했다. 8) 역대 로마 황제들은 당연히 호모오우시온파(성자와 성부가 동일 본질이라는 교리)의 보호자였고, 아프리카의 충실한 신도들은 로마인이자 가톨릭교도로서 야만족 이단자이자 찬탈자들보다는 합법적인 황제를 더 좋아했다. 훈네리크는 잠시 평화적인 우호 관계를 유지하는 동안, 동로마 황제 제논과 테오도시우스 가문의 딸이자 반달족 왕비의 동생인 플라키디아의 중재로 카르타고 대성당을 복구하기도 했다. 그러나 이런 점잖은 행동은 오래 지속되지 않았는데, 이 오만불손한 왕은 로마 사절들이 궁정에 도착하려면 반드시 통과해야 하는 주요 도로에 피비린내 나는 박해 장면들을 그린 그림을 일부러 배치함으로써 제국의 종교에 대한 경멸을 드러냈기 때문이다.[68] 훈네리크는 카르타고에 주교들을 모아 놓고 아들 힐데리크의 왕위 계승을 승인할 것과 외국, 즉 바다 건너편과의 서신 왕래를 일체 하지 않을 것을 강요했다. 이런 서약은 그들의 도덕적, 종교적 의무와는 모순되지 않았을지 몰라도 그들 중 현명했던 주교들[69]은 서약을 거부했다. 그들의 거부는 그리스도교도는 맹세하지 않는다는 그럴듯한 구실로 미약하게나마 포장되었지만, 이 질투 많은 폭군의 의심마저 잠재울 수는 없었다.

왕과 군대에 의해 억압받던 가톨릭교도들은 그 수와 학식에서 상대방을 크게 압도했다. 그들은 그리스와 라틴계 교부들이 아리우스파와 논쟁할 때 이미 이용한 것과 같은 무기[70]로 울필

[67] 총대주교 키릴라도 스스로 라틴어를 모른다고 공언했다. 그는 라틴어로 쉬운 대화 정도는 했을지 모르나 라틴어로 논쟁하거나 설교하지는 못했다. 그의 반달족 성직자들은 더더욱 무식했다. 그들을 따른 아프리카인들도 별로 신뢰할 만하지 못하다.

[68] 훈네리크는 우라니우스라는 사절에게 직접 대 놓고 말한 적도 있다.

[69] 빅토르는 그들이 "결코 맹세하지 않는다."라는 복음서 구절을 인용한 것은 불편한 맹세를 피하려는 의도였을 뿐이라고 명확하게 밝혀 놓았다. 맹세를 거부한 마흔여섯 명의 주교는 코르시카로 추방당했고, 맹세한 302명의 주교는 아프리카 속주 여기저기에 배치되었다.

[70] 루스파이의 주교였던 풀겐티우스는 원로원 의원 출신 가문이었고 인문 교육을 받았다. 그는 모국어인 라틴어를 공부하도록 허락받기 이전에 호메로스와 메난드로스의 모든 작품을 외울 수 있었다. 많은 아프리카의 주교들이 그리스어를 알았던 것 같고 그리스의 많은 신학서들이 라틴어로 번역되어 있었다.

라스의 흉악하고 무식한 후계자들을 여러 번 침묵시키고 또 굴복시켰다. 자신들의 우월성을 인식했다면 단순한 종교 전쟁의 술수나 열정의 차원을 넘어설 수도 있었을 것이다. 그러나 정통파 신학자들은 그런 명예로운 자긍심을 갖는 대신, 벌을 받지 않을 것이라는 확신에 이끌려 사기나 날조라고밖에 이름 붙일 수 없는 이야기들을 꾸며 냈다. 그들은 자신의 논쟁적인 저술들을 초기 그리스도교의 저명한 성인들의 작품이라고 주장했고, 비길리우스와 그의 제자들은 성 아타나시우스와 성 아우구스티누스로 어설프게 분장하기까지 했다.71 삼위일체와 성육신의 비밀을 명확하게 해설한 저 유명한 신조도 이들 아프리카의 가톨릭 일파에서 비롯된 것이 분명해 보인다.72 그들의 성급하고 무엄한 손끝에서 성경까지도 훼손되었다. 삼위일체가 천국에서 증명되었다고 주장하는 그 유명한 구절은73 정통파 교부들의 저술, 고대의 원전들, 믿을 만한 필사본 등에서 전혀 발견되지 않는 점으로 미루어 보아 개작되었음에 틀림없다.74 그 구절은 훈네리크가 소집한 카르타고 집회에 참석한 가톨릭 주교들이 처음 주장했다.75 아마도 각주의 형식을 취한 우화적 해석이 10세기 동안에 걸친 암흑 시기에 여러 번 수정된 라틴어 성경에 끼어든 것 같다.76 인쇄술의 발명77 이후에는 그리스어 성경 편집자들도 자신들의 편견 또는 시대적 편견에 굴복했고,78 이 경건한 기만 행위는 로마와 제네바에서 열렬한 환영을 받아 근대 유럽의 모든 나라에 각국의 언어로 무한히 퍼져 나갔다.

이런 대대적인 기만 행위는 분명 의심을 불러일으켰지만, 아프리카의 가톨릭교도들이 자신들을 변호하고자 내세운 몇

가톨릭의 기적

가지 그럴듯한 기적들은 하느님의 가호라기보다는 자신들의

71 타프수스의 『비길리우스의 대화』의 두 서문을 비교해 보라. 그는 악의 없는 거짓말로 학식 높은 독자들을 웃기려 한 것일 수도 있다. 그러나 주제는 너무 엄숙했고 아프리카인들은 너무 무지했다.

72 퀘스넬(P. Quesnel)이 이 의견을 맨 처음 내놓았고 널리 받아들여졌다. 다음 세 가지 사실은 놀랍기는 하지만 지금은 보편적으로 인정되는 사항이다. 1) 성 아타나시우스는 교회에서 그토록 빈번하게 읽히는 그 신조의 저자가 아니다. 2) 그 신조는 그가 죽고 1세기 안에는 존재하지 않았던 것 같다. 3) 이것은 원래 라틴어로 쓰여졌는데, 그렇다면 당연히 서로마 속주에서 쓰여진 것이다. 콘스탄티노플의 대주교 겐나디우스는 이 특이한 신조를 듣고 너무 놀라 주정뱅이의 작품인 줄 알았다고 솔직하게 고백했다.

73 「요한」 1서, 7권. 1689년에 교황 절대주의자 사이몬(Simon)은 이 구절을 없애고자 했고, 1707년에 개신교도 밀(Mill)은 그 구절의 노예가 되고자 했고, 1751년에 아르메니아의 베트스타인(Wetstein)은 자신의 시대와 교파의 자유를 이용하고자 했다.

74 현존하는 모든 성경 필사본에서 발견되지 않는다. 현존하는 필사본은 모두 여든 권 정도인데, 가장 오래된 것은 1500년 정도 되었다. 바티칸과 콤플

루툼 학파와 스티폰스(Robert Stephens)의 권위 있는 사본들은 찾아볼 수가 없다. 더블린과 베를린에 있는 두 개의 필사본은 예외를 구성하기에는 가치가 없다.

75 혹은 그들 동족의 이름으로 이 신앙 고백을 만들고 출간한 네 명의 주교라고 하는 것이 더 정확할 것이다. 그들은 이 텍스트를 '밝은 빛'이라고 불렀는데, 아프리카의 논쟁자들인 비길리우스와 풀겐티우스에게 곧 인용되었다.

76 11~12세기에 성경은 캔터베리 대주교인 랜프랑크, 로마 교회 정통파의 추기경이자 도서관학자인 니콜라스에 의해 수정되었다. 이 수정에도 불구하고 가장 오래되었지만 가장 깨끗한(이 두 가지 성질은 필사본이 아니라면 함께 결합될 수 없는 것이다.) 스물다섯 개의 라틴어 필사본에는 여전히 그 대목이 빠져 있다.

77 독일인이 발명한 이 기술은 이탈리아의 라틴어, 그리스어 작가들이 사용했다. 그리스어로 된 신약성서는 1514, 1516, 1520년에 에라스무스의 근면성과 추기경 크시메네스의 기부로 출간되었다. 콤플루툼 학파의 대역 성서는 금화 5만 두카트의 비용이 들었다고 한다.

78 신중한 에라스무스가 편집한 그리스어 성경에는 세 명의 목격자가 존재한다. 진실로 믿었던 콤

노력 덕분이라고 하는 편이 더 합리적일 것이다. 그러나 이 종교 분쟁을 비교적 공평한 눈으로 바라본 한 역사가는 신도들에게는 확신을 주고, 믿지 않는 자들을 놀라게 할 만한 한 가지 초자연적인 사건에 대해 언급하고 있다. 카이사레아에서 동쪽으로 16마일 정도 떨어진 곳에 마우리타니아의 해양 식민지인 티파사79라는 곳이 있는데, 이곳은 시대를 막론하고 주민들의 열렬한 정통파 신앙으로 유명했다. 그들은 도나투스파의 분노에도 용감히 맞섰고, 아리우스파의 폭정도 저항하거나 교묘히 피했다. 이 마을은 이단 주교가 온다는 소식에 거의 공동화되었다. 배를 구할 수 있었던 주민들은 모두 에스파냐 해변으로 떠났고, 불행하게도 남아 있던 사람들은 찬탈자와의 모든 대화를 거부하고 불법이지만 경건한 자신들만의 집회를 계속했다. 그들이 복종하지 않자 훈네리크는 격분했다. 코메스 한 명이 카르타고에서 티파사로 파견되었는데, 그는 그리스도교도들을 포룸에 소집한 후 모든 주민이 보는 앞에서 신자들의 오른손을 자르고 혀를 뽑아 버렸다. 그러나 이 경건한 증거자들은 혀를 뽑혔음에도 여전히 말을 하는 것이었다. 이 기적에 대해서는 이 사건이 일어나고 2년쯤 지난 후 박해의 역사를 책으로 펴낸 아프리카 주교 빅토르가 증언하고 있다.

누구든지 이 사건의 진실을 의심하는 사람은 콘스탄티노플을 방문하여 레스티투투스의 명확하고 완벽한 설명을 들어 보라. 이 부사제는 그 영광스러운 수난자 중 한 명으로 지금은 제논 황제의 독실한 황후의 신임을 받고 있다.

콘스탄티노플에서는 놀랍게도 이 사건과 이해관계도 없고 감정적 개입도 없는 냉정하고도 학식 높은 목격자를 발견하게 된

다. 플라톤 학파 철학자인 가자의 아이네아스는 자신이 목격한 이들 아프리카 수난자들에 대해 정확하게 묘사하고 있다.

> 나는 직접 그들을 보았고, 그들이 말하는 것을 들었다. 나는 발성 기관이 없는데도 어떻게 명확한 발음을 하는지 열심히 물어 보고, 내 눈이 보고 내 귀가 들은 것을 직접 검사해 보았다. 그들의 입을 열어 살펴보니 혀가 분명 뿌리째 완전히 뽑혀서 의사들이 대개 사망에 이른다고 생각하는 상태였다.[80]

아이네아스의 증언은 유스티니아누스 황제가 영구적으로 내린 칙령, 코메스인 마르켈리누스의 연대기, 그 당시 로마 교황의 사절로 콘스탄티노플에 체류했던 교황 그레고리우스 1세 등의 수많은 증언으로 다시 확인된다.[81] 이들은 모두 백 년 범위 내에서 생존한 사람들인데, 모두 개인적인 식견이나 세상의 평에 의존해서, 세상에서 가장 큰 무대에서 몇 번이고 반복해서 상영되면서 수십 년간 냉철한 검증의 대상이 된 이 기적의 진실성을 주장하고 있다. 혀도 없이 말한 이 아프리카 증거자들의 초자연적인 능력은 그들의 말이 순수하고 정통이라고 믿는 사람들에게만 동의를 얻어 냈을 것이다. 그러나 믿지 않은 자들의 완고한 마음은 여전히 사라지지 않는 의심으로 닫혀 있었고, 삼위일체의 교리를 강하게 부정했던 아리우스파나 소치니파는 아타나시우스파의 기적이 아무리 그럴듯했다 해도 전혀 흔들리지 않았을 것이다.

반달족과 동고트족은 자신들이 아프리카와 이탈리아에 세운 왕국이 최종적으로 멸망할 때까지 내내 아리우스파 교리를 신봉한다고 공언했다. 갈리아의 야만족들은 정통파 교리를 신

루멜 대역 성서의 편집자들, 괄호를 사용하여 사기를 친 스티븐스, 교묘하게 속였거나 이상하게 오역한 베자(Theodore Beza)가 그들이다.

[79] 이곳은 베스파시아누스 황제가 로마 시민권을 부여해서 중요성을 띠게 된 곳으로, 누미디아의 티파사와는 다른 곳이다.

[80] 가자의 아이네아스는 그리스도교도였고 영혼의 불멸과 육체의 부활에 대한 이 대화집(『테오프라스투스(Theophrastus)』)을 썼다. 이것과 스물다섯 개의 서한이 지금도 남아 있다.

[81] 옛 기록에는 증거자들의 수가 예순 명이라고 적혀 있지만, 이 목격자들은 그들의 수를 명확히 밝히지는 않았다.

서기 500~700년, 야만족들 사이에서 아리우스파의 몰락

82 에스파냐의 역사가 마리아나(Mariana)와 페레라스(Ferreras)를 참조하라. 로마 고전의 양식과 정신을 차용한 마리아나는 자신이 예수회 수사라는 점을 잊은 듯하다. 부지런한 편집자였던 페레라스는 그가 제시한 사실들을 논평하고 그의 연대기를 개정했다.

83 고이스빈타는 서고트족의 두 왕과 연이어 결혼했다. 아타나길트와의 결혼에서 인군디스의 어머니인 브룬힐트를 낳았고, 헤르메네길트와 레카레트의 아버지인 레오비길트는 이전 결혼에서 낳은 아들이었다.

봉하던 프랑크족에 굴복했고, 에스파냐는 서고트족의 자발적인 개종에 의해 가톨릭으로 복귀했다.

서기 577~584년, 에스파냐에서 헤르메네길트의 반란과 순교

이런 유익한 혁명82은 우리의 냉정한 이성으로 판단할 때는 배은망덕한 반항자라고 볼 수도 있는 한 순교자 왕의 모범에 의해 더욱 가속화되었다. 에스파냐의 고트족 군주였던 레오비길트는 백성들의 사랑은 물론 적의 존경까지도 받을 만한 인물이었다. 그의 통치 아래에서 가톨릭교도는 종교적 자유를 마음껏 누렸고, 아리우스파 종교 회의는 비록 결과는 그다지 성공적이지 못했지만, 두 번째 세례라는 인기 없는 의식을 폐지함으로써 가톨릭교도의 의심을 없애 주고자 했다. 그의 장남 헤르메네길트는 아버지로부터 왕관과 아름다운 바이티카 공국을 물려받자, 아우스트라시아의 왕 지기베르트와 저 유명한 브룬힐트 사이에서 태어난 메로빙거 왕조의 공주와 정통파 교회에서 명예로운 결혼식을 올렸다. 당시 겨우 열세 살이었던 아름다운 신부 인군디스는 아리우스파가 지배하던 톨레도의 궁정에 받아들여지고 사랑받았지만, 박해도 받았다. 그녀의 종교적 지조를 고트족의 왕후 고이스빈타가 이중의 모권(母權)83을 남용해 감언이설과 폭력을 번갈아 사용하며 공격했다. 인군디스의 반항에 격노한 고이스빈타는 이 가톨릭교도 왕비의 긴 머리채를 휘어잡고 무자비하게 땅바닥에 내동댕이치고는 온몸이 피로 물들 때까지 짓밟고 그것도 모자라 발가벗겨 웅덩이에 처넣으라고 명령했다. 헤르메네길트는 사랑과 명예심 때문에 자기 신부에 대한 이런 모욕적인 처사에 분개하다가, 점차 인군디스가 신의 진실을 위해 고통받고 있다고 생각하게 되었다. 그녀의 조용한 불만과 세빌리아의 대주교 레안데르의 설득력 있는 논의가 그의 개종을 완성시켰다. 그리

하여 이 고트족 왕국의 후계자는 엄숙하게 견진 성사를 치르고 니케아 신앙에 입문했다.[84] 이 성급한 젊은이는 신앙심과 함께 야심도 있었는지 아들과 신하로서의 의무를 위배하고자 했고, 에스파냐의 가톨릭교도들은 박해를 받았다고 할 수 없었는데도 이단자 아버지에 대한 아들의 신성한 반항에 박수갈채를 보냈다. 내전은 헤르메네길트 측을 강력하게 지지한 메리다, 코르도바, 세빌리아의 끈질긴 포위 공격으로 오래 지속되었다. 그는 정통파 가톨릭을 믿는 수에비족과 프랑크족을 자기 조국을 파괴하기 위해 불러들이고, 아프리카와 에스파냐 해안 일부를 차지하고 있던 로마의 위험스러운 도움도 요청했다. 또 대주교 레안데르를 자신의 거룩한 사절로 삼아 직접 비잔티움 궁정과 효과적인 협상도 벌였다. 그러나 이 가톨릭교도의 희망은 에스파냐의 군사력과 경제력을 지배하던 군주의 기민하고 효과적인 대응으로 분쇄되었고, 반역자 헤르메네길트는 저항하거나 도망칠 기회도 잃고 격분한 아버지의 손에 맡겨졌다. 레오비길트는 여전히 이 가톨릭교도 아들을 배려해서, 비록 왕자의 권리는 박탈했지만 품위 있는 추방 생활을 하면서 가톨릭 신앙 생활을 계속하도록 허용했다. 그러나 이 고트족 왕은 아들이 성공하지는 못했지만 지속적으로 반역을 시도하자, 마침내 진노하여 홧김에 내키지 않은 사형을 선고했고, 결국 세빌리아의 탑에서 비밀리에 처형되었다. 아리우스파 성찬식을 목숨을 걸고 끝까지 거부한 그의 굽힐 줄 모르는 신앙은 성 헤르메네길트라는 명예로운 칭호를 바치기에 충분할지도 모른다. 그러나 그의 아내와 어린 아들은 로마인들에게 억류되어 치욕스러운 포로 생활을 했고, 이런 가정적인 불화는 레오비길트 왕의 드높은 명예를 더럽히고 그의 말년을 쓰라리게 만들었던 것이다.

[84] 이교의 세례를 받은 가톨릭교도는 다시 견진성사를 받았는데, 이것에 보이거나 보이지 않는 수많은 신비롭고 기적적인 특권을 부여했다.

85 오세트 또는 율리아콘스탄티아는 보이티스 강 북부에 세빌리아와 마주 보고 위치한다. 투르의 그레고리우스의 권위 있는 언급이 허영심 많고 미신적인 포르투갈인들이 열렬하게 받아들인 루시타니아 역사서보다 훨씬 믿을 만하다.

86 이 기적은 매우 교묘하게 실행되었다. 한 아리우스파 왕이 문을 걸어 잠그고 교회 주위에 깊은 참호를 팠는데, 부활절 세례를 위한 성수 공급은 차단할 수 없도록 만들었다.

87 페레라스는 수에비족의 개종 시기와 정황을 설명하기가 어렵다고 토로했다. 수에비족은 그 당시 레오비길트에 의해 에스파냐의 고트족 왕국에 병합되었다.

서기 586~589년, 레카레트의 개종과 에스파냐의 서고트족

그의 또 다른 아들이자 후계자인 레카레트는 불행한 형의 신앙을 받아들여 더욱 신중하고 성공적으로 견지함으로써 에스파냐 최초의 가톨릭 왕이 되었다. 레카레트는 아버지에게 반역하는 대신 인내심을 가지고 임종을 기다렸다. 아버지의 사후에도 비난하는 대신, 아버지가 임종의 순간에 아리우스파의 과오들을 저버리고 아들에게 고트족 왕국의 개종을 권유했다고 경건하게 상상하였다. 이 거룩한 목표를 달성하기 위해 레카레트는 아리우스파 성직자들과 귀족들의 집회에 참석하여 자신이 가톨릭임을 선언하고 왕의 모범을 따를 것을 촉구하였다. 미심쩍은 텍스트들을 열심히 해석하는 것이나 형이상학적 논쟁을 추구하는 것은 아마도 끝없는 논쟁을 불러일으켰을 것이다. 이 사려 깊은 왕은 무학의 청중들에게 실재하고 눈에 보이는 논거, 즉 세상과 천상의 증거만을 제시하였다. 세상은 이미 니케아 신조에 복종하여 로마인, 야만족, 에스파냐 주민 할 것 없이 모두 한결같이 정통파 신앙을 믿는데, 서고트족만이 거의 유일하게 그리스도교 세계의 합의를 거부하고 있다는 것이다. 또한 미신을 잘 믿던 시대였으니만큼 가톨릭 성직자들이 기술이나 덕행으로 이루어 낸 초자연적인 치료들을 천상의 증거로 존경할 준비는 되어 있었다. 매년 부활절 전야에 저절로 물이 넘쳐흐르는 바이티카에 있는 오세트[85]의 세례반,[86] 이미 갈리시아 지역의 수에비족 왕과 그 백성들[87]을 개종시킨 투르의 성 마르티누스의 기적의 영묘 등도 이에 공헌했다. 이 가톨릭 왕은 국교를 바꾸는 이 중대 사업에서 몇 가지 어려움도 겪었다. 왕태후 고이스빈타가 은밀하게 도모한 음모가 왕의 목숨을 노렸고, 갈리아 나르본네시스 지역에서 두 명의 코메스가 큰 반란을 일으키기도 했다. 그러나 레카레트는 음모자들을 색

출하고 반란을 진압한 후 가혹한 처벌을 내렸는데, 이번에는 아리우스파 신도들이 박해라고 비난할 만도 했다. 이름만으로 야만족 출신임을 알 수 있는 여덟 명의 주교가 아리우스주의를 저버렸고, 아리우스 신학을 담은 책들이 그것들이 소장된 건물과 함께 모두 잿더미로 변했다. 서고트족과 수에비족 전체가 가톨릭 신앙의 울타리 안으로 몰려 들어가자 적어도 젊은 세대의 신앙심은 매우 진지하고 열렬해졌고, 경건하고도 통이 컸던 야만족들은 에스파냐의 교회와 수도원에 자신들의 재산을 기꺼이 기부하였다. 일흔 명의 주교가 톨레도의 종교 회의에 모여 정복자에게 복종한다고 선언했다. 에스파냐 사람들의 열정은 니케아 신조에 약간의 수정을 가했는데, 즉 성령은 성부뿐 아니라 성자에게서도 나온다고 선언한 것이다. 이것은 먼 훗날 그리스 정교와 로마 가톨릭의 대분열을 낳은 중요한 교리이다.[88] 개종한 이 왕은 즉시 학식 높고 거룩한 교황 대(大)그레고리우스 1세에게 경의를 표하면서 자문했다. 이 교황은 재위 기간 중 수많은 이단자와 불신자들을 개종시킨 것으로 이름 높았다. 레카레트의 사절은 바티칸의 문전에 값비싼 금과 보석들을 선물로 내놓았다. 이에 대해 성대한 답례품으로 받은 것은 세례 요한의 머리카락 몇 올, 예수가 못 박혔던 진품 십자가에서 떼어 낸 작은 나무조각을 박아 넣은 십자가, 성 베드로가 찼던 족쇄에서 긁어낸 쇳조각이 조금 들어 있는 열쇠 등이었다.

[88] 니케아 신조 또는 콘스탄티노플 신조에 대한 이러한 수정은 서기 653년에 개최된 제8차 톨레도 공의회에서 처음 이루어졌다. 그러나 이것은 이미 대중적이었던 교리를 표현한 것이었다.

브리타니아의 영적 정복자이기도 한 그레고리우스 1세는 이 우쭐대는 야만족들에게 니케아 신앙을 전파하라고 롬바르드족 왕비인 경건한 테오델린다를 격려한 바 있다. 그 무렵 그들의 종교는 아리우스파 이단으로 오염되어 있었다. 그녀의 헌

서기 600년 등, 이탈리아의 롬바르드족의 개종

[89] 바느프리드(Paul Warnefrid)는 아리우스주의가 로타리스 치세(서기 636~652년)에도 여전히 지배적인 교리였다고 인정했다. 이 경건한 부제는 민족적 개종의 시기를 정확하게 규정하지는 않았지만, 7세기 말 이전에는 완성된 듯하다.

[90] 유대인들은 자신들이 솔로몬의 함대와 네부카드네자르의 군사력으로 최초로 에스파냐에 이주했으며, 이후 하드리아누스 황제가 유다족 4만 가구와 벤야민족 1만 가구를 이주시켰다고 생각했다.

신적인 노력은 미래의 선교사들의 노력과 성공의 여지를 남겼다. 한편 이탈리아의 많은 도시들에서는 서로 적대적인 주교들 간의 논쟁이 계속되었다. 그러나 아리우스파는 진리와 이해관계와 선례의 중압감에 점차 눌렸고, 이집트가 플라톤 학파에서부터 이끌어 낸 이 논쟁은 300년간에 걸친 투쟁 끝에 이탈리아의 롬바르드족이 최종적으로 개종함으로써 종지부를 찍었다.[89]

서기 612~712년,
에스파냐에서의
유대인 박해

야만족들에게 처음으로 복음을 전파한 선교사들은 이성적 증거에 호소하면서 종교적 자유라는 은혜를 베풀 것을 주장했다. 그러나 그들은 영적 지배권을 확립하자마자 그리스도교 왕들에게 로마나 야만족 미신의 잔재들을 가차 없이 근절할 것을 요구했다. 클로비스의 후계자들은 우상 파괴를 거부하는 농민들에게 채찍질 백 번이라는 태형을 내렸고, 앵글로색슨 법률에 따르면 악마에게 제물을 바치는 행위에 대해서는 투옥과 재산 몰수라는 좀 더 무거운 벌을 내렸다. 현명한 알프레드 대왕조차 모세 율법의 극단적인 엄격성을 필수 불가결한 의무로 여겼다. 그러나 그리스도교도 국민들 사이에 처벌이나 범죄 자체가 점점 줄어들고 종파들 간의 신학적 논쟁도 다행스러운 무지 덕분에 중단되어, 우상 숭배자나 이단자를 더 이상 찾기 어렵게 되자 불관용의 편협한 정신은 이제 유대인에 대한 박해로 화살을 돌렸다. 추방된 이 민족은 갈리아의 여러 도시에 예배당을 가지고 있었고, 에스파냐에는 하드리아누스 황제 이래로 수많은 그들의 식민지들이 있었다.[90] 그들이 상업으로, 재화의 운용으로 쌓은 부는 지배자들의 탐욕을 부추겼고, 그들은 무기를 사용할 줄도 모르고 심지어 어떻게 생겼는지도 몰랐기 때문에 아무 위험이 없다고 생각되어 더욱 탄압을 받았다. 7세기 초에 재임했던 고트족 왕 시세부트는 처음부터 극단적인 박해

476

를 시작했다.[91] 9만 명의 유대인들이 세례 성사를 받도록 강요
당했는데, 그중 완강하게 거부하는 사람들은 재산을 몰수당하
고 고문을 받았다. 이런 유대인들이 태어난 나라를 저버리도록
허용되었는지조차 의심스럽다. 에스파냐의 성직자들조차 이
가톨릭 왕의 지나친 열정을 규제해야 한다고 생각했는지, 성사
는 강요해서는 안 된다는 엄숙한 성명을 발표하였다. 하지만
이 성명은 일단 세례를 받은 유대인들은 교회의 명예를 위해서
자신이 믿지 않고 증오하는 종교의 의식이라도 반드시 지켜야
한다는 앞뒤가 모순된 내용을 담고 있었다. 유대인들은 곧바로
자신들의 종교로 돌아가곤 했으므로 시세부트의 후계자 중 한
명은 유대 민족 전체를 자신의 영토에서 추방했다. 톨레도의
종교 회의에서는 모든 고트족 왕들이 이 유익한 칙령을 지킬
것을 맹세해야 한다는 법령까지 선포했다. 그러나 폭군들은 이
희생자들을 내쫓는 일을 별로 내키지 않아 했다. 괴롭히는 즐
거움도 있는데다가 억압받으면서도 이익을 내주던 부지런한
노예들을 없애기도 싫었기 때문이다. 유대인들은 민법과 종교
법이라는 이중 규제로 억눌리면서도 여전히 에스파냐에 살았
는데, 이 나라는 이런 법률을 종교재판법으로 충실하게 성문화
해 놓았다. 고트족 왕들과 주교들은 박해는 증오를 낳고 증오
는 반드시 복수의 기회를 엿본다는 사실을 깨닫게 될 터였다.
그리스도교의 은밀한, 혹은 공인된 적이었던 유대 민족은 굴종
과 고난 속에서도 꾸준히 종족을 불려 나갔고, 급기야는 유대
인들의 음모가 아라비아 정복자들의 급속한 부상을 도왔던 것
이다.[92]

결론

야만족들이 강력한 지지를 거둬들이자
아리우스파의 인기 없던 이단설은 곧 경
멸과 망각 속으로 묻혀 버렸다. 그리스인

[91] 그 당시 세빌리아 대주교였던 이시도르는 시세부트의 열정을 언급하며 비난과 칭찬을 하고 있다. 바로니우스는 애모앵(Aimoin)의 역사서를 근거로 이 숫자를 언급했지만, 그 근거는 빈약하고 나는 그의 인용을 입증할 수 없었다.

[92] 바스나지(Basnage)는 유대인들의 상황을 충실하게 묘사했다. 그러나 그는 에스파냐 종교 회의의 조항들과 서고트족 법률로부터 자신의 주제에 꼭 필요한 흥미로운 사실들을 첨가할 수도 있었을 것이다. 그러나 그것들은 내 주제와는 별 상관이 없다.

들만이 그들의 예민하고 말이 많은 성향을 유지하여 모호한 교리가 제정되면 새로운 문제들과 논쟁을 불러일으켰다. 그때마다 야심적인 고위 성직자나 광신적인 수도사가 나타나 교회와 더 나아가서는 제국 전체의 평화를 위협하는 사태로 발전시키는 힘을 발휘했다. 제국의 역사를 기술하는 이 책에서는 잘 알려지지 않은 무명의 교파나 종교 회의의 논쟁들은 무시해도 될 것이다. 그리스도교와 조로아스터교를 융합시키고자 한 마니교 신도들은 은밀하게 제국 속주들에 잠입해 있었다. 그러나 이런 외래의 교파들에는 모두 그노시스파라는 오명이 씌워졌고, 대중의 증오에 힘입어 제국의 법률이 실행되었다. 펠라기우스파의 합리적인 견해는 브리타니아에서 시작되어 로마, 아프리카, 팔레스타인까지 퍼져 나갔지만, 미신적인 시대의 한계로 조용히 사라졌다. 그러나 동로마 제국은 네스토리우스파와 에우티케스파의 논쟁으로 혼란스러웠다. 이들 교파는 성육신의 신비를 설명하고자 했으나, 오히려 그 발현지에서 그리스도교의 명맥을 끊어 버리는 일만 촉진한 셈이 되었다. 이들 논쟁은 테오도시우스 2세 치세에 처음 시작되었지만 그것의 엄청난 결과는 이 책의 범위를 넘어서는 시기까지 이어진다. 이 논쟁의 형이상학적 연쇄, 종교적 야심의 대립, 비잔티움 제국의 쇠퇴에 미친 정치적 영향 등은 에페수스와 칼케돈의 공의회로부터 마호메트의 후계자들에 의한 동로마 정복에까지 이르는 시기의 흥미진진하고도 교훈적인 역사를 제공해 줄 것이다.

38

THE DECLINE AND FALL
OF THE ROMAN EMPIRE

클로비스의 통치와 개종 · 알레만니족, 부르군트족, 서고트족에 대한 그의 승리 · 갈리아에서의 프랑크 왕국 건설 · 야만족들의 법률 · 로마인들의 상황 · 에스파냐의 서고트족 · 색슨족의 브리타니아 정복 · 아서 왕의 명성

로마의 굴레를 견디기 힘들어하면서 겨우 참아 왔던 갈리아인들은[1] 베스파시아누스 황제의 장군들 중 한 사람에게서 기억할 만한 교훈을 배웠다. 그의 중대한 통찰을 천재적인 타키투스는 다음과 같이 세련되게 표현했다.[2]

갈리아의 혁명

공화국의 보호로 갈리아는 내분과 외적의 침입으로부터 구원받았다. 비록 민족적인 독립성은 상실했지만, 대신 그대들은 로마 시민이라는 칭호와 특권을 얻었다. 그대들은 우리와 함께 시민 정부라는 혜택을 영원히 누릴 수 있게 되었고, 반면 멀리 떨어져 있기 때문에 우발적인 폭정의 재앙에 노출될 일은 적을 것이다. 정복자로서의 권리를 행사하는 대신, 우리는 그대들의 생활 유지와 보호에 꼭 필요한 조세를 부과하는 것으로 만족하였다. 평화는 군대 없이 유지될 수 없고, 군대는 백성들이 비용을 부담해야 유지된다. 우리가 흉포한 게르만족에 대항

[1] 이 장에서의 인용은 『갈리아와 프랑스의 역사』가 출처이다. 이 책에는 부케(Dom Bouquet)와 그 외 베네딕토회 수도사들의 노력으로 서기 1060년에 이르기까지의 모든 역사적인 증거들이 학구적인 주석과 함께 연대순으로 기술되어 있다. 1500년까지 지속된 이런 국가적인 작업은 우리나라의 경쟁심을 불러일으킬 만하다.

[2] 타키투스의 원문을 요약하는 것은 진정 주제넘은 일이지만, 갈리아의 현재 상태와 미래의 변혁에 대한 서술 중 중요한 부분을 선택해 보았다.

해 라인 강 국경을 수비하는 것은 그대들을 위한 것이지 우리를 위한 것이 아니다. 그들은 게르마니아의 황폐한 산림 지대와 소택지를 갈리아의 부와 비옥한 토지와 바꾸고자 여러 번 시도했고 또 항상 그것을 소망하고 있다. 로마의 몰락은 각 속주들에도 분명히 치명적일텐데, 만약 그런 일이 일어나면 800년 동안의 용맹과 지혜로 쌓아 올린 이 거대한 조직의 폐허 아래 그대들 역시 파묻히고 말 것이다. 그대들이 꿈꾸는 자유는 야만적인 주인에 의해 모욕당하고 억압될 것이며, 로마인을 축출하고 난 후에 오는 것은 야만족 정복자의 영원한 적의일 뿐일 것이다.

이 유익한 충고는 받아들여졌으며 여기에 표현된 기묘한 예언도 사실로 드러났다. 카이사르의 무력에 용감히 맞섰던 강건한 갈리아인들은 400년이라는 긴 시간 동안, 자신들도 모르는 사이에 서서히 로마 시민이자 예속된 백성이라는 거대한 집단 속으로 녹아들어 갔다. 서로마 제국이 붕괴된 후, 라인 강을 건너온 게르만족은 갈리아를 차지하기 위해 서로 맹렬하게 싸웠다. 그 과정에서 평화롭고 세련된 주민들의 경멸과 혐오를 불러일으켰다. 지식과 사치에서 우월한 사람들이 필연적으로 갖게 되는 자만심으로, 갈리아인들은 북방에서 온 털 많고 몸집 큰 야만인들을 조롱했다. 그들의 촌스러운 풍습과 조잡한 오락, 게걸스러운 식욕과 징그러운 외모까지 모두 시각적으로나 후각적으로나 불쾌하기 짝이 없었다. 오툉과 보르도의 학교에서는 여전히 인문 교육이 행해졌으며, 갈리아 젊은이들은 키케로와 베르길리우스의 언어에 익숙했다. 그들은 거칠고 생소한 게르마니아 방언에 깜짝 놀랐고, 부르군트족의 리라에서 나오는 화음을 들으면 시신(詩神)들이 무서워 떨며 멀리 달아날 것이라고 한가롭게 한탄했다. 갈리아인들은 자연과 예술에서는 모든 혜택을 누리고 있었지만 자신들을 방어할 용맹이 부족했으므로, 당연하게도 승리한 야만족에게 복종하고 아첨하는 수밖에 없었다. 그들의 재산과 생명이 오로지 야만족들의 자비심에 달려 있었기 때문이다.3

오도아케르는 서로마 제국을 멸망시키자마자 곧 야만족들 중에서 가장 강력한 세력과의 제휴를 모색했다. 이탈리아의 이 새로운 군주는 라인 강에서 대서양에 이르는 알프스 너머의 로마 정복지들 전체를 서고트족의 왕 에우리크에게 양도했다.4 원로원은 이 너그러운 선물을 어느 정도 자신들의 권위를 과시하면서, 그러나 세입이나 통치권에서는 조금도 손해를 보지 않으면서 승인해 주었던 것 같다. 에우리크의 합법적인 권리는 그의 야심과 승리에 의해 뒷받침되었으며, 고트족은 그의 지휘 아래 에스파냐와 갈리아 정벌에 나설 수 있었다. 아를과 마르세유가 그의 무력 앞에 굴복했고 오베르뉴도 자유를 잃었다. 오베르뉴의 주교는 당연했을지는 모르지만 전혀 내키지 않는 송시를 헌정함으로써 겨우 추방지에서 다시 돌아올 수 있었다. 시도니우스는 궁전 문 앞에서 수많은 사절들과 탄원자들과 함께 상당히 오래 기다려야만 했다. 보르도의 궁전에 볼일이 있는 사람들이 그토록 많았다는 것 자체가 이 서고트족 왕의 권력과 명성을 입증해 준다. 멀리 떨어진 바닷가에서 알몸을 바다색으로 칠하고 살던 헤룰리족도 그의 보호를 간청했다. 색슨족도 해군력을 전혀 갖추지 못한 이 군주의 바다에 면한 속주들에 경의를 표했다. 키가 큰 부르군트족도 에우리크의 권위에 굴복했고, 에우리크는 흉포한 프랑크족에 대해서도 불평등한 조건을 내세운 평화 협정을 맺기 전까지는 포로들을 송환하지

서기 476~485년,
서고트족의 왕 에우리크

3 시도니우스 아폴리나리스는 자신의 곤궁한 처지를 짐짓 호기로운 척하며 자조한 바 있다.

4 그로티우스의 품성으로 볼 때 다른 권위 있는 필사본의 도움 없이 론 강을 라인 강으로 잘못 쓴 것 같지는 않다.

5 요르난데스는 이 고트족 영웅의 초상이 어느 정도 진실임을 입증한 바 있다.

6 라틴어 이름인 클로도베쿠스(Chlodovechus) 또는 클로도바이우스(Chlodovaeus) 대신 클로비스(Clovis)라는 친숙한 이름을 사용하겠다. 'Ch' 발음은 게르만족임을 나타내는 것이고, 진짜 이름은 뤼뒤앵(Luduin) 또는 루이(Lewis)와 별반 다르지 않다.

7 바시나(Basina)는 자연의 언어를 말했을 뿐이다. 어렸을 때 바시나를 본 프랑크족들은 늙어서 그레고리우스 주교와 이야기할 기회가 있었는지도 모른다. 그러나 이 투르의 주교는 최초의 그리스도교 왕의 어머니를 모욕하고 싶지 않았을 것이다.

8 뒤보(Abbé Dubos)는 클로비스가 세운 최초의 왕국의 경계와 그 백성의 수를 밝혀내는 업적을 남겼다.

않았다. 아프리카의 반달족도 에우리크와 유익한 우호 관계를 맺기를 원했고, 판노니아의 동고트족은 그의 강력한 도움을 받아 이웃한 훈족의 압박을 견뎌 낼 수 있었다. 북방(이것이 그 시인(시도니우스)의 고고한 말투였다.)은 에우리크가 고개만 한 번 끄덕여도 가슴을 조이거나 쓸어내렸고, 페르시아 대왕도 서방(에우리크)의 신탁을 물었으며, 테베레 강의 연로한 신은 가론 강의 의기양양한 수호신의 보호를 받았다고 한다.5 한 나라의 운명은 사소한 우연으로 달라지는 경우가 많은데, 프랑스가 강대국이 된 것에는 이 고트족 왕이 갑자기 죽었을 때 그의 아들 알라리크는 아직 아무것도 모르는 어린아이였던 반면, 그의 적인 클로비스6는 야심만만하고 용감한 청년이었다는 사실이 큰 영향을 끼쳤다고 볼 수 있다.

서기 481~511년,
프랑크족의 왕 클로비스

클로비스의 아버지 힐데리크는 게르마니아에서 망명 생활을 하면서 튀링기아의 왕뿐 아니라 왕비에게도 매우 친절한 대접을 받았다. 힐데리크가 왕위에 복귀한 후, 튀링기아 왕비 바시나는 남편의 침대에서 탈출하여 연인의 품에 안겼다. 그녀는 힐데리크보다 더 현명하고 더 강하며 더 잘생긴 남자가 있다면 그를 선택했을 것이라고 거리낌 없이 선언했다.7 클로비스는 이런 자유 결혼으로 태어났고, 아버지의 죽음으로 불과 열다섯 살의 나이에 잘리어족의 통치권을 이어받았다. 이 작은 왕국의 경계8는 바타비족의 섬과 투르나이와 아라스라는 오래된 두 교구로 국한되어 있었고, 클로비스가 세례를 받을 무렵 그의 전사들의 수는 5000명을 넘지 않았다. 프랑크족과 유사한 혈통을 지닌 제 부족들은 지금의 벨기에에 있는 스헬데 강, 뫼즈 강, 모젤 강 및 라인 강변에 흩어져 있었는데, 각각 메로빙거 혈통에 속하는 독립적인 왕들의 통치를 받고 있었다. 그들은 잘리어 왕과 대등한 위치에 있었으며 동맹자인 동시에 때로는 적이 되기도 했다. 그러나 게르만족은 평소에는 세습적인 족장의 통치에 순종하다가도 전쟁이 나면 승리를 거듭하는 인기 있는 장군의 깃발 아래로 자유롭게 달려가곤 했다. 클로비스는 탁월한 능력으로 이 민족 연합 동맹군의 존경을 한 몸에 받았다. 그가 처음 출정했을 때 금고에는 금은보화도 없었고 창고에는 식량도 포도주도 거의 없었다.[9] 그러나 그는 바로 이 지역에서 창검으로 부를 쌓고 정복의 과실로 병사들을 샀던 카이사르의 예를 따랐다. 전투나 원정에서 승리를 거둘 때마다 전리품이 산더미처럼 쌓였고, 각각의 병사들은 적절하게 제 몫을 분배받았으며, 왕의 특권도 군사법의 평등한 규제에 종속되었다. 길들여지지 않은 사나운 야만족들도 규칙적인 훈련과 규율의 장점을 인정하도록 교육받게 되었다.[10] 매년 3월에 실시된 정기 검열에서는 무기를 세심하게 검사했고, 평화로운 지역을 지나갈 때에는 풀잎 하나도 건드리지 않도록 규제했다. 클로비스의 사법권은 냉혹했는데 부주의하거나 불복종하는 병사는 즉각 사형으로 처벌하였다. 프랑크족의 용맹에 대해서는 새삼 칭찬할 필요도 없지만, 클로비스의 용맹은 냉정하게 계산된 사려 분별로 뒷받침되는 것이었다.[11] 그는 사람을 상대로 한 모든 교섭에서 이익과 감정과 여론의 무게를 저울질했는데, 그가 취한 조치는 때로는 피를 즐기는 게르만족의 풍습과 일치했고, 때로는 로마 풍습이나 그리스도교 교리보다도 온화했다. 클로비스는 승리의 가도를 한창 달리던 중 마흔다섯의 나이로 세상을 떠났지만, 30년 동안의 치세를 통해 갈리아에 프랑크족의 왕국을 건설했다.

클로비스의 첫 번째 위업은 아이기디우스의 아들, 시아그리우스를 격파한 것인데 이 경우에는 사적인 분노가 전쟁을 촉발

[9] 투르의 그레고리우스 주교는 클로비스의 궁핍과 손자들의 풍요를 비교했다. 그러나 레미기우스는 그의 세습 재산이 포로들을 구제하기에 충분했다고 언급하고 있다.

[10] 수아송의 항아리에 관한 유명한 이야기는 클로비스의 능력과 성품을 잘 나타내 준다. 이 이야기는 논쟁거리를 제공하면서 불랭빌리에(Boulainvilliers), 뒤보를 비롯한 여러 고대 정치 저술가들로부터 이상하리만큼 공격을 받았다.

[11] 귀족 정치인으로서 중대하고 미묘한 협상을 타결한 바 있는 니버노아의 두크스는 클로비스의 정치 체계를 독창적으로 설명하고 있다.

¹² 비에(M. Biet)는 시아그리우스와 그 아버지의 왕국의 경계를 정확하게 규정했다. 그러나 그는 뒤보의 불충분한 증거에 근거해 너무 간단하게 보배(Beauvais)와 아미앵(Amiens)을 제외시켰다.

¹³ 프레데가리우스는 투르의 그레고리우스의 저서를 요약하면서 '로마 왕'이라는 믿을 수 없는 칭호를 조심스럽게 명예고관으로 바꾸었다.

¹⁴ 그를 야만족의 솔론, 암피온이라 부른 시도니우스는 이 가상적인 왕을 대등한 친구처럼 언급하고 있다. 이런 중재 능력을 통해 간사한 데조케스는 메디아의 왕좌까지 올라갔다.

¹⁵ 비에는 부지런하게도 이 전투 장소를 밝혀 놓았는데, 수아송에서 북쪽으로 10마일 정도 떨어진 노겐트의 베네딕트 수도원이었다고 한다. 이 장소에는 이방인들의 무덤이 있었는데, 클로비스는 부근의 루일리와 쿠시를 랭스의 교회에 증여했다고 한다.

¹⁶ 수아송의 세 개의 병기고는 스쿠타리아(Scutaria), 발리스타리아(Balistaria), 클리나바리아(Clinabaria)였다. 클리나바리아는 중기병을 위한 완전무장을 공급했다.

서기 486년,
시아그리우스에 승리한
클로비스

시킨 것 같다. 메로빙거 가문 사람들은 아버지 힐데리크의 영광에 여전히 모욕감을 느꼈고, 그 아들의 권력은 프랑크 왕의 질시 어린 야심을 불러일으켰을 것이다. 시아그리우스는 수아송의 도시와 교구를 세습 재산으로 물려받았다. 제2 벨기카의 황폐한 흔적인 랭스, 트루아, 보배, 아미앵 등은 자연스럽게 이 코메스에게 복종했을 것이다.¹² 서로마 제국이 해체된 이후에 그는 로마 왕이라는 칭호 또는 적어도 그 권위를 가지고 통치했던 것 같다.¹³ 시아그리우스는 로마인으로서 수사학이나 법률학 같은 교양 교육을 받았지만, 우연한 기회와 정치적 고려로 게르마니아 방언도 유창하게 사용할 수 있었다. 독립한 야만족들은 자신들의 언어로 합리성과 공평성을 설명하는 특별한 재능을 지닌 이방인의 법정으로 몰려들었다. 이 재판관은 근면하고 붙임성이 좋아 인기를 얻었으며, 그의 공정하고 지혜로운 판결은 야만족의 자발적인 복종을 이끌어 냈다. 그리하여 프랑크족과 부르군트족에 대한 시아그리우스의 통치는 시민 사회의 기본적인 제도를 부활시키는 듯 보였다.¹⁴ 이런 평화로운 직무에 종사하고 있던 중에, 시아그리우스는 클로비스의 적대적인 도전을 받았고 대담하게 그에 응했다. 클로비스는 경쟁자에게 거의 기사도 시대의 정신과 언어를 사용해서 전투 날짜와 장소까지 지정해 도전했다.¹⁵ 카이사르 시대였다면 수아송은 곧 5만의 기병을 파견했을 것이고, 이만한 군대에 필요한 방패, 흉갑, 무기 등도 이 도시에 있던 세 개의 병기고 또는 군수 공장에서 충분히 공급할 수 있었을 것이다.¹⁶ 그러나 갈리아 젊은이의 용맹과 숫자는 이미 오래전부터 약화되고 감소하고 있었다. 시아그리우스의 군기 아래 모인 패기 없는 자원자와 용병들 무리로는 프랑크족의 용맹을 당할 도리가 없었다. 시아그리우스의 군사력과 군수품에 대한 좀 더 정확한 지식 없이 그의 황급한 패주를 비난하는 것은 다소 가혹할지 모르지만, 어쨌거나 그는 단 한 번의 전투에서 패배하자 멀리 떨어진 툴루즈의 궁전까지 도망쳐 버렸다. 알라리크의 약소한 세력으로는 도저히 이 도망자를 도와 주거나 보호해 줄 수 없었다. 소심한[17] 고트족은 클로비스의 협박에 겁을 먹었고, 이 로마인 왕을 잠시 동안 구금하였다가 사형 집행인의 손에 넘겼다. 벨기카의 도시들은 프랑크 왕에게 굴복하면서, 클로비스의 영토는 그의 치세 10년째에 정복한 광대한 통그르[18] 교구까지 포함해서 동쪽으로 넓게 확장되었다.

알레만니라는 이름은 그들이 레만 호 기슭에 정착하였다는 터무니없는 공상에서 나온 것이다. 이 호수에서 아방쉬와

서기 496년,
알레만니족의 패배와 복종

쥐라 산에 이르는 행운의 지역은 부르군트족이 차지하고 있었다.[19] 실제로 헬베티아 북쪽 지역을 사나운 알레만니족이 차지한 적도 있지만, 그들은 승리의 성과를 자신들의 손으로 파괴해 버렸다. 로마의 기술과 예술로 개발되고 장식되었던 이 속주는 다시 야생의 황야로 되돌아갔는데, 웅장했던 빈도니사의 흔적은 지금도 비옥하고 인구가 조밀한 아르 강 유역에서 얼마간 찾아볼 수 있다.[20] 라인 강의 수원(水源)에서 마인 강 및 모젤 강과 합류하는 지점에 이르는 강 양쪽을 옛날부터 소유해 왔다는 권리와 근래의 승리를 내세워 막강한 알레만니족 군대가 점령했다. 그들은 갈리아까지 세력을 뻗쳐 지금의 알자스와 로렌 지방을 점령했고, 콜로뉴 왕국에 대한 대담한 침략은 잘리어 왕으로 하여금 동맹국인 리푸아리족을 보호하도록 나서게 만들었다. 클로비스는 콜로뉴에서 약 24마일 떨어진 톨비악 평원에서 갈리아에 침입해 온 적들과 맞서 싸웠다. 게르마니아

[17] 이 형용사는 이 상황에만 국한해서 사용해야 한다. 그레고리우스가 프랑크족의 후예로서 편견을 가졌을 수도 있다.

[18] 뒤보는 투르의 그레고리우스와 그의 필사자나 독자들이 라인 강 너머의 게르만 왕국 튀링기아와 뫼즈 강변에 있는 갈리아의 도시 통그르를 지속적으로 혼동했다는 점을 지적해 주었다. 통그르는 그 이전에는 에부론족의 나라였고 그 이후에는 리에주의 관구였다.

[19] 투르의 그레고리우스는 성 루피키누스를 보냈다. 바트빌(M. de Watteville)은 헬베티아에서 알레만니족과 부르군트족이 차지한 지역을 정확하게 구분해 놓았다. 이 지역은 콘스탄스와 아방쉬 또는 로잔 관구에 상응하는데, 근대 스위스에서 지금도 게르만어와 프랑스어를 사용함으로써 구분된다.

[20] 고대 빈도니사의 성벽 안에서는 합스부르크 왕가의 성, 쾨니히펠트의 수도원, 브루크 시(市) 등이 차례로 부흥했다. 철학적인 여행자라면 로마 정복의 기념물과 중세 오스트리아 독재의 기념물, 수도원의 미신과 산업 도시의 기념물들을 비교해 볼 수 있을 것이다. 그리고 그가 진정한 철학자라면 자기 시대의 장점과 행복에 갈채를 보내게 될 것이다.

21 투르의 그레고리우스, 『프랑크 왕국 연대기』. 테오도리크의 서한집을 보면 알레만니족의 패배가 묘사되어 있다. 몇몇 부족은 테오도리크의 보호 아래 라에티아 속주에 정착했는데, 테오도리크의 후계자들은 그 식민지와 그들의 나라를 클로비스의 손자에게 양도했다.

의 가장 사나운 두 민족은 과거의 위업에 대한 기억과 미래의 눈부신 전망에 대한 기대로 한껏 고무되었다. 완강한 전투 끝에 프랑크족이 다소 밀리는 형세를 보이자 알레만니족은 승리의 함성을 지르며 퇴각하는 프랑크족을 성급하게 추격했다. 그러나 클로비스의 용맹과 지도력, 아니면 기도 덕분이었는지 전세는 다시 뒤집혔고, 이날의 혈전이 제국이냐 예속이냐를 영원히 결정해 버렸다. 알레만니족 최후의 왕은 전사했고, 신민들은 살육되고 추격당하다가 결국에는 무기를 버리고 정복자에게 자비를 호소하게 되었다. 군율이 없었던 그들로서는 반격에 나서기란 불가능했다. 그들은 곤경에 빠졌을 때 자신들을 보호해 줄 수 있는 성벽과 요새를 모두 경멸하면서 파괴해 버렸는데, 이제 자신들만큼이나 용감하고 민첩한 적들에게 쫓겨 숲 한가운데로 몰린 것이다. 테오도리크 대왕도 클로비스의 승리를 축하해 주었다. 이 이탈리아 왕은 바로 얼마 전에 클로비스의 누이 알보플레다와 결혼한 터였다. 테오도리크는 자신에게 보호를 요청해 온 탄원자들과 망명자들을 위해 그들과 처남 사이를 온화하게 중재하는 역할을 맡았다. 알레만니족이 점령했던 갈리아 영토는 정복자에게 보상으로 주어졌고, 로마 제국의 군사력에도 굴복하지 않고 저항했던 이 콧대 높은 민족도 메로빙거 왕조의 주권을 승인하게 되었다. 메로빙거 왕조는 자비롭게도 처음에는 임명제, 이후에는 세습제 두크스의 통치하에 그들 특유의 풍습과 제도를 유지할 수 있도록 허용해 주었다. 서로마의 각 속주를 정복한 이후에는, 프랑크족만이 라인 강 너머의 예로부터의 거주지를 유지하고 있었다. 프랑크족은 엘베 강에서 보헤미아 산악 지대까지 흩어져 있는 황폐한 여러 나라들을 차례로 정복하고 문명화시켰는데, 이리하여 유럽의 평화는 게르마니아의 복종에 의해 확보되었다.[21]

클로비스는 서른 살이 될 때까지 조상들이 믿어 온 종교를 그대로 믿었다.22 그리스도교를 믿지 않고 오히려 무시하고 있었기 때문에 그는 적대국의 교회를 아무런 거리낌 없이 약탈할 수 있었을 것이다. 그러나 갈리아의 그의 백성들은 종교적 자유를 마음껏 누렸고, 주교들은 이단자들보다는 이런 우상 숭배자들에게 좀 더 큰 기대를 걸었다. 이 메로빙거 왕조의 왕은 부르군트족 왕의 조카딸인 아름다운 클로틸다와 행복한 결혼생활을 하고 있었다. 그녀는 아리우스파로 가득 찬 궁정 안에 살면서도 가톨릭 신앙을 공언하고 교육받았다. 이교도 남편을 개종23시키는 것이 그녀의 최대 관심사이자 의무이기도 했는데, 클로비스는 자신도 모르는 사이에 사랑하는 이와 종교의 목소리에 귀를 기울이게 되었다. 그는 장남이 유아세례를 받는 것에 동의했으며(이런 조건이 사전에 약속되어 있었는지는 모르지만.), 그 후 아이의 갑작스러운 죽음이 얼마간 미신적인 공포를 불러일으키기도 했지만 또다시 이 위험한 실험을 반복했다. 그리하여 톨비악 전투에서 곤경에 빠졌을 때도 클로비스는 클로틸다와 그리스도교도의 신에게 소리 높여 기도했던 것이다. 이 전투의 승리로 그는 감사와 존경의 마음으로 랭스의 주교 레미기우스24의 능변25에 귀를 기울이게 되었다. 이때 주교는 개종으로 얻게 될 현실적, 영적 이익을 강력하게 주장했다. 클로비스는 가톨릭 신앙의 진실을 이해한다는 입장을 밝혔다. 그의 공식적인 신앙 고백을 저지시켰을 수도 있는 정치적인 이유들은 프랑크족의 신앙과 충성의 환호성에 묻혀 버렸다. 프랑크족은 자신들의 영웅적인 지도자를 위해 전쟁터뿐 아니라 세례반에도 기꺼이 따라갈 준비가 되어 있음을 보여 준 것이다. 이 중요한 세례 의식은 어수룩한 개종자들의 마음에 종교에 대한

서기 496년, 클로비스의 개종

22 클로틸다. 아니 오히려 그레고리우스는 클로비스가 그리스와 로마의 신들을 경배했다고 추측했다. 이 추측은 믿을 수 없으며, 한 세기도 안 되는 기간에 프랑크족의 민속 종교가 얼마나 철저하게 폐지되고 잊혀졌는지를 입증해 줄 뿐이다.

23 투르의 그레고리우스는 클로비스의 결혼과 개종을 서술해 놓았다. 프레데가리우스 또는 이름 모를 요약자, 『프랑크 왕국 연대기』의 저자, 그리고 애모앵(Aimoin)도 무시하지 못할 자료들을 남겼다. 전통은 이 중요한 사항에 대한 기묘한 설명들을 오랫동안 유지한 듯하다.

24 랭스에서 오베르뉴로 돌아온 한 여행객이 이 점잖은 대주교의 비서나 출판업자에게서 그의 연설문의 복사본을 훔쳐 왔다. 그러나 지금까지 남아 있는 레미기우스의 서한 네 통은 시도니우스의 휘황찬란한 찬사와는 잘 들어맞지 않는다.

25 레미기우스의 후계자 중 한 사람인 힌크마르(서기 845~882년)는 그의 생애에 대한 책을 썼다. 랭스의 교회에 있는 고대 필사본들은 어느 정도 신뢰할 만한데, 힌크마르의 이기적이고 철면피한 픽션 때문에 그 신뢰가 무너졌다. 스물두 살(457년)에 성직에 입문한 레미기우스가 74년간이나 주교직을 수행한 사실은 충분히 주목할 만하다.

38장 487

경외심을 강렬하게 심어 줄 수 있는 온갖 엄숙하고 장엄한 장치들을 동원하여 랭스의 대성당에서 거행되었다.26 이 새로운 콘스탄티누스는 3000명의 호전적인 부하 전사들과 함께 세례를 받았고, 나머지 온건한 야만족들도 이들의 모범을 따랐다. 그들은 의기양양해진 주교의 명령에 복종하여 이전에는 불태웠던 십자가를 경배하고 대신 그때까지 경배해 오던 우상들을 불태웠다. 클로비스는 순간적인 열정으로 갑자기 불타오르는 기질이 있었는데, 그는 그리스도의 수난과 죽음에 대한 감동적인 이야기를 듣고 흥분하여, 이 신비스러운 희생이 가져온 유익한 결과는 생각해 보지도 않고 무분별한 분노에 차서 이렇게 외쳤다고 한다.

내가 프랑크족 전사들을 이끌고 그 자리에 있었더라면, 그리스도가 입은 고통에 바로 복수해 주었을텐데!27

그러나 갈리아의 이 야만족 정복자가 그리스도교의 역사적 증거와 사색적인 신학을 성실하게 연구하여 종교적 증거를 검토하는 것은 불가능했다. 또한 그가 진정한 개종자들의 마음을 감화시켜 정화시키는 복음의 온화한 영향력을 느끼기란 더욱 불가능했다. 그는 야심만만한 치세 동안 도덕과 그리스도교적 의무를 끊임없이 위반했다. 그의 손은 전시뿐만 아니라 평시에도 피에 젖어 있었으며, 갈리아 교회의 종교 회의를 해산시키자마자 메로빙거 혈통의 모든 왕족들을 조용히 암살해 버렸다.28 그렇지만 이 프랑크족 왕은 그리스도교의 신을 자기 민족의 전통 신들보다 더 뛰어나고 강력한 존재로 여겨 진실로 경배한 것으로 보인다. 또한 톨비악 전투에서의 중대한 구원과 승리로 인해 클로비스는 앞으로도 '만군의 주'가 보호해 줄 것

26 클로비스의 세례를 위한 성유를 담은 유리병을 흰 비둘기가 하늘에서 떨어뜨려 주었다는데, 이것은 지금도 프랑스 왕의 대관식에서 사용되고 있다. 갈리아의 대주교를 꿈꾸었던 힌크마르가 이 우화를 처음 만들었는데, 베르토(Abbé de Vertot)는 이 우화의 미약한 근거를 진지한 고려와 원숙한 기교로 파헤친 바 있다.

27 그레고리우스가 신중하게 감추었던 이 성급한 표현을 프레데가리우스, 애모앵, 성 디오니시우스는 신앙심을 훌륭하게 표출한 것이라고 칭송했다.

28 그레고리우스는 그의 거듭된 죄악과 클로비스의 가장된 후회를 담담하게 묘사한 후, 의도하지 않았을지는 모르지만 야심가라면 결코 귀 기울이지 않을 교훈으로 결론을 내렸다.

으로 확신한 듯하다. 성자 중에서도 가장 인기가 있던 성 마르티누스는 투르에 있는 그의 신성한 무덤 앞에서 끊임없이 일어난 기적들 때문에 서방 세계에 널리 알려져 있었다. 이 성자의 유형무형의 도움은 이 가톨릭 군주의 명분을 뒷받침해 주었는데, 성 마르티누스를 돈이 많이 드는 친구[29]라고 한 클로비스의 불경한 언급을 굳이 이성적이고 영구적인 회의주의를 나타내는 증거라고 해석할 필요는 없다. 하늘뿐 아니라 지상에서도 프랑크족의 개종을 기뻐했다. 클로비스가 세례반에서 일어났던 그 기념할 만한 날부터 그리스도교 세계에서 가톨릭 왕의 이름과 특권에 합당한 자는 클로비스가 유일했다. 아나스타시우스 황제는 성육신에 관련해 위험스러운 과오를 저질렀고, 이탈리아, 아프리카, 에스파냐, 갈리아의 야만족들은 아리우스파 이단에 물들어 있었다. 이 교회의 맏아들, 어쩌면 외아들은 성직자들로부터 합법적인 군주이자 영광스러운 구원자로 승인을 받았으며, 클로비스의 군사력은 가톨릭 교회의 열정과 신앙으로 강력하게 지지되었다.[30]

로마 제국에서 주교들은 그 부와 사법권, 신성한 신분, 종신 직위, 수많은 추종자들과 대중적인 웅변술, 속주의 집회 등으로 항상 존경을 받았고, 때로는 위험한 존재가 되기도 했다. 그들의 영향력은 미신의 진전과 더불어 더욱 증대되었는데, 프랑스 왕정의 확립도 갈리아의 수많은 독립적인 도시들을 지배했던 백여 명의 주교들이 굳게 단결함으로써 어느 정도 힘입었다고 볼 수 있을 것이다. 아르모리카 공화국의 취약한 기반은 여러 번 흔들리고 또 무너지기도 했다. 그러나 그들은 로마인이라는 권위를 주장하면서 군건히 자유를 수호했고, 센 강에서 루아르 강까지 영토를 넓히려는 클로비스의 약탈과 정기적인

서기 497년 등, 로마 군대

[29] 클로비스는 고트족에게 승리한 후 투르의 성 마르티누스에게 막대한 기부금을 바쳤다. 그는 금화 백 닢을 기부해서 자신의 전투마를 일으키려고 했으나, 마법에 걸린 군마는 기부금을 두 배로 낼 때까지 마구간에서 꼼짝도 하지 않았다. 이 기적이 있고 나서 왕은 "마르티누스는 후원할 때는 괜찮은데 일을 하게 하려면 돈이 많이 드는군."이라고 외쳤다고 한다.

[30] 비엔나의 주교였던 아비투스도 클로비스를 이와 유사하게 언급했고, 많은 로마 주교들이 클로비스를 애정과 기쁨을 주는 존재로 확신하고 있다.

31 프로코피우스의 저술에 나오는 아르보루코이(Ἀρβόρυχοι)라는 미지의 이름 대신, 하드리아누스는 아르모루코이(Ἀρμόρυχοι)라는 정확한 이름을 사용했는데, 이 간단한 수정이 보편적으로 받아들여지고 있다. 그러나 편견 없는 독자라면 프로코피우스가 로마에 저항하다 독립한 갈리아 도시의 동맹이 아니라, 로마와 동맹을 맺은 게르만족을 설명하려 했을 것이라고 자연스럽게 추측해 볼 수 있을 것이다.

32 프로코피우스의 이 중요한 여담은 프랑스 왕국의 기원을 설명해 준다. 그러나 다음과 같은 사실을 지적해야 한다. 1) 이 그리스 역사가는 서로마의 지리에 대해 변명의 여지가 없는 무지를 드러내고 있다. 2) 이런 동맹과 특권들은 당연히 무언가 지속적인 흔적을 남기게 마련인데, 투르의 그레고리우스의 저술과 살리카 법률 등에서는 이와 관련된 내용을 전혀 찾아볼 수 없다.

침략에 용감하게 저항했다. 그들의 훌륭한 저항은 명예롭고 평등한 동맹 관계를 이끌어 냈다. 프랑크족은 아르모리카인들의 용맹을 존중했고,31 아르모리카인들은 프랑크족의 종교를 받아들임으로써 서로 화해했다. 갈리아를 방어하기 위해 주둔하던 군사력은 각기 다른 백여 개의 기병 및 보병대로 이루어져 있었는데, 이들은 로마군의 이름과 특권을 주장했지만 끊임없이 야만족 젊은이들을 보충함으로써 유지되고 있었다. 로마 제국의 변방 지역에 있던 요새들과 각지에 흩어져 있던 제국의 흔적들은 그들의 절망적인 용기로 간신히 방어되고 있었다. 그러나 그들의 퇴로는 차단당한 상태로 서로 연락을 주고받는 것도 불가능했다. 그들은 콘스탄티노플의 동로마 황제에게는 버림받았고, 갈리아를 찬탈한 아리우스파 왕들과는 어떠한 교섭도 하지 않았다. 대신 가톨릭 영웅이 제의한 관대한 항복 조건을 수치심이나 망설임 없이 받아들였다. 이 잡종이기는 하지만 정통으로 볼 수도 있는 로마 군단의 후손들은 무기와 표장, 독특한 복장과 제도 등으로 다음 시대에는 눈에 띄는 이채로운 존재가 되었다. 어쨌거나 이 강력하고도 자발적인 가담자들 덕분에 클로비스의 군사력이 크게 증강되자, 이웃 왕국들은 프랑크족의 기상과 세력을 두려워하게 되었다. 갈리아 북부의 속주들에 대한 정복은 단 한 번의 전투로 이루어진 것이 아니라 전쟁과 협상을 반복하면서 점진적으로 진행된 것 같다. 클로비스는 각각의 야망의 대상을 그 진정한 가치에 어울리는 노력과 양보로 하나씩 취득했던 것이다. 클로비스의 용맹과 앙리 4세의 덕성은 인간성의 양극단을 보여 주는 것 같지만, 두 군주의 입장에서는 유사점도 찾아볼 수 있다. 두 군주는 똑같이 용맹과 정책과 시의적절한 개종을 통해 프랑스를 정복했다.32

부르군트족의 왕국은 갈리아를 흐르는 두 개의 강, 손 강과 론 강을 경계로 보주 산림 지대에서 알프스와 마르세유 해변까지 뻗어 있었다.33 왕홀은 군도발트가 쥐고 있었다. 이 용맹스럽고 야심만만한 왕은 두 형제를 죽임으로써 왕위 후보자의 수를 줄였는데, 두 형제 가운데 한 사람이 클로틸다의 아버지였다.34 그러나 그의 신중함에도 빈틈이 있어 막내 동생 고데게실에게는 종속국이었던 제네바 공국의 소유를 허용했다. 이 아리우스파 왕은 클로비스가 개종한 이후 성직자들과 국민들이 만족과 희망으로 활기에 차 있는 모습을 보고 당연하게도 경각심을 느끼고, 가능하다면 자기 나라의 종교적, 정치적 불만을 잠재울 요량으로 리옹에서 주교들의 회의를 소집했다. 이 무익한 회의는 시종일관 두 분파 간의 논쟁으로 이어졌다. 아리우스파는 가톨릭이 세 위(位)의 신을 경배한다고 비난했고, 가톨릭은 신학적인 우월성으로 자신들의 명분을 변호했다. 상투적인 논쟁과 반론과 재반론들로 고집스럽고 시끄러운 소란으로 번져 가자, 왕은 자신의 은밀한 우려를 드러냈다. 그는 정통파 주교들에게 갑작스럽지만 결정적인 질문을 던졌다.

> 서기 499년,
> 부르군트 전쟁

여러분이 진실로 그리스도교 신앙을 공언한다면 왜 프랑크족 왕을 말리지 않소? 그자는 과인에게 전쟁을 선포하고 과인의 적들을 연합하여 과인을 몰락시키려 하고 있소. 진정한 개종자라면 이런 살벌하고 탐욕스러운 마음을 먹을 리가 없소. 그가 행동을 통해 신앙을 입증하도록 설득해 보시오.

동료들을 대표해 나선 비엔나의 주교 아비투스는 천사와 같은 목소리와 표정으로 대답했다.

33 마르세유 지역은 이후 뒤랑스 강에 이르기까지 모두 동고트족에게 이양되었는데, 스물다섯 명의 주교들의 서명은 서기 519년 당시 부르군트 왕국을 표시하는 것으로 추측된다. 그러나 빈도니사는 제외하고 싶은데, 이교도인 알레만니족의 주교로서는 자연스럽게 이웃한 그리스도교 왕국의 종교 회의에 그냥 참석했을 수도 있기 때문이다. 마스코우는 첫 네 개의 주석에서 부르군트 왕국에 관련된 많은 상황들을 설명해 주었다.

34 매우 합리적이게도 투르의 그레고리우스의 증거들을 의심한 마스코우는 이 비극적인 사건을 놓고 백성들은 기뻐하는 체했고 군도발트는 슬퍼하는 체했다는 증언을 아비투스의 저술에서 발췌해 놓았다.

35 이 장면의 주요 인물이자 아마도 이 회의의 서기관이었을 아비투스는 비엔나의 주교였다. 뒤팽(Dupin)의 책에 그의 생애와 저술에 대한 짧은 설명이 나와 있다.

36 투르의 그레고리우스는 이미 도시라는 명칭을 얻고 있었던 디종 성을 묘사하는 데 있어 재능을 충분히 발휘했든지, 아니면 좀 더 능숙한 작가의 묘사를 베낀 듯하다. 디종은 12세기까지는 랑그르 주교의 영향권에 있었고, 그 이후로는 부르고뉴 공작령의 중심 도시가 되었다.

저희들은 프랑크 왕의 동기와 의도에 대해서는 알지 못합니다. 다만 성서를 통해 신의 법률을 저버리는 왕국은 멸망하는 예가 많고, 신을 적으로 삼은 자에게는 사방천지에서 적들이 창궐한다는 사실만 알고 있을 따름입니다. 국민들과 함께 하느님의 법률로 돌아가십시오. 그러면 하느님이 폐하의 영토에 평화와 안전을 내려 주실 것입니다.

부르군트 왕은 가톨릭 측이 협상에 필수적이라고 생각한 조건들을 받아들일 의사가 없었으므로, 주교들에게 그들의 친구이자 개종자인 클로비스가 자기 동생의 충성심을 은밀하게 시험하려 한다고 비난한 후에, 이 종교 회의의 중단을 명령하고 해산시켜 버렸다.35

서기 500년,
클로비스의 승리

왕의 동생에 대한 유혹은 이미 성공을 거둔 바, 고데게실은 제네바의 병력을 이끌고 클로비스의 군기 아래로 합류했는데, 이것은 음모가 더욱 효과적으로 성공하도록 도왔다. 프랑크족과 부르군트족이 대등한 용맹을 발휘하며 서로 겨루고 있을 때, 이처럼 시기적절한 배반이 일어나 전투의 향방을 결정지었던 것이다. 군도발트는 배신한 갈리아인들에게 지원을 받을 가능성이 희박해지자 클로비스의 무력에 굴복하고 황급히 전쟁터에서 퇴각하였다. 이 전쟁은 랑그르와 디종의 중간 지점에서 일어난 것 같다. 디종의 사각형 요새는 두 개의 강과 두께 15피트 높이 30피트의 성벽으로 둘러싸이고 네 개의 성문과 서른세 개의 탑을 갖추었지만, 군도발트는 이 요새를 믿지 못했다.36 클로비스가 추격해 오자 그는 리옹과 비엔나라는 중요한 도시를 포기하고 황급히 도망쳐 전쟁터에서 250마일 가량 떨어진 아비뇽까지 달아났다. 아비뇽에 대한 포위가 오래 지속되고 교묘한 협상이 오고 가면서 프랑크족 왕은 자신의 계획이 위험하고 어렵다는 점을 깨닫게 되었다. 그는 부르군트 왕에게 공납을 부과하고 동생의 반역을 용서할 것을 강요한 다음, 이 남부 지역들에서 획득한 전리품과 포로들을 이끌고 의기양양하게 자신의 영토로 철수했다. 그러나 이 혁혁한 승리에도 곧 암운이 드리우게 되었다. 군도발트가 자신의 의무를 저버렸으며, 5만 명의 수비대와 함께 비엔나에 남아 있던 불운한 고데게실이 매정한 형에 의해 포위당하고 기습 공격으로 학살되었다는 소식이 들려왔기 때문이다.37 아무리 평화를 사랑하는 군주라도 이런 무자비한 행위에는 인내심을 잃고 분노했을 것이다. 그러나 이 갈리아의 정복자는 이 모욕을 눈감아 주었고 공납을 면제해 주었으며, 부르군트 왕이 제공하는 군사력과 동맹을 받아들였다. 클로비스는 지난번의 승리를 보장해 준 이점을 더 이상 가지지 못했고, 그의 경쟁자는 역경을 통해 교훈을 얻었는지 국민들의 애정을 얻고 있었다. 갈리아인들과 로마인들은 자신들을 정복자인 프랑크족과 거의 같은 수준으로 올려놓은 군도발트의 온화하고 공평한 법률에 박수갈채를 보내고 있었다. 주교들은 곧 개종하겠다는 그의 교묘한 제안에 기대를 품고 만족했다. 비록 그는 이 기대를 생의 마지막 순간까지 회피했지만, 그의 온화한 정책은 부르군트 왕국의 평화를 확보하고 그 몰락을 지연시켰다.38

나는 이 왕국의 마지막 몰락까지를 서둘러 추적해 보고자 한다. 그 몰락은 군도발트의 아들인 시기스몬트의 치세에 일어났다. 가톨릭으로 개종한 시기스몬트는 성인이자 순교자의 명예를 얻었지만,39 이 성인 왕의 손은 죄 없는 아들의 피로 더럽혀졌다. 아들은 계모의 자만심과 분노를 만족시켜 주려는 아

서기 532년,
프랑크족의 부르군트족
최종 정복

37 투르의 그레고리우스의 저술을 요약한 이가 프랑크족의 숫자를 5만이라고 제시했는데, 그는 이들이 군도발트에 의해 학살당했다고 성급하게 추측했다. 신중한 부르군트족은 클로비스의 병사들을 생포해서 서고트족의 왕에게 보냈으며, 서고트족의 왕은 이들이 툴루즈 지역에 정착할 수 있게 해 주었다.

38 부르군트 전쟁을 서술하면서 나는 투르의 그레고리우스의 자료를 따랐는데, 그의 서술과 프로코피우스의 서술은 너무나도 달라서 몇몇 비평가들은 서로 다른 두 전쟁이 있었다고 가정하기도 한다. 뒤보는 전쟁의 원인과 일련의 사건들을 명확하게 제시해 놓았다.

39 순교자라니! 이 단어의 뜻이 평범한 사람들이 생각하는 원래의 의미에서 얼마나 기묘하게 왜곡되었는지! 성 시기스몬트는 일병의 치료에 특별한 능력이 있었다고 한다.

버지의 손에 무참하게 희생되었다. 왕은 곧 자신의 잘못을 깨닫고 이 돌이킬 수 없는 손실을 한탄했다. 시기스몬트가 이 불운한 젊은이의 시체를 안고 후회하고 있을 때 측근들이 그에게 엄중한 충고를 했다. "연민과 한탄을 받아야 하는 것은 왕자님이 아니라 바로 폐하의 처지입니다!" 그는 발레에 있는 아가우눔, 즉 성 모리스 수도원에 막대한 기부를 함으로써 양심의 가책을 조금이나마 경감시키고자 했다. 그곳은 테베 군단의 상상 속의 순교자들을 위해 자신이 창건한 수도원이었다.[40] 이 신앙심 깊은 왕은 수도원에 끊임없이 찬송가를 부르는 합창단을 만들었고, 수도사들의 엄격한 신앙 수련을 몸소 부지런히 실천하면서, 하늘이 그의 죄에 대한 벌을 이 지상에서 내려 주시기를 겸허하게 빌었다. 그의 기도에 대한 응답으로 복수자들이 가까이 왔고 부르군트족의 각 지방은 사기충천한 프랑크족들에게 둘러싸였다. 시기스몬트는 전투에서 패하고 생명을 연장하여 속죄를 계속하기 위해서 수도사 복장을 하고 사막에 몸을 숨겼지만, 새로운 주인의 총애를 열망한 신하들의 배반으로 곧 발각되었다. 아내와 두 자녀와 함께 포로로 잡힌 왕은 오를레앙으로 이송된 후, 클로비스의 아들들이 내린 엄중한 명령에 따라 깊은 우물에 생매장되었다. 이런 잔인성은 야만 시대의 원칙이나 예들이 원래 그러했다는 점에서 얼마간의 변명의 여지를 찾을 수 있다. 부르군트족을 정복한 그들의 야심은 아버지 클로비스에 대한 효심에서 비롯되었거나, 적어도 그것을 가장하였다. 클로틸다에게 남은 신성한 의무도 모욕과 상처를 용서하는 것이 아니라, 그녀의 아버지를 죽인 암살자의 가족에게 복수하도록 아들들을 다그치는 일이었다. 자신들에게 씌워진 예속의 굴레를 벗고자 한 반항적인 부르군트족에게는 공납과 군사 노역을 제공하는 조건으로 자신들의 국법을 따르는 것이

[40] 5세기 말에 성 모리스 교회와 그의 테베 군단은 아가우눔 수도원을 경건한 순례지로 만들었다. 남녀 수도사들이 함께 있던 문란한 공동체는 몇몇 불미스러운 일들도 낳았지만 곧 폐지되고(서기 515년). 시기스몬트의 정상적인 수도원으로 대체되었다. 그로부터 50년 내에 그의 광명의 천사들은 밤의 어둠을 틈타 그들의 주교와 성직자들을 살해하기 위해 출정했다.

허용되었다. 그리하여 메로빙거 왕조는 클로비스의 군사력 앞에 처음으로 전복당한 위대하고 영광된 왕국을 평화롭게 통치할 수 있었다.[41]

클로비스가 거둔 최초의 승리는 고트족의 영광에 상처를 입혔다. 고트족은 클로비스가 빠르게 발전하는 모습을 질투와 공포가 교차하는 마음으로 지켜보았는데, 젊은 알라리크의 명성은 좀 더 강력한 경쟁자의 능력으로 빛을 잃었다. 인접한 국경 지대에서는 필연적으로 몇몇 분쟁이 발생했는데, 별다른 성과도 없는 협상이 진행되던 중 두 왕의 정상 회담이 제의되어 받아들여졌다. 클로비스와 알라리크의 회담은 앙부아즈 근처의 루아르 강에 있는 작은 섬에서 열렸다. 그들은 포옹하고 친근하게 대화를 나누며 함께 식사를 한 후, 매우 우호적으로 평화와 형제애를 표명하면서 헤어졌다. 그러나 그들의 외견상의 신뢰 밑에는 적대적이고 배반적인 의도를 담은 어두운 의심이 숨어 있었고, 최종 중재를 원하기는 했지만 상호 간의 불만으로 그것을 회피하다가 끝내 거부해 버렸다. 클로비스는 이미 파리를 자신의 왕좌가 자리 잡을 도시로 생각하고 있었으며, 이곳에 제후들과 전사들을 소집하여 고트족과 전쟁을 벌일 구실과 동기를 선언했다.

서기 507년, 고트 전쟁

짐은 아리우스파가 아직도 갈리아에서 가장 아름다운 지역을 차지하고 있는 것을 유감스럽게 생각하는 바이오. 신의 도움을 받아 그들에게 진격해 이단자들을 물리치고 그 비옥한 지역을 차지한 다음 분배하도록 합시다.

천성적인 용맹과 근래의 신앙으로 한껏 고무된 프랑크족은 군

[41] 시기스몬트의 생애와 부르군트 정복에 대해서 아방쉬의 주교였던 마리우스는 믿을 만한 날짜를 명기했고, 투르의 그레고리우스는 중요한 사실들을 설명했다.

42 루에르그 지방의 옛 방언으로 쓰여진 퀸티아누스의 생애에서 중요하고도 믿을 만한 사실들이 다수 발견된다는 점은 매우 특기할 만하다.

43 몽테스키외는 서고트족의 법률은 모든 주인들이 무장하고, 노예의 10분의 1을 전쟁으로 보내거나 이끌고 나가야 하는 것을 의무화하고 있다는 점을 언급하면서 이것이 사실임을 확인해 주었다.

주의 대담한 계획을 크게 환영하면서, 싸워 이기느냐 죽느냐 중 한 가지를 택하겠다는 결연한 의지를 표명했다. 죽음이나 정복 모두 이들에게 똑같이 이익을 가져다줄 것이었기 때문이다. 또한 엄숙하게 승리의 그 날까지는 불편함을 감수하고 수염을 결코 깎지 않겠다고 맹세했다. 이런 계획은 클로틸다의 공개적이거나 은밀한 권고에 의해 조장된 것이기도 했다. 그녀는 남편에게 신성한 건물을 짓는 일이 신과 그 종들의 기분을 매우 효과적으로 달래 줄 수 있다고 설득했다. 이에 우리의 그리스도교 영웅은 전투용 도끼를 솜씨 좋게 힘껏 던지면서 이렇게 말했다.

나의 프랑키스카가 떨어지는 곳에 성스러운 사도들을 기념하는 교회를 짓겠노라.

이런 겉치레의 신심은 그가 은밀히 교신하던 가톨릭 측의 호의를 더욱 굳게 만들었고, 그들의 경건한 희망은 점차 가공할 음모로 성숙해 갔다. 아퀴타니아의 주민들은 프랑크족의 지배를 선택했다 하여 고트족의 정당하지만 무분별한 질책을 받고 공포에 떨었다. 그들의 강력한 지지자였던 로데즈의 주교 퀸티아누스[42]는 교구에 있을 때보다 추방된 후에 더욱 열정적으로 고트족에 항의하는 설교를 했다. 부르군트족과 동맹을 맺으면서 더욱 강력해진 알라리크는 이런 대내외적인 적들에 대항하기 위해 군대를 소집했는데, 그 병력은 클로비스의 병력보다도 훨씬 많았다. 서고트족은 길고 호사스러웠던 평화로운 시기에 잊고 있었던 무기를 꺼내 들고 훈련을 재개했다. 용감하고 강건한 노예들까지 각자의 주인을 따라 전쟁터로 향하자,[43] 갈리아의 각 도시들은 영문도 잘 모르고 내키지도 않았지만 도울 수밖에 없었다. 이탈리아를 통치하고 있던 서고트족의 왕 테오도리크는 갈리아의 평화를 유지하려 애써 왔는데, 이런 사태를 맞이하여 공평한 중재자가 되기를 자처하였다. 그러나 이 현명한 군주는 날로 강대해져 가는 클로비스의 왕국을 두려워하고 있었으므로, 고트족의 민족적, 종교적 명분을 지지하기로 굳게 약속했다.

클로비스의 원정을 장식한 몇 가지 우연한 또는 작위적인 기적은 미신적인 시대였으니만큼, 신의 은총의 명백한 표명으로 받아들여졌다. 클로비스가 파리에서 출정하여 경건한 경외심을 가지고 투르 교구를 통과하고 있을 때, 조바심 때문이었는지 갈리아의 성소이자 신의 계시를 받을 수 있는 곳으로 여긴 성 마르티누스의 제단에 경배드리고 싶은 생각이 들었다. 그의 사자들은 교회에 들어서는 바로 그 순간 울려 퍼지는 성가의 내용에 주목하라는 언질을 받았다. 그 내용은 다행스럽게도 하늘에서 싸우는 전사들의 용맹과 승리를 표현한 것이었는데, 이것은 주님의 적과 맞서는 전투에 나선 새로운 여호수아 또는 새로운 기드온에게 쉽게 적용될 수 있는 것이었다.[44] 오를레앙은 프랑크족을 위해 루아르 강의 다리를 확보해 놓았다. 그러나 그들의 진군은 푸아티에에서 40마일 가량 떨어진 곳에서 비엔 강이 엄청나게 불어난 탓에 저지당했고, 반대편 강둑은 서고트족의 막사로 뒤덮여 있었다. 진군하는 지역을 몽땅 휩쓸어 버리는 야만족들에게 지체는 위험한 일이었고, 설사 클로비스에게 시간적 여유와 물자가 있었다 해도 더 막강한 적의 면전에서 다리를 놓거나 길을 만들기는 어려웠을 것이다. 그런데 초조하게 구원자를 기다리던 호의적인 농민들이 사람들이 잘 모르는 무방비 상태의 여울을 간단하게 가르쳐 주었다. 이

서기 507년, 클로비스의 승리

[44] 특별한 상황에서 눈이나 귀에 들어오는 첫 성스러운 단어를 어떤 징조로 받아들이는 이러한 예언의 형식은 이교도에서 도입된 것인데, 다만 호메로스나 베르길리우스의 시가 시편이나 성경으로 대체되었다. 그들이 '성스러운 예언'이라 불렀던 이 관행은 4세기에서 14세기에 이르기까지 종교 회의의 교령으로는 여러 번 금지되었고, 왕이나 주교, 성인들에 의해서는 계속해서 실행되었다.

와 같은 발견의 가치는 지어낸 말인지는 모르지만 다음과 같은 유용한 일화의 개입으로 한층 빛을 발했다. 보기 드물게 크고 아름다운 흰 수사슴 한 마리가 나타나 가톨릭 군단의 진군을 이끌고 사기를 북돋았다는 것이다. 서고트족은 여러 번 회의를 소집했지만 혼란에 빠져 우왕좌왕하며 결정을 내리지 못했다. 자신들의 힘을 과신한 성미 급한 전사들은 게르마니아의 도적 떼 앞에서 도망가는 일을 수치로 생각하면서, 알라리크에게 로마 정복자의 이름과 혈통을 걸고 무기로 맞설 것을 촉구했다. 좀 더 신중한 족장들은 프랑크족의 첫 번째 공격의 불길을 피하고 갈리아 남부 지방으로 피신해 이탈리아 왕이 이미 지원군으로 보낸 경험 많고 용감한 동고트족을 기다리자고 충고했다. 이렇게 쓸데없는 탁상공론을 벌이는 동안 결정적인 시기가 지났다. 고트족은 아마도 너무 성급하게 유리한 고지를 포기했으며, 확실한 퇴각의 기회도 느리고 질서 없는 행동 탓에 놓쳐버렸다. 클로비스는 지금도 수사슴 여울이라 불리는 여울을 건넌 다음 신속하고 대담하게 적의 퇴로를 차단했다. 그의 야간 행군은 푸아티에 대성당 위로 걸려 있는 불타는 유성 같은 모양체의 도움을 받았다. 이것은 사전에 성 힐라리우스의 정통 후계자와 약속된 것일 수도 있지만, 어쨌거나 사막에서 이스라엘인들을 인도한 불기둥에 비유되었다. 그날 제3시에 클로비스는 푸아티에를 지나 약 10마일 지점에서 고트족을 따라잡았고 즉각 공격을 펼쳤다. 공포와 혼란에 빠져 있던 고트족에게 패배는 이미 준비되어 있는 셈이었다. 그러나 고트족은 극도의 곤경 속에서도 반격에 나섰고, 강경하게 전쟁을 주장했던 용감한 젊은이들은 패주라는 오명을 감수하면서까지 살아남으려고 하지 않았다. 두 왕은 최후의 격전에서 일 대 일로 마주쳤다. 알라리크가 경쟁자의 손에 쓰러졌지만 승리한 프랑크 왕도 견고한 갑옷과 기민한 말 덕분에 겨우 살아남을 수 있었다. 두 명의 고트족이 왕의 죽음에 복수하기 위해 필사적으로 달려들어 창을 겨누었기 때문이다. 시체가 산더미 같다는 막연한 표현으로도 그 규모는 확실하지 않지만 잔인하기 그지없었던 대학살을 묘사하기에 충분하다. 그레고리우스는 그의 용감한 동향 사람이자 시도니우스의 아들인 아폴리나리스가 오베르뉴 귀족들의 선두에 서서 싸우다 목숨을 잃은 사건을 자세하게 기록해 놓았다. 이들은 가톨릭교도로 의심을 받아 적의 맹렬한 공격 앞에 악의적으로 내세워졌을 수도 있다. 아니면 개인적인 애착이나 군사적 명예심이 종교의 영향력을 앞섰던 것인지도 모른다.[45]

서기 508년, 프랑크족의 아퀴타니아 정복

이것이 모두 운명의 장난(우리의 무지를 여전히 이 통속적인 표현 아래 감춘다면.)이라면, 전쟁의 과정을 예견하거나 그 다양한 결과를 설명하는 것은 똑같이 어려운 일이다. 때로는 피비린내 나는 완전한 승리가 그 전쟁터를 점유하는 것 이상의 결과를 가져오지 못하는 경우도 있고, 때로는 1만 명의 죽음이 몇 세기에 걸쳐 이룩한 것들을 단 하루 만에 파괴하기에 충분한 경우도 있다. 푸아티에 전투의 결정적인 승리 후에는 아퀴타니아 정복이 이어졌다. 알라리크는 사후에 아직 나이 어린 아들 하나와 그의 경쟁자가 되는 사생아 한 명, 당쟁만 일삼는 귀족들과 충성심 없는 국민들만 남겨 놓았다. 남은 고트족은 모두 깜짝 놀라 기겁을 했거나 내분으로 서로 싸웠다. 승리로 의기양양해진 프랑크 왕은 지체 없이 앙굴렘에 대한 포위 공격에 나섰다. 그의 진군 나팔 소리를 듣자 이 도시의 성벽은 예리코의 선례를 따라 즉각 무너져 내렸다. 참으로 눈부신 기적이지만, 성직자인 기술자가 성벽의 토대를 은밀하게 파

[45] 알라리크가 카르카소네 근처에서 패배했다고 언급한 프로코피우스의 저술을 수정하거나 그의 실수를 변명한 연후에, 우리는 그레고리우스, 포르투나티스, 『프랑크 왕국 연대기』의 저자의 증거로부터, 푸아티에에서 남쪽으로 10마일 정도 떨어진 클라인 강변의 캄포 보글라덴시에서 전투가 벌어졌다고 결론 내릴 수 있을 것이다. 클로비스는 비본느 근방에서 서고트족을 따라잡아 공격했고, 지금도 샹파뉴 생틸레르라고 불리는 마을 인근에서 승리를 결정지었다.

46 앙굴렘은 푸아티에에서 보르도로 가는 도중에 있다. 그레고리우스는 포위 공격을 다소 지연시키고 있지만, 클로비스가 전쟁의 규칙을 무시했다고 믿기보다는 그레고리우스가 역사의 순서를 혼동했다고 믿는 편이 나을 것 같다.

47 로리코(Rorico)는 피레네 산맥에서 페르피냥까지 정복되었다라고 표현했지만, 이것은 그가 근대의 작가임을 보여 줄 뿐이다. 페르피냥은 10세기까지는 존재하지 않았기 때문이다. 아마도 아미앵의 수도사였던 것 같은 이 장황하고 황당무계한 작가는 양치기라는 우화적 인물을 등장시켜 자신의 동포인 프랑크족의 일반적인 역사를 서술했는데, 그의 이야기는 클로비스의 죽음과 함께 끝난다.

48 『프랑크 왕국 연대기』의 작가는 클로비스가 프랑크족을 생통주와 부르델루아에 정착시켰다고 확인해 주었고, 로리코도 적절하게 이 견해에 따랐다. 그러나 그들은 곧 아퀴타니아의 로마인들과 융합된 듯하며, 이런 상태는 샤를마뉴가 인구가 더 많고 강력한 식민지를 건설할 때까지 지속되었다.

49 이탈리아의 집정관 명부에는 당연히 그들 황제의 적인 집정관이 기록되지 않았을 것이다. 그러나 콘스탄티노플과 이집트의 침묵을 설명해 줄 수 있는 그 어떤 독창적인 가정도

헤쳐 놓았다고 가정하면 간단히 이해될 수 있다.46 보르도가 아무 저항 없이 항복하자 클로비스는 그곳을 겨울 진영으로 정하고, 신중하고도 경제적인 생각에서 고트족 왕국의 수도인 툴루즈에 보관되어 있던 왕실의 재물을 그곳으로 옮겨 오게 했다. 이 정복자는 에스파냐의 경계까지 침입해 들어가서47 가톨릭 교회의 명예를 회복하고, 아퀴타니아에 프랑크족의 식민지를 건설했으며,48 서고트족을 정복하거나 절멸시키는 좀 더 쉬운 과제는 부하 장군들에게 위임했다. 그러나 서고트족은 현명하고 강력한 이탈리아 군주의 보호를 받고 있었다. 양쪽의 힘이 대등하게 균형을 이루고 있던 동안에는 테오도리크도 동고트족의 진격을 미루고 있었던 듯하다. 그러나 서고트족은 필사적인 노력으로 클로비스의 야심을 성공적으로 저지했는데, 이때 프랑크족 군대와 부르군트족 동맹군은 3만의 병사를 잃고 아를에 대한 포위 공격을 풀어야만 했다고 전해진다. 이 패배로 사나운 클로비스도 성질을 누그러뜨리고 유리한 평화 조약을 체결하기로 마음먹었다. 서고트족은 론 강에서 피레네 산맥에 이르는 좁은 해안 지방인 셉티마니아에 대한 영유권을 인정받았지만, 피레네 산맥에서 루아르 강에 이르는 광활한 아퀴타니아 지역은 영구적으로 프랑크 왕국에 합병되고 말았다.

서기 510년, 클로비스의 집정관직

고트족과의 전쟁에서 승리한 후 클로비스는 로마 집정관이라는 영예로운 직위를 받아들였다. 아나스타시우스 황제는 의도적으로 테오도리크의 가장 강력한 경쟁자에게 그토록 찬란한 명예의 직위와 표장을 내렸는데, 어떤 이유에서였는지 클로비스의 이름은 동서 로마의 집정관 명부에 모두 기재되어 있지 않다.49 그 엄숙한 날에 갈리아 군주는 머리에 왕관을 쓰고 성 마르티누스 교회에서 보라색 튜닉과 망토를 수여받았다.

그는 그곳에서 투르의 대성당까지 행진했는데, 거리를 지나면서 기뻐하는 군중들에게 손수 수많은 금화와 은화를 뿌려 주었고, 군중들은 끊임없이 '집정관'과 '황제'를 연호했다. 클로비스가 집정관이라는 직위를 통해서 실제적으로나 법적으로 새로이 얻게 될 특권은 전혀 없었다. 그것은 하나의 이름이자 실체 없는 환영, 공허한 겉치레에 불과했다. 클로비스가 만약 이 고위직에 수반되는 고대의 특권들을 주장했다면, 그 임기는 1년으로 끝났을지도 모른다. 그러나 로마인들은 옛 황제들이 겸허하게 수락했던 이 오래된 칭호를 그들의 주인에게 부여함으로써 존경심을 표하고 싶었을 따름이고, 야만족 출신인 클로비스도 공화국의 권위를 존중하는 신성한 의무를 기꺼이 받아들인 것 같다. 그리고 테오도시우스 황제의 후계자들은 클로비스에게 우호 관계를 호소함으로써 그의 갈리아 찬탈을 묵인하고 거의 승인하기에 이른 것이다.

부르군트 왕국의 명부를 작성한 아방쉬의 주교 마리우스의 유사한 침묵 앞에서는 빛을 잃는다. 투르의 그레고리우스의 증거가 좀 더 미약하고 수동적이었다면, 클로비스도 오도아케르처럼 명예고관이라는 영속적인 명칭과 영예를 받았다고 믿었을 것이다.

50 메로빙거 왕조 아래에서 마르세유는 여전히 동방의 후추, 포도주, 기름, 아마포, 비단, 보석, 향료 등을 수입했다. 갈리아 또는 프랑크족은 시리아와 교역을 했고 시리아인들이 갈리아에 정착하여 살기도 했다.

클로비스가 사망하고 25년이 지난 후에, 이 중대한 양보는 그의 아들들과 유스티니아누스 황제가 맺은 조약을 통해

서기 536년,
갈리아에 최종적으로
수립된 프랑스 왕국

보다 공식적으로 선언되었다. 먼 곳에 있는 정복지를 방어할 수 없었던 이탈리아의 동고트족은 아를과 마르세유를 프랑크족에게 양도했다. 아를은 그때까지 민정 총독이 거주하는 중요한 지역이었고, 마르세유는 무역과 항해에서 나오는 이익으로 부유해진 도시였다.[50] 이 조치는 황제의 권위로 승인되었는데, 유스티니아누스 황제는 프랑크족에게 그들이 이미 장악하고 있던 알프스 서쪽 지역에 대한 주권을 관대하게 넘겨주고 속주민들을 충성의 의무에서 해방시켜 주었다. 이를 통해 메로빙거 왕조의 토대가 더욱 견고해졌다고 할 수는 없을지 몰라도, 좀 더 합법적인 형태로 구축된 것이다. 이 시기 이후로 프랑크족

51 트레브, 리옹, 아를의 화폐 주조소를 이용했던 것 같은 프랑크족은 1파운드의 금을 72조각(솔리두스)으로 나눈 로마 황제들의 화폐 주조법을 모방했다. 그러나 프랑크족에게는 화폐가 금과 은 두 종류밖에 없었으므로, 10실링이 금 1솔리두스와 충분히 상응했다. 이것이 야만족들이 매긴 벌금의 일반적 기준이었는데, 40데나리우스 또는 은 3펜스 정도였다. 12데나리우스가 1솔리두스 또는 1실링에 상응한다. 이것은 근대 프랑스에서는 이상하게도 가치가 줄어든 리브르 또는 은 파운드의 20분의 1 정도이다.

52 투르의 그레고리우스는 전혀 다른 그림을 보여 준다. 아마도 비슷한 역사적 시기에 이보다 더 악덕만 많고 미덕은 없는 종족을 찾기는 쉽지 않을 것이다. 우리는 야만과 타락한 예절의 결합에 끊임없이 놀라게 된다.

은 아를에서 원형경기장의 각종 경기들을 즐기는 특권을 누렸고, 프랑크 왕의 이름과 모습을 새겨 넣은 금화를 주조해 제국의 공식적인 화폐로 사용했는데,51 이것은 페르시아 군주에게 조차 허용되지 않았던 유례없는 특권이었다. 그 시대의 한 그리스 역사가는 프랑크족의 공적, 사적 미덕을 편파적인 애정을 담아 칭찬하고 있는데, 이것은 그들의 국내 연대기를 통해서조차 충분히 입증되지 않는다.52 그 역사가는 프랑크족의 예의 바르고 세련된 태도와 정통적인 정치와 종교 등을 칭찬하고나서, 이 야만족이 로마인과 구분되는 점은 의복과 언어에서뿐이라고 과감하게 주장하고 있다. 아마도 프랑크족은 그 후 모든 시대를 통해 자신들의 결점을 덮어 주고 때로는 본질적인 장점까지도 가려 버렸던 사교적 성향과 생기발랄한 매력을 그때부터 이미 보여 주었던 듯하다. 아마도 역사가 아가티아스를 비롯한 그리스인들은 급속한 진전을 보이는 프랑크족의 군사력과 그들 제국의 화려함에 현혹되었을지도 모른다. 부르군트족을 정복한 이후 고트족에게 양도한 셉티마니아 지방을 제외한 갈리아 전역이 클로비스의 아들들의 소유가 되었다. 또한 그들은 게르만 왕국인 튀링기아를 멸망시킨 후에는 라인 강 너머로 뻗어 나가, 다소 모호했던 국경을 그들이 태어난 산림 지대까지 확장시켰다. 로마의 라에티아와 노리쿰 속주를 도나우 강 남쪽까지 차지하고 있던 알레만니족과 바바리아족도 프랑크족의 겸손한 신하임을 자처했고, 알프스의 허술한 방벽은 그들의 야심을 저지할 수 없었다. 클로비스의 아들들 중에서 마지막까지 살아남은 왕이 메로빙거 왕조의 유산과 정복지를 통합했을 때, 그의 왕국은 지금의 프랑스의 국경을 훨씬 뛰어넘었다. 그러나 기술과 정책이 고도로 발전한 현대 프랑스는 훨씬 넓기는 했지만 야만적이었던 클로타르 또는 다고베르의 영토보다는 부와 인구와 세력 면에서 훨씬 강대한 국가이다.

프랑크족 또는 프랑스인들은 서로마 제국의 정복자들을 계승했다고 간주될 수 있는 유일한 민족이다. 그러나 그들이 갈리아를 정복한 이후에는 10세기에 걸친 혼란과 무지가 이어졌다. 학문이 부흥하자 아테네와 로마의 학원들에서 교육받은 학생들은 자신들의 야만족 조상들을 경멸하게 되었다. 꾸준한 노력을 통해 보다 계몽된 시기의 호기심을 만족시키기보다는 오히려 자극하는 데 필수적인 자료들을 공급할 수 있게 될 때까지는 실로 오랜 시간이 흘러야 했다.53 마침내는 비평과 철학의 눈이 프랑스의 고대로 향해지긴 했지만, 철학자들까지도 편견과 격정으로 오염되어 있었다. 갈리아인들이 개인적으로 원하여 종속되었다느니, 자발적으로 프랑크족과 대등한 동맹 관계를 맺었다느니 하는 극단적으로 상충되는 이론들이 성급하게 만들어져 고집스럽게 주장되었고, 절제를 모르는 논쟁자들은 서로를 왕관의 특권, 귀족들의 권위, 국민의 자유 등에 반하는 음모라고 비난했다. 그러나 이런 날카로운 대립은 학문과 재능의 논쟁적 힘을 유용하게 만들었다. 논쟁자들은 이기고 지는 과정을 반복하면서 몇몇 오래된 오류들을 바로잡고 몇 가지 흥미로운 진실들을 확립했다. 그들의 발견이나 논쟁 또는 오류들에서 가르침을 받은 공평한 제삼자라면 동일한 자료들을 이용해서 갈리아가 메로빙거 왕조의 군사력과 법률에 굴복한 후의 로마 속주들의 상황을 제대로 기술할 수 있을 것이다.

정치적 논쟁

인간 사회는 아무리 원시적이거나 노예와 같은 상황에 놓여 있다 해도 몇 가지 항구적이고 일반적인 규칙의 규제를 받는 법이다. 타키투스가 원시적이고 단순한 게르마니아 사회

야만족의 법률

53 뒤보는 이런 학문들의 느린 진전을 정확하고 유쾌하게 묘사해 놓았다. 그는 투르의 그레고리우스의 책이 1560년 이전에 단 한 번밖에 인쇄되지 않았다는 점을 지적했다. 하이네키우스의 불평에 따르면, 게르마니아는 헤롤두스, 린덴브로기우스 등이 출간한 야만족 법전을 무시하며 관심을 두지 않았다고 한다. 오늘날에는 그 법률들(갈리아와 관계되는 부분에 한해)과 투르의 그레고리우스의 저서와 그 밖에 메로빙거 왕조 치하의 저술들이 순수하고 완전한 상태로『프랑스의 역사가』의 첫 네 권을 장식하고 있다.

38장 503

를 고찰했을 때도 그는 사적, 공적 삶을 지배하는 몇 가지 항구적인 원칙 또는 관습을 발견했다. 그 원칙들은 문자와 라틴어가 도입되기 전까지 전통이라는 형태로 충실하게 지켜졌다.54 메로빙거 왕조가 시작되기 전에는, 프랑크족 중에서 가장 강력한 부족들이 네 명의 족장을 임명하여 살리카 법률55을 만들게 했는데, 그들의 수고로 만들어진 법률을 종족민들이 세 차례에 걸친 집회에서 검토하고 승인했다. 클로비스는 세례를 받은 후에 이 법률에서 그리스도교와 양립할 수 없는 몇 가지 조항들을 개정했다. 살리카 법률은 그의 아들들에 의해 다시 한 번 수정되었고, 마침내 다고베르의 치세에 이르러 현재의 형태로 개정되어 선포되었다. 이것은 프랑크 왕국이 확립되고 대략 백 년 만의 일이다. 같은 시기에 리푸아리족의 관습도 성문화되어 공포되었다. 그의 시대와 국가의 입법자였던 샤를마뉴도 프랑크족 사이에서 그때까지도 널리 지켜지던 이 두 가지 민족 법률을 면밀하게 검토했다.56 이와 똑같은 배려가 예속 민족들에게도 주어져서, 알레만니족과 바바리아족의 조야한 제도도 메로빙거 왕조의 최고 권위에 의해 꾸준히 편찬되고 승인되었다. 프랑크족에 앞서 갈리아를 정복한 서고트족과 부르군트족은 문명화된 사회의 가장 중요한 혜택 중 하나를 구축하는 데 그다지 열성을 보이지 않았다. 에우리크는 고트족 왕들 가운데 처음으로 백성들의 관습과 생활 습관을 문자로 남겼고, 부르군트족의 법전은 정의의 도구라기보다는 갈리아 주민들의 속박을 완화시키고 애정을 얻기 위한 정책의 도구였다. 이리하여 아주 기묘한 우연으로 로마인들이 정교한 법률 체계를 완성한 것과 비슷한 시기에 게르만족은 그들 나름대로 단순한 법 제도의 틀을 마련했다. 살리카 법률과 유스티니아누스 법전을 통해 우리는 시민법의 가장 원시적인 형태와 완전히 성숙된 형

54 나는 게르만의 법률에 관해서는 하이네키우스의 박식한 두 책 『역사』와 『게르만 법률의 요소들』의 도움을 많이 받았다. 『요소들』의 훌륭한 서문에서 그는 게르만족 사법 체계의 결함을 인식하고 그것을 변명하고자 했다.

55 살리카 법률은 원래 라틴어로 쓰여진 듯하다. 이것은 아마도 사실인지 꾸며 낸 이야기인지 모를 파라몬드 시대(서기 421년) 이전, 5세기 초에 쓰여진 것 같다. 서문에는 네 명의 입법자를 배출한 네 지역이 언급되어 있는데, 프랑코니아, 작센, 하노버, 브라반트 등을 비롯한 많은 지역이 자기들이 속한 지역이라고 주장해 왔다.

56 대부분의 비평가들은 이 두 가지 법률로 살리카 법률과 리푸아리 법률을 이해한다. 살리카 법률은 카르보나리아 숲에서 루아르 강까지 적용되었고, 리푸아리 법률은 같은 숲에서 라인 강까지 적용되었다.

태를 비교해 볼 수 있다. 편견에 사로잡혀 야만족들의 법률을 선호하는 사람들도 있겠지만, 좀 더 냉정하게 생각해 보면 학문과 이성이라는 측면뿐 아니라 인간애와 정의라는 측면에서도 로마 법전이 훨씬 훌륭하다는 사실을 인정하지 않을 수 없다. 그러나 야만족들의 법률도 그들의 필요와 욕구, 생활과 능력 등에 적합하게 만들어진 것이고, 애초에 사회적 목적으로 만들어진 법률인 만큼 그 사회의 평화를 유지하고 발전시키는 데 공헌했다는 점은 확실하다. 메로빙거 왕조는 다양한 민족으로 이루어진 신민들에게 획일적인 원칙을 강요하는 대신, 제국 내의 제 민족과 각 가정이 자신들 고유의 제도를 마음껏 누리도록 허용했다. 로마인들도 이런 합법적인 관용이 가져오는 보편적인 혜택에서 제외되지 않았다. 아이들은 부모의 규제를 따르고, 아내는 남편의, 해방된 노예는 전 주인의 규칙을 따랐으며, 이민족 간의 송사에서 원고는 피고의 법정을 따라야 했는데 피고는 항상 법적으로 권리가 있거나 무죄라고 추정되었다. 만약 모든 백성들이 재판관 앞에서 자신이 따르고 싶은 법률이나 속하고 싶은 민족 사회를 천명할 수 있었다면, 훨씬 큰 자유가 허용된 것으로 볼 수 있다. 이런 관용으로 승리자의 편파적인 특권도 사라지고, 로마 속주민들은 자신들의 고난을 인내를 가지고 참아 낼 수 있었을 것이다. 자기들이 자유롭고 호전적인 야만족이라고 과감하게 주장만 할 수 있었다면 그들의 특권을 얼마든지 누릴 수 있었기 때문이다.[57]

법의 심판이 살인자의 죽음을 가차 없이 요구한다면, 각 개인은 법률과 행정관들, 사회 전체가 개인의 안전을 보호해 준다는 확신을 갖게 된다. 그러나 게르마니아의 느슨한 사회에서는 복수가 항상 명예로운 행위, 심지어는 칭찬할 만한 일로

살인죄에 대한 벌금형

[57] 이런 선택의 자유는 로태르 1세의 법률에서 적절하게 추론되었는데, 예들이 너무 근래의 일이고 편파적이기는 하다. 마블리(Abbé de Mably)는 살리카 법률을 면밀히 검토한 후에 처음에는 야만족들만, 이후에는 누구나(당연히 로마인도) 프랑크족의 법률을 선택할 수 있었다고 가정했다. 유감이지만 이 독창적인 가정에 이의를 제기하고자 하는데, '야만족(Barbarum)'이라는 엄격한 의미는 왕실과 볼펜버틀(Wolfenbuttle)의 필사본으로 확인된 바 있다. 샤를마뉴가 개정한 사본에만 나오는 표현이기 때문이다. 좀 더 느슨한 '인간(hominem)'이라는 해석은 플루다(Fluda)의 필사본으로 승인되었는데, 헤롤두스는 이것을 기반으로 자신의 책을 출간했다.

간주되었다. 독립심이 강한 전사들은 자신이 가하거나 입은 모욕은 항상 자신의 손으로 되갚아 주거나 정당화시켰다. 그들이 두려워한 것은 자신의 이기적인 격정이나 분노 때문에 희생당한 적의 아들이나 친척의 분노뿐이었다. 행정관은 자신들의 취약성을 알고 있었으므로 처벌하기 위해서가 아니라 화해시키기 위해 개입했을 뿐이었는데, 그들은 대립하는 당사자들에게 피의 대가로 적당한 벌금을 내게 하거나 받아들이게 설득하는 정도로 만족했다.[58] 성질이 사나운 프랑크족은 더욱 엄격한 판결을 주장했을 것이고, 같은 이유로 이런 무력한 규제를 경멸했다. 프랑크족의 소박한 생활 태도가 갈리아의 부로 말미암아 타락하게 되자 사회의 평화는 우발적이거나 계획적인 범죄들로 끊임없이 교란되었다. 공정한 통치 아래에서는 살해당한 사람이 농부이든 군주이든 살해자에게는 똑같은 형벌이 부과되거나 적어도 선고된다. 그러나 프랑크족은 형사 재판에서 민족 간에 차별을 둠으로써 정복의 권력을 결정적으로 남용했다.[59] 법령을 선포하는 냉정한 순간에 그들은 로마인의 생명은 야만족의 생명보다 값어치가 없다고 엄숙하게 선언했다. 프랑크족 중에서도 가장 출신이 좋거나 지위가 높은 사람들을 일컫는 안트루스티온(Antrustion) 계급의 생명은 금화 600닢으로 평가되었지만, 왕의 식탁에까지 초대받는 속주 귀족들은 금화 300닢만 있으면 합법적으로 살해할 수도 있었다. 프랑크족 평민은 금화 200닢 정도면 충분하다고 간주되었고, 미천한 로마인들은 금화 100닢, 심지어 50닢 정도의 보상금으로 모욕과 위험에 노출되었다. 이런 법률이 공평성과 합리성이라는 원칙에 따라 규정되었다면, 개인적인 힘의 부족을 사회적인 보호로 적절하게 메위 주었을 것이다. 그러나 입법자들은 병사의 목숨과 노예의 목숨을 정의라는 저울이 아니라 정책이라는 저울로 가늠

[58] 그리스의 영웅 시대에 살인죄는 피해자 가족에 대한 금전적인 보상으로 속죄되었다. 하이네키우스는 『게르만 법률의 요소들』의 서문에서 로마와 아테네에서 살인죄는 추방으로만 처벌되었음을 제시했다. 이것은 사실이지만 로마와 아테네 시민에게 추방은 극형이었다.

[59] 이런 등급은 살리카 법률과 리푸아리 법률에 규정되어 있는데, 리푸아리 법률은 로마인들 간에는 차이를 두지 않았다. 그래도 성직자는 프랑크족보다 등급이 높았고, 부르군트족과 알레만니족은 프랑크족과 로마인 사이에 위치했다.

했다. 무례하고 탐욕스러운 야만족 병사의 목숨은 무거운 벌금으로 보호받았지만, 방어 능력이 없는 일반 백성들의 목숨은 거의 보호받지 못했다. 그러나 시간이 흐르면서 정복자들의 오만도 피정복자들의 인내심도 조금씩 줄어들었고, 가장 대담한 백성들조차 경험을 통해 자신이 위해를 가하기보다는 당할 위험이 더 많다는 사실을 깨닫게 되었다. 프랑크족의 풍습이 순화되어 감에 따라 그들의 법률은 더욱 엄격해졌고, 메로빙거 왕조의 왕들은 서고트족과 부르군트족의 공평하고 엄격한 법률을 모방하고자 했다.60 샤를마뉴 황제 치세에 살인자는 일반적으로 사형으로 처벌받았는데, 사형 제도는 근대 유럽의 법정에서도 아무 거리낌 없이 자유롭게 증식되고 있다.61

행정직과 군사직은 콘스탄티누스 대제 시대에 분리되었는데, 야만족들은 그것을 다시 통합했다. 귀에 거슬리는 튜턴어 명칭들은 두크스, 코메스, 프라이펙트 같은 라틴어 명칭으로 순화되었고, 한 관리가 자신이 맡은 지역 안에서 군사 지휘권과 사법, 행정을 모두 맡았다.62 그러나 사납고 무식한 야만족 족장들이 재판관으로서의 의무를 제대로 수행하는 경우는 거의 없었다. 재판관은 경험과 연구를 통해 열심히 개발한 철학적 정신의 모든 능력이 필요하기 때문이다. 그 결과 거칠고 무지했던 족장들은 판결의 명분을 확인시켜 줄 수 있는 간단하고 눈에 보이는 방편들을 채택하는 수밖에 없었다. 어느 종교에서나 인간적 증거의 진실을 확인하거나 거짓을 벌하기 위해 신의 개입을 호소하는 경우는 있지만, 단순한 게르마니아 재판관들은 이 강력한 도구를 제멋대로 남용했다. 피고 측은 피고에게 죄가 없다고 엄숙하게 선언해 주는 우호적인 목격자를 법정에 많이 불러냄으로써 자신의 무죄를 입증할 수 있었다. 죄질에

신의 심판

60 부르군트 법률, 서고트족의 법전. 킬데베르트 3세(파리를 통치한 킬데베르트 1세가 아니라 아우스트라시아의 킬데베르트 3세가 분명하다.)의 법을 참조하라. 그들의 미성숙한 엄격성은 때로는 성급하고 과격하다. 킬데베르트는 살인자뿐 아니라 강도에게도 극형을 선고했다. 심지어 태만한 재판관도 같은 선고를 받을 수 있었다. 서고트족은 환자를 치료하지 못한 의사를 환자 가족의 처분에 맡겼다.

61 그러나 살인을 벌금으로 처벌한 사실은 16세기까지도 독일에서 발견된다.

62 하이네키우스는 게르만의 재판관과 사법 체계를 매우 자세하게 다루었다. 메로빙거 왕조 시대에 배석 판사가 주민들에 의해 선출되었다는 증거는 전혀 찾지 못했다.

63 몽테스키외는 이와 같은 소극적인 증거 입증 방식이 야만족의 법률에서 매우 보편적으로 사용되었지만, 살리카 법률은 이를 채택하지 않았다고 언급했다. 그러나 후에 클로비스의 손자의 처가 된 미천한 신분의 정부(프레데군디스)는 살리카 법률을 따랐음에 틀림없다.

64 무라토리(Muratori)는 『고대 이탈리아』에서 두 가지 신의 심판을 제시했다. '죄 없는 사람은 불에 타지 않는다.'와 '순수한 물은 죄인이 몸을 담그는 것을 허락하지 않는다.'는 것이 그것이다.

65 몽테스키외는 재판으로서의 결투에 대해 설명하고 변명해야만 했다. 그는 이 이상한 제도를 군도발트 시대로부터 성 루이 시대까지 추적했는데, 때때로 이 철학자는 고대 법률들 속으로 푹 빠져 버린 것 같다.

66 군도발트는 리옹에서 발표된(서기 501년) 최초의 칙령에서 결투 재판을 옹호하고 확립했다. 300년 후에 리옹의 주교 아고바르드는 경건왕 루이에게 이 아리우스파 폭군의 법률을 폐지할 것을 탄원하였다. 그가 군도발트와 아비투스의 대화를 남겨 놓았다.

따라 이 면책 선서자의 숫자도 늘어났다. 방화범이나 암살자가 면책받기 위해서는 일흔두 명의 증인이 필요했고, 프랑스 왕비가 정절을 의심받았을 때는 기사도 정신으로 무장한 300명의 귀족들이 법정에 나와 갓 태어난 왕자가 돌아가신 왕의 적자임에 틀림없다고 주저 없이 선언했다.63 그러나 너무나 명백하고 또 반복되는 위증의 죄와 그에 대한 추문이 지속되자 행정관들은 이런 위험스러운 유혹을 배제하고 인간적 증거의 한계를 그 유명한 물과 불의 실험으로 극복하고자 했다. 이 특별한 심판은 너무도 변덕스러워서 어떤 경우에 유죄이고 어떤 경우에 무죄인지 기적이 개입하지 않으면 도저히 입증할 수 없었다. 기적들은 사기와 미신에 의해 간단히 제공되었고, 아무리 복잡한 소송이라도 이 손쉽고 확실한 방법으로 간단하게 해결되었다. 또한 사나운 야만족들은 행정관들의 판결은 경멸했을지 모르지만 이와 같은 신의 심판에는 순순히 따랐다.64

사법 논쟁

그러나 호전적인 민족들 사이에서는 결투를 통한 심판이 서서히 탁월한 신뢰와 권위를 획득해 갔다. 그들은 용감한 자는 당하지 않으며 비겁한 자는 살아남을 수 없다고 굳게 믿었다.65 민사 소송이나 형사 소송 모두에서 피고나 원고, 심지어 증인까지도 법적인 증거가 부족한 상대방으로부터 목숨을 건 결투를 요구받았는데, 이럴 경우에는 자신의 명분을 포기하든지 아니면 결투의 현장에 나와 자신의 명예를 공개적으로 입증하는 수밖에 없었다. 그들은 자기 민족의 관습에 따라 도보로 또는 말을 타고 결투에 임했는데, 창이나 검에 의한 결정은 하늘과 재판관과 대중의 인가로 승인되었다. 이런 피비린내 나는 법률은 부르군트족이 갈리아에 도입했는데, 그들의 입법자인 군도발트66는 신하인 아비투스의 반대와 불평에 몸소 이렇게 대답해 주었다고 한다.

민족 간의 전쟁이나 개인적인 결투가 모두 신의 심판을 받는다는 것은 진리가 아니오? 또한 좀 더 정당한 명분을 가진 쪽에 승리를 내려 주시는 게 신의 섭리가 아니겠소?

이런 견해가 널리 퍼지면서 원래는 게르마니아 몇몇 부족들의 특유한 풍습이었던 결투에 의한 심판이라는 우스꽝스럽고 잔인한 행위가 시칠리아에서 발트 해에 이르는 유럽의 전 왕국으로 퍼져 나가 확립되었다. 10세기가 지난 뒤에도 이런 법률을 빙자한 폭력은 완전히 근절되지 않았다. 성인이나 교황, 종교회의의 거듭된 비난이 효과를 보지 못한 것은 종교가 이성이나 인도주의와 부자연스럽게 결합하면서 종교의 영향력이 약화되었다는 증거로 보인다. 법정은 죄 없는 훌륭한 시민들의 피로 더럽혀졌는데, 지금은 부자들의 편인 법은 그때는 강한 자의 편이었다. 늙고 힘없고 병든 사람들은 정당한 주장이나 소유권을 포기하든지, 승산 없는 결투의 위험을 감내하든지, 돈으로 고용한 대리인의 불확실한 도움에 의존해야만 했다. 이런 억압적인 법률이 신변이나 재산상의 상해를 입고 소송을 제기한 갈리아 속주민들에게 부과되었다. 개개인의 힘이나 용맹과는 상관없이 무력을 좋아하고 행사하는 데에는 승리한 야만족이 훨씬 뛰어났다. 패배한 로마인들은 이미 조국의 운명을 결정지은 피비린내 나는 결투를 자신의 몸을 놓고 반복하도록 부당하게 강요받은 셈이다.67

먼 옛날 12만의 게르만족 대군이 아리오비스투스의 지휘 아래 라인 강을 건넌 적이 있었다. 그들은 세쿠아니족의 비옥

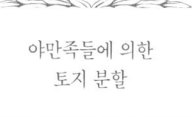
야만족들에 의한
토지 분할

67 부르군트족, 리푸아리족, 알레만니족, 바바리아족, 롬바르드족, 튀링기아족, 프리지아족, 색슨족이 결투 재판을 받아들인 이유를 이해한 몽테스키외는 살리카 법률이 이를 받아들이지 않은 것에 상당히 만족했다. 그러나 니겔루스(Ermoldus Nigellus)와 경건왕 루이의 전기 작가는 적어도 배신의 경우에는 같은 관습이 적용되었다고 언급했다.

68 토지의 분배에 관해서는 부르군트와 서고트족의 법률에 산발적으로 모호하게 언급되어 있는데, 몽테스키외가 이것을 훌륭하게 정리했다. 다만 덧붙이고 싶은 것은, 고트족은 분배를 이웃들의 심판으로 승인받았고 야만족들은 나머지 3분의 1도 강탈한 적이 많았으며, 로마인들이 50년간 법령으로 방해받지 않았다면 자신들의 권리를 회복했을 것이라는 점이다.

한 땅의 3분의 1을 점유하고 또 다른 3분의 1을 내놓으라고 강압적으로 요구했다. 갈리아의 풍요로운 수확물을 나눠 갖기 위해 불러들인 2만 4000명의 야만족들을 정착시키기 위함이었다. 그로부터 500년 후에 아리오비스투스의 패배를 되갚아 준 서고트족과 부르군트족은 마찬가지로 정복한 땅의 3분의 2를 불공평하게 강탈했다. 토지 강탈을 속주의 전체 영역으로 확대하는 것보다 승리군이 스스로 선택하거나 지도자의 정책으로 정착한 특정 지역에 한정하는 편이 더 합리적이었을 것이다. 이런 지역에서 야만족들은 로마 속주민들과 우호적인 관계를 맺을 수도 있었다. 속주민들은 이 초대받지 않은 손님들에게 세습 재산의 3분의 2를 양도해야만 했다. 그러나 목양과 수렵의 민족인 게르만족은 때로는 광활한 숲과 목초지에 만족하면서, 작지만 가장 쓸모 있는 경작지는 근면한 농부들에게 양도하곤 했다.68 신뢰할 만한 증거는 없지만 바로 그 점에서 프랑크족의 약탈은 합법적인 분배라는 형태로 제어되거나 위장되지 않았으며, 그들은 질서나 규제 없이 갈리아의 전 속주로 뻗어 나갔고, 약탈자들은 자신의 필요와 탐욕, 능력에 따라서 창검으로 새로운 영토를 확보했을 것이라고 추측해 볼 수도 있다. 사실 군주로부터 멀리 떨어진 곳에 있는 야만족들은 그런 자의적인 약탈을 행하고 싶은 유혹을 강하게 느꼈을 것이다. 그러나 단호하고도 교묘한 정책을 썼던 클로비스는 이런 방종한 정신 상태에 제동을 걸지 않을 수 없었다. 그런 행위는 피정복자의 고난을 악화시킬 뿐 아니라 정복자의 통합과 규율까지 깨뜨릴 위험이 있었기 때문이다. 저 유명한 수아송의 항아리는 갈리아의 전리품이 질서 있게 분배되었다는 증거이자 기념비이다. 자신에게 충성을 맹세한 갈리아의 가톨릭교도들에게 아무런 피해를 주지 않으면서, 승리한 군대에는 보상을 지불하고 수많은 사람들에게 정착지를 제공하는 것이 클로비스의 의무이자 최대의 관심사였다. 그가 합법적으로 취득한 로마 제국의 세습 재산, 주인 없는 빈 땅, 고트족으로부터의 약탈품 등으로 이루어진 막대한 자금은 강탈이나 몰수 같은 잔인한 행동을 할 필요성을 감소시켰다. 그 결과 순종적인 속주민들도 자신들의 손실을 공평하고 질서 있게 분배하는 모습을 참을성 있게 받아들였던 것이다.[69]

메로빙거 왕조의 부는 그들의 광활한 영토에서 비롯되었다. 갈리아를 정복한 이후에도 그들은 여전히 조상 전래의 단순하고 소박한 삶을 즐겼다. 도시들은 고립과 쇠퇴 속에 방치되었고, 그들의 화폐나 헌장, 종교 회의록 등에는 여전히 그들이 거주했던 별장이나 시골 궁전들의 이름을 새겨 넣었다. 예술이나 사치라는 개념과는 거리가 먼 이 160개의 궁전들은 왕국의 각 지역에 흩어져 있었는데, 그중 몇 군데는 요새라는 이름을 붙일 만도 하지만 대부분이 이익을 내는 농장 수준에 불과했다. 긴 머리를 한 왕들이 사는 저택 주위에는 가축과 가금류를 키우기에 적합한 뜰과 우리가 빙 둘러쳐져 있었고, 정원에는 식용 채소류를 재배하고 있었다. 노예들은 왕의 수입을 위해서 여러 종류의 상거래와 농사일, 사냥과 낚시까지 도맡았다. 왕의 창고는 팔거나 소비할 목적의 곡식과 포도주로 가득 찼고, 이것들은 사적인 경제 체계의 엄격한 규칙에 따라 철저하게 관리되었다.[70] 이렇게 조성된 막대한 세습 재산으로 클로비스와 그 후계자들은 평소에도 후한 인심을 베풀었고, 평시나 전시에 군주에게 개인적인 충성을 바친 용감한 부하들에게 보상도 해 주었다. 부하들은 말이나 갑옷 등으로 보상받는 대신, 공적이나 총애의 정도에 따라 봉토(benefice)를 받았다. 이것이

메로빙거 왕조의 영토와 봉토

[69] 몽테스키외와 마블리가 이 자의적이고 개인적인 강탈이라는 이상한 가정에 동의했다는 사실은 참으로 특이하다. 불랭빌리에는 무지와 편견의 장벽을 뚫고 올바른 해석을 제시했다.

[70] 샤를마뉴의 시골 생활에 대한 칙령 또는 법전을 보라. 이것은 그 거대한 왕국의 생활을 구체적이고 세세하게 규정하고 있다. 그는 염소의 뿔과 가죽에 대한 장부를 요구했고 궁정의 물고기를 팔도록 허용했다. 큰 장원은 암탉 100마리와 거위 30마리를 키우고, 좀 작은 장원은 암탉 50마리와 거위 12마리를 키우도록 규정했다. 마비용은 메로빙거 왕조 시대의 장원의 명칭과 수와 상태에 대해 조사한 바 있다.

71 부르군트 법률에는 아버지가 군도발트에게 하사받은 토지를 적합한 아들이 물려받는 것으로 명시되어 있다. 부르군트족은 그들의 권리를 확고하게 유지했다. 이들의 예는 프랑스의 봉토 제도를 촉진시킨 것 같다.

72 마블리는 봉토와 영지의 개혁에 관한 내용을 명확하게 밝혀 놓았다. 그가 행한 정확한 시대 구분은 몽테스키외도 하지 못한 업적이다.

73 무지의 시대에는 완벽하게 이해되었던 살리카 토지의 기원과 성격을 지금은 아무리 박학다식하고 현명한 비평가라 할지라도 잘 이해하지 못한다.

74 성 마르티누스의 206가지 기적 중 많은 것이 신성 모독을 벌하기 위해 반복적으로 행사되었다.

봉건 영지의 최초의 명칭이자 단순한 형태라 할 수 있다. 이 봉토 선물은 군주의 뜻에 따라 다시 몰수될 수도 있었는데, 이로 인해 군주의 관대한 인심이 그의 미약한 권리를 다소 강화시켜 주는 측면도 있었다. 그러나 이런 불확실한 토지 소유권은 독립적이고 탐욕스러운 프랑스 귀족들에 의해 점차 폐지되었다.71 그들은 봉토에 대한 영구적인 소유권을 확보하고 세습 계승권까지 확립했는데, 이것은 자주 바뀌는 주인으로 말미암아 손상되고 방치된 토지의 관점에서 볼 때는 유익한 개혁이었다.72 이처럼 군주가 하사한 영토 이외에도, 갈리아 분할 시에는 많은 토지가 완전 사유지나 살리카 법률에 따른 토지로 할당되었다. 이 토지들은 조세를 면제받았고 살리카 법률에 따른 토지는 프랑크족 남자들에게 균등하게 분배되었다.73

사적 강탈

메로빙거 왕조가 피비린내 나는 불화와 조용한 쇠망을 겪는 동안 각 지역에서는 참주들이 생겨나 장로(Senior) 또는 영주(Lord)라는 이름 아래 지역의 백성들을 지배하고 억압할 권리를 찬탈했다. 그들의 야심은 경쟁자의 적대적인 저항에 부딪히는 경우는 있었지만, 법률이 이미 소멸되었고 성자와 주교의 복수마저 자극하는74 무엄한 야만족들이니만큼 무방비 상태에 있는 범속한 이웃들의 경계표 따위를 존중하는 경우는 거의 없었다. 게르만 정복자들이 열렬하게 즐긴 오락은 사냥이어서, 그들은 로마의 법체계가 항상 존중해 온 자연의 일반적인 또는 공적인 권리도 심각하게 훼손했다. 땅과 하늘과 바다에 사는 야생동물들에 대한 인간의 모호한 지배권은 몇몇 운 좋은 인간들의 것으로 국한되었다. 갈리아에는 또다시 수풀이 우거졌고, 영주들이 사용하거나 오락을 즐기기 위한 목적으로 확보된 동물들은 근면한 가신들의 농지를 마구 망치고 다녔다. 사냥은 귀족과 그 가신들의 신성한 권리였고 평민이 그것을 침해하면 합법적으로 매를 맞거나 감옥에 갔다. 시민의 생명 따위에는 거의 관심이 없던 시대였으니만큼, 왕의 사냥터 경계 내에 있는 수사슴이나 황소를 죽이는 일은 극형으로 처벌되는 중대 범죄 행위였다.75

고대 전쟁의 법칙에 따르면 정복자는 자신이 정복하거나 살려 준 적의 합법적인 주인이 된다.76 개인 노예를 거느리게 되는 이런 유익한 명분은 평화를 사랑하는 로마 황제들에 의해 거의 사라졌지만, 독립적인 야만족들의 끊임없는 전쟁으로 다시 부활하여 더욱 성행하게 되었다. 고트족, 부르군트족, 프랑크족은 원정에서 승리를 거둘 때면 돌아오는 길에 양 떼와 소, 인간 포로들까지 거느리고 왔는데, 그들은 인간 포로들을 가축들과 똑같이 잔인하게 경멸했다. 그중에서 용모가 우아하고 영리해 보이는 젊은이들은 집안에서 부리기 위해 특별하게 취급했지만, 이들 역시 주인의 감정에 따라 호의적인 대우를 받을 수도, 잔인한 취급을 받을 수도 있는 불안한 상황에 처했다. 쓸모 있는 장인(대장장이, 목수, 재단사, 구두장이, 요리사, 정원사, 염색공, 금은 세공사 등)이나 노예들은 고용되어 주인이 사용하거나 이윤을 남길 수 있는 물건들을 생산했다. 기술은 없고 노동력만 있었던 로마인 포로들은 이전의 신분과는 상관없이 야만족들의 가축을 돌보거나 농지를 경작하는 일을 해야만 했다. 갈리아의 영지에 속한 세습 노예의 수는 새롭게 보충되며 지속적으로 증가했는데, 노예들은 영주의 형편이나 기질에 따라 때로는 총애를 받아 신분 상승을 이루기도 했으나, 주인의 변덕과 횡포로 고통받는 경우가 훨씬 많았다. 영주들은 노예들에게 절대적인 생사 여탈권을 행사했고, 딸이 결혼할 때는

개인적 노예 상태

75 부르군트 왕 곤트란의 시종 춘도(Chundo)는 단순한 혐의만으로 돌에 맞아 죽었다. 솔즈베리의 존 왕은 자연의 권리를 주장하면서 이 잔인한 풍습을 12세기에 선보였다.

76 전쟁 포로를 노예로 만드는 관습은 그리스도교가 광범위하게 전파되면서 13세기에 완전히 소멸되었다. 투르의 그레고리우스 등의 잦은 언급으로 미루어 볼 때, 이 관습은 메로빙거 왕조 시대에 아무런 비판 없이 실행된 듯하다. 주석을 단 바베이라크(Barbeyrac)뿐 아니라 그로티우스도 이것을 자연과 이성의 법과 조화시키고자 부단히 노력했다.

77 그레고리우스는 잊지 못할 예를 제공했는데, 여기서 킬페리크는 주인의 사적 권리만을 남용하고 있다. 그의 재산에 속한 수많은 가족들이 강제로 파리 인근에서 에스파냐로 보내졌다.

수많은 유용한 노예들을 결혼 지참금으로 함께 보내기도 했다. 이때 이들이 도망치는 것을 방지하기 위해 수레에 묶인 채로 머나먼 곳으로 보내지고는 했다.77 로마법의 권위는 시민들이 자기 자신의 곤경이나 절망으로 경솔한 행동을 하지 못하도록 시민의 자유를 보호하고 있었다. 그러나 메로빙거 왕조의 백성들은 개인적 자유까지도 내놓는 일이 꽤 있었는데, 이런 법적 자살 행위는 인간의 존엄성에 대한 가장 수치스럽고도 가슴 아픈 말들로 묘사되어 있다. 삶을 가치 있게 만드는 모든 것을 희생하여 오직 목숨만을 부지한 가난한 사람들의 예를 점차 약한 자들과 광신자들이 모방하게 되었고, 이들은 사회적 혼란기에 처하면 강력한 영주의 성벽 밑이나 인기 있는 성자의 성소 주변에 무기력하게 모여들어 몸을 숨겼다. 이 세속적이거나 종교적인 후원자들은 그들의 자발적인 복종을 기꺼이 받아들였는데, 이런 성급한 계약은 그들 자신과 후손들의 처지까지 돌이킬 수 없게 결정해 버리는 것이었다. 클로비스의 치세로부터 이어진 5세기 동안 갈리아의 법률과 풍속은 한결같이 개인의 노예화를 증가시키거나 지속시키는 방향으로 움직였다. 시간과 폭력으로 사회의 중간 계층은 거의 소멸되었고, 귀족과 노예 사이에는 불명확하고 좁은 간격밖에 남지 않게 되었다. 이런 자의적이고 새로운 계층 구분은 오만과 편견으로 말미암아 민족적인 차별로 변형되어 메로빙거 왕조의 무력과 법률에 의해 광범위하게 확립되었다. 귀족들은 진실인지 지어낸 말인지 모르지만 자신들이 독립적인 승리자 프랑크족의 후예임을 주장했고, 굴복한 평민들과 노예들에게 갈리아인 또는 로마인의 후예라는 근거 없는 불명예를 덮어씌우면서 정복자의 절대적인 권리를 행사했다.

정복자들이 스스로 '프랑스'라고 부른 그곳의 전반적인 상태와 변화상을 한 속주, 한 교구, 한 원로원 의원 가정의 구체적인 예를 통해 살펴보겠다. 오베르뉴 속주는 이전에는 갈리아의 독립 주들과 도시들 가운데서도 탁월한 지위를 자랑했다. 용감하고 수도 많았던 주민들은 아주 특별한 전리품을 소장하고 있었는데, 그것은 카이사르가 게르고비아의 성벽에서 격퇴당했을 때 잃어 버린 카이사르의 검이다.[78] 그들은 다 같은 트로이의 후손으로서 로마와의 형제 같은 동맹 관계를 주장했는데, 모든 속주가 오베르뉴의 용맹과 충성을 본받았다면 서로마 제국의 몰락을 막을 수 있었거나 적어도 지연시킬 수 있었을지도 모른다. 그들은 서고트족에게 마지못해 맹세했던 충성을 굳게 지켰지만, 푸아티에 전투에서 가장 용감했던 귀족들이 쓰러진 후에는 아무런 저항 없이 승리한 가톨릭 군주를 받아들였다. 이 쉽고도 가치 있는 승리를 이끌어 낸 사람은 클로비스의 장남 테오도리크였다. 그러나 이 속주는 그의 영토인 아우스트라시아와 세 개의 왕국을 사이에 두고 멀리 떨어져 있었다. 세 개의 왕국은 아버지가 죽고 나서 그의 세 동생이 물려받은 수아송, 파리, 오를레앙 왕국이 그것이었다. 파리의 왕 킬데베르트는 가까이 있는 오베르뉴의 아름다움에 유혹을 느꼈다.[79] 상(上)오베르뉴는 남쪽으로 세벤 산맥을 향해 점점 높아지면서 풍요롭고 다양한 삼림과 목초지를 자랑했는데, 산허리는 포도나무로 덮여 있었고 산봉우리들은 별장이나 성으로 장식되어 있었다. 하(下)오베르뉴에는 아름답고 드넓은 리마뉴 평야를 가로지르며 알리에 강이 흐르고 있었고, 무진장하게 비옥한 토양은 휴지기도 없이 동일한 수확량을 지금까지도 여전히 공급하고 있다. 그들의 합법적인 군주가 게르마니아에서 살해되었다는 허위 정보를 듣고 오베르뉴를 배반한 사람은 시도니우스

오베르뉴의 예(例)

[78] 카이사르는 게르고비아 포위 실패를 좀 솔직하지 못한 태도로 들려주는데, 이것은 승리에 익숙한 영웅에게 기대할 수 있는 태도와는 잘 부합되지 않는다. 그러나 그는 한 번의 공격에서 백인대장 46명과 병사 700명을 잃었다고 인정했다.

[79] 클로비스의 아들들에 대한 첫 번째 또는 두 번째 왕국 분할에서 베리 지역이 킬데베르트에게 할당되었다. 파리의 왕이 클레르몽에 들어갔을 때 짙은 안개로 지표면이 가려져 있었다고 한다.

80 투르의 그레고리우스의 베네딕트파 편집자들은 이 명칭과 정황을 고려해서 이 요새를 상(上)오베르뉴에 있는 모리악에서 2마일 정도 떨어진 멀리악 성으로 규정했다.

아폴리나리스의 손자였다. 킬데베르트는 이 은밀한 승리에 기뻐했고, 테오도리크의 자유로운 신하들도 온 나라가 부르군트 족과의 전쟁에 전념하는 때에 왕이 사사로운 원한에만 열중한다면 왕의 군기를 저버리겠다고 위협했다. 그러나 아우스트라시아의 프랑크족만은 그들 왕의 웅변적인 설득에 따르기로 했다. 테오도리크는 이렇게 말했다.

나를 따라 오베르뉴로 진군합시다. 나는 그대들을 금과 은, 노예와 가축, 값비싼 의복들을 원하는 대로 모두 얻을 수 있는 곳으로 인도하겠소. 다시 한 번 약속하지만, 나는 그곳의 백성들과 부를 그대들의 사냥감으로 제공할 것이며, 그대들은 원하는 대로 그것들을 고향으로 가져와도 좋소.

이 약속을 실행함으로써 테오도리크는 당연하게도 그가 온 힘을 기울여 파멸시킨 한 민족의 충성심을 잃었다. 게르마니아에서 가장 사나운 야만족들로 보강된 그의 군대는 오베르뉴의 풍요로운 대지를 온통 황폐화시켰다. 그들의 방자한 폭력을 피할 수 있었던 곳은 강력한 성 한 곳과 성소 한 군데의 단 두 곳뿐이었다. 메롤리악의 성[80]은 평지보다 백 피트 가량 솟아오른 높은 암반 위에 위치했는데, 성 안에는 식수로 사용할 수 있는 넓은 저수지와 경작할 수 있는 땅까지 있었다. 프랑크족은 이 난공불락의 요새를 질시와 절망이 뒤섞인 눈으로 바라보고 있다가 쉰 명가량의 패잔병들에게 기습 공격을 하게 되었다. 그러나 포로들이 너무 많아 부담을 느낀 프랑크족은 미미한 몸값을 제시하며 이 불쌍한 희생자들의 생사를 결정짓고자 했다. 이 잔인한 야만족들은 수비대가 제안을 거부하면 포로 전원을 학살할 예정이었다. 또 다른 파견대는 브리바스 또는 브리우드라고 불리는 곳까지 진출했지만 그곳의 주민들은 귀중품을 모두 소지하고 성 율리아누스 성당으로 피신해 있었다. 성당의 문은 공격을 잘 견뎌 냈지만, 한 용감한 병사가 성가대석의 창문으로 잠입해 동료들에게 길을 열어 주었다. 그들은 무엄하게도 성직자와 일반인들은 물론 성물과 세속적 전리품들을 제단에서 끌어내렸고, 브리우드에서 그리 멀지 않은 곳에서 서로 나누어 가지는 신성 모독적인 행위를 자행했다. 그러나 독실한 신자였던 클로비스의 아들은 이 불경한 행동을 엄중하게 처벌했다. 그는 가장 극렬한 가담자들은 사형에 처했고 은밀한 공모자들은 성 율리아누스 성당의 처분에 맡겼으며, 포로들을 풀어 주고 약탈한 물건은 돌려주었는데, 이후 성역은 이 성스러운 순교자의 묘지 주변 5마일까지 확장되었다.

아우스트라시아 군대가 오베르뉴에서 철수하기 전에, 테오도리크는 이 국민들에게 미래의 충성을 보증하는 서약을 받아 냈다. 그들의 정당한 증오심은 오직 공포심에 의해서만 제어될 수 있을 터였다. 킬데베르트와 그 백성들의 충성심을 담보하는 인질로서 중요한 원로원 의원들의 자제들로 구성된 일단의 귀족 청년들이 선발되어 승리자에게 보내졌다. 그 후 처음으로 전쟁이나 음모에 관한 소문이 들려왔을 때, 이 죄 없는 청년들은 노예의 신분으로 강등되었는데, 그중에서도 트레브 교구에서 주인의 말을 돌보던 아탈루스[81]의 이야기가 특별히 상세하게 전해진다. 이 청년의 할아버지인 랑그르의 주교 그레고리우스가 보낸 밀사들이 힘들게 수소문한 끝에 이런 천한 일을 하고 있는 그를 발견했다. 그레고리우스는 몸값을 제시했지만 탐욕스러운 주인은 단호하게 거절하고는, 터무니없게도 금 10파운드의 몸값을 요구하며 그 정도 액수라야 자신의 귀족 포

아탈루스 이야기

81 투르의 그레고리우스가 아탈루스의 이야기를 들려주고 있다. 그의 책을 편집한 뤼나르(P. Ruinart)는 서기 532년 당시 소년이었던 이 아탈루스와 그보다 5, 60년 전에 오툉의 코메스이자 시도니우스의 친구였던 아탈루스를 혼동했다. 이런 실수를 무지 탓이라고 비난할 수는 없으며, 그 자체의 중요성 때문에 어느 정도는 용서될 수 있다.

82 여기에 나오는 그레고리우스는 투르의 그레고리우스의 할아버지인데 92세까지 살았다. 그는 40년간 오툉의 코메스로 지냈고 32년간 랑그르의 주교로 재임했다. 시인 포르투나투스에 따르면 그는 이 두 직위에서 똑같이 능력을 발휘했다고 한다.

83 발루아(M. de Valois)와 뤼나르가 원본의 모젤라(Moslla)를 모사(Mosa)로 바꾸기로 결정했으므로 그 변화를 따르는 것이 맞을 것이다. 그러나 지리를 검토해 본 결과 일반적인 해석을 따르기로 했다.

로를 해방시켜 주겠다고 했다. 이 청년은 랑그르의 주교의 주방에서 일하던 레오의 대담한 계책으로 풀려날 수 있었다.[82] 누가 소개했는지는 알려지지 않았지만 레오는 손쉽게 그 야만족의 집으로 소개받아 들어갔다. 주인은 금화 두 닢에 레오를 샀는데, 그가 주교의 화려한 식탁에 정통하다는 사실을 알고 매우 기뻐했다. 이 프랑크족 주인은 이렇게 말했다. "다음 일요일에 이웃들과 친척들을 초대할 것이다. 솜씨를 발휘해서 그들이 궁정에서도 이런 음식을 구경하거나 맛본 적이 없다고 고백하도록 만들거라." 레오는 주인에게 가금류만 충분히 제공해 준다면 소원대로 될 것이라고 장담했다. 오래전부터 진귀한 대접을 해서 칭찬받기를 바라던 주인은 손님들이 음식을 맛있게 먹어 치우면서 이구동성으로 요리사에게 찬사를 바치자 그것이 마치 자기에게 바치는 찬사라도 되는 양 기뻐했다. 영리한 레오는 어느 틈에 주인의 신임을 얻어 집안일까지 관리하게 되었다. 레오는 1년을 인내심을 가지고 기다리며 때를 노리다가 어느 날 조심스럽게 아탈루스에게 자신의 계획을 털어놓고 다음 날 밤 도망칠 수 있게 준비를 하라고 일렀다. 한밤중에 술에 취한 손님들이 식탁에서 물러나자 레오는 밤에 마실 술을 들고 주인의 사위가 되는 사람의 방에까지 따라갔다. 사위는 이런 식으로 하면 주인의 신임을 잃기도 쉬울 것이라고 농담까지 했다. 이 대담한 노예는 그 위험스러운 농담을 받아넘긴 후 주인의 침실로 들어가 창과 방패를 치우고, 마구간에서 가장 빠른 말을 끌어내어 무거운 대문을 연 다음, 아탈루스에게 목숨을 보존하고 자유를 얻기 위해 쉬지 않고 부지런히 달리자고 격려했다. 두 사람은 불안한 마음에서 뫼즈 강변[83]에 말을 버리고 헤엄쳐 강을 건넜고, 3일간 근처 숲 속을 방황하면서 우연히 발견한 야생 자두 열매로 연명했다. 두 사람이 무성한 덤

불 속에 몸을 숨기고 있을 때 말발굽 소리가 들려왔다. 그들은 주인의 화난 얼굴을 훔쳐보고 공포에 떨었고, 이 괘씸한 놈들을 잡기만 하면 한 놈은 창검으로 갈가리 찢어 죽이고, 또 한 놈은 교수대에 매달아 놓겠다고 소리치는 것을 불안에 떨며 들었다. 천신만고 끝에 마침내 아탈루스와 충성스러운 레오는 랭스의 친절한 한 장로의 집에 도착했다. 장로는 빵과 포도주로 다 죽어 가는 두 사람의 기운을 되살리고 적의 수색으로부터 무사히 숨겨 주었으며, 두 사람을 아우스트라시아의 국경을 넘어 랑그르의 주교관까지 무사히 데려다 주었다. 그레고리우스 주교는 기쁨의 눈물을 흘리며 손자를 맞이했고, 고마운 마음에서 레오와 그 일가를 해방시켜 주면서 여생을 자유롭고 행복하게 살 수 있도록 농장 하나를 하사했다. 실감 나는 이야기와 인간성에 대한 묘사로 가득 찬 이 특이한 모험담은 아마도 아탈루스 자신이 프랑크족 최초의 역사가인 그의 사촌, 혹은 조카에게 전했을 것이다. 투르의 그레고리우스[84]는 시도니우스 아폴리나리스가 죽은 지 약 60년 후에 태어났는데, 두 사람 모두 오베르뉴 출신으로 원로원 의원이자 주교였다는 점에서 흡사하다. 그러나 시기가 다른 두 사람의 문체와 감수성은 차이를 보이는데, 이것은 갈리아의 쇠퇴를 나타냄과 동시에 인간 정신의 활력과 세련됨을 얼마나 짧은 시간에 잃어 버리게 되는지를 명확하게 보여 주는 예라 하겠다.[85]

이제 우리는 메로빙거 왕조 체제에서 갈리아의 로마인들이 겪은 억압에 대해 과장하거나 축소시켜 온 정반대되는(일부러 그랬는지도 모르지만) 서술들을 비웃을 수 있는 입장이 되었다. 정복자들은 결코 모든 사람을 노예화하거나 모든 사람의 재산을 몰수하라는 칙령을 공포하지 않았다. 그러나 자신들의

갈리아의 로마인들에게 부여된 특권

[84] 그레고리우스의 부모는 귀족 출신이었고 오베르뉴와 부르고뉴에 상당한 재산을 소유했다. 그는 서기 539년에 태어나 573년에 투르의 주교로 취임했고, 『프랑크사』를 끝낸 직후 593년 혹은 595년에 사망했다.

[85] 그레고리우스의 문체 역시 우아미와 단순성이 결여되어 있는 것이다. 높은 자리에 있었지만 그는 대부분의 동시대인들에게 알려지지 않았고, 그 장황한 저서에는(마지막 다섯 권에서 고작 10년 동안의 일을 다루고 있다.) 후손들이 알고 싶어하는 내용은 거의 담겨 있지 않다. 저서를 고통스러울 정도로 열심히 숙독했으므로 내게는 이런 부정적인 결론을 내릴 권리가 있다고 생각한다.

86 프랑스의 고대학자들은 로마인과 야만족이 이름으로 구분되었다는 원칙을 세워 놓았다. 분명 이름으로 상당히 정확한 추측이 가능했을 것이다. 그러나 투르의 그레고리우스를 읽다 보면 로마인의 이름이 곤둘푸스(Gondulphus)인 반면, 야만족 출신의 이름이 클라우디우스(Claudius)인 경우도 나온다.

87 그레고리우스는 4권에서 7권까지 에우니우스 무몰루스를 여러 번 언급하고 있다. 탈렌트로 계산한 것이 무척 특이한데, 그레고리우스가 이미 폐어가 된 단어를 의미 있게 사용한 것이라면, 무몰루스의 재산은 10만 파운드가 넘는다.

나약함을 예의나 평화라는 이름으로 변명하던 타락한 인간들은 사나운 야만족의 무력과 법률에 노출되었으며, 야만족들은 그들의 재산과 자유와 안전을 경멸하며 침해했다. 그들이 입은 개인적 손실은 부분적이고 불규칙적이었으며, 로마인들 대다수는 변혁의 과정에서도 살아남아 재산과 시민권을 유지했다. 많은 양의 토지가 프랑크족들이 사용할 목적으로 강탈되었지만, 로마인들은 남은 토지를 조세를 바칠 걱정 없이 소유할 수 있었다. 갈리아의 예술과 기술을 전멸시킨 저항할 수 없는 폭력은 한편으로는 정교하고 사치스러운 제국의 전제주의도 파괴했다. 속주민들이 살리카 법률이나 리푸아리 법률의 야만적인 적용으로 종종 고통받은 것도 분명하다. 그러나 결혼, 유언, 상속 등의 중요한 개인사는 여전히 테오도시우스 법전의 규제를 받았으며, 불만이 있는 로마인들은 자유롭게 야만족의 신분과 명칭을 취득해 신분 상승(혹은 하강)을 할 수 있었다. 로마인들은 마음만 먹으면 공직에도 진출할 수 있었는데, 로마인들이 받은 교육과 기질은 민간 행정직과 특히 잘 어울렸다. 경쟁심이 불타올라 군사적 열정이 되살아날 때는 승리한 게르마니아군 대열에서 행군하기도 했고, 심지어 그들의 지휘관이 되기도 했다. 메로빙거 왕조의 관대한 정책을 입증하는 장군들과 행정관들의 이름을 일일이 열거하지는 않겠다.86 다만 한 가지 예를 든다면, 명예고관 칭호를 부여받는 부르군트족의 최고 수장직을 세 명의 로마인들이 연이어 맡았다. 그중 세 번째이자 가장 막강한 권력을 가졌던 무몰루스87는 나라를 구하기도 교란시키기도 하면서 아버지를 대신해 오툉의 코메스 자리에 올랐고, 금화 30탈렌트와 은화 250탈렌트라는 막대한 재산을 남겼다. 용맹하지만 문맹인 야만인들은 수 세기를 거치는 동안에도 교회의 고위직은 물론 일반직에서까지 배제되었다.

갈리아의 성직자는 거의 전부가 토착 속주민이었으며, 오만한 프랑크족은 성직의 권위를 지닌 피지배자의 발아래 기꺼이 꿇어 엎드렸다. 이리하여 전쟁으로 상실한 권력과 부는 종교에 의해 조금씩 회복되었다. 세속적인 일에 관해서는 테오도시우스 법전에서 성직자에게 보편적으로 적용되는 법률을 정해 놓았지만, 야만족의 법률도 성직자의 신변 안전을 관대하게 규정해 놓았다. 차부제의 목숨은 프랑크족 두 명의 목숨과 맞먹었으며, 안트루스티온과 성직자는 거의 비슷하게 취급되었고, 주교의 목숨은 일반적인 기준보다 훨씬 높게 평가되어 금화 900닢에 해당했다.[88] 로마인들은 정복자들에게 그리스도교와 라틴어의 유용성에 대해 설명했다.[89] 그러나 그 언어와 종교는 모두 아우구스투스 시대와 사도들 시대의 소박함과 순수성에서 한참 타락해 있었다. 미신과 야만은 급속하고도 광범위하게 퍼져 나갔다. 성자들에 대한 숭배에 빠진 저속한 군중들은 그리스도교의 참된 신을 보지 못했고, 농부와 군인들의 소박한 방언은 튜턴어의 어법과 발음으로 오염되었다. 그러나 종교적이고 사회적인 교류가 이루어지면서 출생이나 승패에 따른 구분은 점점 사라져 갔고, 갈리아의 여러 민족들은 프랑크족이라는 이름과 정부 아래에서 서서히 융합되어 갔다.

프랑크족은 갈리아의 주민들과 융합된 이후에 인간에게 주어진 가장 가치로운 선물, 즉 입헌적인 자유의 정신과 그 체계를 공유할 수 있었을 것이다. 세습적이지만 권력이 제한된 국왕 밑에서 족장들과 고문들은 파리의 카이사르의 궁정에 모여 토론을 벌일 수도 있었을 것이며, 황제들이 용병 군단들을 사열했던 근처 들판에서는 자유민과 전사들이 함께 입법 의회를 열 수도 있었을 것이다. 그리하여 게르마니아의 숲에서 그

프랑크족의 무정부 상태

[88] 살리카 법률은 성직자의 안전을 보장하는 내용을 담고 있지 않은데, 좀 더 문명화된 민족으로서 성직자 살해 같은 불경한 행위를 상상하지 못했던 것으로 추측해 볼 수 있다. 그러나 왕후 프레데군디스의 명령으로 루앙의 주교 프라이텍스타투스가 제단 앞에서 살해된 일이 있다.

[89] 보나미(M. Bonamy)는 라틴어 방언을 연구한 바 있는데, 이것이 로맨스 문학의 발전을 매개로 해서 서서히 근대 프랑스어로 다듬어졌다. 카롤링거 왕조 시대에도 프랑스의 왕족과 귀족들은 여전히 게르만 선조들의 방언을 사용했다.

려 본 조야한 체제는 로마인의 시민적 지혜에 힘입어 세련되고 발전했을 것이다. 그러나 경솔한 야만족들은 각자의 개인적인 독립만을 확보하였을 뿐, 정부를 구성하려는 노력은 경멸했다. 3월에 개최되던 연례 의회는 어느새 폐지되었고, 프랑크족은 갈리아를 정복한 후 뿔뿔이 흩어져 거의 해체되고 말았다.[90] 프랑크 왕국은 사법이나 군사, 재정 등에서 아무런 체계적인 제도도 갖지 못했다. 클로비스의 후계자들에게는 백성들이 포기한 입법권이나 행정권을 취할 결단력도 그것을 실행할 힘도 없었다. 왕의 특권이란 약탈과 살인을 더욱 마음껏 자행할 수 있는 권리에 불과했다. 개인의 야심에 의해 고무되기도, 침해되기도 하는 자유에 대한 사랑은 오만방자한 프랑크족들에게는 질서를 경멸하고 면책을 바라는 마음으로 타락했다. 클로비스가 사망한 지 75년이 지나고 그의 손자인 부르군트 왕 곤트란은 고트족이 소유한 셉티마니아, 즉 오늘날의 랑그도크를 침략하고자 군대를 보냈다. 부르고뉴, 베리, 오베르뉴와 인근 지역의 군대들은 오직 약탈에 대한 기대로 흥분해 있었다. 그들은 아무런 군율도 없이 게르마니아인 또는 갈리아인 코메스의 군기 아래서 행군했다. 그들의 공격은 허약하여 승리를 거두지도 못했지만, 속주들은 우호적이었든 적대적이었든 상관없이 무차별적인 약탈로 황폐화되었다. 농경지와 마을과 교회는 불탔고 주민들은 학살당하거나 포로로 끌려갔으며, 무질서하게 퇴각하던 도중에는 이 짐승 같은 야만인들 중 5000명이 굶주림과 내분으로 목숨을 잃었다. 신앙심이 깊은 곤트란이 참지 못하고 지휘관들의 죄상과 태만을 꾸짖으며 앞으로는 법률이 아니라 즉결 처분으로 다스리겠다고 위협하자, 지휘관들은 병사들에게 만연해 있는 도저히 손을 쓸 수 없는 타락상을 고하였다.

[90] 프랑스라면 떠오르는 의회 제도는 결코 그들의 기질과 어울리지 않는 것 같다.

더 이상 아무도 왕과 두크스, 코메스를 두려워하거나 존경하지 않습니다. 모두가 악한 일을 좋아하고 거리낌 없이 범죄를 저지릅니다. 아무리 온화하게 타일러도 즉각적으로 난동이 일어나고, 난동을 일으킨 병사들을 감히 처벌하거나 저지하고자 한 경솔한 상관은 그들의 복수에서 살아남을 수가 없습니다.

먼 훗날 이 민족은 다시 한 번 무절제한 악덕에 의해 자유를 가장 혐오스러운 방식으로 오용하게 된다. 그들은 자유의 상실을 명예심이나 인도주의로 보충했는데, 이것이 지금 그들의 절대 군주에 대한 복종을 완화시켜 주기도 하고 권위를 부여해 주기도 하는 것이다.

서고트족은 갈리아에 있던 대부분의 영토를 클로비스에게 빼앗겼다. 그에 따른 손실은 에스파냐 속주를 간단히 정복하여 안전하게 확보함으로써 충분히 보상받았다. 고트족 왕국은 뒤이어 갈리시아의 수에비족 왕국까지 합병했는데, 오늘날의 에스파냐 사람들은 지금도 이로부터 민족적 긍지를 느끼기도 한다. 그러나 로마 제국에 대해 기술하는 역사가로서는 고트족 연대기의 불명확하고 보잘것없는 자료들을 연구해 볼 필요도 느끼지 못하고, 그럴 의향도 없다.[91] 에스파냐의 고트족은 피레네 산맥의 높은 봉우리들로 다른 세계와 단절되어 있었다. 그들의 풍습과 제도에 대해서는 게르만 부족에게 공통되는 것에 한해서 이미 설명한 바 있다. 앞 장에서 이미 그들의 종교사에서 가장 중요한 사건인 아리우스파의 몰락과 유대인 박해에 대해서도 기술했다. 이제 에스파냐 왕국의 행정과 종교 제도에 대한 몇 가지 흥미로운 사실들을 관찰해 볼 일만 남았다.

에스파냐의 서고트족

[91] 에스파냐는 이 암흑 시대에 특히나 운이 없었다. 프랑크족에게는 투르의 그레고리우스가 있었고, 색슨족과 앵글족에게는 비드(Bede)가 있었으며, 롬바르드족에게는 바느프리드(Paul Warnefrid)가 있었다. 그러나 서고트족의 역사는 세빌리아의 이시도르와 비클라르의 요하네스의 짧고 불완전한 연대기에 등장할 뿐이다.

92 이것이 게르마니아의 사도이자 갈리아의 개혁자인 성 보니파키우스의 불만이었다. 성직자의 방종과 타락이 80년간 지속되었다는 한탄으로 미루어 볼 때 야만족은 서기 660년경에 성직에 허용되었던 것 같다.

에스파냐의 입법 회의

우상 숭배 또는 이단에서 개종한 이후, 프랑크족과 서고트족은 똑같이 온순한 마음으로 가톨릭교에서 말하는 본질적인 악과 우발적인 구원이라는 개념을 받아들이고자 했다. 그러나 프랑스의 고위 성직자들은 메로빙거 왕조가 몰락하기 훨씬 이전부터 전쟁과 사냥에 열중하는 야만족으로 타락해 있었다. 그들은 종교 회의의 유용성을 무시하고 금주와 순결의 규율도 어겼으며, 성직자들의 보편적 이익보다는 개인적 야심과 사치를 만족시키는 일에 몰두했다.[92] 이에 비해 에스파냐의 주교들은 서로를 존경했고 대중으로부터도 존경을 받았다. 그들의 확고한 동맹은 자신들의 죄악을 가려 주고 권위는 강화시켜 주었으며, 교회의 일관된 규율은 정부에도 평화와 질서와 안정을 가져다주었다. 최초의 가톨릭 왕인 레카레트의 치세로부터 불운했던 로데리크의 전임 왕인 비티자의 치세에 이르기까지 열여섯 번의 국가 회의가 연속해서 소집되었다. 톨레도, 세빌리아, 메리다, 브라가, 타라고나, 나르본의 수석 대주교가 연장자 순에 따라 교대로 회의를 주재했다. 회의에는 각 속교구 주교들이 참석했는데 직접 참석하기도 했고 대리인을 보내기도 했다. 에스파냐의 수도원장 중에서 가장 경건하거나 가장 부유한 사람을 위해서도 한 자리가 할당되었다. 회의의 첫 사흘 동안은 교리나 규율 같은 종교적인 문제를 논의했는데, 이 기간에 평범한 속인들은 토론에서 배제되었고, 토론은 정중하고 엄숙한 분위기에서 진행되었다. 나흘째 아침이 되면 문이 활짝 열리고 궁정의 고위 관료들, 속주의 두크스와 코메스, 각 도시의 재판관들, 고트족 귀족들의 입장이 허용되었고, 하늘의 칙령은 국민들의 동의를 얻어 승인되었다. 규칙은 각 속주의 회의에서도 똑같이 지켜졌는데, 매년 개최되었던 종교 회의는 국민들의 불만을 듣고 고충을 처리해 주는 권한을 부여받았다. 이리하여 에스파냐 성직자들의 강력한 영향력 아래 법률에 기초한 정부가 유지되었다. 혁명이 일어날 때마다 승자에게는 아첨하고 패자는 모욕해 온 주교들은 박해의 불길을 타오르게 하여 교권을 왕권 위로 끌어올리려고 부단히 노력하여 마침내 승리했다. 그러나 야만족의 자유로운 정신을 주교의 정책으로 조절하고 지도해 온 톨레도의 입법 회의는 왕과 백성 모두에게 이익이 되는 몇 가지 법률을 세심하게 마련해 놓았다. 왕위가 공석이 되면 주교들과 궁정 고위 관료들이 후계자를 선택했는데, 알라리크의 계보가 끊어진 후에도 왕권의 수여는 여전히 순수한 고트족의 귀족 혈통으로만 제한되었다. 합법적으로 왕위에 오른 사람에게 기름부음을 행한 성직자는 항상 충성의 의무를 지킬 것을 권유했고 스스로도 그것을 실천했다. 왕의 권위에 반항하거나 왕의 생명을 노리는 음모를 꾀하거나 왕이 죽은 후 과부가 된 왕비와 부적절한 관계를 맺어 왕비의 정절을 더럽히는 불경한 자에게는 종교적인 탄핵을 가했던 것이다. 한편 국왕 자신도 왕좌에 오르기 전에 자신이 위탁받은 중대한 임무를 성실히 수행하겠다고 신과 백성들에게 맹세해야만 했다. 왕이 국정을 수행함에 있어 잘못이 있으면 막강한 권력을 소유했던 귀족 계급의 통제를 받았고, 주교들과 궁정 고위 관료들은 동료들의 자유롭고 공개적인 재판에 의하지 않고는 지위 강등, 투옥, 고문을 당하지 않고 사형이나 추방, 재산 몰수 등으로 처벌받지 않는다는 특권을 누렸다.

톨레도의 입법 회의 중 한 곳은 흉포한 에우리크로부터 신심 깊은 에기카에 이르기까지 역대 고트족 왕들이 편찬한 법률 조항들을 검토하여 승인했다. 서고트족 자신들이 조상들의 조

서고트족의 법전

93 열두 권으로 나누어진 서고트족의 법전은 부케가 정확하게 출간했다. 몽테스키외는 이것을 매우 가혹하게 다루고 있다. 나는 그 문체를 싫어하고 그 미신을 혐오한다. 하지만 법률 부문에서는 부르군트족이나 롬바르드족보다 훨씬 문명화되고 계몽된 사회의 수준을 보여 준다고 감히 생각한다.

야한 관습에 만족하며 사는 동안에는 아퀴타니아와 에스파냐의 주민들이 로마 법률을 따르도록 내버려 두었다. 그러나 기술과 정책 그리고 마지막으로 종교가 점점 진보해 감에 따라 이런 외래의 제도들을 모방하면서 결국은 대체하였고, 마침내는 하나로 통합된 수많은 국민들이 사용할 수 있는 민법과 형법 법전을 편찬하게 되었다. 에스파냐 왕국의 모든 민족에게 똑같은 의무와 똑같은 특권이 부여되자 정복자들은 서서히 튜턴 민족의 습성을 버리고 형평의 제약에 따랐으며, 로마인들에게도 자유를 공유할 수 있게 해 주었다. 이런 공평한 정책의 장점은 서고트족의 지배를 받던 에스파냐의 상황으로 더욱 빛을 발했다. 에스파냐 속주민들은 도저히 화해할 수 없는 종교상의 차이 때문에 아리우스파 군주와는 오랫동안 단절되어 있었다. 레카레트가 개종한 이후 가톨릭교에 대한 편견이 사라지기는 했지만 대서양과 지중해 연안은 여전히 동로마 제국의 황제가 지배하고 있었다. 동로마 제국 황제들은 불만에 찬 그곳 주민들에게 야만족의 굴레를 벗어던지고 로마 시민의 이름과 권위를 주장하라고 은근히 부추기고 있었다. 믿을 수 없는 백성들의 충성을 가장 확실하게 확보하는 방법은 반란을 일으켜 얻을 수 있는 것이 정치적인 변혁을 통해 기대할 수 있는 것보다 더 위험하다는 것을 스스로 깨닫도록 만드는 것이다. 그러나 인간은 증오하고 두려워하는 상대를 억압하는 것이 자연스러운 현상이므로, 그와 반대되는 체계는 지혜롭고 온건한 체계라고 칭찬받아 마땅하다.93

브리타니아의 혁명

프랑크족과 서고트족 왕국이 갈리아와 에스파냐에 정착할 무렵, 색슨족은 서로마 제국에서 세 번째로 큰 브리타니아 관구를 정복했다. 브리타니아는 이미 로마 제국에서 떨어져 나왔으므로, 이 책의 독자들 중 가장 적게 배운 사람들에게도 친숙한 주제이지만, 한편으로는 가장 학식 높은 사람들에게도 다소 애매한 이 이야기를 한다고 해도 비난받지는 않을 것이다. 색슨족은 노와 전쟁용 도끼를 사용하는 데는 뛰어났지만, 자신들의 위업과 명성을 영원히 남기는 기술은 없었다. 야만으로 되돌아간 속주민들도 자신들의 나라가 몰락하는 것을 기록하지 않았다. 그래서 확실하지 않은 구전 전설들은 로마의 선교사들이 학문과 그리스도교의 빛을 되살려 주기 전에 거의 사라지고 말았다. 길다스의 웅변, 넨니우스의 단편이나 전설들, 색슨족의 법률과 연대기에 대한 불명료한 암시들, 덕망 높은 비드의 종교적 이야기들은 후세의 작가들에 의해 성실하게 되살려졌고 때로는 공상으로 화려하게 윤색되기도 했는데, 그들의 작업을 비판하거나 옮겨 쓸 생각은 없다.[94] 그러나 역사가로서 이 로마 제국의 한 속주의 변천사를 그것이 완전히 사라질 때까지 추적해 보고 싶은 유혹은 느끼며, 한 사람의 영국인으로서 자신의 이름과 법률, 혈통의 출발점이 되는 야만족의 정착 과정을 더듬어 보고 싶은 호기심도 생겨나는 것은 어쩔 수 없다.

[94] 나는 여기서 현대 작가들인 성실한 카트(Mr. Carte)와 독창적인 휘태커(Mr. Whitaker)의 도움을 주로 받았다. 맨체스터의 역사를 쓴 역사가의 저술은 애매한 제목을 달고 있지만, 거의 영국의 전체 역사를 광범위하게 다루고 있다.

로마 정부가 해체되고 약 40년 후에 보르티게른이라는 사람이 브리타니아의 도시들과 영주들에 대하여 불확실하나마 최고의 지배권을 장악하고 있었던 듯하다. 이 불운한 군주는 자국 내 적들의 성가신 내습을 막으려고 막강한 외세를 끌어들이는 나약하고도 잘못된 정책을 쓴 장본인으로 거의 모든 사람에게 지탄을 받아 왔다. 진지한 역사가들에 따르면 이 군주의 사절들이 게르마니아 해안으로 급파되었는데 그들은 색슨족의 집회에서 심금을 울리는 연설을 하였고, 이 호전적인 야만족은 먼 곳에서 온 잘 알지도 못하는 섬나라 탄원자들을 위해 함대

서기 449년, 색슨족의 도착

와 군대를 파견해 돕기로 했다. 브리타니아가 색슨족에게 정말로 알려지지 않은 섬이었다면, 그 파멸의 정도는 좀 더 불완전했을지도 모른다. 그러나 로마 정부는 이 바다 한가운데에 있는 속주를 게르마니아의 해적들로부터 충분히 보호하지 못했다. 독립적으로 분리되어 있던 각 주들은 게르마니아의 공격에 노출되었다. 색슨족은 스코트족이나 픽트족과 때로는 암묵적으로 때로는 공개적으로 동맹을 맺고 약탈과 파괴를 일삼았는지도 모른다. 보르티게른은 단지 사방에서 자신의 왕좌와 백성들을 공격해 오는 여러 가지 위험 요소들 간의 균형을 잡는 일 밖에 할 수 없었다. 따라서 해군력이 막강하여 가장 위험한 적이 될 수도 있으나 동시에 가장 유용한 동맹군이 될 수도 있었던 그 야만족들과 동맹을 맺은 정책에 대해서는 칭찬하거나 적어도 변명할 여지는 있을 것이다. 헹기스트와 호사는 막대한 보상금을 지불하겠다는 약속을 받고 나서 동쪽 해안에 배 세 척으로 경계를 정하고 브리타니아의 방위를 맡기로 했다. 그들의 대담무쌍한 용맹은 브리타니아를 칼레도니아 침략군으로부터 구해 내기도 했다. 안전하고 비옥한 타넷 섬이 이 게르만족 동맹군의 거주지로 배정되었으며, 협정에 따라 풍부한 식량과 의복을 제공받았다. 이런 우호적인 환대에 고무되어 5000명의 전사들이 가족들을 이끌고 열일곱 척의 배에 나누어 타고 도착했는데, 이런 강력하고 시의적절한 보강군에 힘입어 헹기스트의 미약한 병력은 한층 강화되었다. 이 영리한 야만족은 보르티게른에게 픽트족 영토 부근에 충실한 동맹군의 거주지를 정해 놓으면 큰 도움이 될 것이라고 제안했다. 또 헹기스트의 아들과 조카가 지휘하는 마흔 척의 배로 구성된 세 번째 함대가 게르마니아를 출발해서 오크니 제도를 약탈한 다음 이 신앙심 깊은 땅의 반대편 노섬벌랜드, 즉 로디안 해안에 상륙했다. 재앙이 임박했음은 자명했지만 그것을 막을 방법은 없었다. 두 민족은 곧 분열하여 서로를 증오하게 되었다. 색슨족은 자신들이 그때까지 해 온 일들을 과장하여 자랑하면서 감사할 줄 모르는 민족이라고 불평했다. 반면 브리튼족은 오만하고 탐욕스러운 용병들이 아무리 많은 보상을 해 주어도 만족할 줄 모른다고 불쾌해 했다. 두려움과 증오가 점점 커져서 도저히 화해할 수 없는 반목으로 이어졌다. 색슨족은 드디어 무력을 사용하게 되었는데, 만약 그들이 연회 석상의 방심을 틈타 배반적인 대량 학살을 저지른 것이 사실이라면, 그들은 이미 전쟁이나 평화에 대한 협상을 유지시키는 민족 간의 상호 신뢰를 저버린 것이다.[95]

95 넨니우스는 색슨족이 300명의 브리튼 족장들을 죽였다고 했는데, 이런 혐의가 그들의 야만적인 풍습과 어울리지 않는 것은 아니다. 그러나 스톤헨지가 그들의 유적지라는 것까지 믿을 필요는 없을 것이다. 그에 따르면 스톤헨지는 이전에 거인들이 아프리카에서 아일랜드로 옮겼는데, 암브로시우스의 명령과 멀린의 마술로 다시 브리타니아로 옮겨졌다.

대담하게도 브리타니아 정복을 꿈꾼 헹기스트는 이런 절호의 기회를 놓치지 말자고 동족들을 설득했다. 헹기스트는 비옥한 땅과 부유한 도시들, 원주민들의 나약한 성품, 넓고 고립된 섬이라 색슨족 함대가 어느 쪽에서든 접근할 수 있다는 이점을 생생하고 실감나게 묘사했다. 그로부터 약 백 년 동안 엘베 강, 베저 강, 라인 강 하구에서 출항하여 연이어 이 땅에 식민지를 건설한 민족은 게르마니아에서 가장 용맹스러운 세 부족인 주트족, 고대 색슨족, 앵글족이었다. 헹기스트의 독특한 군기 아래에서 싸운 주트족은 다른 동족들을 영광의 길로 이끌어 켄트에 독립 왕국을 건설했다. 그러나 이 과업으로 이룩한 명예는 고대 색슨족에게 돌아갔고, 정복자들이 공유했던 법률과 언어는 400년 후에 남부 브리타니아에서 최초의 군주들을 배출한 이 민족의 명칭으로 불리게 되었다. 앵글족은 수가 가장 많았고 활약도 뛰어나 가장 넓은 영토를 차지했고, 이로 말미암아 이 나라에 자신들의 이름을 영원히 정착시키는 영

서기 455~582년, 색슨 7왕국

예를 누렸다. 육지나 해상에서의 약탈을 목적으로 뒤늦게 합류한 야만족들도 이 세 민족 연합군에 서서히 흡수되었다. 브리타니아 해안과 가깝다는 지리적 조건에 이끌렸던 프리지아족은 짧은 기간에 색슨족 원주민들의 힘과 명성에 대항할 수 있는 세력을 형성한 것 같다. 데인족, 프로이센족, 루기아족에 대한 언급도 있고, 발트 해까지 진출했던 모험심 강한 훈족도 새로운 세계를 정복하려는 꿈을 안고 게르만족의 배에 올라탔을지도 모른다.[96] 그러나 이 힘든 과업은 여러 민족이 힘을 합쳐 준비하거나 이룬 것이 아니다. 각 부족의 용감한 족장들이 명성이나 재산 정도에 따라 부하들을 모으고 적게는 세 척에서 많게는 예순 척에 이르는 함대를 결성해 공격 장소를 정했고, 그 이후에 일어나는 일들은 전투의 상황이나 자신의 개인적인 이해관계에 따라 그때그때 결정했다. 브리타니아 침략전에서 수많은 영웅들이 승리하거나 패배했지만, 왕의 칭호를 얻거나 최소한 주장했던 승리자는 단 일곱 명뿐이었다. 이 왕들은 일곱 개의 독립적인 왕국, 즉 '색슨 7왕국'을 건설했는데, 이 일곱 가계는 모두가 한결같이 자신들의 신성한 혈통이 전쟁의 신 보덴(Woden)에서 비롯되었다고 주장했다. 이 가계 중 하나는 계속 여계(女系)로 이어져 내려와 현재 영국 군주의 가계가 되었다. 이 왕국들의 연합체가 대표 회의와 최고 행정관에 의해 조정되었다는 설도 있다. 그러나 이런 인위적인 정책은 거칠고 사나운 성품을 지닌 색슨족과는 어울리지 않는다. 그들의 법률은 성문화되어 있지 않았으며, 그들의 불완전한 연대기에도 음울하고 피비린내 나는 내란의 정황만이 기록되어 있을 뿐이다.[97]

[96] 비드는 이 모든 종족을 일일이 열거해 놓았다. 그러나 나는 휘태커의 언급을 고려하기는 했지만, 프리지아족이 앵글로색슨족과 융합되었다는 가설이 불합리하다는 인식은 하지 못했다.

[97] 비드는 7왕국에서 권력이나 명성의 절대 우위를 연이어 차지한 색슨족 두 명, 주트족 한 명, 앵글족 네 명 등의 일곱 왕을 열거했다. 그러나 그들의 치세는 법률에 의한 것이 아니라 정복의 결과일 뿐이었다. 그들 중 한 명이 만 섬과 앵글시 섬을 정복하고, 또 다른 한 명은 스코트족과 픽트족에게 공납을 부과한 일도 언급되어 있다.

브리튼족의 상태

인간사에 대해서는 전혀 무지한 한 수도사가 감히 역사가의 임무를 수행하고자 하여, 서로마 제국에서 분리되던 시기의 브리타니아의 상황을 기묘하게 왜곡해서 기술한 바 있다. 길다스는 온갖 미사여구를 동원하여 농업의 발전, 템스 강과 세번 강에 흘러 들어오던 외국과의 교역 물자, 견고하고 높은 공공 건축물이나 개인 건물들의 구조 등을 묘사하면서, 브리타니아 사람들의 은혜를 저버린 사치스러운 생활을 비난했다. 또한 그는 브리타니아 사람들을 아주 간단한 기술조차 알지 못하며, 로마인의 도움이 없었다면 자신들의 땅을 지킬 성벽이나 철제 무기조차 만들 수 없는 사람들이라고 묘사해 놓았다.[98] 오랜 기간에 걸쳐 로마 황제의 통치를 받은 브리타니아는 자신도 모르는 사이에 사치스럽고 비굴한 로마의 속주로 변모해서 나라의 안전조차 외국 군대에 맡기고 있었다. 그런데 호노리우스 황제 치세에 이르자 이 민족은 새롭게 주어진 자유를 놀라움과 두려움으로 맞게 되었다. 그들은 행정이나 군사 제도도 하나 가지지 못한 채 독립국이라는 지위로 남겨졌는데, 누구였는지조차 확실하지 않은 그들의 지도자들은 백성들을 규합해 공동의 적에 대항할 기술도 용기도 권위도 갖추지 못했다. 이런 상황에서 색슨족을 불러들인 것은 그들의 내부적 허약성을 보여 주는 한편, 군주와 백성들의 품위도 떨어뜨리는 결과를 가져왔다. 너무 놀라 당황한 나머지 위험을 더 증대시키기도 했고, 연합하지 못해 전력을 더욱 약화시켰고, 내분에 열중하여 화근을 수습하기는커녕 모든 문제를 적들의 잘못으로 돌리고 비난하는 데 급급했다. 그러나 브리튼족이 무기의 제조나 사용에 대해 몰랐던 것은 아니며 그럴 수도 없었다. 색슨족은 계속해서 공격했지만 무질서해서 브리튼족이 경악에서 벗어나 정신을 차릴 여유를 주었으며, 전쟁의 승패가 거듭되는 동안 그들은 타고난 용맹성에 군율과 경험까지 더하게 되었다.

유럽과 아프리카 대륙은 아무런 저항 없이 야만족들에게 굴

[98] 휘태커는 일반 역사가들이 보다 흥미롭고 중요한 사건들에 집중하느라 발견하지 못했던 이 눈에 띄는 불합리성을 명석하게 지적했다.

브리튼족의 저항

99 말버러 인근의 버란비리그, 즉 바버리 성에서 벌어졌다. 색슨 연대기에 이름과 날짜가 명시되어 있다. 캠든(Camden)이 이 장소를 확인해 주었고, 헌팅던의 헨리(Henry)가 이 전투의 상황을 묘사했다. 이 자료들은 그럴듯하고 독창적이어서 12세기의 역사가들은 현존하지 않는 자료들에 대해 이들을 참조했을 것이다.

복했지만, 브리타니아 섬은 아무런 도움도 받지 않고 홀로 동, 남, 북쪽 해안을 거의 동시에 공격해 오는 해적들의 막강한 공격에 대항해 비록 마지막에는 패배했지만 오랫동안 용감하게 투쟁했다. 각 도시는 교묘하게 요새화되어 단호하게 방어되었고, 주민들은 평지와 언덕, 숲과 늪 지대가 혼재한 지형적인 이점을 부지런히 활용했다. 승리는 매번 비싼 대가를 치렀고, 색슨족 역사가들의 신중한 침묵은 오히려 색슨족의 패배를 강력하게 시사하고 있다. 헹기스트는 브리타니아 정복을 꿈꾸었지만, 35년간의 의욕적인 통치에도 불구하고 그의 야심은 켄트 지방을 정복하는 것으로 만족해야 했다. 그가 북부 지역에 건설한 수많은 식민지들도 브리튼족의 창검에 의해 소멸되었다. 서(西)색슨족의 왕국은 삼대에 걸친 군인 일가의 불굴의 노력으로 힘겹게 건국되었다. 보덴 신의 아들 중에서도 가장 용감했던 케르딕의 삶은 햄프셔와 와이트 섬을 정복하는 데 소진되었고, 베이던 산에서 벌어진 전투에서 입은 손실로 불명예스럽게 끝나고 말았다. 그의 용감한 아들인 켄릭은 윌트셔로 진출하여 그 당시에는 전망 좋은 고지대에 위치했던 솔즈베리를 포위하고 이 도시를 구조하기 위해 달려온 군대를 물리쳤다. 이어진 말버러 전투99에서 적군인 브리튼족은 뛰어난 군사 기술을 선보였다. 그 군대는 3열 횡대로 배치되었는데, 각 열은 로마군 전술의 원칙에 따라 각각 기병, 궁수, 창병으로 이루어진 별개의 부대로 편성되었다. 색슨족 군대는 강력한 1열 종대를 이루어 돌격하면서 단검으로 브리튼족의 긴 창을 용감하게 막아 내 어두워질 때까지 막상막하의 치열한 전투를 계속했다. 두 번의 결정적인 승리, 브리튼 측 세 왕의 전사, 시렌세스터, 바스, 글로스터의 함락이 케르딕의 손자 콜린의 명성과 세력을 확립시켜 주었는데, 그는 승승장구하는 군대를 이끌고 세번 강까지 진출했다.

백 년간 전쟁을 치른 후에도 여전히 독립을 확보하고 있던 브리튼족은 안토니누스 방벽에서 콘월의 최남단 곶에 이르는 서해안 전역을 차지하고 있었으며, 내륙의 주요 도시들도 여전히 야만족에 저항하고 있었다. 그러나 공격자 측의 수와 대담성이 지속적으로 증가함에 따라 저항 세력은 점점 힘을 잃어 갔다. 색슨족, 앵글족을 비롯한 기타 여러 민족 연합군들은 천천히, 그리고 힘겹게 노력을 계속 기울여 북, 동, 남쪽으로부터 진격하여 마침내 섬의 중앙에 집결해 승리의 깃발을 올렸다. 한편 세번 강을 기준으로 서쪽 지역은 여전히 브리튼족이 차지한 채 민족적 자유를 주장했는데, 이런 독립 상태는 색슨 7왕국 시대와 색슨 왕정 시대까지도 지속되었다. 노예 생활보다는 차라리 망명을 택한 용감한 전사들은 웨일스의 산속에 몸을 숨겼다. 콘월은 몇 세기가 지난 뒤에야 마지못해 굴복했으며,[100] 도망자 한 무리는 그들 자신들의 용맹에 의해서인지, 메로빙거 왕조의 관대함에 의해서인지는 확실하지 않지만 갈리아에 거주지를 배정받았다.[101] 아르모리카 지방의 서쪽 귀퉁이에 콘월과 소(小)브리타니아라는 새로운 이름이 붙여졌고, 예전에는 오시스미족이 살았다는 이 빈 땅은 이방인들로 채워졌다. 이들은 독자적인 코메스와 주교의 권위에 따라 선조들이 지켜 온 법률과 언어를 그대로 유지했다. 아르모리카의 브리튼족은 클로비스와 샤를마뉴의 허약한 후손들에게 관례적인 공납을 거부하고, 인근의 반, 렌, 낭트 관구를 복속시키면서 강력한 국가를 형성했지만, 그 역시 프랑스의 왕관 아래로 통합되어 갔다.

브리튼족의 도망

[100] 콘월은 마침내 아텔스탄에 의해 정복되었는데, 그는 엑스터에 영국 식민지를 건설하고 브리튼족의 주거를 타마르 강 너머로 제한했다. 콘월 기사들의 기상은 비굴한 노예 정신 때문에 격하되었는데, 트리스트람 경의 로맨스를 보면, 그들의 비굴함은 거의 전설적이었던 것 같다.

[101] 브리튼족의 갈리아 정착은 6세기에 프로코피우스, 투르의 그레고리우스, 투르의 2차 공의회(서기 567년), 믿을 만한 그들의 연대기와 성인들의 전기 등으로 입증되었다. 투르의 1차 공의회에 나타난 브리튼족 주교의 서명(서기 461년 혹은 481년), 리오타무스의 군대, 길다스의 부정확한 표현 등은 일찍이 5세기 중반에 이주가 이루어졌음을 시사한다. 그 시대를 지나서는 아르모리카의 브리튼족은 로맨스에나 존재한다. 카트의 경미한 실수를 그토록 엄격하게 비난했던 휘태커가 카트의 이 엄청난 무지를 충실하게 베껴 쓰고 있는 점이 무척이나 놀랍다.

아서 왕의 명성

끊임없이 힘겨운 전쟁을 치르던 한 세기 동안 엄청난 용맹과 얼마간의 전술이 브리타니아의 방어를 위해 발휘되었음은 틀림없는 것 같다. 그러나 승리자들의 유적이 거의 망각 속에 묻혀 버렸다 해도 그다지 애석해 할 필요는 없다. 모든 학문과 도덕이 결여된 시대에도 유혈과 군사적 명성이 난무했던 행위는 풍부하게 남겨지기 때문이다. 보르티케른의 아들 보르티머의 묘는 그가 색슨족을 켄트 벌판에서 세 차례 물리친 표지로 바닷가에 세워져 있다. 로마의 귀족 가문 출신인 암브로시우스 아우렐리아누스는 용맹과 겸양을 모두 지닌 인물로서, 그의 용맹함은 마지막 치명적인 전투[102] 이전까지는 눈부신 승리로 장식되었다. 그러나 이 모든 브리튼족 영웅들의 이름은 아서(Arthur)[103]라는 유명한 이름 앞에서 희미해져 버린다. 아서는 남(南)웨일스 실루리아족의 세습 왕자였으며 민족 왕이자 장군으로 선출되었다. 가장 합리적인 설명에 따르면, 아서 왕은 열두 차례의 연이은 전투에서 북쪽의 앵글족과 서쪽의 색슨족을 물리쳤는데, 이 영웅의 노년은 백성들의 배은망덕한 행동과 가정의 불화로 얼룩졌다. 그러나 그의 생애보다 훨씬 관심을 끄는 것은 그의 명성의 특이한 변천사이다. 500년의 세월을 통하여 아서 왕의 전설은 웨일스와 아르모리카 지방의 이름 없는 음유시인들에 의하여 보존되고 터무니없이 과장되었다. 이 음유시인들은 색슨족에게는 눈엣가시 같은 존재였지만 다른 민족들에게는 이름조차 알려지지 않은 존재였다. 노르만 정복자들은 자부심과 호기심에서 브리타니아의 옛 역사를 탐구해 보았는데, 그들은 아서 왕 이야기를 귀담아듣고 쉽게 믿어 버리면서 자신들의 적이기도 한 색슨족을 물리친 이 왕의 위업을 소리 높여 칭찬했다. 몬머스의 제프리가 라틴어로 기록한 아서

---

[102] 영국의 고대 사학자들은 다소 의심스럽지만 아무 이견 없는 추측으로, 암브로시우스를 서(西)색슨의 케르딕과 벌인 전투에서 5000명의 신민들과 함께 목숨을 잃은 나탄레오드와 혼동했다.

[103] 나는 웨일스의 음유시인인 미르드힌, 로마치, 탈리에신 등을 알지 못하므로 아서 왕의 존재와 모험에 관한 나의 믿음은 주로 넨니우스의 단순하고 상황적인 증거에 의존하고 있다. 휘태커는 아서 왕의 전쟁에 대해 상당히 흥미 있고 그럴듯한 이야기를 들려주는데, 그래도 원탁의 기사에 현실성을 부여하기는 어렵다.

왕의 전설은 후세에 그 시대에 유행하던 문장으로 번역되었고, 12세기의 경험과 학식과 상상력에 맞춘 다양하지만 일관성 없는 수식어들로 풍부하게 장식되었다. 예를 들어 프리기아 식민지가 테베레 강에서 템스 강까지 진출한 일은 『아이네이드』에 나오는 이야기와 간단하게 접목시켜, 아서 왕의 가계는 트로이에서 비롯되었으며 로마 황제들과도 혈연 관계였다고 주장하는 식이다. 그의 승전비는 그가 굴복시킨 속주와 제국들의 칭호로 장식되었고, 데인족에 대한 승리는 최근에 그의 나라가 받은 피해를 복수한 것이 되었다. 이 브리타니아 영웅의 무용과 전설담, 그의 연회와 마상 시합, 더욱이 잊을 수 없는 '원탁의 기사' 제도도 모두 그 시대를 지배했던 기사도 풍습을 충실하게 재현한 것이다. 그리하여 이 우서(Uther) 왕의 아들이 이룩했다는 전설적인 업적은 노르만족의 용맹으로 성취한 무용담만큼이나 사실로 받아들여지게 되었다. 성지 순례와 몇 차례의 성전(聖戰)이 아라비아 마법의 그럴듯한 기적들을 유럽에 소개했다. 그러자 단순했던 서방의 이야기에 요정과 거인, 나는 용과 마법에 걸린 궁전 등이 혼합되었고, 다시 브리타니아의 운명은 멀린의 마술이나 예언에 좌우되기에 이르렀다. 각 나라들은 아서 왕과 원탁의 기사라는 인기 있는 이야기를 채택하여 거기에 살을 붙였고, 그리스와 이탈리아도 그들의 이름을 칭송했다. 왕족과 귀족들은 랜슬롯 경과 트리스트람 경에 대한 방대한 이야기를 열심히 연구하면서 고대의 진정한 영웅들과 역사가들은 무시해 버렸다. 그러다 마침내 학문과 이성의 빛이 다시 불타오르면서 부적은 깨지고 공중누각도 사라져 버렸다. 여론도 다소 부당하지만 자연스럽게 반전되어, 현대의 엄격한 비평은 아서 왕의 존재 자체에 의문을 제기하는 경향이다.[104]

저항은 정복의 비참함을 막을 수 없는 경우에는 그것을 더

[104] 와턴(Mr. Thomas Wharton)은 중세 시대 로맨스 문학의 발전과 상태를 시인의 감수성과 고대 학자의 면밀함으로 설명했다. 그의 『영문학의 역사』의 제1권 서두에 있는 두 편의 박학다식한 논고에서 배운 바가 많다.

브리타니아의 파괴

욱 증폭시키게 마련이다. 그리고 정복이 색슨족의 손아귀에 있을 때보다 두렵고 파괴적이었던 때는 일찍이 없었던 듯하다. 색슨족은 적들의 용맹을 증오했고 조약의 준수 따위는 무시해 버렸으며, 그리스도교 숭배의 신성한 대상들도 아무런 가책 없이 모독했다. 전쟁터에서는 거의 모든 곳에서 산더미처럼 쌓인 유골탑을 발견할 수 있었고, 무너진 탑의 파편은 피로 물들어 있었다. 끝까지 살아남은 브리튼족은 남녀노소 구분 없이 모두 안데리다의 폐허에서 학살되었다.105 이런 재앙은 색슨 7왕조 아래에서는 자주 반복된 만큼 그다지 새로운 일도 아니었다. 로마인들이 세심한 정성을 들여 브리타니아에 심어 놓은 기술과 종교, 법률과 언어도 야만족 계승자들에 의해 뿌리째 뽑혀 나갔다. 주요 교회들이 파괴된 후에, 순교를 거부한 주교들은 성골(聖骨)을 지니고 웨일스와 아르모리카로 물러났고, 뒤에 남겨진 신자들은 아무런 정신적 양식도 제공받지 못한 채 그대로 방치되었다. 그리스도교 신앙의 실천뿐 아니라 그에 대한 기억조차도 엄격하게 금지되었는데, 브리튼족 주교들은 아마도 우상을 숭배하는 이 이방인들의 지옥과도 같은 타락의 모습을 보면서 얼마간의 위안을 찾았을 것이다. 프랑스의 왕들은 로마인들의 특권을 존중했지만, 흉포한 색슨족은 로마와 황제들의 법률을 모두 짓밟아 버렸다. 민사·형사 소송 절차, 영예의 칭호, 관직의 형식, 사회 계급 등을 비롯해 결국에는 결혼, 유언, 상속 등의 가정 내의 권리까지 탄압했고, 귀족과 평민의 구분 없이 수많은 사람들을 노예로 만들었다. 또 게르마니아의 양치기들과 해적들을 다스리기 위해 그들의 조악한 관습으로 통제했다. 로마인들에 의해 도입된 학문, 상업, 사교의 언어도 사회 전반에 걸친 황폐화 속에서 사라져 버

105 캠든은 안드레데스케스터(Andredes-Ceaster) 또는 안데리다(Anderida)를 뉴웬덴(Newenden)이라 했는데, 이곳은 이전에는 바다였던 켄트의 늪 지대와 햄프셔와 서섹스 지역에 넓게 걸쳐 있는 거대한 산림 지대 끝자락에 위치한다.

렸다. 게르만족은 새로운 욕구와 사상을 나타내기 위해 라틴어와 켈트어를 상당 부분 받아들였을 수도 있지만,[106] 이 문명의 이교도들은 자신들 종족의 방언을 그대로 유지하고 확립시켰다.[107] 교회나 국가의 중요한 명칭은 모두 튜턴어에 그 어원을 두고 있으며,[108] 잉글랜드의 지명에도 일반적으로 외래의 문자와 명칭이 사용되었다. 이토록 급속하고 완벽하게 이루어진 변혁의 예는 다시 찾아보기 힘들다. 아마도 브리타니아에서는 로마의 영향력이 갈리아나 에스파냐에서처럼 뿌리 깊지 않았으며, 그 땅과 원주민의 본질적인 미개성에 이탈리아의 풍습이 표면에만 얇게 덧칠해져 있었을 뿐이라고 짐작해 볼 수 있다.

이런 이상한 변화는 역사가들이나 철학자들까지도 브리타니아 속주민들은 모두 사라지고, 그 빈 땅에 게르만족이 꾸준히 흘러 들어와 급격하게 증가한 것이라고 믿게 만들었다. 색슨족 30만 명이 헹기스트의 소환에 응했다고 전해지고,[109] 앵글족 전체가 이주했다는 사실은 비드(Bede) 시대에 그들의 고향이 쓸쓸한 황야였다는 증언으로 뒷받침된다. 그리고 인간이 행동반경을 제한받지 않고 문자가 풍부한 비옥한 황야에 놓이게 되면 자유롭게 무한히 증식한다는 점을 우리는 경험으로 알고 있다. 색슨족의 왕국들은 막 새로 발견되어 경작된 땅의 모습을 나타내고 있었다. 도시는 작았고 촌락들은 서로 멀리 떨어져 있었으며, 농업은 활발하지 못했고 기술도 없었다. 양 네 마리가 가장 좋은 땅 1에이커의 가격과 맞먹었고, 드넓은 숲과 늪지는 막연히 자연 상태로 내버려 두었다. 지금의 더럼 주교구는 타인 강에서 티즈 강 사이의 전 지역이 원시 상태로 되돌아가 야생의 인적 없는 숲이 되었다. 이렇게 불완전한 인구 분포는 몇 세대가 지나면서 잉글랜드 각지에서 온 식민으로

예속 상태

[106] 존슨(Dr. Johnson)은 브리튼어에 기원한 영어 단어가 거의 없다고 확인해 주었다. 브리튼어를 알았던 휘태커는 3000개 이상의 단어를 찾아내고 길고 다양한 목록을 작성하기도 했다. 그렇지만 이 중에서 많은 단어가 라틴어나 색슨어에서 브리튼어로 흡수된 단어일 수 있다.

[107] 7세기 초에는 프랑크족과 앵글로색슨족이 서로의 언어를 이해할 수 있었는데, 두 언어 모두 튜턴어에 뿌리를 두고 있기 때문이다.

[108] 이탈리아 또는 스코틀랜드 선교사들로 이루어진 첫 세대 이후에 교회의 높은 자리는 모두 색슨족 개종자들로 채워졌다.

[109] 카트는 영국 역사가들의 증언을 인용해 놓았다. 그러나 그의 유일한 증인이 몬머스의 제프리(Jeffrey)가 아닌지 심히 우려되는 바이다.

보충되었는지 모르지만, 브리타니아의 색슨족이 자신들이 정복한 사막 같은 지역에서 홀로 살아갔다는 가정은 이성적으로 생각하거나 사실에 비추어 보아도 타당하지 않다. 이 잔인한 야만족들이 일단 자신들의 영토를 안전하게 확보하고 복수심을 만족시키고 난 후에는, 저항하지 않는 지역의 가축들뿐 아니라 농민들도 보호하는 것이 이익이었다. 연이은 변혁이 있을 때마다 잘 견뎌 온 사람들은 새로운 주인의 재산이 되었고, 상호 간의 필요에 의해 식량과 노동을 교환하는 유익한 계약이 암암리에 이루어졌다. 서섹스 지방의 사도 월프리드는 개종한 왕으로부터 치체스터 부근에 있는 셀시 반도와 그 당시 여든일곱 가구로 이루어져 있던 주민들과 그들의 재산을 증여받았다. 사도는 즉각 그들을 정신적, 육체적 속박에서 해방시켜 주었고, 남녀 합해 모두 250명의 노예들이 이 관대한 주인의 손에 세례를 받았다. 대서양에서 템스 강까지 펼쳐진 서섹스 왕국에는 7000가구가 살았고, 와이트 섬에는 1200가구가 살았다고 한다. 이 모호한 추산을 근거로 잉글랜드 전체에는 전제적인 지주들의 영지에 속한 하인이나 농노가 100만 명 정도였다고 짐작해 볼 수 있다. 궁핍한 야만족들은 자녀들이나 자기 자신까지도 영구적인 노예로, 그것도 외국에까지 팔아먹으려는 유혹에 빠지곤 했다.[110] 그러나 국내 노예들에게 적용된 특별 사면 조항[111]을 보면 그들의 수가 전쟁이라는 우발적인 사건으로 자유를 잃거나 주인이 바뀐 이방인이나 포로들의 수보다 훨씬 적었다는 점이 충분히 입증된다. 시간이 흐르고 종교가 발전하여 앵글로색슨족의 사나운 기질도 순화되었고, 법률도 빈번히 노예를 해방시켜 줄 것을 권장했다. 그러자 캄브리아, 즉 웨일스 지방의 사람들은 하위의 자유민이라는 상당한 지위를 획득하여 땅을 소유하고 시민 사회의 권리를 부여받기도 했다.[112] 이

[110] 비드와 맘스베리의 윌리엄의 일치된 증언에 따르면, 앵글로색슨은 처음부터 끝까지 이 부자연스러운 제도를 실행했던 것 같다. 앵글로색슨 젊은이들은 로마 시장에서 공공연하게 매매되었다.

[111] 이나(Ina) 법률에 따르면 해외로 팔려 가는 것은 불법이었다.

[112] 토지를 소유한 웨일스 또는 캄브리아인의 몸값은 120실링이었다. 같은 법률에서 색슨족 자유민의 몸값은 200실링, 지주의 몸값은 1200실링으로 규정되어 있다. 이것의 입법자들, 즉 서(西)색슨인과 머시아인들은 그리스도교로 개종한 후에도 브리타니아 정복을 계속했음이 관찰된다. 켄트의 네 왕의 법률에는 브리튼족 백성의 존재는 언급조차 되어 있지 않다.

런 온건한 처우는 그즈음에 웨일스와 콘월 지방에서 정복된 사나운 민족의 충성심을 확보하는 데 도움이 되었다. 웨섹스의 입법자인 현자 이나(Ina)는 두 민족을 국가적인 동맹 안에서 결속시켰는데, 서머셋셔 출신인 네 명의 브리튼족 영주들은 색슨족 군주의 궁정에 특별히 중용되기도 했다.

독립을 유지한 브리튼족은 야만 상태에서 미처 다 벗어나기도 전에 다시 원래 상태로 되돌아간 것으로 보인다. 적들에 의해 다른 세상과 격리된 그들은 곧 가톨릭 국가들의 혐오와 추문의 대상이 되었다.[113] 웨일스의 산간에서는 여전히 그리스도교를 신봉했지만, 성직자의 체발 형식이나 부활절의 날짜 문제에 대한 졸렬한 분리주의적 시각 때문에 로마 교황의 절대적인 명령에 완강하게 저항했다. 라틴어의 사용도 언제부터인지 모르게 폐지되었고, 이탈리아가 색슨족 개종자들에게 전수한 기술과 학문도 브리튼족은 알지 못했다. 웨일스와 아르모리카에서는 서쪽 지방의 토착어인 켈트어가 보존되어 널리 사용되었고, 드루이드교도의 동반자였던 음유시인(Bard)들은 16세기까지도 엘리자베스 여왕의 법률로 보호를 받았다. 음유시인들의 우두머리는 펭웨른, 아버프로우, 카마센 궁정 등의 고위 관리로 지내면서 전쟁에도 종군했는데, 그들이 최전방에서 부른 브리튼 왕국을 찬양하는 노래는 병사들의 용기를 북돋우고 약탈을 정당화해 주었으며, 시인은 전리품 중 가장 아름다운 여자를 당연한 보상으로 요구했다. 음유시인의 부하들과 성악·기악을 가르치는 사람들 등은 각자가 속한 지역에서 왕족이나 귀족, 평민들을 방문했는데, 이미 성직자들에 의해 피폐해진 가난한 민중들은 음유시인들의 집요한 요구로 다시 한 번 고통을 받았다. 그들은 엄중한 시험을 통해 지위와 자질을 인정받

브리튼족의 관습

[113] 비드는 『교회사』의 결론에서 브리타니아의 종교적 상황을 묘사하면서, 가톨릭 교회에 대한 브리튼족의 맹렬하지만 무기력한 증오를 비난했다.

앉고, 초자연적인 영감에 대한 강한 믿음은 시인과 그 청중들의 망상을 한껏 드높여 주었다.114 자유를 갈구한 켈트족의 마지막 피난처였던 갈리아와 브리타니아의 변방은 농업보다는 목축에 적합한 지역이었다. 브리튼족의 재산은 양과 소였는데, 그들은 우유와 살코기를 일상 음식으로 먹으며 빵은 외국의 사치품이라 하여 귀하게 여기기도 하고 때로는 배척하기도 했다. 자유가 허용되었던 웨일스의 산악 지대와 아르모리카의 늪지에는 많은 사람들이 살게 되었다. 그들의 수가 많았던 것은 일부다처제가 널리 행해졌기 때문이라는 악의적인 해석도 있는데, 이 방종한 야만족들의 집에는 열 명의 아내와 쉰 명의 자녀들이 있다고 상상되기도 했다. 그들은 성격이 급하고 다혈질이었으며, 말과 행동은 과감하고 힘찼다.115 평화 시에 사용할 기술을 전혀 몰랐던 그들은 모든 정열을 외국과의 전쟁이나 내전에 쏟아부었다. 아르모리카의 기병대, 궨트의 창병대, 메리오네스의 궁병대는 모두 막강했지만 궁핍했으므로 방패나 투구는 갖추지 못했고, 불편할 정도로 무거운 무기는 그렇지 않아도 더딘 공격 속도와 민첩성을 떨어뜨렸다. 영국의 가장 위대한 왕 가운데 한 사람인 헨리 2세는 동로마 황제가 호기심에서 브리타니아의 상태에 대해 물었을 때, 자신이 경험한 바로는 웨일스에는 벌거벗은 전사의 무리가 사는데, 그들은 일말의 두려움도 없이 방어용 갑옷으로 무장한 적들과 맞붙어 싸운다고 대답했다.116

114 웨일스를 여행한 페난트(Mr. Pennant)는 그곳의 음유시인들에 대한 재미있고 흥미로운 이야기들을 해 주었다. 1568년에 엘리자베스 여왕의 특별 명령으로 케어위즈에서 연주회가 열렸는데, 쉰다섯 명의 음유시인들에게 성악과 기악 부문에서의 정식 지위가 부여되었다고 한다. 이때 상(은으로 만든 하프)은 모스틴 가족이 수여했다고 한다.

115 기랄두스 캄브렌시스(Giraldus Cambrensis)는 과감하고 힘찬 웅변의 기질이 로마인과 프랑스인과 영국인에게만 있는 것이라고 했다. 이 악의적인 웨일스인은 영국인이 과묵한 것은 아마도 노르만족에게 예속당한 결과라고 넌지시 말하고 있다.

116 웨일스와 아르모리카의 풍습에 대한 묘사는 기랄두스와 베르토가 인용한 작가들에게 의존했다.

브리타니아의 모호하고 전설적인 형세

브리타니아에서 일어난 대변혁으로 제국의 판도뿐만 아니라 학문의 경계도 그만큼 축소되었다. 브리타니아를 뒤덮고 있던 먹구름은 페니키아인들의 발견으로 걷히기 시작해 마침내 카이사르의 군사력에 의해 완전히 사라졌는데, 이제 또다시

대서양 연안에 먹구름이 몰려왔고 로마의 속주는 대양의 전설적인 섬들 사이로 사라지고 말았다. 호노리우스 황제의 치세로부터 약 150년 뒤에, 당대의 가장 비중 있는 역사가 중 한 사람[117]은 먼 곳에 있는 이 이상한 섬에 대해 다음과 같이 묘사한 바 있다. 그 섬은 오래된 성벽에 의해 동과 서로 양분되어 있는데, 그 경계는 삶과 죽음의 경계이자 진실과 허구의 경계이기도 했다. 아름다운 동쪽 나라에는 문명화된 사람들이 살고 있었다. 공기는 건강에 좋았고 식수는 깨끗하고 풍부했으며 땅에서는 풍부한 식량이 정기적으로 생산되었다. 반면 성벽 너머 서쪽의 공기는 질병을 감염시키는 치명적인 것이었고, 땅은 뱀으로 뒤덮여 있었다. 이 음울한 황야는 죽은 자들의 영혼이 거주하는 곳이었는데, 그 영혼들은 실제로 반대편 해안에서 살아 있는 뱃사공들이 배에 태워 운반해 왔다. 프랑크족에 속하는 어부의 가족들 중에는 이런 대양의 카론(Charon)이라는 신비한 역할을 수행했다 하여 납세를 면제받은 사람도 있다고 한다. 그들은 한밤중에 망령들의 목소리나 심지어 이름을 듣고 교대로 호출되었는데, 망령들의 무게도 느꼈고 무언지 알 수 없지만 저항할 수 없는 힘에 이끌리는 것을 느꼈다고 한다. 이처럼 몽상과도 같은 이야기 다음에, 우리는 경악스럽게도 그 섬의 이름이 브리티아(Brittia)라고 기술되어 있는 것을 발견하게 된다. 그 섬은 대서양에서 라인 강어귀를 마주보며 위치한 대륙과 30마일도 떨어져 있지 않다. 또한 그 섬에는 프리지아족, 앵글족, 브리튼족이 살고 있는데, 앵글족 몇몇은 프랑크족 사절로 콘스탄티노플에 나타난 적도 있다는 것이다. 이 사절로부터 프로코피우스는 매우 특이하고도 별로 있음직하지 않은 모험담을 들었을지도 모르는데, 그것은 한 영국인 여걸의 기개에 대한 이야기이다. 그녀는 대서양과 라인 강이 맞닿는 지역에

---

[117] 그리스 역사가 프로코피우스는 자신이 하는 경이로운 이야기에 스스로도 혼동을 일으켰는지 브리티아 섬과 브리타니아를 구분하려는 시도는 거의 하지 않았고, 수많은 상황들에 함께 사용하고 있다.

118 클로비스의 손자이자 아우스트라시아의 왕인 테오데베르트는 그 시대에 가장 강력하고 용감했던 군주였는데, 이 주목할 만한 모험은 그의 치세의 절정기인 서기 534년에서 547년 사이에 일어난 듯하다. 그의 누이 테오데킬디스는 상스에 은거하여 수도원을 세우고 자선을 베풀었다고 한다. 포르투나투스의 찬사를 믿는다면 라디거는 너무나 훌륭한 아내감을 잃은 셈이다.

119 이 여인은 서기 527년 이후 험버 강과 템스 강 사이에 정착해 서서히 동(東)앵글리아와 머시아 왕국을 건설한 앵글족 군주나 족장의 누이였던 것 같다. 영국 작가들은 그녀의 이름이나 존재에 대해 아는 바가 없지만, 프로코피우스는 로(Mr. Rowe)의 비극 「왕족 개종자」에 나오는 인물 로두군의 성격이나 상황에 많은 암시를 준 듯하다.

사는 게르만 부족인 바르니족의 왕 라디거와 약혼한 사이였는데, 이 불성실한 애인은 정략적인 차원에서 아버지의 미망인이자 프랑크족의 왕 테오데베르트의 누이에게로 마음을 기울였다.118 버림받은 앵글족의 왕녀는 자신이 받은 모욕에 눈물짓기보다는 복수하는 쪽을 택했다. 그녀의 호전적인 백성들은 말을 타는 법은 고사하고 말이 어떻게 생겼는지도 몰랐다고 전해지지만, 그녀는 대담하게 400척의 배로 이루어진 함대와 10만 대군을 이끌고 브리타니아에서 라인 강어귀로 항해해 갔다. 전투에서 패하여 포로가 된 라디거가 승리한 약혼녀에게 자비를 호소하자 그녀는 관대하게 그를 용서해 주고 연적을 내쫓은 다음 성실하고 명예롭게 남편의 의무를 수행할 것을 강제했다고 한다.119 이 사랑의 위업이 앵글로색슨족의 마지막 해상 모험이었던 것 같다. 항해 기술 덕분에 브리타니아와 대서양을 장악했지만, 게으른 야만족들은 그것을 곧 소홀히 함으로써 섬나라라는 위치에서 오는 모든 상업적인 이익도 무기력하게 포기해 버렸다. 일곱 개의 독립 왕국들은 끊임없는 내분으로 흔들렸고, 브리타니아 세계는 평시에나 전시에나 대륙의 다른 나라들과 연결된 적이 거의 없었다.

서방에서 로마 제국의 몰락

지금까지 트라야누스와 안토니누스 황제의 행복한 시대로부터 서기 5세기 서로마 제국의 완전한 멸망에 이르기까지 로마 제국의 쇠망에 대한 이야기를 힘겹게 마무리 지었다. 서로마 제국이 멸망하던 그 불행한 시기에, 색슨족은 브리타니아의 영유권을 놓고 원주민들과 치열한 싸움을 벌였고, 갈리아와 에스파냐는 프랑크족과 서고트족의 막강한 군주국과 이에 예속된 수에비족과 부르군트족 왕국으로 분할되었다. 아프리카는 반달족의 잔인한 박해와 무어족의 야만적인 침략에 노출되어 있었다. 도나우 강변에 이르기까지의 로마와 이탈리아는 야만족 용병들에게 시달렸는데, 그들의 무법천지와도 같은 학정 뒤에는 동고트족의 왕 테오도리크의 치세가 이어졌다. 제국의 모든 백성들, 그중에서도 라틴어를 사용함으로써 로마인이라는 명칭과 특권에 좀 더 어울리던 사람들은 외세에 정복당한 모욕과 재앙으로 고통받았고, 승리한 게르만 제 민족은 새로운 풍속과 통치 체계를 서유럽의 여러 나라들에 확립시켰다. 로마의 위대성은 아우구스투스의 허약하고 가상적인 후계자들인 콘스탄티노플의 황제들에 의해 희미하게나마 재현되고 있었다. 어쨌거나 그들은 도나우 강에서 나일 강과 티그리스 강에 이르는 동로마 제국을 계속해서 통치했으며, 이탈리아와 아프리카의 고트족과 반달족 왕국은 유스티니아누스 황제의 군사력 앞에 굴복했다. 그러므로 그리스계 황제들의 역사는 이후로도 계속해서 유익한 교훈과 흥미로운 변혁에 관한 이야기들을 제공해 줄 것이다.

서로마 제국의 멸망에 대한 개관

그리스인들은 자신들의 나라가 일개 속주로 전락했을 때, 로마의 승리는 이 공화국의 우월성이 아니라 운명 때문이라고 생각했다. 변덕스러운 운명의 여신은 내키는 대로 은혜를 베풀었다가 또 거둬들이곤 하지만, 이제 날개를 접고 구체(球體)에서 내려와 지금은 그녀의 확고하고 변치 않는 옥좌를 테베레 강가에 정착시키는 데 동의했다는 것이다.(이것이 질시와 아부가 뒤섞인 그들의 어투이다.) 철학적인 정신을 갖춘 더욱 명민했던 그리스인이 자기 시대의 역사를 훌륭하게 기록했는데, 그는 로마의 위대성에 뿌리 깊은 근거가 있다는 점을 제시함으로써 동포들의 이런 어리석고 기만적인 위안을 일축한 바 있다. 로마 시민들의 상호 간의 신뢰, 또 국가에 대한 충성은 교육과 종교를 통해 더욱 확고해졌다. 도덕과 명예심이 공화국의 원리였고, 야심 있는 시민들은 승리의 엄숙한 영광을 누리고자 노력을 아끼지 않았으며, 로마 젊은이들의 열정은 집안에 걸린 선조들의 초상을 바라보면서 적극적인 경쟁심으로 불타올랐다.[120] 귀족과 평민 간의 적당한 경쟁은 마침내 체제에 확고하고도 평등한 균형을 확립했는데, 이로 인해 민회의 자유가 원로원의 권위와 지혜, 그리고 행정관들의 행정권과 결합되었다. 집정관이 공화국의 군기를 내걸면 시민들은 충성 서약에서 맹세한 대로 10년간의 신성한 병역 의무를 마칠 때까지 기꺼이 조국을 위해 칼을 빼 들었다. 이 현명한 제도 덕분에 전쟁터에는 젊은 자유민과 병사들이 끊임없이 공급되었고, 그 병력은 용감한 저항 끝에 로마의 용맹에 굴복하여 동맹을 맺은 호전적이고 인구도 많은 이탈리아 각지의 병사들로 더욱 증강되었다. 이 명민한 역사가는 소(小)스키피오의 무용을 고무하고 카르타고의 멸망을 지켜본 인물로서,[121] 그는 징병, 무기, 군사 훈련, 계급, 행군, 병영, 필리푸스와 알렉산드로스의 마케도니아식 밀집 군대보다 우수했던 막강한 군단 등의 로마의 군사 제도를 정확하게 기술한 바 있다. 폴리비우스는 평시와 전시 두 시기를 통하여 이런 제도들로부터 두려움을 모르고 안일을 싫어한 이 민족의 정신과 성공의 원인을 추론했다. 전 인류가 시의적절하게 연합했다면 막을 수도 있었던 그들의 야심만만한 정복 계획은 시도되었고 또 성취되었는데, 이와 같은 정의에 대한 끊임없는 침범은 신중성과 용기라는 정치적 미덕에 의해 옹호되었다. 공화국의 군대는 때로는 전투에서 패하기도 했지만, 전쟁에서는 항상 승리하여 유프라테스 강, 도나우

[120] 이것이 스키피오와 막시무스의 고결한 고백이었다. 로마 역사가들은 그들의 동시대인이자 친구였던 폴리비우스의 책을 읽고 아마도 베끼기도 했을 것이다.

[121] 카르타고가 불길에 휩싸였을 때 스키피오는 트로이의 멸망을 표현한 『일리아드』의 두 구절을 암송했는데, 그의 친구이자 스승인 폴리비우스에게 인간사의 변화무쌍함을 생각하노라면 미래에 닥쳐올 로마의 재앙도 생각할 수밖에 없노라고 말했다고 한다.

강, 라인 강, 대서양까지 급속하게 진군했다. 그리하여 각 민족들과 왕들을 상징하던 금, 은, 동으로 만든 여러 표상들은 로마라는 철의 군주국에 의해 차례로 파괴되었다.122

일개 도시가 일어나 제국으로 팽창한 이 경이로운 사건은 충분히 철학자들의 관심을 끌 만하다. 그러나 로마의 쇠퇴는 무절제한 팽창의 자연스럽고 필연적인 결과였다. 번영이 쇠퇴의 원칙을 잉태시켰고, 정복이 진행될수록 파멸의 원인도 급격히 증가했다. 시간이 지나고 사건이 겹치면서 인위적인 지지대가 벗겨지자 이 거대한 구조물은 자신의 무게에 짓눌려 붕괴되었다. 그 패망의 이야기는 단순하고 명백하다. 우리는 로마 제국이 왜 멸망했는지를 묻는 대신 오히려 어떻게 그토록 오래 지속될 수 있었는지 놀라워해야 할 것이다. 승리를 거듭하던 군단들은 멀리 떨어진 곳에서 전쟁을 수행하면서 이방인과 용병들의 악습을 배워서 처음에는 공화국의 자유를 위협하더니 결국에는 황제의 권위마저 침범했다. 황제들은 자신의 안위와 공공의 평화를 열망한 나머지, 적들에게는 물론 자신들에게도 위협적이었던 군대의 규율을 타락시키는 졸렬한 임시방편에 의존했다. 군사 정부의 활력은 콘스탄티누스 황제의 편파적인 제도에 의해서 느슨해지다가 결국에는 무너지고 말았다. 그리하여 로마 세계는 홍수처럼 밀려든 야만족들에 의해 침몰되고 말았다.

로마의 쇠망은 흔히 제국의 수도를 옮긴 탓이라고 말하기도 하지만, 이 책에서 이미 밝힌 것처럼 정부의 권력은 이전된 것이 아니라 분할되었다. 동방의 콘스탄티노플이 새로 수도로 정해졌지만, 서방에서는 여전히 황제들이 이탈리아에 거주하면서 군대와 속주들에 대한 평등한 세습 권리를 주장했다. 이런 위험한 새로운 체제는 이중 정권의 힘을 약화시키고 악습을 조

122 "넷째 나라는 강하기가 철같으니, 철은 모든 물건을 부서뜨리고 이기는 것인 까닭이다."「다니엘서」

장했다. 핍박과 전단(專斷)을 일삼던 기관도 두 배로 증가했고, 업적이 아니라 사치를 겨루는 쓸데없는 경쟁심이 테오도시우스의 타락한 후계자들에 의해 계속 유지되었다. 정상적인 상황이라면 자유민들의 힘을 결집시킬 극도의 고난도 쇠퇴해 가는 왕국에서는 파벌의 대립을 격화시킬 뿐이었다. 아르카디우스 황제와 호노리우스 황제 밑의 서로 적대적인 총신들은 그들 공동의 적에게 제국을 팔아넘겼고, 비잔티움 궁정은 로마의 치욕과 이탈리아의 불행, 서로마의 멸망을 무관심하게, 아마도 은밀히 즐기면서 바라보았다. 그다음 황제들의 치세에서는 두 제국의 동맹 관계가 다시 회복되었다. 그러나 동로마의 원조는 느렸고 믿을 수도 없었으며, 별 도움도 되지 않았다. 또한 그리스인과 로마인의 민족적 간극은 언어와 풍습, 관심사와 종교의 본질적인 차이로 더욱 확장되었다. 그럼에도 유리한 상황이 전개된 것은 콘스탄티누스 황제의 판단이 어느 정도 옳았음을 보여 준다. 쇠망이 진행된 긴 기간 동안 그의 난공불락의 도시는 막강한 야만족 군대를 물리쳤고, 아시아의 부를 보호했으며, 전시에나 평시에나 흑해와 지중해를 잇는 중요한 해협을 장악했다. 콘스탄티노플의 창건은 본질적으로 서로마의 멸망을 촉진시켰다기보다는 동로마의 유지에 기여한 것이다.

내세에서의 행복이 종교의 중요 목적이므로, 그리스도교의 도입이나 적어도 그 오용이 로마 제국의 쇠망에 영향을 끼쳤다고 해도 별로 놀라거나 근거 없는 중상이라고 분개하지는 않을 것이다. 성직자들은 인내와 순종의 원칙을 가르치는 데 성공했다. 사회의 능동적인 활력은 힘을 잃었고, 마지막 남은 상무정신은 수도원 안에 묻혀 버렸다. 자선과 헌금이라는 그럴듯한 요구에 공공 재산과 개인 재산의 상당 부분이 바쳐졌고, 군사들의 봉급으로 지출되어야 할 돈은 금욕과 순결의 덕목을 주장하는 일밖에 할 줄 모르는 쓸모없는 남녀에게 분배되고 낭비되었다. 신앙과 열의와 호기심, 거기에 적의와 야심이라는 세속적인 감정까지 더해져 신학 논쟁이 불붙었다. 교회뿐 아니라 국가까지도 종교적인 파벌 때문에 혼란을 겪었는데, 그들의 갈등은 때로는 유혈 사태까지 불러일으킬 정도로 심각했다. 황제의 관심은 병영에서 종교 회의로 돌려졌고, 로마 세계는 새로운 유형의 독재에 시달렸으며, 박해받는 종파는 국가 전체의 은밀한 적이 되었다. 그러나 당파심이란 아무리 유해하고 부조리하다 할지라도 분쟁의 원인이 되는 한편으로 통합의 원리가 되기도 한다. 주교들은 1800곳의 설교단에서 합법적인 정통 군주에 대한 수동적인 복종의 의무를 열심히 되풀이해서 설교했다. 주교들은 자주 집회를 갖고 끊임없이 서신 교환을 함으로써 멀리 떨어진 교회와도 친교를 유지했고, 복음의 박애적 성격은 가톨릭교도들의 정신적인 동맹에 의해 비록 제한적이기는 했지만 더욱 강화되었다. 이 비굴하고 나약한 시대는 수도사들의 신성한 게으름을 경건하게 받아들였는데, 종교가 수도원이라는 그럴듯한 피난처를 제공해 주지 않았더라면 이 시대의 변변치 못한 로마인들은 한층 비열한 동기에서 공화국의 군기를 저버렸을지도 모른다. 종교적인 가르침은 신자들의 타고난 성향을 만족시키고 정당화시켜 준다면 쉽게 받아들여지는 법이다. 그러나 그리스도교의 순수하고 진정한 영향력은 북방의 야만족 개종자들에게 미친 불완전하지만 유익한 효과들에서 찾을 수 있다. 콘스탄티누스의 개종은 로마 제국의 쇠퇴를 가속화시켰지만, 승리한 그의 새 종교는 멸망의 폭력성을 경감시키고 정복자들의 사나운 기질을 완화시켜 주었다.

　이런 엄청난 대변혁을 현대에도 유용한 교훈으로 삼을 수 있을 것이다. 애국자의 의무는 조국의 이익과 영광을 극대화시키는 것이다. 그러나 철학자라면 시야를 넓혀서 유럽을 거의 같은 수준의 예절과 교양을 갖춘 다양한 주민들이 거주하는 하나의 거대한 공화국으로 생각해 볼 수도 있다. 힘의 균형은 계속해서 변동할 것이고, 우리나라나 이웃 나라는 더욱 번영할 수도 있고 쇠퇴할 수도 있을 것이다. 그러나 이런 지엽적인 현상들은 유럽과 그 식민지들을 여타 국가들보다 우월하고 돋보이도록 해 주는 전반적인 행복 상태, 기술 체계, 법률과 풍습 등을 본질적으로 손상시키지는 못한다. 지구상의 야만 민족들은 문명사회의 공통의 적이다. 우리는 과거 로마의 무력과 제도에 닥친 재난이 현대 유럽에서도 반복될 것인지를 우려 섞인 호기심을 가지고 탐구해 볼 수 있을 것이다. 아마도 이와 같은 탐구가 그 강대한 제국의 멸망을 설명해 줌과 동시에 우리의 실제적인 안전성의 근거도 설명해 줄 것이다.

  1. 로마인들은 자신들에게 닥친 위험이 어느 정도인지, 적들의 수가 얼마나 되는지를 알지 못했다. 라인 강과 도나우 강 너머 북부 유럽과 아시아의 여러 지역들에는 수렵과 목축에 종사하는 가난하고 탐욕스러우며 사나운 민족들이 수없이 많았다. 전쟁에서는 더없이 대담하고 용감했던 그들은 다른 민족이 거둔 노동의 결실을 약탈하고자 호시탐탐 기회만 엿보고 있었다. 야만족의 세계는 급속하게 전파되는 전쟁의 충격으로 항상 혼란스러웠는데, 그리하여 머나먼 중국에서 일어난 혁명 때문에 갈리아와 이탈리아의 평화가 위협받았다. 적들에게 패해 달아나던 훈족은 서쪽으로 방향을 틀어 진군했는데, 그 수는 진군 과정에서 포로들과 동맹군들을 편입시켜 크게 증가했다. 훈족에게 패해 도망가던 부족들이 이번에는 자신들도 정복에의 꿈을 안고 대열에 합류한 것이다. 끝없이 이어진 야만족들의 대열이 엄청난 중압감으로 로마 제국을 압박했는데, 맨 선두에

나섰던 군대가 섬멸되면 그 빈자리를 즉각 새로운 군대가 보충하는 식이었다. 북방으로부터의 이런 무시무시한 민족 대이동이 지금 다시 반복될 리는 없다. 그들의 오랜 휴식은 인구가 감소한 탓으로 설명할 수도 있지만, 사실은 기술과 농업의 발전에서 비롯된 다행스러운 결과이다. 숲과 늪지 군데군데에 얼마 안 되는 초라한 촌락들이 흩어져 있던 게르마니아에 지금은 성벽을 두른 도시가 2300곳이나 된다. 덴마크, 스웨덴, 폴란드 등의 그리스도교 국가가 연이어 건국되었고, 한자 동맹의 상인들은 튜턴족 기사들과 함께 발트 해 연안에서 핀란드 만까지 식민지를 확산시켰다. 핀란드 만에서 동방의 대양에 이르는 지역에서는 현재 러시아가 강력하고 문명화된 제국의 형태를 갖추고 있다. 쟁기, 직기(織機), 대장간 등이 볼가 강, 오비 강, 레나 강 유역까지 도입되었고, 가장 사나운 타타르족 무리까지도 복종하고 두려워하는 법을 배우게 되었다. 독립 야만족의 지배 권역은 지금은 매우 좁은 지역으로 축소되어, 칼무크족과 우즈베크족의 잔존 세력도 헤아릴 수 있을 정도로 적어서 거대한 유럽 공화국에 심각한 위협을 가할 형편이 못 된다.[123] 그러나 이런 표면상의 안전 때문에 세계 지도에 기의 나타나 있지도 않은 무명의 민족이 새로운 적대 세력으로 부상하여 위협해 올 수도 있다는 가능성마저 잊어 버려서는 안 된다. 인도에서 에스파냐까지 세력을 넓혔던 아랍 민족 또는 사라센족은 그 후에 빈곤과 경멸 속으로 사라져 갔지만, 또다시 마호메트가 나타나 이들에게 열정과 기백을 불어넣어 주었던 것이다.

2. 로마 제국은 역사상 유례없는, 그 구성원들의 완벽한 통합에 의해 굳건하게 확립되었다. 정복된 민족들은 자신들의 희망과 독립을 포기하고 로마 시민이라는 신분을 받아들였다. 후일 서로마 제국의 속주들은 야만인들의 손에 의해 어쩔 수 없

[123] 『타타르족의 계보』의 프랑스인과 영국인 편집자들은 그들의 현 상태에 대해 비록 불완전하지만 흥미로운 설명을 덧붙였다. 칼무크족과 엘루스족의 독립 상태에는 의문의 여지가 있는데, 그들은 최근 중국에 정복당했기 때문이다. 중국은 1759년에 소(小)부카리아를 정복하고 옥수스 강 수원 부근의 바닥샨(Badakshan)까지 진출했다. 그러나 이런 정복은 일시적인 것이며, 나는 중국 제국의 안전성을 감히 보장하려는 것은 아니다.

이 조국의 품에서 떨어져 나갔다. 그러나 이러한 통합은 민족적 자유와 상무 정신을 상실한 대가로 얻은 것이니만큼, 생명력도 활기도 없었던 비굴한 속주들은 멀리 떨어져 있는 중앙 정부의 명령대로 움직이는 용병과 행정관들에게 자신들의 안전을 내맡겨 놓았다. 1억이 넘는 수많은 사람들의 행복이 교육과 사치와 전제 권력에 의해 타락한 한두 사람, 때로는 어린아이의 개인적인 자질에 달려 있었던 것이다. 테오도시우스의 아들과 손자들이 미성년이었던 때 제국은 가장 깊은 상처를 입었는데, 이 무능력한 군주들은 성년에 이르러서도 교회는 주교에게, 나라는 환관에게, 속주는 야만족들에게 계속 내맡겨 두었다. 오늘날 유럽은 열두 개의 크고 작은 강력한 왕국과 세 개의 훌륭한 공화국, 규모는 작지만 독립적인 여러 나라들로 이루어져 있다. 그 결과 왕이나 고위 관리들이 자신의 능력을 발휘할 기회도 통치자들의 수만큼이나 늘어났다. 아르카디우스나 호노리우스 같은 통치자가 또다시 나타나 남쪽의 옥좌에서 게으름을 피우는 동안, 북쪽에서는 율리아누스나 세미라미스 같은 훌륭한 통치자가 선정을 펼칠 수도 있는 것이다. 공포와 수치의 상호 작용에 의해 독재도 제약되고 공화국들은 질서와 안정성을 확보했으며, 군주국들은 자유 또는 적어도 절제의 원칙을 체현하고 있다. 또한 이 시대의 보편적인 풍속에 따라 명예와 정의의 의식이 가장 불완전한 제도에까지 스며들어 있다. 평화 시에는 많은 나라들의 경쟁으로 지식과 산업의 발전이 더욱 가속화되고, 전쟁 시에 유럽의 군사력은 치명적이지는 않은 경쟁심으로 절도 있게 행사된다. 타타르의 사막에서 야만족 정복자가 나타나 유럽으로 진격한다면, 그는 러시아의 건장한 농부들, 독일의 수많은 군대, 프랑스의 씩씩한 귀족들, 브리타니아의 용감한 자유민들을 차례로 물리쳐야 할 것인데, 이들 각 나라는 공동의 적에 맞서 언제라도 연합할 수 있다. 만약에 야만족이 승리해서 대서양까지 노예화와 황폐화를 진전시킨다 해도 1만 척의 배들이 그들의 추격이 닿지 못하는 곳으로 문명의 잔재들을 실어 나를 것이며, 유럽은 이미 식민지와 제도들을 도입해 놓은 아메리카 대륙에서 다시 살아나 번성할 것이다.[124]

3. 추위와 가난, 위험하고 고단한 삶은 야만족의 힘과 용기를 강화시켰다. 야만족들은 시대를 막론하고 중국, 인도, 페르시아 같은 교양 있고 평화로운 나라들을 압박해 왔다. 이 나라들은 군사력을 키워 야만족들의 타고난 힘에 대항하려는 노력을 하지 않았고 지금도 역시 하지 않고 있다. 그리스, 마케도니아, 로마 같은 고대의 강대국들은 군대를 양성하고, 병사들의 신체를 단련시키며, 용맹을 규율로 훈련시키고, 정기적인 기동 연습으로 전력을 증강하고, 보유한 철을 강하고 유용한 무기로 변형시켰다. 그러나 이런 우월성도 언제부터인지도 모르게 그들의 법률과 풍속과 함께 쇠퇴해 갔다. 나약한 정책을 편 콘스탄티누스 대제와 그 후계자들은 야만족 용병들의 미완성의 용맹을 무장시키고 훈련시켜 결국은 제국의 파멸을 초래했다. 화약의 발명은 군사 기술에 일대 변혁을 가져왔는데, 이로써 인간은 자연에서 가장 강력한 두 요소, 즉 공기와 불을 제어할 수 있게 되었다. 수학, 화학, 역학, 건축술 등이 전쟁에 응용되고, 적대적인 두 세력은 공격과 수비 양면에서 고도로 정교한 수단을 이용해 서로 대항했다. 역사가들은 포위 공격을 하는 데 소요되는 자금이면 번성하는 식민지를 충분히 건설하고 유지할 수 있다고 분개해서 지적할 것이다. 그러나 우리는 한 도시를 함락시키는 데 그렇게 많은 비용과 어려움이 수반된다는 사실, 군사적 용맹이 쇠퇴한 시대에 그것을 대체한 군사

[124] 지금 아메리카에는 유럽인의 후손이 600만 명 정도 있고, 그 수는 적어도 북부 지역에서는 계속해서 증가하고 있다. 정치적 상황이 바뀌더라도 그들은 유럽의 풍습을 계속 유지할 것이고, 우리는 영어가 그 드넓고 인구 많은 대륙에 널리 퍼져 나갈 것이라고 즐겁게 상상해 볼 수 있다.

기술이 성실한 국민을 보호해 준다는 사실에 그렇게 불쾌감을 느끼지 않는다. 오늘날 대포와 축성술은 타타르족 기병대에 대항하는 난공불락의 장벽이 되었고, 유럽은 앞으로 야만족들의 어떠한 공격으로부터도 안전할 것이다. 그들이 정복을 희망한다면 먼저 야만 상태를 벗어나야 하기 때문이다. 러시아의 예에서 알 수 있듯이, 전쟁 기술이 점진적으로 발전하면 평화 시의 기술과 행정 정책도 이와 함께 발전하게 된다. 그리하여 야만족들은 자신들이 정복하고자 하는 문명화된 나라들 사이에 스스로 자리를 잡게 된다.

이런 추론이 다소 의심스럽고 잘못된 것이라면, 그래도 여전히 위안과 희망으로 삼을 만한 소박한 근거가 남아 있다. 고대와 현대의 항해자들의 발견과 계몽된 국가의 국내 역사나 구전은 야만족은 육체와 정신이 모두 헐벗었고 법률, 기술, 사상, 그리고 언어마저도 갖추지 못한 종족이라고 말한다.[125] 원시적이고 보편적인 이런 비참한 상태에서 인간은 차츰 부상하여 동물을 지배하고 땅을 경작하고 대양을 항해하고 하늘을 관측하게 되었을 것이다. 정신과 육체적 기능을 개발하고 사용하는 진보의 과정은 불규칙적이었고, 도중에 여러 가지 변수도 많았다. 처음에는 매우 천천히 진행되다가 서서히 속도가 두 배 세 배로 빨라졌다. 힘들게 노력한 몇 세대 동안의 발전이 한순간에 무너지기도 하고, 지구상의 몇몇 지역이 광명과 암흑의 흥망성쇠를 겪기도 했다. 그럼에도 불구하고 지난 4000년의 경험은 우리의 희망을 증대시키고 우려는 감소시킨다. 인간이 완전을 향한 진보에서 어느 높이까지 이를 수 있을지는 단언할 수 없다 해도, 지구 표면이 대변화를 일으키지 않는 한 아무도 원래의 원시 상태로 되돌아가지 않을 것임은 어느 정도 자신 있게 말할 수 있다. 사회의 진보는 세 가지 측면에서 고찰할

[125] 여기서 시인이나 철학자들, 역사가들의 권위를 일일이 빌리는 것은 어렵지는 않지만 매우 지루한 작업이 될 것이다. 그래서 디오도루스 시쿨루스의 권위 있고 결정적인 예를 하나 드는 것으로 만족하고자 한다. 그의 시대에 홍해 연안에서 유목 생활을 하던 이키티오파기족은 뉴홀랜드의 원주민에 비교될 수준이었다. 그러나 여전히 공상이나 아마 이성으로도 어느 정도의 기술과 도구를 갖추었던 이 야만족들을 훨씬 수준이 낮은 극단적인 자연 상태로 상상하는 경향이 있다.

수 있다. 1) 시인이나 철학자는 오직 한 사람의 정신으로 자신의 시대나 나라를 조명한다. 그러나 이런 탁월한 이성이나 상상력의 작용은 매우 드물고 우발적인 산물에 불과하다. 호메로스나 키케로 또는 뉴턴의 천재성은 만약 그것이 군주의 의지나 교사의 지도로 만들어질 수 있는 것이라면 그토록 큰 찬탄을 불러일으키지 못할 것이다. 2) 법률과 정책, 상업과 제조업, 기술과 학문의 혜택은 보다 견고하고 영속적이어서, 다수의 개인들이 교육과 훈련을 통해 각자의 위치에서 사회 전체의 이익을 증진시키는 데 기여할 수 있게 해 준다. 그러나 이런 전체적인 질서는 숙련과 수고의 결과이며, 이 복잡한 체계는 시간이 지나면서 쇠퇴하거나 폭력에 의해 손상될 수 있다. 3) 인류에게 다행스럽게도, 좀 더 유용하고 필요한 기술은 특별한 재능이나 국가적인 체계 없이도, 즉 한 사람이나 다수의 협동 없이도 발휘될 수 있다. 각각의 마을이나 가족, 개인에게는 불126이나 금속을 사용하는 기술을 영속적으로 전수하려는 능력과 의향이 있을 것이다. 또한 가축을 번식시켜 이용하는 법, 사냥과 고기잡이, 초보적인 항해술, 밀이나 다른 영양분 있는 곡물의 불완전한 경작, 단순한 수공업 등에서도 마찬가지이다. 개인적인 천재성이나 사회적인 제도는 사라질 수도 있다. 그러나 강인한 식물들은 폭풍우에도 살아남아 가장 척박한 땅에도 영원히 뿌리를 내린다. 아우구스투스와 트라야누스의 화려한 시대는 무지의 구름으로 가려졌고, 야만족들은 로마의 법률과 궁전을 파괴했다. 그러나 농업의 신 사투르누스의 발명품이자 상징이기도 한 낫(scythe)은 지금도 매년 이탈리아의 곡식을 수확하고 있으며, 라이스트리곤족127들이 벌인 인육 축제는 그 후로 한 번도 캄파니아 해변에서 재현되지 않았다.

여러 가지 기술이 처음 발견된 이후로, 전쟁과 상업과 종교

126 이상하게 들리겠지만 많은 종족들이 불을 사용하는 법을 몰랐다는 점은 확실하다. 오타헤이트의 영리한 원주민들도 금속이 없었지만, 불에 견디고 불을 피워 안에 담긴 액체를 데울 수 있는 토기를 만들지 않았다.

127 『오디세이』 제9권, 10권에서 호메로스는 겁 많고 무엇이든 쉽게 믿어 버리는 선원들의 이야기를 과장해 놓았다. 그는 이탈리아와 시칠리아의 식인종을 무시무시한 거인족으로 변형시켜 놓았다.

는 구세계와 신세계의 야만족들에게 이 귀중한 선물들을 전파시켰다. 이것들은 계속 확산되어 왔고 앞으로도 결코 없어지지 않을 것이다. 그러므로 우리는 모든 시대는 인류의 부와 행복과 지식과 아마도 도덕까지도 증대시켜 왔고, 지금도 증대시키고 있다는 즐거운 결론을 받아들일 수 있을 것이다.[128]

---

[128] 발견의 이점들은 탐욕, 잔인성, 광신에 의해 더럽혀지는 경우가 너무 많았고, 국가 간의 교류가 질병이나 편견을 퍼뜨리기도 했다. 이것의 특별한 예외는 우리 시대와 우리 나라의 미덕에 기인한다. 현재 영국 국왕의 명령으로 행해진 다섯 번의 연속적인 항해는 순전히 학문과 인류에 대한 순수하고 관대한 사랑에서 비롯된 것이다. 또한 국왕은 은혜를 사회 각계각층에 베풀어 수도에 미술 학교를 세우고, 인간에게 매우 유용한 식물과 동물들을 남해의 섬들에 들여왔다.

송은주 이화여대 영문학과를 졸업하고 동 대학원에서 박사학위를 받았다. 현재 전문번역가로 활동하고 있다. 옮긴 책으로 『미들섹스』, 『순수의 시대』, 『엄청나게 시끄럽고 믿을 수 없게 가까운』, 『모든 것이 밝혀졌다』, 『동물을 먹는다는 것에 대하여』, 『선셋 파크』, 『클라우드 아틀라스』, 『위키드』, 『집으로 가는 길』 등이 있다.

윤수인 이화여대 영문학과를 졸업하고 동 대학원 박사과정을 수료했다. 옮긴 책으로 『생존 수업』, 『마지막 카니발』이 있다.

로마 제국 쇠망사 3

1판 1쇄 펴냄 2009년 1월 9일
1판 21쇄 펴냄 2025년 6월 17일

지은이 | 에드워드 기번
옮긴이 | 송은주, 윤수인
발행인 | 박근섭, 박상준
펴낸곳 | (주)민음사

출판등록 1966. 5. 19.(제16-490호)
서울특별시 강남구 도산대로1길 62(신사동) 강남출판문화센터 5층 (우편번호 06027)
대표전화 02-515-2000 팩시밀리 02-515-2007

www.minumsa.com

한국어 판 ⓒ (주)민음사, 2009. Printed in Seoul, Korea

ISBN 978-89-374-2633-9 04900
ISBN 978-89-374-2630-8 (세트)

* 잘못 만들어진 책은 구입처에서 교환해 드립니다.